ホッブズ
物体論
De Corpore

近代社会思想コレクション 13

本田裕志 訳
Hiroshi Honda

京都大学
学術出版会

凡　　例

○　本書は、Thomas Hobbes の著作 *Elementa Philosophiae*（または *Elementa Philosophica*）の第1部（sectio prima）である *De Corpore*（1655年初刊）の全訳である。

○　使用した底本は、パリの J. VRIN から1999年に刊行された、Karl Schuhmann の編集・校訂・注解（Martine Pécharman の協力）によるペーパーバックの単行本である。

○　訳出に当たっては、次の2種の近代語訳を参照した。
　(1) 1656年に初めて刊行され、その後 Molesworth 版の英語版ホッブズ著作集などに集録されている、ホッブズ自身の承認を得たとされる訳者不詳の英訳。
　(2) Hamburg の Felix Meiner Verlag の Philosophische Bibliothek の1冊として1997年に刊行された独訳（Karl Schuhmann 訳・校訂・注解）。

○　本文の段落分けは原則として底本のそれに従ったが、一段落があまりに長すぎて読みにくいと思われる場合には、訳者の判断でさらに細かく区切ったケースがある。このようなケースでは、訳文の段落の区切り目に☆印を付してその箇所を示した。

○　訳者による訳註は、該当箇所の出てくるページ（ただし、版組みの都合によりその次のページとなっている場合もある）の脚部に、本文よりも小さい文字で配置し、訳註の付されている本文中の箇所は、各章ごとに（1）・（2）……の番号によって示した。

○　本文中のカッコ書きのうち、（　）でくくられたものは、原語表示の場合を除いて著者自身によるものであり、〔　〕でくくられたものは、訳者がとくに補ったものである。

○ 底本の本文中において斜字体で強調されている箇所は、訳文中では強調点または「　」、場合によっては両者の併用によって示した。ただし、人名・地名等の固有名詞についてはこれを行なわなかった。なお、「　」は斜字体以外の箇所でも用いているケースがある。
○ 本文中に多出する数学上の記号表記については、読者に極力わかりやすくするために、一部原書と異なるやり方を用いたところがある。この点については、当該箇所の訳註と巻末の訳者解説を参照されたい。

凡　　例

○　本書は、Thomas Hobbes の著作 *Elementa Philosophiae*（または *Elementa Philosophica*）の第 1 部（sectio prima）である *De Corpore*（1655年初刊）の全訳である。

○　使用した底本は、パリの J. VRIN から1999年に刊行された、Karl Schuhmann の編集・校訂・注解（Martine Pécharman の協力）によるペーパーバックの単行本である。

○　訳出に当たっては、次の 2 種の近代語訳を参照した。
 (1) 1656年に初めて刊行され、その後 Molesworth 版の英語版ホッブズ著作集などに集録されている、ホッブズ自身の承認を得たとされる訳者不詳の英訳。
 (2) Hamburg の Felix Meiner Verlag の Philosophische Bibliothek の 1 冊として1997年に刊行された独訳（Karl Schuhmann 訳・校訂・注解）。

○　本文の段落分けは原則として底本のそれに従ったが、一段落があまりに長すぎて読みにくいと思われる場合には、訳者の判断でさらに細かく区切ったケースがある。このようなケースでは、訳文の段落の区切り目に☆印を付してその箇所を示した。

○　訳者による訳註は、該当箇所の出てくるページ（ただし、版組みの都合によりその次のページとなっている場合もある）の脚部に、本文よりも小さい文字で配置し、訳註の付されている本文中の箇所は、各章ごとに（1）・（2）……の番号によって示した。

○　本文中のカッコ書きのうち、（　）でくくられたものは、原語表示の場合を除いて著者自身によるものであり、〔　〕でくくられたものは、訳者がとくに補ったものである。

○　底本の本文中において斜字体で強調されている箇所は、訳文中では強調点または「　」、場合によっては両者の併用によって示した。ただし、人名・地名等の固有名詞についてはこれを行なわなかった。なお、「　」は斜字体以外の箇所でも用いているケースがある。

○　本文中に多出する数学上の記号表記については、読者に極力わかりやすくするために、一部原書と異なるやり方を用いたところがある。この点については、当該箇所の訳註と巻末の訳者解説を参照されたい。

目　　次

献　辞……………………………………………………………… 3
読者に向けて……………………………………………………… 9

第１部　計算すなわち論理学

第１章　哲学について ……………………………………………15
第２章　単語について ……………………………………………27
第３章　命題について ……………………………………………45
第４章　三段論法について ………………………………………63
第５章　誤謬・虚偽および詭弁について ………………………75
第６章　方法について ……………………………………………87

第２部　第一哲学

第７章　場所と時間について ………………………………… 115
第８章　物体と偶有性について ……………………………… 127
第９章　原因と結果について ………………………………… 149
第10章　潜勢力と現実作用について ………………………… 157
第11章　同一なものと異なるものについて ………………… 163
第12章　量について …………………………………………… 171
第13章　比例関係、すなわち同一の量的関係〔比率〕について …… 179
第14章　直線・曲線・角および図形について ……………… 211

第 3 部　運動と大きさの比率について

第15章　運動と努力の本性・特性および多様な考量について……241
第16章　加速度運動と等速運動について、ならびに協働作用による運動について……253
第17章　欠如図形について……283
第18章　直線と放物線の長さの等しさについて……309
第19章　互いに等しい入射角と反射角について……315
第20章　円の面積について、および弧もしくは角の分割について…329
第21章　円運動について……353
第22章　その他の多種多様な運動について……371
第23章　互いに平行な直線に沿って押し下げるもの同士の平衡の中心について……391
第24章　屈折と反射について……415

第 4 部　自然学、もしくは自然の諸現象

第25章　感覚と生命運動について……431
第26章　宇宙と諸星群について……455
第27章　光・熱および色彩について……489
第28章　冷たさ・風・硬さ・氷・曲げられたものが元に戻ること・透明なもの・稲妻と雷・河川の水源について……511
第29章　音・匂い・味および触覚について……531
第30章　重さについて……553

付　　録

付録 1　英語版のまえがき ……………………………………… 581
付録 2　第13章第16節の英語版 ………………………………… 583
付録 3　第15章第 2 節への英語版における加筆 ……………… 587
付録 4　第16章第 2 節の英語版 ………………………………… 593
付録 5　第16章第17節の英語版 ………………………………… 595
付録 6　第16章の削除された第20節 …………………………… 597
付録 7　第17章第 2 節の最初のラテン語版 …………………… 599
付録 8　第17章第 2 節の英語版 ………………………………… 603
付録 9　第18章の最初のラテン語版 …………………………… 607
付録10　第20章の、刊行されなかった最初のラテン語版 ………… 615
付録11　第20章の印刷された最初のラテン語版 ……………… 631
付録12　第20章の英語版 ………………………………………… 647
付録13　第21章第11節の英語版 ………………………………… 673
付録14　第26章第10節の末尾の最初のラテン語版・英語版 ……… 677
付録15　第29章第 5 節の末尾の最初のラテン語版・英語版 ……… 679
付録16　第30章第11節の英語版 ………………………………… 681
付録17　第30章第15節の末尾の英語版 ………………………… 685

解　説 ……………………………………………………………… 687
索　引 ……………………………………………………………… 711

私の最も敬愛する主君、デヴォンシャー伯ウィリアム閣下へ

　私の従順な心と、私に対するあなた様の御好意とを記念するものとなるでありましょう『哲学原本』第１部は、（第３部が刊行された後）長い間延びのびになっておりましたが、これを私はついに、（主君閣下よ）あなた様に完結した形でお示しし、御献呈申し上げます。この第１部は、量は少いものの内容は充実しており、正しいものは大きいものに匹敵する価値があるというのが確かなことならば、大著たるに十分な著作であります。本作が、注意深くてしかも数学者の証明によく習熟した読者にとって、ということはつまりあなた様にとって、わかりやすくてしかも明瞭であること、さらに本作はほぼ全体が斬新でありながら、その斬新さによって誰かある人の不興を買うことはないであろうということが、あなた様にはおわかりいただけるでありましょう。☆

　哲学のうちで線や図形にかかわっている部門が、古代の人々によって十分に洗練されて私たちに伝えられていると同時に、この部門のかくも明晰をきめる諸定理を発見・証明することを可能にした真の論理学の、最もよい例でもあるということを、私は知っております。さらに私は、地球の自転運動の仮説が古代の人々によって最初に考え出されたにもかかわらず、この仮説から生じる当の天文学、すなわち天体の自然学が、彼らの後に続く時代の哲学者たちによって、言葉の罠にはめられて息の根を止められてしまったことも知っております。ですから、天文学の濫觴を（観察による天文学を除けば）ニコラス・コペルニクス以前に遡らせるべきではないと私は考えますが、このコペル

において再現している人物なのであります。これ以後、地球の運動と、この運動から重量物の落下について生じた困難な問題とが既に知られており、現代にあってこの困難と取り組んでいるガリレオが、一般的な自然学への最初の門を初めて私たちに開きましたが、この最初の門とは運動の本性のことです。したがってまた自然学〔物理学〕の年齢も、これよりも以前に遡って数えるべきだとは思われません。最後に、自然学の最も有用な部門である人間身体についての学を、その著書『血液の運動について』と『動物の発生について』の中で驚くべき明察をもって明らかにし証明したのは、ジェームズ王とチャールズ王[2]の主治医であったウィリアム・ハーヴェイ[3]でありましたが、彼は妬みをものともせずに新しい学説を生前に確立した（私の知るかぎりでは）ただひとりの人物であります。これらの人々よりも以前には、自然学において確かなものといえば、各人にとっての自分の経験と博物誌〔自然史〕とのほかにありませんでした。もっとも博物誌の場合、政治史に比べて確かさが劣りますので、それでも確かだと言えるならばの話でありますが。けれどもこれ以後、天文学や一般的自然学はもち

（1） フィロラオスは紀元前5世紀のギリシアの哲学者でピタゴラス派に属し、宇宙の中心にある火の周囲を地球が回転しているとする宇宙論を示した。アリスタルコスは紀元前3世紀のギリシアの数学者・天文学者で、地球は自転しつつ太陽の周囲を公転していると主張し、フィロラオスとともにコペルニクスの地動説の先駆者とみなされている。
（2） ジェームズ王はスチュアート王朝の祖であるイギリス王ジェームズ1世（1566〜1625、在位1603〜25）を、チャールズ王はその子で清教徒革命に際して処刑されたチャールズ1世（1600〜49、在位1625〜49）をさす。
（3） イギリスの医師・生理学者（1578〜1657）。血液が全身を循環すること、この循環が心臓の搏動によることを明らかにするとともに、生物個体が生殖によらずに自然発生する可能性を否定した。

ろんヨハネス・ケプラーやピエール・ガッサンディやマラン・メルセンヌによって、しかるに人体の特殊的自然学のほうは医学者たちの(ということはつまり、真の意味で自然学者たちの)、わけてもロンドン医科大学出身のわがイギリスの最も学識ある人々の天分と勤勉さによって、これほどの短時間の間にめざましく促進されたのであります。☆

　かようなわけで、自然学は新たに行なわれるようになったものであります。しかしながら、市民に関する哲学〔国家哲学〕はこれよりもなおはるかに新しいもので、私自身が著した書物『市民論』よりも古くないほどであります（私は言えと挑発されているので申しますが、私を中傷する人々は自分が少しのことしか達成しなかったのを自分でわかっているのです）。さて、これはどういうことでしょうか。古代ギリシアの人々のうちにはいかなる哲学者も、自然哲学者も国家哲学者も全然存在しなかったのでしょうか。そういう名で呼ばれていた人々が確かにいるということは、彼らを嘲笑したルキアノスという証人によってわかりますし、相当数のポリス〔都市国家〕も、彼らを追放するための公の命令をかなり頻繁に発したことによって、同じことを証拠立てています。しかしそれだからといって、哲学が存在したということには必ずしもなりません。古代ギリシアには、見かけの重々しさのせいで（と申しますのは、その内部は欺瞞と穢れで一杯だったからですが）哲学にある

（4）　ケプラー（1571〜1630）はドイツの高名な天文学者で、惑星運動の法則を発見してコペルニクスの地動説を理論的に整備した。ガッサンディ（1592〜1655）はフランスの哲学者・科学者でデカルト、ホッブズと交友があり、原子論と地動説を支持してデカルトと論争した。メルセンヌ（1588〜1648）はフランスの数学者・物理学者で、数学では素数に関する理論、物理学では音声に関する研究にすぐれ、またガリレイ、デカルト、ホッブズら各国の学者と広く交友して彼らの意見交流を促進した。
（5）　紀元前2世紀のギリシアの哲学者・風刺詩人。対話体の風刺詩により哲学・宗教・政治を風刺した。

程度似通った何かある幻影がありましたが、不注意な人々はこの幻影を哲学であると思い込んで、それを教える教師たちの説が互いに一致しないにもかかわらず、人ごとに別々の教師たちにすがり、師匠の学識を求めて高い報酬を払って自分の子供たちを彼らに委ねていました。しかしそうやって教わるべきことといえば、論争することと、法を無視してあらゆる問題についてめいめいが自分の意のままに決定を下すこと以外は、何もなかったのです。☆

　このような時代に生れた、教会の（使徒以後の）最初の教師たちは、異教に対抗してキリスト教の信仰を自然の理によって弁護しようと努めた際に、彼ら自身も哲学的に考えることを始め、異教徒の哲学者たちの著作からとられたかなり多くの意見を、聖書の信経に混ぜ加え始めました。そして彼らは、最初はたしかにプラトンからとられた比較的害の少い若干数の教説を認めたのでしたが、しかしその次には、アリストテレスの『自然学』や『形而上学』といった書物からも多くのばかげた、誤った教説を採用して、いわば自分で導き入れた敵どもにキリスト教信仰の砦を引き渡してしまったのでした。いわゆる「スコラ派」の（Scholastica）神学（θεολογία）が敬虔なるもの（θεοσεβεία）とみなされるようになったのは、この時代からのことです。この神学は2本の足に支えられて歩んでおりまして、その一方はたしかに聖書という堅固な足でありますが、もう一方はあの哲学という腐った足で、パウロはこれを空しい哲学と呼びましたけれども、有害な哲学と呼んでもよかったのです。なぜなら、この哲学はキリスト教世界の内部に宗教についての無数の論争を喚起し、これらの論争を因として諸々の戦争を引き起こしたのだからです。これはアテナイの喜劇に出てくるエムプーサに似ています。というのは、アテナイ人はこのエムプーサを、変幻自在に姿を変える、片方の脚が銅製でもう片方はロバの脚をした幽霊とみなし、アテナイ人たちに迫り来る災いを予言するものと

してヘカテー(6)によって遣わされたと信じていたからです。このエムプーサに対しては、（私の信じますところ）次のことよりもよい祓い清めを考え出すことはできません。それはすなわち、宗教の、言いかえれば神を讃え崇めることの、法によって要求されるべき規準を、哲学の規準から、つまり私人の信条から区別すること、そして宗教に属することは聖書に、哲学に属することは自然の理に帰することです。このことは、私が哲学の根本諸原理を、自分でそうしようと努力しているように、とりわけ真正にかつ明らかに論じることになった場合には、確実に実行されているでありましょう。☆

　そういう次第で私は、（私がかなり以前に刊行してあなた様に捧げました）第３部におきまして、教会の統治であれ国家の統治であれすべての統治を、非常に堅固な合理的根拠により、神の御言葉に反することなく、唯一同一の最高命令権に還元いたしましたので、今や自然学の真なる、かつ明晰に秩序づけられた基礎に依拠して、形而上学というあのエムプーサを、これと闘争することによってではなく、昼の明るさをもたらすことによって追い払い駆除することに着手いたします。と申しますのは、（著者の畏怖や尊敬の念や自信抑制力が著作物のなにがしかの信頼性を保証しうるとすれば、）私は本書の前から３つの巻では諸定義から、第４巻では諸々の不条理でない仮説から、あらゆることが正当に証明されていることを確信するからであります。けれどもひょっとしてこの証明が、あなた様の目には万人を満足させうるほど十分なものには見えないことになりますならば、その原因は、私自身認めますとおり、すべての証明を万人に向けて書いているのではなくて、あるいくつかの証明は幾何学者だけに向けて書いているから、というこ

（６）　夜・月・出産などを司るギリシア神話の女神。

とであったのです。もっとも、あなた様にとってはすべての証明が、満足のゆくものであろうという点は、私の疑いえないところでありますが。

　今や残るところは、第2部『人間論』でありますが、この書のうち視覚論について論じている6つの章から成る部分と、各章に付加されるべき図の一覧表とは、6年前に作成され準備のできた状態で、私の手許にございます。その他の諸部分も、神の御加護があって私のなしうるところとなるならば、追加するつもりでおります。私は、人々における人間の本性について真なることを語ろうとしているにもかかわらず、私に対して当然あってしかるべき程度よりもどれほど少い感謝の念しか人々が抱いていないかを、この問題に精通していない何人かの人々の侮辱的な言葉や恥ずべき不当な言葉から、既に経験済みのこととして知っております。しかしながら私は、身に負った重荷に耐えるつもりでおりますし、妬みを受けないように願うのではなく、むしろ妬む者にはますます妬ましい思いをさせてやることによって仕返しをしてやるつもりでおります。と申しますのも、私にとってはあなた様の御好意があれば十分であり、しかもこの御好意を（あなた様のよしとされるだけ）私が得ることは間違いないからであります。さてそこで私は、至善にして至大なる神に、あなた様の御息災を（私のなしうるかぎり）切に願いたてまつることをもって、常にこの御恩に報いようとするものであります。

閣下の最も卑しき僕なる
Th. ホッブズ

ロンドンにて
1655年4月23日

読者に向けて

　私はいま、哲学の根本諸原理を順序だてて述べることに着手するが、この哲学のことを、(親愛なる読者諸賢よ) 賢者の石 (lapides philosophici) を生ぜしめる哲学であるとか、形而上学の典籍が述べているような哲学であるなどと信じたがってはならない。これはそのようなものではなく、あらゆる被造物を注意深く見てまわって、それらの秩序や原因や結果について真なることどもを告げ知らせる人間の自然な合理的思考なのである。それゆえ、読者諸賢の精神の申し子であり、かつまた世界全体の申し子でもあるこの哲学は、諸賢自身のうちにある。それはおそらくいまだ形を成しておらず、その生みの親である世界が当初そうであったような混沌とした姿に似ている。それゆえ、余分な材質を削りとることにより、像を作り出すのではなく見つけ出す彫刻家たちのやっているようなことを、読者諸賢のためにやらなければならない。これは言いかえれば、創造を模倣することである。(もしも諸賢が、哲学の真摯な仕事をしようとするのならば) 諸賢の合理的思考は、諸賢の思考の深い空谷と経験の混乱とを越えてゆくであろう。混乱を一掃して区別をつけ、各々をその名称によって表示して秩序づけなければならない。これはつまり、諸事物そのものの創造に適合した方法が必要だということである。しかるに、創造のなされた順序は、光・昼夜の区別・天空・日月・感覚を有する生き物・人間という順で、これに続いて創造の後に十戒が授けられた。したがって、考究のなされるべき順序は、理性・定義・空間・天体・感覚的な質・人間という順であり、これに続いて、人間が増殖した結果として市民

読者に向けて | 9

が考究される、ということになる。それゆえ私は、この部〔第1部『物体論』〕の「論理学」と題する第1巻において、理性の光を明らかにする。第2巻（これは第一哲学である）では、曖昧さと不明瞭さの除去のために、ごくありふれた物事の諸観念を正確な定義によって互いに区別する。第3巻は空間のひろがりを、つまり幾何学を取り扱う。第4巻は天体の運動と、さらに感覚的な質とを含んでいる。第2部〔『人間論』〕では、神の御心に適うなら、人間の本性が考量されることになろう。第3部〔『市民論』〕では、以前に既に市民が考量された。この方法が読者諸賢のお気に召すなら、諸賢もこれを用いられてよいであろうが、私がこの方法に従ったのは、自分の方法を諸賢に推奨するからではなくて、提示するためである。しかし、諸賢がどのような方法を用いられることになろうと、哲学すなわち知の愛求が、その欠陥のせいでかつて私たちがみな多くの災いを被ったとはいえ、諸賢に大いに推奨されることを私は望む。その理由は次のとおりである。すなわち、富を得ようと努める人々もやはり知を愛しているのだということ。なぜなら、彼らが自分の財宝を喜ぶのは、自分の英知をそこに映して眺め見とれることのできる鏡として喜んでいるにほかならないからである。また、公の仕事に関与することを好む人々も、自分の持ち前の英知を発揮できる場以外のものを求めているのではないということ。快楽を求める人々はなるほど哲学を軽んずるが、それは最も美しい世界に属する魂との不断の、かつ力強い交わりが、どれほどの快楽をもたらすことになるかを、彼らが知らないこと以外の原因によるも

（1）『旧約聖書』の「創世紀」第1章に語られている天地創造神話に基づいている。
（2）『旧約聖書』の「出エジプト記」第20章参照。

のではないということ。そして最後に、他には何も理由がなくても、（自然が空虚な場所に耐えられないのに劣らず、人間の心は空虚な時間に耐えられないので、）諸賢が忙しい人々にとって邪魔な存在となったり、暇がありすぎるせいで、自分の害になるのに他の暇をもてあましている連中に近づかざるをえないはめになったりしないようにという、このことのために私は、諸賢の暇をおもしろくみたすことのできるこの哲学というものを、諸賢に推奨する。ではご機嫌よう。

第 1 部

計算すなわち論理学

第1章　哲学について

1．序　論

　私の見るところ、人々の間にあって哲学は今日、穀物や葡萄の実が太古の時代に自然界においてあったと語り伝えられているようなありかたで存在している。というのは、葡萄も穀物の穂も諸事物の始まりのときから地上に点在していたが、栽培されたものは皆無であったので、人は堅い木の実を食べて生きており、あるいはもしまだ知られていない、食べられるかどうかわからない果実を思い切って食べてみた人がいたとすれば、彼はそのことで自分の健康を損ったのであるが、これと同様に、哲学すなわち自然的理性は、各人があるいくつかの物事に関してあるところまでは論理的に思考する以上は、万人に生得のものであるが、しかし長い一連の合理的思考が必要な場合になると、ちょうど作物の栽培法のような正しい方法が欠如しているために、大多数の人々は正道から逸れてさまよってしまっており、そのせいで、〔食べ慣れた〕堅い木の実のような日常的経験に満足して、哲学などは捨て去るか、熱心に求めようとしない人々のほうが、決して通俗的ではないが疑わしい、軽率にも入り込まれてしまった諸見解に染まって、冷静な分別に乏しいかのように絶えず議論や論争をしている人々よりも、健全な判断力の持ち主であると一般にみなされ、また事実そのとおりであるという結果が生じているからである。もちろん私は、哲学のうちでも大きさ同士や図形同士の比率を算出する部門はすばらしく洗練されている、ということを認める。しかしそれでもなお、私はその他の諸部門ではこれと同じような業績がうち立てられたのをまだ見たことがない。それゆえ私は、私のなしうるかぎり、純粋かつ真正な哲学が徐々にそこから生じてくることができると思われる、いく

つかの種子のような全哲学の少数の第1根本諸原理を、説明するという目論見に着手する。

変ることなく続いてきた、そして最も弁の立つ著述家たちの権威によって裏打ちされた諸見解を、人々の精神から払いのけることがいかに難しいか、私は知らないわけではない。ことに、本物の（ということはつまり、正確な）哲学というものは、雄弁そうな見せかけのみならず、ほとんど一切の文飾をも職業的に忌避するものであり、またあらゆる学問の第1の基礎は、見た目が美々しくないばかりでなく、飾り気なく無味乾燥で、ほとんど見苦しいように見えるものでもあるからには。

しかしそれでもやはり、万事において真理と合理的思考の堅固さそのものとをそれ自体として愛好する人々も、少数とはいえたしかに存在する以上は、この少数の人々のために、既存の諸見解を精神から払いのけるという上の仕事の手助けをしなければならないと、私は考えた。それゆえ私は企てにとりかかる。さてそこで、私が話を始めるのは、哲学の定義そのものからである。

2．哲学の明瞭な定義

哲学とは、諸々の結果ないし現象の知得された原因ないし発生の仕方から正しい推論によって獲得された、これらの結果ないし現象の認識、およびこれと反対に、認識された諸々の結果から正しい推論によって獲得された、ありうる発生の仕方の認識である。

この定義を理解するために考量しなければならないことは、第1に、人間とあらゆる動物とに共通な、諸々の物事についての感覚と記憶は、認識であるとはいえ、自然からただちに与えられたものであって、推論することによって獲得されたものではないから、哲学ではない、ということである。

第2に、経験とは記憶にほかならず、これに対して予見ないし未来への展望とは、私たちが既に経験した物事に類似した物事の期待にほかならないから、予見もまた決して哲学とみなされてはならない、ということである。

　さらに私は、推論を計算という意味に解する。しかるに、計算するとは、足し合わされた複数のものの合計を見積もること、もしくは、あるものを他のものから引いた残りを認識することである。それゆえ、推論することは足すことおよび引くことと同じであるが、この2つに掛けることと割ることを付け加える人がいても、私はそれを退けるつもりはない。なぜなら、掛け算は諸々の等しいものの足し算と同じであり、割り算は諸々の等しいものの引き算——それをすることができる場合の話だが——と同じだからである。それゆえ、あらゆる推論は足し算と引き算という、心の2つの作用に帰着する。

3．心中の推論

　さて、私たちがつねづね言葉抜きの沈思黙考により、心中で推論しつつ足したり引いたりするのはどのようにしてかを、何らかの例によって示さなければならない。そこで、もし誰かが何かあるものを遠くからぼんやりと見ているとすると、いかなる名称も指定されていなくても、この人はその事物の同一の観念を持つので、今やこの同一の観念のゆえに名称が指定されて、この事物は物体である、と彼は言う。しかし、さらに近づいて、同じ事物がある一定の仕方で、ある時はある場所に、またある時は他の場所に存在するのを見た後では、彼はこの同じ事物の新たな観念を持つであろう。そしてこの新たな観念のゆえに、今やそのような事物を生命のあるものと呼ぶ。そしてついに、すぐ近くに立ってその姿を見、声を聞き、またこのほかにも、理性を持った心のしるしであるような諸々の事柄を見聞きするときに

は、第3の観念をも持つのであって、それはこの観念のいかなる名もまだなかったとしてもそうである。この第3の観念とはすなわち、そのゆえに何かあるものが理性を持つと言われるような観念である。最後に、見られた事物全体を1つのものとして全く十分に、かつ判明に見られたものとして思い描くとき、この観念は先行の諸観念から合成されたのであって、このようにして心は上述の諸観念を、陳述の中で「物体」「生命のある」「理性を持つ」という個々の名辞が合成されて「理性を持った生命ある物体」つまり「人間」という単一の名称になるのと同一の順序で、合成するのである。これと同様に、「四辺形」「等辺形」「直角」の諸概念から「正方形」の概念が合成される。なぜなら、心は等辺形の概念なしに四辺形を、直角の概念なしに等辺形を思い描くことができ、そしてこれらの個々の概念は結合して正方形の単一の概念ないし観念になることができるからである。それゆえ、心がどのようにして概念を合成するのかは明らかである。逆に、もし誰かがすぐそこに立っている人間を見るとしたら、人間の完全な観念を思い描くが、遠ざかってゆく人を目だけで追うとしたら、理性のしるしであった物事の観念を失うであろう。しかしそれでもなお、生命あるものの観念は目に焼きついているので、「人間」すなわち「理性を持った生命ある物体」の観念全体から「理性を持つ」という観念が差し引かれ、「生命ある物体」の観念が残る。さらにその後少し経って距離がもっと遠くなると、「生命のある」という観念も失われて「物体」の観念のみが残り、そしてついに距離がさらに遠くなってそのせいで知覚できなくなると、すべての観念が両眼から消失する。そしてこれらの例から、声に出されない心中の内的推論とはどのようなものかが、十分に説明されたと私は考える。

　それゆえ、まるで人間は数を数える能力によってだけ他の動物から区別される（ピタゴラスはそうみなしたと言われているが）かのよう

に、計算すなわち推論は数に関してのみ行なわれると考えてはならない。なぜなら、大きさ・物体・運動・時間・度・行為・概念・比例・陳述・名辞（あらゆる部類の哲学はこれらのものから成り立っている）も、それぞれ大きさ・物体・運動・時間・度・行為・概念・比例・陳述・名辞に対して足したり引いたりすることができるからである。

ところで、私たちが足したり引いたりするもの、すなわち合理的思考に付するものが何であれ、私たちはそういうものを「考量する」、と言われ、これはギリシア語で λογίζεσθαι という。同様に、計算ないし推論することそのものは、συλλογίζεσθαι と名づけられている。

4．特性とは何か

さて、「結果」および「現象」とは、それによって物体が他の諸物体から区別される、言いかえれば物体同士が互いに等しいか等しくないか、似ているか似ていないかがそれによって理解される、諸物体のそういう能力ないし力のことである。たとえば上述の例においては、ある物体の運動と歩みとを知覚するのに十分なだけその物体への接近がなされた後になって、私たちはそれを樹木・柱その他の動かない物体から区別するが、このことからして、かの歩みはこの物体の「特性」である。なぜなら、それは動物を他の諸物体から区別するその固有性だからである。

5．どのようにして発生の仕方から特性が、また逆に特性から発生の仕方が導出されるか

さて、既知の発生の仕方からどのようにして結果の認識が獲得されうるかは、円の例によって容易に理解される。すなわち、円形にごく近似した平面図形が目の前に示されたとき、もちろん感覚によったの

第 1 章 | 19

では、それが円であるか否かを認識することは決してできないが、しかし目の前に示された図形の発生の仕方が認識されていれば、この発生の仕方から至極容易に上のことを認識することができる。なぜなら、一方の端が固定されたままになっている何かある物体を回転させることによってその図形が作られたとすると、「この回転体は、長さが常に同じであるから、まず1本の輻線に当てはまり、次いで第2輻線、第3輻線、第4輻線および以下次々に全部の輻線に当てはまる。それゆえ、同一点から円周に至るまでの長さはどの方向でも同一である。言いかえれば、この図形の全輻線の長さは等しい」というように私たちは推論し、それゆえ、そのような発生の仕方からは、1つの中心点からすべての末端に達する諸々の輻線の長さが等しい図形が出てくるということが認識されるからである。

同様に、私たちは既知の図形から推論して何かある発生の仕方に到達するが、これはおそらく実際にあった発生の仕方ではないにしても、ありえた発生の仕方である。なぜなら、今しがた言われた円の既知の特性から、何らかの物体が上述のような仕方で回転させられれば円が生じる、ということを知るのは容易だからである。

6．哲学の目的

さて、哲学の目的ないし目標は、私たちが自分の利便のために、予見された結果を用いることができるということ、もしくは物体を物体に結合することをつうじて、脳裏に思い描かれた結果と同様の結果が、人の力と諸事物の材質が許すかぎり、人間生活の用向きのため

（1） 底本ではここは「いかなる運動によっても」(nullo moto) となっているが、moto を modo の誤植とみて訂正して訳した。

に、人々の精励によって生み出されるということである。

　なぜなら私は、誰かある人が疑わしい物事についての困難を克服したり、最も深く隠れた真理を発見したりしたことで、心中ひそかに喜んだり勝ち誇ったりするということが、哲学のために費さなければならないだけの労苦に値するとは思わないし、自分がものを知っているということを他人が知ってくれるなどということは、そのことから何か別のことが結果として生じるだろうと考えられるのでもないかぎり、実のところ誰にとってもたいした努力を払うべきことではないと考えるからである。学問が樹立されたのは力のためであり、定理（これは幾何学者たちにあっては特性の探究である）が樹立されたのは問題のため、ということはつまり問題を構築する技術のためであり、結局あらゆる考察は、何らかの行為ないし仕事のために企てられたのである。

7．哲学の効用

　さて、哲学の効用、わけても自然学と幾何学の効用がどれほどのものかを私たちが最もよく理解するのは、今存在している人類の主要な利便を数え上げ、それらを享受している人々の生活習慣を、それらを欠いている人々の生活習慣と比較したときである。しかるに、人類の最大の利便は諸々の技術、すなわち、物体とその運動を測定する技術、非常に重いものを動かす技術、建築術、航海術、あらゆる用途のための道具を製作する技術、天体の動きや星座のアスペクトや時間の諸瞬間を計算する技術、地球の外観を描き出す技術などである。これらの技術のおかげで人々にどれほどの利益が獲得されるかは、それを述べるよりもたやすく理解されることである。ヨーロッパの諸民族はほとんどみなこれらの技術を享受し、アジアの大部分の諸民族とアフリカの若干の諸民族もそうであるが、アメリカの諸民族と南北両極の

近くにいる諸民族はそれらを全く欠いている。さてそれはどうしてなのか。ヨーロッパ・アジア・アフリカの諸民族のほうがアメリカや極地付近の諸民族よりも才知の鋭さにおいてまさっているのか。同じ類の精神と、精神の同じ能力とが万人にあるのではないのか。そうだとすれば、一方の諸民族にあって他方の諸民族にないのは、哲学以外の何であろうか。☆

　これに対して、道徳哲学と国家哲学の効用は、既知の道徳哲学・国家哲学から私たちが得ている利便よりも、それを知らないことから私たちにふりかかっている災禍によって評価されなければならない。しかるに、人間の努力によって避けることのできる災禍はすべて戦争から、それもとくに内戦から生じる。なぜなら、戦争からは殺戮や孤立や、あらゆる物資の欠乏が生じてくるからである。しかしこれらの災禍の原因は、人々がそれらを欲しているということにあるのではない。なぜなら、善を欲する意欲、少くとも善であるように見える物事を欲する意欲以外に、いかなる意欲もないからである。またこの原因は、これらの災禍が害悪であることを人々が知らないということにあるのでもない。なぜなら、殺戮や窮乏が害悪であり不快なことであるということを身に感じないような者が、誰かいるであろうか。それゆえ内戦の原因は、戦争と平和の原因が知られていないこと、そして平和を固め守るための自己の義務を、言いかえれば真の生活規則を学んだ人々がごく少数しかいないということにある。さて、この規則の認識こそが道徳哲学である。しかして、人々が道徳哲学を学んでこなかったのは、今まで誰もそれを明瞭な正しい方法で教示しなかったからでないとしたら、なぜであろうか。というのは、そうでないなら次のことはどういうことであろうか。すなわち、かつてギリシア人・エジプト人・ローマ人その他の人々の教師たちは、彼らの神々の本性について、自分でも真であるのかないのか知らなかったような教説や、

偽であって不合理であることが明らかな教説を数かぎりなく、そういう物事に通じていない多数の人々に納得させることができたのに、この同じ群衆に自己の義務を納得させることは、それを教師たち自身は認識していたとしてもできなかった、ということは。あるいは、幾何学者たちの手になる少数の卓越した著作は、彼らの論じている物事に関するあらゆる論争を片付けるのに有効であったのに、倫理学者たちの手になるあの無数の巨大な書物のほうは、証明済みの確実なことを含んでいても全然有効でなかった、ということは。最後に、幾何学者の著作は学問的なのに、倫理学者の著作は私に言わせれば言葉の遊びでしかないが、その理由としては、前者は自分の論じている学説を知り解している人々によって生み出されたのに対して、後者は自分の論じている学説に無知な人々によって、自身の雄弁もしくは天分をひけらかすために生み出された、ということ以外に、どういうことを思いつくことができようか。もっとも私は、何冊かそういう書物を読むことが非常に好ましいことであるということを否定するつもりはない。なぜなら、そういう書物ははなはだ雄弁であり、多くの立派でためになる、しかも決して通俗的でない意見を含んでいるからである。けれども、これらの意見はそういう書物によって一般的真理だと公言されてはいるが、しかし大抵は一般的真理ではない。その結果、時・場所・人の状況が変れば、義務の訓戒を知るために利用されるのに劣らぬ頻度で、悪党どもの目論見を支持するのに利用されもすることになる。しかるにこういう書物においてとりわけ強く求められているのは、私たちの行なおうとすることが正しいか正しくないかをそれによって知ることができるような、確実な行動規則である。なぜなら、「正しいこと」の何らかの規則と確実な尺度（そういうものを今まで誰も立てたことはない）が立てられる以前に、各々の事柄に関して正しいことを行なえと命じることは、無益なことだからである。し

がって、内戦とそこから生じる最大の災禍は、義務についての、言いかえれば道徳学についての無知の結果であるから、私たちは道徳学の認識に、これらと反対の利便を帰するのが正当なことである。したがって私たちは、（称賛その他の哲学から生じる好ましいことについては何も言わないが、）哲学全般の効用がどれほどのものであるかわかるのである。

8．哲学の主題

　哲学の主題、すなわち考察がそれをめぐってなされる題材は、次の条件に適うすべての物体である。すなわち、その物体の何かある発生を思い浮かべることができること、またその物体についてのある考量に従って、その物体の比較を企てることができること、もしくは、それらの物体に関して組み立てと解体が行なわれること、という条件である。これはつまり、生じることや何らかの特性を持つことが考えられるようなあらゆる物体、ということである。

　さて、上のことは、発生から特性を探究すること、もしくは特性から発生を探究することを務めとする哲学の、定義そのものから導き出されることである。したがって、いかなる発生も特性も考えられない場合には、いかなる哲学も考えられない。それゆえ、哲学は神学を含まない。私の言う神学とは、永遠なる神の、生じさせることも理解することもできない本性や属性についての学説のことであって、このような本性や属性に関しては、いかなる合成も分割も企てることができず、いかなる発生も考えることができない。

　哲学は天使についての学説や、物体とも物体の状態ともみなされないようなあらゆる物事についての学説も含まない。なぜなら、このような物事に関しては合成の余地も分割の余地もなく、その結果、それらに関してはより大きいとかより小さいということがない、というこ

とはつまり、推論のいかなる余地もないからである。

哲学は、自然史〔博物誌〕であれ政治史であれ、歴史を含まない。もっとも、歴史は哲学にとって非常に有用である（いやそれどころか必要である）が、それでもこのことに変りはない。なぜなら、歴史のような認識は経験かそれとも権威かであって、推論ではないからである。

哲学は、神的霊感や啓示から生じるいかなる知識も含まない。なぜなら、そういう知識は理性によって獲得されたのではなく、神の恩寵により瞬間的な現実作用によって（あたかも何かある超自然的な考えのように）賜物として与えられたのだからである。

哲学は、いかなる偽なる学説も含まないだけでなく、正しく根拠づけられていないいかなる学説もまた含まない。なぜなら、正しい推論によって認識されることは、偽であったり疑わしかったりすることはありえないからである。それゆえ、今日示されているような占星術や、その他この種の学問というよりはむしろ予言というべきものは、哲学には含まれない。さらに、神の崇拝についての教説も哲学には含まれない。そういう教説は自然の理によってではなく、教会の権威によって認識されたものであって、学問ではなく信仰に属している。

9．哲学の諸部門

哲学の主要な部門は２つある。なぜなら、諸々の物体の発生と特性を問い求める人々にとっては、ほとんど最高の、そして相互に最大限に区別された２つの部類の物体が現れるからである。その１つは、諸事物の本性によって組み立てられた物体であって、自然的物体と呼ばれ、もう１つは、人間の意志により、人々の取り決めと約定に基づいて組織された物体で、国家と名づけられる。それゆえここから第１に、自然哲学と国家哲学という、哲学の２つの部門が生じる。けれど

も、国家の諸特性を認識するためには、人々の気質・感情・習性が予め認識される必要があるので、次いで国家哲学はさらに2つの部門に分割されるのが常であって、そのうち気質や習性について論じる部門は倫理学、市民の義務について認識するもう1つの部門は政治学ないし国家哲学と名づけられる。それゆえ私は、（哲学そのものの本性にかかわることを先に述べた後で）第1に自然的物体について述べ、第2に人間の気質と習性について、第3に市民の義務について述べる。

10. 結語

最後に、哲学の上述の定義が気に入らない人や、「好き勝手に定義をする自由が認められたら、どんなことからどんなことでも結論することができる」などと言ってばかりいる人も、おそらく何人かはいるであろう（この定義自体が万人の考えと一致しているのを示すことは、難なく可能だと私は思うが）けれども、このことについて議論する理由が私にもこういう人々にもなくなるように私は、事物の既知の発生から結果を探ったり、逆に既知の結果から事物の発生を探ったりするための学問の根本諸原理を、本書によって述べるであろうということを公言する。その結果、他の哲学を求める人はどこかよそからそれを得るべく努めるように促されることになろう。

第2章　単語について

1．感覚可能な記録物すなわち目印が、記憶のために必要なこと。目印の定義

人間の思考がいかに移ろいやすくはかないものであるか、人間の思考の繰り返しがいかに偶然であるか、ということについてのきわめて確実な経験が、自分自身に関してはないというような人は誰もいるはずがない。なぜなら、感覚可能な現前している尺度なしに量を記憶したり、感覚可能な現前している見本なしに色を記憶したり、数の名称（配列され記憶によって暗記された順序）なしに数を記憶したりすることは、誰もできないからである。それゆえ、何かそのような助けになるものがなければ、人間が推論することによって自分の心のうちで得て有することになったものは何であれ、すぐさま消失してしまい、そのつど骨折りを繰り返さなければ回復することはできない。このことから帰結するのは、哲学の獲得のためには、過去の思考を連れ戻して各々をその順序どおりにいわば登録できるようにするための、何らかの感覚可能な記録物が必要であるということである。この種の記録物は、私たちが目印と呼ぶものである。それはすなわち、「私たちの自由意志によって用いられた感覚可能な諸事物であって、その諸事物がそれを表わすために用いられた当の思考に似た思考を心のうちに回復することを、その諸事物自体の感覚によって可能にするためのもの」である。

2．感覚可能な記録物すなわち目印が、心の持つ概念を表示するために必要なこと

さらに、すぐれた天分の持ち主ではあっても誰かある1人の人が、

そのすべての時間を、一部は推論することに、また一部は記憶を助ける目印を発明したり覚えたりすることに費したとしても、彼は自分自身にとってもたいして役には立たないし、他の人々には全然役に立たない、ということのわからない者が誰かいようか。なぜなら、この人が自分のために発明した記録物が他の人々にとっても共通のものでないとしたら、彼の知識は彼自身とともに滅んでしまうであろうから。しかるに、もし同一の記録物すなわち目印が多数の人々にとって共通のものとなり、ある1人の人によって発明された諸々の目印が他の人々に伝えられたとすれば、知識は増加することができ、それとともに全人類の効益も増加することができる。それゆえ、哲学を伝えるためには、ある人々の考え出したことを他の人々がそれによって知ったり示されたりできるような、何らかの記号が存在することが必要である。しかるに、非常に多くのものが似たような仕方で互いに先行・後続し合っているのが経験された場合にそのつど、先行するものは後続するものの、また後続するものは先行するものの記号と呼ばれるのが常である。たとえば、濃い雲は続いて起こる雨の記号〔予兆〕であり、雨はそれに先立つ雲の記号であるが、それは、私たちが濃い雲をそれに続いて起こる雨なしに経験したことはめったになく、また雨をそれに先立つ雲なしに経験したことは決してないという、この理由によるのである。さらに、記号には自然によるものと任意的なものとがあって、前者の例は今しがた述べたものがそれである。後者はすなわち私たちの意志によって用いられる記号であって、売り物の酒を表わすための吊り下げられたキヅタ、畑の境界を表わすための石、心の思考と動きを表わすための、ある仕方で結合された人声などはそのようなものである。それゆえ、目印と記号の違いは、目印は自分のために、記号は他の人々のために定められたものであるという点である。

3．名辞は右の２つのことを両方とも達成する

　人声は、思考の記号であるように結合されていれば「陳述」と呼ばれるが、その個々の部分は「名辞」と呼ばれる。さて上述のように、哲学には目印と記号が（目印は自分の思考を思い出すことができるために、記号は自分の思考を人に示すことができるために）必要であるが、名辞はこの両方のことを達成する。ただし名辞は、記号の働きよりも先に目印の働きを果す。なぜなら人間は、世界のうちに１人きりで存在したとしても、記憶することにはたしかに従事するが、しかし示すことには、示す相手である他人が存在しなければ従事することができないからである。さらに、名辞はそれ１つだけでもやはり思考されたことを思い出させるから、それ自体で単独でも目印ではあるが、しかし陳述の中で配列されて陳述の一部をなすかぎりにおいてでなければ、記号ではない。たとえば「人間」（homo）という声は、たしかに聞き手のうちに人間の観念を引き起こすが、しかし（「……は動物である」とか、何かこれと等価な他のことを付け加えて言う人の場合でなければ）それを言う人の心の中に何かある観念があったことを意味するわけではない。そうではなくてこの声は、たしかに「人間」という声から始まってもよかったが、「同種のもの」（homogeneum）という声から始まってもよかった何かあることを、それを言う人が言いたかったのだということを意味するのである。それゆえ、名辞の本性は第１に、記憶のために用いられた目印であるという点に存するが、しかし名辞は私たちが記憶によって保持している物事を表わしたり示したりするのにも役に立つ、ということにもなるのである。したがって、名辞は次のように定義される。

4．名辞の定義

　名辞とは、それによって過去の思考に似た思考を心のうちに引き起

こすことができる目印として、また順序よく配列されて他人に対して述べられれば、この他人にとっては記号となるような目印として、人間の自由意志によって用いられる人声であって、この後のほうの場合、そのような思考はそれ以前に述べ手自身のうちに存在していることもいないこともある。ところで、私は名辞が人間の自由意志から生じたということを前提したが、このことは簡単なことなので、疑う余地は少しもないと想定することが可能だと私は判断した。なぜなら、日々新しい言葉が生れて古い言葉は廃れ、民族が異なれば使用される言葉も異なり、要するに事物と言葉との間には類似性もないしいかなる比較も企てることができない、ということを見てとっている人の心に、事物の本性がその事物自身にその名称を与える、などという考えが浮かぶことがあろうか。私たちの最初の祖先が使用していた動物やその他の事物の何かある名辞は神の教えたもうたものであったろうけれども、それらは神の自由意志によって定立された後、あるいはバベルの塔のゆえに、あるいは時の経過によっても、いたるところでそれを用いる習慣がなくなって忘れ去られ、人間たちの自由意志によって発明され受け入れられた他の名辞がそれらに取って代わったのであるから。

　さらに、普通には単語のどのような用い方がなされていようと、自分の知識を他の人々に伝えようとする哲学者には、自分の考えを表わすために、自分の使いたい名辞を、それで自分の考えが理解されるようになりさえするならば、使用する権能が常にあるし、また場合によっては、使用する必要もあったし、これからもあるだろう。なぜなら、数学者にとっては、自分の考え出した図形を「放物線」「双曲線」「シッソイド」「方形」等々と呼んだり、ある大きさをＡ、ある大きさをＢと名づけたりするために、自分たち以外の誰かにそれを成し遂げてもらう必要はなかったのだからである。

5．名辞は事物の記号ではなく、思考の記号である

ところで、陳述の中で配列された名辞が概念の記号であることは既に定義されたとおりであるから、名辞が諸事物そのものの記号でないことは明らかである。なぜなら、「石」というこの声の音が石の記号であるということは、この声を聴いた人が、それを話している人は石のことを考えていると結論したということ以外の、どのような意味に解されうるであろうか。それゆえ、名辞が表わすのは質料か形相か、それともその合成物かという議論や、その他のこの種の形而上学者たちの議論は、誤りを犯している人々、自分の議論している言葉を理解していない人々の議論である。

6．名辞はどのような諸事物の名か

しかし、あらゆる名辞が何らかの事物の名であるということも必然的ではない。なぜなら、「人間」「樹木」「石」という音声が事物そのものの名であるのと同様に、夢に際して生じる人間や樹木や石の像もまた、事物ではなく事物の単なる形像や表象にすぎないとはいえ、それ自身の名を有するからである。それらの像は記憶されたと認められるので、事物そのものに劣らず、名辞によって目印されたり表わされたりしなければならないのであるから。さらに、「未来」というこの音声も名辞であるが、未来の物事はまだ何も存在していないし、私たちは自分が未来と呼んでいるものが存在することになるかどうかを知ってもいない。しかしそれでも、私たちは思考によって過去のことを現在のことに結びつけるのが通例なので、これと同じような結びつきを「未来」という名辞によって表わすのである。さらに、現に存在せず、過去にも存在したことがなく、これからも存在しないであろうし、存在することが不可能であるようなものも、やはり名を持つのであって、それはすなわち、「現に存在せず、過去にも存在したことが

なく」云々というほかならぬこの名、もしくはいっそう簡潔に「不可能なもの」という名である。とどのつまり、「無〔0〕」(nihil) というこの声も名辞であるが、しかし事物の名ではありえない。なぜなら、（たとえば）5から2と3を引いて何も残らないことがわかっている場合、この引き算を記憶したいと思えば、この陳述は「残りは0である」であるが、この陳述の中で名辞「0」は無用なものではないからである。同じ理由により、小さいほうの数から大きいほうの数を引く場合の残りについても、「0より小さいもの〔負〕」と言うのが正しい。なぜなら、心は学理上の理由でこの種の残余を虚構し、必要になるたびにそれを思い出そうと欲するからである。しかるに、あらゆる名辞は何らかの「名づけられたもの」に関係を持つから、たとえ名づけられたものが必ずしも常に諸事物からなる自然の中に存在している事物とは限らないとしても、「名づけられたもの」と言うかわりに「事物」と言うことは学理上の理由で許されるのである。あたかもこの「事物」は真に存在するものであっても虚構されたものであっても同じことであるかのように。

7．肯定的名辞と否定的名辞

　諸々の名辞の第1の区別は、肯定的名辞すなわち断言的名辞と、否定的名辞とがあるということであろう。この否定的名辞のほうは、欠如的名辞とも無限定的名辞とも呼びならわされている。肯定的名辞は、思考される諸事物の類似性や等同性や同一性によって冠せられる名辞であり、否定的名辞は、思考される諸事物の相違性や非類似性や不等性によって冠せられる名辞である。肯定的名辞の例は「人間」や「哲学者」である。なぜなら、「人間」は多数の人間たちのうちから任意の1人を、「哲学者」は多数の哲学者たちのうちから任意の1人を、全員の類似性によって指し示しているからである。同様に「ソク

ラテス」も、常に1人の同じ人物を指し示すから肯定的名辞である。否定的名辞の例は、肯定的名辞に否定の小辞「ならざるもの」を付加することによって生じる名辞であって、「人間ならざるもの」「哲学者ならざるもの」はその例である。さて、肯定的名辞は否定的名辞に先立つ。その理由は、肯定的名辞が先に存在していなければ否定的名辞の使用もありえなかったから、ということである。なぜなら、ある諸事物に「白いもの」という名が冠せられ、これに対してその他の諸事物には「黒いもの」「青いもの」「透明なもの」等々の名が次々に冠せられたとき、この後のほうの諸事物全部の「白いもの」との非類似性は数において無限であって、これらの非類似点を1つの名辞で包括することは、「白いもの」の否定、すなわち「白くないもの」という名辞か、もしくは（「白いものに似ていないもの」のように）「白いもの」という声の再現を含んだこれと同義の名辞による場合以外は不可能だったからである。そしてこの否定的名辞によって私たちは、自分が考えていなかったものを心の中に呼び戻して表わすのである。

8．矛盾し合う名辞

ところで、肯定的名辞と否定的名辞は互いに矛盾し合っており、そのため、両者がともに同一の事物の名であることはできない。さらに、どんな事物も矛盾し合っている名辞のどちらか一方をその名としていることは確かである。なぜなら、何であろうと人間であるか人間でないかのどちらかであり、白いか白くないかのどちらかであり、その他の点についても同様であるからである。このことはまったく明らかであって、これ以上立証したり説明したりする必要はないほどである。なぜなら、このことを「同じものが存在し、かつ存在しない、ということは可能でない」というように言い表わす人の言い方は曖昧であるが、しかし「存在するものは何であろうと存在するか存在しな

かのどちらかである」というように言い表わす人の言い方も、不合理で滑稽だからである。この公理、すなわち「どんな事物でも、矛盾し合う2つの名辞のうちの一方をその名とし、もう一方をその名としない」という公理は、あらゆる推論の、ということはつまりあらゆる哲学の原理であり基礎である。だからこそこの公理は、それが実際にそうであるとおり、万人にとっておのずから明晰かつ明白であるように、正確に言い表わさなければならなかったのである。もっとも、このことについて形而上学者たちの著作において長い言説を読み、そこでは何ひとつ普通の言い方では述べられていないと考え、自分の理解していることを理解しているとは自分では知らずにいる人々にとっては、話は別であるが。

9．共通名辞

　次に、諸々の名辞のうちのあるものは、「人間」や「樹木」のように、多数の事物に共通の名であり、他のあるものは、「『イリアス』の著者」「ホメロス」「この人」「あの人」のように、個々の事物に固有の名である。さて共通名辞は、個々にとり上げられた多数の事物の名ではあるが、しかし集合的にそれらの事物全部をいっしょに名づける名ではない（たとえば、「人間」は人類の名称ではなく、ペトロやヨハネやその他の個々別々の人々めいめいの名称である）から、というこのことのゆえに、普遍的名辞と呼ばれてもいる。この普遍的名辞は、共通名辞のことなのであるから、諸々の事物からなる自然の中に存在している何かある事物の名でも、心の中に形成された何かある観念や表象の名でもなく、常に何かある声の、すなわち名辞の名である。したがって、動物や岩や幻影やその他の何であっても、それが普遍的名辞であると言われるときには、ある人や岩等々が普遍的であったとか、現に普遍的であるとか、普遍的でありうるとかいう意味に解されるべきで

34

はなく、単に「動物」「岩」等々といった声が普遍的名辞、すなわち多数の事物に共通の名である、という意味にのみ解されるべきであり、そしてこれらの普遍的名辞に心の中で対応している諸概念が、個々の動物やその他の事物の像や表象であるということなのである。それだから、普遍的名辞の意味を理解するためには想像力以外の能力を必要としないのであって、この想像力によって私たちは、この種の声がある場合にはあるものを、ある場合には別のものを心の中に呼び起こした、ということを思い出すのである。さらに、共通名辞には共通である度合の高いものと低いものとがあって、より多くの事物の名である名辞は共通である度合が高く、より少数の事物の名である名辞は共通である度合が低い。たとえば、「動物」は「人間」や「馬」や「ライオン」よりも共通である度合が高いが、その理由は、「動物」が「人間」「馬」「ライオン」のすべてを包括しているからである。それゆえ、共通である度合の高い名辞は、その下に含まれている共通度の低い名辞に対して、類（genus）ないし一般（generale）と言われ、これに対して後者は前者の種（species）ないし特殊（speciale）と言われる。

10. １次的志向性を持つ名辞と２次的志向性を持つ名辞

そして、ここから諸々の名辞の第３の区別が生じてくる。それはすなわち、ある名辞は１次的志向性を持つ名辞、他は２次的志向性を持つ名辞と言われてきたという、この区別である。１次的志向性を持つ名辞は、「人間」や「石」のような事物の名であり、２次的志向性を持つ名辞は、「普遍的なもの」「特殊的なもの」「類」「種」「三段論法」の類いのような、名辞や陳述の名である。さて、なぜ前者が１次的志向性を持つと言われ、後者が２次的志向性を持つと言われたのかは、日常生活に役立つ諸事物に名を冠することがおそらく最初に注意

の向けられたことであり、それに対して次に学問に属する物事に、すなわち諸々の名辞に名を与えることが、後発の第2の関心事であったのでなければ、説明することは難しい。しかし、どのような理由でこういうことになったにせよ、「類」「種」「定義」が声や名辞以外の事物の名でないことは明らかである。そしてそれゆえに、形而上学者たちのもとで「類」や「種」が諸事物に代置され、定義が諸事物の本性に代置されていることは、類も種も定義も諸事物の本性についての私たちの思考の表示にすぎない以上、正しくないのである。

11. 普遍的名辞・特殊的名辞・個別名辞・不定名辞

　第4に、諸々の名辞のうちには、一定の、すなわち特定された意味を持つものと、特定されない、すなわち不定の意味を持つものとがある。特定された一定の意味を持つ名辞は、第1に、ただ1つの事物の名であるような名辞であって、これは「個別名辞」と呼ばれ、「ホメロス」「この樹木」「あの動物」などがその例である。第2に、「あらゆる」「任意の」「両方の」「どちらか一方の」あるいはこれらと同じような意味のその他の付加語を持つ名辞も、特定された一定の意味を持つ名辞である。さて、この第2の部類の名辞は、それが共通につけられている多数の事物のうちの各々の名であるから、「普遍的名辞」と呼ばれるが、しかしその聴き手が語り手の思い描いてほしかった事物を心に思い描くので、それらも一定の意味を持つ名辞なのである。不定の意味を持つ名辞とは、第1に、「何らかの」「ある」あるいはこれらと同じような意味のその他の語が付加されている名辞であり、「特殊的名辞」と呼ばれる。次いで、「人間」や「石」のように、普遍的名辞や特殊的名辞のいかなる目印もなしに裸で置かれた共通名辞も、不定の意味を持つ名辞であって、これらは「不定名辞」と呼ばれる。さて、特殊的名辞と不定名辞の両者はともに、その話し手が聴き

手に思い描いてほしいのはどの事物のことなのか聴き手にはわからないから、一定でない意味を持つ名辞である。それゆえ、陳述の中では不定名辞と特殊的名辞は等価なものとみなされなければならない。

ところで、普遍的名辞や特殊的名辞に付く「あらゆる」「任意の」「何らかの」等々の語は、名辞ではなくてその一部であるから、「あらゆる人間」と「聴き手が心に思い描くであろう人間」とは同一であり、また「ある人間」と「話し手が心に既に思い描いた人間」とは同一である。そしてこの点からさらに、次のことを理解することができる。すなわち、この種の記号の使用は人間にとって、自分自身のために、すなわち自分だけの省察によって知識を獲得するためにあるのではなく（なぜなら、各人はこの種の記号がなくても特定の自分の思考を持つのであるから）、他の人々のために、言いかえれば説明をして他の人々に自分の思ったことを表示するためにあるのだということ、またそれらの記号は記憶のためにではなく、会話のために考え出されたのだということである。

12. 一義的名辞と両義的名辞

さらに、諸々の名辞は「一義的名辞」と「両義的名辞」とに区別されるのが常であるが、その場合、「一義的名辞」とは推論の同一の系列のなかで常に同じものを表わす名辞のことであり、これに対して「両義的名辞」とは、ある時にはある仕方で、またああある時には別の仕方で理解されるべき名辞のことである。たとえば、triangulum の名が一義的名辞であると言われる場合、それはこの名が常に〔三角形という〕同一の意味において受けとられるからであり、これに対して parabola が両義的名辞であると言われるのは、この名辞がある場合には寓意ないし比喩のことを、またある場合にはある幾何学的図形〔放物線〕のことを示すからである。さらに、隠喩はその機能上、すべ

て両義的である。しかし、一義的・両義的のこの区別は名辞自体の区別ではなく、名辞を使用する人々の区別であって、彼らのうちには言葉を（真理を見出すために）本来的に正確に使用する人々もいれば、装飾や欺瞞のために濫用する人々もいるのである。

13. 絶対的名辞と相対的名辞

　第5に、諸々の名辞のうちには「絶対的名辞」と呼ばれるものと「相対的名辞」と呼ばれるものとがある。「父」と「息子」、「原因」と「結果」、「似ているもの」と「似ていないもの」、「等しいもの」と「等しくないもの」、「主人」と「奴隷」等のように、比較のために冠せられる名は、「相対的名辞」である。これに対して、比較を表わすために冠せられるのでない名は「絶対的名辞」と呼ばれる。さて、普遍的名辞については、それは言葉に付与されなければならないものであって、事物にではない、ということが言われたように、名辞のその他の区分についてもこれと同様のことが、すなわち、いかなる事物も一義的であったり両義的であったりすることはないし、相対的であったり絶対的であったりすることもない、ということが言われなければならない。名辞の区別はこのほかにもまた、「具体的名辞」と「抽象的名辞」への区別があるが、抽象的名辞は命題から生じたものであって、前提された主張がないと定立されえないから、それらについては別の箇所（第3章第3節）で述べることにする。

14. 単純名辞と合成名辞

　第6に、名辞には「単純名辞」と、「合成名辞」すなわち結合された名辞とがある。ただし、とくに注意しなければならないのは、哲学においては文法の場合と違って、名辞は1つの語から成っているから1つの名辞であるとみなされるのではなく、同時に受けとられて1つ

の事物の名をなすから1つの名辞であるとみなされる、ということである。なぜなら、哲学者にとっては「生命のある、感覚する物体」というこの全体が、1つの事物の名、すなわち各々の動物の名であるがゆえに、1つの名辞なのであるが、しかし文法学者にとっては、これは3つの名辞だからである。「単純名辞」が「合成名辞」から区別されるのは、文法の場合と違って、前置詞によってではない。私がここで「単純名辞」と呼ぶのは、各々の類のうちで最も共通な、すなわち最も普遍的な名辞のことである。これに対して、「合成名辞」と私が呼ぶのは、結びついた他の名辞のせいで普遍性が低下していて、この名辞があとから付加された理由をなす複数の概念が心の中に現れていることを表わすような名辞のことである。たとえば人間の概念の場合、(前章で示したように)第1に心に思い描かれているのは、それが延長を持つ何かあるものであるということであって、このものに目印するために付けられたのが「物体」という名である。それゆえ「物体」は単純名辞である。すなわち、これは上述の第1の概念ただ1つに代置されたものである。次いで、このものがしかじかの仕方で動くのを私が見るとき、他の概念が生じ、この概念のためには「生命ある物体」という名がつけられるが、この名を私はここで「合成名辞」と呼んでいるのである。これと同様に、「生命ある物体」と等価な「動物」という名辞も合成名辞である。同様にして、「理性を持つ生命ある物体」もまた「人間」と等価なので、合成されている度合がなおさら高い。そしてこのようにして私たちは、心の中での諸概念の合成が名辞の合成に対応していることを見てとる。なぜなら、心の中で1つの観念ないし表象が他の観念ないし表象に重なり、また後者が他の観念ないし表象に重なるように、1つの名辞に他の名辞が次々に付け加わって、それら全部から1つの合成名辞が生じるからである。けれども私たちは、心の外の物体そのものもこれと同じ仕方で合成された

考えないように用心しなければならない。これはすなわち、最初は全然いかなる大きさも持たず、次に大きさが付け加わって量が生じ、そしてこの付加された量の多いか少ないかに従って濃くなったり薄くなったりし、さらに形状が加わって形あるものとなり、そしてその後で光と色が投影されて明るく色彩あるものとなるような、そのような物体ないし何らかの想像可能な存在物が、諸々の事物からなる自然のうちに存在するなどと考えないように、ということである。もっとも、そのように哲学的思考を行なった人は何人かいるのであるが。

15. 範疇の分類

　論理学について著述した人々は、（あらゆる類の事物を通じて）共通性の低い名辞を共通性の高い名辞の下位に位置づけることにより、いくつかの階梯ないし等級へと区分することに努めてきた。たとえば物体の類においては、第1の、最高の位置には端的に「物体」を置き、次いでその下に「物体」よりは共通性が低く、「物体」という名辞を限定することでそれをいっそう規定されたものとするような名辞、すなわち「生命ある物体」や「生命なき物体」を置き、そして以下同様にして、個物に到達するまで続けるのである。同じように、量（quantitas）の類においては、第1の、最高の位置に「量」（quantum）を置き、次いで「線」「面」「立体」といった、「量」よりも外延の小さい名辞を置く。そして諸々の名辞のこの序列ないし階梯を、論理学について著述した人々は「範疇」（praedicamentum）と、また「カテゴリー」と呼びならわしている。さらに、肯定的名辞だけでなく否定的名辞も序列づけられる。さて、諸範疇の見本すなわち定式は、次のようなものであるかもしれない。

物体の範疇の定式

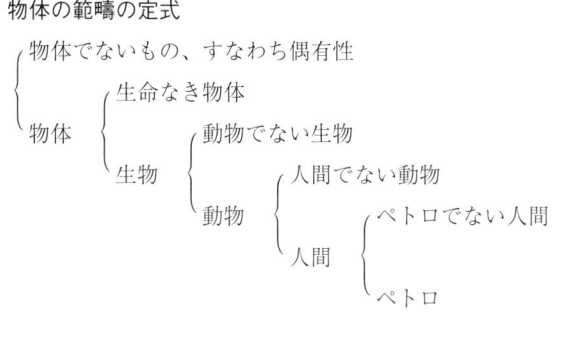

```
       ┌ 物体でないもの、すなわち偶有性
       │       ┌ 生命なき物体
       │ 物体  │       ┌ 動物でない生物
       │       │ 生物  │       ┌ 人間でない動物
       │       │       │ 動物  │       ┌ ペトロでない人間
       │       │       │       │ 人間  │
       │       │       │       │       └ ペトロ
```

```
                              ┌ 量として、すなわち、しかじかの
                              │ 分量のものとして考量される
                   ┌ 絶対的に │ 質として、すなわち、しかじかの
ただし、偶有性で   │          │ 性質のものとして考量される
あれ物体であれ     │ または
                   │
                   └ 比較によって考量され、関係と言われる
```

量の範疇の定式

```
    ┌ 非連続的な、数としての量
    │                   ┌                    ┌ 線としての量
    │                   │ それ自体で連続的な、│ 面としての量
量  │                   │                    └ 立体としての量
    │ 連続的な量        │
    │                   │ 偶然に             ┌ 線による、時間としての量
    │                   │ 連続的な、         │ 線と時間による、運動としての量
    └                   └                    └ 運動と立体による、力としての量
```

　この場合、注意しなければならないのは、線・面・立体はしかじかの長さ・広さ・大きさがあると、言いかえれば、初めからその本性上

等同性と不等性とを容れうるものであると言われるのに対して、時間は線と運動によって、速度は線と時間によって、最後に力は立体と速度によってでなければ、どちらがどちらよりも大きいとか、小さいとか、あるいは互いに等しいとか言うことができず、それどころか量と言うことも全然できない、ということである。

質の範疇の定式

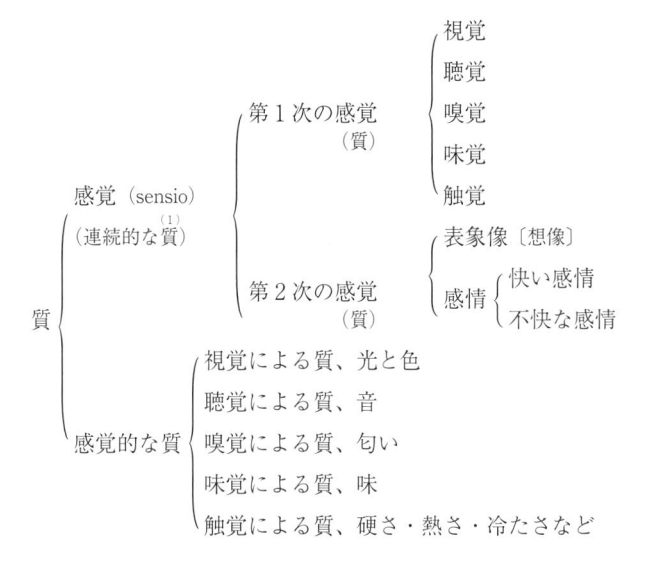

```
                        ┌ 第1次の感覚    ┌ 視覚
                        │   （質）       │ 聴覚
                        │                ├ 嗅覚
         感覚（sensio）  │                │ 味覚
         （連続的な質）⁽¹⁾│                └ 触覚
        │               │
        │               │                ┌ 表象像〔想像〕
  質 ┤                  └ 第2次の感覚    │        ┌ 快い感情
        │                  （質）        └ 感情 ┤
        │                                        └ 不快な感情
        │               ┌ 視覚による質、光と色
        │               │ 聴覚による質、音
        └ 感覚的な質 ┤ 嗅覚による質、匂い
                        │ 味覚による質、味
                        └ 触覚による質、硬さ・熱さ・冷たさなど
```

（1） ここは底本のラテン語版では Continua であるが、Molesworth 編のラテン語版著作集では Sensio、英語版では Perception by Sense となっているため、訳文では双方を併記する形にした。

関係の範疇の定式

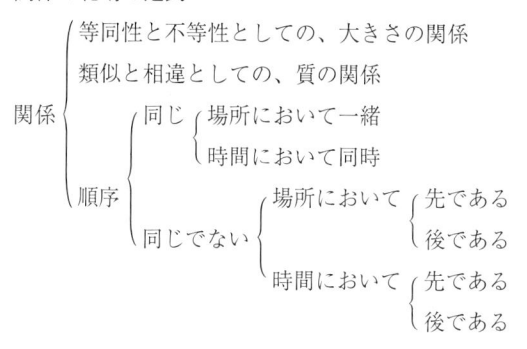

関係 ⎰ 等同性と不等性としての、大きさの関係
　　 ⎪ 類似と相違としての、質の関係
　　 ⎨ 順序 ⎰ 同じ ⎰ 場所において一緒
　　 ⎪　　 ⎨　　 ⎩ 時間において同時
　　 ⎩　　 ⎩ 同じでない ⎰ 場所において ⎰ 先である
　　　　　　　　　　　　 ⎨　　　　　　 ⎩ 後である
　　　　　　　　　　　　 ⎩ 時間において ⎰ 先である
　　　　　　　　　　　　　　　　　　　　 ⎩ 後である

16. 範疇に関して注意すべきいくつかの点

これらの範疇に関してとりわけ注意すべきことは、最初の定式において行なわれたように、互いに矛盾している名辞同士へと常に区分がなされるようにすることが、その他の定式においても可能であるということである。なぜなら、最初の定式で「物体」が「生命ある物体〔生物〕」と「生命なき物体」とに区分されているように、第2の範疇においても「連続的な量」を「線」と「線でない連続量」とに区分し、さらに「線でない連続量」を「面」と「面でない連続量」とに区分することが可能であり、その他の範疇においても同じようにすることができるからである。ただし、そうする必要はなかったのであるが。

第2に注意して見ておかなければならないことは、肯定的名辞のうちの下位のものは常に上位のものに含まれるが、逆に否定的名辞のうちでは上位のものが下位のものに含まれる、ということである。なぜなら、たとえば「動物」という名辞はどの人間の名でもあるので、それ自身のうちに「人間」という名辞を含んでいるが、反対に「人間でないもの」という名辞は動物でないもののどれの名でもあるので、上

第 2 章 | 43

位に位置づけられる「動物でないもの」という名辞のほうが、「人間でないもの」という下位の名辞に含まれている。

　第3に気をつけなければならないことは、名辞と同様に事物そのものの多様性もまた、矛盾によるこの種の区別によって汲み尽くされうると考えないこと、すなわち、諸事物の多様性の数に限りがありうると考えたり、あるいはその点から（何人かの人々が滑稽にもやってきたように）事物そのものの種類が無限ではないことを立証するための論拠が取り出されると考えたりしないようにすることである。

　第4に私は、自分が上述のこの諸定式を諸々の名辞の確実にして真なる秩序として示しているのだとは、誰にも思ってほしくない。その理由は次のとおりである。すなわち、そういう秩序は完全無欠な哲学者しか確立することのできないものであるということ。また、たとえば光を私は質の範疇のうちに入れているが、他の人はこれを物体の範疇のうちに入れるとしても、だからといって私がその人を、もしくはその人が私を、何らかの仕方で当人の意見から遠ざけようとするわけではないということである。なぜなら、このことは論拠に基づいて、また推論することによってなされるべきことであって、小名辞の配列によってなされるべきことではないからである。

　最後に、私は自分がこれまで、哲学における諸範疇の重要な用い方を詳しく調べたことがあるわけではない、ということを告白する。私の思うに、アリストテレスは、諸事物の調査を成し遂げることができないので、自己の権威のために、言葉の調査を成し遂げようとする何らかの欲求に捉えられたのだ。これに対して私は、本章で同じこと〔言葉の調査〕をしたけれども、それは事物がどのようなものであるかが理解されるようにするという目的のためであって、したがって合理的理由によって確認されてからでなければ、言葉の真の秩序とみなされてはならないのである。

第3章　命題について

1．陳述のさまざまな種類

　諸々の名辞の連結と脈絡から、さまざまな種類の陳述が生じる。それらのうちのあるものは、人々の願望や感情を表わす。たとえば、「善い男は誰か」のような疑問文はそのようなものであって、こういう文は知ることの願望を表わしている。この場合、1つの名辞は定まっているが、もう1つの名辞はそれを知ることが望まれており、私たちの問いかけている相手からそれを知ることが期待されているのである。祈願文も同様な陳述の例であり、これは何かあるものを得ることの願望を表わす。約束・脅迫・選択・命令・嘆息その他の陳述も、他の諸種の感情の表示である。さらに、全く不合理で無意味な陳述もありうる。それはすなわち、名辞の系列に心の中の概念の系列が何も対応しない場合であって、このことは、非常に微妙な事柄について何もわかっていないのに、わかっているように思われたくて支離滅裂な言葉を述べる人々に、しばしば起こるとおりである。なぜなら、支離滅裂な言葉の連結も、たとえ陳述の目的（すなわち意味表示）を欠いてはいても、それでもやはり陳述であり、形而上学上の著作家たちの著作物には、意味のある陳述に比べてあまり劣らない頻度で現れるからである。哲学の陳述のただ1つの種類は、たしかに人によってはそれを「言辞」（Dictum）と呼んだり、「発言」（Enuntiatum）や「言明」（Pronuntiatum）と呼んだりするが、しかし多くの人々は「命題」（Propositio）と呼ぶところのものである。これはすなわち、肯定したり否定したりする人々の陳述であり、真と偽の表示である。

2．命題の定義

さて、命題とは、結合した2つの名辞から成っていて、それによって話し手が、後のほうの名辞は前のほうの名辞を名として持つ同じ事物の名であると自分は理解している、ということを表わす陳述のことである。「後のほうの名辞は前のほうの名辞を名として持つ同じ事物の名である」とは、(同じことであるが) 前のほうの名辞は後のほうの名辞に含まれる、と言いかえてもよい。たとえば、「人間は動物である」というこの陳述は、「〜は……である」(est) という動詞によって2つの名辞が結合されている陳述であるが、これは命題である。なぜなら、そのように述べる人は、後のほうの名辞「動物」が「人間」をその名とする同じ事物の名である、すなわち前のほうの名辞「人間」は後のほうの名辞「動物」に含まれている、と自分が考えていることを表わしているからである。

3．主語・述語・繋辞とは何か、また抽象的名辞・具体的名辞とは何か[1]

さて、この前のほうの名辞は「主語」「先行名辞」あるいは「被包摂名辞」と呼びならわされ、後のほうの名辞は「述語」「後続名辞」あるいは「包摂名辞」と呼びならわされている。連結の記号は、大抵の民族にあっては何かある語か、もしくは語の何らかの格ないし語尾であって、前者の例は「人間は動物である」という命題における「〜は……である」(est) である。また後者の例は、「人間は歩行する」(これは「人間は歩行するものである」と同義である) という命題において、「歩行するもの」(ambulans) と言うかわりに「歩行する」

---

(1) 第2節と第3節のこの区切り目は、底本以外の諸版とは異なるが、節題と本文の内容から判断して、底本の行なっている修正に従った。

（ambulat）という言い方がされているその語尾である。この種の記号は、「人間」と「歩行するもの」という両名辞が結合されたものとして、すなわち同一の事物の名として理解されている、ということの記号である。ただし、私たちの「〜は……である」という動詞に相当するいかなる語も全然持っていないが、「人間は動物である」のかわりにただ「人間、動物」とだけ言うとした場合のように、1つの名辞を他の名辞の後に置くということだけで命題を形成する民族も、いくつかは存在するし、またたしかに存在しうる。なぜなら、名辞のこういう順序そのものが、名辞の連結を十分に示しうるからである。また、「〜は……である」という語を欠いているというこのことのために、そういう民族が哲学することに適する度合が減じるわけでもない。

　それゆえ、あらゆる命題のうちには、考量されるべきものが3つ現れている。それはすなわち、「主語」と「述語」という2つの名辞と、「繫辞」とである。そして、2つの名辞はたしかに心の中に1つの同じ事物の思考を引き起こすが、これに対して繫辞は、これらの名辞がこの事物に冠せられる原因についての思考を引き起こす。たとえば、私たちは「物体は可動的なものである」と言うとき、両方の名辞によって事物そのものが表わされていると考えているが、しかし精神はそこで止まらず、「物体であること」や「可動的なものであること」とはどういうことであるか、言いかえれば、当の事物のうちにあって他の諸事物とは違っていて、それゆえにこの事物がそのように呼ばれて他の事物はそのように呼ばれない理由をなしているものは何であるか、ということをさらに問うようにである。それゆえ、「何かあるものであること」、たとえば「可動的なものであること」「熱いものであること」等々はどういうことであるか、と問う人々は、諸事物のうちなるそれらの名称の原因を問うているのである。

　そしてここから、諸々の名辞を「具体的名辞」と「抽象的名辞」と

に分けるあの（前章で触れた）区分が生じる。さて、「具体的名辞」とは、存在すると前提されている何かある事物の名であるような名辞であって、それゆえ時には「前提されたもの」(suppositum) と呼ばれ、また時には「主辞」(subjectum) と呼ばれ、ギリシア語ではὑποκείμενονと呼ばれる。その例としては、「物体」「可動的なもの」「運動したもの」「形造られたもの」「1エルの長さのもの」「熱いもの」「冷たいもの」「似ているもの」「等しいもの」「アッピウス」「レントゥルス族」およびこれらと同類のものがある。「抽象的名辞」とは、存在すると前提された事物のうちにあって具体的名辞の原因を指示する名辞であって、その例は「物体であること」「可動的であること」「運動したこと」「形造られたこと」「しかじかの多さであること」「熱いこと」「冷たいこと」「似ていること」「等しいこと」「アッピウスであること」「レントゥルス族であること」およびこれと同類の名辞である。また、これらと同義で、ともに「抽象的名辞」と言いならわされているものとしては、「物体性」「可動性」「運動」「量」「熱さ」「冷たさ」「類似性」「等同性」および（キケロがこういう語を用いたのだが）「アッピウス性」「レントゥルス族性」がある。さらに、この類の名辞は際限がない。なぜなら、「生きること」は「生命」や「生きているものであること」と同じであり、また「運動すること」は「運動」や「運動しているものであること」と同じだからである。ところで、抽象的名辞は具体的名辞の原因を指示するのであって、事物そのものを指示しない。たとえば、私たちが何かあるものを見たり、何かある目に見えるものを心に思い描いたりするとき、この事物は1つの点において現れたり思い描かれたりはしないで、互いに距離のある諸部分を持つものとして、すなわちいくばくかの空間にわたってひろがったものとして、現れたり思い描かれたりする。それゆえ、私たちはそのように思い描かれた事物が「物体」と呼ばれることを欲

したのであるから、「物体」という名辞の原因は、「その事物が延長を持ったものであること」ないし「延長」か、もしくは「物体性」である。同様に、何かあるものが時にはここ、時にはかしこから現れるのを見て、それを私たちが「運動したもの」とか「移動したもの」と呼ぶ場合、この名辞の原因はその事物が「運動する」こと、すなわちその事物の「運動」である。

　さて、名辞の原因は私たちの思い抱く概念の原因と同じである。それはすなわち、その概念を思い抱かれた事物の何かある潜勢力、作用ないし変様、もしくはある人たちの言い方によると、この事物の様態であるが、しかし大抵の場合は偶有性と呼ばれている。私が偶有性と言うのは、偶然的なものが必然的なものに対置される場合の意味においてではない。そうではなくて、上述の原因が、事物そのものでも事物の部分でもないけれども、しかし（延長を除いて）その事物から消滅したりなくされたりすることはできるが、引き離されて別々にされることはできないような仕方で、この事物そのものに伴っているからである。

4．抽象的名辞の使用と濫用

　具体的名辞と抽象的名辞の間には次のような違いもある。すなわち、具体的名辞はそれを集めて作られた命題よりも先なるものであるのに対して、抽象的名辞は（結合して抽象的名辞を生ぜしめる命題がなければ存在することができないから）後なるものである、ということである。ところで、万人の生活においても、またとりわけ哲学においても、抽象的名辞の使用は重要であり、またその濫用は重大である。抽象的名辞の使用が重要であるというのは、抽象的名辞がないと私たちは、推論すること、すなわち物体の特性を計算することが、大部分できなくなってしまうという点においてである。なぜなら、私たちが熱

や光や速度を加減乗除しようと欲する場合、これらを具体的名辞によって倍増したり加えたりして、(たとえば) ある熱いものの倍の熱いもの、ある明るいものの倍の明るいもの、ある運動しているものの倍の運動しているものがある、という言い方をしたとすると、熱い・明るい・運動している等々の特性を倍にしたのではなくて、それらの特性を持った物体、すなわち熱い物体・明るい物体・運動している物体等々を倍にしたことになるが、これは私たちのしたかったことではないからである。これに対して、抽象的名辞の濫用は次の点に存する。すなわち、量や熱やその他の偶有性の増減は、物体を、すなわちこれらの偶有性の主体を考量することなしに (このことは「抽象する」、あるいはとくに、物体を離れて存在する、と呼ばれる) 考量されることが、すなわち、私の言った言い方では、計算に入れられることが可能である、ということをある人が見て、そのせいで偶有性について、あたかもそれらがあらゆる物体から切り離されうるかのような話し方をする、という点である。これが濫用であるのは、ある形而上学者たちの粗野な誤りが、その起源をここから引き出しているからである。なぜなら、これらの形而上学者たちは、思考は身体を考量しなくても考量されうるということから、思考する者の身体は必要ないという結論を引き出したがったり、物体が考量されなくても量は考量されうるということから、量は物体なしに、また物体は量なしに存在し、したがって物体に量が付加されたまさにそのときにその物体はそれだけの量を持ったものになる、とまで思いなしたりしているのであるから。「抽象的実体」「分離された本質」その他これらと似たような無意味な言葉が生じるのも、同じ源泉からであり、さらに「本質」(essentia)・「本質性」(essentialitas)・「存在」(entitas)・「存在しているもの」(entitativum) のような、動詞「である」(est) から派生した言葉を、「実在性」(realitas)・「何物かであること」(aliquidditas)・「何性」

（quidditas）と混同することもそうである。前者のような諸々の派生語は、動詞「である」によらずに、「走る」（currit）や「読む」（legit）などのような形容詞的動詞によるか、もしくは名辞の純然たる配置のみによって名辞の結合が行なわれているような民族にあっては、聴かれることはありえなかったであろうが、それでもこれらの民族は、他の諸民族と同様に哲学することができる。それだから、「本質」「存在」といった言葉やこの手の異言のすべては、哲学にとって必要のないものである。

5．全称命題と特称命題

　命題の区分は多々存在するが、これらの区分のうちの第１のものは、命題には全称命題と、特称命題と、不定命題と、単称命題とがある、という区分である。この区分は量による区分と呼ばれる。全称命題とは、その主語に、それが普遍的名辞であることを示す記号が付加されているような命題であって、「すべての人間は動物である」がその例である。特称命題とは、その主語に、それが特殊的名辞であることを示す記号が付加されているような命題であって、「ある人間は学がある」がその例である。不定命題とは、その主語が共通名辞であり、なおかつそれに記号が伴っていないような命題であって、「人間は動物である」や「人間は学がある」がその例である。単称命題とは、その主語が単独名辞であるような命題であって、「ソクラテスは哲学者である」や「この人は黒人である」がその例である。

6．肯定命題と否定命題

　第２の区分は質による区分と呼ばれるものであるが、これは肯定命題と否定命題への区分である。肯定命題とは、肯定的名辞をその述語とする命題であって、「人間は動物である」がその例である。否定命

題とは、否定的名辞をその述語とする命題で、「人間は石ならざるものである〔人間は石ではない〕」がその例である。

7．真なる命題と偽なる命題

　第3の区分は、命題には真なる命題と偽なる命題とがある、という区分である。真なる命題とは、その述語がそれ自身のうちに主語を含んでいるような命題、すなわち、その述語が主語を名称として持つ事物各々の名称であるような命題である。たとえば、「人間は動物である」は真なる命題であるが、それは人間と呼ばれるものは何であれ、同じように動物とも呼ばれるからである。また、「ある人間は病人である」が真なる命題であるのは、「病人」がある人間の名称だからである。これに対して、真でない命題、すなわち、その述語が主語を含んでいない命題は、偽なる命題と呼ばれ、「人間は岩石である」がその例である。

　ところで、「真実」「真理」「真なる命題」という言葉は同義である。なぜなら、真理は言辞のうちに存するのであって、事物のうちに存するのではないからであり、また「真実」は時として「外見」や「虚構」に対置されることがあるにしても、それでもやはり命題の真理に帰せられるべきものだからである。というのは、人間の鏡像や幻像が真の人間であるということが否定されるのは、「幻像は人間である」という命題が真ではないという理由によるからであり、この命題が真でないのは、幻像が本物の像ではないということが否定できないからである。そしてそれゆえに、真理は事物の状態ではなく、命題の状態なのである。これに対して、形而上学者たちが「存在と一なるものと真実とは同一である」と言いならわしていることは、取るに足りない子供じみたことである。なぜなら「人間」と「一人の人間」と「真実に人間」とが同じことを意味しているということを、誰が知ら

ないであろうか。

8．真偽は陳述のうちにあって、事物のうちにはないこと

上述の点から、真理性と虚偽性の場は陳述を使用する生物のうちにしかない、ということがわかる。なぜなら、たとえ陳述の能力のない動物が人間の鏡像を見て、人間そのものを見た場合と同じ影響を受けるということがありえたとしても、そしてこの原因のために、意味なく鏡像を恐れたり、それに媚態を示したりしたとしても、この動物は鏡像という事物を真なるものもしくは偽なるものとして捉えたわけではなく、ただ似たものとして捉えただけであり、この点に関して誤りを犯してはいない。したがって、人間が正しく推論することは何であれ、それを人間は正しく理解された陳述のおかげでそうしているのと同様に、人間の誤謬もまた、間違って理解された陳述のせいで犯されるのであり、哲学の優美さと同じく不合理な教説の醜悪さも、やはり人間に属するのである。なぜなら、陳述には（かつてソロンの法について言われたことだが）何か蜘蛛の巣に似たところがあるからであって、それというのも、柔弱で気難しい知的能力は諸々の言葉のうちで粘着して罠にはまってしまうが、強靭な知的能力は突破するからである。

この点から次のこともまた導き出すことができる。すなわち、あらゆる真理のうちの第 1 の真理は、事物に最初に名を冠した人々、もしくは他の人々によって定められた名を受け入れた人々の、自由意志によって生じたということである。なぜなら、たとえば「人間は動物である」が真であるのは、同一の事物にこの 2 つの名が冠せられることがよしとされたという理由によるのだからである。

9．原始命題と非原始命題、定義、公理、要請

第 4 に、命題は原始命題と非原始命題とに区分される。原始命題と

は、複数の名辞によって主語を説明する名辞を述語とする命題であって、「人間は生命があって理性を持つ物体である」がその例である。なぜなら、「人間」という名辞のうちに含まれているその同じものが、「身体」「生命のある」「理性を持つ」という結合した複数の名辞によっていっそう詳細に述べられているからである。しかるに、この命題が原始命題と言われるのは、それが推論において最初にある命題だからであって、その理由は、問題になっている事物の名称が最初に理解されていなければ、何も証明されえないからである。さて、原始命題は定義もしくは定義の部分にほかならず、そしてこれのみが証明の原理、すなわち、話し手と聴き手の自由意志によって作られ、それゆえに証明されえない真理である。これに他のある諸命題を付け加えて、それらを原始命題と呼んだり原理と呼んだりする人々がいるが、これはすなわち公理、言いかえれば共通概念のことである。これらは（その明証性のゆえに証明を必要としないとはいえ）証明されうるので、本当は原理ではなく、しかも自分が真であるとみなしていることをすべて明晰なこととして鵜呑みにする人々の声高な叫びによって、真偽不明の、また時には偽であるたくさんのことが原理の名の下に推奨されているだけに、原理として受け入れられるべき度合がいっそう低いものなのである。また、ある種の要請も原理のうちに数え入れられているのが常のことで、たとえば「2つの点の間に直線を引くことは可能である」その他の幾何学者たちによる要請はその例である。そして、こういう諸原理はたしかに技術や構築の原理ではあるが、しかし学問や証明の原理ではない。

10. 必然的命題と偶然的命題

　第5に、命題は必然的命題（すなわち、必然的に真なる命題）と、たしかに真ではあるが、しかし必然的に真というわけではない命題とに

区分され、後者は偶然的命題と呼ばれる。主語をその名として持ついかなる事物も、それが述語をもまたその名として持つということなくしては、どんな時にも理解することも想像することもできない場合、この主語と述語による命題は必然的命題である。たとえば「人間は動物である」は必然的命題であるが、それはどんな時にであれ「人間」という名称がある事物に適合すると仮定すると、「動物」という名称もこの同じ事物に適合するからである。これに対して、ある場合には真、ある場合には偽でありうるような命題は偶然的命題であって、「すべてのカラスは黒い」という命題がその例である。この命題はたしかに今のところはたまたま真でありえているが、いつか他の時には、これが偽となるようなことが生じるかもしれないのである。さらに、あらゆる必然的命題においてその述語は、「人間は理性を持つ動物である」という命題の場合のように主語と同義であるか、もしくは「人間は動物である」という命題の場合のように主語と同義なものの一部であるかのいずれかである。「人間が動物である」という命題の述語がなぜその主語と同義なものの一部なのかというと、「理性を持つ動物」すなわち「人間」という名辞が、「動物」と「理性を持つもの」という2つの名辞から合成されているからである。しかし、こういうことは偶然的命題においては生じない。なぜなら、たとえ「すべての人間は嘘つきである」という命題が真であるとしても、「嘘つき」という語は「人間」という名辞と同義の合成された名辞の一部ではないという理由により、この命題は、たとえ常にそのとおりのことが起こっているとしても、必然的とは言われず偶然的と言われるのだからである。それゆえ、必然的命題は永遠不変の真理のうちにはいる命題である。

　上述のことからしてもまた、真理が事物にではなく陳述に付随するものであることは明らかである。なぜなら、真理が何かある永遠なも

のであるのは、〔たとえば〕「もし人間であるなら、それは動物である」が常に真であるからであるが、しかし人間や動物が永遠に存在するということは必然的ではないからである。

11. 定言命題と仮言命題

　命題の第6の区分は、定言命題と仮言命題への区分である。定言命題とは、端的に、かつ絶対的に言明された命題であって、「あらゆる人間は動物である」「いかなる人間も樹木ではない」がその例である。仮言命題とは、条件付きで言明される命題であって、「もしある者が人間であるならば、この者は動物でもある」「もしある者が人間であるならば、この者は石ではない」がその例である。定言命題とそれに対応する仮言命題は、必然的命題の場合には意味するところが同じになるが、偶然的命題の場合は同じにならない。たとえば、「あらゆる人間は動物である」という命題が真であるとすると、「もしある者が人間であるならば、この者は動物でもある」もまた真となるであろうが、しかし偶然的命題の場合だと、「あらゆるカラスは黒い」がたとえ真であっても、「もしあるものがカラスであるならば、このものは黒い」は偽となるであろう。さて、仮言命題は帰結が真である場合には真であると言って正しい。このことは、「それは人間である」がもし真であるならば「同じそれは動物である」が真でないことはありえない場合、「あらゆる人間は動物である」は真であると言って正しいのと同様である。それゆえ仮言命題が真である場合はいつも、それに対応する定言命題は真であるばかりでなく、必然的でもある。このことは、哲学者にとっては大抵の場合、定言命題によって推論するよりも仮言命題によって推論するほうが安全である、ということの論拠として注意されるべきことであると、私は考えてきた。

12. 同じ命題は多くの仕方で述べられる。同一の定言命題に還元されうる諸問題は同値であること[(2)]

ところで、大多数の人々が話すのと同じような話し方を常にすべきではあるにしても、どのような命題も複数の仕方で述べられ記述されることが可能であるし、またそうされるのが常のことであるから、少くとも教師たちから哲学を習う人々にとっては、話し方のこの多様性に欺かれないように用心する必要がある。それゆえ、何らかの曖昧さが生じた場合には、命題をその最も単純な、定言的な形式に、すなわち繋辞の語「〜は…である」が明示され、主語が述語から明白に切り離されて区別され、主語・述語のどちらも、いかなる仕方でも繋辞と混合されていないような、そのような形式に還元しなければならない。たとえば、「人間は罪を犯さないことができる」（Homo potest non peccare）という命題が、「人間は罪を犯すことができない」（Homo non potest peccare）という命題と比較してどのように異なるのか、ということが認識されるのは、この両命題がそれぞれ「人間は罪を犯さないことのできる者である」（Homo est potens non peccare）と「人間は罪を犯すことのできない者である」（Homo est non potens peccare）という、述語が明らかに異なっている命題に還元された場合である。しかしこのことは、黙って自分の頭の中で、もしくは先生だけに対して行なうべきである。なぜなら、人々の集まった中でこういう言い方をするのはばかげているし、滑稽だからである。そういうわけで私は、同義の諸命題について述べようとするにあたって、まず第1に、唯一同

（2） 底本以外の諸版では、この節題の前半のみが第12節の節題とされ、後半の「同一の……であること」は第13節の節題とされているが、節題と本文の内容から判断して、底本の行なっている修正に従った。

第 3 章 | 57

一の純然たる定言命題に還元することのできるすべての命題は同値である、と申し立てる。

13. 必然的定言命題は、それを仮言的に述べた命題に同値であること[(3)]

　第2に、必然的定言命題は、それを仮言的に述べた命題に同値である。たとえば、「線のきちんと真直ぐに引かれた三角形は、2直角に等しい3つの角を持つ」という定言命題と、「もしあるものが三角形であるならば、それは2直角に等しい3つの角を持つ」という仮言命題とは、そのような同値関係にある。

14. 矛盾し合っている名辞を用いて換位された全称命題同士は同値であること

　第3に、一方の用語（すなわち主語と述語）が他方の用語に矛盾していて、かつ換位された順序に置かれた2つの命題は、どんな命題でも互いに同値である。たとえば、「すべての人間は動物である」と「すべての動物でないものは人間でないものである」はその例である。なぜかというと、「すべての人間は動物である」は真であるから、「動物」という名辞は「人間」という名辞を包摂しているが、しかるにこの両名辞はともに肯定的名辞であるから、前章の最終節により、「人間でないもの」という否定的名辞は「動物でないもの」という否定的名辞を包摂しており、したがって「すべての動物でないものは人間でないものである」は真であるからである。また、「いかなる人間も樹

（3）　前註のとおり、底本以外の諸版では本節の節題が「同一の定言命題に還元されうる諸命題は同値であること」となっているが、前註と同じ理由により、底本の補訂している節題を採用した。

木ではない」と「いかなる樹木も人間ではない」も同様の例である。なぜなら、「樹木」はいかなる人間の名でもないということが真であるとすれば、いかなる事物にも「人間」と「樹木」という両方の名辞がともに適合することはなく、したがって「いかなる樹木も人間ではない」は真であるからである。同様に、その用語がともに否定的名辞である〔全称〕命題、たとえば「すべての動物でないものは人間でないものである」に対して、「動物〔であるもの〕だけが人間である」は同値である。

15. 否定命題は、否定辞が繋辞の前後いずれに置かれても同じであること

　第4に、否定命題は否定小辞が、多くの民族のしているように繋辞の後に置かれても、ラテン語やギリシア語で行なわれているようにその前に置かれても、用語が同一ならば同値である。たとえば、「人間は樹木ではない」（Homo non est arbor）と「人間は樹木でないものである」（Homo est non arbor）とは同値である。ただし、アリストテレスならばこのことを否定するであろうが。同様に、「すべての人間は樹木でないものである」と「いかなる人間も樹木ではない」とは同値である。そしてこのことは、証明を必要としないほど明らかである。

16. 単純に換位された特称命題同士は同値であること

　最後に、特称命題はすべて、用語を換位しても同値であって、「ある人間は盲目である」と「盲目なあるものは人間である」とがその例である。なぜなら、両方の名辞がともに誰かある唯一同一の人間の名称であり、それゆえどちらの順序で連結されても同一の真理を言い表わすからである。

第 3 章 | 59

17. 大小関係にある命題、反対命題、小反対命題、矛盾命題とは何か

同じ順序で置かれた同一の用語を持つが、しかしその用語が異なった量と質によって変様されているような命題同士のうち、ある命題同士は大小関係にある命題、ある命題同士は反対命題、ある命題同士は小反対命題、ある命題同士は矛盾命題と言われる。

同じ質を持つ全称命題と特称命題は大小関係にある。「すべての人間は動物である」と「ある人間は動物である」、「いかなる人間も賢明でない」と「ある人間は賢明でない」はその例である。大小関係にある２つの命題のうち、全称命題の方が真であれば、特称命題もまた真である。

異なる質を持つ全称命題同士は反対である。「すべての人間は至福である」と「いかなる人間も至福ではない」とはその例である。反対命題はその一方が真であれば他方は偽であるが、ここに示した例の場合がそうであるように、両方とも偽であることもありうる。

異なる質を持つ特称命題同士は小反対である。「ある人間は学がある」と「ある人間は学がない」とはその例である。小反対命題は両方とも偽であるということはありえないが、両方とも真であることはありうる。

質と量とにおいて異なる命題同士は矛盾している。「すべての人間は動物である」と「ある人間は動物でない」とはその例である。矛盾命題は両方とも真であるということも、両方とも偽であるということもありえない。

18. 帰結とは何か

命題は、他の２つの命題が真であると仮定されたならばそれ自身も真でないとは考えられない場合、この２つの命題から帰結すると言われる。たとえば、２つの命題が「すべての人間は動物である」と「す

べての動物は物体である」だとすると、これらはともに真であることがわかり、それゆえ、「物体」はどの動物の名称でもあり、かつ「動物」はどの人間の名称でもあるということがわかる。これらのことがわかった上は、「物体」がどの人間の名称でもあるのではないということ、言いかえれば、「すべての人間は物体である」というこの命題が偽であるということは考えられないから、この最後の命題は前の2つの命題から必然的に帰結する、もしくは推論されると言われる。

19. 諸々の真なることから偽なることは帰結しないこと

諸々の偽なることから真なることが帰結することは場合によってはありうるが、諸々の真なることから偽なることが帰結することは決してありえない。偽なることから真なることから帰結しうるというのは、仮に「すべての人間は石である」と「すべての石は動物である」（この両命題は偽である）が真であると認められたとすると、「動物」はどの石の名称でもあり、かつ「石」はどの人間の名称でもあることが、すなわち「動物」がどの人間の名称でもあることが認められることになるが、これはつまり、「すべての人間は動物である」という命題が、現に真であるとおりに真であると認められる、ということだからである。そういうわけで、諸々の偽なる命題から真なる命題が場合によっては帰結する。しかし、2つの命題がともに真であるならば、それらがどんな命題であろうと、偽なる命題は帰結しない。なぜなら、ある諸命題が偽であるにもかかわらず真であると認められているから、という理由によって、この偽なる諸命題から真なる命題が帰結するからには、真と認められた真なる諸命題からも同じように真なる命題が帰結するからである。

20. 命題が命題の原因であるのはいかにしてか

ところで、真なる諸命題からは真なる命題しか帰結せず、それゆえ真なる諸命題の知解はそれらの命題から派生する他の真なる命題の知解の原因であるから、先行する2つの命題は、それらから生じる、すなわちそれらに帰結として続く命題の原因と呼びならわされている。それゆえ、論理学者たちは「前提は結論の原因である」と言うのであるが、この主張は知解は知解の原因であるが陳述は陳述の原因ではない、という理由で正しい言い方ではないとしても、たしかに通用しうるものではある。しかし、物事自体がその物事の特性の原因である、と彼らが言うなら、それは適切ではない。たとえば、ある図形が三角形であり、かつあらゆる三角形は合計すると2直角に等しくなる角を持つ、という理由から、この図形は全部合わせて2直角に等しい角を持つということが帰結するが、論理学者たちはこのことのゆえに、この図形がこの等しさの原因である、と称し、しかもそのうえに、図形はその角を自ら作り出すわけではなく、それゆえ作用因とは言えないからというので、図形を形相因と呼んでいる。しかし本当のところ、図形は原因では全然ないし、また図形の特性は図形の結果として生じるのでは全然なく、図形と同時に存在している。しかるに、図形の認識はそれだけで特性の認識に先行しており、しかも一方の認識は真にもう一方の認識の原因、すなわち作用因である。

命題についてはこれだけにしよう。命題は、いわば片方の足だけが前へと踏み出されたような、哲学の前進の第1歩であるが、この第1歩に当然そうあるべき仕方で別のもう1歩が付け加えられれば、あたかも完全な歩みのように、三段論法が生じるであろう。これについては次章で述べることにしよう。

第4章 三段論法について

1．三段論法の定義

3つの命題から成っていて、そのうちの2つの命題から第3の命題が帰結するような陳述は、「三段論法」と呼ばれる。そしてこの帰結する命題は「結論」と呼ばれ、残る2つの命題は「前提」と呼ばれる。たとえば、「すべての人間は動物である」「すべての動物は物体である」それゆえ「すべての人間は物体である」という陳述は、三段論法である。なぜなら、第3の命題は前の2つの命題から帰結するから、言いかえれば、前の2つの命題が真であることが認められたならば、第3の命題もまた真であることが認められるということは必然的だからである。

2．三段論法においては、用語は3つだけであること

ただし、共通の用語を持たない2つの命題からはいかなる結論も帰結せず、それゆえ三段論法は生じない。なぜなら、任意の2つの前提、たとえば「人間は動物である」「樹木は植物である」がともに真であっても、この2つの前提からは「植物」が人間の名称であるということも、「人間」が植物の名称であるということも結論されないので、「人間は植物である」が真であるということは必然的でないからである。

　系。それゆえ、三段論法の前提のうちに存在しうる用語は3つだけである。

　さらに、結論のうちには、前提のうちに存在しなかったいかなる用語も存在することはできない。なぜなら、任意の2つの前提、たとえば「人間は動物である」「動物は物体である」があるとして、結論の

うちに、たとえば「人間は２本足である」のように他の任意の用語が置かれたとすれば、たとえこの結論が真であっても、「２本足」という名辞が人間に適合するということは上の前提からは結論されないので、この結論はこれらの前提から帰結していないからである。それゆえ、繰り返しになるが、どの三段論法であれ、そのうちに存在する用語は３つだけである。

３．大概念・小概念・中概念とは何か、また大前提・小前提とは何か

　これら３つの用語（terminus）のうち、結論において述語であるものは「大概念」（major terminus）、結論において主語であるものは「小概念」（minor terminus）と言いならわされ、残る１つは「中概念〔媒概念〕」（medius terminus）と呼ばれる。たとえば、「人間は動物である」「動物は物体である」、それゆえ「人間は物体である」という三段論法において、「物体」は大概念、「人間」は小概念、そして「動物」は中概念である。同様に、２つの前提（praemissa）のうち、大概念がその中に見出されるものは「大前提」（major propositio）、小概念を含むものは「小前提」（minor propositio）と言われる。

４．あらゆる三段論法において、中概念は両方の前提の中で同一の事物へと限定されていなければならない

　もしも中概念が両方の前提の中で同一の単一事物に限定されていないとするならば、両前提から結論は帰結せず、三段論法は生じないであろう。なぜなら、小概念が「人間」、中概念が「動物」、大概念が「ライオン」であるとし、前提が「すべての人間は動物である」と「ある動物はライオンである」とであるとしても、「すべての人間はライオンである」とか「ある人間はライオンである」とかいった結論は出てこないからである。このことからわかるのは、あらゆる三段論法

において、中概念を主語として持つ命題は全称命題か単称命題かのいずれかでなければならず、特称命題や不定命題であってはならないということである。たとえば、「すべての人間は動物である」「ある動物は4本足である」、それゆえ「ある人間は4本足である」という三段論法は間違っているが、その理由は、中概念「動物」が前の前提においては人間だけへと限定されている——なぜなら、「動物」は人間の名称である、ということだけが言われているから——のに対して、後の前提においては人間以外の何か他の動物の意に解されうるからである。しかし、「すべての人間は動物である」「すべての動物は物体である」、それゆえ「すべての人間は物体である」のように、後の前提が全称命題であったとすれば、三段論法は正当だったであろう。なぜなら、「物体」はすべての動物の名称であり、つまりは人間の名称でもあるということが、言いかえれば、「すべての人間は物体である」という結論は真であったということが、帰結したであろうから。同様に、中概念が単独名辞である場合にも、「ある人間はソクラテスである」「ソクラテスは哲学者である」、それゆえ「ある人間は哲学者である」のような三段論法——これはたしかに哲学には用をなさないが、しかし三段論法には違いない——が生じるであろう。なぜなら、これらの前提が認められたらこの結論を否定することはできないからである。

5．2つの特称命題からは何事も推論されない

それゆえ、どちらの中でも中概念が特殊的名辞であるような2つの前提からは、三段論法は生じない。なぜなら、その場合には中概念が両方の前提の中で主語であろうと、両方の前提の中で述語であろうと、はたまた一方の前提の中では主語で他方の前提の中では述語であろうと、同一のものへと限定されることは必然的でないからである。

じっさい、前提が「ある人間は盲目である」と「ある人間は学がある」であるとすると、これらの前提において中概念は主語であるが、「学がある」(doctus) という名辞は「盲目」という名辞を包摂しないし、後者も前者を包摂しないので、「盲目」が誰かある学のある人の名称であるということも、「学がある」が誰かある盲目の人の名称であるということも帰結せず、したがって、この両名辞が同一の人間の名称であることは必然的ではない。同様に、「すべての人間は動物である」「すべての馬は動物である」という前提の場合、その両方において中概念は述語であるが、これらの前提からも何も帰結しない。なぜなら、「動物」はどちらの前提においても不定名辞で、それゆえ特殊的名辞と等価であり、また人間はある動物であり馬は他のある動物である、ということがありうるので、「人間」が馬の名称であったり「馬」が人間の名称であったりすることは必然的ではないからである。あるいはまた、前提が「すべての人間は動物である」と「ある動物は4本足である」とであるとすれば、この2つの前提のうちの一方においては中概念は主語、他方においては述語であるが、この場合も結論は帰結しない。なぜなら、「動物」という名辞は限定されていないので、一方の前提においては人間のこと、他方の前提においては人間でないもののことと解することができるからである。

6．三段論法とは2つの命題を寄せ集めて1つの総体にすることであること

さて、上に述べたことから明らかなのは、三段論法とは、(中概念と呼ばれる共通の用語によって) 互いに結合された2つの命題から生じる総体の寄せ集め以外の何物でもないということ、そしてそれゆえ、命題が2つの名辞の足し合わせであるように、三段論法は3つの名辞の足し合わせであるということである。

7．三段論法の格とは何か

三段論法は「格」の違いによって、すなわち中概念の異なる位置によって区別されるのが常であり、さらに1つの格のうちではいくつかの「式」が、すなわち命題の質と量に関するいくつかの差異が区別される。第1格とみなされるのは、順序の上からいって小概念が1番目になり、次が中概念で、大概念が3番目になるように、その中では意味の広さに従って用語が順に並んでいるような格である。たとえば、小概念として「人間」、中概念として「動物」、大概念として「物体」が置かれたとすると、第1格の三段論法は、

「人間は動物であり〔動物は〕物体である」（Homo est animal est corpus）

となるが、この中で小前提は「人間は動物である」、大前提は「動物は物体である」、結論すなわち寄せ集められた総体は「人間は物体である」である。さらに、この格は直列格と呼ばれるが、それはこの格の用語が直列的な順序を保っているからである。さて、この格は量と質によって4つの式に変化するが、なぜそう言えるかは次のとおりである。じっさい、「すべての人間は動物であり、すべての動物は物体である」のように、すべての用語が肯定的名辞で、しかも小概念が普遍的名辞であるとすると、三段論法の第1格は第1式となる。この第1式においては、すべての命題が全称肯定命題である。けれども、もし大概念が否定的名辞で小概念が普遍的名辞であるとすると、「すべての人間は動物であり、すべての動物は樹木でないものである」のような第2式となる。この第2式においては、大前提と結論が全称否定命題である。この2つの式に他の2つが加えられるのが常であるが、この後の2つの式は前の2つの式の小概念を特殊的名辞にしたものである。また、大概念と中概念がともに否定的名辞であるようにすることも可能であって、そのようにされる場合には他の式が生じる。この

第4章 | 67

式においては全命題が否定命題であるが、しかしこれも正当な三段論法である。たとえば、小概念が「人間」、中概念が「石でないもの」、大概念が「岩でないもの」であるとすると、三段論法は、「いかなる人間も石ではない」「石でないものは何であれ、岩ではない」、それゆえ「いかなる人間も岩ではない」というものになり、これは3つの否定命題から成っているけれども、正当なものである。しかし、諸事物の特性について普遍的な規則をうち立てることを務めとする哲学においては、否定命題は肯定命題と異ならないから、肯定命題においては肯定的名辞が、否定命題において否定的名辞が主語について肯定されている、ということを除けば、直列格の場合に全命題が全称肯定命題であるような式以外の別の式を考えることは余計なことである。

8．心の中で何が三段論法に対応しているか

直列の三段論法に心の中で対応する思考は次のようなものである。まず第1に、小前提の中で主語となっている名辞によって名づけられている事物の表象が、この名辞によってこの事物が呼ばれる理由をなしている、この事物の偶有性ないし状態を伴って思い浮かべられる。次に、この同じ事物の表象が、小前提の中で述語となっている名辞によってそれが呼ばれる理由をなしている偶有性ないし状態を伴って、心に浮かぶ。第3に、大前提の述語の位置にある名辞によってこの事物が呼ばれる理由をなしている状態を伴った、この名づけられている事物へと、思考がさらに帰着する。最後に思考は、これらの状態がすべて唯一同一の事物の状態であるということを思い出すであろうが、このとき、上述の3つの名辞もまた同一の事物の名称であるということ、すなわち結論が真であるということを結論するのである。たとえば、「人間は動物である」「動物は物体である」、それゆえ「人間は物体である」という三段論法が行なわれるとき、心には語ったり論じた

りする人間の像が浮かび、そして心は、このように現れるものが「人間」と呼ばれることを思い出す。次いで運動しているこの同じ人間の同じ像が浮かび、このように現れるものが「動物」と呼ばれることを心は思い出す。第3に、ある場所ないし空間を占める人間の同じ像がまた現れ、このように現れるものが「物体」と呼ばれることを心は思い出す。最後に心は、場所に沿って広がり場所において運動し、陳述を行なっていたこの事物は、唯一同一のものであった、ということを思い出すであろうが、そのとき心はさらに、「人間」「動物」「物体」という3つの名辞が同一事物の名称であり、したがって「人間は物体である」は真なる命題である、と結論する。ここから、全称命題からなる三段論法に対応して心の中に存在する概念ないし思考は、名辞の使用ということが欠けている動物にはまったく存在しないことが明らかである。なぜなら、三段論法で推論している最中は、単に事物についてだけでなく、事物についてのさまざまな思考によって付け加わったこの事物のさまざまな名称についても、かわるがわる思考しなければならないからである。

9. 第1の非直列格はどのようにして生じるか

残りの諸格は、第1格すなわち直列格の屈曲（inflexio）または戻換（inversio）によって生じ、この屈曲または戻換は、大前提もしくは小前提が、あるいはその両方が、それと同値の換位命題へと置き換えられることによって生じる。このことから、直列格とは別の3つの格が生じるが、そのうちの2つは屈曲したもの、第3のものは戻換されたものである。この3つの格のうち第1のものは、大前提が上のような仕方で換位されることによって生じる。もしも小概念・中概念・大概念がこの順に「人間は動物であり〔動物は〕石でないものである」と直列的に置かれるならば、直列格が生じるが、これが大前提の換位に

よって

　　「人間は動物である」
　　「石は動物でないものである」

というように変えられると、第2格が、すなわち非直列格のうちの第1のものが生じ、その結論は「人間は石でないものである」となる。

　なぜかというと、矛盾している用語を用いて換位された全称命題同士は互いに同値であることが前章第14節で示されたので、両方の三段論法は同じ結論になるからであって、それは、大前提を逆の順に置いて（ヘブライ人たちの流儀で）「動物は石でないものである」とするならば、以前の直列格がそうであったのと全く同じ合理的思考になるからである。

　同様に、「人間は樹木ではなく〔樹木でないものは〕梨の木ではない」は直列的であるが、用語が元と矛盾するようにして大前提をその同値命題へと換位すれば、

　　「人間は樹木ではない」
　　「梨の木は樹木である」

というように非直列的に立てられるであろう。そしてこの両命題から再び「人間は梨の木ではない」という同じ結論が生じる。

　ところで、直列格を非直列格のうちの第1の格へと換位する際には、直列格における大概念は否定的名辞でなければならない。なぜなら、たとえ「人間は動物であり〔動物は〕物体である」というこの直列格から、大前提の換位によって

　　「人間は動物である」
　　「物体でないものは動物ではない」
　　それゆえ「すべての人間は物体である」

という非直列的三段論法が生じるとしても、この換位ははなはだ目につきにくくて、この式はまったく無用なほどだからである。大前提の

換位により、この格においては中概念は両方の前提の中で常に述語であるということは明らかである。

10. 第2の非直列格はどのようにして生じるか

非直列格のうちの第2のものは、中概念が両前提において主語となるように小前提が換位されることによって生じる。しかしこの格は、結論が決して全称的にはならず、それゆえ哲学においては用をなさない。けれどもその例を示しておこう。そこで、直列的な三段論法「すべての人間は動物であり、すべての動物は物体である」があるとしよう。これの小前提が換位されれば、次のような三段論法が立てられる。

　「ある動物は人間である」
　「すべての動物は物体である」
　それゆえ「ある人間は物体である」

なぜかというと、「すべての人間は動物である」を「すべての動物は人間である」へと換位することはできないので、この三段論法にその直列的な形式を回復するとしたら、小前提は「ある人間は動物である」となるであろうし、したがって、結論の主語である小概念「人間」が特殊的名辞なので、結論は「ある人間は物体である」となるだろうからである。

11. 第3の非直列格はどのようにして生じるか

戻換された格、すなわち第3の非直列格は、両方の前提の換位によって生じる。たとえば、直列三段論法が

　「すべての人間は動物である」
　「すべての動物は石でないものである」
　それゆえ「すべての人間は石でないものである」

であるとすると、戻換された三段論法は

　　「すべての石は動物でないものである」

　　「すべての「動物でないもの」は人間でないものである」

　　それゆえ「すべての石は人間でないものである」

となり、この結論は直列格の結論の換位されたものであって、かつそれの同値命題である。

　それゆえ、格の数が中概念の位置の相違によってのみ定められるとするならば、格は3つだけであり、そのうちの第1の格においては中概念が真ん中の位置を、第2の格においては最後の位置を、第3格においては最初の位置を占める。しかし、単純に用語の位置に従って格が数えられるとするならば、格は4つであろう。なぜなら、第1の格はさらに2つに、すなわち直列的三段論法と戻換された三段論法とに区分されるだろうからである。このことから、4つの格について論理学者たちの間に存在する論争は、存在するというよりはむしろ存在するように見えるだけだということが明らかである。なぜなら、このことについては、用語の位置によれば（式の区別がなされる根拠となっている量も質も一切考量することがなければ）三段論法の区別が4とおりであることは明らかだからである。この区別は、誰でもそれを格と呼んでもよいし、あるいは他の名称で呼んでもよいし、自分の自由意志に従って好きなように呼ぶことができる。

12. 各々の格について多数の式があるが、しかしその多くは哲学にとって用をなさない

　これらの格の1つひとつについて、量と質に関してありうる差異によって前提を変えるつもりになれば、各々の格に多数の式が生じるであろう。すなわち、直列格には6つ、第1の非直列格には4つ、第2の非直列格には14、第3の非直列格には18の式が生じるであろう。し

かし本書では直列格からは、全称命題から成り小概念が肯定的名辞である式以外のすべての式を余計なものとして投げ捨てたのであるから、他の諸格についても、直列格の前提の換位から生じる諸式を一まとめに投げ捨てる。

13. 仮言三段論法は定言三段論法と同値である

さて、必然的命題に関しては定言命題と仮言命題が同値であることは先に示されたが、これと同様に、定言三段論法と仮言三段論法もまた同値であることは明らかである。なぜなら、

　　「すべての人間は動物である」
　　「すべての動物は物体である」
　　それゆえ「すべての人間は物体である」

のような任意の定言三段論法は、

　　「もしあるものが人間であるならば、このものは動物である」
　　「もしあるものが動物であるならば、このものは物体である」
　　それゆえ「もしあるものが人間であるならば、このものは物体である」

という仮言三段論法と同じ効力を持っているからである。同様に、

　　「いかなる石も動物ではない」
　　「すべての人間は動物である」
　　それゆえ「いかなる人間も石ではない」し
　　また「いかなる石も人間ではない」

のような非直列格における定言三段論法は、

　　「もしあるものが人間であるならば、それは動物である」
　　「もしあるものが石であるならば、それは動物ではない」
　　それゆえ「もしあるものが石であるならば、それは人間ではない」し

また「もしあるものが人間であるならば、それは石ではない」という仮言三段論法と同値である。

　上に述べたことのうちには、三段論法の諸々の式と格について他の人々が広汎に有益な仕方で論じてきたことが明らかに含まれているので、三段論法の本性の認識のためには、上に述べたことで十分であることは確かなように思われる。また、正当な推論のために必要なのは、教訓よりも実地に推論することであって、三段論法で推論することについての論理学者たちの教訓を読むことに時間を費す者よりは、数学者たちの証明を読むことに時間を費す者のほうが、はるかに速く論理的真理を学ぶのである。これは小さな子供が、教訓によってよりも、しばしば歩くことによって歩き方を身につけるのと、少しも違わない。そういうわけで、哲学の歩みについては、述べられなければならないだけのことは述べられたということにしてもらいたい。次の箇所では、推論する人々が不注意によって陥るのを常とするような諸々の過失もしくは誤謬の、種類と原因について述べることにしよう。

第5章　誤謬・虚偽および詭弁について

1．誤謬と虚偽はどのように異なるか。単語の使用以前の心の誤りはどのようにして生じるか

　誤ることは、肯定したり否定したりすることによってだけではなく、感覚することによっても、また人々の黙考のうちでも生じる。肯定したり否定したりすることによって誤りが生じるのは、何かある事物に、この事物の名ではない名辞が付せられる場合である。たとえば、ある時には太陽の似像が川の流れに映じて見え、ある時には天空に直接見えたので、両方に太陽という名を付して、太陽は２つあると言うような場合がそうである。こういうことは人間にしか生じる可能性がない。なぜなら、他の動物には名辞を使用するということが全然ないからである。虚偽の名に値するのはこの部類の誤りだけであって、それというのも、こういう誤りが感覚や事物そのものから生じるのではなくて、発言の軽率さから生じるものだからである。なぜなら、名辞は事物の見え方によってではなく、人間の意志によって決定されたものなのだから。したがって、約束で定まっている事物の呼称に背く者は、事物によっても感覚によっても欺かれているのではなく（なぜなら、彼は自分の見ている事物が太陽と呼ばれることを、見て知っているのではなく欲しているのであるから）、不注意のせいで自分の誤った考え方を述べているのだ、ということになる。☆

　感覚や思考によって誤りが生じるのは、現に思い描かれている表象像から他のものを想像する場合や、過去に生じなかったことをあたかも過去の出来事のように思い描いたり、将来生じないことをあたかも将来の出来事のように思い描いたりする場合である。たとえば、川の流れに映じて見えた太陽の似像から、それを似像とする何かある事物

がその場所に存在すると想像する場合や、剣が見えたときには大抵戦いがあったかこれからあるのが常であったからというので、見えた剣から戦いがあったかもしくはこれからあるだろうと想像したり、約束からその約束をする人の了見を想像したりするなど、要するに何であれ記号からそれの表わす物事を間違って思い描く場合がそうである。そしてこの種の誤りは、感覚を備えたすべてのものに共通の誤りである。しかし、私たちがこのように欺かれるのは、感覚のせいでも、私たちの感覚する事物のせいでもない。そうではなくて、私たちが思い描くからといって存在するわけではない、単なる似像にすぎないものを、似像以上のものであると想定する私たち自身のせいで欺かれるのである。さらに、事物も表象像も偽であるとは言うことができないのは、それらが本当にあるとおりのものであって、それらが達成しない何かあることの見込みを、自らがその記号〔予兆〕となって与えるようなものではないからである。というのは、事物や表象像が見込みを与えるのではなくて、私たちがそれらによって見込みを立てるのだから、つまり雲が雨の見込みを与えるのではなくて、私たちが雲を見て、雨になるという見込みを立てるのだからである。それゆえ、自然的記号から生じる誤りが阻止されるのは、まず第1に推論に先立って、推測によるこの種の物事に対して私たちがいわば無知同然のまま身構えをする場合である。その次には推論によって阻止されるが、それはこの手の誤りが推論の欠落から生じるからである。☆

　肯定と否定のうちに存するその他の誤り（すなわち、命題の虚偽性）は、正しくない推論の過誤である。したがって、これらの誤りについては、哲学に反するものであるということをとくに言わなければならない。

2．命題が常に偽となるような、名辞同士の不一致の7とおりのありかた

　推論している最中に、すなわち三段論法を進めている最中に生じる誤りは、どれかある前提の虚偽性に存するか、論の進め方に存するかのどちらかである。第1の場合には、三段論法は実質において誤っていると言われ、第2の場合には、形式において誤っていると言われる。まず最初に実質のほうを、すなわち、ある命題が偽でありうるのはどのような仕方でかを考量し、次いで形式を、すなわち、前提が真である時に論の進め方が真でないということはどのような仕方で生じるかを考量しよう。

　第3章第7節により、同一の物事の2つの名称が結合されている命題はすべて真であり、これに対して、異なる物事の名称が結合されている命題は偽であるから、結合された名辞が同一事物の名称でないということが生じる仕方の数だけ、偽なる命題の生じる仕方があるだろう。

　しかるに、名のつけられた物事の類別は4とおりで、それはすなわち物体・偶有性・表象および名辞そのものである。それゆえ、あらゆる真なる命題においては、結合された名辞は両方がともに物体の名称であるか、ともに偶有性の名称であるか、ともに表象の名称であるか、ともに名辞の名称であるかのいずれかであって、他の仕方で結びつけられた名辞同士は一致せず偽なる命題を構成する、ということは必然的である。さらに、物事の名称が陳述の名称と結合される、ということも起こりうる。それゆえ、結合された名辞同士が一致しない仕方は7とおりである。

　1．物体の名称が偶有性の名称と結合される場合。
　2．物体の名称が表象の名称と結合される場合。
　3．物体の名称が名辞の名称と結合される場合。

4．偶有性の名称が表象の名称と結合される場合。
5．偶有性の名称が名辞の名称と結合される場合。
6．表象の名称が名辞の名称と結合される場合。
7．物事の名称が陳述の名称と結合される場合。
これらのすべてについて、その例を付け加えよう。

3．名辞の不一致の第1のありかたの例

上の第1の不一致のありかたに基づいて命題が偽であるのは、抽象的名辞が具体的名辞と結合されている場合である。たとえば、「存在は存在するものである」「本質は存在するものである」「そのものがまさにそれであるところのそれ（τὸ τί ἦν εἶναι）すなわちものの何性（quidditas）は、存在するものである」、およびアリストテレスの『形而上学』の中に見出される数多くのこの種の命題がそうである。同様の例として、「知性が働く」「知性が知解する」「視覚が見る」「物体は大きさである」「物体は量である」「物体は延長である」「人間であることは人間である」「白は白い」などがある。これらは、誰かが「ランナーは競走である」とか「散歩が散歩する」とか言った場合と似たようなものだからである。また、「本質は分離されたものである」「実体は抽象されたものである」や、これらと類似の命題ないしはこれらの命題から導き出された命題（通俗哲学はこういう命題で満ちあふれている）も同様の例である。偶有性の主体すなわち物体は、どれも決して偶有性ではないので、偶有性の名称はどれも決して物体には帰せられないし、物体の名称もどれも決して偶有性には帰せられないからである。

4．第2のありかたの例

第2の仕方で誤りを犯している命題は、次のようなものである。

「幻は物体ないし精気である」。精気とはつまり稀薄な物体ということである。また「感覚像は空中を飛び回り、あちこちへと動く」もそうである。空中を飛び回りあちこちへと動くということは、物体の特質だからである。「影は動く」「光は動く」も同様で、動くとはつまり物体であるということである。さらに「色は視覚の対象である」「音は聴覚の対象である」「空間すなわち場所は延長を持つ事物である」その他この種の無数の命題も同様である。これらが誤っているという理由は、幻・視覚像・音・影・光・色・空間等々は目覚めている人々に劣らず眠っている人々に対しても現れるので、外的事物ではなく、心の想像力の表象であり、それゆえ真なる命題の中でこれらのものの名称が物体の名称と結合されることはありえないからである。

5．第3のありかたの例

第3の仕方で偽である命題は、「類は存在するものである」「普遍は存在するものである」「存在するものは存在するものについて述語される」のような命題である。なぜこれらが偽であるかというと、「類」「普遍」「述語すること」は名辞の名称であって、事物の名称ではないからである。同様に「数は無限である」も偽である。なぜなら、いかなる数も無限ではなく、ただ「数」という名辞ないし語のみが無限〔定〕だからである。心の中でこの名辞ないし語の下にはいかなる特定の数も置かれていないから、たしかにこの名辞は無限〔定〕と呼ばれるが、しかし何かある数が無限というわけではないのである。

6．第4のありかたの例

第4の仕方で虚偽に陥っているのは、「対象の大きさと形状は見る者に見えるとおりの大きさと形状である」「色・光・音は対象のうちに存在する」のような命題、およびこれらと類似の諸命題である。そ

の理由は次のとおりである。〔最初の例として挙げた命題について言うと〕同一の対象は距離と媒体の違いに応じて、ときには大きくときには小さく、ときには四角くときには丸く見えるが、見られている事物の真の大きさと形状は常に同一であるから、見える大きさと形状はその対象の大きさ・形状ではありえない。したがって、この見える大きさと形状は表象である。それゆえ、この種の命題においては偶有性の名称が表象の名称と結びつけられている。

7．第5のありかたの例

「定義は事物の本質である」「白やその他の偶有性は類、すなわち普遍である」と言う人々は、第5の仕方で誤りを犯している。なぜなら、定義は事物の本質ではなく、事物の本質についての私たちの概念を表わす陳述だからであり、同様に、白そのものが類であったり普遍であったりするわけではなく、「白」という語がそうなのだからである。

8．第6のありかたの例

「何かある事物の観念は普遍的である」と言う人々は、第6の仕方で誤っている。これではまるで、どの1人の人間の像でもなく、単に人間の像であるような、そのような何かある人間の像が心のうちに存在するかのようであるが、こういうことは不可能である。なぜなら、すべての観念はある1つの観念であり、なおかつある1つの事物の観念であるからである。さらに上のような人々は、事物の名称をこの事物の観念とみなしている点でも欺かれている。

9．第7のありかたの例

存在するものを区分して、「存在するもののうちのあるものはそれ

自身によって存在するものであり、他のものは偶然に存在するものである」と言った人々は、第7の仕方で誤っている。彼らはすなわち、「ソクラテスは人間である」という命題は必然的命題であるが、「ソクラテスは音楽家である」という命題は偶然的命題であるから、という理由によって、ある存在者を必然的なもの、すなわちそれ自身によって存在するものとし、他の存在者を偶然的なもの、すなわち偶然に存在するものとする人々である。さてそこで、「必然的な」「偶然的な」「それ自身による」「偶然に〔よる〕」は事物の名称ではなく命題の名称であるから、「何かある存在者はそれ自身によって存在するものである」と言う人々は、命題の名称を事物の名称と結合しているのである。ある諸観念を知性のうちに、他の諸観念を空想力のうちにおく人々も、同じ誤りをやらかしている。これではまるで、「人間は動物である」ということを私たちが知解する際には、感覚から生じて記憶のうちに保持されている人間の観念ないし像もあれば、知性のうちに存在する観念もあるかのようである。こういった人々を誤らせた原因は、事物の観念のあるものは名辞に、他は命題に対応していると彼らが考えたことであるが、この考えは間違っている。なぜなら、〔「人間は動物である」という〕命題は人間の同一の観念のうちに相前後して観察されるものの順序を表わすだけなので、「人間は動物である」という陳述に対して私たちの持つ観念はただ1つである——たとえこの観念のうちでは、それが「人間」と呼ばれる理由であるものが先に考量され、これに対して、それが「動物」と呼ばれる理由であるものは後から考量されているとしても——からである。これらすべての命題の、あらゆる仕方による虚偽性は、結合された名辞の定義によって暴露される。

10. 命題の虚偽性は、用語を立て続けに定義することにより単純名辞

すなわち最高類にまで分解することによって明らかにされること

しかし、物体の名称が物体の名称と、偶有性の名称が偶有性の名称と、名辞の名称が名辞の名称と、表象の名称が表象の名称と結合されている場合でも、だからといってそれらの命題が真であるかどうかがただちに認識されるわけではなく、それ以前に両方の名辞の定義が、そしてさらにこれらの定義のうちに含まれている名辞の定義が認識されなければならず、こうして立て続けの分解によって最も単純な、ということはつまり、その類の諸事物の〔名称の〕うちで最高の、すなわち最も普遍的な名辞に到達するまでになっていなければならない。だがもしそれでも真理と虚偽が明らかにならないならば、哲学の出番となり、定義から始まる推論によって探究がなされなければならない。なぜなら、普遍的に真なる命題はすべて、定義であるか、定義の一部であるか、定義から証明されなければならないかのいずれかだからである。

11. 用語の繋辞との混合からくる三段論法の欠陥

形式のうちにひそんでいる可能性のある欠陥は、常に繋辞と用語のうちの一方との混合のうちにか、もしくは語の何らかの両義性のうちに見出されるが、このどちらの誤り方の場合にも4つの用語が生じる。このことは正当な三段論法においては起こりえないということが、既に示された。さて、どちらの用語との繋辞の混合も、命題を純粋かつ簡素な叙述に還元することによってただちに明らかになる。たとえば、仮に誰かが、

「手はペンに触れている」

「ペンは紙に触れている」、それゆえ

「手は紙に触れている」

と言い立てたとすると、その不適切なことは還元によってただちに明

らかである。なぜなら、

　　「手はペンに触れているものである」
　　「ペンは紙に触れているものである」、それゆえ
　　「手は紙に触れているものである」

というふうに述べられれば、「手」「ペンに触れているもの」「ペン」「紙に触れているもの」という4つの用語が明らかになるからである。

　しかし、この類の詭弁からだけでは危険が見えてこないので、さらにこれを追跡していくことは骨折り甲斐のあることである。

12. 両義性からくる三段論法の欠陥

　さて、両義的なものには何かある欺瞞が存在しうるが、しかしその場合の両義的なものとは、両義的であることがそれ自体で明らかなものではない。またそれは隠喩でもない。なぜなら、「隠喩」という語自体が、ある事物から他の事物への名辞の転用を告知しているからである。さらに、両義的といっても非常に曖昧というわけではないが、にもかかわらず時として人を欺くような、そのような両義的なものもある。それはたとえば次のような論証の場合である。「諸原理について論じ考えることは第一哲学に属する。しかるに、あらゆる諸原理のうちの第1の原理は、同一のものが存在すると同時に存在しないということはない、という原理である。それゆえ、同一のものが存在すると同時に存在しないということがありうるかどうかを論じ考えることは、第一哲学に属する。」この場合、「原理」という語における両義性が欺瞞をはらんでいる。なぜなら、諸原理について論じ考えることは第1の学に属する、ということが述べられている『形而上学』の冒頭において、アリストテレスは「諸原理」を諸事物の原因、第1の存在者と呼ばれる何かある存在者の意に解しているのに対し、上述の命題は第1の原理である、ということを述べている箇所では、認識の原理

にして原因、言いかえれば、それを欠いている者がいればその者はたしかに何事も教わることができないような、そのような言葉の意味理解、という意味に解しているからである。

13. ソフィスト流の詭弁は、三段論法の形式よりも実質において誤りを犯していることが多いこと

さらに、ソフィストや懐疑論者の詭弁は、それによって彼らが真理を嘲笑もしくは攻撃するのをかねてから常としてきたところのものであるが、大抵は三段論法の形式よりも実質のうちに欠陥を含んでいて、人を欺く以上に自分が欺かれていることのほうが多かった。なぜなら、運動を否定するゼノンのあの有名な論証は、「数において無限な諸部分へと分割されうるものは何であれ無限である」という命題——ゼノンはこれをいささかも疑うことなく真であるとみなした——に依拠していたのだが、しかしこの命題は偽であるからである。その理由は、無限な諸部分へと分割されうるということは、好きなだけ多くの諸部分へと分割されうるということにほかならないが、しかし線は、たとえそれを私が好きなだけ分割・細分することができても、だからといって数において無限な諸部分を持つ、すなわち無限であると言われるかというと、必ずしもそうではないからである。というのは、私が諸部分をどれだけ多くしようと、それらの数は常に有限であろうから。もっとも、どれだけ多くの、ということを付け加えずに単に「諸部分」と言う人は、自分では数を予め指定せずに、それを決定することを聴き手に委ねている、という理由によって、線は無限に分割されうる、と言いならわされてはいるが、これは他のいかなる意味でも真ではありえない。

さて、いわば哲学の歩き方のようなものである三段論法については、これで十分である。なぜなら、すべての正当な論証がその力を得

るのはどこからなのかを認識するために必要なだけのことは述べたし、言いうることをすべて積み上げるなどということは、既に私の言ったように、誰かが子供に歩くための規則を授けたがる場合と等しく、余計なことであろうから。というのは、推論の技術が獲得されるのは規則によってではなく、すべてが厳密な証明によって貫かれているような書物を用い、読むことによってだからである。私は今や、哲学の歩む道へと、すなわち哲学する方法へと話題を移すことにする。

第6章　方法について

1．方法と知識の定義

　方法の認識のためには、哲学の定義を記憶に呼び戻さなければならない。しかるにこの定義は、既に（第1章第2節で）次のような仕方で述べられた。「哲学とは、諸々の現象すなわち現れている諸結果の、知得された何らかのありうる生じ方すなわち発生の仕方から正しい合理的思考によって獲得された認識、および既存のもしくはありえた諸々の生じ方の、知得され現れている結果から正しい合理的思考によって獲得された認識である。」それゆえ、哲学する方法とは、「既知の原因による、諸結果のごく簡便な探究、もしくは既知の結果による、諸原因のごく簡便な探究」である。ところで、私たちが何かある結果を知っていると言われるのは、それの原因がどれだけあって、どういう主体に内在しており、結果をどういう主体のうちへと導入するかを、またこの導入をどのような仕方で行なうかを、認識している場合である。そこで、知識とは「何のゆえに、についての」（τοῦ διότι）、すなわち原因についての認識であり、「しかじかであること、についての」（τοῦ ὅτι）認識と言われる他のすべての認識は、感覚であるか、もしくは感覚から残存する想像〔表象像〕、すなわち記憶であるかのどちらかである。

　それゆえ、あらゆる知識の第1の端緒は、感覚と想像力との表象であって、それらが存在することを私たちはたしかに自然に認識している。しかし、それらがなぜ存在するのか、すなわちそれらがどのような原因に由来するのかを認識することは、推論を必要とし、この推論は（既に第1章第2節で言われたように）合成と、分割すなわち分解とから成っている。それゆえ、私たちが諸事物の原因を探究するためのあ

らゆる方法は、合成的であるか、分解的であるか、それとも一部は合成的で一部は分解的であるかのいずれかである。そして、分解的な方法は「分析的」方法と呼びならわされるのに対して、合成的な方法は「総合的」方法と呼びならわされている。

2．普遍的なものについてよりも特殊的なものについてのほうが、それらが何であるかはよく知られているが、反対に特殊的なものについてよりも普遍的なものについてのほうが、それらがなぜあるか、すなわちそれらの原因が一体何であるかは、よく知られている。

　すべての方法に共通することは、既知のことから未知のことへと進むということである。このことは、既述の哲学の定義から明らかである。しかるに、感覚の認識においては、現象全体のほうが、現象のどの部分よりもよく知られている。たとえば、私たちが人間を見る場合、人間の概念、すなわち人間のこの観念全体のほうが、「形姿を持つ」「生命のある」「理性を持つ」といった特殊的な観念よりも先んじて知られている、ということはつまり、よりよく知られている。言いかえれば、私たちはこういった特殊的なものへと心を向けるより以前に、人間全体を見てそれが何であるかを認識するのである。それゆえ、しかじかであることについての、すなわち「それが何であるか」についての認識に際しては、探究の開始は観念全体からである。これに対して、何のゆえに、についての認識すなわち諸原因の認識に際しては、ということはつまり知識の場合には、全体の原因よりも諸部分の原因のほうがよく知られている。なぜなら、全体の原因は諸部分の原因から合成されているが、合成がそれらによってなされるべき諸要素は、合成されてできたものよりも先に認識される必要があるからである。ところで、私がここで諸部分と言うのは、事物そのものの諸部分ではなく、事物の性質の諸部分のことである。たとえば、人間の諸

部分と私が言うのは頭や肩や腕などのことではなく、形姿・大きさ・運動・感覚・推論およびこれらに類似のもののことであり、これらは偶有性であって、いっしょにまとめられることによって人間の塊体でなく性質全体を構成する。そして、「あるものは私たちにとってよりよく知られているが、他のあるものは自然にとってよりよく知られている」と俗に言われるのは、このことに基づいている。なぜなら、こういう区別をする人々が、たとえ人間には誰にも知られていなくても自然には知られているような、そういう何かある知られているものが存在すると考えているとは、私は思わないからである。それゆえ、私たちにとっては諸感覚について知られたことのほうがよく知られているが、自然にとっては理性によって獲得されて知られたことのほうがよく知られている、と解されなければならない。かくて私たちにとっては、全体のほうが諸部分よりも、言いかえれば、普遍性のより小さな名称を持つもの（簡潔にするために、これを「特殊的なもの」と言おう）のほうが、普遍性のより大きな名称を持つもの（これを「普遍的なもの」と言おう）よりもよく知られているが、これに対して自然にとっては、諸部分の原因のほうが全体の原因よりも、言いかえれば、普遍的なもののほうが特殊的なものよりもよく知られている、と言いならわされている(1)。

3．哲学する人々は何を知ろうと求めているのか

哲学する人々が求めているのは、端的に、すなわち無限定的に知識であるか——言いかえれば、いかなる特定の問題も念頭におくことなく、知りうるかぎりのことを知ることであるか——、もしくは、ある特定の現象の原因ないし少くとも何かある確実な点を発見することであるかのいずれかである。後者はたとえば、光の、熱の、重さの、眼前の形態の原因等々は一体何であるか、眼前のある偶有性がどのよう

な主体に内属しているか、眼前に示されているある結果を生み出すのに、数多くの偶有性のうちのどれがとくに役立つか、ある結果を生じるには眼前の個々の原因をどのような仕方で結合しなければならないか、といったことである。問い求められていることがこのように多種多様であるのに応じて、あるいは分析的方法が、あるいは総合的方法が、あるいはその両方が適用されなければならない。

4．原理の発見は第1の部分によってなされるが、この部分は純粋に分析的である

さて、ある人々は可能なかぎりあらゆる物事の原因の認識に基づく知識を端的に求めるが、あらゆる特殊的なものの原因は、普遍的なものすなわち単純なものの原因から成っているので、このような人々にとっては、特殊的なものの原因、言いかえれば、ある事物が他の事物からそれによって区別される偶有性の原因よりも先に、普遍的なものの原因、すなわち、あらゆる物体に、ということはつまりすべての物質に共通な偶有性の原因を、認識することが必要である。さらに、普

（1） この文は、英語版では次のようになっている。「なぜなら、私たちにとっては、全体すなわち普遍的名称を持つもの（簡潔にするために、私はこれを「普遍的なもの」と呼ぶ）のほうが、諸部分すなわち普遍性のより低い名称を持つようなもの（それゆえ私はこれを「特殊的なもの」と呼ぶ）よりも知られており、また自然にとっては、諸部分の原因のほうが全体の原因よりも、すなわち普遍的なもののほうが特殊的なものよりも知られている、というのは、この意味においてだからである。」すなわち、ラテン語版と英語版では、この文と前の文との内容上の因果関係が逆に捉えられているほか、ラテン語版では「全体＝特殊的なもの」「諸部分＝普遍的なもの」という捉え方が一貫しているのに対し、英語版ではこの文の前半だけ、この関係が逆に捉えられている、という違いがある。この2つの相違点のうち、第1の点に関してはどちらの関係でも理解可能であるが、第2の点に関しては、次々節（第4節）の内容などからみて、ラテン語版のほうが妥当なことは明らかである。

遍的なものの原因を知ることができるためには、それ以前に、かの普遍的なものとはそれ自体何であるかを認識しなければならない。しかるに、普遍的なものは特殊的なものの本性のうちに含まれているので、組織的方法によって、言いかえれば分解によって探し出されなければならない。例として、特殊的事物の、たとえば正方形の概念ないし観念を挙げれば、正方形は「ある数の互いに等しい直線と直角とによって境界づけられた平面」へと分解される。それゆえ私たちは、「線」「平面」（これには「表面」が含まれる）「境界づけられたもの」「角」「直なること」「等しさ」という普遍的なもの、すなわちあらゆる物質に適合するものを知得するが、これらのものの原因ないし発生の仕方を発見した人がいれば、彼はそれらをまとめ合わせて正方形の原因とする。さらに、金の概念を念頭におくとすれば、これを分解することにより、「固体」「可視物」「重量物」（すなわち、地球の中心へ向かって努力するもの、つまり下方への運動を持つもの）の諸観念や、その他多くの金そのものよりも普遍的なものがそこから出てくるが、これらは最も普遍的なものに達するまで、さらに分解することができる。そしてこのようにして次々と分解することで、それらの原因が1つずつ認識されたうえでまとめ合わされれば特殊的諸事物の原因が認識されるようなものとは一体何か、ということが認識されたことになるであろう。それゆえ、諸事物の普遍的な概念を探究する方法は純粋に分析的である、と結論しよう。

5．各々の類の中で最も普遍的な原因は、それ自身によって認識される

　ところで、普遍的なもの（その何らかの原因がたしかに存在するような普遍的なもの）の原因は、それ自身によって、すなわち（言うところの）自然にとって、明らかに知られており、したがっていかなる方法もまったく必要としない。なぜなら、あらゆる事物の唯一の普遍的原因

第 6 章 | 91

は運動だからである。というのは、あらゆる形状の多様性は、それらを構築する運動の多様性から生じ、運動は他の運動以外の原因を持つとは考えられず、また色・音・味などといった、感覚によって知覚された物事の多様性は、一部は作用する対象のうちに、一部は感覚する人自身のうちに隠れている運動以外の原因を持たないので、その結果少くとも、かの運動がいかなるものかは推論なしには認識されえないにしても、しかし何かある運動が存在するということは明らかだからである。それが明らかだというのは、たとえ非常に多くの人々にとっては、変化は運動に基づくということを理解するためには何らかの証明が必要であるとしても、しかしこういうことになるのは事柄のわかりにくさのせいではなく（なぜなら、何かあるものがそれ自身の静止または運動から、運動によらずに離れるということは、考えられないことであるから）、諸先生方の偏見によってだめにされた、自然に関する議論のせいか、もしくは人々が自然を探求するのに全然いかなる思考も用いていないせいか、そのいずれかのためだという理由によってである。

6．発見された諸原理から知識へと端的に向かう方法とは何か

したがって、普遍的なものとその原因（これは「何のゆえに、についての」認識の第1の原理である）が認識されると、私たちはまず第1に、普遍的なものの定義（これは私たちの最も単純な諸概念の説明にほかならない）を知得する。なぜなら、（たとえば）場所を正しく理解している人は、「場所とは物体によって十全に満たされるかもしくは占められている空間である」という定義を知らずにはいられないし、運動を理解している人は、運動とは1つの場所の除去であり、かつ他の場所の獲得である、ということを知らずにはいられない。その次に私たちが知得するのは、普遍的なものの発生ないし記述であって、たとえば線は点の運動から生じ、面は線の運動から生じ、ある運動は他の運動か

ら生じる、といったことである。残るのは、どのような運動がどのような結果を生じるのかを探求することである。たとえば、どのような運動が直線を、どのような運動が円を作り出すのか、どのような運動が押し、どのような運動が引くのか、またどんな仕方でどのような運動が、見られるもの・聞かれるもの等々を、いろいろと異なったふうに見られたり聞かれたり等々するようにさせるのか、というようなことである。そしてこの探求の方法は合成的であるが、その理由は次のとおりである。まず第1に、運動する物体はそれに関して運動以外の何物も考量されないとした場合に何を生み出すか、ということが明らかにされなければならないが、しかし生み出されるのが線すなわち長さであることはただちに明らかである。次に、長さを持つ物体は運動すると何を作り出すか、ということが明らかにされなければならないが、作り出されるのは面であることが知られるであろう。そしてこのようにしてさらに、運動から端的に何が生じるかが明らかにされなければならない。次いで同様の仕方で、この種の運動を足したり掛けたり、引いたり割ったりした場合に、それらの運動からどういう結果が、どのような図形や図形のどのような特性が存在するか、ということが考究されなければならない。そしてこれらの考究から、幾何学と呼ばれる哲学の部門が生じたのである。

　運動から端的に生じることの考量の後には、ある物体の運動が他の物体に対して引き起こすことの考量が続く。そして、運動は個々の物体の諸部分のうちにありながらも、全体がその場所から離れないような仕方で存在しうるので、探求すべきことはまず第1に、どんな運動がどんな運動を全体のうちに引き起こすか、言いかえれば、ある物体が他の物体に突き当たる場合に、静止するものと今からある動きをもって運動するものは何と何か、衝突の後に運動するものはどんな仕方で、またどんな速度で運動することになるか、ということであり、

さらには、この第2の運動が第3の物体のうちにどんな運動を生じさせることになるか、ということであり、以下同様である。そしてこのような考量から、運動に関する哲学の部門は成っている。

　第3に、諸部分の運動から生じることの探求に達する。これはたとえば、同じものが感覚にとっては同じとは見えず、変化したように見えるということは何に基づくか、といったようなことである。それゆえここでは、光・色・透明・不透明・音・匂い・味・熱さ・冷たさ等々のような感覚的諸性質が探究される。そしてこれらの性質は感覚の原因そのものの認識なしには認識されえないので、視覚・聴覚・嗅覚・味覚・触覚の原因の考量が第3位を占め、これに対して上述の諸性質とそのあらゆる変化は区別されて第4位とされなければならないが、この2つの考量は、自然学と呼ばれる哲学の部門を含んでいる。この第4の部門には、自然哲学において本来の意味での証明によって説明されうるものは何でも含まれている。なぜなら、たとえば諸天体とそれらの諸部分の運動や力のような自然現象の原因がとくに述べられなければならない場合、その合理的根拠は学問の上述の諸部門から得るように努めなければならず、さもなければ合理的根拠では全然なくて不確実な推測であろう。

　自然学の後には道徳に関する部門に到らなければならない。この部門においては、心の運動、すなわち欲求・嫌悪・愛・好意・希望・恐怖・怒り・競争心・嫉妬などがどのような原因を持つか、またそれら自身がどのような物事の原因であるか、ということが考量される。これらのことの考量が自然学の後でなされなければならないのは、それらが自然学の考究の主題である感覚と想像力のうちに原因を有しているからである。しかして、後者がすべて私の言った順序で探究されなければならないのは、次のことに基づいている。それはすなわち、自然学は諸物体のごく微細な諸部分のうちにある運動が認識されなけれ

ば理解されえないが、諸部分のそのような運動を認識することは、他のもののうちに運動を引き起こすものは何かが認識されなければ不可能であるし、それが何かを認識することは、運動が端的に何を引き起こすかが認識されなければ不可能である、ということである。また、感覚に対する物事の現れ方はすべて決まっており、各々が一定の速度と一定の経路を維持している諸々の運動が合成されることによってしかじかの性質のものがしかじかの量だけ生じる、ということからして、第1に運動の経路が端的に探究されなければならず（幾何学はこの探究に存する）、次いで発生し外に現れた運動の経路が、そして最後に内的で目に見えない運動の経路（自然学者たちはこれを問い求める）が探究されなければならない、ということもある。それゆえ、自然哲学を問題にする人々は、問うことの端緒を幾何学から借りてくるのでなければ、問いを立てても無意味であるし、幾何学に無知なまま自然哲学について書いたり論じたりする人々は、自分の読者や聴き手を疲れはてさせてしまう。

7．国家学と自然科学の方法は、感覚から出発して学問の諸原理へと向かえば分析的であるが、逆に諸原理から出発すれば総合的である

　国家哲学〔市民に関する哲学〕は道徳哲学に付随しているが、しかし道徳哲学から引き離すことができないほどではない。なぜなら、心の動きの諸原因は推論によってだけでなく、自分自身の心の動きを観察する各人の経験によっても認識されるからである。そしてこのことのゆえに、総合的方法によって哲学の第1の諸原理から心の欲と擾乱についての知識へとひとたび到達した人々だけが、同じ道を進むことによって、設立されるべき国家の原因と必然性に行き当たり、国家哲学に固有の諸々の知識、すなわち、自然権と市民の義務についての知識や、あらゆる類の国家において権利の何が国家そのものに帰せられる

かという知識その他の知識を獲得する、というわけではない。政治学の諸原理は心の動きの認識に基づき、さらに心の動きの認識は感覚と思考についての知識に基づくからといって、この種の知識を得るのは上のような人々だけだということにはならないのであって、哲学の第１部門すなわち幾何学と自然学を学んでいない人々であっても、分析的方法によって、これまた国家哲学の諸原理へと到達することができるのである。なぜなら、どのような問いでもよいが、たとえば「しかじかの行為は正しいか正しくないか」というような問いが提出された場合、この「正しくないこと」を「法に反してなされたこと」へ、この「法」という概念を、強制する権力を持つ者の「命令」へ、そしてこの「権力」を、平和のためにそのような権力をうち立てる人々の「意志」へと分解してゆくことによって、ついには「人間の欲求と心の動きは、何かある権力によって強制されないとしたら、戦争によって互いに攻撃し合うようなものである」ということへと到りつくが、これはどんな人であれ自分自身の心を調べてみる人の経験によって認識できることだからである。それゆえ、ここから合成を行なうことによって、眼前の任意の行為の正不正を決定することへと進むことができる。さて今や上述のことから、いかなる特定の問題も念頭におかずに端的に知識を問い求める人々にとっては、哲学する方法は一部は分析的であり、一部は総合的であるということが明らかである。すなわち、諸々の感覚から出発して諸原理の発見に至る方法は分析的であり、そのほかの方法は総合的である。

8．眼前のものが物質か偶有性かを問い求める方法

　何かある特定の、眼前の現象ないし結果の原因を問い求める人々には、その原因が問題になっている当のものが物質すなわち物体であるのか、それとも物体の何かある偶有性であるのかがわからない、とい

うことがたびたび起こる。なぜなら、大きさや比例や図形などの原因が問題となる幾何学においては、これらのもの、すなわち大きさ・比例・図形が偶有性であることは確実に知られているにしても、しかし感覚的諸表象の原因について論じられる自然学においては、これらの表象はそれ自身がその表象である当の事物の代りとして、それ自身を提示し多くの人々にあてがうので、判別はそれほど容易ではないからであって、視覚の表象に関してはとりわけそうである。たとえば、太陽を眺める人には、ほぼ（直径にして）1フィートほどの大きさの何かある光り輝く観念が現れ、そしてほかならぬそれをこの人は太陽と呼ぶのであって、彼は太陽が本当はもっとはるかに大きいことを知っている場合でもやはりそういう呼び方をするのである。同様に、表象は時として、遠方から見るとたしかに丸く見えるのに、近くで見ると四角く見えることがある。それゆえ、この表象は物質すなわち何らかの自然的物体であるのか、それとも物体の何らかの偶有性であるのかという疑問が、当然のこととして生じうる。この問題を検討する方法は次のようなものである。私たちが以前、総合的方法によって物質と偶有性の定義から見出したこの両者の諸特性を、観念そのものと比較しなければならない。そして物体の、すなわち物質の諸特性がこの観念に一致したならば、この観念は物体であり、一致しなければ、それは偶有性である。それゆえ、物質は生じることも滅びることも、増すことも減ることもなく、また私たちの働きによって場所を移動することもありえないのに対して、かの観念は生じたり廃滅されたり、増えたり減ったり、私たちの意のままに動かされたりする、ということが仮に本当だとすれば、この観念は物質でなく偶有性であるということは確実である。したがって、この方法は総合的である。

9．眼前の偶有性があれやこれやの主体のうちに存在するかどうかを問い求める方法

　しかるに、問題が既知の偶有性の主体について——このことは、たとえば先の例において、太陽のあの輝きや見かけの大きさがどういう主体のうちに存するのかが疑問とされうるように、時として疑問とされる可能性のあることである——のことであるとすれば、その探求は次のようなものになるであろう。まず第1に、物質全体が諸部分へと分割される。すなわち、対象・媒体および感覚する者自身へと分割されるなど、眼前の事物に最もよく適応しているように見えるであろう何らかの分け方で分割される。次に、主体の定義に従って個々の部分が検討されなければならない。ただし、問題になっている当の偶有性を容れることのできないものは退けられなければならない。たとえば、仮に何かある真なる推論によって太陽が見かけの大きさよりも大きいことがわかったとすれば、この見かけの大きさは太陽のうちには存在しない。また、太陽はある1本の直線上の方向のある距離のところに存在するのに、仮にその大きさと輝きが、反射や屈折によって起こるように、複数の距離の複数の線上に見えたとすれば、この輝きも見かけの大きさも太陽そのもののうちには存在しないであろう。それゆえ、太陽という物体はこの輝きと大きさの主体ではないことになるであろう。そして同じ理由によって空気その他のものも退けられ、感覚する者自身以外にこの輝きや大きさの主体である可能性のあるものが何も残らないまでになるであろう。この方法は、主体が諸部分へと分割されるかぎりにおいては分析的であるが、主体と偶有性の諸々の特性が、それの主体が問題となっている当の偶有性と比較されているかぎりにおいては、総合的である。

10. 眼前の結果の原因を問い求める方法

　これに対して、眼前の何かある結果の原因が探究されなければならないときには、原因と呼ばれるものの完全な概念ないし観念が、すべてに先んじて心によって思考され理解されていなければならない。この完全な概念ないし観念とはすなわち、「原因とは、作用体と被作用体の両方のうちにあって、眼前の結果のために協働作用しており、そのすべてが存在するならばこの結果が存在しないとは考えられず、またそのうちのどの１つが欠けてもこの結果が存在するとは考えられないような、そのような諸々の偶有性全部の総体ないし集合体である」ということである。

　さて、原因とは何かが認識されたら、結果に随伴もしくは先行する各々の偶有性を、それが何らかの仕方で結果に関連すると思われるかぎり、１つひとつ吟味し、その偶有性が存在しなくても眼前の結果が存在すると考えられるかどうかを調べなければならない。そしてこのようにして、この結果を生み出すために協働作用しているものが、そうでないものから分たれるであろう。このことがなされたら、協働作用しているものを集めて、それらがすべて同時に存在していても眼前の結果が存在しないと考えることがやはり可能かどうかの考量がなされなければならない。しかして、そういうことは考えられないのであれば、協働作用しているこれらのものを足し合わせたこの集合体がこの結果の原因の全体であり、考えられるならば、この集合体は原因の全体ではなく、他の原因をなお求めて上積みしなければならない。たとえば、光の原因が問い求められなければならない場合、私たちはまず第１に外的原因を調査する。しかして私たちは、光の現れるたびに、何かある目立った対象が、いわばそれなしには光が考えられない光そのものの源泉のようなものとして存在することを発見する。それゆえ光の発生には、第１に何らかの対象が協働作用している。次に私

第 6 章 | 99

たちは媒体を考量して、それが一定の仕方で、すなわち透明であるように調整されていなければ、たとえ対象は同じままであっても、結果は消去されてしまうことを発見する。それゆえ光の発生には、媒体の透明性も協働作用している。第3に私は、見る者の身体を観察して、目・脳・神経・心臓の調整が不具合であることによって、すなわち故障や麻痺や虚弱によって光が消除されることを見出す。それゆえ、諸器官が外部のものの印象を受容するのに適するように調整されているということも、光の原因に寄与している。さらに、対象のうちに内属していて光を生じさせることのできるあらゆるもののうちには、光という結果が残存しているならそれが欠けているとは考えられないような作用（すなわち何かある運動）が1つだけ存在する。なぜなら、何かあるものが光ることができるためには、このものがこれだけの大きをしているとか、こういう形をしているとかいったことは必要でないし、また全体としてその場所から離れ去ることも必要でなく（ただし、太陽ないしその他の物体の中に存在していて光の原因であるものが光である、と言われるならおそらく話は別であるが、光とは光の原因以外の何物も意味しないと解されるから、この例外は取るに足りないものであって、あたかも太陽の中に存在していて光を生み出すものが光の原因であると言うようなものである）、必要なこととして残るのは、光を生ぜしめる作用がこのものの諸部分の有する運動だけであるということだからである。このことから、媒体が何を運び伝えているのかが容易にわかる。それはすなわち、目に届くまでのこの運動の連続である。そして最後に、感覚する者の目やその他の器官が何をもたらすのかも容易にわかる。それはすなわち、心臓すなわち最終的な感覚器官に届くまでの同じ運動の連続である。そしてこのようにして、光の原因は光源から生命運動の発生源に至る連続的運動の集積から成ることになるであろう。到達するこの連続的運動による生命運動の変化こそが光そのものなのである。

ただし、このことはただ例としてだけ言われたのである。なぜなら、光そのものについて、それがどこからどのようにして発生するかを述べることは、後でしかるべき箇所においてさらにやらなければならないことだからである。当面明らかなことは、諸原因の探究においては一部は分析的方法が、一部は総合的方法が必要だということである。分析的方法が必要なのは、随伴する諸結果を1つひとつ理解するためであり、総合的方法が必要なのは、その各々はそれ自身によって生じているものを1つに合成するためである。今や発見の方法は説き示されたので、教示する方法について、言いかえれば証明と証明する手段とについて述べることが残っている。

11. 単語は発見のためには目印として、証明のためには表現する言葉として役立つ

　発見の方法において単語の用途は、見出されたことが記憶に呼び戻されうるようにする目印であるという点に存する。なぜなら、この記憶への呼び戻しが生じなければ、私たちの発見することは何もかも失われてしまい、何らかの三段論法によって原理からさらに前進することは、記憶力の弱さのせいで不可能になるからである。たとえば、ある人が自分の目の前に置かれた何かある三角形を考究することによって、その角をすべて合計すると2直角に等しいということを発見し、しかもそのことを、思い浮かべられた言葉であれ口に出された言葉であれ、いかなる言葉も使用することなく黙考する場合、この人は、以前見たことのある三角形に似ていない別の提示された三角形に関してはもちろん、別の位置で眺められた同一の三角形に関してさえ、内角の総和が2直角に等しいというこの特性がそれに内在するかどうかを知らず、それゆえ限りなく多く存在する眼前の個々の三角形に対して、初めから考究をやり直さなければならないはめになるであろう。

このことは、諸々の単語（その各々が限りない個々の事物の普遍的概念を指示する）を使用することによって不必要になることである。ただし既述のように、単語は発見のためにはいわば目̇印̇として記憶のために役立つのであって、言葉として、表現することに役立つのではない。それゆえ、人間は指導者がいなくても１人だけで哲学者になることができるのであり、アダムでもそれは可能だったのであるが、しかし説き示すこと、すなわち証明することは、陳述と三段論法という２つのことを前提する。

12. 証明の方法は総合的である

さて、説き示すことは、自分自身の行なった発見の足跡をつうじて、説き示すべき相手の心を発見されたことの認識へと導くことにほかならないから、証明の方法は発見の方法であったものと同じであり、違うのはただ、方法の最初の部分、すなわち諸事物の感覚から普遍的諸原理へと進んだ部分が、省かれなければならないという点だけである。この違いはなぜかというと、最初の部分が諸原理である場合はそれを証明することはできず、また自然の目印である場合には（第５節で既述のように）たしかに説明を必要とするが、証明をもまた必要とするわけではないからである。それゆえ、証明の方法はすべて総合的であり、第１の、すなわちそれ自身によって理解される最も普遍的な諸命題から始まって、この諸命題を三段論法へと絶えず組み立てることによって進み、問い求められた結論の真理性を学び手が理解するまでに至る、陳述の順序のうちに存している。

13. 第１の普遍的〔全称〕命題は定義のみであること

さて、上述の諸原理とはただ定義のみである。そして定義の類別は２つである。なぜなら定義には、何かある知解不可能な原因を持つ物

事を表わす単語の定義と、知解可能な物事を表わす単語の定義とがあるからである。第 1 の部類の物事のうちに入るのは、物体すなわち物質と、量ないし延長、端的な意味での運動など、要するにあらゆる物質に内在するものである。第 2 の部類の物事のうちに入るのは、しかじかの物体、これこれの量のしかじかの運動、これこれの大きさ、しかじかの形状その他、ある物体を他の物体から区別することを可能にする一切のものである。第 1 の部類の物事の名称が十分に定義されるのは、当の名称を持つ物事の可能なかぎり最も簡潔な陳述によって、明晰かつ完全な観念ないし概念が聴き手の心の中に引き起こされる場合である。たとえば運動が、ある場所の放棄とそれに引き続く他の場所の獲得であると定義される場合がそれに当たる。なぜなら、この定義の中には何かある運動するものも運動の原因も見出されないとしても、この定義の陳述を聴けば、そのことによって運動の観念が十分明晰に心に現れるだろうからである。これに対して、原因を持つことができると解される物事の名称は、定義のうちに原因そのものもしくは発生の仕方を含み持っていなければならない。たとえば円が、平面上での直線の回転によって生じた図形であると定義される場合などがそうである。定義以外の他のいかなる命題も、第 1 の命題と言われてはならないし、それゆえ、もう少し厳密な言い方をしたければ、諸原理の数のうちに入れられてはならない。なぜなら、ユークリッドの幾何学に含まれているような公理は、証明を必要としないので、万人の一致した見解により原理の権威を得てきたけれども、証明されうるものであるからには、証明の原理ではないからである。さらに、公準や要請と呼ばれるものも、なるほど真に原理ではあるが、証明の原理ではなく構築の原理、言いかえれば、学問の原理ではなく力能の原理である。あるいは同じことであるが、思弁である諸定理の原理ではなく、実践と何らかの活動を行なうこととにかかわる諸問題の原理であ

る。これに対して、「自然は真空を忌む」や「自然は何事も無意味には行なわない」の類いのような一般に受け入れられている教説は、それ自身によって認識されたものでも、他のことから証明可能なものでもなく、真であるよりは偽である頻度のほうが高くて、なおのこと原理とはみなすべからざるものである。

それはさておき、定義へ話を戻すならば、原因と発生を有するものは原因と発生の仕方によって定義されるべきであると私が言う理由は次のとおりである。証明することの目的は諸事物の原因と発生の仕方とについての知識であるが、この知識は定義のうちに知得されなければ、定義から最初の三段論法として出てくる三段論法の結論のうちにも知得することはできず、最初の結論のうちに見出されないことがたしかならば、もっと後のどの結論のうちにも見出されないであろう。それゆえ、いかなる知識も決して存在しないことになるが、これは証明の目的と企図に反することである。

14. 定義の本性と定義

ところで、定義とは原理すなわち第1の命題である、と私は今しがた述べたが、このような場合の定義とは陳述である。そしてそれは学ぶ者の心の中に何かある事物の観念を引き起こすのに利用されたのであるから、この事物に何かある名が冠せられたとすると、定義は陳述によるこの名辞の説明以外のものではありえない。さらに、冠せられた名が概念によって形成されているということがたしかならば、定義とはこの名辞を、より普遍性の高いその諸部分へと分解することにほかならない。たとえば、私たちが人間を定義して「人間とは生命があって感覚し理性を持つ物体である」と言う場合、「物体」「生命のある」等々の名辞は「人間」というこの名辞全体の諸部分である。このことから、この種の定義は常に類と差異から成っていて、最後の名辞

を除いたそれよりも前の諸名辞は類を表わすのに対し、最後の名辞は差異を表わすようになっている、ということになる。しかるに、何かある名辞がその類において最も普遍的であるとすると、この名辞の定義は類と差異から成ることはできず、婉曲法によって行なわなければならないが、この婉曲法は名辞の意味を説明するのに最適でさえあれば、どんなものでもよいのである。さらに、類と差異が結合してはいるものの、その結合の仕方が定義をなさないような仕方になっているということも生じうるし、またしばしば実際に起こる。たとえば、「直線」という言葉は類と差異を含んではいるが、「直線とは真直ぐな線である」（Linea recta est linea recta）というように直線が定義されるとでも考えないかぎり、定義ではない。しかしそれにもかかわらず、仮に「直」「線」の両語とは異なる何かある1つの語があって、それが「直線」と同じものを表わすとしたら、その場合には「直」「線」の2つの語はこの1つの語の定義である。以上の点から、「定義」そのものがどのように定義されなければならないかを理解することができる。それはすなわち、「定義とは、主語の分解がなされうる場合には、述語が主語を分解したものであるような命題であり、主語の分解がなされえない場合には、述語が主語を例示したものであるような命題である」という定義になる。

15. 定義の諸特性

定義の特性は次の7点である。

（1）曖昧さを、それゆえ討論によって哲学が獲得されうると考える人々の用いるあの多くの区分のすべてを、除去するということ。なぜなら定義の本性は、限定すること、すなわち定義される名辞の意味を決定し、これを定義の中に含まれている意味以外のすべての意味から切り離すことであり、それゆえ、定義をめぐる区分がどれほど多く

存在する可能性があっても、これらの区分のすべてについて1つの定義があてはまるからである。

（2）定義されるものの普遍的な概念を示し、それによって目にではなく心に対して何かある普遍的な画像があるようにするということ。なぜなら、人間の絵を描く人がこの人間の像を生じさせるように、「人間」という名辞を定義する人は誰かある人間の〔心〕像を生じさせるからである。

（3）定義については、それが認められるべきか否かを論議する必要はないということ。その理由は次のとおりである。先生と先徒との間でただ1つのことだけが論じられている以上、生徒が定義されているものの、定義の中で分解されたすべての部分を理解しながら、それでもこの定義を認めたがらないとしたら、その場合には既にこの論争は片がついている。というのは、これは生徒が教えを受けたがらない場合と同じことだからである。しかるに、生徒が理解しない場合には、この定義は争う余地なく不適切である。なぜなら、定義の本性は事物の観念を明晰に示すという点に存するからである。原理というものはそれ自身によって知られるものであって、さもなければそれは原理ではないのであるから。

（4）哲学における定義は定義される名辞に先立っているということ。なぜなら、説き示されるべき哲学の端緒は定義に由来し、合成されたものについての知識へと向かう哲学の進歩は合成的だからである。それゆえ、定義は合成されたものの名辞の分解による説明であり、進行は分解されたものから合成されたものへと進められるから、定義は合成されてできた名辞よりも先に理解されなければならない。もちろん、陳述中の諸部分の名辞が説明されていれば、それら諸部分の名辞から合成された名辞は必ずしも存在していなくてもよい。たとえば、「等辺形」「四辺形」「直角」という名辞が認識されていれば、

「正方形」という名辞が確かに存在していなければならないという必要性は、幾何学にとってはなかったのである。なぜなら哲学においては、定義された名辞は簡潔さのためにのみ利用されるのだからである。

（5）哲学のある一部門において定義される合成された名辞は、他の部門においては別なふうに定義されることがありうるということ。たとえば parabola（放物線・比喩法）と hyperbola（双曲線・誇張法）の定義が、幾何学の場合と修辞学の場合とでは異なっているようにである。なぜなら、定義は何かある特定の学科に向くように定められ、その学科のために用いられるものだからである。それゆえ定義は、哲学のある部門において、より簡潔に幾何学的定義を記述するのに適していると見られるであろう何らかの名辞を導入する、ということがもし本当だとしたら、哲学のその他の諸部門においても、同じ権利によって同じことをすることができる。なぜなら、名辞の使い方は私的でしかも（複数の人々の間でも彼らが合意していれば）任意的なものだからである。

（6）いかなる名辞も1つの単語によっては定義されないということ。なぜなら、1つまたは複数の単語を1つの単語へと分解することはできないからである。

（7）定義されているものの名が定義の中に見出されてはならないということ。なぜなら、定義されているものは合成された全体であるが、これに対して定義は合成されたものを諸部分へと分解することであり、しかして全体がそれ自身の部分であることはできないからである。

16. 証明の本性

三段論法へと合成されうる任意の2つの定義は結論を生み出し、こ

の結論は原理から、言いかえれば定義から導き出されるので、証明さ
れた結論と言われ、この導出ないし合成が証明と言われる。同様に、
1つが定義でもう1つが証明された結論である2つの命題、もしくは
どちらも定義ではなくて、両方とも予め証明済みの2つの命題から三
段論法が生じる場合、この三段論法もまた証明と言われ、以下同様に
続く。したがって、証明の定義は次のようになろう。「証明とは、名
辞の定義から始まって、導出された最終的な結論に至るまでの、1つ
の三段論法もしくは一連の複数の三段論法である。」このことから、
真なる原理のうちに発端を有するあらゆる正当な推論は、学問的でし
かも真なる証明であることがわかる。なぜなら、証明という名称の起
源に関して言えば、ラテン人が言葉どおりに訳して demonstratio（証
明）と呼んだ ἀπόδειξις を、ギリシア人は、証明されるべきものをあ
る描かれた線や図形によっていわば眼前に置いた——ἀποδεικνύειν す
なわち示すこと（monstrare）とは、本来このことである——場合の推
論だけを表わすのに使用しているけれども、しかしそうしたのは次の
ような理由のためであったと見られるからである。それはすなわち、
幾何学（そこではほとんどこの種の図形しか入り込む余地がない）の場合を
除いて、他の事柄に関するいかなる推論も確実で学問的な推論ではな
く、すべては論争や叫び声に満ちているということに、ギリシア人た
ちが気付いていたから、という理由である。そしてそれは、図形なし
には彼らの提出していた真理が明らかになりえなかったからではな
く、彼らが自分たちの推論のいかなる正当な原理も定立しなかったか
らである。そういうわけで、どの部類の学科においてであろうと定義
が予め立てられれば証明は真でありうる、ということがなければ、い
かなる合理的思考もないのである。

17. 証明の特性と諸々の証明されるべき物事の順序

したがって、方法的な証明の特性は、

1．合理的思考の系列全体が正当であること、言いかえれば、三段論法の既述の諸法則に従っていること。

2．個々の三段論法の前提が、最初の定義からこの前提そのものに至るまで、予め証明されていること。

3．定義から後の進行は、どんなことであれそのことを教える人がそれを発見した当の同じ方法でなされること。すなわち、最も普遍的な定義に最も近いことが第1に証明され（第一哲学と言われる哲学の部門の本領はこの点で発揮される）、その次に端的に運動によって証明されうることが証明される（幾何学はこの点に存する）。幾何学の後には、見た目に明らかな作用によって、すなわち斥力と引力によって説明可能なことが証明される。そこから、目に見えない諸部分の運動ないし変化や、諸々の感覚と想像力とについての学説や、動物の内的諸情念、とりわけ人間の諸情念へと下降していかなければならないが、この人間の諸情念のうちには、市民の諸々の義務の、もしくは市民に関する学説——この学説が最後の位置を占める——の第1の基礎が含まれている。さて、学説全体の順序が私の言ったような順序でなければならないことは、次のことから認識可能である。それはすなわち、後の方の箇所で説明されなければならないと言われている学説は、それよりも前の箇所で論じられなければならないものとして提示されている認識によらなければ証明されえない、ということである。この方法の例としては、次章で着手し本書全体をつうじて追求する哲学の諸々の根本原理についての論考以外の例を持ち出すことはできない。

18. 証明の過誤

前提の誤りや組み立ての過誤のせいで生じる誤謬推理については前章で述べたが、これら以外に2つの、証明に特有の誤謬推理がある。

それは「論点先取」(Petitio principii) と「虚偽原因」(Causa falsa) であって、これらは未熟な生徒ばかりでなく、ときには教師をも誤らせ、証明されたと彼らのみなしていることが証明されていないという事態を引き起こす。さて、「論点先取を犯している」と言われるのは、別の言葉で言い表わされた立証されるべき結論を、定義として、すなわち証明の原理として定立する人々である。彼らはこうして、問題になっている物事の原因としてその当の物事もしくはそれの結果を定立し、証明のうちに循環を引き起こしてしまう。(たとえば) 地球は宇宙の中心にあって常に不動である、ということを証明しようと欲して、このことの原因は重力であると想定し、なおかつ重力を定義して、それは重量のある物体を宇宙の中心へと向かわせる性質である、とする人は、無駄骨を折ることになるであろうが、これはその例である。なぜなら問題になっているのは、上述の性質が地球に内在している原因は一体何かということであって、それゆえ、このことの原因として重力を想定する人は、そのこと自体をそれの原因として定立しているのだからである。

「虚偽原因」の例を私は、何かある次のような論のうちに見出す。地球の動いていることが証明されなければならなかったとしよう。そこで、「地球と太陽は同一の相互位置を保つことはないから、どちらか一方が場所運動をしていることは必然的である」ということ——これは真である——から論がスタートする。次に、「太陽が陸・海双方から立ち上らせる蒸気は、この運動のせいで必然的に動かされる」——このこともまた真である——と論じ、このことから風が生じる、と推論するが、これもまた認められなければならないことである。この風によって海の水が動かされ、海水のこの運動によって海底がまるで鞭で打たれたように変化する、と論者は言う。これもまた認めよう。そこで論者は、それゆえ必然的に地球は動いている、と結論する

であろう。しかしこれは誤謬推理である。その理由は次のとおりである。仮にこの風が地球の当初から回転していることの原因であり、なおかつ太陽か地球かどちらかの運動がこの風の原因であったとするならば、太陽か地球かどちらかの運動はこの風に先立って存在していたわけである。もしも風が生じたのに先立って地球が動いていたとすれば、その場合この風は地球の回転の原因ではありえなかったことになる。けれども地球は停止していて太陽が動いていたのならば、この風が存在していても地球が動くことはありえなかったということは明らかである。したがって、地球の運動の原因は、かの論者が述べた原因ではない。しかしながら、こういう類の誤謬推理が自然学の著作物にはいたるところで非常に多く現れる。もっとも、私が例に引いたこの誤謬推理よりも手の込んだものは何ひとつありえないが。

19. 幾何学者たちの分析的方法をこの箇所で論じることができないのはどうしてか

　方法について論じているこの箇所で、幾何学者たちが論理学的技術と自称する彼らの技術に言及するのが適切だと思う人がいるかもしれない。この技術はすなわち、問題になっていることを真であるかのように前提し、そこから推論して、既知のことに到りつくか不可能なことに到りつくかやってみるというものであって、既知のことに到りついた場合は、問題になっていることの真理性をそれによって証明することができ、不可能なことに到りついた場合は、前提されていることが偽であることをそれによって理解することができるというわけである。しかしこの技術は、この箇所では説明することができない。このことの原因は、この方法が幾何学に従事している人々によってでなければ行使されることも理解されることもできないということ、しかも幾何学者たち自身にとっては、めいめいがより多くの、より効力のあ

る定理を知得しているほど、それだけいっそう論理学的技術を用いることができ、したがってこの技術は、実際上は幾何学そのものから区別されないということ、この点にある。その理由は次のとおりである。この方法には3つの部分があるが、そのうち第1の部分は未知の物事と既知の物事との間に等同性を見出すことであって、等置と呼ばれる。しかしこの等置は、比例の本性・特性ならびに移項、直線と平面の加減乗除、および根の算出を意のままに使いこなせる人々によってでなければ見出されえず、そしてこのことは既にして並の幾何学者のできる仕事ではない。第2の部分は、見出された等置から問題の真偽が発見されうるか否かを、この等置から判断することができるための部分であって、これはさらに大きな学識を要することである。第3の部分は、問題の解決に適する等置が見出されたら、問題をその真偽が明らかになるように解くことであって、このことは難しい問題の場合には曲線図形の本性の認識なしには行なうことができない。しかるに、曲線の本性と特性を意のままに使いこなすことは、最高の幾何学である。この理由に加えて、さらにこういうことも持ち上がってくる。すなわち、等置を見出すことに関してはいかなる方法もないが、誰であろうと熟練が生れつきの持ち前よりまさっている分だけは、それを見出す能力がある、ということである。

第 2 部

第一哲学

第 7 章　場所と時間について

1. **存在しない諸事物をその名称によって理解したり計算したりできるということ**

　自然に関する学説の端緒は、（既に示したように）除去によって、すなわち宇宙が消去されたと仮構してみることによって最もよく把捉されるであろう。しかし、諸事物のそのような無化が前提されると、おそらく次のように問う人がいるであろう。すなわち、（諸事物のこの全般的消滅から唯一除外される）誰かある人間が、それについて哲学したり、またそもそも推論したりできるような、あるいは推論するためにそのものに何かある名を冠したりできるような、そのような残余物は一体何なのか、と。

　それゆえ私は次のように言う。すなわち、上述の人間にとっては、世界とあらゆる物体を消去する以前に彼が目で見たり他の感覚によって知覚したりしていたこの世界と諸物体の、その諸々の観念が残るであろう、と。これはつまり、大きさ・運動・音・色等々の記憶や表象像が残るであろうし、またそれらの順序や諸部分の記憶や表象像も残るであろう、ということである。そしてこれらはみな、それを思い描く当の人に内的に生じる観念および表象にすぎないとしても、それにもかかわらずあたかも外的であって心の力には決して依存していないかのように見えるであろう。それゆえ、彼はこれらに名を冠し、それらを差し引いたり合成したりすることになる。なぜなら、他の諸事物は滅せられてもこの人間だけは存続すると、すなわち彼は思考したり思い描いたり思い出したりすると仮定した以上、彼の考えることは過去のこと以外に何もないからである。じっさい、推論する際に私たちのしていることに注意深く心を向けてみれば、諸事物はたしかに存続

115

しているが、私たちの計算しているものは自分の思い描く表象にほかならない、ということはもちろんである。なぜなら、天または地の大きさと運動を計算する場合、私たちは天に上ってそれを諸部分に分割したり、それの運動を測定したりするわけではなく、図書室や暗室の中で静かにこのことを行なうのだからである。ただしこれらの表象は2重の資格において、考量されうる、ということはつまり計算に入ってくることができる。それらはすなわち、心の諸能力が問題となっている場合のように、心の内的な出来事として考量されるか、もしくは外的諸事物の外観として、言いかえれば、あたかも存在していないのに存在しているように、つまり外にあるように見えているのであるかのように考量されるかのどちらかである。今はこの後のほうの仕方で考量がなされなければならない。

 2．空間とは何か
　いま仮に私たちが、外的諸事物の仮定上の消去以前に存在していた何かある事物を思い出した、ということはつまりその事物の表象を持ったとし、しかもその事物がどのようなものであったかを考えようとはせず、ただそれが心の外部にあったということだけを考えようと欲するとすれば、私たちは空間と呼ばれるものを持つ。これは私の表象であるからたしかに想像上の空間であるが、しかし万人が空間と呼んでいる当のものである。なぜなら、それが既に占められているということのゆえに空間であると言う者は誰もおらず、占められることが可能であるということのゆえにそう言うのだから、言いかえれば、物体はその場所をそれ自身とともに持ち運ぶとは誰も考えず、同一の空間の中に、ある時にはあるものが、またある時には別のものが、含まれる——空間中に空間と同時に存在する物体を空間が常に連れ歩くとしたら、こういうことは起こりえない——と考えるのだからである。

さて、このことは非常に明らかなことであって、哲学者たちが空間の間違った定義のせいで次のようなことをやっているのを見なかったら、説明の必要があるなどとは私も決して考えなかったであろうほどである。それは1つには、この間違った定義からただちに、世界は無限であると推論していることで、彼らがそうするのは、空間とは諸物体そのものの延長であると考え、なおかつ延長には常にそれ以上の延長がありうると考えるかぎり、諸物体そのものが無限の延長を持つと主張することになるからである。さらにもう1つは、この同じ定義から、1つの世界よりも多くの世界を創造することは神にとってさえ不可能であるということを、根拠なく結論していることである。なぜかというに、仮に他の世界が創造されなければならないとすると、この世の外には何物も存在しておらず、それゆえ（空間の定義からして）いかなる空間も存在しないので、無の中に世界が置かれなければならないことになるが、しかし無の中には何も置くことができないのであるから、というのがその言い分である。けれども、どうして無の中には何も置くことができないのかは示されていない。実のところはかえって、既に何物かが存在するところにはそれ以上何も置くことができないので、それだけ空虚のほうが充実よりも新しい物体を受け入れるのに適しているのである。そういうわけで、上述のような哲学者たちと彼らに同調する人々のために、これらのことを述べたのである。そこで私は、「空間とは現れている事物の、それが現れているかぎりにおける表象である」という空間の既定の定義へと戻ってきたと申し立てる。この「現れているかぎりにおける」とはすなわち、それを思い浮かべる人の外部にあるように見えるということ以外に、その事物のいかなる他の偶有性も考量されない場合の、ということである。

3．時間

　物体がその大きさの表象を心のうちに残すように、動く物体もまたその運動の表象を心のうちに残す。この運動の表象とはすなわち、今はこの空間を、次の瞬間には他の空間を通って連続的継起によって移行する物体の観念のことである。さて、このような観念ないし表象こそ、──人々の通常の言説からはかけ離れ、またアリストテレスの定義からはなおさらかけ離れてはいるが──「時間」と私が呼ぶものである。なぜ私が時間をこのようなものとして理解するかというと、人々は年が時間であるということは認めているが、しかし時間が何かある物体の偶有性か変様かもしくは様態であるとは考えておらず、したがって時間が諸事物自体のうちにではなく、心の思考の中に見出されなければならない、と認めることが必要になるからである。また人々は、自分よりも年長の人々の時間について語る場合、この年長者たちが死んだら故人の時間が、故人のことを思い出す人々の記憶の中以外のところに存在しうると考えているであろうか。これに対して、日や年や月は太陽と月の運動そのものであると主張する人々は、運動に関しては「過ぎ去った」というのは消滅するというのと同じことであり、「これから存在することになる」というのはまだ存在していないというのと同じことである以上、自分の言いたくないこと、すなわち、いかなる時間も全然存在していないし、存在したことがなかったし、これからも存在しない、ということを言っていることになる。なぜなら、「存在した」もしくは「これから存在する」と言われうるものについては、「存在している」ということもまた、かつて言うことができたか、もしくはやがて言うことができるようになるからである。それならば、日や月や年は、心の中で行なわれた計算の名称でないとしたら、どこにあるのであろうか。したがって、時間は表象である。ただしそれは、運動の表象である。なぜなら、どのような動因に

よって時間が経過するのかを認識したい場合、私たちは何かある運動、たとえば太陽や自動機械や水時計の運動を用いたり、線を記してこの線の上で何かあることが起こるのを思い描いたりするからであり、これに対してその他の仕方では、いかなる時間も現れないからである。けれども、私たちが「時間は運動の表象である」と言う場合、これは定義のためには十分でない。なぜなら、私たちは「時間」というこの語によって、最初は・こ・こに、次には・あ・そ・こに存在するかぎりでの物体の運動の先後関係すなわち継起を指し示すからである。それゆえ、時間の完全な定義は次のとおりである。「時間とは、私たちが運動のうちに先後関係すなわち継起を思い描くかぎりでの、運動の表象である。」この定義は「時間は先後関係に従っての運動の数である」というアリストテレスの定義とも一致する。なぜなら、数を数えるというこのことは心の働きであり、それゆえ「時間は先後関係に従った運動の数である」と言うのと、「時間は数えられた運動の表象である」と言うのとは同じことだからである。これに対して、「時間は運動の尺度である」と言うのは上のような正しい言い方ではない。なぜなら、私たちは時間を運動によって測定するのであって、運動を時間によって測定するのではないからである。

4．部分

　空間が空間の、時間が時間の「部分」であると呼ばれるのは、部分であるほうの空間・時間が、それを自らの部分として持つ空間・時間の中に含まれ、なおかつそのうえに別の空間・時間も後者の空間・時間の中に含まれている場合である。このことから、何かあるものを「部分」と呼ぶことが正しいのは、それを内に含む他のものと比較した場合だけだということが結論される。

5．分割すること

それゆえ、「部分を作り出すこと」すなわち空間または時間を「分けること」ないし「分割すること」とは、時空そのもののうちに別々のいくつかの時空を考えるということにほかならない。そこで、もし誰かが空間または時間を分割するとすれば、この人は自分が作り出す諸部分と同数の異なった概念と、そのうえさらにもう1つの概念を持つことになる。なぜなら、最初に分割されるべきものの概念があり、次にそれのある部分の概念があり、その次に別の部分の概念があり、という具合に、分割をさらに続けるかぎり永久に続くだろうからである。

ただし注意しなければならないのは、ここで言うところの分割とは、ある空間を他の空間から、もしくはある時間を他の時間から分離したりもぎ離したりすることではなく（なぜなら、空間ないし時間の諸部分が分断されること、たとえば半球が残りの半球から、最初の1時間がその次の1時間から分断されることが、可能であるなどと誰が考えようか）、それらを別々に考量することを意味しているということ、したがって分割は手の働きではなく、精神の働きであるということである。

6．一なるもの

空間または時間は、他の諸々の空間または時間の間に伍して考量されるとき、「1つの」空間または時間と言われるが、これはすなわち、「かの諸々の空間または時間のうちの1つ」ということである。なぜなら、ある空間を他の空間に、ある時間を他の時間に足し引きすることができないとすれば、端的に「空間」または「時間」と言えば十分であって、他の空間または時間が存在するとは考えられない場合に1つの空間とか1つの時間とか言うのは、余計なことだろうからである。一般に「分割されていないものは1つである」という定義がな

されているが、このことはある不合理な帰結の原因をなしている。なぜなら、分割されているものは複数である、言いかえれば、・1・つ・の・分・割・さ・れ・た・も・の・は・す・べ・て・複・数・の・分・割・さ・れ・た・も・の・で・あ・る（omne divisum esse divisa）という推論がなされることになるが、この結論はばかげているからである。

7．数

「数」とは、1と1であり、もしくは1と1と1であり、以下同様である。すなわち、1と1は2という数であり、1と1と1は3という数であり、その他の数についても同様であるが、これは「数とは複数の一性〔単位〕である」（Numerus est unitates）と言った場合と同じことである。

8．合成すること

空間を諸々の空間から、時間を諸々の時間から合成することは、まず1つひとつの空間または時間を相前後して考量し、次にすべての空間または時間を同時に一なるものとして考量する、ということである。たとえば、誰かある人がまず頭・足・腕・胸を別々に数え、次にこれらすべてをいっしょにしたものの代りとして1人の人間を思考のうちにおく場合がそうである。ところで、それ自身を成り立たせているもののすべてにこのように代置されるものは「全体」と呼ばれ、全体を分割することによって再び別々に考量される場合の、この全体を成り立たせている個々のものは、この全体の「諸部分」である。それゆえ、「全体」と「同時に捉えられたすべての部分」とは全く同じである。さて、分割に際しては諸部分同士をもぎ離す必要はない、ということは注意済みであるが、これと同様に合成に際しては、諸部分同士が互いに引き寄せられて接触し合うことは全体をなすために必要で

はなく、ただ精神によって1つの総体へと寄せ集められることだけが必要である、と考えられなければならない。なぜなら、同時に考量されたすべての人間は、たとえ時と場所に関しては散らばらであっても全人類であり、また12時間は、たとえ別々の日の諸時間であっても12時間という1つの数へと合成されるからである。

9．全体

　これらの点が理解されれば、諸部分から合成されることができ、かつ諸部分へと分割されることができると考えられないようないかなるものも、全体と呼ばれるのは正しくないということは明らかである。それゆえ私たちは、何かあるものが分割可能であって諸部分を持つ、ということを否定したとすれば、それが全体であることもまた否定しているのである。たとえば、魂が部分を持ちうることを否定する場合、私たちは魂が何かある全体であることも否定している。さらに、いかなるものも分割される以前には部分を持たないし、分割された場合には、分割されただけの数の諸部分しか持たない、ということも明らかである。同様に、部分の部分は全体の部分であるということも明らかである。なぜなら、4の部分、たとえば2は、8の部分であるからであって、その理由は、4は2と2から、さらに8は2と2と4から合成されており、それゆえ4という部分の部分である2は、重ねて8という全体の部分でもあるからである。

10．隣接している空間・時間と連続している空間・時間

　他のいかなる空間も間に存在しない2つの空間は互いに隣接していると言われる。これに対して、のABとBCのように、間にいかなる時間も介在しない2つの時間は、互いに直近の時間と呼ばれる。さらに、BCを共有部分とする

```
A        B    C           D
├────────┼────┼───────────┤
```
の AC と BD のように、何かある共有部分を持つ 2 つの空間および 2 つの時間は、互いに連続していると言われる。さらに、複数の空間または時間が複数の空間または時間に連続しているのは、それらのうちのどれでもよいから最も近い 2 つの空間同士または時間同士が連続している場合である。

11. 始め・終り・途中・有限・無限

諸部分のうち、他の 2 つの部分の間に切り取られる部分は「中間の」部分と呼ばれるが、これに対して他の 2 つの部分の間に置かれていない部分は「末端の」部分と呼ばれる。さらに、末端の両部分うちで先に数えられるほうは「始め」、後で数えられるほうは「終り」である。これに対して、中間を全部いっしょに捉えれば、それは「途中」である。さらに、「末端の両部分」と「両端〔限界〕」(termini) とは同じである。以上のことから、始めと終りは私たちの数える順序によるものであること、空間または時間を「終りにする」すなわち「限界づける」(terminare) とは、空間または時間の始めと終りを思い描くことと同じであること、そして各々のものは、その両端〔限界〕を私たちがどこかに思い描いたかどうかに従って、有限か無限かであるということが知られる。しかして、数の両端〔限界〕は単位〔一性〕であり、私たちが数えることをそこから始める単位は始めであるのに対して、数えるのをそこでやめる単位は終りである。さらに、どの数であるのかが言われていない数は無限〔定〕であると言われる。なぜなら、2、3、1000 などと言われていれば、その数は常に有限だからである。しかし、「数が無限〔定〕である」(Numerus est infinitus) ということ以外に何も言われていない場合は、「数」というこの名辞は不定名辞である、と言われた場合と同じことが言われたものと解されなければならない。

12. 潜在的に無限なものとは何か。いかなる無限なものも全体とも一なるものとも言えず、また空間も時間も無限な多とは言えないこと。

さて、たとえば歩数や時刻の数のような有限な空間または時間の数であって、それよりも大きな歩数や時刻の数がその空間または時間の中に存在しえないような、そのような数が指定されうるとき、空間または時間は「潜在的に有限」である、言いかえれば「限界づけられうる」と言われる。これに対して、指定された歩みや時刻の数が、与えられたどんな数よりも大きくても、その中でならこの歩数や時刻の数を与えることができるような空間または時間は、「潜在的に無限」である。さてそこで注意しなければならないのは、潜在的に無限である空間または時間のうちでは、指定されうるどんな数よりも多くの歩数または時刻の数を数えることができるけれども、それにもかかわらずこの歩数または時刻の数は、常に有限になるだろう、ということである。なぜなら、あらゆる数は有限な数だからである。それゆえ、世界が有限であることを立証しようと欲して次のように推論した人は、正しく推論しなかったのである。「仮に世界が無限であるとした場合、世界のうちには私たちから無限な歩数だけ離れた何かある部分をとることができる。しかるに、この種のいかなる部分もとることはできない。それゆえ、世界は無限である。」なぜなら、大前提のうちの「世界のうちには…とることができる」という帰結部分は偽であるからである。というのは、たとえ無限空間中においてであっても私たちがとったり心に示したりするものは何であれ、私たちから有限な空間によって隔たっているからであって、その理由は、そういうものの場所を示すというまさにそのことによって、私たちはそこに空間の終りを作り出すからであり、また心の働きで無限なものから両側を切り離したものは何であれ、私たちはそれを終りにする、ということはつまり有限なものとするからである。

限界づけることのできない空間と時間については、それが全体であるとか一なるものであるとか言うことはできない。全体と言えないのは、そういう空間・時間はいかなる部分からも合成されえないからであって、その理由は、諸部分がどれほど多くても、その１つひとつが有限である場合には、それらが同時に捉えられても、やはり有限な全体をなすからである。一なるものと言えないのは、他のものと比較された場合にしか一なるものとは言われないのに、２つの無限な空間や２つの無限な時間が存在するとは考えられないからである。結局のところ、世界は有限か無限か、ということが問題にされる場合、心の中には「世界」という語で表わされているものは何も存在していない。なぜなら、私たちの思い描くものは何であれ、私たちがそれを思い描くというまさにそのことによって有限であるからである。この点は、私たちの計算の及ぶのが恒星までであろうと、第９天球、第10天球、あるいはついに第1000天球にまで達しようと変りはない。問われているのはただ、私たちが空間を空間に付け加えることができるのと同じだけ、神は実際に物体を物体に添加したもうたのかどうかということだけである。

13. 分割可能な最小のものは与えられないこと

　それゆえ、空間と時間は無限に分割可能であると言いならわされていることは、何かある無際限な、言いかえれば永遠の分割が行なわれるかのように受けとられてはならない。上のように言われていることの意味は、次のような言い方によるほうがもっとよく説明される。「分割されるものは何であれ、再び分割可能な諸部分へと分割される。」あるいは、「分割可能な最小のものは与えられない」という言い方でもよいし、大多数の幾何学者たちが述べているように、「所与のどんな量に対しても、それよりも小さい量をとることができる」と

言っても同じである。これがそのとおりであることは容易に証明できる。なぜなら、所与のどのような（分割可能な最小のものであるとみなされていた）空間もしくは時間でも、2つの等しい部分AとBとに分割されたからであり、また私は主張するが、この2つの部分のどちらの1つ——たとえばA——も、再び分割されうるからである。その理由は次のとおりである。部分Aは一方ではたしかに部分Bに接しているが、しかし他方ではBそのものに等しい大きさの他の空間にも接していると考えられ、それゆえ（所与の空間よりも大きい）この空間全体もまた分割可能である。それゆえ、この空間全体が2等分されると、中間にあるAも2等分される。したがってAは分割可能であったのである。

第8章　物体と偶有性について

1．物体の定義

　表象としての空間——その中には外的なものは何もなく、そこにかつて現前していて心の中にその残像を残した諸々の外的なものの純然たる欠如があると仮定された——とは何であるかが既にわかったので、次にこれらのもののうちのあるものが再び置き戻されるか、新たに創造されるかすると仮定しよう。そうすると、この創造されたものもしくは置き戻されたものは、単に上述の空間のどこかある部分を占める、すなわちこの部分と一致し等しい延長を持っているばかりでなく、私たちの想像力に依存しない何かあるものでもある、ということが必然的である。さて、このものこそまさに、次のように呼びならわされている当のものである。すなわち、それが延長を持つからという理由では「物体」と呼ばれるが、私たちの思考から独立であるからという理由では「それ自身によって存続するもの」と呼ばれ、また私たちの外部に存続するからという理由では「実在するもの」と呼ばれ、最後に、表象としての空間の下に広げられて置かれているとみられ、したがってそこに何かあるものがあるということが知られるのは感覚によってではなく理性によってのみであるから、という理由では「〔空間の〕下に置かれたもの〔仮定物〕」(Suppositum) とも「〔空間の〕下に投じられてあるもの〔主体〕」(Subjectum) とも呼ばれる、というように。それゆえ、物体の定義は次のとおりである。「私たちの思考に依存せず、空間のどこかある部分と一致するもの、すなわちその部分と等しい延長を有するものは何であれ、物体である。」

2．偶有性の定義

さて、偶有性が何であるかは、定義よりも例によるほうが容易に説明できる。そこで、物体がある空間を占めている、すなわちその空間と等しい延長を持っている、と考えよう。この等しい延長は、等しい延長を持っている物体そのものではない。同様に、同じ物体が移動すると考えれば、この移動は移動する物体そのものではないし、あるいはこの物体が移動しないと考えれば、この移動しないこと、すなわち静止は、静止している物体そのものではない。では、それらは何なのか。それらは物体の偶有性である。けれども、問われているのは「偶有性とは何か」というまさにこのことである。たしかにこの問いにおいては、わかっていることが問われていて、問われなければならなかったことが問われていない。なぜかというと、何かあるものが延長を持っているとか動いているとかいないとか言う人の言うことを、常に同じ仕方で理解しないような者は誰もいないからである。しかし大多数の人々は、「偶有性は何かあるものである」と、すなわち諸々の自然物の何かある一部分であると——本当は偶有性は自然物の一部分などではないのに——言ってほしがっている。こういう人々を満足させるために、なしうる最善の答え方をしているのは、偶有性を「物体がそれに基づいて理解される、物体の様態」であると定義する人々である。これは、「偶有性とは、物体の持つ、それ自身の概念を私たちに刻印する能力である」と言うのと同じことである。この定義は、問われていることに答えるものではないとしても、問われなければならなかったことへの答えにはなっている。問われなければならなかったことというのは、「物体のある部分はこちらに、他の部分はあちらに現れるということが、何ゆえに起こるのか」ということであって、これには「延長のゆえに」という答えをすれば正しく答えたことになるであろう。また、「ある物体がまるごと、たて続けにこちらに見えた

りあちらに見えたりするということが、何ゆえに起こるのか」ということもそうであって、これには「運動のゆえに」と答えられるであろう。最後にまた「違う時点において同一の空間が何かあるものによって占められているのが見られるということが、何ゆえに起こるのか」には、たとえば「この何かあるものが動かされなかったから」と答えられるであろう。なぜなら、物体の名称について、ということはつまり具体的名辞について「それは何か」という問いかけがなされている場合には、問われているのは語の意味だけであるから、定義によって答えがなされなければならないが、抽象的名辞について「それは何か」と問われたならば、問われているのは、何かあるものがしかじかの仕方で現れる原因だからである。たとえば「硬いものとは何か」と問われたならば、「硬いものとは、全体が動くことによってしかその部分が動かないようなもののことである」と答えられるであろうが、「硬さとは何か」と問われたならば、全体が動くことによってしか部分が動かないことの原因が示されなければならない。それゆえ「偶有性とは物体の理解の仕方である」と定義される。

3．偶有性はどのようにしてその主体のうちに内在すると考えられるべきか

ところで、「偶有性は物体に内在する」と言われる場合、このことは、あたかも何かあるものが物体のうちに含まれているかのように受けとられてはならない。たとえば、血に染まった衣服の中に血が内在するのと同じように、ということはつまり部分が全体のうちに内在するような具合に、赤が血のうちに内在するのであるかのように受けとられてはならないのである。なぜなら、それでは偶有性もまた物体であることになってしまうからである。そうではなくて、大きいもののうちに大きさが、静止しているもののうちに静止が、動いているものの

うちに運動がある（このことがどのように解されなければならないかは、誰もがわかっていることである）のと同じように、他のあらゆる何らかの偶有性もまたその主体のうちに内在すると考えられなければならない。このことはアリストテレスによっても説明されているが、ただしそれは否定的な説明の仕方、すなわち「偶有性は主体に、あたかも部分のようにではなく、主体が滅失しなくてもなくなることがありうるような仕方で内在している」という説明の仕方によるものでしかなかった。そしてこの説明は、物体が滅失しなければその物体からなくなることがありえないような偶有性がいくつかあるということがなければ、たしかに正しかったであろう。というのは、延長のない物体や形状のない物体は全然考えることができないからである。しかし、あらゆる物体に共通ではなくて、ある物体に固有であるようなその他の偶有性、たとえば静止していること・動いていること・色・硬さなどの類いは、他の偶有性がそれにとって代わればただちに滅失するが、だからといってその物体が滅失するわけでは決してない。もっとも人によっては、延長・運動・静止あるいは形状が内在するのと同じようにすべての偶有性がその内在する物体に内在しているわけではなく、たとえば色・熱・匂い・長所・欠点などの類いはこれとは違った仕方で内在し、かつ（言われるように）内属している、と思うかもしれない。それゆえ私はそういう人には当面、このことについての彼の判断を未決のままにして、この後のほうの偶有性そのものもまたそれを思い描く心の、もしくは感覚される物体そのものの何かある運動ではないかどうかの、推論による探究が行なわれてしまうまで、しばらく待ってほしいと思う。なぜなら、このことを探ることは自然哲学の重要な部分だからである。

4．大きさとは何か

物体の延長はその大きさと、すなわち、ある人々が「実在的空間」と呼ぶものと同じものである。ただし、この大きさは表象としての空間のように私たちの思考に依拠するものではない。なぜなら、表象としての空間は実在的空間の結果であるが[1]、大きさは〔表象としての空間の〕原因だからであり、表象としての空間は心の偶有性であるが、実在的空間は心の外部に現存する物体の偶有性だからである。

5．場所とは何か。また場所は不動であること

さて、どの物体であれ、物体の大きさと一致する空間（この空間という語を私は常に表象としての空間の意に解する）は、その物体の「場所」と呼ばれる。さらにその際、この物体そのものは「その場所に位置するもの」と言われる。ところで、場所はそこに位置するものの大きさと次のような点において異なっている。第1に、同一の物体は静止している場合も運動している場合も常に同じ大きさを保つが、運動している場合に同じ場所を保つことはない、という点。第2に、場所は何であれしかじかの大きさと形をした物体の表象であるが、これに対して各物体の大きさはこの物体の固有の偶有性である、という点。なぜなら、場所に位置する1つのものの場所は時点が異なれば複数存在し

（1） 英語版ではここが for this is an effect of our imagination, but mugnitude is the cause of it；（なぜなら、表象としての空間は私たちの想像力の結果であるが、大きさはその原因だからであり、）となっているが、ラテン語版では、この箇所の原文 Hoc enim illius effectus est, magnitudo causa の illius の指示内容として our imagination に該当する語は見当たらず、またこの Hoc と illius はこれに続く hoc animi, illa corporis extra animum existentis accidens est. の hoc, illa とそれぞれ同じものを指示していると考えなければならないから、英語版のこの箇所はラテン語原本の論旨を歪曲したものと言わざるをえない。底本の脚註にも、英語版のここは誤訳である旨はっきり指摘されている。

うるが、この1つのものの大きさが複数存在することはありえないからである。第3に、いかなる場所も心の外部には存在せず、いかなる大きさも心の内部には存在しない、という点。そして最後に、場所は心に思い描かれた延長であるが、大きさは真の延長であり、場所に位置する物体は延長ではなく、延長を持ったものである、という点である。そのうえ、場所は不動である。なぜなら、動くものは場所から場所へと移行すると考えられるので、仮に場所が動くとすると、場所もまた場所から場所へと移動することになり、その結果、場所の場所があり、なおかつ場所がそこにある「場所の場所」にもさらに別の場所があり、というように際限なく続くことは必然的であることになるが、これはばかげたことだからである。他方、場所の本性を実在的空間のうちに置き入れる人々が場所の不動性を主張する場合、彼らは自分で場所とは表象であるということにしている――そうしていることに自分では気付いていないけれども――のであって、そう言える理由は次のとおりである。すなわち、こういう人々のうちのある者は、場所が不動だと言われるのはこの場合に考量されているのが空間一般だからだ、と言うのであるが、しかし名辞以外にいかなる普遍的なものも存在しないことを思い起こすならば、空間一般として考量されるとこの者の称する当の空間が、何であれしかじかの大きさと形状をした物体の、心のうちにある表象ないし記憶以外の何物でもないことは容易にわかるであろう。これに対して、実在的空間は知解によって不動化される、と称する者も、場所を実在的空間のうちに見る上述の人々のうちには存在する。そうすると、流水の水面下にはそれに続く水が常に位置していることを考えれば、知解によってそのように設定された水面は、流れの「不動な場所」であることになろう。しかしこのことは、不明瞭な言葉でわかりにくく言われてはいるが、場所をそのあるとおりに、表象上のものとすること以外の何であるのか。

最後に言うと、場所の本性は周囲をとり巻くものの面にあるのでは[2]なく、立体的空間にある。なぜなら、場所に位置するもの全体はその場所全体と、また前者の部分は後者の部分と等しい延長を有するが、しかるに場所に位置する物体は立体なので、それが面と等しい延長を持つということは理に合わないからである。それに加えて次のような理由もある。何かある物体の全体は、その諸部分の1つひとつもまた同時に運動するのでなければ、どのようにして運動しうるであろうか。また物体の内部の諸部分は、元の場所を離れ去らなければどのようにして運動しうるであろうか。しかるに、物体の内部の部分はそれに近接した外側の部分の面を離れ去ることはできない。したがって、仮に場所が周囲をとり巻くものの面であるとしたら、運動しているものの諸部分は運動していない、ということはつまり、運動しているものは運動していない、ということが帰結してしまう。

6．充実と空虚とは何か

　物体によって占められている空間（ないし場所）は「充実した」空間と呼ばれ、物体によって占められていない空間は、「空虚な」空間と呼ばれる。

7．「ここに」「あそこに」「どこかに」とは何を意味するか

　「ここに」「あそこに」「田舎に」「都市に」や、「どこにあるか」という問いへの答えとなるこれらに類似した名辞は、場所そのものの名称ではなく、また独力では問われている当の場所を心の中に呼び起こすこともない。そう言える理由は次のとおりである。「ここに」と

---

(2) 場所に関するアリストテレスの有名な見解である。

「あそこに」は、同時に指やその他のものによって事物が指し示されなければ何も表わさないが、問い手の目が指やその他の指示物によって問われている事物のほうへ向けられる場合、場所は答え手によって確定されるのではなく、問い手によって発見される。さらに、「田舎に」や「都市に」と言われる場合のように言葉だけによって行なわれる指示には、「田舎に」「都市に」「都市の区域に」「家の中に」「寝室内に」「ベッドの上に」といったような広い狭いの関係がある。これらの言葉はたしかに問い手を常に少しずつ本来の場所の近くへ近くへとさし向けはするが、しかし場所を特定することはなく、単により狭い空間へと限定して、これらの言葉の示すある空間のうちに、事物の場所が全体の中の部分として存在していることを表わすだけである。そして、(「どこに」という問いへの答えとなる) この種の名辞はすべて、「どこかに」という言葉を最高類としている。このことから、どこかにあるものは何であれ、どこかある本来の意味での場所にあって、この場所はすなわち、「田舎に」「都市に」といった類いの何かある言葉で表わされるもっと大きな空間の部分である、ということがわかる。

8．複数の物体が１つの場所にあることも、１つの物体が複数の場所にあることも不可能であること

物体とその大きさおよび場所は、心の同一の現実作用によって分割される。なぜなら、延長を持つ物体を分割することと、この物体の延長を分割することと、この延長の観念すなわち場所を分割することとは、どの２つをとっても互いに同じことだからであって、そしてその理由は、この３つのことは一致しており、心によってのみ、言いかえれば空間の分割をつうじてのみ行なわれうるからである。このことから明らかなのは、同時に２つの物体が同じ場所にあることも、１つの物体が同時に２つの場所にあることも不可能であるということであ

る。2つの物体が同じ場所にあることができないのは、ある空間全体を占める物体が2つに分割される場合、この空間そのものもまた2つに分割され、それゆえ2つの場所があるからである。1つの物体が2つの場所にあることができないのは、物体の占めている空間すなわち物体の場所が2つに分割されると、その場所を占めている物体も2つに分割され（なぜなら、既述のように、場所とそこにある物体とは同時に分割されるから）、それゆえ2つの物体があるからである。

9．「隣接している物体」と「連続している物体」とは何か

2つの物体もまた、2つの空間と同じ理由によって、互いに「隣接している」と言われたり「連続している」と言われたりする。すなわち、双方の間にいかなる空間も存在しないような2つの物体は隣接している。しかるに既述のとおり、空間とは物体の観念ないし表象の意に解される。それゆえ、たとえ2つの物体の間にいかなる他の物体も介在せず、したがっていかなる大きさも、ということはつまり、いわゆる実在的空間も存在しないとしても、その2物体の間に物体が存在することが可能ならば、言いかえれば物体を受け入れることのできる空間が間に入り込んでいれば、この2物体は隣接していない。このことは容易に認識されうるので、何らかの形而上学的精緻さに達しようと努めている非常に多くの人々が、言葉の見かけのせいで鬼火に迷うように迷っているのを確かめていなかったなら、精緻に哲学している人々が時としてこれと違うように考えていることは驚きであったろう。なぜなら、自然な感覚を用いるなら、「2つの物体は、それらの間に他のいかなる物体も存在しないなら、そのことのゆえに必然的に互いに接触し合っている」とか、「空虚は何物でもない、つまり非存在であるから、存在しない」などと考える者が誰かいるだろうか。これではまるで、「断食することは何も食べないこと（nihil comedere）

であるが、ないものが食べられるということ (nihil comedi) はありえないから、誰も断食することはできない」という子供じみた議論をする人のようである。

他方、共通の部分を持つ2つの物体は互いに連続しており、また多数の物体のうち互いに最も近い2つの物体同士がどれも連続している場合、これらの多数の物体は互いに連続している。これは、連続した空間が既に定義された仕方と全く同じである。

10. 運動の定義。また運動は時間の中でしか考えられないこと

運動とは、ある場所の放棄と他の場所の獲得が連続的になされることである。さらに、放棄される場所は「出発点」(Terminus a quo)、獲得される場所は「到達点」(Terminus ad quem) と言いならわされている。「連続的に」と私が言うのは次の理由による。すなわち、物体はどんなに小さくても、それの一部分が両方の場所すなわち放棄される場所と獲得される場所とに共通な部分のうちに存在する、ということがないほど一挙に丸ごと以前の場所から出て行くことはできない、ということである。

たとえば、場所 ABCD にどんな物体があるにせよ、この物体が場所 BDEF に到達することができるためには、それ以前に GHIK に存在していなければならないが、GHIK の部分 GHBD は ABCD と GHIK の両方の場所に共通であり、また GHIK の部分 BDIK は、場所 GHIK と BDEF の両方の場所に共通である。

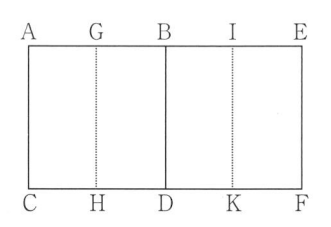

さて、何かあるものが運動することは時間のうちでしか思い描くことができない。なぜなら、時間とはその定義からして運動の表象、す

なわち運動の概念であり、それゆえ、何かあるものが時間の中でなしに運動するのを思い描くことは、運動を思い描かずに運動を思い描くことであって、これは不可能なことだからである。

11. 「静止していること」「運動していたこと」「これから運動すること」とは何か。あらゆる運動に関して必然的に過去と未来が思い描かれること

　ある時間にわたって同一の場所に存在するものは「静止している」と言われ、これに対して、今は静止していようと運動していようと、今あるのとは別の場所に以前あったものは「〔今まで〕運動してきた」もしくは「〔過去のある時点まで〕運動していた」と言われる。この定義からまず第1に、「運動しているものは何であれ〔今まで〕運動してきた」ということが推論される。なぜなら、運動しているものには、仮にそれが以前あったのと同じ場所にあるとしたら、静止の定義により、静止している、ということはつまり運動していないことになり、以前あったのとは別の場所にあるならば、運動してきたものの定義により、〔今まで〕運動してきたのだからである。第2に、「運動しているものはこれからもなお運動するであろう」ということが推論される。なぜなら、運動しているものはそれが今ある場所を放棄し、そのようにして別の場所を獲得するので、これからもなお運動するだろうからである。第3に、「運動しているものは、どんなに短い時間であろうと、ある時間にわたって1つの場所に存在することはない」ということが推論される。なぜなら、静止の定義により、ある時間にわたって1つの場所に存在するものは静止しているからである。

　上の諸命題を知らないことから生れているように思われる、運動を否定するある詭弁が存在する。すなわち、「ある物体が運動するならば、それの存在している場所において運動するか、それの存在してい

ない場所において運動するかのいずれかであるが、これはどちらも偽である。それゆえ、いかなるものも運動しない」と言われている。しかしこれはもっとひどい偽である。なぜなら運動するものは、それの存在している場所において運動するのでも、それの存在していない場所において運動するのでもなく、それの存在している場所から存在していない場所へと運動するのだからである。運動するものは何であれ、どこかで、ということはつまり何かある空間のうちで運動するのだということは否定できない。しかし、物体の場所はこの空間の全体ではなく、その一部分なのであって、このことは第7節で既述のとおりである。運動しているものは何であれ、〔今まで〕運動してきたということばかりでなく、〔これからも〕運動するであろうということも証明されたことから、運動は過去と未来の概念なしには思い描かれることはない、ということもまた結論されなければならない。

12. 点・線・面・立体とは何か

　運動している物体の大きさ（これが常に何かある大きさであるとしても）を仮に0と考えた場合、この物体が移行するのに通る経路は、「線」あるいは「単一次元」と呼ばれるが、これに対してそれが移行した間隔は「長さ」と呼ばれ、またこの物体そのものは「点」と呼ばれる。地球が「点」と、その公転軌道が「楕円形の線」と呼びならわされるのは、この意味においてである。しかるに、運動している物体が既に長さを持っていると考え、そしてその1つひとつの部分が1本1本の線を描くと考えられるような仕方でこの物体が運動すると仮定するならば、この物体の各々の部分の経路は「幅」、描かれる空間は「面」と呼ばれ、「面」は「幅」と「長さ」の2重の次元から成っていて、この両者はそのうちの一方の全体が他方の1つひとつの部分に対して当てはめられれば当てはまったであろう。

さらに、物体が既に面を持っていると考え、かつこの物体の1つひとつの部分が1本1本の線を描くような仕方で、この物体が運動する、と考えたとすれば、各々の部分の経路はこの物体の「厚さ」ないし「深さ」と呼ばれ、描かれる空間は「立体」と呼ばれる。立体は3つの次元から成っていて、そのうちの任意の2つの全体がもう1つの次元の1つひとつの部分に対して当てはまっている。

　しかるに、そのうえさらに何かある物体を立体として考える場合には、1つひとつの部分が1本1本の線を描くということは生じえない。なぜなら、どんな仕方で立体が動かされようと、後方の部分の経路は前方の部分の経路に重なり、前方の面がそれだけで既に作り成していたのと同じ立体が作り成されてしまっているであろうから。それゆえ、物体としての物体の次元はたしかに既述の3つ以外には何ひとつ存在することができない。この点は、たとえ次のような事情があっても変りはない。すなわち、後述するように、立体のあらゆる部分に当てはまる、長さに沿った運動である速度は、個々の部分に関して計算された金の優良さがその価格をなすのと同様の仕方で、4つの次元からなる運動の大きさを作り成している、という事情である。

13. 物体と大きさに関して、「等しい」「より大きい」「より小さい」とはどういうことか

　同一の場所を占めることのできる複数の物体は互いに等しいと言われる。ただし、たとえ同じ形をしていなくても、曲げたり諸部分を置き換えたりすることによって同じ形にされると考えられさえするならば、ある物体は他の物体の占めているのと同じ場所を占めることができる。

　さらに、ある物体の部分が他の物体の全体に等しいとき、前者は後者よりも大きい。これに対して、ある物体の全体が他の物体の部分に

等しいとき、前者は後者よりも小さい。大きさが大きさに対して等しい、より大きい、より小さいと言われるのも同じ仕方によってである。すなわち、当の大きさを自らの大きさとする物体がより大きいとき、この大きさはより大きいと言われ、等しい場合、より小さい場合についても同様である。

14. 同一の物体の大きさは常に同じであること

さて、同一の物体の大きさは常に同一である。なぜなら、物体とその大きさとその場所とは一致するとしか心にとっては理解できないから、仮に何かある物体が静止している、言いかえれば同じ場所に一定の時間留まっていると考えられ、なおかつこの物体の大きさがその時間のある部分においてはより大きく、他の部分においてはより小さいとすると、同じものである場所がある時はより大きい大きさと、ある時はより小さい大きさと一致する、ということはつまり、同じ場所がそれ自身より大きかったり小さかったりすることになるが、そういうことはありえないからである。もっとも、これほどそれ自体で明らかなことを証明するなどということは、次のような人々が見られるのでなかったなら、必要なかったであろう。すなわち、物体とその大きさについて、まるで同じ物体がその大きさから切り離されて存在し、大きくなったり小さくなったりする、ということが可能であるかのように考えて、稀薄なものと濃密なものの本性を説明するのにこの原理を用いる人々である。

15. 速度とは何か

ある運動によって一定の長さの距離を一定の時間で移動することが可能なかぎりにおいて、この運動は「速度」と呼ばれる。なぜなら、大きいということがそれよりも小さいこととの関係において言われる

ように、「速い」ということも「より遅い」ことすなわち「速さの劣る」ことに対する関係とともに言われることが非常に多いとしても、哲学者たちのもとにあっては大きさが延長として絶対的に定められるように、速度もまた長さに沿っての運動として絶対的に定立されうるからである。

16. 時間に関して「等しい」「より大きい」「より小さい」とはどういうことか

複数の運動の各々が何かある他の運動と同時に始まって同時に止む場合、あるいはもし仮に同時に始まるとすれば止むのも同時になる場合、これらの複数の運動は等しい時間で完遂されると言われる。このように、複数の運動の同時性の定義が何かある他の運動とそれらとの同時性によってなされるのは、時間は運動の表象なので、眼前に示された運動によってしか値を定められないからである。時計においては太陽や指示針の運動によってなされるように、2つないし多数の運動がこの眼前に示された運動と同時に始まって同時に止む場合、これらの運動は等しい時間で行なわれたとみなされる。このことからさらに、より多くの時間で、すなわちより長く持続して運動することと、より少ない時間で、すなわちより短い持続性をもって運動することとは、どういうことであるかも容易にわかる。すなわち、同時に始まるとした場合には後で止むことになる運動が、同時に止むとした場合には先に始まることになる運動が、より長く持続する運動であるということがわかるのである。

17. 速度に関して「等しい」「より大きい」「より小さい」とはどういうことか

　等しい長さの距離を等しい時間で移動する運動は等しい速さの運動と言われる。これに対してより大きな長さの距離を等しい時間で、もしくは等しい長さの距離をより少い時間で進む速度は、より大きな速度である。また、時間の等分された諸部分において各々等しい長さの距離の移行がなされる場合の速度は、等速度ないし等速運動と言われる。そして等速でない運動のうち、時間の等分された諸部分において常に等しい増加率で速くなる運動、もしくは常に等しい減少率で遅くなる運動は、それぞれ等加速〔度〕運動・等減速運動と言われる。

18. 運動に関して「等しい」「より大きい」「より小さい」とはどういうことか

　これに対して、運動がより大きい、より小さい、等しいと言われるのは、一定の時間に進む距離の長さのみによって、言いかえれば速度のみによってではなく、大きさの各々の小部分当たりの速度によってでもある。なぜなら、何かある物体が運動するとき、この物体のどの部分も、たとえばそれの半分も運動し、その結果、両半分の運動はお互い同士も、また全体の運動に対しても等しい速さになるので、全体の運動は、ともにそれと速度の等しい両半分の運動に等しいことになるだろうからである。それゆえ、2つの運動が互いに等しいということと、等しい速さであるということは別のことである。このことは、2頭立ての馬車の場合に明らかなとおりであって、この場合たしかに両方の馬の運動をいっしょにした運動はどちらの馬の運動とも等しい速さであるが、しかし両方の馬の運動は一方の馬の運動よりも大きい、すなわち前者は後者の2倍である。それゆえ、ある運動の、その大きさ全体をつうじて計算された速度が、他の運動の、同じくその大

きさ全体をつうじて計算された速度に等しいとき、これらの運動は端的に等しいと言われる。これに対して、上述のように計算されたある運動の速度が、同様に計算された他の運動の速度よりも大きいときは、前者の運動は後者の運動より大きく、より小さいときは、より小さい。さらに、今言ったような仕方で計算に入れられた運動の大きさこそ、まさしく一般に「力」と呼ばれているものである。

19. 静止しているものは外から動かされないかぎり常に静止しているであろうし、運動しているものは外から妨げられないかぎり常に運動しているであろう。

　静止しているものは、それ自身以外の何かある物体で、それが仮定されるとこの静止しているものがもはや静止していられなくなるような、そういう物体が存在しないかぎり、常に静止していると考えられる。その理由は次のとおりである。ある1つの有限な物体が現存し、かつ静止していて、その結果残りのすべての空間は空虚である、と仮定しよう。いま仮にこの物体が運動し始めたとすると、それはたしかに何かある経路に沿って運動するであろう。そうすると、この物体自体の中に存在していたものは何であれ、この物体を静止するように仕向けていたのであるから、この物体がこの経路に沿って運動する理由はこの物体自身の外部にある。同様に、仮にこの物体がどの路でもよいから他の経路に沿って運動するものとすると、この経路沿いの運動の理由もまた、物体自身の外部にある。しかるに、物体自身の外部にあるものは虚無であると仮定されたのであるから、ある経路に沿った運動の理由は他のあらゆる経路に沿った運動の理由と同じである〔すなわち、いずれの運動も虚無がその理由である〕ことになるであろう。それゆえ、この物体はあらゆる経路に沿って同時に等しい運動をしたことになるであろうが、これはありえないことである。

同様に、運動しているものは、それ自身の外部にそれを静止させる原因をなす他の物体が存在しないかぎり、常に運動していると考えられる。なぜなら、仮に外部には何も存在しないと仮定するならば、この物体が他の時点よりもむしろ今の時点で静止しなければならないいかなる理由もないであろうから、この物体の運動はあらゆる時点において同時に止むということになるであろうが、こういうことは考えられないからである。

20. 偶有性は生じたり滅したりするが、物体はそうではないこと

　動物や樹木やその他の物体が生じたり滅びたりするということが１つひとつ名指しで言われる場合、それらのものがたとえ物体であっても、物体でないものから物体になったり、物体から物体でないものになったりするという意味に解されてはならず、動物から動物でないものになったり、樹木から樹木でないものになったり、等々という意味に解されなければならない。言いかえれば、ものが動物とか、樹木とか、その他の名とかを付けられる因をなす偶有性はたしかに生じたり滅したりし、そしてそれゆえにこれらの名称が以前は適合していたものにもはや適合しなくなるのであるけれども、しかし何かあるものが物体と名づけられる因をなす量体は、生じたり滅したりはしない、と考えられなければならないのである。なぜなら、何かある１つの点が巨大なかたまりへと膨張して、再びそれが点へと収縮するのを心に思い描くこと、言いかえれば、無から何かあるものが生じ、また何かあるものから無が生じると想像することは、可能であるにしても、しかしいかにしてそういうことが諸事物の本性のうちに生じうるのかを、心で理解することはできないからである。それゆえ、自然の理から離れることの許されない哲学者たちは、次のように考える。すなわち、物体は生じたり滅したりすることはできず、ただ私たちに対してはさ

まざまな相の下で次々と別様に現れ、それゆえに次々と別の名を付けられるだけであり、したがって、ある時に人間と呼ばれなければならないものがその後人間ならざるものと呼ばれなければならなくなりはするが、しかしある時に物体と呼ばれなければならないものがその後物体ならざるものと呼ばれなければならなくなることはない、と。これに対して、大きさ〔量体〕や延長以外のあらゆる偶有性が生じたり滅したりしうることは明らかである。たとえば、白いものから黒いものになる場合、存在していた白色はもはや存在せず、存在していなかった黒色が生じるようにである。かくて、物体とそれがその下でさまざまな現れ方をする偶有性との間には、次のような相違がある。すなわち、物体はたしかに生じたものではない事物であるが、これに対して偶有性は生じたものであるが事物ではない、という相違である。

21. 偶有性は主体から移動しないこと

したがって、何かあるものが相次ぐ別々の偶有性のために次々と別様に現れるとき、偶有性がある主体から他の主体へと移動するとみなされてはならず（なぜなら上述のように、偶有性がその主体のうちに存在する仕方は、部分が全体のうちに、含まれるものが含むもののうちに、あるいは家父長が家の中に存在するような仕方ではないからである）、ある偶有性が滅して他の偶有性が生じるとみなされなければならない。たとえば、手が動いてペンを動かすとき、手の運動がペンへと移動するのではない。なぜなら、それだと文が書き進められている間、手は止まっていることになるからである。そうではなくて、ペンのうちに新たなペンの運動が生み出されるとみなされなければならない。

22. また、偶有性は運動もしないこと

それゆえ、偶有性が運動すると言われるのも、非本来的な意味にお

いてでしかない。たとえば「形は運ばれてゆく物体の偶有性である」と言うかわりに「物体がそれ自身の形を運んでゆく」と言うような場合がそれである。

23. 本質・形相・質料とは何か

さて、物体にある名が冠せられる因をなす偶有性、すなわちそれ自身の主体に名を与える偶有性は、「本質」と言いならわされている。たとえば、人間の理性能力、白いものの白色、物体の延長が本質と言われるのは、その例である。この同じ本質が、生じたものとしてのかぎりでは、「形相」と言われる。

さらに物体は、どんな偶有性であろうとそれ自身の偶有性に関しては、「主体」と呼ばれ、形相に関しては「質料」と名づけられる。

同様に、どんな偶有性であれ、その産生もしくは消滅は、この偶有性の主体が「変化する」と言われるようにさせるが、しかし形相の産生もしくは消滅だけは、その主体が「生じる」もしくは「滅する」と言われるようにさせる。他方、あらゆる発生と変化において、質料の名称は常に存続する。なぜなら、木でできた机は木製の机であるのみならず木でもあり、銅でできた像は銅像と言われるときもあれば銅と言われるときもあるからである。もっともアリストテレスは『形而上学』の中で、何かでできたものは「かのもの」（ἐκεῖνο）ではなく「かの材質からなるもの」（ἐκείνινον）と呼ばれるべきであり、木でできたものは ξύλον ではなく ξύλινον と、すなわち木ではなく木製のものと呼ばれるべきである、とみなしているのではあるが。

24. 第一質料とは何か

ところで、哲学者たちがアリストテレスに従って「第一質料」と呼びならわしている、あらゆる事物に共通な質料は、爾余の諸物体とは

異なる何かある物体ではなく、さりとてそれらの1つでもない。それなら、この第一質料とは何なのか。それは単なる名にすぎない。しかしこの名はいわれなく使用されてきたのではない。なぜなら、それは物体が、大きさないし延長と、形相や諸々の偶有性を受け入れるための適性とだけを除いて、どんな形相や偶有性も考量せずに考量されるということを意味しているからである。したがって私たちは、「一般的に解された物体」という言葉を用いる必要のある時には、そのつど「第一質料」というこの言葉を用いるようにすれば、正しい用い方をしたことになるであろう。なぜなら、水と氷のどちらが先に存在したかを知らない人が、この両者の質料はどちらのほうか、と問うとしたら、水と氷のどちらでもない何かある第3の質料を仮定せざるをえなくなるであろうが、それと同様に、あらゆる事物の質料を問う人は、存在する諸事物のいかなる質料でもないような質料を仮定しなければならないからである。したがって、第一質料は何かある事物ではなく、それゆえ、個々の事物はすべてその形相とあるいくつかの偶有性とを備えているのに、第一質料にはいかなる形相も、量以外の他の偶有性も帰せられないのが常である。それゆえ第一質料は普遍的物体である、言いかえれば、いかなる形相も偶有性もそれに属さず、それに関してはいかなる形相も、量以外の偶有性も考量されない、ということはつまり論証には用いられない、そのような普遍的に考量された物体である。

25. 「全体はその部分よりも大きい」ということが証明されたのはなぜか

既述の諸点から、ユークリッドが『幾何学原本』第1巻の冒頭で大きさの等不等に関して想定している諸公理を証明することが可能である。ここではそれらの公理のうち、（他の諸公理は省略して）「全体はその部分よりも大きい」という1つの公理だけを証明しよう。それは、

それらの公理が証明不可能ではなく、それゆえ証明の第1の原理ではないということを読者に知ってもらうためであり、またそのことによって、これらの公理と等しい明晰さを持たないものは何であれ、原理とは認めないようにしてもらうためである。それ自身の部分が他のものの全体に等しいものは、このほかのものより大きい、と定義される。いま仮に何かある全体Aとその部分Bとが定立されるとすれば、B全体はそれ自身に等しく、また全体Aの部分がほかならぬBであるから、A自身の部分はB全体に等しいであろう。それゆえ、「より大きい」の定義により、AはBより大きい。証明終り。

（3） ユークリッド『幾何学原本』第1巻公理8。

第9章　原因と結果について

1．「作用すること」と「作用を被ること」とは何か
　物体は、それが他の物体のうちに何かある偶有性を生じさせるかなくさせるかするとき、後者の物体に対して「作用する」と言われ、また他の物体によってそれ自身のうちに何かある偶有性が生じたりなくなったりするとき、その物体から「作用を被る」と言われる。したがって、他の物体を押しやってそのうちに運動を引き起こす物体は「作用体」と呼ばれ、これに対して衝撃によってそれ自身のうちに運動が生じる物体は「被作用体」と呼ばれる。たとえば手を暖める火は「作用体」、暖まる手は「被作用体」と言われるようにである。被作用体のうちに生じる偶有性は、「結果」と呼ばれる。

2．間接的作用・被作用と、直接的作用・被作用
　作用体と被作用体が互いに隣接し合っているとき、作用と被作用は「直接的」と言われ、そうでないときは「間接的」と言われる。しかして、作用体と被作用体の間に両方に隣接した中間物として介在する物体は、作用体であり、かつ被作用体でもある。それが作用しかける後続の物体に関しては作用体であり、それが作用を被る先行の物体に関しては被作用体なのである。同様に、多数の物体がどの直近の2つ同士も隣接しているような仕方で並んでいる場合には、最初と最後の物体の間にあるすべての中間物は作用体であり、かつ被作用体でもあるが、最初の物体は作用するのみであり、最後の物体は作用を被るのみである。

3．端的な意味における「原因」とは何か。「不可欠的原因」すなわち仮定によって必然的なものとは何か

　さて、作用体がそれ自身のある結果を被作用体のうちに生じさせるのは、ある仕方によって、すなわち作用体自身と被作用体とが備え持っているある1つの、もしくは複数の偶有性によってであると、言いかえれば、作用体と被作用体が物体だからではなく、しかじかの物体、もしくはしかじかの仕方で運動する物体だからである、と考えられる。なぜなら、そうでなければ、すべての物体は等しく物体なのであるからには、あらゆる作用体があらゆる被作用体のうちに同じような結果を生じさせることになるだろうからである。それゆえ、たとえば火がものを暖めるのは、火が物体だからではなくて熱いからであり、ある物体が他の物体を押しやるのは、前者が物体だからではなく、後者の場所へと動くからである。したがって、あらゆる結果の原因は作用体と被作用体のあるいくつかの偶有性のうちに存していて、これらの偶有性がすべて現存しているときには結果が生じ、そのうちの何かあるものが不在ならば、結果は生じないのである。さらに、作用体の偶有性であれ被作用体の偶有性であれ、結果がそれなしには生じえないような偶有性は、「不可欠的原因」と呼ばれ、また結果が生じるために「仮定により必然的かつ必要なもの」と呼ばれる。これに対して、端的な意味における「原因」すなわち「全体的原因」とは、作用体と被作用体の次のような偶有性すべての集合体である。すなわち、作用体の偶有性はどれほど多くあってもそのすべてであり、また被作用体の偶有性のほうは、そのすべてが仮定されたら結果がいっしょに生じなかったとは考えることができず、しかもそのうちの1つが欠けていると仮定されたら結果が生じたとは考えることができないような、そのような偶有性のすべてである。

4．「作用因」と「質料因」とは何か

さらに、1つまたは複数の作用体のうちに存在していて結果のために必要とされる偶有性の集合体は、結果が生じた場合、この結果の「作用因」と呼ばれる。これに対して、被作用体のうちに存在しているそのような偶有性の集合体は、結果が生じた場合、この結果の「質料因」と呼びならわされている。結果が生じた場合、と私が言うのは、結果と呼ばれるようなものが何もない場合には何も原因と呼ぶことはできないので、いかなる結果も存在しない場合にはいかなる原因も存在しないからである。ところで、作用因と質料因は部分的原因、すなわち直前の箇所で全体的原因と呼んだ原因の部分である。ここからさらに、次のことがただちに明らかである。すなわち、期待されている結果は、それに適した作用体が存在しているのに、それに適した被作用体が存在しないために生じないことがありうるし、それに適した被作用体は存在しているのに、それに適した作用体が存在しないために生じないこともありうる、ということである。

5．全体的原因は結果を生み出すのに常に十分である。結果は全体的原因の生じるのと同じ瞬間に生み出されていること、またあらゆる結果は必然的原因を持つこと

全体的原因は、結果が可能でありさえすれば、その結果を生み出すのに常に十分である。なぜなら、生み出されるべきものとして念頭におかれるのがどのような結果であろうと、それが生み出されるとしたら、それを生み出した原因が十分であったことは明らかであるし、生み出されていないが可能ではあったのなら、何かある作用体もしくは被作用体かいずれかのうちに、結果が生み出されうるためには不可欠であった何かあるものが欠けていたこと、すなわち、結果の産出に必要であった何かある偶有性が欠けていたことは明らかなので、後者

の場合には、原因は全体的原因ではなかったのであり、このことは仮定されていたことに反するからである。

　上述のことから、全体的原因の生じるのと同じ瞬間に結果もまた生み出されている、ということが帰結する。なぜなら、結果が生み出されていないとすれば、結果の産出に必要な何かあるものが今なお欠けているのであり、それゆえ、仮定されていたような全体的原因は存在していなかったのだからである。

　また、もし本当に、必然的原因とはそれが仮定されれば結果が続いて起こらないことはありえないような原因のことである、と定義されるならば、かつて生み出された結果は何であれ、必然的原因によって生み出されたのだということも結論される。なぜなら、生み出されたものはそれが生み出されたということ自体によって全体的原因を、言いかえれば、それらが仮定されれば結果が続いて起こらないと考えることはできないようなもののすべてを有したのであるが、これはまさしく必然的原因だからである。同じ理由により、いつか生じることになる結果は何であれ、必然的原因を有しているであろう、ということを示すことができるし、またこのようにして、将来生じているであろうこと、もしくはかつて生じてしまっていたことは何であれ、先行する物事のうちにその必然性を示していた、ということも示すことができる。

6．結果の発生は連続的であること。因果関係における始まりは何か

　さて、全体的原因が生じるのと同じ瞬間に結果が生み出されているというこのことから、因果関係と結果の産出とは何かある連続的な進行に存し、したがって、1つまたは複数の作用体の、他の作用体によってそのうちに生じた連続的な変化に従って、この1つまたは複数の作用体の作用を被る被作用体もまた続けざまに変化する、というこ

ともまた明らかである。たとえば、火が連続的増大によってますます熱くなってゆくと、この火の結果、すなわち直近の諸物体やさらにこれらに直近の諸物体の熱さもまた、同時にますます増加してゆく（この変化がもっぱら運動に基づいているということには既に有力な論拠があるが、このことが真であるということは他の箇所で示されるであろう）。ところで、因果関係の、すなわち作用と被作用のこの進行において、誰かがある部分を想像力によって捉え、そしてこれを複数の部分へと分割したとすると、その第1の部分すなわち始まりは、作用として、すなわち原因としてしか考量することができない。なぜなら、もしもこの始まりが結果すなわち被作用としても考量されるならば、それに先立つ何か他のものをそれに対する作用、すなわちその原因として考量することが必要になるが、始まりの以前には何も存在しないので、こういう考量をすることはできないからである。同様に、最後の部分はただ結果としてのみ考量される。なぜなら、原因とはそれに後続するものに関してしか言うことのできないものであるが、最後のものの後には何も続かないからである。そしてこのことから、作用において「始まり」と「原因」は同じものとみなされることになる。これに対して、中間に介在する諸部分の各々は、先行する部分と比較されるか後続する部分と比較されるかに応じて、作用でもあり被作用でもあり、また原因でもあり結果でもある。

7．運動の原因は隣接した運動している物体の中にしかないこと

運動のいかなる原因も、隣接した運動している物体の中にしかありえない。理由は以下のとおりである。隣接していない任意の2つの物体があるとしよう。そしてそれらの間に介在する空間は空虚であるか、充たされている場合でも静止している物体で充たされているとしよう。さらに、この念頭におかれた2つの物体のうちの1つは静止し

第 9 章 | 153

ていると仮定しよう。この物体は常に静止したままであろう、と私は言う。なぜなら、もしそれがいずれ動くことになるとすれば、それの運動の原因は（第8章第19節により）外部の物体のうちにあるであろうし、したがって、動くことになる物体自身とこの外部の物体との間に空虚な空間があるとすれば、外部の物体とその作用を被る物体自身とがどのような状態にあろうとも、後者は（今のところ静止していると仮定されさえすれば）外部の物体によって隣接されていないかぎりは、静止したままでいるであろうと考えることができるからである。しかるに原因とは（定義により）、それらが仮定されれば結果が続いて起こらないということを思い描けないような偶有性すべての集合体であるから、外部の物体かその作用を被る物体自身かどちらかのうちにある偶有性は、後者の将来の運動の原因ではないことになろう。同様に、目下静止しているものは、たとえ他の物体がそれに隣接していても、後者が運動しないかぎりはなお静止したままでいるであろうから、運動の原因は隣接して静止している物体のうちにはないであろう。それゆえ、運動の原因は隣接していて運動している物体以外のいかなる物体のうちにもない。

　同じ理由により、運動しているものは何であれ、それに隣接し運動している他の物体によって妨げられないかぎり、常に同一の経路と速度で進むであろうということ、そしてそれゆえ、いかなる物体も、静止していたり他の物体との間に空虚な空間が介在していたりすれば、他の物体のうちに運動を生じさせたり、うち消したり、減少させたりすることはできないということが立証されうる。静止は運動より以上に運動に対立しているとみなしたことにより、静止した物体のほうが反対の運動による抵抗以上の抵抗を運動するものに対して行なう、と書いた人は、言葉に欺かれている。事柄自体についていえば運動と相剋するのは反対の運動であって静止ではないのに、名辞としては「静

止」と「運動」が対立しているからである。

8．異なる時に同様の仕方で配置された作用体と被作用体からは、同様の結果が生じる

さて、仮にある物体がある時に他の物体に作用し、それから同じ物体が他の時に同じ物体に作用するとした場合、作用体がその間、全体もその各部分も静止しているか、もしくは（運動するとすれば）全体もその各部分も以前のとおり同じ仕方で運動し、しかも作用体について言われたのと同じことが被作用体についても認められ、したがって時の違い以外には、すなわち一方の作用はより前の時点で、他方の作用はより後の時点で起こるということ以外には、いかなる相違もない、ということになるものとすれば、次のことはおのずから明らかである。すなわち、結果はただ時だけを異にする等しいもの、同様のものとなるであろうということ、そして結果そのものがその原因から生じるように、結果の違いもまた原因の違いに依拠しているということである。

9．あらゆる変化は運動であること

上のことが定立されると、変化とは変化する物体の諸部分の運動にほかならない、ということは必然的である。その理由は次のとおりである。第1に、私たちの感覚に以前現れたのとは異なる現れ方をするということがなければ、何も変化していないと私たちは言うし、第2に、この以前と今の両方の現れはともに感覚する者のうちに生み出された結果である。それゆえ、この2つの現れが異なっている場合、先に述べたことにより、必然的に次の4とおりのうちのどれかでなければならない。すなわち、作用体のある部分が以前は静止していたが今は運動していて、それゆえ変化はこの運動に存するか、以前も運動し

第9章 | 155

ていたが今はそれとは別の運動をしていて、それゆえやはり変化は新たな運動に存するか、以前は運動していたが今は静止していて、このことは既に証明したように運動によってしか起こりえないから、またしても変化は運動であるか、あるいは最後に、これら3つのことのうちのどれかが被作用体もしくはその部分に生じているかである。そういうわけで、いずれにしても変化は、感覚されている物体か、感覚している者自身か、もしくはその両方か、いずれかの諸部分の運動に存することになるであろう。それゆえ、変化は運動(すなわち、作用体もしくは被作用体の諸部分の運動)である。めざされていた証明終り。さらにこのことの帰結として、静止はいかなる物事の原因でもなく、静止によっては何物も全然作用を受けないこと、したがって静止は運動のいかなる原因でも、変化のいかなる原因でもないということになる。

10. 偶然事とは何か

出来事は、それ自身に先行する、すなわち時間的に先立つ出来事を原因としてそれに依拠しているのではない場合、この先行する出来事に関して「偶然事」と呼ばれる。出来事が偶然事であるのは、原因としてそれを生じさせたのではない出来事に関してであると私が言うのは、あらゆる出来事はその原因に関しては等しく必然的に起こるからである。なぜなら、もし本当に出来事が必然的でない仕方で起こるなら、それは原因を持たないことになるが、こういうことは生じた物事については考えることのできないことだからである。

第10章　潜勢力と現実作用について

1．潜勢力と原因とは同じであること

　原因と結果には「潜勢力」(potentia) と「現実作用」(actus) が対応する。それどころか、原因と潜勢力、結果と現実作用は、考量の仕方が異なるせいで異なる名称で呼ばれているが、本当はそれぞれ同じものである。その理由は次のとおりである。何かある被作用体のうちに何かある結果を生み出すために、作用体の側に必然的に要求されるあらゆる偶有性が、何かある作用体のうちに内在しているとき、この作用体は、被作用体に付け加えられさえすればこの結果を生み出せる潜勢力を持つ、と言われる。しかるに前章では、これらの同じ偶有性が作用因をなすものであることが示された。したがって、作用因をなす偶有性と作用体の潜勢力をなす偶有性とは同じである。それゆえ、作用体の潜勢力と作用因とは事柄においては同じである。ただし、それらは考量の仕方において異なっている。なぜなら、原因ということが言われるのは既に生み出された結果に関係してであるのに対して、潜勢力ということが言われるのは生み出されるべき同じ結果に関係してであり、したがって原因は過去に、潜勢力は未来に関係しているからである。ただし、作用体の潜勢力は「能動的潜勢力」(potentia activa) と言いならわされている。

　同様に、何かある作用体が何かある結果を被作用体のうちに生み出すために被作用体の側に要求されるあらゆる偶有性が、何らかの被作用体のうちに内在している場合には常に、適切な作用体に結びつけられさえすればこの被作用体のうちにこの結果が生み出されうる潜勢力がある、と言われる。しかし前章で定義されたように、これらの同じ偶有性は質料因をなしている。したがって、被作用体の潜勢力（これ

| 157

は一般に受動的潜勢力と言われる）と質料因とは同じである。ただし考量の仕方は異なっている。なぜなら、原因の場合は過去が、潜勢力の場合は未来が顧慮されているからである。それゆえ、全体的な、もしくは十全な潜勢力と呼ぶことのできる、作用体と被作用体の両方について同時に想定された潜勢力は、全体的原因と同じものである。なぜならどちらも、結果を生み出すために作用体と被作用体のうちに要求される偶有性のすべてが同時に集結したもので成り立っているからである。最後に、生み出された出来事は原因との関係では結果と呼ばれるように、潜勢力との関係では「現実作用」と呼ばれる。

2．潜勢力が十全になるのと同じ瞬間に現実作用が生み出されること

したがって、原因が全体的であるのと同じ瞬間に結果が生み出されたのと同様に、潜勢力が十全になるのと同じ瞬間にもまた、この潜勢力から生み出される可能性のあった現実作用が生み出されている。そしていかなる結果も、必要かつ十分な原因から生み出されなかったとすれば生じる可能性がないのと同様に、いかなる現実作用も、十分な潜勢力――現実作用がそれから生み出されないことは不可能であった潜勢力――から生み出されなかったとすれば、生み出される可能性はないのである。

3．能動的潜勢力と受動的潜勢力は十全な潜勢力の部分でしかないこと

作用因と質料因はそれ自体そのものとしては全体的原因の部分にすぎず、結合されなければ結果を生み出さない、ということが示されたが、これと同様に、能動的潜勢力と受動的潜勢力も十全かつ全体的な潜勢力の部分にすぎず、結合されなければそれらから現実作用を引き出すことはできないであろう。それゆえ、本章第1節で述べたように、これらの潜勢力が潜勢力と言われるのは、「作用体は被作用体に

結びつけられた場合にのみ潜勢力を持ち、被作用体は作用体に結びつけられた場合にのみ潜勢力を持つ」というこの条件を伴ってのことであって、さもなければどちらも何事を引き起こす潜勢力も持たず、それゆえそれらのうちにある偶有性は、本来の意味では潜勢力とは言えないし、作用体だけの、もしくは被作用体だけの潜勢力によって何かある現実作用が可能であるとも言えない。

4．現実作用が可能であると言われるのはどのような場合か

じっさい、ある現実作用を生じさせるための潜勢力が今後とも決して十全にならない場合、その現実作用は不可能である。なぜなら、十全な潜勢力とは、ある現実作用を生み出すために必要とされるすべての潜勢力がその中に同時にそろっているような潜勢力のことであり、したがって、十全な潜勢力が今後とも決して存在しないとすると、現実作用が生み出されることが可能なために不可欠なもののうちの何かが常に欠けていることになり、それゆえこの現実作用は決して生み出されることができないであろうから、言いかえれば、この現実作用は不可能だからである。これに対して、不可能でない現実作用は可能な現実作用である。それゆえ、可能な現実作用はすべていつかは生み出されることになる。なぜなら、可能な現実作用が今後とも決して生み出されないとすれば、この現実作用を生み出すために必要とされることのすべてが同時にそろうことは決してないことになり、それゆえこの現実作用は（定義により）不可能であるが、これは仮定に反しているからである。

5．必然的現実作用と偶然的現実作用とは何か

さて、存在しないことがありえないような現実作用は、必然的現実作用である。それゆえ、将来存在するようになる現実作用は何であ

第10章 | 159

れ、必然的に存在するようになるのである。なぜなら、今しがた示されたように、可能な現実作用はみないつかは生み出されることになるので、将来存在するようになる現実作用が存在するようにならないということはありえないからである。それどころか、「将来存在するようになるものは将来存在するようになる」という命題は、じっさい「人間は人間である」という命題に劣らず必然的である。

　しかしここで、「偶然事と呼びならわされているような将来の物事は必然的なことなのか」と問う人がいるであろう。それゆえ次のように言おう。一般に、生じることはすべて、前章で示したように必然的原因によって生じるのであるが、これらの生じる物事が依存していない他の諸々の出来事との関係では、偶然事と呼ばれるのだ、と。たとえば、明日降る雨は必然的に（ということはつまり、必然的原因によって）生み出されるのであるが、しかし私たちはこの降雨のいま現に存在している原因をまだ知らずにいるので、この降雨が偶然に生じると考えたり言ったりするのである。なぜなら、人々は一般に、その必然的原因を認知していないもののことを「偶然のこと」(fortuitum)とか「偶然的なこと」(contingens)を呼んでいるからであって、それはちょうど、あることが行なわれたのを知らないと、「そのことは行なわれなかった可能性がある」と人々が言う場合に、過去のことについても言いならわされているのと同様である。

　それゆえ、「明日は雨が降るだろう」や「明日は日が昇るだろう」のような、未来の生じることや生じないことについてのあらゆる命題は、必然的に真であるか必然的に偽であるかのどちらかである。けれども私たちはそれが真であるか偽であるかをまだ知らないので、それを偶然的と呼ぶのであるが、しかしそのことの真理性は私たちの知識にではなく、諸原因が先行することにかかっている。これに対して、「明日は雨が降るか降らないかのどちらかであろう」というこの命題

の全体は必然的であると認めるとしても、「明日は雨が降るだろう」もしくは「明日は雨が降らないだろう」のように別々にすると、どちらも真ではない、と主張する人々がいて、その理由は彼らの言うところによると、このどちらの命題も決定的には真でないからだそうである。しかしこの「決定的に真である」とは、確認された仕方で真である、言いかえれば明証的に真であるということでなくて何であろう。それゆえ彼らの言っていることは、どちらの命題も真であるか否かまだ知られていない、というのと同じことであるが、ただし彼らは、自分の無知さ加減を隠そうと努めて用いているその同じ言葉によって物事の明証性をも同時に押し隠しているかぎりにおいて、より曖昧な言い方をしているのである。

6．能動的潜勢力は運動に存すること

前章の第9節で、あらゆる運動と変化の作用因は1つまたは複数の作用体の運動に存することが示されたが、これに対して本章の第1節では、作用体の潜勢力は作用因と同じものであることが示された。これらのことから次のことがわかる。すなわち、あらゆる能動的潜勢力も同じく運動に存すること、そして潜勢力はあらゆる現実作用と異なった何かある偶有性ではなく、ある現実作用、すなわち運動であって、この運動が潜勢力と呼ばれるのは後で他の現実作用がそれから生み出されるからだ、ということである。たとえば、もし3つの物体のうちの第1の物体が第2の物体を、第2の物体が第3の物体を押しやるとすると、第2の物体の運動は、それを生み出した第1の物体との関係では第2の物体の現実作用であり、第3の物体との関係では同じ第2の物体の能動的潜勢力である。

7．形相因と目的因とは何か

　作用因と質料因のほかに、2つの原因を形而上学者たちは挙げている。それはすなわち、「本質」（ある人々はこれを「形相因」と呼ぶ）と「目的」すなわち「目的因」である。しかし、この両者はともに作用因である。なぜなら、事物の本質をそれの原因だと言うのは、「理性的であること」が「人間の原因」であると言うようなもので、理解しかねることだからである。なぜ理解しかねるかというと、これではあたかも「人間であること」が人間の原因であると言ったのと同様で、正しい言い方ではないからである。しかしそれにもかかわらず、本質の認識は事物の認識の原因である——なぜなら、もし私が前もって何かあるものが理性的であることを認識していたとすれば、私はそこからこのものが人間であることを認識するから——が、ただし作用因にほかならないような原因である。目的因も、感覚と意志を持つもののうちにしか座を持たないが、これまた作用因であるということは、しかるべき箇所で示すことにしよう。

第11章　同一なものと異なるものについて

1．あるものが他のものから異なるとはどういうことか

　ここまでは、物体について端的に述べるとともに、「大きさ」「運動」「静止」「作用」「被作用」「潜勢力」「可能なもの」等々といった物体共通の偶有性について述べてきた。今やある物体を他の物体から区別する偶有性へと話が引き継がれるべきところであろうが、ただしその前に、「区別されること」と「区別されないこと」自体がどういうことか、言いかえれば、「同一なもの」と「異なるもの」とは何かを明らかにしなければならない。なぜなら、あるものが他のものから区別されうる、すなわち異なりうるということもまた、あらゆる物体に共通のことだからである。さてそこで、２つの物体が互いに異なると言われるのは、それらのうちの一方について、他方について同時には言えない何かあることが言われる場合である。

2．数において、大きさにおいて、種において、また類において異なるとはどういうことか

　さて、２つの物体が同一でないことはとくに明らかである。なぜなら、もし本当に物体が２つあるとしたら、それらは同じ時には２つの場所に存在するが、これに対して同一なものは同時に同じ場所に存在するからである。それゆえ、あらゆる物体は数において互いに異なる、すなわち、ある物体と他の物体、という仕方で異なる。したがって、「同一」と「数における差異」は矛盾的に対立した名辞である。
　さらに、一方の物体が他方の物体よりも、１尺に対して２尺、２ポンドに対して３ポンドといったような仕方で大きい場合、これらの物体は大きさにおいて異なる。大きさにおいて異なる諸物体に対立する

163

のは等しい諸物体である。

　これに対して、大きさによって異なる以上の異なり方をしているもの同士は「類似していない」と言いならわされ、大きさによって異なる以上の異なり方をしていないもの同士は「類似している」と言いならわされている。さらに、類似していないものには、種によって異なると言われるものと、類によって異なると言われるものとがある。「白いもの」と「黒いもの」のように、互いの相違が同一の感覚によって知覚される場合は種によって異なるのに対して、「白いもの」と「熱いもの」のように、異なる感覚によらなければ差違が知覚されない場合は類によって異なる。

3．「関係」「量的関係」「関係項」とは何か

　さて、任意の物体の他の任意の物体との類似・非類似・等あるいは不等は、両者の「関係」と言われる。そしてそれゆえに、両物体そのもの同士は「関係項」ないし「相関項」と呼ばれ——アリストテレスはこれを「何かに対するもの」（τὰ πρός τι）と呼んでいる——、関係項の第1項は「先件」、第2項は「後件」の名で呼びならわされている。さらに、先件と後件の大きさの上からの関係、すなわち両者の等しさや超過や不足は、先件と後件の「量的関係〔比率〕」および「比例」と言われる。したがって「量的関係」とは、大きさの上から後件に比較された先件の等しさもしくは不等性にほかならない。たとえば、2に対する3の量的関係は、3が2を1だけ超過しているということにほかならず、また5に対する2の量的関係は、2が5よりも3だけ不足しているということにほかならない。このように、不等なもの同士の量的関係において、大きいほうに対する小さいほうの量的関係は「不足」、小さいほうに対する大きいほうの量的関係は「超過」と言われる。

4.「比例しているもの」とは何か

さらに、不等なものが不等である度合にも、より大きい、より小さい、等しいの別がある。それゆえ、大きさ同士の量的関係〔比率〕だけでなく、量的関係同士の量的関係も存在する。それはすなわち、2つの不等なものが、他の2つの不等なものに対して関係を持つ場合である。たとえば、2と3の間にある不等性が、4と5の間にある不等性と比較される場合がそうである。このような比較に際しては常に、4つの大きさがあるか、もしくは3つの大きさしかない場合には、それらのうちの真ん中の大きさが（同じ値を持つものとして）2度数えられることになるかのどちらかである。そして、第1項の第2項に対する量的関係が第3項の第4項に対する量的関係に等しいことが確かな場合には、この4つの項は「比例している」と、すなわち「第1項対第2項の比率は第3項対第4項の比率に等しい」と言われる。この条件に反する場合には、比例しているとは言われない。

5．大きさ相互間の量的関係は何に存するか

さて、後件に対する先件の量的関係は、差〔異〕に、言いかえれば、大きいほうが小さいほうを超過している分に当たる大きいほうの部分、すなわち（小さいほうを引いた）大きいほうの残余に存する。ただしそれは単に残余としての残余ではなく、関係項のどちらか一方と比較されたものとしてのそういう残余である。たとえば、2の5に対する量的関係は、5が2を超過している分に当たる3であるが、しかしそれは単に3としての3ではなく、2または5と比較されたかぎりにおいての3である。なぜかというと、たとえ2と5との間の差が9と12との間にあるのと同じ差、すなわち同じ3であるとしても、しかしだからといって不等性は同じではないし、2対5という量的関係〔比率〕が9対12というそれと同じなのでもないからである。

第11章 | 165

6．関係は新たな偶有性ではなく、関係以前に、すなわち比較が行なわれる以前に始まっていることのうちの何かであること。同様に、両関係項のうちなる偶有性の原因は、関係の原因であること

さて、関係については、あたかもそれが関係項のその他の諸々の偶有性とは異なる何かある偶有性であるかのようにみなしてはならず、そういう諸々の偶有性のうちの1つ、すなわち、それに従って比較が行なわれる当の偶有性そのものとみなさなければならない。たとえば、白いものの他の白いものとの類似性や黒いものとの非類似性は、白いものの白さと同一の偶有性であり、等しさや不等性は比較された事物の大きさと同一の偶有性であって、名称が異なるだけである。なぜなら、他のものと比較されない場合には「白いもの」とか「しかじかの大きさのもの」とか呼ばれるその同じものが、比較されると「似ているもの」「似ていないもの」「等しいもの」あるいは「等しくないもの」と言われるからである。このことからまた次のことも帰結する。すなわち、関係項のうちにある諸々の偶有性の原因は、「類似性」「非類似性」「等しさ」「不等性」の原因でもある、つまり2つの物体を等しくないものとしたその同じものがそれらの不等性をもまた作り出す、ということ、また規則と作用を作り出すその同じものが、作用が規則に適合しているとした場合にはその適合性の、適合していないとした場合にはその不適合性の、原因であるということである。そしてこれらのことは、ある物体と他の物体との比較についても言われるであろう。

7．個体性の原理について

ところで、同一物をそれ自身と比較することは可能であるが、ただしそれは別々の時点においてである。このことから、哲学者たちの間では「個体性の原理」について大論争が生じた。それはすなわち、あ

る物体が場合によって同一であるとみなされるべきであったり、それが以前そうであったのとは別のものとみなされるべきであったりするのは、どのような意味でなのか、ということについての論争である。たとえば、「老人は若者であったときと同じ人なのか違う人なのか」「国家は時代が違っても同じ国なのか、それともかつては今とは別の国だったのか」といったような論争がそれである。人によって、個体性を質料の単一性とみなす人もいれば、形相の単一性とみなす人もおり、また個体性はあらゆる偶有性をいっしょにした集合体の単一性に存すると言う人もいる。「蠟のかたまりは丸かろうが四角だろうが、同じ物質なのだから同じ蠟である」という点は、質料説にとって有利である。「人は子供から老人になるまで、物質は同じでないけれども数の上では同じ人である、なぜなら、かの同一性は質料〔物質〕に帰せられることはできないが、形相には帰せられなければならないとみられるからである」という点は、形相説にとって有利である。偶有性の集合体説にとって有利な事例は何も挙げることができない。けれども、何であれ新しい偶有性が生じると事物には別の名称が冠せられるのが常であるから、個体性の原因を偶有性の集合体だとする者は、この新しい偶有性の発生によって事物もまた別のものになるとみなしたのである。第1の意見〔質料説〕に従えば、人間の身体が絶え間なく変化するものであることのゆえに、罪を犯す人と罰せられる人とは同じ人ではないし、法によって承認される国家と時代を経て法によって廃止される国家とは同じ国家ではない、ということになろうが、これでは人間のあらゆる権利は混乱してしまう。第2の意見〔形相説〕に従えば、同時に存在する2つの物体でさえ数の上で唯一同一である、ということになろう。なぜなら、たとえばあのテセウスの船（この船は、古い舟板がばらばらに取り外され、続いて新しい舟板が古いのに取り換えられて修復されたから、違う船になった、とアテナイのソフィストたちはかつ

て論じた〕は、最初からあった舟板がすべて取り換えられた後も数の上で同一であったとすると、そして誰かが古い舟板を取り外されたそばから保存して、この保存された舟板を後で同じ順序で組み合わせて船を建造したとすると、この後から作った船も最初からあった船と数の上で同一であったであろうということ、かくて私たちは数の上で同一な2艘の船を持つことになったであろうということは疑いないからである。だがこのようなことはきわめて不合理である。さりとて第3の意見〔偶有性の集合体説〕によるならば、かつてあったのと同じものは全然何もないことになり、その結果、立っている人は座っていたその人と決して同じ人ではなく、器の中にある水と間もなく注がれるその水とは同じ水ではない、ということになるであろう。

　それゆえ、個体性の原理は常に質料からのみ判断されるべきでも、常に形相からのみ判断されるべきでもない。そうではなくて、事物の同一性が問題にされる場合には、各々の事物がどのような名によって呼ばれるかが考量されなければならない。なぜなら、ソクラテスについて、彼は同一の人間であるかと問うことと、彼の身体は同一の物体であるかと問うこととは、大いに異なっているからであって、その理由は、子供の身体と老人の身体は大きさが違うゆえに同一ではありえない——同一の物体の大きさは常に同一なのだから——けれども、人間は同一人物でありうるからである。それゆえ、あるものがかつてあったのと同一かどうかがある名称の下で問われる際のこの名称が、質料だけのゆえに冠せられている場合には常に、質料が同一ならば個体も同一である。たとえば水は、海にあった間も、その後雲の中に存在する水と同一の水であり、物体は結合されていようと分離されていようと、凍結していようと融解していようと、常に同一の物体であるように。これに対して、運動の始源であるような形相のゆえに上のような名称が与えられたのだとすれば、この始源が存続しているかぎり

個体は同一であろう。たとえば、人のあらゆる行為と思考が唯一同一の始源から（すなわち、発生に際して存在した始源から）派生している場合、この人は同一人物であろうし、唯一同一の源泉から流れ出る流れは、この源泉から流れてくるのが同じ水であろうと別の水であろうと、あるいは水以外のものであろうと、同一の流れであろうし、唯一同一の制度からただちに派生してくるような活動をする国家は、その国の中にいる人々が同一であろうと別の人々であろうと、1つの国家であろう。最後に、名称が与えられたのが何らかの偶有性のせいだとするならば、質料が離れ去ったり付け加わったりすると偶有性が消滅したり新たな偶有性が発生したりし、これらの偶有性は数の上で同じではないから、事物の同一性は質料にかかっている。たとえば、船とは船であるように形造られた質料を意味するので、すべての質料が同一であるとすれば同一の船であろうが、質料のいかなる部分も同一でないとすれば、船は数の上で完全に異なっている。これに対して、仮に質料の一部が存続し一部が離れ去るものとすれば、船は部分的には同一で部分的には異なっていることになろう。

第12章　量について

1．量の定義

次元とは何か、またいくつあるかということについては、第8章で既に述べられた。すなわち次元とは、線（すなわち長さ）と面と立体の3つである。これらの各々は、限定された場合、すなわちその終端ないし限界が認識されるに至った場合、「量」と呼びならわされる。なぜなら、量（quantitas）とは「どれだけあるか」（Quantum est）という問いに対する適切な答えとなるような言葉によって表わされるもののことだと、万人が理解しているからである。それゆえ、たとえば「道のりはどれだけあるか」と問われるたびに無限定に「長さ」と答えたり、「畑の広さはどれだけあるか」と問うている人に対して無限定に「面」と答えたり、また仮に誰かが「荷物のかさはどれだけあるか」と問うているとした場合に、無限定に「立体」と答えたりはしないのであって、道のりなら10万歩〔100マイル〕、畑なら100エーカー、荷物なら100立方フィートというように、あるいは少くとも、問われている事物の大きさを一定の限界の下で心に捉えることができるような何らかの仕方で、限定して答えがなされるのである。したがって、「量とは、限定された次元のこと、あるいはその限界が場所によって、もしくは何らかの比較によって認識された次元のことである」という仕方以外の仕方で「量」を定義することはできない。

2．量の明示とは何か

さて、量は2とおりの仕方で限定される。1つは感覚に対して限定されるという仕方であって、これは感覚可能な対象によって行なわれる。たとえば、線や面や立体が何かある物質にフィートあるいは尺と

刻印されて目の前に置かれる場合がそうである。このような限定の仕方は「明示」と言われ、このようにして認識された量は「明示量」と言われる。もう1つは記憶に対して限定されるという仕方であって、これは明示量との比較によって行なわれる。そして、「事物がどれだけあるか」と問う人に第1の仕方で答えるには「御覧のとおりの明示された分だけ」でよいが、第2の仕方で答えるには、明示量との比較によらなければ十分ではない。なぜなら、「道の長さはどれだけあるか」と問う人に対して答えがなされるのは、「何千歩〔何マイル〕ある」というように、すなわち道を1歩もしくは明示によって限定・認識されたその他の尺度と比較することによってか、「その長さの量は明示によって認識された他の量に対して、正方形の対角線の長さが一辺の長さに対して持つのと同様の比率を持つ」というようにか、もしくはその他の何かある似たような仕方によってだからである。〔第2の仕方に際しては〕さらに、明示量は安定的な物質のうちに表示されている場合のように永続的であるか、それとも感覚へと呼び戻されうるかのどちらかでなければならない。なぜなら、そうでなければ明示量との比較を始めることはできないからである。さてそこで、前章で言われたことにより、大きさと大きさとの比較は量的関係〔比率〕と呼ばれる当のものであるから、第2の仕方で限定された量とは、明示量に対する明示されない次元の量的関係、言いかえれば、明示量と比較された明示されない次元の等しさまたは不等性にほかならない、ということは明らかである。

3．線・面・立体はどのような仕方で明示されるか

　さて、線と面と立体は、第1に運動により、それらが発生する仕方として第8章で述べたような仕方で、ただしそのような運動が痕跡を残すようにして明示される。たとえば、紙の上に書かれた線のように

物質中に印されたり、安定的な物質のうちに刻印されたりする場合がそうである。第2の明示の仕方は並置による明示である。たとえば、線が線に、言いかえれば長さが長さに、幅が幅に、厚さが厚さに添え合わされる場合がそうである。これは線を点によって、面を線によって、立体を面によって描くことである。ただしこの場合、点はごく短い線、面は薄い立体と解されなければならないが。第3に、線と面は切り分けによって明示される。すなわち、明示された面を切り分けることによって線が生じ、立体を切り分けることによって面が生じる。

4．時間はどのようにして明示されるか

　時間が明示されるのは、任意の線が明示される場合だけでなく、線の上を均一に運動する、もしくはそのように運動すると仮定されるような可動体が明示される場合もまたそうである。なぜなら、時間が運動の像であるのは、運動のうちに先後が、言いかえれば継起が考えられるかぎりにおいてであり、それゆえ時間の明示のためには、線が描かれるだけでは十分ではなく、さらにこの線を通って移行する何かある可動体の表象像が心の中に存在し、しかもこの移行が均一な運動(1)によって行なわれ、必要な場合はいつでも時間が分割されたり合成されたりできるようになっていて初めて十分だからである。それゆえ、哲学者たちが彼らの証明の中で線のことを指して「この線は時間である

（1）「均一な運動」と訳された motus uniformis は、後の諸章では多くの場合「等速運動」と訳されることになるが、本章では、運動体の通過する線が直線に限定されず、本節末の文に見える時計の文字盤上の指針の運動のような円運動（これは角速度は常に等しいが、本来の意味での速度は絶えず変化する加速度運動である）も含めて考えられているので、「均一な運動」という訳語を使用した。この後の諸章でも、等角速度の円運動などの曲線運動を含めて言われている場合については同様である。

第 12 章 | 173

とせよ」と言う場合、「この線を通る均一な運動の概念が時間であるとせよ」と言う場合と同様に解されなければならない。なぜなら、時計の文字盤は線ではあるが、文字盤だけでその上に陰影や指針の運動が存在するか仮定されるかしなければ、時間を印づけるには不適切だからである。

5．数はどのようにして明示されるか

　数の明示は点の明示によって行なわれるか、もしくは1、2、3等の数名辞の明示によっても行なわれる。そしてたしかに数を明示する点は、どんな目印によっても区別されないような仕方で互いに隣接していてはならず、識別することができるように置かれていなければならない。なぜなら、運動によって表示されるあらゆる量が連続量と言われるのに対して、数が分離量と呼ばれるのは、このような点によって明示されるところからきているのだからである。これに対して、数名辞が数を明示するためには、1、2、3、……というように順序に従って記憶されて暗誦されなければならない。なぜなら、たとえ誰かが「1、1、1、……」と言ったとしても、彼はおそらく2つか3つの数しか認識しないからである。2つか3つなら認識するのは、それだけならこのやり方でも記憶することができるからであるが、たしかに記憶することはできるものの、しかしそれは何かある形象としてであって、数としてではないのである。

6．速度はどのようにして明示されるか

　さらに、速度（これは定義上、一定の空間を一定の時間で通過する運動である）を明示するためには、1つには時間が明示されることが必要であり、また1つには、その速度を規定したい当の可動体の進んだ空間が明示された上に、その空間の中で可動体が運動していると考えられ

る、ということも必要である。それゆえ、2本の線が明示されなければならない。そのうちの1つは、その上で均一な運動が行なわれていると考えられるべき線であって、このことにより時間が一定となる。もう1つは、その上で速度の値が測られるべき線である。たとえば、仮に可動体Aの速度を明示したいと思って、右の2本の線分AB、CDを引き、点Cにも可動体を置いたとすると、可動体Aの速度は、可動体Cが等速運動によって線分CDを通過するのにかかるのと同じ時間で可動体Aが線分AB上をちょうど通過するような分だけの値である、と言われる。

7．重量はどのようにして明示されるか

　さらに、重量は物体によって明示されるが、この物体は、常に同一の重さを持つものでありさえすれば、どのような物質でできたどのような物体であってもよい。

8．大きさ同士の量的関係はどのようにして明示されるか

　さらに、2つの大きさの量的関係〔比率〕が明示されるのは、これらの大きさそのものが明示される場合である。すなわち、明示された大きさが等しい場合には、等しい大きさ同士の量的関係が、等しくない場合には、不等な大きさ同士の量的関係が明示される。なぜなら、前章の第5節により、不等な大きさ同士の量的関係は、どちらか一方の大きさと比較されたものとしての、双方の大きさの差に存するが、不等な大きさが明示されれば差もまた明示されるので、量的関係を持つ大きさが明示されれば量的関係そのものも明示されることは必然的であり、同様に、等しい大きさ同士の量的関係（これは大きさ同士の差が0だということである）も、等しい大きさそのものが

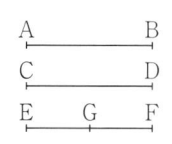

第12章 | 175

明示されれば同時に明示されるからである。たとえば、明示された線分 AB と CD〔の長さ〕が等しいとすれば、等しさの量的関係は明示されているし、〔長さの〕等しくない線分 EF・EG が明示されていれば、EF が EG に対して持つ量的関係と、EG が EF に対して持つ量的関係とは明示されている。なぜなら、EF・EG そのものとそれらの差である GF とが明示されたからである。不等な大きさの量的関係〔比率〕は量である。なぜなら、それは差 GF に存し、この差は量だからである。これに対して、等しさの量的関係は量ではない。なぜなら、等しい大きさ同士の差は 0 であり、等しさと等しさを比べると、（不等性を不等性と比べた場合と違って）ある等しさのほうが他の等しさよりも大きいということはないからである。

9．時間と速度の量的関係はどのようにして明示されるか

さらに、2つの時間の、すなわち2つの均一な速度の量的関係〔比率〕が明示されるのは、2本の線が明示され、これらの線を通って2つの可動体が均一な運動によって移行すると解される場合である。それゆえ同じ2本の線が、大きさそのものとして明示されたと考えられるか、時間として明示されたと考えられるか、速度として明示されたと考えられるかに従って、線そのもの同士の量的関係を示したり、時間同士の量的関係を示したり、速度同士の量的関係を示したりする。

その理由は次のとおりである。2本の線分 A と B とが明示されたとしよう。そうすると前節により、この2本の線分の量的関係は明示された。次に、この2本の線分が、互いに等しい均一な速度で引かれたと考えるならば、線分 A と線分 B は時間の等不等を、ということはつまり時間の量的関係を示す。なぜなら、同一空間の移行がなされるのに要した時間がより長いか、等しいか、より短いかに応じて、時間はより長かっ

たり、等しかったり、より短かったりするからである。最後に、上と同じ線分 A と線分 B が引かれるのに要した時間が同じだと考えるならば、この 2 本の線分はそれが引かれた速度の等不等（ということはつまり量的関係）を示す。なぜなら速度は、同一の時間をかけて通過する線がより長いか、等しいか、より短いかに応じて、より速かったり、等しかったり、より遅かったりするからである。

第13章　比例関係、すなわち同一の量的関係〔比率〕について

本章において、記号＋は、この記号がその間に置かれている量と量とが合計されたことを意味し、これに対して記号－は、前の量から後ろの量を引いた場合の残余を意味することに注意されたい。それゆえ、Ａ＋ＢはＡとＢの両方を併せたものに等しく、またＡ－Ｂとある場合には、Ａは全体、Ｂは引かれる量、Ａ－Ｂは残余である。さらに、記号なしに結合された2つの文字は、（何かある図形のことでないとしたら）一方の量に他方の量を掛けたもの、すなわち、一方を他方倍したものを意味することに注意されたい。たとえば、ＡＢはＡにＢを掛けて出てきた結果を意味する。

1．算術的な量的関係と幾何学的な量的関係〔比率〕との本性ならびに定義

「大」と「小」は比較による以外にはいかなる仕方でも理解されえない。さてそこで、大小の比較がそれに対してなされる当のものは「〔その量を〕明示されたもの」と呼ばれ、これはすなわち、感覚によって知覚されるか、もしくは心にとって理解可能なように言葉で定義されるかした何かある大きさのことである。ところで、各々の大きさが比較されるのは、より大きな大きさに対してか、より小さな大きさに対してか、等しい大きさに対してかのいずれかである。それゆえ、量的関係（これは比較による大きさの評価ないし理解にほかならないということを前々章において説明した）には等しさ・超過・不足の3とおりがあって、等しさは「等しい大きさ」対「等しい大きさ」という量的関係、超過は「大きいほうの大きさ」対「小さいほうの大きさ」という量的関係、不足は「小さいほうの大きさ」対「大きいほうの大きさ」という量的関係である。

さらに、これらの量的関係の各々が2とおりずつ存在する。なぜなら、所与の大きさについて、それはどれだけあるか、と問われた場合、2とおりの仕方で比較を行なって答えることができるからである。第1は、7は10より3単位分だけ小さい、というように、所与の大きさが他の大きさよりもこれこれだけ大きいあるいは小さい、と言われる場合であって、この量的関係は「算術的」と言われる。第2は、7は10よりも10自身の$\frac{3}{10}$だけ小さい、というように、所与の大きさがそれ自身の部分の1つ分もしくは複数分だけ他の大きさよりも大きいあるいは小さい、と言われる場合である。さて、こちらの量的関係は常に数によって説明されうるとは限らないが、それでもやはりある量的関係であり、しかも第1のそれとは異なる類の量的関係であって、「幾何学的」な量的関係と言われ、大抵の場合は単に「量的関係〔比率〕」と言われる。

2．同前〔続き〕

　量的関係は、算術的なものであれ幾何学的なものであれ、それを明示できるのは2つの大きさに関してのみである。このことは、前章の第8節で示したとおりである。そしてこの2つの大きさのうち、前のものは量的関係の前項、後のものは後項という名で呼びならわされている。

　それゆえ、2つの量的関係同士が互いに比較されなければならない場合は、明示される大きさは4つ、すなわち2つの前項と2つの後項である。なぜなら、前の量的関係の後項が後の量的関係の前項と同じであるということが場合によっては起こるとしても、2重の比較においてこの同一の大きさが2度数えられる必要があり、それゆえ常に4つの項があるからである。

3．同前〔続き〕

　2つの量的関係——それらが算術的な量的関係であろうと幾何学的なそれであろうと——の両方において比較されている大きさ（これらはユークリッドの『幾何学原本』の第5巻定義5によって、量的関係〔比率〕の諸量と呼ばれている）が等しいとき、この2つの量的関係の一方は他方より大きいことも小さいこともありえない。なぜなら、ある等しさが他の等しさよりも大きかったり小さかったりすることはないからである。しかし、2つの不等性の量的関係は、それらが超過の量的関係であろうと不足のそれであろうと、その一方が他方より大きいことも小さいことも、また両者が等しいこともありうる。なぜなら、眼前の2つの大きさが互いに不等であるとしても、他方の2つの大きさ相互間の不等性は眼前の2つの大きさのそれに比べて、より大きかったり、等しかったり、より小さかったりすることが可能だからである。このことからわかるのは、超過の量的関係と不足のそれは、より大きかったり小さかったりする余地があるので量であるが、等しさの量的関係は、より大きかったり小さかったりする余地がないので、量ではないということ、したがって、不等性の量的関係同士は足し合わせたり、一方を他方から引いたり、互いに掛けたり割ったり、別の数を掛けたり別の数で割ったりすることができるが、等しさの量的関係はそうはいかないということである。

4．同前〔続き〕

　互いに等しい2つの量的関係は、通常「同一の量的関係〔同一比率〕」と言われ、また「第1の前項」対「第1の後項」という量的関係が、「第2の前項」対「第2の後項」という量的関係と同じである、と言われる。そして、幾何学的な量的関係〔比率〕において互いにそのような状態にある4つの大きさは「比例している」と言われる

が、これをもっと手短に「比例関係にある」（analogismus）という人々もいる。

　他方、より大きい量的関係とは、「より大きい前項」対「同一の後項」という量的関係、もしくは、「同一の前項」対「より小さい後項」という量的関係である。そして、「第1の前項」対「第1の後項」という量的関係〔比率〕が、「第2の前項」対「第2の後項」という量的関係よりも大きいとき、そのような状態にある4つの大きさは「比例を超過した関係にある」（hyperlogismus）と言ってよい。

　より小さい量的関係とは、「より小さい前項」対「同一の後項」という量的関係、もしくは、「同一の前項」対「より大きい後項」という量的関係である。しかして、「第1の前項」対「第1の後項」という量的関係〔比率〕が、「第2の前項」対「第2の後項」という量的関係よりも小さいとき、そのような状態にある4つの大きさは「比例に不足した関係にある」（hypologismus）と呼んでよい。

5．算術的な「同一の量的関係」の定義と2、3の特性

　ある算術的な量的関係が他のそれと同一であるのは、一方の前項がその後項を超過したりその後項によって超過されたりする分量が、他方の前項がその後項を超過したりその後項によって超過されたりする分量と同じである場合である。それゆえ、4つの算術的比例項において、両端項の和は中間の2項の和に等しい。理由は次のとおりである。A：B：：C：Dが算術的に比例しており、かつ両方の算術的な量的関係〔A：BとC：D〕の側での差が同一の超過分もしくは同一の不足分であるEであるとすると、B＋Cは（AがBよりも大きいとした場合には）A－E＋Cに等しく、またA＋DはA＋C－Eに等しい。しかるに、A－E＋CとA＋C－Eは等しい。これに対して、AがBよりも小さいとした場合には、B＋CはA＋E＋Cに等しく、ま

たA + DはA + C + Eに等しい。しかるに、A + E + CとA + C + Eは等しい。

　同様に、連続している算術的比例項がどれほど多くあるとしても、それら全部の総和は、両端項の和に項数を掛けたものの$\frac{1}{2}$に等しい。なぜなら、A:B::C:D::E:Fが連続して算術的に比例しているとすると、A + F、B + E、C + Dという各2数ずつの和は互いに等しく、それらの総和は、A + Fを数の組の数〔3〕に、ということはつまり項数〔6〕の半分に掛けることによって出てくるからである。

　互いに等しくない4つの大きさがあって、さらにそのうちの2つの大きさの和が残りの2つの大きさの和に等しいとした場合には、最大値と最小値は同じ組にあるであろう。互いに等しくない4つの大きさがA、B、C、Dで、A + BはC + Dに等しく、さらにこれらすべての大きさのうちで最大なのはAであるとしよう。Bはこれらすべての大きさのうちで最小である、と私は言う。なぜなら、もし可能なら、残る2つの大きさのうちのどちらか、たとえばDが最小だとしてみよう。そうすると、AはCよりも大きく、かつBはDよりも大きいので、A + BはC + Dよりも大きくなるであろうが、これは仮定に反するからである。

　任意の4つの大きさがあるとした場合、最大値と最小値の和、中間の2つの大きさの和、大きいほうの2つの大きさの差、小さいほうの2つの大きさの差は、算術的に比例している。たとえば4つの大きさA、B、C、Dがあって、Aは最大、Dは最小、BとCは中間であるとしよう。A+D:B+C::A−B:C−Dは算術的に比例している、と私は言う。なぜなら、第1前項と第1後項との差はA + D − B − Cであり、これに対して第2前項と第2後項との差はA − B − C + Dであるが、この2つの差同士は等しいので、（本節により）A+D:B+C::A−B:C−Dは算術的に比例しているからである。

4つの大きさがあって、そのうちの2つの大きさの和が他の2つの大きさの和に等しいとした場合には、この4つの大きさは互いに算術的に比例している。たとえば、A + B と C + D が等しいとしよう。A∶C∷D∶B は算術的に比例している、と私は言う。なぜなら、仮にそうではなくて、(E は B よりも大きいか小さいかのどちらかであるとして) A∶C∷D∶E が算術的に比例しているとすると、A + E と C + D は等しく、それゆえ A + B と C + D は等しくなくなるが、このことは仮定に反するからである。

6. 幾何学的比例、すなわち幾何学的な「同一の量的関係〔同一比率〕」の定義と諸々の変形

　ある幾何学的比率が他の幾何学的比率と同一であるのは、等しい時間で等しいことを行なって両方の比率を規定する何かある同一の原因が指定されうる場合である。

　均一な運動をする点が、描く速度は同じにせよ違うにせよ、2本の線を描くとすると、この2本の線の同時的な、言いかえれば同じ時に描かれた部分の長さはすべて、対をなす2項同士で比例項をなしており、そしてこのことは、前項となる諸々の長さが同一線上にとられても違う線上にとられても同じである。

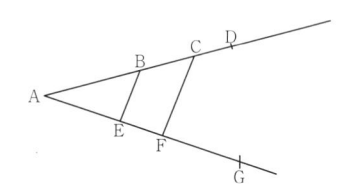

　たとえば、(第14章の末尾にある図10で) 等速運動をする点 A の描いた 2 本の直線 AD、AG があるとしよう。そして 2 つの部分 AB、AE と、さらに他の 2 つの部分 AC、AF を、AB と AE は同時的で、なおかつ AC と AF も同時的であるようにとるとしよう。第 1 に私は、(直線 AD 上に前項となる長さ $\overline{AB}$、$\overline{AC}$を、直線 AG 上に後項となる長さ $\overline{AE}$、$\overline{AF}$ をとるならば) $\overline{AB}$∶

184

$\overline{AC}$∷$\overline{AE}$:$\overline{AF}$ は比例している、と言う。

　理由は次のとおりである。(第 8 章第15節によれば) 速度とは、ある長さの距離すなわち線をある一定の時間で通過する運動であるから、線分 AB の量は AB そのものが描かれる際の速度と時間によって決まり、同じ理由で、線分 AC の量は AC そのものが描かれる際の速度と量によって決まるであろう。それゆえ、$\overline{AB}$ 対 $\overline{AC}$ という比率は、それが等しさ・超過・不足のいずれの比率であろうと、線分 AB、 AC そのものが描かれるさいの速度と時間によって決まる。しかるに、AB と AC に沿っての点 A の運動は等速であるから、この両線分はともに等しい速度で描かれる。それゆえ、この両線分の一方の長さが他方の長さに対して、より大もしくはより小という比率を持つとすれば、この比率の唯一の原因は時間の差異である。同じ論拠により、$\overline{AE}$ 対 $\overline{AF}$ という比率もまた時間の差異によってのみ決まっていることは明らかである。しかるに、AB、AE は同時的であり、同様に AC と AF も同時的であるから、 AB と AC が描かれる時間の差異は、AE と AF が描かれる時間の差異と同じである。それゆえ、$\overline{AB}$ 対 $\overline{AC}$ という比率を規定する原因は、 $\overline{AE}$ 対 $\overline{AF}$ という比率を規定する原因と同じである。しかし、両方の比率をこのように規定する原因は、等しい時間で等しいことを引き起こす。なぜなら、それは等速運動だからである。それゆえ直前に述べた定義により、$\overline{AB}$ 対 $\overline{AC}$ という比率と、 $\overline{AE}$ 対 $\overline{AF}$ という比率とは同一比率であり、したがって $\overline{AB}$:$\overline{AC}$∷$\overline{AE}$:$\overline{AF}$ は比例している。これが第 1 の点である。

---

(1) 底本の原文では単に AB、 AC となっているが、直線の長さという量を表わしている場合には、このまま用いられると A × B、 A × C という量やこれらの直線自体の名称と紛らわしいので、2 点間の距離を表わす記号――を上に補った。これ以降の箇所でも同様である。

第 13 章 | 185

第2に、(前項となる長さを異なる線の上にとるならば) $\overline{AB}:\overline{AE}::\overline{AC}:\overline{AF}$ は比例している、と私は言う。なぜなら、AB、AE は同じ時間で描かれるので、この両者が互いの間で有する比率の唯一の原因は、それらが描かれる速度の差異だからである。同じことは、$\overline{AC}$ 対 $\overline{AF}$ という比率についても言われなければならない。しかし、AD、AG の両線はそれぞれ等速で通過されるので、AB と AE の描かれる速度の差異は、AC と AF の描かれる速度の差異と同じであろう。それゆえ、$\overline{AB}$ 対 $\overline{AE}$ という比率を規定する原因は、$\overline{AC}$ 対 $\overline{AF}$ という比率を規定する原因と同じである。したがって、$\overline{AB}:\overline{AE}::\overline{AC}:\overline{AF}$ は比例している。証明されるべきこととして残っていたのはこのことであった。

　系1　4つの比例項がある場合、交換しても(すなわち中間項を入れ換えても)比例しているであろう。なぜなら、$\overline{AB}:\overline{AC}::\overline{AE}:\overline{AF}$ のみならず、(交換して) $\overline{AB}:\overline{AE}::\overline{AC}:\overline{AF}$ もまた比例していることが示されたからである。

　系2　4つの比例項がある場合、逆転ないし反転しても(すなわち前項を後項にしても)比例しているであろう。なぜなら、上の〔系1の〕証明において $\overline{AB}$、$\overline{AC}$ を逆にして $\overline{AC}$、$\overline{AB}$ と置き換え、$\overline{AE}$、$\overline{AF}$ も逆にして $\overline{AF}$、$\overline{AE}$ と言いかえたとしても、同じ証明が残り続けるからである。そしてその理由は、AC、AB の描かれる速度も AB、AC の描かれる速度も同じように等しく、また AC、AF の描かれるのも AF、AC の描かれるのも同じように同時的だから、ということにある。

　系3　比例項に比例項を足した場合、その和も比例しており、比例項から比例項を引いた場合、その残余も比例しているであろう。なぜなら、同時に描かれた線の長さを同時に描かれた線の長さに足した和や、前者から後者を引いた残余は、同時に描かれた線の長さになるか

らである。このことは、足したり引いたりされるのがすべての項であっても、前項のみであっても、後項のみであっても同じことである。

系4　4つの比例項のうち、両前項、両後項もしくはすべての項に同じ数または量を掛けたり、それらを同じ数または量で割ったりした場合、生じるものは比例項であろう。なぜなぜなら、比例項の乗除は比例項の加減にほかならないからである。

系5　4つの比例項がある場合、それらを複合しても（すなわち、前項と後項からの統合によって得られた値を前項として、後項または前項そのものを後項としてとっても）比例項になるであろう。なぜなら、この統合とは比例項の加算、すなわち後項をその前項に足すことであり、そしてこれらの項は仮定によって比例しているからである。

系6　さらに、前項として前項または後項そのものが、後項として両項からの統合によって得られた値がある場合、これらの項も比例しているであろう。なぜなら、これらは複合によって生じた比率を逆転したものだからである。

系7　4つの比例項がある場合、それらの分割（すなわち、前項から後項を引いた残余、つまり前項と後項の差をとって前項とし、大きいほうの項全体、つまり小さいほうの項を引かれている値をとって後項としたもの）も比例項であろう。たとえば、比例項A：B：：C：Dがあるとした場合、その分割はA−B：B：：C−D：DとA−B：A：：C−D：Cであり、後項のほうが前後よりも大きい場合には、B−A：A：：D−C：CとB−A：B：：D−C：Dである。そしてこれらが比例項であるというのは、これらの分割のすべてにおいて、（比例関係A：B：：C：Dの仮定そのものにより）比例項がAとBから、またCとDから引かれているからである。

系8　4つの比例項があったとすると、〔上述の〕比率の反転によっ

第13章｜187

て（すなわち、分割された比率を逆転すること、つまり大きいほうの項全体を前項として、差ないし残余を後項としてとることによって）出てくるものも比例項であろう。たとえば、A：B：：C：D が比例している場合、A：A－B：：C：C－D と B：A－B：：D：C－D もまた比例しているであろう。なぜなら、A：A－B：：C：C－D と B：A－B：：D：C－D の2つは、その逆転が〔系7により〕比例項なので、それら自身も〔系2により〕比例項であろうから。

　系9　比例関係にある〔4つの〕量の系列が2つあって、それらの量が、第2項は第2項に、第4項は第4項に等しい、というようになっていたとすると、「第1項同士の和もしくは差」対第2項の比率は、「第3項同士の和もしくは差」対第4項の比率に等しくなるであろう。比例している量の2つの系列が A：B：：C：D と E：B：：F：D であるとしよう。A＋E：B：：C＋F：D は比例している、と私は言う。なぜなら、提示された2系列の比例量は、交換することによってそれぞれ A：C：：B：D と E：F：：B：D になり、それゆえ A：C：：E：F は比例しているからである（そしてそれは、A:C と E:F は B対D という比率を比例相手として共有するから、という理由による）。したがって、比例量の第1系列が交換された上で、それの A と C に、この A と C そのものに比例する E と F が加えられたとすると、（系3により）A＋E：B：：C＋F：D は比例しているであろう。証明終り。

　同様にして、A－E：B：：C－F：D もまた比例していることを示すことができる。

7．同前〔続き〕

　比例関係にある量の系列が2つあって、その4つの前項が比例関係をなしているとした場合、その後項も比例関係をなす。さらに、前項同士の和は後項同士の和に比例するであろう。

後項が比例関係をなす理由はこうである。比例関係にある量の2つの系列がA:B::C:DとE:F::G:Hであるとし、さらにA:E::C:Gが比例しているとしよう。そうすると、これらをそれぞれ交換したA:C::B:D、E:G::F:H、およびA:C::E:Gも比例しているであろう。したがって、B:D::E:Gは比例している、ということはつまり、B:D::F:Hと、これを交換して得られるB:F::D:Hも比例している。これが第1の点である。

　第2に、A＋E:B＋F::C＋G:D＋Hは比例している、と私は言う。なぜなら、A:E::C:Gは比例しているから、これを複合して得られるA＋E:E::C＋G:Gも比例しており、後者を交換して得られるA＋E:C＋G::E:Gも比例しているであろう。それゆえ、A＋E:C＋G::F:Hも比例している。さらに、B:F::D:Hが比例していることは今しがた示されたから、これを複合して得られるB＋F:F::D＋H:Hも比例しており、後者を交換して得られるB＋F:D＋H::F:Hも比例している。それゆえ、A＋E:C＋G::B＋F:D＋Hは比例しているであろう。証明されるべきこととして残っていたのはこのことであった。

　系　同じ論拠により、比例関係にある〔4つの〕量の系列がいくつあったとしても、それらの前項が前項に比例しているとしたならば、後項は後項に比例し、かつ前項同士の和は後項同士の和に比例している、ということを示すことができる。

8．比例を超過した関係と比例に不足した関係の、すなわち同一比率よりも大きな比率と小さな比率の、定義と諸々の変形

　比例を超過した関係においては、言いかえれば、「第1の前項」対「第1の後項」という比率が「第2の前項」対「第2の後項」という比率よりも大きい場合には、それを交換したり、その比率項に比率項

を足したり、その比率項から比率項を引いたり、その比率項に同じ数を掛けたり、その比率項を同じ数で割ったりしても、また同じく複合や分割によっても、常に比例を超過した関係となるであろう。理由は以下のとおりである。A:B::C:Dが比例関係にあり、A:B::E:Fも同じく比例関係にあると仮定しよう。そうすると、A+E:B::C+F:Dもまた比例関係にあるであろうが、A+E:B::C:Dは比例を超過した関係にあるであろう。さてそこで、後者を交換して得られるA+E:C::B:Dは、A:B::C:Dが比例関係にあるので、比例を超過した関係にある。第2に、比例を超過した関係にあるA+E:B::C:Dに比率項G:Hが加えられるとA+E+G:B::C+H:Dとなるが、これはA+E+G:B::C+F+H:Dが比例関係にあるので、比例を超過した関係にあるであろう。同様に、A+E:B::C:DからGとHを引いて得られるA+E-G:B::C-H:Dも、A+E-G:B::C+F-H:Dが比例関係にあるので、比例を超過した関係にあるであろう。第3に、比例を超過した関係にあるA+E:B::C:Dを複合するとA+E+B:B::C+D:Dとなるが、これはA+E+B:B::C+F+D:Dが比例関係にあるので、比例を超過した関係にあり、そしてあらゆる種類の複合に関して同様である。第4に、比例を超過した関係にあるA+E:B::C:Dを分割したA+E-B:B::C-D:Dは、A+E-B:B::C+F-D:Dが比例関係にあるので、比例を超過した関係にある。同様に、A+E-B:A+E::C-D:Cも、A+E-B:A+E::C+F-D:Cが比例関係にあるので、比例を超過した関係にある。第5に、A+E:B::C:Dに4を掛けて得られる4A+4E:B::4C:D(2)は、4A:B::4C:Dが比例関係

---

(2) 底本では4E+E:B::4C:Dとなっているが、誤植とみて訂正した。

にあるので、比例を超過した関係にあり、同じ A + E：B :: C：D を 4 で割って得られる $\frac{1}{4}$ A + $\frac{1}{4}$ E：B :: $\frac{1}{4}$ C：D も、$\frac{1}{4}$ A：B :: $\frac{1}{4}$ C：D が比例関係にあるので、比例を超過した関係にある。

9．同前〔続き〕

しかし、比例を超過した関係 A + E：B :: C：D があったとすると、これを逆転することにより、比例に不足した関係 B：A + E :: D：C が生じるであろう。なぜなら、比例関係 B：A :: D：C があって、その第 1 後項がちょうど比例する大きさよりも大きくなったのが B：A + E :: D：C だからである。

同様に、比率の反転によって得られる A + E：A + E − B :: C：C − D も比例に不足した関係にあるが、その理由は、これの逆転、すなわち A + E − B：A + E :: C − D：C は、今しがた示されたように比例を超過した関係にあるからである。かくて、B：A + E − B :: D：C − D も比例に不足した関係にある。なぜなら、それの逆転 A + E − B：B :: C − D：D が比例を超過した関係にあることが今しがた示されたからである。

この A + E：A + E − B :: C：C − D が比例に不足した関係にあることは、次のような仕方で言い表わされることに注意しなければならない。すなわち、「引かれる量（B）に対する〔第 1 前項〕全体（A + E）の比率が、引かれる量（D）に対する〔第 2 前項〕全体（C）の比率より大きかったとすると、残余（A + E − B）に対する〔第 1 前項〕全体（A + E）の比率は、残余（C − D）に対する〔第 2 前項〕全体（C）の比率よりも小さいであろう」と。

10．比例関係にある量の、大きさに従っての比較

4 つの比例項があったとすると、「最初の 2 つの項の差」対「後ろ

の2つの項の差」という比率は第1前項対第2前項という比率、および第1後項対第2後項という比率に等しい。なぜなら、比例項がA：B::C：Dであるとすると、これを分割して得られるA－B：B::C－D：Dと、これをさらに交換して得られるA－B：C－D::B：Dは比例しているであろうが、これはつまり、最初の2項の差と次の2項の差が両後項に対して比例しており、それゆえこれらの差は両前項に対しても比例している、ということだからである。

11. 同前〔続き〕

4つの比例項のうち第1項が第2項よりも大きいとすると、第3項も第4項より大きいであろう。なぜなら、第1項が第2項より大きいから、第1項対第2項という比率は超過の比率であるが、第3項対第4項という比率は第1項対第2項という比率と同一であり、したがって第3項対第4項という比率は超過の比率である。それゆえ、第3項は第4項より大きい。同じようにして、第1項が第2項よりも小さいときは常に第3項は第4項よりも小さいこと、最初の2項が等しいときは常に後ろの2項も等しいことが立証される。

12. 同前〔続き〕

4つの比例項が各々A：B::C：Dであるとし、第1項と第3項に任意のある数、たとえば2を掛け、さらに第2項と第4項に任意のある数、たとえば3を掛けたとして、第1項の積2Aが第2項の積3Bよりも大きいならば、第3項の積2Cも第4項の積3Dより大きいであろう。だがもし第1項の積が第2項の積よりも小さいならば、第3項の積も第4項の積より小さいであろう。最後に、第1項の積と第2項の積が互いに等しいならば、第3項の積と第4項の積も互いに等しいであろう。さて、この定理はユークリッドにおける同一比率(3)の定義と

192

同じである。しかして、これは次のようにして証明される。

　A：B：：C：D は比例しているから、（第6節の系1により）これを交換して得られる A：C：：B：D もまた比例しているであろう。それゆえ、（同じ第6節の系4により）2A：2C：：3B：3D は比例しているであろうし、さらにこれを交換して得られる 2A：3B：：2C：3D も比例しているであろう。それゆえ、（前節により）2A が 3B よりも大きいならば 2C も 3D より大きく、2A が 3B よりも小さいならば 2C も 3D より小さく、2A が 3B に等しいならば 2C も 3D に等しいであろう。証明終り。

13. 比率の合成

　任意の3つの大きさ、もしくは互いに何らかの比率を持つ任意の3つのもの、たとえば3つの数、3つの時間、3つの度等々があったとすると、「第1のもの」対「第2のもの」という比率と「第2のもの」対「第3のもの」という比率とを併せた比率は、「第1のもの」対「第3のもの」という比率に等しい。

　3つの線分 AB、AC、AD、すなわち A　　B　　　C　　　　D があるとしよう（なぜなら、どんな比率も線分の長さの比率に還元されうるから）。そして第1に、「第1の線分 AB の長さ」対「第2の線分 AC の長さ」という比率も、「第2の線分 AC の長さ」対「第3の線分 AD の長さ」という比率も同じく不足の比率、すなわち「小さいほうの量」対「大きいほうの量」という比率であるとしよう。$\overline{\text{AB}}$ 対 $\overline{\text{AC}}$ と $\overline{\text{AC}}$ 対 $\overline{\text{AD}}$ という2つの比率の両方を併せた比率は、$\overline{\text{AB}}$ 対 $\overline{\text{AD}}$ という比率に等しい、と私は言う。

（3）『幾何学原本』第5巻定義5。

点Aは線分ADの全体を通って等速で運動すると仮定しよう。それゆえ、$\overline{AB}$ 対 $\overline{AC}$ という比率は、$\overline{AC}$ 対 $\overline{AD}$ という比率と同様に、AB、AC、ADという3つの線分が描かれる時間の差によって決まる。すなわち、ABの長さはACの長さに対して、この両線分を描く異なる時間の決定する比率を有し、ACの長さはADの長さに対して、それらの描かれる時間の決定する比率を有する。しかるに、$\overline{AB}$ 対 $\overline{AD}$ という比率は、2つの線分ABとADそのものが描かれる時間の差が決定する比率である。さらにAB、ACが描かれる時間の差と、AC、ADが描かれる時間の差とを合計すると、AB、ADの描かれる時間の差と同じになる。それゆえ、$\overline{AB}$ 対 $\overline{AC}$ という比率と、$\overline{AC}$ 対 $\overline{AD}$ という比率との両方を併せた比率を決定する原因は、$\overline{AB}$ 対 $\overline{AD}$ という比率を決定する原因と同一である。したがって（第6節で説述された同一比率の定義により）、$\overline{AB}$ 対 $\overline{AC}$ という比率を $\overline{AC}$ 対 $\overline{AD}$ という比率といっしょにしたものは、$\overline{AB}$ 対 $\overline{AD}$ という比率と同一である。

　第2に、線分ADの長さが第1項、ACの長さが第2項、ABの長さが第3項で、その結果比率が超過に、ということはつまり「大きいほうの量」対「小さいほうの量」という比率になっているとしよう。上と同様に、長さの比率 $\overline{AD}$ 対 $\overline{AC}$、$\overline{AC}$ 対 $\overline{AB}$ および $\overline{AD}$ 対 $\overline{AB}$ は時間の差によって決まり、そしてこの場合もまた、ADを描く際の時間とACを描く際の時間との差と、ACを描く際の時間とABを描く際の時間との差を併せたものは、ADを描く際の時間とABを描く際の時間との差と同じになる。それゆえ、長さの比率 $\overline{AD}$ 対 $\overline{AB}$ は、$\overline{AD}$ 対 $\overline{AC}$ と $\overline{AC}$ 対 $\overline{AB}$ の両方の比率を併せたものに等しい。

　最後に、ある長さの比率すなわち $\overline{AD}$ 対 $\overline{AB}$ が超過の比率であり、他の長さの比率 $\overline{AB}$ 対 $\overline{AC}$ が不足の比率であるとしてもまた、比率 $\overline{AD}$ 対 $\overline{AC}$ は $\overline{AD}$ 対 $\overline{AB}$ と $\overline{AB}$ 対 $\overline{AC}$ の両方の比率を併せたものに等

しいであろう。なぜなら、線分 AD を描く際には、AB を描く際よりも長い時間がかかるので、AD の描かれる時間と AB のそれとの差は時間の超過であるのに対し、AB を描く際には、AC を描く際よりもかかる時間が短いので、AB の描かれる時間と AC のそれとの差は不足であるからである。しかしここでこの超過と不足を合計すると $\overline{\text{DB}}$ − $\overline{\text{BC}}$ となり、第 1 の線分 AD の長さが第 3 の線分 AC の長さを上回る超過分 $\overline{\text{DC}}$ はこれに等しい。それゆえ、「第 1 の線分 AD の長さ」対「第 2 の線分 AB の長さ」という比率を、「第 2 の線分 AB の長さ」対「第 3 の線分 AC の長さ」という比率と併せて決定する原因は、「第 1 の線分 AD の長さ」対「第 3 の線分 AC の長さ」という比率を決定する原因と同じになる。したがって、ある長さの比率すなわち $\overline{\text{AD}}$ 対 $\overline{\text{AB}}$ が超過の比率であり、等々[4]。

系 1 比率を有する項がいくつあったとしても、初項対末項の比率は、初項対第 2 項、第 2 項対第 3 項、以下同様に末尾から 2 番目の項対末項までの諸々の比率から合成される。言いかえれば、初項対末項の比率は、中間の諸項同士のすべての比率の総計である比率と同じである。なぜなら、比率を有する諸項はいくつあってもよいが、仮にそれらが A、B、C、D、E であるとすると、比率 A 対 E は比率 A 対 D と D 対 E から合成され、さらに比率 A 対 D は比率 A 対 C と C 対 D から合成され、そして最後に比率 A 対 C は比率 A 対 B と B 対 C から合成されるからであって、このことは今しがた示したとおりである。

系 2 このことから、2 つの比率の合成はどのようにしてなされる

---

(4) この段落の冒頭の文と同一の文が結論として述べられるべきところを、繰り返しを避けるために省略された形になっている。

べきかがわかる。なぜなら、比率A対BとC対Dとが足し合わされるべきものとして与えられているとした場合、C対DがB対他の量、たとえばB対Eに等しくなり、かつA、B、Eの3つがこの順に置かれるとすれば、比率A対EはA対Bと、B対EすなわちC対Dとの両方の比率の合計であろうし、またD対CがA対他の量Eに等しくなり、かつE、A、Bがこの順に置かれるとすれば、比率E対Bは比率E対A（すなわちC対D）とA対Bから合成されたものであろうから。同様に、比率を比率から引くことがどのようにしてできるかもわかる。なぜなら、比率A対Bから比率C対Dを引かなければならないとした場合、C対DがA対他の数Eに等しくなり、さらにA、E、Bがこの順に置かれ、そして比率A対EすなわちC対Dが引かれるとすれば、残余の比率はE対Bだからである。

系3　何かある比率を有する量の列が2つあり、第1の列の個々の比率が第2の列の諸々の比率と同一かつ同数であるとすると、一方の列の比率の1つひとつが他方の列の比率の1つひとつに対応していようといまいと——前者は「順序正しい」比率と呼ばれるものであり、後者の場合はすなわち「順序の乱れた」比率と言われる——、両方の列の初項同士は末項同士に比例しているであろう。理由は次のとおりである。どちらの列においても、初項と末項の有する比率は中間にある諸々の比率全体に等しいが、これらの比率は同一かつ同数であるから、この全体はそれらの比率の総計に等しく、しかして両方の列の末項に対する初項の比率はこの総計に等しい。それゆえ、一方の列における初項対末項という比率は他方の系列における初項対末項という比率と同一であり、したがって両方の列の初項同士は末項同士に比例している。

14. 同前〔続き〕

任意の２つの量がどちらも、互いに何かある比率を有していて双方とも同じ数だけあるような複数の量の掛け算から、すなわちそういう複数の量同士の相乗から生じたものとすれば、この生じた量同士の有する比率は、一方の掛け合わされた複数の量の１つひとつが他方の掛け合わされた量の１つひとつに対して有する比率から合成されたものとなるであろう。

　第１に、どちらも２つの掛け数すなわち乗数による積であって、一方はＡをＢに、他方はＣをＤに掛けて得られたＡ×ＢとＣ×Ｄがあるとしよう。比率Ａ×Ｂ対Ｃ×Ｄは、乗数Ａ対乗数Ｃという比率と、乗数Ｂ対乗数Ｄという比率から合成されたものである、と私は言う。理由は次のとおりである。Ａ×Ｂ、Ｃ×Ｂ、Ｃ×Ｄを順に置こう。次に、Ｂ対ＤがＣ対他の量Ｅと等しくなるようにし、さらにＡ、Ｃ、Ｅを順に置こう。そうすると、（第６節の系４により）第１〔左〕の列における第１項Ａ×Ｂ対第２項Ｃ×Ｂは、第２〔右〕の列におけるＡ対Ｃに等しくなるであろうし、さらに第１の列におけるＣ×

Ａ×Ｂ	Ａ
Ｃ×Ｂ	Ｃ
Ｃ×Ｄ	Ｅ

Ｂ対Ｃ×Ｄは、Ｂ対Ｄに、ということはつまり（仮設により）第２の列におけるＣ対Ｅに等しくなるであろう。それゆえ、直前の系により、Ａ×Ｂ：Ｃ×Ｄ∷Ａ：Ｅは比例している。しかるに、比率Ａ対Ｅは、比率Ａ対ＣとＢ対Ｄから合成されるから、比率Ａ×Ｂ対Ｃ×Ｄもまた、この同じ２つの比率から合成される。

　第２に、どちらも３つの乗数による、すなわち一方はＡとＢとＦ、他方はＣとＤとＧによる２つの積Ａ×Ｂ×ＦとＣ×Ｄ×Ｇがあるとしよう。比率Ａ×Ｂ×Ｆ対Ｃ×Ｄ×Ｇは、比率Ａ対ＣとＢ対ＤとＦ対Ｇから合成されたものである、と私は言う。理由は次のとおりである。先にＢ対ＤがＣ対Ｅに等しくなるようにし

Ａ×Ｂ×Ｆ	Ａ
Ｃ×Ｂ×Ｆ	Ｃ
Ｃ×Ｄ×Ｆ	Ｅ
Ｃ×Ｄ×Ｇ	Ｈ

たが、さらにF対GがE対他の量Hに等しくなるようにし、そして
A×B×F、C×B×F、C×D×F、C×D×Gを第1〔左〕の
列に置き、次にA、C、E、Hを第2〔右〕の列に置こう。そうする
と、第1列のA×B×F対C×B×Fという比率は第2列のA対
Cに等しく、第1列のC×B×F対C×D×FはB対Dに、とい
うことはつまり（仮設により）第2列のC対Eに等しく、また第1列
のC×D×F対C×D×Gという比率はF対Gに、ということは
つまり（仮設により）第2列のE対Hに等しいであろう。それゆえ、
第1列のA×B×F、C×D×Gは、第2列のA、Hに比例してい
る。しかるに比率A対Hは比率A対C、B対D、F対Gから合成さ
れる。したがって、2つの積A×B×F、C×D×Gの比率は、こ
の同じ3つの比率から合成される。積がどれほど多くの乗数によるも
のであったとしても、証明の進め方はこれと同じである。☆

上のことから、複数の比率を合成して1つにする別の仕方が生れ
る。それはすなわち、ユークリッド『幾何学原本』の第6巻定義5に
おいて書き添えられている仕方、つまりすべての比率の前項を互いに
掛け合わせ、かつすべての後項を同様に互いに掛け合わせることによ
るものである。そしてこのことから、（第1に）2本の直線の長さを互
いに掛けて得られる諸々の平行四辺形の面積と、これに同様に直線の
長さを掛けて得られた諸々の積に体積の等しいすべての立体のその体
積が、掛け数の比率から合成された比率を有する原因が明らかにな
る。次に、2つもしくはそれ以上の分数同士の掛け算が、個々の分母
に対して個々の分子が有する比率の合成と同じであることの原因が明
らかになる。たとえば、分数 $\frac{1}{2}$、$\frac{2}{3}$、$\frac{3}{4}$ を互いに掛け合わせなければ
ならないとすると、まず1、2、3を互いに掛けて積6を導き、次に
2、3、4を互いに掛けて積24を導く、というようにしなければなら
ず、こうして分数 $\frac{6}{24}$ が出てくるが、これと同様に、比率1対2、2対

3、3対4を統合しなければならないとすると、先に述べた証明の中で説明したようにして、比率6対24が出てくる。

15. 同前〔続き〕

ある比率がそれ自身の逆の比率と合成されたとすると、この合成によって生じた比率は等しさの比率である。

理由は次のとおりである。任意の比率A対Bがあり、これに対して他の比率C対Dがその逆であるとしよう。さて、それらを（第13節の系2によって）合成しよう。そこで、C対DがB対他の量に等しくなるとしよう。しかるに、比率C対Dは比率A対Bの逆であるから、C対DはB対Aに等しくなるであろう。それゆえ、A、B、Aをこの順に置くとすれば、比率A対BとC対Dから合成された比率は、比率A対A、すなわち等しさの比率である。このことから、等しい2つの積は互いに比例し合う乗数を持つということの原因が明らかである。なぜなら、積が等しくなるためには、合成される比率は合成されたら等しさの比率をなすような比率でなければならないが、このことは、一方の比率が他方の比率の逆である場合にしか生じえないからである。というのは、AとAの間に任意の量Cが置かれてA、C、Aの順にされると、後の比率C対Aは常に前の比率A対Cの逆になるであろうから。

16. 連続した比率の定義と特性[5]

「大きいほうの量」対「小さいほうの量」の比率は、それに等し

（5） この節はラテン語版と英語版で内容が大きく異なる。英語版からの訳は付録2に収録。

い、すなわちそれと同一な比率が数個加えられるとき、数倍されると言われる。なぜなら、倍する〔掛ける〕ことは等しいものを繰り返し加えることにほかならないからである。それゆえ、ある比率に、それに等しい別の比率が加えられるものとすると、初項対末項の比率が初項対第2項の比率の2倍であるような3つの量が生じるであろうが、これに対して第1の比率に等しい2つの比率がこの第1の比率に加えられるものとすると、初項対末項の比率が初項対第2項の比率の3倍であるような4つの量があることになり、以下同様に続くであろう。ただし、2対1の比率が2倍の比率、3対1の比率が3倍の比率等々と呼ばれていることから生じかねない混同を避けるために、大抵の人々は、2倍の比率（ratio dupla）、3倍の比率（ratio tripla）等々と言うかわりに、2乗の比率（ratio duplicata）、3乗の比率（ratio triplicata）と言いならわし、以下同様に言いならわしている。これに対して、「小さいほうの量」対「大きいほうの量」の比率が与えられていて、これに等しい比率が数個加えられるものとすると、「数倍される」ではなくて「数分の1にされる」というのが本来の言い方である。なぜなら、これは不足の比率であるが、倍された不足は常により小さな比率を生じ、何倍もされればされるほど比率はますます小さくなるであろうから。それゆえ、第1の比率に〔これに等しい〕別の比率が加えられるとき、第3の量に対する第1の量の比率は第2の量に対する第1の量の比率の半分であり、この2つの比率にさらに第3の〔等しい〕比率が加えられるとき、第4の量に対する第1の量の比率は第2の量に対する第1の量の比率の3分の1である、等々。ただし、半分の（semis）、3分の1の（triens）と言うかわりに、一般には$\frac{1}{2}$乗の比率（ratio subduplicata）、$\frac{1}{3}$乗の比率（ratio subtriplicata）等々と言われている[6]。

これに対して、この種の等しい比率の加算が行なわれる場合、これ

らの比率の諸量は連続した比率のうちにある、もしくは連続的に比例していると言われる。

　さらに、ある比率の2つの量の間に諸々の中間量が連続した比率をなすように挿入される場合、この比率を〔挿入された中間量の数より1つ多い〕数によって割っている。すなわち、1個の中間量を挿入する場合は2で、2個の中間量を挿入する場合は3で割っており、以下どこまでも同じである。

17. 同前〔続き〕

　何個でもよいが、その個数が奇数であるような諸々の量があって、さらに真ん中の量から始まってその両側へとすべての量が連続した比率をなしているとすると、真ん中の量の両隣にある2つの量同士の比率は、それらのさらに向こう隣にある2つの量同士の比率の$\frac{1}{2}$乗の比率であり、この後者の2つの量よりもさらにもう1つ遠ざかった2つの量同士の比率の$\frac{1}{3}$乗の比率である、等々。たとえば、諸々の大きさC、B、A、D、Eがあって、A、B、CもA、D、Eも同じように連続的に比例しているとしよう。比率D対Bは比率E対Cの$\frac{1}{2}$乗の比

（6）「$\frac{1}{2}$乗の比率」（平方根比 ratio subduplicata）と「$\frac{1}{3}$乗の比率」（立法根比 ratio subtriplicata）というこの（ホッブズによれば一般的な）言い方は、この場合には適切でない。なぜなら、「小対大」の連続比率をなす4つの比例として1：3：9：27を例にとると、第1量対第3量（1：9すなわち$\frac{1}{9}$）は第1量対第2量（1：3すなわち$\frac{1}{3}$）の$\frac{1}{2}$乗ではなく2乗の比率であり、第1量対第4量（1：27すなわち$\frac{1}{27}$）は第1量対第2量（1：3すなわち$\frac{1}{3}$）の$\frac{1}{3}$乗ではなく3乗の比率だからである。（第17章第10節にも述べているように）だからこういう場合は$\frac{1}{2}$乗、$\frac{1}{3}$乗でなく$\frac{1}{2}$、$\frac{1}{3}$と言うべきだというのがホッブズの見解らしいが、これも妥当な言い方とは思えない（$\frac{1}{9}$は$\frac{1}{3}$の$\frac{1}{2}$でなく$\frac{1}{3}$であり、$\frac{1}{27}$は$\frac{1}{3}$の$\frac{1}{3}$ではなく$\frac{1}{9}$であるから）。なお、次節や第23節でホッブズ自身はこの$\frac{1}{2}$乗、$\frac{1}{3}$乗という言い方を正しく使用している。

率である、と私は言う。理由は次のとおりである。比率 D 対 B は比率 D 対 A と A 対 B とを併せて合成され、これに対して比率 E 対 C はこれらを 2 度繰り返し併せて合成される。それゆえ、比率 D 対 B は比率 E 対 C の $\frac{1}{2}$ 乗の比率である。全く同様にして、A の両側に 3 つずつの項があるとした場合には、比率 D 対 B は両端項同士の比率の $\frac{1}{3}$ 乗の比率である、等々。

18. 同前〔続き〕

何個でもよいが、連続的に比例している量第 1、第 2、第 3 等々があるとすると、これらの量は互いの差に対して比例しているであろう。なぜなら、第 2、第 3 およびそれに続く各々の量は、直前の量との比率の後項であり、また直後の量との比率の前項でもあるが、(第10節により)「第 1 前項と第 1 後項の差」対「第 2 前項と第 2 後項の差」の比率は第 1 前項対第 2 前項の比率に等しい、ということはつまり、連続的に比例している諸量にあっては、第 1 項対第 2 項の比率にも、あるいは第 2 項対第 3 項の比率にも等しく、以下同様だからである。

19. 同前〔続き〕

3 つの量が連続的に比例しているとすると、両端項の和と中間項の 2 倍とを合計した量と、中間項と両端のうちの一方の項との和と、この一方の端の項そのものとは、連続的に比例しているであろう。

理由は次のとおりである。A、B、C が連続的に比例しているとしよう。そうすると、A：B：：B：C は比例しているので、これを複合して得られる A＋B：B：：B＋C：C も、後者を交換して得られる A＋B：B＋C：：B：C も比例しているであろうし、これをさらに複合して得られる A＋2B＋C：B＋C：：B＋C：C も比例しているであろう。

証明終り。

20. 同前〔続き〕

連続的に比例している4つの量のうち、最大量と最小量の合計は残りの2つの量の合計よりも大きい。A:B::C:Dが連続的に比例していて、このうち最大なのはA、最小なのはDであるとしよう。A + DはB + Cよりも大きい、と私は言う。理由は次のとおりである。A－B:C－D::A:Cは（第10節により）比例している。したがって、A－Bは（第11節により）C－Dよりも大きい。この両方にBを加えよう。そうすると、AはC + B － Dよりも大きいであろう。この両方にさらにDを加えよう。そうすると、A + DはC + Bよりも大きいであろう。証明終り。

21. 同前〔続き〕

4つの量が比例しているとすると、両端の量同士の積は中間の量同士の積に等しい。たとえば、A:B::C:Dが比例しているとしよう。A × Dは積B × Cに等しい、と私は言う。なぜなら、比率A × D対B × Cは（第14節により）比率A対Bと（D対Cすなわち）その逆の比率B対Aとから合成され、したがってこの合成された比率は（第15節により）等しさの比率であるから、比率A × D対B × Cは等しさの比率であり、それゆえA × DとB × Cは等しいからである。

22. 同前〔続き〕

4つの量があって、第1の量対第2の量の比率が第3の量対第4の量の比率を2乗した比率であるとすると、「両端の量同士の積」対「中間の量同士の積」の比率は第3の量対第4の量の比率に等しい。

たとえば、4つの量がA:B::C:Dであって、比率A:Bは比率C:

Dを2乗した比率であるとしよう。ADすなわちAをDに掛けた積が、BCすなわち中間の量同士の積に対して有する比率は、C対Dに等しい、と私は言う。

理由は次のとおりである。比率A対Bは比率C対Dを2乗した比率であるから、C対DがD対他の量Eに等しくなるとした場合、A：B∷C：Eは比例しているであろう。なぜなら、比率A対Bは（仮定により）比率C対Dを2乗した比率であり、またC対Eは（第16節における定義により）同じC対Dを2乗した比率だからである。それゆえ、（前節により）AEすなわちA×EはBCすなわちB×Cに等しい。しかるに、AD対AEは（第6節の系4により）D対Eに、ということはつまりC対Dに等しい。それゆえAD対BCは、（BCがAEそのものに等しいことは示されたので）C対Dに等しい。証明終り。

さらに、第1の量A対第2の量Bの比率が、第4の量Dに対して第3の量Cの有する比率を3乗した比率であるとすれば、「両端の量同士の積」対「中間の量同士の積」は第3の量対第4の量の比率を2乗した比率になるであろう。理由は次のとおりである。仮にC対DがD対Eに等しく、さらにD対EがE対Fに等しいとすると、比率C対Fは比率C対Dを3乗した比率であろう。それゆえA：B∷C：Fは比例しているであろうし、AFはBCに等しいであろう。しかるに、AD対AFはD対Fに等しく、それゆえさらにAD対BCはD対Fに、ということはつまりC対Eに等しい。しかるに、比率C対Eは比率C対Dを2乗した比率であり、それゆえ比率AD対BCもまた比率C対Dを2乗した比率である。そしてこれが先に述べられたことであった。

23. 同前〔続き〕

4つの量が比例しているとして、さらに第1、第2の量の間にも第

3、第4の量の間にも同じように比例中項が挿入されるものとすると、中項対中項は第1項対第3項に、すなわち第2項対第4項に等しくなるであろう。たとえば、A∶B∷C∶D が比例していて、AとBの間に比例中項Eが、CとDの間に比例中項Fが挿入されるとしよう。A∶C∷E∶F は比例している、と私は言う。理由は次のとおりである。比率A対Eは比率A対Bを、ということはつまりC対Dを $\frac{1}{2}$ 乗した比率である。さらにC対Fも比率C対Dを $\frac{1}{2}$ 乗した比率である。それゆえ、A∶E∷C∶F は比例しており、またこれを交換して得られる A∶C∷E∶F も比例している。証明終り。

24. 同前〔続き〕

何かあるものが末端の比率と中間の比率に分割されると言われるのは、全体と諸部分が連続した比率をなしている場合である。たとえば、A+B∶A∶B が連続的に比例している場合、直線ACは点Bによって、線分 AC、AB、BC のそれぞれの長さが連続的に比例するように分割されている。さてそこで、同じACがさらに点Dによって、$\overline{AC}∶\overline{CD}∶\overline{AD}$ が連続的に比例するように分割されたとすると、$\overline{AC}∶\overline{AB}∶\overline{AD}$ は連続的に比例するであろうし、ひるがえって $\overline{CA}∶\overline{CD}∶\overline{CB}$ も連続的に比例するであろう。このことは、別な分け方をされた線分においては生じる可能性がない。

25. 同前〔続き〕

連続的に比例している3つの量と、連続的に比例するさらに別の3

（7） 本書におけるこれまでの書き方に従えば、A+B∶A∷A∶B となるところ。

つの量とがあって、それらが同一の中項を持っているとすると、両端項同士は互いに比例しているであろう。

　たとえば、A:B:Cと、さらにD:B:Eとがともに連続的に比例しているとしよう。A:D::E:Cもまた比例しているであろう。なぜなら、比率A対Dは比率A対BとB対Dとから合成され、また比率E対Cは、比率E対BすなわちB対Dと、B対CすなわちA対Bとから合成されるので、順序の乱れた比率に関しても等しく、A:D::E:Cは比例しているであろう。

26. 算術的な量的関係と幾何学的な量的関係〔比率〕の比較

　2組の同一の両端項の間にそれぞれ置かれはしたが、ただし互いに等しくなく、数はいくつでもよいが両方の組に同じ数だけあって、一方は幾何学的比率を、他方は算術的な量的関係をなす中間諸項があったとすると、幾何学的比率の個々の中間項は算術的な量的関係のそれよりも小さくなるであろう。たとえば、最小量Aと最大量Eとの間に幾何学的比率をなす3つの中間量B、C、Dと、算術的な量的関係をなす3つの中間量F、G、Hとが置かれたとしよう。BはFよりも、CはGよりも、DはHよりも小さい、と私は言う。理由は次のとおりである。第1に、AとFの相互差はFとGやGとHの相互差と（算術的な量的関係のゆえに）同じであり、それゆえ各々の隣り合った比例項同士の差は、中間項が1つの場合は両端項同士の差の半分、2つの場合は3分の1、3つの場合は4分の1であり、以下同様である。したがって、この例の場合は4分の1である。これに対して、DとEの比率は幾

何学的比率なので、その相互差は（第18節により）両端項の差の４分の１よりも大きい。それゆえ、ＡとＤの相互差は同じ両端項の差の４分の３よりも小さい。これと同じように、ＡとＤの相互差が互いに等しい３つの部分へと分割されたと考えたならば、ＡとＣの相互差は両端項ＡとＥの差の４分の２よりも小さいことが示され、そして最後に、ＡとＣの相互差を２等分することによって、ＡとＢの相互差は両端項ＡとＥの差の４分の１よりも小さいことが示されるであろう。

　これらの点を考量すると、Ｂ（すなわち、両端項ＡとＥの差の４分の１よりも小さい何かある他の量と、Ａとを合計したもの）はＦよりも、すなわち上述のＡとＥの差の４分の１に等しい他の量と、同じＡとを合計したものよりも、小さいことになるであろう。同様にＣは、すなわち上述の差の４分の２よりも小さい量とＡを合計したものは、Ｇよりも、すなわち上述の差のまるまる４分の２とＡを合計したものよりも、小さいことになるであろう。最後に、上述の差の４分の３よりも小さい量の分だけＡを超過しているＤは、上述の差のまるまる４分の３だけＡを超過しているＨよりも、小さいことになるであろう。中間項が４つであるとした場合も同様の仕方で議論が進められ、違うのはただ、両端項の差の４分の１ではなくて、かわりに５分の１が取られなければならないことだけであろう。そして以降も同様である。

27. 同前〔続き〕

　補助定理　同じ量から何かある量を引いたり、同じ量に何かある量を足したりし、さらにまたこの同じ量に別の量を足したり引いたりするとした場合、足した合計に対する引いた残余の比率は、足されたり引かれたりする量が小さい場合のほうが、それが大きい場合よりも大

きくなるであろう。量Aから量Bを引いたり、量Aに量Bを足したりするものとしよう。そうすると残余はA－B、合計はA＋Bである。さらにBよりも大きい量Cをとり、これをAから引いたりAに足したりすると、残余はA－C、合計はA＋Cである。A－B：A＋B：：A－C：A＋Cは比例を超過した関係にある、と私は言う。なぜなら、A－B：A：：A－C：Aは同一の後項に対する第1前項が第2前項よりも大きいので、比例を超過した関係にあり、したがってA－B：A＋B：：A－C：A＋Cはもっと大きく比例を超過した関係にある、すなわち第1前・後項のほうが第2前・後項よりも、もっと大きい前項がもっと小さい後項に対する形になっているからである。

28. 同前〔続き〕

互いに等しい2つの量があって、それらから等しくない部分を引き、そうして元の全体と引かれた両部分との間に、一方は幾何学的比率、他方は算術的量的関係をなす中間諸量を置いたとすると、2つの中間量同士の差は、全体と部分の差の大きい場合のほうが大きくなるであろう。

たとえば、2つの等しい量 $\overline{AB}$ と $\overline{AB}$ があって、これらから等しくない部分 $\overline{AE}$ と $\overline{AF}$ をそれぞれ引くものとし、$\overline{AE}$ のほうが小さく $\overline{AF}$ のほうが大きいとしよう。さらに、$\overline{AB}$ と $\overline{AE}$ の間に幾何学的〔比例〕中項 $\overline{AG}$ と算術的〔比例〕中項 $\overline{AH}$ を置き、また $\overline{AB}$ と $\overline{AF}$ の間に幾何学的〔比例〕中項 $\overline{AI}$ と算術的〔比例〕中項 $\overline{AK}$ を置くとしよう。$\overline{HG}$ は $\overline{KI}$ よりも大きい、と私は言う。理由は次のとおりである。

まず第1に、第18節により右の比例関係が得られる。

$$\cdots\cdots\cdots \overline{AB}:\overline{AG}::\overline{BG}:\overline{GE}$$

次に、これを複合すると第2の比例関係が出てくる。

$$\cdots\cdots\overline{AB}+\overline{AG}:\overline{AB}::\overline{BE}:\overline{BG}$$

また、この第2の比例関係の両前項の半分をとると、第3の比例関係が出てくる。

$$\cdots\cdots\frac{1}{2}\overline{AB}+\frac{1}{2}\overline{AG}:\overline{AB}::\overline{BH}:\overline{BG}^{(8)}$$

これを反転すると第4の比例関係が出てくる。

$$\cdots\cdots\overline{AB}:\frac{1}{2}\overline{AB}+\frac{1}{2}\overline{AG}::\overline{BG}:\overline{BH}$$

これを分割すると第5の比例関係が出てくる。

$$\cdots\cdots\frac{1}{2}\overline{AB}-\frac{1}{2}\overline{AG}:\frac{1}{2}\overline{AB}+\frac{1}{2}\overline{AG}::\overline{HG}:\overline{BH}$$

この第5の比例関係の第1前項と第1後項を倍にして、

$$\cdots\cdots\overline{AB}-\overline{AG}:\overline{AB}+\overline{AG}::\overline{HG}:\overline{BH}$$

しかるに、同じ方法により右の比例関係を示すことができる

$$\cdots\cdots\overline{AB}-\overline{AI}:\overline{AB}+\overline{AI}::\overline{KI}:\overline{BK}$$

さらに、比率 $\overline{AB}$ 対 $\overline{AE}$ は $\overline{AB}$ 対 $\overline{AF}$ よりも大きいので、比率 $\overline{AB}$ 対 $\overline{AG}$、すなわち大きいほうの比率の半分の比率は、小さいほうの比率の半分の比率である $\overline{AB}$ 対 $\overline{AI}$ よりも大きく、それゆえ $\overline{AI}$ は $\overline{AG}$ よりも大きい。したがって、比率 $\overline{AB}-\overline{AG}$ 対 $\overline{AB}+\overline{AG}$ は（前節の補助定理により）比率 $\overline{AB}-\overline{AI}$ 対 $\overline{AB}+\overline{AI}$ よりも大きいであろう。そしてそれゆえ、比率 $\overline{HG}$ 対 $\overline{BH}$ は比率 $\overline{KI}$ 対 $\overline{BK}$ よりも大きいであろうし、$\overline{BK}$ よりも大きい $\overline{BH}$ に対する $\overline{KI}$ の比率よりもなおさら大きいであろう（$\overline{BH}$ が $\overline{BK}$ よりも大きいというのは、$\overline{BH}$ は $\overline{BE}$ の半分であり、その一方で $\overline{BK}$ は、仮定により $\overline{BE}$ よりも小さい $\overline{BF}$ の半分だからである）。それゆえ、$\overline{HG}$ は $\overline{KI}$ よりも大きい。証明終り。

系 上のことから、何かある量が無限な個数の互いに等しい諸部分

---

(8) 底本では $\frac{1}{2}$ BAB + $\frac{1}{2}$ AG:AB::BH:BG となっているが、誤植とみて訂正した。

へと分割されたと仮定した場合には、算術的〔比例〕中項と幾何学的〔比例〕中項との相互差は無限小すなわち0になるであろう、ということが明らかである。そしてとくにこの根拠から、対数と呼ばれる諸々の数を構築する仕方が生じたのだと思われる。

29. 同前〔続き〕

個数はいくつでもよく、また互いに等しくても等しくなくてもよいが、いくつかの量があり、また他の何かある量があって、この後者の量を前者の諸量があるその個数と同じ回数だけ繰り返しとって合計したものが前者の諸量全部の総和に等しくなったとすると、この後者の量は前者の諸量全体の算術的〔比例〕中項になっている、と言われる。

第14章　直線・曲線・角および図形について

1．直線の定義と特性

　2点間の最短の線とは、量を変えずには、言いかえれば、他の任意の所与の線の長さに対するこの線の長さの比率を変えることなしには、その末端の2点をそれ以上引き離すことができないような線のことである。なぜなら、線の大きさ〔長さ〕は両端の可能な最大距離によって評価されるからである。それゆえ、直線であれ曲線であれ、同一の線の長さは常に同一である。なぜなら、両端の最大距離が常に同じだからである。

　また、直線から曲線を作ったり、反対に曲線から直線を作ったりする行為は、線の両端を挟めたり拡げたりすることにほかならないから、曲線とはその両端を引き離すことが可能と考えられるような線のことであり、これに対して直線とは、その両端が引き離されることを考えることができないような線のことである、と定義するのが正しい。また、比べてみてより大きく曲っている線とは、（長ささえ等しければ）その両端をより大きく引き離すことができるような曲線のことである。さらに、諸々の線のあらゆる湾曲において何らかの曲りくねりが、言いかえれば凹凸が生じるが、それらはある時は一方へ、またある時は他方へと向かうので、同一の曲線が全体として同じ側へと曲っていることも可能であるし、一部は一方の側へ、また一部は反対の側へ向かって曲っていることも可能である。

　これらのことがわかれば、直線と曲線を比べた関係もいっしょにわかる。それは次のとおりである。

1、直線と曲線の両端が共通であれば、曲線のほうが直線よりも長い。なぜなら、曲線の両端を可能なかぎり引き離すことによって曲

線から直線になり、最初から直線であったほうの線は、曲線から転じたこの直線の部分であることになるであろうから、直線はそれと共通の両端を持つ曲線よりも短かったのだからである。同じ理由によってさらに、共通の両端を持つ諸々の曲線のうちでは、(どの曲線もみなその凹凸が同じ側へと向かっているとすれば) 外側にある曲線のほうが長いであろう。

2、直線と曲線はいかなる部分においても、たとえ最小の部分においてでさえも、全然重なり合うことはできない。なぜなら、仮に重なり合うものとすれば、直線と曲線が何かある共通の両末端点を持つと同時に、重なり合っていることにより長さも互いに等しい、ということになるであろうが、こういうことは起こりえないことが既に示されたからである。

3、所与の2つの点の間を結ぶ直線はただ1つしか考えることができない。なぜなら、同じ2点の間に2つの最短の長さないし隔たりを考えることはできないからである。その理由は、この2つの長さのうちの1つが最短であるとすると、もう1つはこれと一致して1本の直線になるか、もしくは一致しない場合には、このもう1つの長さのほうを伸ばして真直ぐにして最短の長さに重ねると、同じ両端ではなくてもっと離れた両端を持つことになり、それゆえもともとそれは曲線であったかのどちらかであるから、ということである。

4、3より、面は2本の直線によっては囲まれないということが帰結する。なぜなら、2本の直線が両端を共有するならば、この2直線は一致するし、一端のみを共有するか、もしくはどちらの端も共有しないならば、それらは面をとり囲まず、離れている端の側では面を開いたまま限定せずに残しているからである。

5、直線のあらゆる部分は直線である。なぜなら、直線の各々の部分はそれ自身の両端の間に引かれうる最短の線であるが、その場合、

すべての部分がそれぞれ1つの直線をなしているのでないとしたら、すべての部分を併せたものは全体よりも長くなってしまうだろうからである。

２．平らな面の定義と特性

　平面すなわち平らな面とは、直線を、その1つひとつの点が1つひとつの直線を描くように運動させることによって描かれる面である。それゆえ、直線はその全体が、この直線自身の描く平面上に必然的に存在する。また、平面を描く直線の1つひとつの点が作り出す諸直線は、すべて同一平面上にある。さらに、任意の線が平面上を運動するものとすると、この線自身の描く線はすべて同一平面上にあるであろう。平らでない他のすべての面は、曲面あるいは凹凸面と言いならわされている。

　さて、平らな面と曲面とを比較した関係は、直線と曲線とのそれと同じである。その理由は次のとおりである。

1、平面と凹凸面が同一の線を両端とするとした場合、凹凸面のほうが平面よりも広い。なぜなら、この2つの面を構成している諸線を伸ばして真直ぐにしたと考えると、凹凸面に含まれている諸線のほうが、平面に含まれている諸線——それらはもともと真直ぐなので、それ以上伸ばして真直ぐにすることはできない——よりも長いと考えられるからである。

2、平面と、連続的に凹凸している面とは、最小の部分においてさえ重なり合わない。なぜなら、仮にそれらが重なり合うとすると、重なり合う部分の広さは互いに等しいことになり、平面と曲面とがたしかに同一である、ということになってしまうが、これはありえないことだからである。

3、いたるところで同一な両端線の間には、平らな面はただ1つしか

存在することができない。なぜなら、最も狭い面はただ1つしか存在することができないからである。
4、立体は2つの平面によっては囲まれない。なぜなら、2つの平面がいたるところで同一な両端線を持つならば、この2つの平面はただ1つの面になってしまうし、そういう両端線を持たないならば、空隙が残っているからである。
5、平面のあらゆる部分は平面である。なぜなら、平らな面の全体は、いたるところで同一な両端線を持つあらゆる面のうちで最も狭いものであり、また平面の各部分も、当の部分の両端線といたるところで同一な両端線を持つあらゆる面のうちで最も狭いものであるが、その場合、すべての部分が平面であるわけではないとすると、平面のすべての部合を併せた広さはその平面全体の広さに等しくない、ということになってしまうだろうからである。

3．曲線の種類

線の場合も面の場合も、真直ぐなものの種類は1つしかないが、湾曲したものには多くの種類がある。なぜなら、諸曲線のうちには、重なり合うもの、すなわち互いに重ね合わされると一致するものと、重なり合わないものとがあり、さらに、等質（ὁμοιομερεῖς）すなわち均一なもの、言いかえれば、その諸部分同士が長ささえ等しければどこで切り取られたものであっても重なり合うようなものと、非等質な（ἀνομοιομερεῖς）もの、すなわち多様な形をしたものとがあり、それに加えて、連続的に曲っているものと、曲っていない部分を持つものとがあるからである。

4．円の定義と特性

平面中に存在する直線が、一方の端を固定されたまま、動き始めた

元の位置に戻るまで全体が同時に回転するような具合に動かされたとすると、曲線によって、すなわち回転した端の描く線によってあらゆる方向において閉じられた平らな面が描かれたことになるであろう。さて、この平らな面は「円」、不動な点はこの円の「中心」、さらに円を限界づけている曲線は円の「周」と呼ばれ、周の任意の部分は「円周」とも「弧」とも呼ばれ、円を生み出す直線は「半径」とも「輻線」とも呼ばれ、円の中心を通って円周上に両端を持つ直線は「直径」と呼ばれる。さらに、円を描く輻線の各点は、各々が固有の円を限界づける固有の周を同時に描くが、この各々の円はこうして同時に描かれた他のすべての円に対して（それらと共通の中心を持つので）「同心円」と言われる。

1、それゆえ、円の内部において中心から円周に至るすべての直線の長さは等しい。なぜなら、その1本1本が円を生み出す輻線と一致しているからである。

2、また、直径は周と円そのものとを2等分する。なぜなら、この2つの部分が互いに重ね合わされるとすると、それらは共通の直径を持つので、一方の半周は他方の半周に重なり合うが、それならば、この2つの半周の長さは互いに等しいし、また2つの半円も重なり合うので、これらもまた互いに等しい広さを持つからである。仮に半周同士が重なり合わないとすると、（直径上にある）中心から来る何かある同一の直線がこの2つの半周によって2つの点で切り取られるであろう。それゆえ、中心から円周に至るすべての直線の長さが等しいからには、同一の直線の部分の長さが全体の長さに等しいことになるであろうが、これはありえないことである。

3、同じ理由により、円の周は均一であろう。言いかえれば、周のどの部分も、それ自身に等しい長さを持つどの部分にも重なり合うであろう。

第14章 | 215

5．平面上にあるものとしての直線の特性

さらに、上のことから直線の次のような特性が結論される。すなわち、その両端が何かある平面上に存在する場合、その直線全体も同じ平面上にあるということである。理由は次のとおりである。この直線の両端は１つの平面上にあるので、この平面そのものを描く直線はこの両端をともに通過するであろう。しかるに、どちらかの点を中心としてとれば、上述の両端の間を隔てる距離によって描かれた円周の輻線はこの平面を描く直線であり、この円周は他方の端を通過するであろう。それゆえ、上述の両端の間には（円の定義により）１本の直線があり、この直線は全体が上述の平面上にある。したがって、この平面上にない他の直線をこの同じ両端の間に引くことができるとすると、同じ２点の間に２本の直線を引くことができることになるが、こういうことはありえないということが既に示された。

また、平面が互いに交わるとすると、共有の交線は直線である、ということも結論される。理由は次のとおりである。交線の両端は交わる両方の平面上にあって、この両端の間には直線を引くことができるが、２点間を結ぶ直線はこれらの点そのものと同一の平面上にあり、なおかつこれらの点は両方の平面上にあるのであるから、それらを結ぶ直線もまたこの両方の平面上にあることになろうし、それゆえこの直線は両方の平面の共有する交線である。さらに、この同じ２点間を結ぶ他のあらゆる線は、この直線と一致する、ということはつまり同一の直線であるか、もしくはこれと一致しないかのどちらかであるが、後者の場合、両方の平面の共有する直線と一致しないのであるから、一方の、もしくは両方の平面の外へと出て行くことになるであろう。

直線が不動な点を中心としてそのまわりを回転することができるように、平面は不動な直線を軸としてそのまわりを回転することができ

る、ということは容易に理解できることである。このことから明らかなのは、任意の3つの点はある同一平面上に存在する、ということである。理由は次のとおりである。任意の2つの点は、仮にこれらを直線で結べば、この直線そのものを含む同一平面上にある。それゆえこの平面は、仮にこれをこの直線のまわりに回転させれば、この回転によって任意の位置にある任意の第3の点を取り込むであろう。したがって、3点はすべてこの同じ平面上にあることになるであろう。そしてそれゆえにまた、これらの3点を結ぶ3本の直線もこの同一平面上にあるであろう。

6．接線の定義

　同一の点へと引かれているが、どれほど延長されても（描き始められたのと同じ仕方で延長されても、と私は言っているのであるが）互いに交わらない2本の線は、互いに「接する」と言われる。それゆえ、2本の直線が接するとすれば、それらはその全長にわたって接していることになるであろう。連続的に曲っている2本の曲線も、重なり合っているとすれば、また一方が他方に近づいていって重なり合うとすれば、同じくその〔重なり合っている部分の〕全長にわたって接していることになるであろうが、そうでない場合、つまり重なり合わないすべての曲線同士のような場合には、互いに接し合うのはただ1点においてのみであろう。このことは、連続的に曲っている曲線は直線と重なり合うことができないということから明らかである。それらが重なり合うことができないというのは、仮にそれができるとすると、同一の線が直線でも曲線でもあることになるからである。さらに、曲線に接する直線は、仮にこれを接点のまわりにほんの少しでも回転させれば、この曲線と交わるであろう。なぜなら、直線は曲線にただ1点でだけ接しているので、仮にどちらかの側へ傾けば、接しているだけで

第 14 章 | 217

は済まなくなる、ということはつまり、重なり合うか交わるかのどちらかになるであろうが、しかし重なり合うことはできないので、交わることになるだろうからである。

7．角の定義と種類

　角とは、ごく一般的な言い方をすれば、2本の線もしくは複数の面がただ1つの点で出会い、その他の点では末広がりに離開してゆく場合の、この離開の仕方の量である。さて、角の種類はまず第1に2つに分けられる。なぜなら、線同士が出会って生じるものと面同士が出会って生じるものとがあるからである。前者の場合、その角は「面角」であり、後者の角は「立体角」と呼ばれる。

　さらに、面角には、2本の線の離開が行なわれうる2とおりの仕方に応じて2種類ある。なぜなら、2本の直線をその全長にわたって重なり合うように互いに重ね合わせてから、1点において出会ったままにしておきつつ、一方の直線を他方の直線から分離させること、すなわち、両線の直線としての性質が保たれたままでいるような具合に、出会う点そのものを中心とする運動によって回転させることも可能であり、また、一方の線がその線上の想像可能なあらゆる点において連続的に屈曲ないし湾曲することによって分離してゆくことも可能だからである。前者の分離ないし離開の仕方の量は単に「角」と呼びならわされているが、これに対して後者の分離の仕方の量は「接線角」（angulus contingentiae）と呼ばれる。

　さらに、単に面角と言われた角のうち、平らな面上にあるものは平面角であり、その他の面上にあるものは、その面の名によって名づけられる。

　最後に、直線同士に挟まれている角は直線角、曲線同士に挟まれている角は曲線角であり、直線と曲線とに挟まれている角は混合角であ

る。

8．諸々の同心円上にあって同一の中心角に対する弧の長さは、円の周の長さに比例する

2つの同心円の、2本の輻線の間に切り取られる2つの弧同士の長さは、この2つの円の周全体の長さが持つのと同一の比率を持つ。

たとえば、Aを中心として2つの円BCD、EFGを描き、さらに輻線AEBとAFCの間に弧BCとEFが切り取られたとしよう（図XIV―1）。「弧BCの長さ」対「弧EFの長さ」という比率は、周CBDの長さが周EFGの長さに対して有する比率と同じである、と私は言う。

理由は次のとおりである。輻線AFCが中心Aのまわりを回る円運動によって、均一に、すなわちどこでも同一の速度〔角速度〕で運動すると考えよう。点Cは一定の時間をかけて周CBDを描き、その時間の一部をかけて弧CBを描くであろう。そしてこの弧と周全体とが描かれるさいの〔角〕速度は等速であるから、「周CBDの大きさ〔長さ〕」対「弧CBの大きさ〔長さ〕」という比率は、時間の差異のみによって決まる。同様にして、「周FEGの大きさ〔長さ〕」対「弧FEの大きさ〔長さ〕」という比率も、この周と弧が描かれる時間の差異のみによって決まることが立証されるであろう。しかるに、この2つの周はともに同じ時間をかけて描かれ、2つの弧もともに同じ時間をかけて描かれる。それゆえ、「周CBDの長さ」対「弧CBの長さ」という比率と、「周FEGの長さ」対「弧FEの長さ」

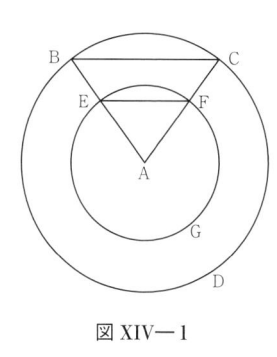

図XIV―1

という比率とは、同じ原因によって決定されている。それゆえ、〔周〕CBD〔の長さ〕：〔弧〕BC〔の長さ〕::〔周〕FEG〔の長さ〕：〔弧〕EF〔の長さ〕は（前章第6節により）比例しており、これを交換して得られる〔周〕CBD〔の長さ〕：〔周〕FEG〔の長さ〕::〔弧〕CB〔の長さ〕：〔弧〕FE〔の長さ〕も比例している。証明終り。

9．角の量は何に存するか

　角の量にとっては、角を挟む線の長さもその等不等も何の影響も生じない。なぜなら、〔図XIV—1において〕線分ABと線分ACの間に挟まれた角は、AEとAF、あるいはABとAFの間に挟まれた角と同じだからである。また、角はそれが向い合っている弧の絶対量によって増減するわけでもない。なぜなら、〔同図において〕より長い弧BCもより短い弧EFも同じ角に向い合っているからである。その理由は、角の量の値が定まるのは周全体の量と比較された弧の量によってであるから、ということである。それゆえ、角の量は端的に言って次のように定義される。

　「角の量とは、周全体の長さに対するその比率によって決定された、弧すなわち円周の量のことである。」それゆえ角は、中心からの2本の直線の間に切り取られた弧が周全体のうちで占める割合と同じだけの大きさのものである。そしてこのことから、角を挟む線が2本とも直線であるかぎり、中心からどんな距離において角の量をとってもよいことがわかる。けれども、角を挟む線の一方または両方が曲線である場合には、角の量は中心すなわち両線の出会う点から最短距離において値を定められなければならない。なぜなら、最短距離は（それ自身よりも短い直線がないようないかなる曲線も考えることができないので）直線であるかのように考えられなければならないからである。もっとも、最短の直線というものは与えることのできないもので、直

線はどんなに短くとも常に分割可能であるが、しかしそうやって分割してゆくと、線としては考えるべきでないような部分に達するであろう。これが点と呼ばれるものである。そしてこの点は、曲線に接する直線上にあると考えられる。なぜなら角は、直線をそれ自身に接する他の直線から（第7節に既述のように）分離させる回転運動によって生じたものだからである。それゆえ、2本の曲線がなす角は、この2本の曲線の接線である直線同士がなす角と同じである。

　上のことから、角 ABC と角 DBF のような対頂角（図 XIV―2）は互いに等しいということが帰結する。なぜなら、互いに長さの等しい2つの半周 DAC と FDA から共通の弧 DA の長さを引くと、長さの等しい弧 AC と DF が残るだろうからである。

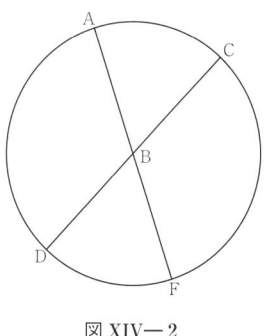

図 XIV―2

10. 端的に言うところの角の区分[1]

　さて、角には「直角」と言われるものと「斜角」と言われるものとがある。直角とはもちろん、その量が円の周の4分の1であるような角である。そして、直角をなす直線同士は互いに垂直であると言われる。斜角のうち、直角よりも大きい角は「鈍角」、直角よりも小さい角は「鋭角」と呼ばれる。これまで述べたことから、同一の点に対して作られた可能なすべての角の合計は4直角に等しいことがわかる。

（1）　この節の区切り方は底本に従う。Molesworth 版のラテン語著作集の区切り方も同じであるが、初版本や英語版は、もう1つ前の段落から第10節としている。

なぜなら、これらの角の合計の量は周全体だからである。また、同一の点に対する角であって、この点がその線上に位置している直線からみて同じ側に向かって開いている諸々の角は、全部で2直角に等しいこともわかる。なぜなら、その回転によって角の量を決定する直線は円の直径であるが、直径は周を長さの等しい2つの部分に分割するからである。

11. 円の中心から接線へと達する直線について

円の接線が接点を中心とする円の直径になる場合、最初の円の中心から後のほうの円の中心へと引かれた直線が接線と（言いかえれば、後のほうの円の直径と）なす2つの角は、（第10節により）併せて2直角に等しい。また、円に対する接線の傾きは接点の両側で等しいから、この2つの角はともに直角であり、かくて半径はそれを半径とする円の接線に対して垂直である[(2)]。

この同じ半径は、中心から接線へと引くことのできるすべての直線のうちで最短のものである。なぜなら、それが半径であるのに対して、接線へと引くことのできる他のすべての直線は円を越え出てゆき、それゆえ半径よりも長いからである。同様に、同の中心から接線まで行っている直線のうちでは、接線の垂線となす角度が大きいものほど長い。このことは、この円と中心は同じであるが、半径はこの垂線の比較的近くにある直線の長さと同じだけある他の円を描いて、なおかつこの半径に対して垂線を（ということはつまり接線を）引けば、明らかになるであろう。

（2）底本は英語版に合わせる形で erit を補い、「垂直であろう」としているが、この補筆は採らない。

それゆえにまた、円の接線の垂線から両側へ等しい角度で分離してゆく2本の直線を接線まで延長すれば、その長さは等しい、ということも明らかである。

12. 平行線の一般的定義と平行な直線の特性

ユークリッドの著作には平行な直線のある定義が出ているが、平行線一般の定義はどこにも見出されない。それゆえ、平行線の一般的定義は次のようなものであるとしよう。「2本の線は、それらがどのような線であっても（直線であっても曲線であっても）、それらに出会い、かつその出会うところがどこであろうとそれらの両方と同じ側では等しい角をなすような2本の直線が、互いに等しい長さを持つ場合、平行であり、2つの面についてもまた同様である。」この定義の論理的帰結は次のとおりである。

第1に、他の2本の、ただし互いに平行な直線に出会って、この両直線上に長さの等しい部分を切り取る2本の直線は、それら自身もまた平行で長さが等しい。たとえば、（図XIV—3において）線分AB、CDが平行線AC、BDに出会い、かつAC、BDの長さが等しいとすると、AB、CDもまた長さが等しく、かつ平行であろう。理由は次のとおりである。垂線BE、DFを引くと、角EBD、角FDHは直角に等しくなるであろう。それゆえ、EFとBDが平行であるからには、角EBAと角FDCは等しいであろう。いま仮に、直線DCの長さが直線BAの長さに等しくないとすると、点DからBAそのものに長さの等しい他のどんな直線を引いても、それは点Cにはぶつからないであろう。それゆえ、この直線は他の点Gにぶつかるとしよう。そうすると、AGはBDより

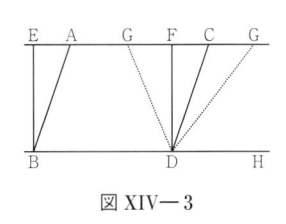

図XIV—3

も長いか短いかのどちらかであり、したがって角EBAと角FDCは、仮定されていたのと違って、等しくないことになるであろう。これが第1の点である。また、(第11節により) ABが垂線EBとなす角と、CDが垂線DFとなす角とは等しいので、角CDHは角ABDに等しく、かくて上述の平行線の定義により、BAとCDは平行であろう。これが第2の点である。さて、縦横両側から2本ずつの平行線によって囲まれている平面は、「平行四辺形」と呼ばれる。

系1　既に示されたように、角ABDと角CDHは等しい。ということはつまり、直線（たとえばBH）が2本の平行線（たとえばAB、CD）に出会って〔平行四辺形ABCDの〕内角ABDとその反対側の外角CDHを作るとき、この2つの角〔同位角〕は等しい。

系2　そしてここからさらに、直線が2本の平行線に出会って生じさせる互いに交錯した2つの角〔錯角〕は等しいということ、すなわち、(図XIV─4において) 角AGFは角GFDに等しいということが帰結する。なぜなら、角GFDは反対側の外角〔同位角〕EGBに等しいので、角EGBの対頂角AGFにも等しいであろうが、角AGFはほかならぬ角GFDにとって互いに交錯している角だからである。

系3　2本の平行線に出会う線FGがこの2つの平行線と左右同じ側で作っている2つの内角は、併せて2直角に等しい。なぜなら、Fにおける2つの角すなわちGFC、GFDは併せて2直角に等しいが、角GFDに交錯する角〔錯角〕AGFは角GFDに等しいので、2本の平行線に出会う線FGの左右同じ側における内角である角GFCと角AGFは、両方併せると2直角に等しいであろうから。

系4　直線に囲まれた平面上の三角形

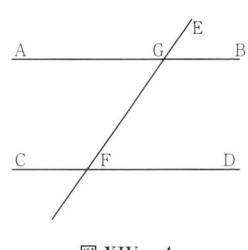

図XIV─4

の3つの角は合計すると2直角に等しく、またどの辺を延長しても、外角はそれに隣り合わない2つの内角を併せたものに等しくなるであろう。理由は次のとおりである。平面上の三角形 ABC のどの辺でもよいのだが、辺 AB に平行で、この三角形の頂点 C を通る直線を引くとすれば（図 XIV—5）、角 A と角 B はそれぞれの錯角 E と F[3]に等しく、また角 C は共通である。しかるに3つの角 E、C、F は（第10節により）併せて2直角に等しいので、三角形の3つの角も併せて2直角に等しい。これが第1の点である。次に、2つの角 B、D は（第10節により）併せて2直角に等しく、それゆえ三角形 ABC の3つの角の和から角 B を引いて残る角 A、C の和は、角 D に等しい。これが第2の点である。

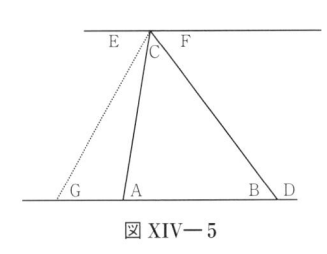

系5　角 A と角 B が互いに等しい場合、辺 AC、CB の長さも等しいであろう。なぜなら、直線 AB、EF は平行だからである。また逆に、辺 AC、CB の長さが等しい場合、角 A と角 B は等しいであろう。なぜなら、この2つの角が等しくない場合、角 B と角 G が等しいとすると、直線 GB、EF が平行で角 G と角 B が等しいのであるから、直線 GC、CB の長さは等しいであろうし、また CB、AC の長さは等しいと前提されているから、直線 CG と CA の長さは等しいことになるであろうが、（第11節により）こういうことは起こりえないからである。

図 XIV—5

（3）　底本原文では F、E の順になっているが、誤解のないよう順序を入れ換えて訳出した。

第14章 | 225

系6　上のことから、円の2本の輻線〔の端と端〕を直線で結ぶと、2本の輻線がこの結ぶ直線と両端でなす角は等しいこと、また2本の輻線の端と端を結ぶこの直線がその弦となっている〔弓形の〕切片を付け加えると、その円周〔弧〕とこの2本の輻線がなす2つの角も等しいことがわかる。なぜなら、どんな弧の弦となっている直線も、両端でこの弧と等しい角をなすからである。その理由は、弧とそれの弦とを2等分すると、この2つの半切片は、円周も直線もともに同形なので、互いに重なり合うから、ということである。

13. 円の周同士の長さの比率は半径同士のそれに等しい

円の周同士の長さの比率は、同じ複数円の半径の比率に等しい。（図XIV―1において）任意の2つの同心円BCDとEFGがあり、BCDのほうがEFGよりも大きく、共有する中心はAであり、両円の半径はそれぞれAC、AEであるとしよう。周BCDの長さが周EFGの長さに対して持つ比率と同じ比率を、CAの長さはAEの長さに対して持つ、と私は言う。理由は次のとおりである。半径CA、AEの長さは中心Aからの点Cと点Eの距離によって決まるが、この距離は、等しい時間をかけて得られた距離は等しくなるような等速運動を、1つの点がAからCまで行なうことによって得られる。しかるに、周BCD、EFGが決まるのは、同じ中心Aからの点Cと点Eのそれぞれ同一の距離によってである。それゆえ、周BCD、EFGも半径CA、AEも、その長さを決定する同一の原因を有し、そしてこの原因は、等しい時間をかけて等しい空間を作り出すような原因である。それゆえ、（第13章第6節により）円の周の長さと半径とは比例している。証明終り。

14. **三角形において、底辺に平行な諸直線の長さの比率は、他の二辺の、これらの直線によって切り分けられた頂点からの諸部分の長さの比率に等しい**

角をなしている 2 本の直線が互いに平行な諸直線によって切り分けられるとすると、これらの平行線の〔この 2 直線によって〕切り取られた部分同士の長さの比率は、〔これらの平行線によって区切られた 2 直線の〕頂点からの諸部分の長さの比率に等しいであろう。(図 XIV—6 において) A で角をなしている直線 AB、AC が、互いに平行な 2 直線 BC、DE によって分割され、BC と DE は、AB、AC のうちのどちらか一方の直線上に、たとえば AB 上に、それぞれ頂点からの部分 AB、AD を切り分けるとしよう。〔平行線の〕切り取られた部分 BC、DE の長さの相互比率は AB、AD のそれに等しい、と私は言う。〔理由は次のとおりである。〕AB をいくつでもよいから互いに長さの等しい諸部分へと分割し、それらを〔たとえば 3 つとして〕AF、FD、DB としよう。また、F と D をそれぞれ通り、AC をそれぞれ G と E で分割する、底辺 BC と平行な直線 FG、DE を引こう。さらに、点 G、E をそれぞれ通り、BC をそれぞれ H と I で分割する、AB そのものに平行な他の 2 本の直線を引こう。いま仮に、点 A が AB に沿って等速で運動し、それと時を同じくして B が C に向かって運動するとともに、点 F、D、B の 3 点がすべて等速で、かつお互い同士も等しい速度でそれぞれ FG、DE、BC に沿って運動する、と考えれば、点 A が AF を通過するのと時を同じくして点 B は BH (これは FG と長さが等しい) を通過するであろうし、〔長さの比率〕$\overline{AF}$ 対 $\overline{FG}$ は「点 A の速度」対「点 B の速度」

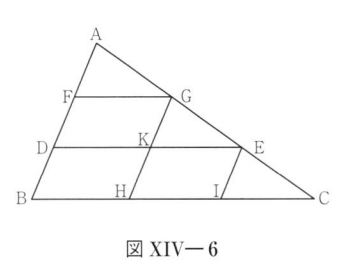

図 XIV—6

第 14 章 | 227

に等しいであろう。(4) そして、AがFにある時にはDはKに、AがDにある時にはDはEにあるであろう。また、点AがF、D、Bをそれぞれ通過するのに応じてBはH、I、Cをそれぞれ通過し、かつ直線FG、DK、KE、BH、HI、ICは（平行であることのゆえに）長さが等しい。それゆえ、「ABを通る〔点Aの〕速度」対「BCを通る〔点Bの〕速度」の比率は、$\overline{AB}$ 対 $\overline{BC}$ という比率に等しい。言いかえれば、「個々の平行線の長さ」対「これらの平行線によって切り分けられた〔角をなす2直線の一方の〕頂点からの諸部分の長さ」の比率は、$\overline{AF}$ 対 $\overline{FG}$ という比率に等しいであろう。それゆえ、$\overline{AF}:\overline{FG}::\overline{AD}:\overline{DE}::\overline{AB}:\overline{BC}$ は比例している。

　異なる円のうちにあって等しい角を持つ弦（図XIV—1の直線BC、FEのような）同士の長さの比率は、これらの弦が対している弧同士のそれに等しい。理由は次のとおりである。等しい角を持つ弧の長さの比率は周の長さの比率に等しく（第8節）、さらに周の長さの比率は半径のそれに等しい（第13節）。しかるに、弦BC、FEが半径となす角は等しいので、BCとFEは互いに平行であり、それゆえこの両弦の長さは（前節により）半径に、ということはつまり周の長さに、ということはつまりこの両弦が対している弧の長さに比例している。

（4）　底本原文では、この文の主節（「点AがAFを……等しいであろう。」）は punctum B percurret BH (aequalem FG) eodem tempore, quo punctum A percurrit AF, et erit ratio AF ad FG ut illius velocitas ad hujus velocitatem. となっており、これを普通に、illius（前者の）が puncti B（点Bの）を、hujus（後者の）が puncti A（点Aの）を意味するものとして訳すと、この主節の後半（et erit 以下）は「〔長さの比率〕$\overline{AF}$ 対 $\overline{FG}$ は「点Bの速度」対「点Aの速度」に等しいであろう。」となってしまうが、これでは明らかにおかしい（長さと速度の比率が逆である）ので、illius と hujus とを互いに置き換えた形が正しいものとみて、修正の上で訳出した。

15. 円の円周〔弧〕は直線のどのような折れ曲りによって生じるか

円内に何本でもよいから互いに長さの等しい弦を次々と連続して置き、第1の弦の発端から他のすべての弦の発端へ直線を引いたとすると、第1の弦の延長線が第2の弦となす外角は、第1の弦の発端でこの円に接する接線がこの第1の弦そのものとなす角の2倍であり、また第1、第2の2つの弧を併せた弧に対する弦の延長線が第3の弦となす外角は、第1の弦とその発端における円の接線とがなす角の3倍であり、以下同様に続く。

たとえば、(図XIV―7において) 輻線 AB によって描かれた円があるとして、その中に何本でもよいから互いに長さの等しい弦 BC、CD、DE、……を置き、そして BC と同様に BD、BE、……を引くとしよう。そして、BC、BD、BE、……を好きな長さだけ延長したその終点を G、H、I、……とし、これらの延長線が次々と連なる弦と角を、すなわち角 GCD、HDE、……をなすとしよう。さらに、第1の弦と角 KBC をなす接線 KB を引くとしよう。角 GCD は角 KBC の

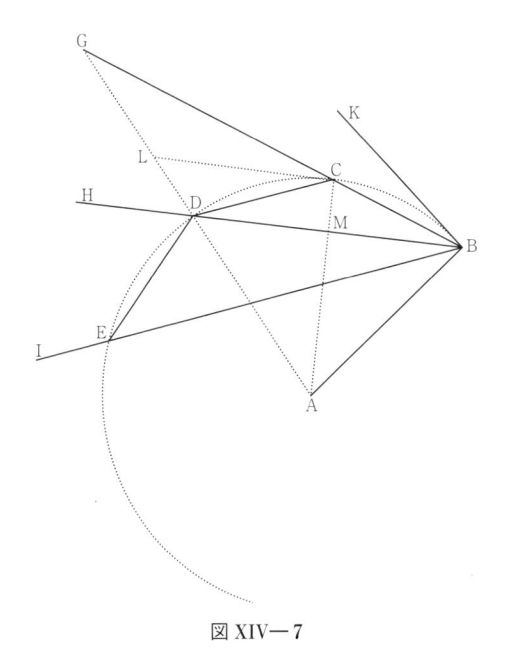

図 XIV―7

2倍であり、角HDEは同じ角KBCの3倍である、と私は言う。

理由は次のとおりである。輻線ACを引き、これが弦BDと交わる点をMとし、ACに垂直な直線LCを点Cに立てるとすれば、LCとMDはそれぞれCとMでACに直角をなしているので、互いに平行である。それゆえ角LCDと角BDCは、錯角であるから等しい。同様に、直線BC、CDは長さが等しいので、角BDCと角CBDは等しい。それゆえ、角GCDは角CBDの、すなわち角CDBの2倍であり、したがって角GCDは角LCDの、ということはつまり角KBCの2倍である。さらに、角CBEと角DEBは等しく、かつ直線CB、DEの長さは等しいので、CDはBEに平行であり、それゆえ角GCD、GBEは等しく、したがって角GBEも角DEBも角KBCの2倍である。しかるに、外角HDEは内角DEB、DBEの両方を併せたものに等しく、それゆえ角HDEは角KBCの3倍である、等々。証明終り。

系1 上のことから、角KBC、角CBDは互いに等しいこと、のみならず、円周上で出会い、かつ互いに長さの等しい弧の上に張られている2本の直線によって挟まれているすべての角は、互いに等しいことがわかる。

系2 接線BKがBを中心として円周を描きつつ常に均一に〔等角速度で〕運動するものとすると、等しい時間で等しい長さの弧を切り分け、またこの直線自身が中心Bのまわりに半周を描くのと同一の時間のうちに、周全体を通過するであろう。

系3 このことからさらに、直線の円周への湾曲化がどのような原因によって決定されるかがわかる。それはすなわち、1つから始まって次々と数を重ねながら常に増加してゆく折れ曲りによるのである。理由は次のとおりである。長さの無限定な直線KBがBにおいて任意の角KBCに従って折れ曲り、さらにCにおいてその2倍の角に

従って折れ曲り、Dにおいては3倍の、Eにおいては4倍の角で折れ曲り、以下同様に続くとすると、描かれる図形はたしかに直線図形ではあろう。けれども、折れ曲った直線の諸部分が最小の長さしか持たないと、言いかえればそれだけの数の点であると解されるとしたら、描かれた図形は直線図形ではなく、円周であることになるであろう。

系4　前節で述べたことから、「切り取られた弧の長さが等しいものとすれば、中心角は同じ円の円周角の2倍である」ということを示すことができる。理由は次のとおりである。それ自身の運動によって角を決定する直線は、中心からの直線も円周からの直線も、等しい時間で等しい長さの弧を通過するが、円周からの直線は、それが描く周の半分を通り抜ける間に、中心からの直線の描く周全体を同時に通過するので、それが後者の周上に切り分ける弧の長さは、同じ時間でそれ自身の半周上に描く弧の長さの2倍になるであろう。しかるに、等しい大きさの円において弧の長さの比率と角の大きさの比率とは等しいのである。

同様に、ある弦の延長線と、この弦に隣り合っていて長さも等しい弦とによって挟まれた外角は、この弦の弧に対する中心角に等しい、ということを示すことができる。たとえば直前の図〔図XIV—7〕において、角GCDは角CADに等しい。なぜなら、外角GCDは角CBDの2倍であり、また同じ弧CDに対する中心角CADも、同じ角CBDの2倍、すなわち角KBCの2倍だからである。

16. 接線角は量であるが、端的な意味での角とは種類の異なるものであり、接線角に何かを足したり、接線角から何かを引いたりすることはできない、ということ。

接線角は、端的な意味での角——どんなに小さな角であっても——とそれを比較したとすると、点が線に対して持つのと同じ比率を、端

的な意味での角に対して持っている、ということはつまり、いかなる比率も量も持っていないのである。理由は2つあって、第1に、接線角は連続的な屈曲によって生じるので、その発生に際しては全然いかなる円運動も行なわれていないが、端的な意味での角の本性はこの円運動に存するのだから、接線角を端的な意味での角と量の上で比べることはできない、ということがある。第2の理由は次のとおりである。弦の延長線とこの弦に隣り合っていて長さの等しい弦とによる外角は、同じ弧に対する中心角に等しい（たとえば前図〔図XIV—7〕において、角GCDは角CADに等しい）が、接線のいかなる部分も弧に対して弦として張られることはできないのであるから、接線角は線分ABと同じ線分ABとに挟まれた中心角に等しい、ということになろう。しかしそうすると、接点Bそのものが弦とみなされなければならないように、接線角は外角とみなされなければならず、かくて接線角は、同じ点Bを弧とする角に等しい、ということになる。

　しかるに、角とは一般に、1点において出会う2本の線の開きないし離開であると定義され、しかも開きには大小の差があるので、接線角が量であることは、その発生からしても否定されえない。なぜなら、大小の差がある場合にはいつでも、量も存在するからである。しかしこの量は、屈曲の大小に存する量である。なぜなら、（直線から円の周が生じる生じる場合に生じる）湾曲全体がより大きければ、それは〔伸ばして真直ぐにすれば〕より短い直線に重なり合う、ということがたしかなら、円の円周が大きくなればなるほど、それはますます直線の性質に近づいてゆくからである、それゆえ、同一の直線に複数の円が接する場合、より小さい円と生じる接線角のほうが、より大きい円と生じるそれよりも大きい。

　したがって、端的な意味での角にどんな大きさの接線角を足しても、また端的な意味での角からどんな大きさの接線角を引いても、何

も足したことにならないし、引いたことにもならない。またこの両種の角は、互いに等しくなることはないし、同様に、どちらか一方が他方よりも大きいということも小さいということもない。

　また上のことから、〔弓形の〕切片の角、すなわち任意の直線が任意の弧となす角は、同じ直線と、この直線が弧と交わるのと同じ点で円に接する線とから生じる角に等しい、ということが帰結する。たとえば前図〔図XIV—7〕において、線分GBと線分BKとの間に挟まれた角は、GBと弧BCとの間に挟まれた角に等しい。

17. 平面の傾きは端的な意味での角であること

　2つの平面がなす角は、それらの平面の「傾き」と呼びならわされている。そして、平面の傾きはどこでも等しいから、それぞれの平面に1本ずつ含まれていて、両平面の共有する交線に対してどちらも垂直であるような2本の直線に挟まれている角は、この2つの平面の傾きと称せられる。

18. 立体角とは何か

　立体角の意味の解し方は2とおりありうる。第1に、一方の末端は静止したまま、静止していないほうの末端点が、この点自身を含む平面上の何かある平面図形の周囲を1周するような、そのような直線の運動によって生じるすべての角の集合、という意味に解することができる。そしてユークリッドは、立体角をこの意味において理解しているとみられる。さて、このように理解された立体角の量とは、上のようにして描かれた面によって、すなわち錐体の側面によってとり巻かれているすべての角〔の量〕の集合にほかならない、ということは明らかである。第2に、立体角の意味は、球面全体の面積に対する、この球の中心に頂点の置かれた角錐もしくは円錐がこの頂点に向かい合

第14章 | 233

う面としてこの球面上に切り取る部分の面積の比率、というように解することもできる。このように理解した場合、立体角同士の大きさの比率は、球の中心に頂点を持つ〔、そしてこれらの立体角をそれぞれの頂点角とする〕立体の、球面に含まれた底面同士の面積の比率に等しいであろう。

19. 漸近線の性質はどのようなものか

2本の線の相互関係すなわち相互位置のあらゆるヴァリエーションは、4つの類別によって包括されるように思われる。なぜなら、どのような2本の線も、平行であるか、（必要とあれば延長されたうえで）角をなすか、（十分に長くさえあれば）互いに接するか、最後に漸近線であるか、そのうちのいずれかだからである。平行線と角と接線については、その性質がどのようなものであるかは既に述べられた。そこで、漸近線の性質をもまた手短に明らかにすることにしよう。

漸近線は、量というものが無限に分割可能であるということに基づいている。このことから次のことが帰結する。すなわち、どのような線であれ、その一方の端から何かある可動体が他方の端へと向かって運動しているような線が与えられると、（この線が絶えず分割されながら、常にますます小さなそれの部分が得られてゆくのと同じ比率で、常にますます小さくなってゆく速度をとりつつ）この可動体は常に

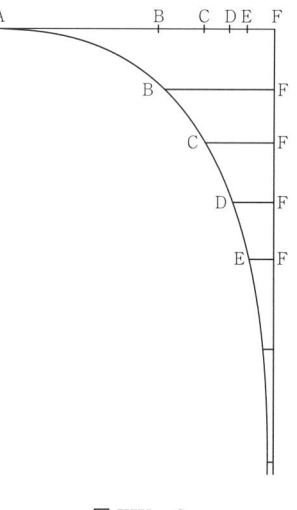

図XIV−8

この線上を進み続けるが、しかし終点には決して到達しない、ということが可能であるということである。それゆえ、次のことが明らかである。すなわち、（図XIV—8において）ある直線たとえばAFが、どこでもよいが点Bにおいて分割され、さらにBFはCにおいて、CFはDにおいて、DFはEにおいて分割され、というように永久に分割され続けるものとし、また点Fから直線FFが、どんな角度でもよいから角AFFをなすように引かれ、かつ直線AFが分割されたその比率で、間隔AF、BF、CF、DF、EF等々が直線AFに平行に並べられるものとすると、曲線ABCDEは直線FFの漸近線となるであろう、換言すれば、この曲線は直線FFのほうへと常に近づいてゆくが、しかし決して到達することはないであろう、ということである。しかるに、どのような線も、その断片同士がお互いに対して持つ長さの比率に従って、限りなく多様な仕方で永久に分割されうるのであるから、漸近線も数限りなく多様な種類のものが存在する。ただしここはそれらについて述べるべきところではない。

20. 位置はどのようなことによって決定されるか

位置とは場所に対する場所の関係である。しかし、複数の場所の位置は4つのことによって決まる。それはすなわち、お互い同士の距離、所与の場所に対する各々の距離、所与の場所からその他のところ〔問題の複数の場所のそれぞれ〕へと引かれた諸直線の順序、このようにして引かれた諸直線の挟む角、の4つである。なぜなら、距離と順序と角が与えられれば、すなわちそれが確定していれば、個々の場所も確定していて他の場所ではありえないようになっているからである。

21. 相似の位置とは何か

さて、点はどれだけあっても、次のような場合に、同じ数の他の諸

第14章 | 235

点と互いに相似の位置を持つ。すなわち、ある1点から一方のグループのすべての点へと引かれたすべての直線が、同じく1点から他方のグループのすべての点へと引かれたすべての直線に対して、次々と等しい角をなし同じ長さの比率を持っている場合である。

たとえば、(図 XIV－9 において) 数はどれだけあってもよいが〔仮に3つとして〕点 A、B、C があって、ある1つの点、たとえば D から、これらの点へ直線 DA、DB、DC を引いたとしよう。また、A、B、C と同じ数〔3つ〕の他の点 E、F、G があって、これまた1つの点 H から、これらの点へ直線 HE、HF、HG を引いたとしよう。そしてその際、角 ADB、BDC はこの順に角 EHF、FHG に等しく、直線 DA、DB、DC の長さが直線 HE、HF、HG の長さに比例するようにしたとしよう。3点 A、B、C は3点 E、F、G に対して、互いに相似の位置を占めている、言いかえれば、相似な仕方で置かれている、と私は言う。

理由は次のとおりである。仮に HE を DA に重ねて点 H が D にあるようにしたと考えるならば、角 ADB と角 EHF が等しいので点 F は直線 DB 上に、また角 BDC と角 FHG が等しいので点 G は直線 DC 上に来ることになり、さらに $\overline{AD}:\overline{EH}::\overline{BD}:\overline{FH}::\overline{CD}:\overline{GH}$ は比例しているとみなされているので、直線 AB、EF は平行であろうし、同様に直線 BC、FG も平行であろう。

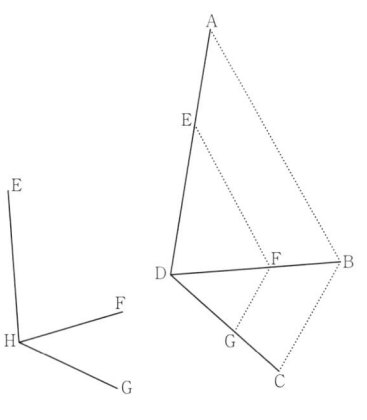

図 XIV－9

それゆえ、2点A、Bの距離と2点B、Cの距離とは、2点E、Fの距離と2点F、Gの距離とに比例するであろう。したがって、点A、B、Cの位置と点E、F、Gの位置にそれぞれある角はこの順に互いに等しく、かくてA、B、Cの3点とE、F、Gの3点とが異なるのは、それぞれの相互距離が不等なのと、点Dから点A、B、Cへの距離と点Hから点E、F、Gへの距離とが不等なのと、この2つの不等性によってのみである。さらに、この不等性の度合は両方とも等しい。なぜなら、両グループ内の点の相互距離の関係 $\overline{AB}:\overline{BC}::\overline{EF}:\overline{FG}$ も、仮定された点DとHからの各々のグループの各点への距離同士の関係 $\overline{DA}:\overline{DB}:\overline{DC}::\overline{HE}:\overline{HF}:\overline{HG}$ も、どちらも相互に比例しているという関係なので、異なるのはそれぞれの距離の大きさだけだからである。しかるに、第11章第2節で述べた「相似なもの〔類似しているもの〕」(similia) の定義により、大きさに関してのみ異なるもの同士は相似である。それゆえ点A、B、Cは点E、F、Gが持つ位置と互いに相似の位置を持っている、言いかえれば、相似な仕方で置かれている。証明終り。

22. 図形とは何か、相似の図形とは何か

　図形とは、そのあらゆる外端点の位置すなわちポジションによって決定された量のことである。ところで、私が外端点と呼ぶのは、外部の場所に隣接している諸点のことである。それゆえ、線に含まれる点と面に含まれる点はすべて外端点であるのに対して、立体のうちでは、この立体を囲む面に属するすべての点が外端点である。

　また、互いに相似の図形とは、そのうちの一方の図形のすべての外端点が他方の図形のすべての外端点と相似の位置に置かれているような図形のことである。なぜなら、そういう図形同士は大きさによってのみ異なるからである。

さらに、互いに相似の図形は次の場合に互いに相似の位置に置かれている。すなわち、両方の図形の相同直線（rectae homologae）、すなわち両図形の対応する点同士を結ぶ直線が、平行である場合である。

　また、あらゆる直線はあらゆる直線に相似であり、平面は平面のみが考量されているかぎり平面に相似であるから、平面を囲む直線同士の長さの、もしくは立体を囲む面同士の面積の比例関係が認識されれば、ある図形が眼前の図形に相似か相似でないかを認識することは困難ではない。

　私たちはここまで、第一哲学を取り扱ってきた。次は幾何学について論じる箇所であるが、幾何学では図形の量が直線の長さの比例関係と角とに基づいて探究される。それゆえ、幾何学に取り組もうとするなら、量・比例・角および図形の性質はどのようなものかを、予め知らなければならない。そして、直前の3つの章において第一哲学にこれらのものの説明された性質が付け加えられるべきだ、と私が判断したのはこのためであり、第一哲学について述べるのはここまでとする。

第 3 部

運動と大きさの比率について

第15章　運動と努力の本性・特性および多様な考量について

1．運動についての学科の既論の諸原理の繰り返し

　次は、諸物体の最も共通性の高い偶有性である運動と大きさについて論じる順番である。それゆえ、この箇所を大部分それ自身に固有の箇所として要求するのは、幾何学の根本諸原理である。しかし哲学のうちで幾何学というこの部門は、あらゆる時代の最もすぐれた天才たちによって入念に作り上げられてきたので、それがもたらした実りは非常に豊かであって、本書の狭い紙幅のうちには盛り込みきれないほどである。それゆえ、この箇所へと読み進もうとされる読者には、ユークリッド、アルキメデス、アポロニオスその他の古代および近年の幾何学者たちの著作物を手に取っていただくよう促さなければならないと私は考えた。既に人がやってくれたことをまたやり直すことには、何の意味もないからである。そうではなしに私は、幾何学上の事柄については少しだけ、それも新しい事柄であってしかも自然学に役立つことだけを、ここからの２、３の章において述べることにする。

　さて、この学科の諸原理のうちのある部分は第８章と第９章で既に説明済みであるが、先へ読み進もうとする人々にさらに近くから光を投じるために、それらをここにまとめておこう。

　第１に、（第８章第10節で）運動は次のように定義されている。「運動とは、ある場所の放棄と他の場所の獲得が連続的になされることである。」

　第２に、同じ箇所で、「運動するものは何であれ、時間のうちで運動する」ということが示された。

　第３に、（同じ章の第11節で）「静止が存在するのは、物体がある時間にわたって同一の場所に存在する場合である」という定義がなされ

241

た。

　第4に、同じ箇所で、「運動しているものは、決して一定の場所には存在せず、またそれは、今まで運動してきたし、今も運動しているし、これからも運動するであろう」ということが示された。したがって、運動が行なわれる際に通過する空間のどの部分においても、3つの時間を考えることができる。それはすなわち、「過去」「現在」「未来」である。

　第5に、(同じ章の第15節で)「速度とは、可動体が一定の時間で一定の長さの距離を移動することのできるその力能として考量された運動である」と定義された。この定義はまた、より簡潔に次のように述べ表わすことができる。「速度とは、時間と線分によって決定された運動の量である。」

　第6に、(同じ章の第16節で)「運動は時間を計る尺度である」ということが示された。

　第7に、(同じ章の第17節で)「等しい速度の運動とは、等しい長さの距離を等しい時間で移動する運動のことである」と定義された。

　第8に、(同じ章の第18節で)「ある可動体の、その速度自身の大きさ全体をつうじて計算された速度が、他の可動体の、同じくその速度自身の大きさ全体をつうじて計算された速度に等しいとき、これらの運動は等しい」と定義された。それゆえ、「等しい運動」と「等しい速度の運動」とは同じものを意味しないことに注意しなければならない。なぜなら、馬車に馬を2頭つなげば、その運動は2頭のうちのどちらの1頭の運動よりも大きいが、しかし2頭でいっしょに引くその速度は、各々の1頭の速度に等しくなるであろうから。

　第9に、(同じ章の第19節で)「静止しているものは、それ自身の外部に、それが仮定されるとこの静止しているものがもはや静止していられなくなるような他のあるものが存在しないかぎり、常に静止してい

るであろう」ということと、「運動しているものは、それ自身の外部にそれの運動を妨げるような他のあるものが存在しないかぎり、常に運動しているであろう」ということが示された。

　第10に、(第９章第７節で)「(先行する静止から生じる)すべての運動の直接的作用因は、運動し、かつ隣接している何らかの物体のうちにある」ということが示された。

　第11に、同じ箇所で、「運動しているものは何であれ、運動し、かつそれに隣接している物体によって妨げられないかぎり、常に同一の速度で同一の経路を通って進むであろう」ということが示された。

２．これらに付け加えられた他の諸原理

　上の諸原理に、私たちはここで次の諸原理を付け加える。第１に、「努力とは、与えられる空間・時間よりも、言いかえれば、明示によって決定されたり数によって指定されたりする空間・時間よりも小さい空間と時間をつうじての、ということはつまり、点にわたっての瞬間における運動である」と定義される。この定義の説明のために思い起こさなければならないのは、点とはいかなる量も持たないもの、つまりいかなる仕方でも分割できないものという意味にではなく(なぜなら、諸事物からなる自然の中にはこういう仕方で存在しているものは何もないから)、それの量が考量されていないもの、すなわち、それのいかなる量も部分も示されるべきもののうちに数えられていないものという意味に解されている、ということである。したがって、点は分割不可能なものとしてではなく、分割されていないものとみなされ、同様に瞬間もまた、時間によって分割されていないものと受けとられるべきであって、分割不可能なものと受けとられるべきではない。

　同様に、努力はたしかに運動であると考えられなければならないが、この運動がそのうちで行なわれる時間の量も、この運動がそれに

第 15 章 | 243

沿って行なわれる線分の量も、それを部分として持つ時間ないし線分の量とは、証明においていかなる比較性も持たないと考えられなければならない。もっとも、点が点と比較できるように、努力を努力と比較して、ある努力が他の努力よりも大きい、もしくは小さいということを見出すことはできる。なぜなら、2つの角の頂点同士を互いに比較するなら、それらはこの2角そのものの比率において等しかったり不等だったりするであろうし、また直線が複数の同心円の円周を切り取る場合、これらの交点は円周の切り取られる周の長さの比率において不等になるであろうが、これと同様に、2つの運動が同時に始まって同時に終るとした場合、それらの運動の努力は速度の比率において等しかったり不等だったりする——毛糸の球よりも鉛の球のほうが大きな努力をもって落下するとみなされるように——だろうからである。

　第2に、「衝動とは、速度そのもの、ただし移行がそのうちで行なわれる時間の任意の時点において考量された速度である」と定義される。したがって、衝動とは努力そのものの量すなわち努力そのものの速度にほかならない。[1]

　第3に、「抵抗とは、2つの可動体の接触に際しての、全面的にもしくは部分的に努力に反対する努力である」と定義される。「全面的に反対する」[2]と私が言うのは、この2つの可動体が同一の直線に沿って、この直線の異なる端から努力する場合であり、「部分的に努力する」と言うのは、両方の可動体が、それらの出発点を両端とする直線

（1）　英語版では、衝動の定義に続いて約4ページに及ぶ長大な加筆がなされている。（付録3参照）
（2）　「全面的に」は底本の補筆に従う。

の外部で出会う2線に沿って努力する場合である。

第4に、「圧力を加える」とはどういうことであるかは次のように定義される。「2つの可動体のうちの1つが、その努力により、他方の可動体もしくはその一部を元の場所から退去させる場合、前者は後者に圧力を加えると言われる。」

第5に、「圧力を加えられてはいるが押しのけられていない物体は、それに圧力を加えている物体が取り除かれて、圧力を加えられていた物体の動かされていた諸部分が、この物体自身の内的性質のゆえにこれらの部分の各々の元の場所に戻る場合、それ自身を復元すると言われる。」このことは、ばねやふくらませた浮き袋や、その他多くの物体に起こるのが見られるが、これらの物体の諸部分は、圧力を加える物体の努力に対して、最初の作用ではたしかに多少とも屈するのであるが、しかしその後、(圧力を加える物体が除かれると)何かある内的な力によってそれ自身を復元し、物体全体はその最初の形状を再現する。

第6に、「力とは、それ自身に関してか、もしくは動かすものの大きさに関して増幅された衝動、しかも動かすものがそれによって、抵抗する物体に対して多少とも作用するような、そのような衝動のことである」と定義される。

3．運動の本性に関するいくつかの定理

上の諸定義が立てられると、第1に「静止している点は、他の点がどれほど僅かな衝動によってであれ、それに接触するまで近づけられると、この衝動によって動かされるであろう」ということが証明されるであろう。理由は次のとおりである。仮にこの衝動によって全然何ひとつその場所から移動させられないとすると、この衝動の倍の衝動をもってしても、0の2倍は0であるから移動させられないであろう

第15章 | 245

し、同じ理由で、0は何倍しようと常に0であるから、この衝動を何倍に増やした衝動によっても、移動させられることはないであろう。それゆえ静止している点は、どんなに僅かな衝動によってでも退去する、というのでないとしたら、全然退去することはないであろうし、したがって、静止しているものがいつか動かされることは不可能だ、ということになるであろう。

　第2に、「運動している点が、何であれ静止していて、そのうえ非常に硬い物体の1点に、どんなに小さな衝動によってであれぶつかるならば、前者は最初の作用によって、何ほどか退去するよう後者に強いるであろう」ということが証明されるであろう。理由は次のとおりである。所与の衝動がどんなに小さなものであっても、仮に全然何ひとつこの衝動に屈しないとすると、その1つひとつがこの衝動に等しい1つひとつの衝動を持つような点を好きなだけどれほど多くしても、これらの点の衝動にも屈することはないであろう。なぜなら、これらの点はすべて等しい作用をするが、しかしそれらのどの1つをとってもその有する効果は0なので、これらの点が全部いっしょに集まったものも、諸々の点の堆積したもの、すなわち0と同じだけの、0の効果しか持たないであろうから。したがって、いかなる力をもってしても砕くことのできないほど硬い何らかの物体がある、ということになるが、これはつまり、有限な硬さすなわち有限な力が、無限な力に屈しないということであって、これは不合理である。

　系　それゆえ、「静止は惰性的であっていかなる効力も持たず、静止しているものに運動を与えたり運動しているものから運動を取り去ったりするのは、運動のみである」ということが明らかである。

　第3に、「動かすものの休止は、それによって動かされたものに休止を強制しない」ということが証明される。理由は次のとおりである。（本章第1節の第11により）運動しているものは何であれ、反対方

向へ運動するものによって妨げられないかぎり、同一の速さと経路を保ち続ける。しかるに、動かすものの休止が反対方向への運動でないことは明らかである。それゆえ、動かすものが休止しても動いているものが休止するということが必然的結果として起こるわけではない。

　系　それゆえ、妨害や抵抗の除去を運動の原因のうちに数えるのを常としている人々は誤りを犯している。

4．さまざまな運動の考量

さて、運動はさまざまな名目によって区分けされる。

1、・分・割・さ・れ・て・い・な・い（すなわち、いわば1つの点として考量された）物体における運動か、それとも・分・割・さ・れ・た物体における運動かによって。運動がそれに沿って行なわれる経路を線であると仮定する場合は分割されていない物体における運動、物体の個々の部分を部分として考えてそれらの運動を計算する場合は分割された物体における運動である。

2、尺度の違いによって。分割されていないものとしての物体の運動には・等・速運動と・変・速運動とがある。等速運動とは、同じ時間で常に等しい長さの線を通り抜ける運動であり、変速運動とは、通過される空間が時には多く、時には少なくなる場合の運動である。また変速運動には、加速または減速の歩調が同じ比率で進行するものと、そうでないものとがあり、前者の場合、通過された空間は2乗、3乗その他任意の回数によって乗じた比率を持っている。

3、動かすものの数によって。1つの動かすものによって引き起こされる運動と、複数の動かすものの協働作用によって引き起こされる運動とがある。

4、可動体がその上を運ばれる線の、何かある他の線に対する位置によって。これによると、運動には・垂・直運動と・斜・行運動と・平・行運動と

第15章 | 247

がある、と言うことができる。
5、動かされるものに対する動かすものの位置によって。これによる
　　と、運動には推動と牽引とがある。動かすものが可動体を先行させ
　　る場合が推動、可動体を後続させる場合が牽引である。さらに、推
　　動の種類には、動かすものと動かされるものの運動が同時に始まる
　　場合のそれと、動かすものが先に動いて可動体は後から動く場合の
　　それとがあって、前者の種類の推動は推進とも運搬とも言われうる
　　のに対して、後者の種類の推動は衝突と呼ばれる。
6、運動は時として、動かすものが可動体に対して持つ効果のみに関
　　して考量されるが、その場合には運動量と呼びならわされる。しか
　　して運動量とは、抵抗する物体の運動ないし努力を上回る、動かす
　　物体の運動の超過分である。
7、運動は媒体の違いに応じて、真空中の運動と流体中の運動と固体
　　中の運動とがある、というように考量することができる。固体中の
　　運動とは次のような媒体中における運動のことである。すなわち、
　　動かすものに対してこの媒体全体が屈するのでなければそのいかな
　　る部分も屈しないような具合に、その諸部分が何らかの力によって
　　固着・凝集しているような媒体である。
8、可動体が諸部分を有するものとして考量される場合、運動のもう
　　1つの区分が生じる。なぜなら、単純運動と複合運動とがあるから
　　である。可動体の1つひとつの部分が描く1つひとつの線の長さが
　　等しい場合、その運動は単純運動であり、不等な場合、その運動は
　　複合運動である。

5．可動体の最初の努力が向かってゆく経路
　さて、あらゆる努力は次のような方向へ、言いかえれば次のような
経路を通って向かってゆく。すなわち、動かすものが1つであるとし

た場合は、この動かすものの運動が決定する経路、もしくは（動かすものが複数であるとした場合は）動かすもの同士の協働作用から生じる運動が決定する経路である。たとえば、可動体が直線運動によって運ばれるとした場合は、この可動体の最初の努力は直線上にあることになるであろうし、円運動によって運ばれるとした場合は、この可動体の最初の努力もまた円の円周上にあることになるであろう。

6．協働作用による運動においては、動かすもののうちの1つが欠けると、努力はもう1つの動かすものの経路に沿って生じること。円の円周に沿って運ばれている最中にこの円周から引き離される運動体の努力は、接線に沿って生じること

また、可動体が2つの動かすものの協働作用から生じる運動によって、どんな線でもよいから線上を運ばれている最中に、ある点においてこの可動体が一方の動かすものの力から本当に離脱させられるならば、可動体の努力はもう一方の動かすものの線に沿った努力へと変化するであろう。それゆえ、何かある可動体が2つの風の協働作用によって運ばれているとすれば、一方の風が止むと、単独で吹き続けている風によって運ばれる場合の線上でこの可動体は努力し運動するであろう。また円運動の場合、接線に沿って動かすものと、中心から一定の距離に可動体を保持する輻線とによって運動が決定されるので、最初は円の円周上にあったこの可動体の努力は、輻線による保持がなくなったとすると、その後は接線上にのみ、すなわち直線上にあることになろう。なぜなら、努力の値は円周の、与えられうる長さよりも短い部分において、言いかえれば点において測られるので、円周に沿って動く可動体の経路は次のような諸直線から、すなわちその各々が与えられうる長さよりも短く、数においては無限で、そしてそのことのために点と呼ばれているような諸直線から、合成されたものにな

第 15 章 | 249

るだろうからである。それゆえ可動体は、輻線による保持から解放された後は、同一の直線に、すなわち接線に沿って進むであろう。

7．あらゆる努力は無限に継続される

さて、あらゆる努力は、強いものであれ弱いものであれ、無限に継続される。理由は次のとおりである。努力は運動であり、それゆえ努力がもし本当に真空中で生じたとすると、運動体は常に同一の速度で進むであろう。なぜなら、真空と仮定されると、可動体の運動にはいかなる抵抗も加わらないものと仮定され、それゆえ（第9章第7節により）可動体は常に同一の経路に沿って同一の速さで進むだろうからである。また、努力がもし本当に充実中で生じたとすると、それでも努力は運動であるから、その経路上にある直近の障害物が追い立てられて努力をさらに続けるであろうし、この障害物の努力はさらにそれに直近の障害物を追い立てる、というように無限に続くであろう。かくて、充実物の部分から部分への努力の継続は無限に進む。そのうえ、この努力はどれほど遠い距離へも一瞬のうちに到達する。なぜなら、充実した媒体の最初の部分がそれに直近の部分を追い立てるその同じ瞬間に、この第2の部分がさらにそれに直近の障害物を追い立てるからである。それゆえあらゆる努力は、空虚中であれ充実中であれ、どれほど遠い距離へも進むばかりでなく、どんな短い時間においても、ということはつまり、瞬間的に進みもする。また、進んでゆくうちに努力がだんだん弱くなり、ついにはどんな感覚にも感じられないほどになる、などという説は取るに足りない。なぜなら、運動は感覚に刺激を与えることができないほど小さくなることはありえないからである。もっとも、この場で論じられているのは感覚や経験についてではなくて、物事の理についてなのではあるが。

8．動かすものの有する速度かまたは大きさが大きくなるほど、それが突き当たる物体に対する効力は大きくなる

　運動に抵抗する物体に対するそれを動かすものの力は、(大きさが等しければ) より速く運動している動かすものの力のほうが、より遅く運動している動かすものの力よりも大きい。同様に、より大きな動かすものの力のほうが、(速度が等しければ) より小さな動かすものの力よりも大きい。理由は次のとおりである。(大きさが等しければ) より大きな速度で可動体に突き当たるもののほうが、より大きな運動を可動体に刻印する。また、(速度が等しければ) 可動体の同一の点すなわち同一の部分に突き当たるもののうちでは、嵩の大きいもののほうが失う速度は少い。なぜなら、抵抗する物体が作用するのは、動かすものの、この物体が接触する当の部分に対してだけなので、抵抗物は動かすもののこの部分だけの衝動を弱めるが、接触されなかった諸部分はその間も進み続けて、それが何かに触れるに至るまではその力をすべて保ち、そしてその場合この進み続ける諸部分の力は何らかの効果を獲得するからである。それゆえ、たとえば材木で壁を突く場合、壁に対して加わる作用は、太さと速度が同じなら長い材木のほうが短い材木よりも大きく、長さと速度が同じなら太い材木のほうが細い材木よりも大きい。

第16章　加速度運動と等速運動について、ならびに協働作用による運動について

1．可動体の速度は、どのような時間を経る間で計算されようと、時間に衝動を掛けることによって出てくる値である

どんな物体であれ、ある時間を経て運動する物体の速度とは、この当の運動の時間に（この物体がその時点において有する）衝動を掛けて出てきた値に等しい。

なぜなら、速度は（第８章第15節の定義により）可動体が一定の時間で一定の長さの距離を通り抜けることのできる力能であり、これに対して衝動とは、（第15章第２節の第２により）あるただ１つの選び取られた時点における速度のことであるから、すべての衝動を合計したものは１つひとつの時点を経たところで計算された速度と同じもの、言いかえれば時間全体に衝動を掛けたものと、すなわち運動全体の速度そのものと同じものだからである。

　系　仮に衝動がどこでも同一であるとし、また任意の直線を時間の尺度として取るとすれば、この直線の各部分の長さに順々にこの衝動を掛けたものは長方形[1]の面積を示すであろうし、これが各時点における運動全体の速度を表わすであろう。だがもし衝動が静止から始まって均一に、すなわち費された時間と常に同一の比率で増加してゆくとすれば、運動の全体速度は次のような図形の面積によって表わされる

（１）　原語は「平行四辺形」を意味する parallelogrammum であるが、この系の後半の文脈との関係で「長方形」とした。これ以降も、議論の内容が平行四辺形一般に当てはまるか長方形のみに当てはまるかによって、訳語を使い分ける。

であろう。すなわち、1つの側辺の長さが全体の時間、もう1つの側辺の長さがその時間で獲得された最大衝動であるような〔直角〕三角形か、あるいはまた1つの辺の長さが全体の運行時間、これに対して〔この辺と平行でない〕もう1つの辺の長さが最大衝動の半分であるような長方形か、もしくは最後に、1つの辺の長さが最大衝動（すなわち最後に獲得された衝動）とこの同じ最大衝動の半分との比例中項、〔この辺と平行でない〕もう1つの辺の長さが最大衝動の半分であるような長方形かである。なぜなら、この2つの長方形の面積が互いに等しく、かつこれが全体時間の側辺と最大衝動の側辺からなる〔直角〕三角形の面積に等しいことは、『幾何学原本』において証明されているとおりだからである。

2. あらゆる運動において、通り抜けられた距離の長さの相互比率は、衝動を時間に掛けた積同士の比率に等しい〔その1、等速運動の場合〕

あらゆる等速運動において、通過された距離の長さの相互比率は、一方の運動の時間に衝動を掛けた積が、他方の運動の時間に衝動を掛けた積に対して持つ比率に等しい。

たとえば、（図XVI—1において）$\overline{AB}$ は時間であるとし、$\overline{AC}$ は衝動で、可動体はこの衝動によって距離 $\overline{DE}$ を通り抜けるとしよう。また $\overline{AF}$ は時間 $\overline{AB}$ の任意の一部で、この時間部分の間に距離 $\overline{DG}$ が通り抜けられると仮定しよう。また直線 AC に平行で長さの等しい2直線 FH、BI を引こう。$\overline{DE}$ 対 $\overline{DG}$ は、AI、AH をそれぞれ対角線とする長方形の面積同士の比率、すなわち「衝動 $\overline{AC}$ を時間

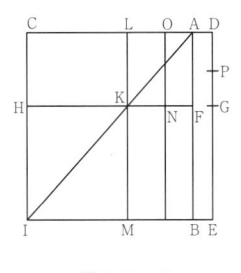

図XVI—1

$\overline{\mathrm{AB}}$ に掛けた積」対「同じ衝動 $\overline{\mathrm{AC}}$ を時間 $\overline{\mathrm{AF}}$ に掛けた積」に等しい、と私は言う。

　理由は次のとおりである。「時間 $\overline{\mathrm{AB}}$ を経る間の速度」対「時間 $\overline{\mathrm{AF}}$ を経る間の速度」は、「時間 $\overline{\mathrm{AB}}$ での通過距離の長さ」対「時間 $\overline{\mathrm{AF}}$ での通過距離の長さ」に等しい。（なぜなら、衝動はどこでも同じと仮定されているので、通過距離の長さ同士は時間同士と同じ比率になるからである。）しかるに、時間 $\overline{\mathrm{AB}}$ 対時間 $\overline{\mathrm{AF}}$ は、「AI を対角線とする長方形の面積」対「AH を対角線とする長方形の面積」に、すなわち「衝動 $\overline{\mathrm{AC}}$ を時間 $\overline{\mathrm{AB}}$ に掛けた積」対「同じ衝動 $\overline{\mathrm{AC}}$ を時間 $\overline{\mathrm{AF}}$ に掛けた積」に等しい。さらに、時間 $\overline{\mathrm{AB}}$ での衝動 $\overline{\mathrm{AC}}$ による通過距離は $\overline{\mathrm{DE}}$ である。それゆえ、時間 $\overline{\mathrm{AF}}$ での衝動 $\overline{\mathrm{AC}}$ による通過距離は $\overline{\mathrm{DG}}$ であろうが、この $\overline{\mathrm{DG}}$ に対して $\overline{\mathrm{DE}}$ が持つ比率は、（仮設により）AI を対角線とする長方形の面積が AH を対角線とする長方形の面積に対して持つ比率と、すなわち「衝動 $\overline{\mathrm{AC}}$ を時間 $\overline{\mathrm{AB}}$ に掛けた積」対「同じ衝動 $\overline{\mathrm{AC}}$ を時間 $\overline{\mathrm{AF}}$ に掛けた積」と同じである。証明終り(2)。

　系　等速運動において、通過距離の長さ同士の比率は、衝動をそれぞれの時間に掛けた積である長方形の面積同士の比率に、ということはつまり（衝動は等しいので）時間同士の比率に等しいことが示されたから、〔距離対距離は時間対時間に等しいという〕この比率を交換して、時間対距離は時間対距離に等しい、ということにもなるであろう。そしてこの場合、第13章で列挙されて証明された比例関係にあるもののあらゆる特性と変形が一般的に妥当する。

（2）　英語版では、この段落における証明の内容が大きく変更されている（付録 4 参照）。

3．同前〔その2、等加速度運動の場合〕

静止から均一に加速された運動の場合（すなわち、衝動が時間と同じ比率で連続的に増加する場合）もまた、「ある時間での通過距離の長さ」対「他のある時間での通過距離の長さ」は、「前者の時間にこの時間を経た時点での衝動を掛けた積」対「後者の時間にこの時間を経た時点での衝動を掛けた積」に等しい。

（同じ図XVI—1において）$\overline{AB}$ を時間とし、この時間の始点 A における衝動は点 A そのものと同じだけの量〔すなわち0〕であるが、時間が進むにつれて衝動は均一に増加し、最終時点 B においては任意の衝動 $\overline{BI}$ が獲得されるまでに至ったとしよう。さらに、他の時間 $\overline{AF}$ があって、この時間の始点 A における衝動は点 A そのものと同じだけの量〔0〕であるが、時間が進むにつれて衝動は均一に増加し、時間 $\overline{AF}$ の最終時点 F においては衝動 $\overline{FK}$ が獲得されるまでに至ったとしよう。しかして、衝動の均一な増加とともに時間 $\overline{AB}$ で通過された距離の長さは $\overline{DE}$ であるとしよう。距離 $\overline{DE}$ 対「時間 $\overline{AF}$ での通過距離」は、「時間 $\overline{AB}$ を衝動 $\overline{BI}$ に掛けた値」対「時間 $\overline{AF}$ を衝動 $\overline{FK}$ に掛けた値」に等しい、と私は言う。

理由は次のとおりである。三角形 ABI の面積は、衝動 $\overline{BI}$ が獲得されるまでの時間 $\overline{AB}$ の間の運動の全体速度であり、三角形 AFK の面積は、衝動 $\overline{FK}$ が獲得されるまでの、衝動の増加してゆく時間 $\overline{AF}$ の間の運動の全体速度である。したがって、距離 $\overline{DE}$ 対「衝動が A における静止から増加して衝動 $\overline{FK}$ の獲得されるに至るまでの時間 $\overline{AF}$ の間に獲得された距離」は、「三角形 ABI の面積」対「三角形 AFK の面積」に等しい、ということはつまり、「時間 $\overline{AB}$ 対時間 $\overline{AF}$」の2乗の比率に当たるであろう。そこで、$\overline{AB}$ 対 $\overline{AF}$ は $\overline{DE}$ 対 $\overline{DG}$ に、さらに $\overline{DE}$ 対 $\overline{DG}$ は $\overline{DG}$ 対 $\overline{DP}$ に等しいとしよう。そうすると、「衝動が増加して $\overline{BI}$ に達するまでの時間 $\overline{AB}$ での通過距離の長さ」対

「衝動が増加して$\overline{\mathrm{FK}}$に達するまでの時間$\overline{\mathrm{AF}}$での通過距離の長さ」は、「三角形ABIの面積」対「三角形AFKの面積」に等しいであろう。しかるに、三角形ABIの面積は、増加して$\overline{\mathrm{BI}}$に達する衝動に時間$\overline{\mathrm{AB}}$を掛けた積であり、三角形AFKの面積は、増加して$\overline{\mathrm{FK}}$に達する衝動に時間$\overline{\mathrm{AF}}$を掛けた積である。それゆえ、「衝動が増加して$\overline{\mathrm{BI}}$に達するまでの時間$\overline{\mathrm{AB}}$での通過距離$\overline{\mathrm{DE}}$」対「衝動が増加して$\overline{\mathrm{FK}}$に達するまでの時間$\overline{\mathrm{AF}}$での通過距離$\overline{\mathrm{DP}}$」は、「時間$\overline{\mathrm{AB}}$をその経過時点での衝動に掛けた積」対「時間$\overline{\mathrm{AF}}$をその経過時点での衝動に掛けた積」に等しい。証明終り。

　系1　等加速度運動において、通過距離の長さは時間の2乗に比例する。なぜなら、距離$\overline{\mathrm{DE}}$対距離$\overline{\mathrm{DP}}$は「三角形ABIの面積」対「三角形AFKの面積」に等しいが、「ABIの面積」対「AFKの面積」は「時間$\overline{\mathrm{AB}}$対時間$\overline{\mathrm{AF}}$」の2乗の比率であるから、$\overline{\mathrm{DE}}$対$\overline{\mathrm{DP}}$もまた「時間$\overline{\mathrm{AB}}$対時間$\overline{\mathrm{AF}}$」の2乗の比率だからである。

　系2　運動の開始当初から次々にとられた等しい時間間隔における各々の通過距離の長さは、等加速度運動の場合、1から始まる〔自然数の〕平方数の数列の階差数列に、すなわち3、5、7、……に等しい比率をなす。なぜなら、第1の時間間隔で通過される距離の長さを1とすると、第2の時間間隔において通過される距離の長さは2の2乗である4、第3の時間間隔において通過される距離の長さは3の2乗である9であり、以下同様であるが、これらの平方数の階差は3、5、7、……だからである。

　系3　「等加速度運動における通過距離の長さ」対「この距離の通過に要するのと同じ時間で、ただしその最終時点で獲得された分の衝動によって等速で通過された距離の長さ」は、「三角形の面積」対「この三角形と共通の高さ・底辺を持つ長方形〔平行四辺形〕の面積」に等しい。なぜなら、（同じ図XVI―1において）三角形ABIの面積に

当たる速度で通過される距離は$\overline{\mathrm{DE}}$であるから、AIを対角線とする長方形の面積に当たる速度で通過される距離がこの当の$\overline{\mathrm{DE}}$の2倍であることは必然的だからである。AIを対角線とする長方形の面積は三角形ABIの面積の2倍なのだから。

4．同前〔時間の2乗の比率で衝動が増加する加速度運動の場合〕

静止状態から、費された時間の2乗の比率で衝動が連続的に増加してゆくように加速された運動の場合もまた、「ある時間での通過距離の長さ」対「他の時間での通過距離の長さ」は、「前者の運動の時間に、この運動を経た時点での衝動を掛けた積」対「後者の運動の時間に、この運動を経た時点での衝動を掛けた積」に等しい。

理由は次のとおりである（図XVI—2において）$\overline{\mathrm{AB}}$は時間であるとしよう。そしてこの時間の始点Aにおいて衝動は点Aそのものと同様〔に0〕であるが、時間の進むにつれて衝動は時間の2乗の比率で連続的に増加し、最終時点Bにおいては衝動$\overline{\mathrm{BI}}$が獲得されるまでに至るとしよう。また、時間$\overline{\mathrm{AB}}$の途中にどの時点でもよいから点Fをとり、この時間〔$\overline{\mathrm{AF}}$〕で獲得された衝動$\overline{\mathrm{FK}}$が、このFに縦の位置において相当するようにしよう。そうすると、$\overline{\mathrm{FK}}$は$\overline{\mathrm{BI}}$に対して、$\overline{\mathrm{AF}}$が$\overline{\mathrm{AB}}$に対して持つ比率の2乗の比率を持つと仮定されているので、$\overline{\mathrm{AF}}$は$\overline{\mathrm{AB}}$に対して、$\overline{\mathrm{FK}}$が$\overline{\mathrm{BI}}$に対して持つ比率の$\frac{1}{2}$乗の比率を持つであろうし、$\overline{\mathrm{AB}}$は$\overline{\mathrm{AF}}$に対して、$\overline{\mathrm{BI}}$が$\overline{\mathrm{FK}}$に対して持つ比率の2乗の比率を持つであろう。そしてそれゆえ点Kは、縦径が$\overline{\mathrm{AB}}$で底辺がBIであるような放物形の放物線上にあることになるであろう。そして同じ理由により、時間を表わす線分ABのどの点においても、この点の

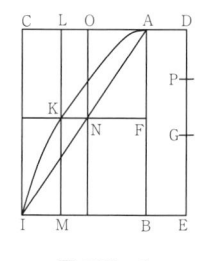

図XVI—2

表わす時点までの時間で獲得された衝動がこの点に相当する〔縦の〕位置にあるようにすれば、この衝動を表示する直線は同じ放物形 AKI の中にあるであろう。それゆえ、全体の時間 $\overline{AB}$ にその経過時点での衝動を掛けた積は放物形 AKIB の面積になるであろうが、これは AM を対角線とする長方形の面積に等しく、そしてこの長方形の一方の辺の長さは時間 $\overline{AB}$ であるが、他方の辺の長さは衝動 $\overline{AL}$ であり、これは衝動 $\overline{BI}$ の 3 分の 2 である。なぜなら、放物形の面積はすべて、それと同じ高さと底辺を持つ長方形の面積の 3 分の 2 に等しいからである。それゆえ、時間 $\overline{AB}$ をつうじての全体速度は、衝動 $\overline{AL}$ を時間 $\overline{AB}$ に掛ければ出てくるので、AM を対角線とする長方形の面積になるであろう。同様に、$\overline{FN}$ が衝動 $\overline{FK}$ の $\frac{2}{3}$ となるような線分 FN をとり、FO を対角線とする長方形を完成する〔ように線分 NO を引く〕とすれば、この長方形の面積は、均一な衝動 $\overline{AO}$ すなわち $\overline{FN}$ を時間 $\overline{AF}$ に掛けることによって出てくるので、時間 $\overline{AF}$ をつうじての全体速度であろう。さらに、時間 $\overline{AB}$ の間に速度 $\overline{AM}$ で通過された距離の長さは、直線 DE の長さである。最後に、時間 $\overline{AF}$ の間に速度 $\overline{AN}$ で通過された距離の長さは、$\overline{DP}$ であると仮定しよう。$\overline{AM}$ 対 $\overline{AN}$ は、あるいは「放物形 AKIB の面積」対「放物形 AKF の面積」は、$\overline{DE}$ 対 $\overline{DP}$ に等しい、と私は言う。$\overline{AM}$ 対 $\overline{FL}$（すなわち $\overline{AB}$ 対 $\overline{AF}$）が $\overline{DE}$ 対 $\overline{DG}$ に等しいとしよう。いま、比率 $\overline{AM}$ 対 $\overline{AN}$ は、比率 $\overline{AM}$ 対 $\overline{FL}$ と比率 $\overline{FL}$ 対 $\overline{AN}$ から合成される。しかるに $\overline{AM}$ 対 $\overline{FL}$ は（仮説により）$\overline{DE}$ 対 $\overline{DG}$ に、また $\overline{FL}$ 対 $\overline{AN}$ は（どちらの場合も時間は同じ、すなわち $\overline{AF}$ であるから）距離 $\overline{DG}$ 対距離 $\overline{DP}$ に等しい。なぜなら、同じ時間で通過された距離の比率は速度の比率に等しいからである。それゆえ、$\overline{AM}$ 対 $\overline{AN}$ は、すなわち「衝動 $\overline{AL}$ をそれに達するまでの時間 $\overline{AB}$ に掛けた積」対「衝動 $\overline{AO}$ をそれに達するまでの時間 $\overline{AF}$ に掛けた積」は、$\overline{DE}$ 対 $\overline{DP}$ に等しい。証明終り。

系1　衝動が時間の2乗の比率で連続的に増加するような加速度運動による通過距離の長さは、その通過時間の3乗の比率をなす。理由は次のとおりである。〔同じ図 XVI—2 において〕、距離 $\overline{DE}$ 対距離 $\overline{DP}$ は、「$\overline{AM}$ を対角線とする長方形の面積」対「$\overline{AN}$ を対角線とする長方形の面積」に等しく、かつ「放物形 ABIK の面積」対「放物形 AFK の面積」に等しい。しかるに、放物形 ABIK の面積は放物形 AKF の面積に対して、時間 $\overline{AB}$ が時間 $\overline{AF}$ に対して有する比率の3乗の比率をなしている。それゆえ、比率 $\overline{DE}$ 対 $\overline{DP}$ もまた $\overline{AB}$ 対 $\overline{AF}$ の3乗の比率である。

　系2　衝動が時間の2乗の比率をなすような加速度運動（すなわち2重加速度運動）において、最初から次々にとられた等しい時間間隔における各々の通過距離の長さは、1から始まる〔自然数の〕立方数の数列の階差数列、すなわち7、19、37、……に等しい比率をなす。なぜなら、第1の時間間隔における距離の長さが1だと仮定すると、第2の時間間隔の終りには距離の長さは8、第3の時間間隔の終りには27、第4の時間間隔の終りには、64、……となるであろうが、これらの距離の数値は〔自然数の〕立法数であって、その階差は、7、19、37、……であるからである。

　系3　衝動が時間の2乗の比率で増加するような加速度運動において、「〔この運動による〕任意の通過距離の長さ」対「この長さの通過に要するのと同じ時間で、ただしその最後に獲得されたのと同じ衝動でどの点も通過される場合の通過距離の長さ」は、「放物形の面積」対「それと同じ高さと底辺を持つ長方形の面積」に、すなわち2対3に等しい。なぜなら、〔同じ図 XVI—2 において〕放物形 ABIK の面積は増加する衝動を時間 $\overline{AB}$ に掛けたものであり、また AI を対角線とする長方形の面積は、その衝動の〔時間 $\overline{AB}$ 経過時点における〕最大値を均一のものとして同じ時間 $\overline{AB}$ に掛けたものであるから、この2つの

運動のそれぞれによる通過距離の長さは、「放物形の面積」対「長方形の面積」すなわち2対3になるからである。

5．同前〔その他の加速度運動の場合〕

　衝動が時間の3乗、4乗、5乗等々の比率で増加するその他の運動を追究したい場合、無際限な労力は不必要になる。なぜなら、単純に〔時間と同じ比率で〕増加する衝動による通過距離の長さと、時間の2乗の比率で増加する衝動によるそれとが計算されたその方法と同じ方法で、時間の3乗、4乗、5乗の比率で増加する衝動による通過距離の長さを計算したければ、そうしてよいだろうからである。

　さらに、衝動が時間の3乗の比率で増加する場合、全体速度は第1の放物形類（これについては次章で述べる[3]）の面積によって表示され、通過距離の長さは時間の4乗の比率をなしていることがわかるであろう。また、衝動が時間の4乗の比率で増加する場合、全体速度は第2の放物形類の面積によって表示され、通過距離は時間の5乗の比率をなしていること、そして以下同じように限りなく続くことがわかるであろう。

6．等速運動で運ばれる2つの可動体が2とおりの長さの距離を通過するとした場合、それらの長さ同士は、時間対時間と衝動対衝動という直接にとられた2つの比率から合成された比率をなすであろう

　等速運動で運ばれる2つの可動体が、どちらもそれ自身の時間と衝動によって、2とおりの長さの距離を通過する場合、それらの長さ同士は、時間対時間と衝動対衝動という、直接にとられた2つの比率か

（3）　実際には第18章第2節で述べられている。

第 16 章 | 261

ら合成された比率をなすであろう。

たとえば、(図XVI―3において) 2つの可動体があって、その一方は時間 $\overline{AB}$ の間衝動 $\overline{AC}$ で、もう一方は時間 $\overline{AD}$ の間衝動 $\overline{AE}$ で等速運動をするとしよう。この2つの可動体の通過距離の長さ同士は $\overline{AB}$ 対 $\overline{AD}$ と $\overline{AC}$ 対 $\overline{AE}$ の2つの比率から合成された比率をなしている、と私は言う。

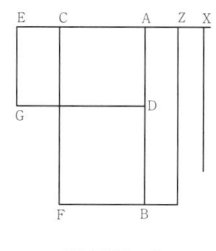

図XVI―3

理由は以下のとおりである。ある可動体が時間 $\overline{AB}$ の間に、衝動 $\overline{AC}$ で任意の距離Zを通過するのに対し、他の可動体は時間 $\overline{AD}$ の間に、衝動 $\overline{AE}$ で距離Xを通過するとしよう。またAF、AGをそれぞれ対角線とする2つの長方形を完成しよう。そうすると（第2節により）Z対Xは、「衝動 $\overline{AC}$ を時間 $\overline{AB}$ に掛けたもの」対「衝動 $\overline{AE}$ を時間 $\overline{AD}$ に掛けたもの」に、すなわち「AFを対角線とする長方形の面積」対「AGを対角線とする長方形の面積」に等しいから、比率Z対Xは、「AFを対角線とする長方形の面積」対「AGを対角線とする長方形の面積」という比率が合成されるのと同じ元の比率から合成されるであろう。しかるに、「AFを対角線とする長方形の面積」対「AGを対角線とする長方形の面積」という比率は、(ユークリッドの『幾何学原本』の中で証明されているように[4])「辺ABの長さ」対「辺ADの長さ」と、「辺ACの長さ」対「辺AEの長さ」との2つの比率から、ということはつまり、時間 $\overline{AB}$ 対時間 $\overline{AD}$ と、衝動 $\overline{AC}$ 対衝動 $\overline{AE}$ との2つの比率から合成される。それえに比率Z対Xも、時間 $\overline{AB}$ 対時間 $\overline{AD}$ と、衝動 $\overline{AC}$ 対衝動 $\overline{AE}$ との2つの比率から合成され

（4）　ユークリッド『幾何学原本』第6巻定理23。

る。証明終り。

系1　2つの可動体の等速運動の場合、時間同士と衝動同士が逆の比率になっているとすれば、通過距離の長さは等しいであろう。理由は次のとおりである。(同じ図XVI—3において) $\overline{AB}$ 対 $\overline{AD}$ が逆に $\overline{AE}$ 対 $\overline{AC}$ に等しいとすると、「AF を対角線とする長方形の面積」対「AG を対角線とする長方形の面積」という比率は、$\overline{AB}$ 対 $\overline{AD}$ と $\overline{AC}$ 対 $\overline{AE}$ という2つの比率から、ということはつまり $\overline{AB}$ 対 $\overline{AD}$ と $\overline{AD}$ 対 $\overline{AB}$ という2つの比率から合成されるであろう。それゆえ、「AF を対角線とする長方形の面積」対「AG を対角線とする長方形の面積」は $\overline{AB}$ 対 $\overline{AB}$ に等しい、つまりこの2つの長方形の面積は等しい、ということになるであろうし、それゆえこの両方の運動において衝動を時間に掛けた積は等しく、したがって Z と X は等しいことになるであろう。

系2　2つの可動体が同じ時間の間、異なった衝動によって運ばれるとした場合、通過距離の長さ同士の比率は衝動対衝動に等しいであろう。なぜなら、両方の運動において時間は $\overline{AD}$ であるとし、さらに互いに異なる衝動は $\overline{AE}$、$\overline{AC}$ であるとすると、「AG を対角線とする長方形の面積」対「DC を対角線とする長方形の面積」という比率は $\overline{AE}$ 対 $\overline{AC}$ と $\overline{AD}$ 対 $\overline{AD}$ の2つの比率から、ということはつまり $\overline{AE}$ 対 $\overline{AC}$ と $\overline{AC}$ 対 $\overline{AC}$ という2つの比率から合成されたものであろうし、それゆえ「AG を対角線とする長方形の面積」対「DC を対角線とする長方形の面積」という比率、すなわち通過距離の長さ対通過距離の長さの比率は、$\overline{AE}$ 対 $\overline{AC}$ すなわち衝動対衝動に等しくなるであろうからである。同様に、2つの可動体が両方とも同じ衝動により等速運動で、ただし異なる時間の間に運ばれるとすると、通過距離の長さ同士の比率は時間同士の比率に等しいであろう。なぜなら、両方の運動において衝動は $\overline{AC}$ であるとし、互いに異なる時間は $\overline{AB}$、

$\overline{\text{AD}}$ であるとすると、「$\overline{\text{AF}}$ を対角線とする長方形の面積」対「$\overline{\text{DC}}$ を対角線とする長方形の面積」という比率は $\overline{\text{AB}}$ 対 $\overline{\text{AD}}$ と $\overline{\text{AC}}$ 対 $\overline{\text{AC}}$ の2つの比率から、ということはつまり $\overline{\text{AB}}$ 対 $\overline{\text{AD}}$ と $\overline{\text{AD}}$ 対 $\overline{\text{AD}}$ という2つの比率から合成されるであろうし、それゆえ「$\overline{\text{AF}}$ を対角線とする長方形の面積」対「$\overline{\text{DC}}$ を対角線とする長方形の面積」という比率、すなわち通過距離の長さ対通過距離の長さは、$\overline{\text{AB}}$ 対 $\overline{\text{AD}}$ すなわち時間対時間に等しくなるであろうからである。

7. 等速運動で運ばれている2つの可動体が2とおりの長さの距離を通過するとした場合、時間同士は、距離の長さ対距離の長さと、これとは逆にとられた衝動対衝動との2つの比率から合成された比率をなすであろう。同様に、衝動同士は、距離の長さ対距離の長さと、これとは逆にとられた時間対時間との2つの比率から合成された比率をなすであろう

2つの可動体が等速運動によって2とおりの長さの距離を通過するとした場合、運行時間同士は、距離の長さ対距離の長さと、これとは逆にとられた衝動対衝動との2つの比率から合成された比率をなすであろう。

たとえば、(同じ図XVI—3において) 所与の2とおりの距離の長さがZとXであるとし、そのうちZは衝動 $\overline{\text{AC}}$ によって、Xは衝動 $\overline{\text{AE}}$ によって通過されたとしよう。それぞれの運行時間は、比率Z対Xと、比率 $\overline{\text{AE}}$ (これによって距離Xの運行が行なわれる) 対 $\overline{\text{AC}}$ (これは距離Zの通過がなされた衝動である) とから合成された比率をなしている、と私は言う。

理由は次のとおりである。AFを対角線とする長方形の面積は衝動 $\overline{\text{AC}}$ を時間 $\overline{\text{AB}}$ に掛けて得られた積であるから、距離Zを通過する運行の時間は、AFを対角線とする長方形の面積を直線ACの長さで割

ることで出てくる長さであろう。しかるに、それは $\overline{AB}$ という長さであるから、ほかならぬ $\overline{AB}$ が距離 Z を通過する運行の時間である。同様に、AG を対角線とする長方形の面積は衝動 $\overline{AE}$ を時間 $\overline{AD}$ に掛けて得られた積であるから、距離 X を通過する運行の時間は、AG を対角線とする長方形の面積を直線 $\overline{AE}$ の長さで割ることで出てくる長さであろう。しかるにそれは $\overline{AD}$ という長さであるから、$\overline{AD}$ が距離 X を通過する運行の時間である。しかるに $\overline{AB}$ 対 $\overline{AD}$ は、「AF を対角線とする長方形の面積」対「AG を対角線とする長方形の面積」と、衝動 $\overline{AE}$ 対衝動 $\overline{AC}$ との2つの比率から合成された比率をなしている。このことは次のようにして示される。AF、AG、DC をそれぞれ対角線とする3つの長方形を順に置くとしよう。すると「AF を対角線とする長方形の面積」対「DC を対角線とする長方形の面積」という比率が、「AF を対角線とする長方形の面積」対「AG を対角線とする長方形の面積」と、「AG を対角線とする長方形の面積」対「DC を対角線とする長方形の面積」との2つの比率から合成されたものであることは明らかである。しかるに、「AF を対角線とする長方形の面積」対「DC を対角線とする長方形の面積」は $\overline{AB}$ 対 $\overline{AD}$ に等しい。それゆえ、比率 $\overline{AB}$ 対 $\overline{AD}$ もまた、「AF を対角線とする長方形の面積」対「AG を対角線とする長方形の面積」と、「AG を対角線とする長方形の面積」対「DC を対角線とする長方形の面積」との2つの比率から合成される。そして「AF を対角線とする長方形の面積」対「AG を対角線とする長方形の面積」は Z 対 X に等しく、「AG を

---

(5) 底本・英語版ともここが AD となっている（なおかつ英語版は、この直後の文の冒頭の「しかるにそれは $\overline{AD}$ という長さであるから」(ea vero longitudo est AD) に当たるべき which line is AD を脱落させて、論旨を完全に混乱させている）が、AE が正しいことは明らかなので、訳文では訂正した。

対角線とする長方形の面積」対「DC を対角線とする長方形の面積」は衝動 $\overline{\text{AE}}$ 対衝動 $\overline{\text{AC}}$ に等しいから、比率 $\overline{\text{AB}}$ 対 $\overline{\text{AD}}$ は、距離 Z 対距離 X と、衝動 $\overline{\text{AE}}$ 対衝動 $\overline{\text{AC}}$ との2つの比率から合成されたものとなるであろう。証明終り。

　上と同じ理由で次のことが立証されうる。すなわち、等速運動による2つの運行において、衝動同士は、通過距離の長さ対通過距離の長さと、これとは逆にとられた時間対時間との2つの比率から合成された比率をなしている、ということである。

　なぜなら、(同じ図XVI—3において) $\overline{\text{AC}}$ は距離 Z が通過される時間、$\overline{\text{AB}}$ はその際の衝動であると仮定し、また $\overline{\text{AE}}$ は距離 X が通過される時間、$\overline{\text{AD}}$ はその際の衝動であると仮定したとすると、上の節における証明と同じようにして証明が進行するからである。

8．**同時に等速運動をもって動かすような、任意の角度で出会っている2つの動かすものによって1つの可動体が運行するとした場合、この可動体の通過する線は、2直角に対するこの角の補角の対辺をなすような直線となるであろう。**

　ともに等速直線運動をしていて、どんな角度でもよいからある所与の角度で出会っている2つの同時に動かすものによって1つの可動体が運行するとした場合、この可動体の通過する線は直線となるであろう。

　たとえば（図XVI—4において）等速直線運動で動かすもの AB があって、これが位置 CD に達するまで動くものとし、さらに同じく等速直線運動で動かす他のもの AC があって、これは動かすもの AB と、どんな角でもよいからある所与の角 CAB をなすとしよう。そして、AB が CD まで動

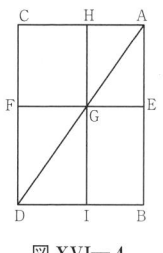

図XVI—4

くのと同時に、ACはBD[6]まで動くものと考えよう。さらに、ABとACの出会っている点Aに可動体が置かれたとしよう。この可動体の描く線は直線である、と私は言う。

　理由は次のとおりである。直線ADを対角線とする平行四辺形ABDC[7]を完成し、かつ直線AB上に任意の点Eをとり、Eから2直線AC、BDに平行な直線EFを引き、これがADに交わる点をGとしよう。また、Gを通って2直線AB、CDに平行な直線HIを引こう。そして時間の尺度としてACをとったとしよう。そうすると、ABからCDへ向かう運動とACからBDへ向かう運動とは両方同時に行なわれるので、ABがCD上にある時には、可動体もまたCD上にあるであろう。さらに、ACがBD上にある時には、可動体もまたBD上にあるであろう。しかるに、ABがCD上にあるのは、ACがBD上にあるのと同時にであるから、可動体はCD上とBD上に同時にあり、それゆえ共通の点Dにある。さらに、ACからBDへと向かう運動は等速運動である、ということはつまり、通過された空間同士はその通過にかかった時間同士と同じ比率をなしているから、ACがEF上にある時には、比率$\overline{AB}$対$\overline{AE}$は$\overline{EF}$対$\overline{EG}$と、すなわち時間$\overline{AC}$対時間$\overline{AH}$と同じであろう。それゆえ、ACがEF上にある時、同時にABはHI上にあるであろうから、可動体はEF上とHI上に同時にあり、したがって点Gにあるであろう。点EがAとBの間のどこに置かれても、これと同じようになるであろう。それゆえ、可動体は常に対角線AD上に見出されるであろう。証明終り。

　系　上のことから、運動が等速でなくても、両方の運動が相似的に

---

(6)　底本・英語版ともDBとなっているが、誤解のないようBDに改めた。
(7)　底本はABCDとなっているが、英語版に合わせてABDCに改めた。

加速されてさえいれば、同じ直線 AD が〔可動体によって〕通過される
ことが明らかである。なぜなら、比率 $\overline{AB}$ 対 $\overline{AE}$ は相変らず $\overline{AC}$ 対 $\overline{AH}$ と同じであろうから。

9. 1つの可動体が2つの同時に動かすものによって運行し、この2つの動かすもののうち1つは等速運動で、もう1つは加速度運動で動かすとした場合、「可動体の通過距離の長さ」対「通過がなされるのにかかる時間」という比率を数によって説明することが可能であるとすれば、という条件で、可動体の通過する線を見出すこと

どんな角度でもよいからある所与の角度で出会っている2つの同時に動かすものによって1つの可動体が運行するものとし、かつこの2つの動かすもののうち1つは等速運動をするが、もう1つは静止から等加速度運動によって（すなわち、衝動同士が時間同士と同じ比率を、言いかえれば、距離の長さ同士が時間同士の比率の2乗の比率をなすように）運動して、等速運動のほうの衝動に等しい衝動を加速によって獲得するまでに至るものとするならば、可動体がその上を運行する線は、最終的に獲得された衝動の値の長さを持つ直線を底辺とする半放物形の曲線部分となるであろう。

たとえば、（図 XVI—5 において）直線 AB があって、これが等速運動で CD に達するまで動くものと考え、さらに別の動く直線すなわち AC があって、これは直線 AB が CD まで動くのと同時に BD まで動くが、ただしそれは等加速度運動によって、すなわち通過された空間同士が絶えず時間同士の2乗の比率をなしているような運動によってであり、この等加速度運動によって獲得された衝動は直線 AC の長さに等しい $\overline{BD}$

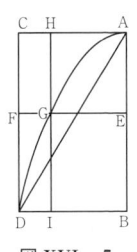

図 XVI—5

となるまでに至るものとしよう。そうすると、半放物形 AGDB が生じるであろう。同時に動かす2つのもの双方の協働作用によって、可動体が半放物曲線 AGD を通過するようになる、と私は言う。

平行四辺形 ABDC を完成し、直線 AB 上に任意の点 E をとり、この点 E から直線 EF を引き、これが曲線と交わる点を G としよう。そして、点 G を通って2直線 AB、CD に平行な直線 HI を引こう。そうすると、比率 $\overline{AB}$ 対 $\overline{AE}$ は、仮定により比率 $\overline{EF}$ 対 $\overline{EG}$ の、ということはつまり時間 $\overline{AC}$ 対時間 $\overline{AH}$ という比率の2乗の比率であるから、AC が EF 上にある時には AB は HI 上にあるであろう。それゆえ可動体は EF と HI の共通点 G にあるであろう。これと同様のことが、点 E を A と B の間のどの位置にとるとしても生じる。それゆえ、可動体は常に放物線 AGD 上に見出されるであろう。証明終り。

10. 同　前〔続き〕

どんな角度でもよいからある所与の角度で出会っている2つの同時に動かすものによって1つの可動体が運行するものとし、かつこの2つの動かすもののうち1つは等速運動をするが、もう1つは静止から等速運動のほうの衝動に等しい衝動を獲得するに至るまで、通過距離の長さ同士の比率がこの通過のなされる時間同士の3乗の比率にどこでもなるような仕方で加速されるものとするならば、可動体がその上を運行する線は、最終的に獲得された衝動の値の長さを持つ直線を底辺とする、2つの比例中項による第1の半放物線類曲線となるであろう。

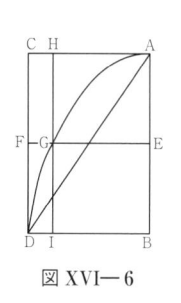

たとえば、（図 XVI―6 において）直線 AB があって、これが等速運動で CD に達するまで動くものとし、さらに他の動かすもの AC があって、

図 XVI―6

これは直線 AB が CD まで動くのと同時に BD まで動くが、ただしそれは通過距離の長さ同士の比率がどこでも時間同士の比率の3乗の比率をなすような加速度運動によってであり、しかしてこの運動によって最終的に獲得された衝動は直線 AC の長さに等しい $\overline{BD}$ であるとしよう。そうすると、2つの比例中項による第1の半放物線類曲線 AGD が生じるであろう。同時に動かす2つのもの双方の協働作用によって、可動体がこの曲線 AGD を通過するようになる、と私は言う。

平行四辺形 ABDC を完成し、直線 AB 上に任意の点 E をとり、この点 E から直線 EF を引き、これが曲線と交わる点を G としよう。そして、点 G を通って2直線 AB、CD に平行な直線 HI を引こう。そうすると、比率 $\overline{AB}$ 対 $\overline{AE}$ は（仮定により）比率 $\overline{EF}$ 対 $\overline{EG}$ の、ということはつまり時間 $\overline{AC}$ 対時間 $\overline{AH}$ という比率の3乗の比率であるから、AC が EF 上にある時には AB は HI 上にあるであろう。それゆえ可動体は EF と HI の共通点 G にあるであろう。また、これと同様のことが、点 E を（A と B の間の）どの位置にとったとしても証明される。したがって、可動体は常に曲線 AGD 上にあるであろう。証明終り。

11. 同　前〔続き〕

上と同じ方法により、1つは等速運動をし、もう1つは数によって説明されうるような空間対時間の比率に従って加速された、協働作用によって動かす2つのものの作用を受けた1つの可動体の通過する線がどのような線かを、どんな場合でも示すことができる。比率が数によって説明されうるとは、たとえば2乗、3乗等々の比率である場合や、どんな分数によってであれ何分の何乗の比率というように表わすことができるような場合をいう。さて、その規則は次のようなものである。

距離の長さと時間の比率の2つの数を合計し、この合計数が分数の分母、距離の長さのほうの数がその分子であるとしよう。この分数を第17章第3節の表のうちに探し求めてみよ。そうすると、求める線はその左側に記入されている三線図形の曲線部に当たる線であり、第何番目のそれかという種類はその分数自身の真上に付されている番号になる。たとえば、一方は等速で運動し、もう一方は空間対時間が5対3の比率をなすような加速度運動によって運動する2つの動かすものの協働作用があるとしよう。5と3からの合計数を分母とし、5を分子とする分数を作ろう。したがってこの分数とは$\frac{5}{8}$である。表を頼りに$\frac{5}{8}$を探せば、4つの比例中項による三線図形と記入されている列に、かつこの列の中では三番目に見出されるであろう。それゆえ、このような2つの動かすものの協働作用によって通過される線は、4つの比例中項による第3の放物線類曲線であろう。

12. 同　前〔続き〕

　等速で動かすものと、どんな加速の仕方であれ加速度運動によって動かすものとの協働作用によって運動が生じるとした場合、等速で動かすものがその運動方向に平行な個々の間隔において可動体を推進する度合は、両方の運動が等速である場合よりも小さく、しかも加速度運動の加速度が大きくなればなるほど小さくなるであろう。

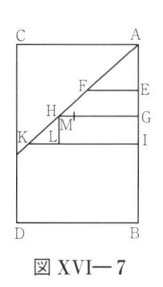

　たとえば、(図XVI—7において)可動体がAにおかれていて、これが2つの動かすものによって動かされるとし、この2つの動かすもののうちの1つは等速運動によって直線ABからこれに平行な直線CDへと向かい、これに対してもう1つは、どんな加速度でもよいから加速度運動によって直線ACからそれに平行な直線BDへと向かうとしよう。そ

図XVI—7

して平行四辺形 ABDC の内部に、任意の2つの平行線 EF、GH に挟まれた空間をとろう。動かすもの AC が EF と GH に挟まれた幅を通り抜ける間に可動体が AB から CD の方へと推進される度合は、AC から BD への運動が等速であったとした場合よりも小さい、と私は言う。

　理由は次のとおりである。AC から BD の方へと動かすものの力によって可動体が平行線 EF まで下降するのと同時に、AB から CD へと動かすものの力で同じ可動体が EF 上の任意の点 F に達する、と仮定しよう。直線 AF を引き、これをさらに長さを決めずに延長して、この延長線が GH と H で交わるようにしよう。そうすると、$\overline{\mathrm{AE}}$ 対 $\overline{\mathrm{AG}}$ は $\overline{\mathrm{EF}}$ 対 $\overline{\mathrm{GH}}$ と等しいので、AC が BD の方へと等速で下降しさえすれば、可動体は（AC とその平行線が時間の尺度とされているから）時間 $\overline{\mathrm{GH}}$ を経た時点で、点 H に見出されるであろう。しかるに、AC は BD の方へと常に加速度運動で、とうことはつまり時間対時間よりも空間対空間の比率のほうが大きくなるように運動すると仮定されているので、可動体は時間 $\overline{\mathrm{GH}}$ の経過時点でどれかもっと先の平行線上に、たとえば GH と BD の間にあるであろう。そこで、可動体は時間 $\overline{\mathrm{GH}}$ の終りには平行線 IK 上にあるとして、IK 上に GH そのものと長さの等しい直線 IL をとろう。そうすると、可動体は平行線 IK 上にある時には点 L にあるであろう。それゆえ、可動体は平行線 GH 上にあったときには G と H の間のどこかの点に、たとえば M にあった。しかるに、両方の動かすものの運動がともに等速運動であったときには、可動体はほかならぬ点 H にあった。それゆえ、動かすもの AC が EF と GH に挟まれた幅を通過する間に、可動体は両方の運動が等速であるとした場合によりも少く、AB から CD の方へと推進される。証明終り。

13. 同　前〔続き〕

　所与の長さの距離が所与の時間で等速運動によって通過されるとして、これと同じ時間で等加速度運動によって、すなわち通過距離の長さ同士がどこでも時間同士の2乗の比率をなすような運動によって、しかも最終的に獲得された衝動が時間に等しくなるような仕方で、通過される距離の長さを求めよ。

　（図XVI―8において）距離 $\overline{AB}$ が等速運動により時間 $\overline{AC}$ で通過されるとしよう。これと同じ時間で等加速度運動により、最終的に得られる衝動が直線 AC の長さと等しくなるような仕方で通過される、他の距離の長さを求めなければならない。

　長方形 ABDC を完成し、辺 BD を点 E で 2 等分し、また E と D の間に、$\overline{BF}$ が $\overline{BE}$ と $\overline{BD}$ の比例中項となるような点 F をとろう。そして線分 AF を引いて、これを辺 CD の延長線に出会うまで延長し、この出会う点を G として、長方形 ACGH を完成しよう。$\overline{AH}$ が求める距離の長さである、と私は言う。

　理由は次のとおりである。2乗比率対単純比率の関係が、$\overline{AH}$ 対他の値、たとえば、$\overline{AH}$ 対 $\overline{AI}$ に等しいとしよう。そうすると、$\overline{AI}$ は $\overline{AH}$ の半分であろう。また、直線 AC に平行な直線 IK を引き、これが対角線 AD と交わる点が K、直線 AG と交わる点が L だとしよう。そうすると、$\overline{AI}$ は $\overline{AH}$ の半分であるから、$\overline{IL}$ もまた $\overline{BD}$ の半分であろう、ということはつまり $\overline{BE}$ に等しいであろうし、また $\overline{IK}$ は $\overline{BF}$ に等しいであろう。なぜなら、$\overline{BD}$（ということはつまり $\overline{GH}$）、$\overline{BF}$、$\overline{BE}$（ということはつまり $\overline{IL}$）は連続的に比例しているので、$\overline{AH}$、$\overline{AB}$、$\overline{AI}$ もまた連続的に比例しているだろうからである。しかるに、$\overline{AB}$ 対 $\overline{AI}$ すなわち $\overline{AH}$ 対 $\overline{AB}$

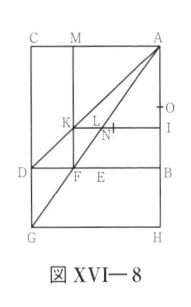

図XVI―8

は $\overline{\text{BD}}$ 対 $\overline{\text{IK}}$ に等しく、また $\overline{\text{GH}}$（ということはつまり $\overline{\text{BD}}$）対 $\overline{\text{BF}}$ にも等しい。それゆえ、$\overline{\text{BF}}$ と $\overline{\text{IK}}$ は等しい。さらに、比率 $\overline{\text{AH}}$ 対 $\overline{\text{AI}}$ は比率 $\overline{\text{AB}}$ 対 $\overline{\text{AI}}$ の、すなわち比率 $\overline{\text{BD}}$ 対 $\overline{\text{IK}}$ あるいは $\overline{\text{GH}}$ 対 $\overline{\text{IK}}$ の2乗の比率であるから、点 K は $\overline{\text{AH}}$ を縦径とし、さらに AC に長さの等しい GH を底辺とする放物線上にあるであろう。それゆえ、A における静止から等加速度運動により時間 $\overline{\text{AC}}$ で進み、その間の通過距離の長さが $\overline{\text{AH}}$ であるような可動体は、時間 $\overline{\text{AC}}$ に等しい衝動 $\overline{\text{GH}}$ を獲得するであろう、言いかえれば、この衝動によって可動体は時間 $\overline{\text{AC}}$ でまさに距離 $\overline{\text{AH}}$[8] を通過するであろう。それゆえ、所与の長さの距離が〔所与の時間で等速運動によって通過されるとして、これと同じ時間で等加速度運動によって、すなわち、通過距離の長さ同士がどこでも時間同士の2乗の比率をなすような運動によって、しかも最終的に獲得された衝動が時間に等しくなるような仕方で、通過される距離の長さが見出された〕[9]。そしてこれが意図されていたことであった。

14. 同　前〔続き〕

所与の長さの距離が所与の時間で等速運動によって通過されるとして、これと同じ時間で、通過距離の長さ同士がどこでも時間同士の3乗の比率をなすような加速度運動によって、しかも最終的に獲得された衝動がこの所与の時間に等しくなるような仕方で、通過される距離の長さを求めよ。

（8） 底本・英語版ともここが AC となっているが、いずれも初版本の誤植を引きずったのではないかと思われ、AH（$\overline{\text{AH}}$）が正しいことは明らかなので、訳文では訂正した。
（9） 底本では、〔　〕内は「等々」（etc.）となっている。これは本節冒頭の段落とほとんど同じ文の繰り返しだからであるが、証明問題ではなく値を求める問題であるために完全な同文とはならないので、〔　〕内を補った。

（図 XVI―9 において）所与の距離 $\overline{\text{AB}}$ が等速運動により時間 $\overline{\text{AC}}$ で通過されたとしよう。同じ時間で、ただしどこでも通過距離の長さ同士が通過のなされる時間の 3 乗の比率をなすような加速度運動によって、最終的に獲得された衝動が所与の時間〔$\overline{\text{AC}}$〕に等しくなるような仕方で通過される距離の長さを、さらに求めなければならない。

長方形 ABDC を完成し、辺 BD を点 E で、$\overline{\text{BE}}$ の長さが BD 全体の長さの 3 分の 1 となるように分割して、D と E の間に、$\overline{\text{BF}}$ が $\overline{\text{BD}}$ と $\overline{\text{BE}}$ の比例中項となるような点 F をとろう。さらに直線 AF を引いて、これを直線 CD に出会うまで延長し、この出会う点を G としよう。そして長方形 ACGH を完成しよう。$\overline{\text{AH}}$ が求める距離の長さである、と私は言う。

理由は次のとおりである。3 乗比率対単純比率の関係が、$\overline{\text{AH}}$ 対他の値、たとえば $\overline{\text{AH}}$ 対 $\overline{\text{AI}}$ に等しいとしよう。そうすると、$\overline{\text{AI}}$ は AH 全体の長さの 3 分の 1 であろう。直線 AC に平行な直線 IK を引き、これが対角線 AD と交わる点が K、直線 AG と交わる点が L だとしよう。次に、$\overline{\text{AB}}$ 対 $\overline{\text{AI}}$ が $\overline{\text{AI}}$ 対他の値、たとえば $\overline{\text{AI}}$ 対 $\overline{\text{AN}}$ に等しくなるように、点 N を〔辺 AB 上に〕とろう。そして、点 N から AC に平行な直線 NQ を〔辺 CD 上の点 Q まで〕引き、この NQ が AG、AD と交わる点をそれぞれ P、M、また FK の延長線と交わる点を O としよう。最後に、直線 BN に長さが等しく平行な直線 FO と、直線 IN に長さが等しく平行な直線 LM を引こう。以上のように作図すると、$\overline{\text{AH}}$、$\overline{\text{AB}}$、$\overline{\text{AI}}$、$\overline{\text{AN}}$ は連続的に比例している通過距離の長さとなるであろう。同様に、時間 $\overline{\text{GH}}$、$\overline{\text{BF}}$、$\overline{\text{IL}}$、$\overline{\text{NP}}$ も、すなわち $\overline{\text{NQ}}$、$\overline{\text{NO}}$、$\overline{\text{NM}}$、$\overline{\text{NP}}$ も連続的に比例しており、その比率は $\overline{\text{AH}}$、$\overline{\text{AB}}$、$\overline{\text{AI}}$、$\overline{\text{AN}}$ のなす比率と同じであ

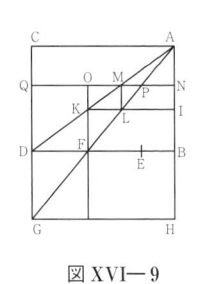

図 XVI―9

ろう。したがって、比率 $\overline{AH}$ 対 $\overline{AN}$ は比率 $\overline{BD}$ 対 $\overline{NP}$ すなわち $\overline{NQ}$ 対 $\overline{NP}$ と同じであり、そして比率 $\overline{NQ}$ 対 $\overline{NP}$ は比率 $\overline{NQ}$ 対 $\overline{NO}$ の、すなわち比率 $\overline{BD}$ 対 $\overline{IK}$ の3乗の比率である。それゆえ、距離 $\overline{AH}$ 対距離 $\overline{AN}$ という比率は時間 $\overline{BD}$ 対時間 $\overline{IK}$ という比率の3乗の比率である。それゆえ、$\overline{AH}$ を縦径とし $\overline{AC}$ に等しい長さの線分 $\overline{GH}$ を底辺とする、2つの比例中項による第1の三線図形の曲線部分は、点Oを通るであろう。したがって、$\overline{AH}$ は時間 $\overline{AC}$ で通過され、かつ $\overline{AC}$ に等しい $\overline{GH}$ を最終的に獲得された衝動として有するであろうし、どんな時間で獲得された距離の長さ同士の比率も時間そのもの同士の比率の3乗の比率になっている。それゆえ、求めなければならなかった距離の長さは $\overline{AH}$ であろう。

　同じ方法により、所与の時間で等速運動によって通過される距離の長さが与えられたとすると、同じ時間で、時間同士の比率の4乗、5乗の比率であるような距離の長さ同士の比率に従って加速される加速度運動によって通過された距離の長さを求めることができ、これはこの比率が何乗になっても、どこまでも同じく可能である。その理由は次のとおりである。辺BDを点Eで、$\overline{BD}$ 対 $\overline{BE}$ が4対1になるように分割し、DとEの間に、$\overline{FB}$ が $\overline{BD}$ と $\overline{BE}$ の比例中項となるような点Fをとるとした場合、なおかつ $\overline{AH}$ 対 $\overline{AB}$ が $\overline{AB}$ 対第3の値に等しく、さらにこの第3の値対第4の値にも、第4の値対第5の値 $\overline{AN}$ にも等しく、その結果比率 $\overline{AH}$ 対 $\overline{AN}$ は比率 $\overline{AH}$ 対 $\overline{AB}$ の4乗の比率になるものとしよう。そうすると、長方形NBFOを完成すれば、3つの比例中項による第1の三線図形の曲線部分は点Oを通るであろうし、したがって可動体は時間 $\overline{AC}$ の間に、この $\overline{AC}$ そのものに等しい衝動 $\overline{GH}$ を獲得するであろう。そして、このことは他の場合にも、すなわち $\overline{BD}$ 対 $\overline{BE}$ が何対1に分割されても同様であろう。

15. 同　前〔続き〕

　通過距離の長さ同士の比率が時間同士の比率に対して、任意の数対任意の数という関係になっているとした場合にも、その運動によってある時間で通過された距離の長さが、上と同じ方法で求められる。

　たとえば、（図 XVI—10 において）可動体 A が等速運動によって B に到達する時間が $\overline{AC}$ であるとして、長方形 ABDC を完成すれば、可動体が A から同じ時間 $\overline{AC}$ で、通過距離の長さ同士がどこでも時間同士の1.5乗の比率をなしているような、すなわち前者の比率対後者の比率が3対2になっているような加速度運動によって通過するであろう距離の長さを求めなければならない。

　辺 BD を点 E で、$\overline{BD}$ 対 $\overline{BE}$ が3対2になるように分割し、D と E の間に、$\overline{BF}$ が $\overline{BD}$ と $\overline{BE}$ の比例中項となるような点 F をとり、直線 AF を引いて、これを辺 CD〔の延長線〕と出会うまで延長し、この出会う点を G としよう。そして〔長方形 ACGH を完成し〕、H と B の間に、$\overline{AM}$ が $\overline{AH}$ と $\overline{AB}$ の比例中項となるような点 M をとり、$\overline{AM}$ 対 $\overline{AB}$ が $\overline{AB}$ 対 $\overline{AI}$ に等しくなるような点 I を AB 上にとろう。そうすると、比率 $\overline{AH}$ 対 $\overline{AI}$ は比率 $\overline{AH}$ 対 $\overline{AB}$ の1.5乗の比率であり（なぜなら、これらの比率のうち $\overline{AH}$ 対 $\overline{AM}$ は1、比率 $\overline{AH}$ 対 $\overline{AB}$ は2、比率 $\overline{AH}$ 対 $\overline{AI}$ は3という関係であるから）、それゆえ比率 $\overline{GH}$ 対 $\overline{BF}$ の1.5乗の比率でもあり、また（BI に平行で、AD を K で切り分ける直線 FK を引けば）比率 $\overline{GH}$ 対 $\overline{IK}$ すなわち $\overline{BD}$ 対 $\overline{IK}$ の1.5乗の比率でもある。それゆえ、距離 $\overline{AH}$ と $\overline{AI}$ は、時間 $\overline{BD}$ と $\overline{IK}$ の比率に対して、3対2であるような比率をなしており、したがって、可動体が時間 $\overline{AC}$ の間に上述のように加速されて $\overline{AC}$ に等しい衝動 $\overline{HG}$ を獲得するに至るとした場合、この同じ時間で通過され

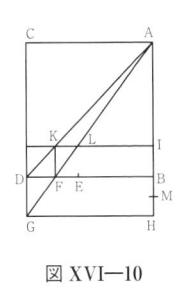

図 XVI—10

た距離の長さは $\overline{\text{AH}}$ であろう。

16. 同　前〔続き〕

しかして、距離の長さ同士の比率が時間同士の比率に対して4対3の関係であったとすれば、$\overline{\text{AH}}$ と $\overline{\text{AB}}$ の間に2つの比例中項をとらなければならず、またこれらの値の比率をさらにもう1項続けて、$\overline{\text{AH}}$ 対 $\overline{\text{AB}}$ がこの比率3つ分を、$\overline{\text{AH}}$ 対 $\overline{\text{AI}}$ がその4つ分を持つようにしなければならず、さらにその他の項も前の項と同じようにして最後まで行かなければならない。もっとも、所与の2つの線の長さの間に任意の中項を介在させる仕方をまだ述べていなかった。しかしこれは次のように一般的に示すことができる。「ある時間と、この時間で等速運動により通過された距離の長さとが与えられているとした場合、たとえば $\overline{\text{AC}}$ が時間、$\overline{\text{AB}}$ が距離の長さだとすると、同じ時間 $\overline{\text{AC}}$ で任意の加速度運動により通過される距離 $\overline{\text{CG}}$ すなわち $\overline{\text{AH}}$ を決定する直線 AG は、BD に次のような点 F で交わるであろう。すなわちこの F とは、$\overline{\text{BF}}$ が $\overline{\text{BD}}$ と、BD の部分 BE の長さ $\overline{\text{BE}}$ との間にあって、距離の長さ対距離の長さの比率がどこでも時間対時間の比率に対して、「BD 全体の長さ〔$\overline{\text{BD}}$〕」対「部分 BE の長さ〔$\overline{\text{BE}}$〕」と同じ関係になっているようにとられた比例中項となるような、そのような点である。」

17. 同　前〔続き〕

可動体が所与の時間で2とおりの長さの距離を、一方は等速運動によって、他方は距離の長さ対時間の任意の比率で加速される運動によって通過し、さらにこの時間の一部で同じ2つの運動により同じ2とおりの距離の長さの一部を通過するものとすれば、一方の通過距離の長さ全体の他方の通過距離の長さ全体に対する超過分は、一方の長さの部分の他方の長さの部分に対する超過分と同じ比率をなすであろ

う。

　たとえば、(図XVI―8において)距離$\overline{AB}$が時間$\overline{AC}$で等速運動によって通過され、かつ同じ時間で距離$\overline{AH}$が、最終的に獲得された衝動が$\overline{AC}$に等しい$\overline{GH}$となるような等加速度運動によって通過されるとしよう。しかして、AH上に任意の部分AIをとり、時間$\overline{AC}$の一部で等速運動によって$\overline{AI}$が通過されるものとしよう。さらに、時間$\overline{AC}$の同じ一部で等加速度運動によって$\overline{AB}$が通過されると考えよう。$\overline{AH}$対$\overline{AB}$は$\overline{AB}$対$\overline{AI}$に等しい、と私は言う。

　ACに平行で、ADをKで切り分ける直線IKを引き、長方形AIKMを完成しよう。さらにIKをNで2等分し、NとKの間に、ILがINとIKの比例中項となるような点Lをとろう。そうすると、ほかならぬ直線AG上に直線ALが引かれるであろう(なぜなら、IKは点N、Lにおいて、BDは点E、Fにおいて、同じ比率で分割されるから)。それゆえ、ALをMKの延長線と出会うまで延長すれば、その出会う点はFであろうし、ABをOで2等分すれば、$\overline{IK}$対$\overline{IN}$は$\overline{AB}$対$\overline{AO}$に等しいであろう。そうすると、$\overline{IL}$は$\overline{IK}$と$\overline{IN}$の比例中項であるから、$\overline{AI}$も$\overline{AB}$とその半分である$\overline{AO}$との比例中項であろう。しかるに、$\overline{AB}$は$\overline{AH}$とそれの半分である$\overline{AI}$との比例中項である。それゆえ、$\overline{AH}$対「$\overline{AH}$と$\overline{AI}$の比例中項$\overline{AB}$」は、$\overline{AB}$対「$\overline{AB}$と$\overline{AO}$の比例中項$\overline{AI}$」に等しく、それゆえ「$\overline{AB}$(すなわち$\overline{BH}$)に対する$\overline{AH}$の超過分」対「$\overline{AI}$に対する$\overline{AB}$の超過分$\overline{BI}$」に等しい。証明終り。同様の証明により、この定理は数によって説明可能な他のどのような加速率においても同じく立証することができる[10]。

---

(10) 英語版ではこの段落における証明の内容が大きく変更され、かつ系が付せられている(付録5参照)。

18. 同　前〔続き〕

　任意の平行四辺形において、角を挟む2つの辺が同時にそれぞれの対辺に向かって運動し、一方の運動は等速運動であるのに対して他方の運動は等加速度運動であったとすれば、等速運動で動くほうの辺が全体の長さにわたってのその協働作用によって行なう働きは、仮に他方の辺もまた等速で運動するが、同じ時間での通過距離の長さは全体とその半分との比例中項であるとした場合に行なうであろう働きと同じである。

　(図XVI—11において) 平行四辺形は ABDC であるとし、さらに辺 AB は等速運動によって CD にあるようになるまで運動するものとしよう。また、この運動の時間は $\overline{AC}$ すなわち $\overline{BD}$ であるとしよう。さらに、これと同じ時間で AC が等加速度運動によって BD にあるようになるまで運動すると考えよう。次に、AB を点 E で2等分し、B と E の間に、$\overline{AF}$ が $\overline{AB}$ と $\overline{AE}$ の比例中項となるような点 F をとろう。そして AC そのものに平行な直線 FG を引き、辺 AC はまた上と同じ時間で、等速運動によって FG にあるようになるまで運動すると考えよう。AC の運動が BD にまで至る等加速度運動である場合に、A に置かれた可動体の速度に対して AB 全体が寄与する度合は、辺 AC の運動が同じ時間で FG にまで至る等速運動である場合に部分 AF が寄与する度合と同じである、と私は言う。

　理由は次のとおりである。$\overline{AF}$ は AB 全体の長さ $\overline{AB}$ とその半分である $\overline{AE}$ との比例中項であるから、AC から BD までの等加速度運動によって最終的に獲得された運動衝動は（第13節により）$\overline{BD}$ そのものである。それゆえ直線 FB の長さは、等加速度運動によって通過された AC からの距離の長さが、どこでも $\overline{BD}$ そのものに等しい衝動を持った等速運

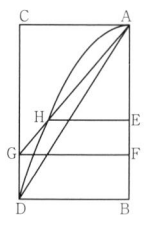

図XVI—11

動によって同じ時間で通過された同じ AC からの距離の長さを超える
その超過分である。それゆえ、仮に AC が等速で FG まで運動するの
と同じ時間で AB 全体が等速で CD まで運動するものとすれば、部分
FB は、 FG 上に存すると前提されている辺 AC の運動と出会わない
ので、 AC の運動には何の寄与もしない。さらに、辺 AC は等加速度
運動によって BD まで動くと前提されているので、辺 AB が CD まで
の等加速度運動によって可動体を〔辺 AC の〕個々の平行線上におい
て推進する度合は、等速運動の場合よりも小さく、しかも加速度が大
きくなるほどその分だけ小さくなるであろう（このことは第12節で示し
たとおりである）。それゆえ、 AC が加速度運動によって FG 上にある
時、可動体は辺 CD 上で点 G ではなく、点 D にあるであろう。した
がって $\overline{GD}$ は、 BD までの加速度運動によって生じた距離の長さが
FG までの等速運動によって生じた距離の長さを超える超過分であ
る。それゆえ、可動体はその加速度によって部分 AF の作用を逃が
れ、その結果たしかに時間 $\overline{AC}$ で辺 CD に到達するが、しかしその間
の〔図の縦方向の〕距離 $\overline{CD}$ は距離 $\overline{AB}$ に等しい。それゆえ、時間 $\overline{AC}$
で〔縦方向に〕AB 全体の長さを〔可動体が〕動く間に AB から CD ま
で至る等速運動が、 AC から DB まで等加速度運動する可動体に対し
て作用している度合は、 AC が同じ時間で等速運動によって FG まで
動くとした場合よりも大きいわけではない。違いはただ次の点にのみ
存する。すなわち、 AC から FG まで等速運動する可動体に対して
AB が作用する場合には、加速度運動が等速運動を超過する分は全部
いっしょに FB あるいは GD 上にあって、その値は $\overline{FB}$ すなわち $\overline{GD}$
であるが、加速度運動する可動体に同じ AB が作用する場合には、加
速度運動が等速運動を超過する分は、 AB あるいは CD の全長にわ
たって散在するが、しかしそのすべてを集約した値は同じ $\overline{FB}$ すなわ
ち $\overline{GD}$ に等しくなる、という点である。それゆえ、任意の平行四辺形

第 16 章 | 281

において、等々。証明終り。

19. 同　前〔続き〕

通過距離の長さ同士がその長さの通過される時間同士に対して、数によって説明されうる他のどのような比率を有するとした場合でも、どこでもよいから通過距離の長さ同士の比率の通過のなされる時間同士の比率に対する関係に $\overline{AB}$ 対 $\overline{AE}$ が等しくなるように、辺 AB を点 E で分割し、かつ B と E の間に、$\overline{AF}$ が $\overline{AB}$ と $\overline{AE}$ の比例中項となるような点 F をとるならば、等速運動で動く辺が全長 $\overline{AB}$ にわたるその協働作用により、他の同じく等速な運動があって同じ時間 $\overline{AC}$ でのその通過距離の長さが上の比例中項 $\overline{AF}$ であるとした場合と、ちょうど同じだけの作用を引き起こすということを、上と同じ方法で示すことができる。

協働作用による運動についてはこれだけにしておく。

---

(11) 結論として本節冒頭の段落と同じ文を繰り返すべきところを、証明文の定型に従って省略したもの。
(12) 1655年の初版本では第20節（付録6参照）が印刷されていたが、刊行直前に削除されてこの一文に置き換えられた。

第17章　欠如図形について

1．欠如図形・完全図形・補形・比例的比率・可通約的比率の定義

　等速で運動しながら同時に減少していって、ついには全体が消滅するに至るような何かある量から生じると考えられる図形を、私は欠如図形と呼ぶ。

　欠如図形が生じるのと同じ時間で、上と同じだが〔減少せずに〕常に全面的に備わっている量から生じる図形を、この欠如図形に対応する完全図形と私は呼ぶ。

　欠如図形に付加されると完全図形そのものを作るような図形は、この欠如図形の補形である。

　第１の比率と第２の比率の関係が、第３の比率と第４の比率の関係に等しいような４つの比率は、比例的比率である。

　たとえば、第１の比率が第２の比率の２乗の比率であり、さらに第３の比率が第４の比率の２乗の比率であるとすると、これらの比率は比例的比率と言われる。

　これに対して、順序数同士が持つ比率をお互い同士の間で持つような比率は、可通約的比率である。たとえば、所与の比率に対してある比率がその２乗の比率であるのに対して他のある比率がその３乗の比率であるとすると、２乗の比率は３乗の比率に対して２対３、所与の比率に対しては２対１という関係になるであろう。それゆえ私は、この３つの比率を可通約的比率と呼ぶ。

2．欠如図形の面積の、その補形の面積に対する比率[1]

　どこでも比例的かつ可通約的な比率に従い、消滅するまで連続的に減少してゆく量から生じた欠如図形の面積の、その補形の面積に対す

る関係は、「高さ全体」対「任意の時間で減少した高さ」という比率の、「図形を描く全体量」対「同じ時間で減少したこの同じ量」という比率に対する関係に等しい。

　長方形 ABDC[2]（図 XVII－1）を描き、底辺 AB が CD まで平行に運動し、この運動をしながら連続的に減少していって、点Cにおいて消滅するに至るような具合になっていると考えよう。そして、「減少したABの長さ」対「完全な AB そのものの長さ」という比率がどこでも比率 $\overline{AC}$ 対 $\overline{AG}$ と同じか、もしくはどこでもそれの2乗、3乗あるいはその他の何であれ「比率対比率」の比率をなしているとしよう。$\overline{AB}$ がこのようにして減少してゆく間、点Bは何かある線を、たとえば BEFC を描くとしよう。

いま私は次のように言う。すなわち、比率 $\overline{AC}$ 対 $\overline{AG}$ が比率 $\overline{AB}$ 対 $\overline{GE}$ と同じであるとした場合には、「空間 ABEFC の面積」対「空間 DCFEB の面積」は1対1に等しいが、比率 $\overline{AC}$ 対 $\overline{AG}$ が比率 $\overline{AB}$ 対 $\overline{GE}$ の2乗の比率であるとした場合には、「空間 ABEFC の面積」対「空間 DBEFC の面積」は2対1に等しく、3乗の比率であるとした場合には3対1に

図 XVII－1

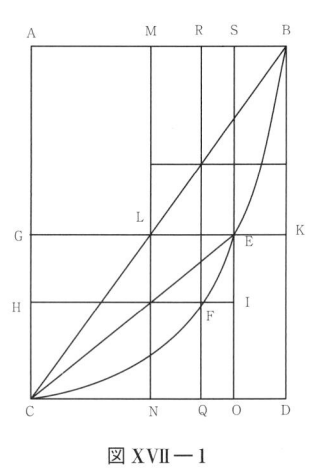

（1）　この節の最初のラテン語版と英語版は、底本と内容が大きく異なっている（付録7、付録8参照）。
（2）　底本では ABCD となっているが、図に従って訳文では訂正した。

等しく、以下同様である、と。

補助定理 1

　動点の速度が増大する比率と同じ比率で、同時に、すなわち等しい時間でこの動点が通過する空間も増大する。

補助定理 2

　2 直線の間に無数の算術的中項あるいは幾何学的中項が介在しているとした場合、どちらの中項も多さに関しては異ならない。

　長方形 ABDC（図 XVII－1）において、辺 AB は辺 CD に向かって平行移動し、かつ動きながら減少していって、ついには点 C において消滅するに至ると考えよう。そしてこのような運動によって図形 ABEFC が描かれ、その補形 DCFEB が残るとしよう。その線 BEFC は減少してゆく AB の端 B によって描かれる線である。さらに、これと同時に辺 AC が辺 BD に向かって等速で動くと考えよう。それゆえ CD を時間の尺度とみなすことができる。さらに、ほかならぬこの CD に平行で、一方の端は線 BEFC 上に、他方の端は直線 AC 上にあるような諸直線は、 AB が CD に、また AC が BD に向かって動いてゆく時間の諸部分の尺度であろう。

　いま、直線 CD 上に点 O をどこでも好きなようにとり、また、辺 BD に平行で線 BEFC と E で交わり、かつ直線 AB を S で切り分ける直線 OS を引こう。さらに、 CD 上に好き勝手にとられた点 Q から、同じ辺 BD に平行で線 BEFC と F で交わり、かつ AB を R で切り分ける直線 QR を引こう。加えて、 CD に平行で AC をそれぞれ G と H で切り分ける直線 EG と FH を引こう。最後に、直線 BEFC のすべての点を通って、これらと同じような平行線が引かれたと仮定しよう。

さて私は次のように言う。すなわち、「直線 QF、OE、DB が描かれるとともに他のすべての直線も同じ仕方で生じる、そのそれぞれの速度すべての合計」対「直線 HF、GE、AB その他の長さによって表示された諸々の時間の合計」は、「平面 DCFEB の面積」対「平面 ABEFC の面積」に等しい、と。理由は次のとおりである。AB が線 BEFC に沿いつつ長さを減じていって時間 $\overline{CD}$ において点 C で消滅するように、(AB そのものに長さの等しい) CD も同じ線 CFEB に沿いつつ長さを減じていって、上と同じ時間で点 B で消滅し、その間に AC に長さの等しい直線 DB が描かれる。それゆえ、AC と DB の描かれる速度は互いに等しい。さらに、点 O が直線 OE を描くのと同じ時間で、点 S は直線 SE を描くから、$\overline{OE}$ 対 $\overline{SE}$ は「OE の描かれる速度」対「SE の描かれる速度」に等しいであろう。そして同じ理由により、$\overline{QF}$ 対 $\overline{RF}$ は「QF の描かれる速度」対「RF の描かれる速度」に等しいであろうし、これらに平行なすべての直線についても同じことが言えるであろう。それゆえ、辺 AB に平行で線 BEFC 上に端を持つ諸直線が時間の尺度であるように、辺 BD に平行で同じ線 BEFC 上に端を持つ諸直線は速度の尺度である。なぜなら、(補助定理 1 により) 速度が増大するのと同じ比率で、同じ時間で通過される諸直線すなわち QF、OE、BD 等々の長さも増大するからである。

　さて、上述の諸線 QF、OE、BD 等々の全部が平面 DBEFC を構成し、諸線 HF、GE、AB 等々の全部、ということはつまり ES、FR、CA 等々の全部が、平面 ACFEB を構成している。これらの諸線の長さのうち、$\overline{QF}$、$\overline{OE}$、$\overline{BD}$ 等々の全部は速度の合計であり、$\overline{HF}$、$\overline{GE}$、$\overline{AB}$ 等々の全部は時間の合計である。したがって、「速度の合計」対「時間の合計」は、「補形 DBEFC の面積」対「図形 ABEFC の面積」に等しい。それゆえ、比率 $\overline{DB}$ 対 $\overline{OE}$ がいかなる場合も比率 $\overline{AB}$ 対 $\overline{GE}$ の、また比率 $\overline{OE}$ 対 $\overline{QF}$ がいかなる場合も比率 $\overline{GE}$ 対 $\overline{HF}$

の（たとえば）3乗の比率であることがたしかであったとすれば、逆に比率 $\overline{OE}$ 対 $\overline{BD}$ は比率 $\overline{GE}$ 対 $\overline{AB}$ の、比率 $\overline{OF}$ 対 $\overline{OE}$ は比率 $\overline{HF}$ 対 $\overline{GE}$ の $\frac{1}{3}$ 乗の比率になるであろう。それゆえ、$\overline{QF}$、$\overline{OE}$、$\overline{BD}$ 等々の全部の合計は、$\overline{HF}$、$\overline{GE}$、$\overline{AB}$ 等々の全部の合計の3分の1である（補助定理2による）。したがって、「欠如図形とその補形が描かれる速度の合計」対「それらが描かれる時間の合計」は、「この補形そのものの面積」対「欠如図形の面積」に、すなわち「補形 DBEFC の面積」対「図形 ABEFC の面積」に等しい。証明終り。

3．長方形の内部に描かれた欠如図形の面積がその補形の面積に対して持つ比率を表に明示する

上の命題により、（底辺の長さが連続的に減少してゆく比率が、高さの減少してゆく比率に比例している）すべての欠如図形の面積を、その補形の大きさと、したがってまた完全図形の大きさと比較することができる。そして、それは次の表にあるようになっていることがわかるであ

	1、	2、	3、	4、	5、	6、	7
長方形…………………………	1	:	:	:	:	:	:
直線のみの囲む三角形…………	$\frac{1}{2}$	:	:	:	:	:	:
1つの比例中項による三線図形…	$\frac{2}{3}$	:	:	:	:	:	:
2つの比例中項による三線図形…	$\frac{3}{4}$	$\frac{3}{5}$	:	:	:	:	:
3つの比例中項による三線図形…	$\frac{4}{5}$	$\frac{4}{6}$	$\frac{4}{7}$	:	:	:	:
4つの比例中項による三線図形…	$\frac{5}{6}$	$\frac{5}{7}$	$\frac{5}{8}$	$\frac{5}{9}$	:	:	:
5つの比例中項による三線図形…	$\frac{6}{7}$	$\frac{6}{8}$	$\frac{6}{9}$	$\frac{6}{10}$	$\frac{6}{11}$	:	:
6つの比例中項による三線図形…	$\frac{7}{8}$	$\frac{7}{9}$	$\frac{7}{10}$	$\frac{7}{11}$	$\frac{7}{12}$	$\frac{7}{13}$	:
7つの比例中項による三線図形…	$\frac{8}{9}$	$\frac{8}{10}$	$\frac{8}{11}$	$\frac{8}{12}$	$\frac{8}{13}$	$\frac{8}{14}$	$\frac{8}{15}$

ろう。この表においてはまず第1に、長方形の面積と諸々の三線図形のそれとが比較されているのであるが、これらの三線図形のうちの第1のものは直線のみの囲む三角形であって、これは高さの減少が常に底辺の長さの減少と同じ比率になるように長さの減じてゆく直線を底辺として生じる。それゆえ、直線のみの囲む三角形の面積はその補形の面積に等しい。言いかえれば、高さの減少率と底辺の長さのそれとが常に1対1である。したがって、この三角形の面積は長方形のそれの半分であるということになる。2つめの三線図形は、いかなる場合も高さの$\frac{1}{2}$乗の比率をなすように長さの減じてゆく底辺によって生じるもので、それゆえ欠如図形の面積はその補形の面積の2倍、長方形の面積の3分の2であろう。その次には、高さの減少率が底辺の長さの減少率の3乗の比率であるようなケースがありうるが、その場合欠如図形の面積はその補形の面積の3倍、長方形の面積の4分の3であろう。さらに、高さの減少率が底辺の長さの減少率の1.5乗であるようなケースもありうるが、その場合欠如図形の面積はその補形の面積の2分の3、長方形の面積の5分の3であろう。そしてこれ以降も、既掲の表にあるように、比例中項が多くなるにつれて、ということはつまり〔底辺の長さの減少に対する高さの減少の〕比率が増すにつれて、同じように続くであろう。たとえば、「高さの減少率」対「底辺の長さの減少率」がいかなる場合も5対2になるように底辺の長さが減少するとした場合に、長方形の面積を1とおいて、この長方形の面積に対する生じた図形の面積がいくつになるか、という問題があるとする。5項の比率がとられる場合、比例中項は4つであるから、4つの比例中項による三線図形の行を見、次に（〔5対2の〕2という数により）表の上のほうの2番目の列を見よ。この横の行と縦の列の交わるところで$\frac{5}{7}$が得られ、この数字は、「欠如図形の面積」対「長方形の面積」が$\frac{5}{7}$対1、すなわち5対7であることを示している。

4．これらの図形の描出と産出

さて、上述の諸々の三線図形の性質をよりよく理解するために、どのようにしてそれらを点によって描くことができるかを示そう。そしてまず第1に、表の第1列にある諸々の三線図形についてそうしよう。(図 XVII－2 において) 任意の長方形 ABCD を描き、対角線 BD を引けば、長方形の半分の面積を持つ、直線のみで囲まれた三角形 BCD を得る。次に辺 BC に平行な直線 EF を複数引き、これらが対角線 BD と交わる点を G としよう。そして、いかなる場合も $\overline{EF}$ 対 $\overline{EG}$ が $\overline{EG}$ 対 $\overline{EH}$ となるように他の諸点 H をとり、点 H の全部を通る線 DHHB を引こう。そうすると、三線図形 BHHDC を得るであろうが、これを1つの比例中項による三線図形と私が呼ぶのは、$\overline{EF}$、$\overline{EG}$、$\overline{EH}$ という3つの比例項のうちで中項はただ1つ、すなわち $\overline{EG}$ だけだからである。そしてこの三線図形の面積は長方形の面積の $\frac{2}{3}$ である、すなわちこの図形は放物形である。さらに、$\overline{EG}$ 対 $\overline{EH}$ が $\overline{EH}$ 対 $\overline{EI}$ に等しくなるように他の点 I をとり、線 BIID を引こう。そうすると、三線図形 BIIDC が得られるであろうが、この図形の面積は長方形の面積の4分の3である。そしてこの図形は何人かの人々によって立方放物形と呼ばれている。同様にして、EF 上にとられた比率がさらにその後も続いてゆくとすれば、第1列のその他の諸々の三線図形が現れるであろう。このことが真であることは次のようにして示されるであろう。底辺 DC に平行な諸直線、たとえば HK、GL を引こう。そうする

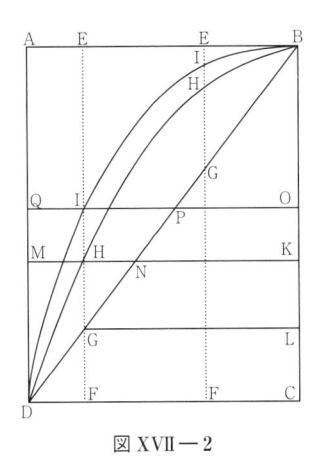

図 XVII－2

と、$\overline{EF}$ 対 $\overline{EH}$ は $\overline{EF}$ 対 $\overline{EG}$ の、すなわち $\overline{BC}$ 対 $\overline{BL}$ の、ということはつまり $\overline{CD}$ 対 $\overline{LG}$ すなわち $\overline{KM}$ 対 $\overline{KH}$ の 2 乗の比率をなしているから、$\overline{BC}$ 対 $\overline{BK}$ は $\overline{KM}$ 対 $\overline{KH}$ の 2 乗の比率をなすであろう。しかるに、$\overline{BC}$ 対 $\overline{BK}$ は $\overline{DC}$ 対 $\overline{KN}$ すなわち $\overline{KM}$ 対 $\overline{KN}$ に等しい。それゆえ、KM 対 KN は KM 対 KH の 2 乗の比率をなし、しかもこのことは、〔底辺に〕平行な直線 KM がどこに置かれてもそうである。それゆえ、図形 BHHDC の面積はその補形 BHHDA の面積の 2 倍であり、したがって長方形全体の面積の $\frac{2}{3}$ である。同様にして、線 OPIQ を引けば、比率 $\overline{OQ}$ 対 $\overline{OP}$ すなわち $\overline{BC}$ 対 $\overline{BO}$ は比率 $\overline{OQ}$ 対 $\overline{OI}$ の 3 乗の比率であり、それゆえ図形 BIIDC の面積はその補形 BIIDA の面積の 3 倍、したがって長方形全体の面積の 4 分 3 である、ということを示すことができ、以降も同様である。

　第 2 に、任意の斜めの列にある三線図形を描くためには、次のようなやり方をしなければならない。（図 XVII－3 において）BD を対角線とする長方形 ABCD があるとしよう。私はこの長方形の内部に、既掲の表の中で 3 つの比例中項による三線図形と呼んでいる三線図形を描きたい。そこで私は DC に平行で BD と G で交わる直線 EF を必要な本数だけ引き、F と G の間に、$\overline{EH}$、$\overline{EI}$、$\overline{EK}$ が $\overline{EF}$ と $\overline{EG}$ の 3 つの比例中項となるような 3 つの点 H、I、K をとる。そうしておいて点 H の全部を通る線を引けば、件の三線図形の第 1 のものである図形 BHDC が生じるであろうし、点 I の全部を通る線を引けば、件の三線図形の第 2 のものである BIDC が生

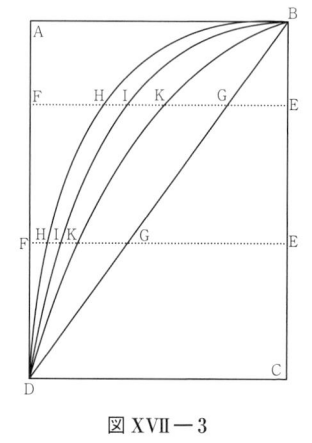

図 XVII－3

じるであろうし、また点 K の全部を通る線を引けば、第 3 の三線図形 BKDC が生じるであろう。この 3 つの図形のうちの第 1 のものの面積は、(比率 $\overline{EF}$ 対 $\overline{EG}$ が比率 $\overline{EF}$ 対 $\overline{EH}$ の 4 乗の比率であるから) その補形の面積に対しては 4 対 1、長方形の面積に対しては 4 対 5 となるであろう。第 2 の図形の面積は、(比率 $\overline{EF}$ 対 $\overline{EG}$ が比率 $\overline{EF}$ 対 $\overline{EI}$ に対して 4 対 2 の関係であるから) その補形の面積の 2 倍、長方形の面積の $\frac{4}{6}$ すなわち 3 分の 2 であろう。第 3 の図形の面積は、(比率 $\overline{EF}$ 対 $\overline{EG}$ が比率 $\overline{EF}$ 対 $\overline{EK}$ に対して 4 対 3 の関係にあるので) その補形の面積の 3 分の 4 すなわちそれに対して 4 対 3、長方形の面積の 7 分の 4 すなわちそれに対して 4 対 7 であろう。

　描かれた三線図形のうちの任意のものを延長したいだけ延長することは、次のような仕方で可能である。(図 XVII－4 において) 長方形 ABCD があって、直前の図〔図 XVII－3〕にあったのと同じ図形 BKDC が、すなわち 3 つの比例中項による第 3 の三線図形がこの長方形の内部に描かれているとしよう。BD をどこでもよいから E まで延長して、底辺 DC と平行になるように直線 EF を引き、これが AD の延長線と交わる点を G としよう。いま、線分 GE 上に

図 XVII－4

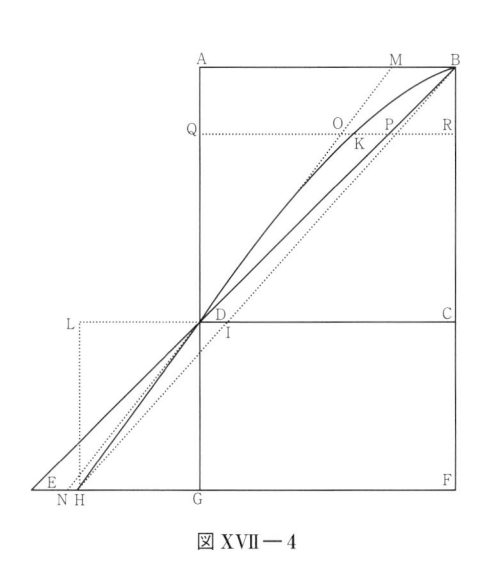

第 17 章 | 291

点 H をとり、比率 $\overline{FE}$ 対 $\overline{FG}$ が比率 $\overline{FE}$ 対 $\overline{FH}$ の 4 乗の比率になるようにしよう（$\overline{FH}$ が $\overline{FE}$ と $\overline{FG}$ の間に置かれた 3 つの比例中項のうちの最大のものであるとすればそうなるであろう）。そうすると、曲線 BKD の延長線は点 H を通過するであろう。なぜなら、直線 BH を引いて、これが CD と交わる点を I とし、また直線 GD に平行な直線 HL を引いて、これが CD の延長線に出会う点を L とすれば、$\overline{CL}$ 対 $\overline{CI}$ は $\overline{FE}$ 対 $\overline{FG}$ に等しい、ということはつまり、$\overline{FE}$ 対 $\overline{FH}$ の、すなわち $\overline{CD}$ 対 $\overline{CI}$ の 4 乗の比率をなすであろうから、点 H は BKD 自身の発生の仕方に従って延長された線 BKD の延長線上にあるからである。

5．これらの図形の接線

さて、上述の諸図形のうちの任意のものに、任意の点において接線が引かれるのは、次のような仕方によってである。（図 XVII－4 において）線 BKDH に点 D で接する接線を引かなければならないとしよう。点 B、D を直線で結び、また BC に長さが等しく平行な直線 DA を引こう。そして、例として 3 つの比例中項による第 3 の三線図形が置かれているから、AB 上に 3 つの点を、それらによって AB そのものが長さの互いに等しい 4 つの部分に分割されるようにとり、この諸部分のうちの 3 つをとってその全体を AM としよう。したがって、$\overline{AB}$ 対 $\overline{AM}$ は「図形 BKDC の面積」対「その補形の面積」に等しくなる。こうしておいて直線 MD を引けば、MD は点 D で図形 BKDH に接する。理由は次のとおりである。AB と DC の間にどこでもよいからこの両直線に平行な直線 RQ を引き、これが直線 BD、曲線 BD、直線 MD、直線 AD とそれぞれ点 P、K、O、Q で交わるものとしよう。そうすると、$\overline{RK}$ は（仮設により）$\overline{RQ}$ と $\overline{RP}$ の間の 3 つの幾何学的比例中項の最小項であろう。それゆえ（第13章第26節により）、$\overline{RK}$ は $\overline{RO}$ よりも小さい。したがって、直線 MD は図形 BKDH の外

部にある。いま、MDをFE上の点Nまで延長しよう。そうすると、$\overline{FN}$は$\overline{FE}$と$\overline{FG}$の間の3つの算術的比例中項の最大項であり、$\overline{FH}$はこれまた同じ$\overline{FE}$と$\overline{FG}$の間の3つの幾何学的比例中項の最大項であろう。それゆえ、(第13章第26節で言われたことにより)$\overline{FH}$は$\overline{FN}$よりも小さいであろう。したがって、DNも図形BKDHの外部にあって、直線MNはただ1点Dにおいてこの図形に接している。

6．これらの図形の面積は、同じ高さと底辺の長さを持つ、直線のみで囲まれた三角形の面積をどのような比率で超過しているか

「欠如図形の面積」対「その補形の面積」の比率がわかれば、「直線のみで囲まれた三角形の面積」対「この欠如図形の面積がこの三角形の面積を超えているその超過分の面積」という比率もまた知られる。この比率の表が添付されたのはそのゆえである。この表において、たとえば5つの比例中項による第4の三線図形の面積が、この図形と同じ高さと底辺の長さを持つ三角形の面積をどれだけ超えているかを問うとすれば、4列目が「5つの中項による三線図形」の行と交わると

	1、	2、	3、	4、	5、	6、	7、
三角形 ……………………………	1	:	:	:	:	:	:
1つの比例中項による三線図形の超過分…	$\frac{2}{3}$	:	:	:	:	:	:
2つの比例中項による三線図形の超過分…	$\frac{2}{4}$	$\frac{1}{5}$	:	:	:	:	:
3つの比例中項による三線図形の超過分…	$\frac{3}{5}$	$\frac{2}{6}$	$\frac{1}{7}$	:	:	:	:
4つの比例中項による三線図形の超過分…	$\frac{4}{6}$	$\frac{3}{7}$	$\frac{2}{8}$	$\frac{1}{9}$	:	:	:
5つの比例中項による三線図形の超過分…	$\frac{5}{7}$	$\frac{4}{8}$	$\frac{3}{9}$	$\frac{2}{10}$	$\frac{1}{11}$	:	:
6つの比例中項による三線図形の超過分…	$\frac{6}{8}$	$\frac{5}{9}$	$\frac{4}{10}$	$\frac{3}{11}$	$\frac{2}{12}$	$\frac{1}{13}$	:
7つの比例中項による三線図形の超過分…	$\frac{7}{9}$	$\frac{6}{10}$	$\frac{5}{11}$	$\frac{4}{12}$	$\frac{3}{13}$	$\frac{2}{14}$	$\frac{1}{15}$

ころに $\frac{2}{10}$ を見出すであろう。これはこの三線図形の面積が上述の三角形の面積を $\frac{2}{10}$ すなわち $\frac{1}{5}$ だけ超えていることを意味している。

7、円筒形の内部に描かれた立体欠如図形の表

さらに、円錐形および上の諸々の三線図形による擬円錐の体積の、円筒形の体積と比較しての関係は、次の表のようになっている。たとえば、第2列が4つの比例中項による三線図形の行と交わるところには $\frac{5}{9}$ が見出されるが、このことから、「4つの比例中項による第2の三線図形による擬円錐の体積」対「〔これと同じ高さ・底面積の〕円筒形の体積」は $\frac{5}{9}$ 対1、すなわち5対9と考えられなければならない。

	1、	2、	3、	4、	5、	6、	7、
円筒形………………………	1	:	:	:	:	:	:
円錐形………………………	$\frac{1}{3}$	:	:	:	:	:	:
1つの比例中項による三線図形の擬円錐…	$\frac{2}{4}$	:	:	:	:	:	:
2つの比例中項による三線図形の擬円錐…	$\frac{3}{5}$	$\frac{3}{7}$	:	:	:	:	:
3つの比例中項による三線図形の擬円錐…	$\frac{4}{6}$	$\frac{4}{8}$	$\frac{4}{10}$	:	:	:	:
4つの比例中項による三線図形の擬円錐…	$\frac{5}{7}$	$\frac{5}{9}$	$\frac{5}{11}$	$\frac{5}{13}$	:	:	:
5つの比例中項による三線図形の擬円錐…	$\frac{6}{8}$	$\frac{6}{10}$	$\frac{6}{12}$	$\frac{6}{14}$	$\frac{6}{16}$	:	:
6つの比例中項による三線図形の擬円錐…	$\frac{7}{9}$	$\frac{7}{11}$	$\frac{7}{13}$	$\frac{7}{15}$	$\frac{7}{17}$	$\frac{7}{19}$	:
7つの比例中項による三線図形の擬円錐…	$\frac{8}{10}$	$\frac{8}{12}$	$\frac{8}{14}$	$\frac{8}{16}$	$\frac{8}{18}$	$\frac{8}{20}$	$\frac{8}{22}$

8．これらの図形の体積は、同じ高さと底面積を持つ円錐形の体積をどのような比率で超過しているか

最後に、上の諸々の三線図形による擬円錐の体積が、それらと同じ高さと底面積を持つ円錐形の体積を超えているその超過分は、次の表

のうちで得られる。

	1	2	3	4	5	6	7
円錐形………………………………	1	:	:	:	:	:	:
1つの比例中項による三線図形の擬円錐の、円錐形を超える超過分……	$\frac{6}{12}$	:	:	:	:	:	:
2つの比例中項による三線図形の擬円錐の、円錐形を超える超過分……	$\frac{12}{15}$	$\frac{6}{21}$	:	:	:	:	:
3つの比例中項による三線図形の擬円錐の、円錐形を超える超過分……	$\frac{18}{18}$	$\frac{12}{24}$	$\frac{6}{30}$	:	:	:	:
4つの比例中項による三線図形の擬円錐の、円錐形を超える超過分……	$\frac{24}{21}$	$\frac{18}{27}$	$\frac{12}{33}$	$\frac{6}{39}$	:	:	:
5つの比例中項による三線図形の擬円錐の、円錐形を超える超過分……	$\frac{30}{24}$	$\frac{24}{30}$	$\frac{18}{36}$	$\frac{12}{42}$	$\frac{6}{48}$	:	:
6つの比例中項による三線図形の擬円錐の、円錐形を超える超過分……	$\frac{36}{27}$	$\frac{30}{33}$	$\frac{24}{39}$	$\frac{18}{45}$	$\frac{12}{51}$	$\frac{6}{57}$	:
7つの比例中項による三線図形の擬円錐の、円錐形を超える超過分……	$\frac{42}{30}$	$\frac{36}{36}$	$\frac{30}{42}$	$\frac{24}{48}$	$\frac{18}{54}$	$\frac{12}{60}$	$\frac{6}{66}$

9．長方形の内部の平面欠如図形を、「この欠如図形の面積」対「これと同じ長さの底辺と高さを持つ三角形の面積」が「他の（平面または立体）欠如図形の面積または体積の2倍」対「この（平面または立体）欠如図形そのものの面積または体積を、それが内部に描かれている完全図形の面積または体積といっしょにしたもの」に等しくなるように描くには、どうしたらよいか

（図XVII―5におけるように）直前のところで述べた諸々の欠如図形

のうちの任意の1つである ABCD が、BE を対角線とする長方形〔ABCE〕という完全図形の内部にあって、補形 ADCE を有しているものとし、他方で三角形 ABI が生じ、かつ BK を対角線とする長方形〔ABIK〕が完成されるものとしよう。そして直線 CI に平行な無数の直線 MF を引き、それらの各々が欠如図形〔ABCD〕の曲線部分とは D で、直線 AC、AB、AI とはそれぞれ H、G、L で交わるものとしよう。また、$\overline{GF}$ 対 $\overline{GD}$ が $\overline{GL}$ 対 $\overline{GN}$ と等しくなるような他の点 N をとり、かつ点 N の全部を通る線 ANI を引こう。以上のようにしたとすると、欠如図形 ANIB が生じるであろうし、その補形は ANIK となるであろう。私は、「図形 ANIB の面積」対「三角形 ABI の面積」は「欠如図形 ABCD の面積の 2 倍」対「この欠如図形の面積を完全図形の、すなわち BE を対角線とする長方形の面積といっしょにしたもの」に等しい、と言う。理由は次のとおりである。「比率 $\overline{AB}$ 対 $\overline{AG}$ すなわち比率 $\overline{GM}$ 対 $\overline{GL}$」対「比率 $\overline{GM}$ 対 $\overline{GN}$」は、(本章の第 2 節により)「図形 ANIB の大きさ〔面積〕」対「その補形 ANIK の面積」に等しい。

しかるに、同じ節により、比率 $\overline{AB}$ 対 $\overline{AG}$ すなわち $\overline{GM}$ 対 $\overline{GL}$ の、比率 $\overline{GF}$ 対 $\overline{GD}$ に対する、ということはつまり仮説によって $\overline{GL}$ 対 $\overline{GN}$ に対する関係は、「図形 ABCD の面積」対「その補形 ADCE の面積」に等しい。

また、合成により、「比率 $\overline{GM}$ 対 $\overline{GL}$ を比率 $\overline{GL}$ 対 $\overline{GN}$ とをいっしょにしたもの」対「比率 $\overline{GM}$ 対 $\overline{GL}$」は、「完全図形の、すなわち BE を対角線とする長方形の面積」対「図形 ABCD の面積」に等しい。

また、交換により、「比率 $\overline{GM}$ 対 $\overline{GL}$」対「$\overline{GM}$ 対 $\overline{GL}$ と $\overline{GL}$ 対 $\overline{GN}$ の両比率を併せたもの、すなわちこの両比率から合成された比率 $\overline{GM}$ 対 $\overline{GN}$」は、「図形 ABCD の面積」対「完全図形の、すなわち BE を対角線とする長方形の面積」に等しい。

しかるに、「比率 $\overline{\mathrm{GM}}$ 対 $\overline{\mathrm{GL}}$」対「比率 $\overline{\mathrm{GM}}$ 対 $\overline{\mathrm{GN}}$」は、「図形 ANIB の面積」対「その補形 ANIK の面積」に等しいのであった。

　それゆえ、「ABCD の面積」:「BE を対角線とする長方形の面積」::「ANIB の面積」:「ANIK の面積」は比例している。

　また、これを複合して得られる「ABCD の面積 + BE を対角線とする長方形の面積」:「ABCD の面積」::「BK を対角線とする長方形の面積」:「ANIB の面積」も比例している。

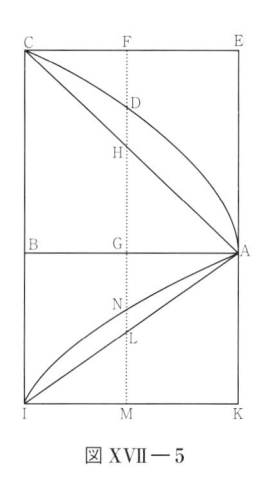

図 XVII-5

　また、上の比例式の後項同士を 2 倍した「ABCD の面積 + BE を対角線とする長方形の面積」:「ABCD の面積 × 2」::「BK を対角線とする長方形の面積」:「ANIB の面積 × 2」も比例している。

　かくて、第 3 項と第 4 項の半分をとった「ABCD の面積 + BE を対角線とする長方形の面積」:「ABCD の面積 × 2」::「三角形 ABI の面積」:「ANIB の面積」も比例している。証明終り。

10. 長方形の内部に描かれた上述の諸図形が持つある諸特性の、速度のさまざまな歩調で通過される空間同士の比率への転用

　長方形の内部に描かれた欠如図形について上に言われたことから、個々の可動体の速度が 1 つもしくは複数の歩調によって一定時間内に増加するのに応じて、この時間内に加速度運動によって通り抜けられる空間の、この時間そのものに対する比率を見出すことができる。

　理由は以下のとおりである。（図 XVII-6 において）長方形 ABCD

があるとして、その内部に三線図形 DEBC を描き、その底辺にどこでも平行な直線 FG を引き、これが長方形の対角線 BD と交わる点を H、曲線 BED と交わる点を E としよう。そして、比率 $\overline{BC}$ 対 $\overline{BF}$ は比率 $\overline{FG}$ 対 $\overline{FE}$ の、たとえば 3 乗の比率であるとしよう。そうすると図形 DEBC の面積は、その補形 BEDA の面積の 3 倍であろう。同様に、BC そのものに平行な直線 IE を引けば、三線図形 EKBF の面積はその補形 BKEI の面積の 3 倍であろう。したがって、底辺に平行な直線によって切断された欠如図形の頂点側の部分同士（すなわち DEBC、EKBF）の面積の比率は、AC、IF をそれぞれ対角線とする長方形同士の面積の比率に等しい、すなわち、高さ同士と底辺の長さ同士の両比率の合成比率をなすであろう。それゆえ、「高さ $\overline{BC}$」対「高さ $\overline{BF}$」は「底辺の長さ $\overline{DC}$」対「底辺の長さ $\overline{FE}$」の 3 乗の比率をなすということが前提されているのであるから、「図形 DEBC の面積」対「図形 EKBF の面積」は、$\overline{DC}$ 対 $\overline{FE}$ の 4 乗の比率をなすであろう。同じ方法により、既述の諸々の三線図形の任意の 1 つの面積の、底辺に平行な直線によって切断されたこの同じ三線図形の頂点側の任意の部分の面積に対する比率を見出すことができる。

さて、上述の諸図形は、1 つの点に、たとえば点 B になり終るまで長さの減少してゆく底辺、によって、たとえば CD によって描かれたと考えられるが、それと同様にこれらの図形は、任意の長さを、たとえば $\overline{CD}$ を獲得するに至るまで増大してゆく 1 つ

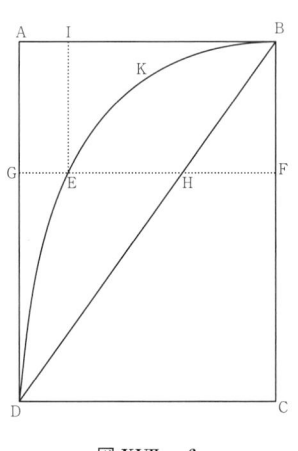

図 XVII－6

の点によって、たとえば点Bによって描かれたと考えることもできる。

　それゆえ、長さCDへと増大してゆく点BによってBEDCが描かれると考えよう。そうすると、$\overline{BC}$対$\overline{BF}$は$\overline{CD}$対$\overline{FE}$の3乗の比率をなしているので、これらを逆にすることにより、（すぐに示すように）$\overline{FE}$対$\overline{CD}$は$\overline{BF}$対$\overline{BC}$の3乗の比率をなすであろう。それゆえ、直線BCを点Bの運動している時間の尺度としてとることにするならば、図形EKBFの面積は、時間$\overline{BF}$の間に増加してゆくあらゆる速度の総計を表わすであろうし、図形DEBCの面積は、時間$\overline{BC}$の間に増加してゆくあらゆる速度の総計を表わすであろう。したがって、「図形EKBFの面積」対「図形DEBCの面積」はそれぞれの図形の高さ同士の比率と底辺の長さ同士の比率の合成比率をなしており、また比率$\overline{FE}$対$\overline{CD}$は比率$\overline{BF}$対$\overline{BC}$の3乗の比率なのであるから、「図形EKBFの面積」対「図形DEBCの面積」は$\overline{BF}$対$\overline{BC}$の4乗の比率をなす、言いかえれば、「時間$\overline{BF}$の間の移行速度の総計」対「時間$\overline{BC}$の間の移行速度の総計」は$\overline{BF}$対$\overline{BC}$の4乗の比率をなすであろう。それゆえ、「時間$\overline{BF}$において可動体自身の獲得した速度」対「時間$\overline{BC}$において可動体自身の獲得した速度」が時間$\overline{BF}$と$\overline{BC}$そのものの比率の3乗の比率をなすような仕方で、Bにあった可動体が速度を増しつつ運動するものとし、またこの可動体がBからFへと移動する時間そのものが$\overline{BF}$であるとするならば、この同じ可動体は時間$\overline{BC}$の間に、$\overline{BF}$対$\overline{BC}$の連続した比率の第5項を長さとする線に沿って移行するであろう。その他の比率における速度の増加に従って通過される空間も、同じ仕方で決定することができる。

　比率[3]$\overline{FE}$対$\overline{CD}$が比率$\overline{BF}$対$\overline{BC}$の3乗の比率であることを示すことが残っている。2つの量があって、その一方が他方よりも3倍大きいとすると、3倍である量のほうが他方の量よりも大きい。しかる

に、互いに等しくない2つの量の比率は量である。それゆえ、2つの比率があってそのうちの一方が他方の3倍の比率である場合、他方の3倍の比率である比率のほうが大きい。

2つの比率、すなわち「直線FEの長さ」対「直線CDの長さ」と「直線BFの長さ」対「直線BCの長さ」とのうち、一方は他方の3倍である。それゆえ、この2つのうち大きいほうの比率は、他方の比率の3倍である。

しかるに、$\overline{BF}$ 対 $\overline{BC}$ は $\overline{FH}$ 対 $\overline{CD}$ に等しい。それゆえ、$\overline{FE}$ 対 $\overline{CD}$ と $\overline{FH}$ 対 $\overline{CD}$ という2つの比率のうち、大きいほうの比率は他方の比率の3倍である。しかるに、比率 $\overline{FE}$ 対 $\overline{CD}$ は、(ユークリッド『幾何学原本』の第5巻定理8により) 比率 $\overline{FH}$ 対 $\overline{CD}$ よりも大きい。それゆえ、比率 $\overline{FE}$ 対 $\overline{CD}$ は比率 $\overline{FH}$ 対 $\overline{CD}$ の、ということはつまり $\overline{BF}$ 対 $\overline{BC}$ の、3倍の比率である。やり残していた証明は終り。

幾何学者たちが複数倍された比率のことを言うとき、大抵は2乗の (duplicata) 比率、3乗の (triplicata) 比率、4乗の (quadruplicata) 比率などという言い方をし、2倍の (dupla) 比率、3倍の (tripla) 比率、4倍の (quadrupla) 比率などという言い方をしたためしはほとん

---

(3) ここからの7つの段落は1668年版に基づく底本に従った。初版本では次のような1つの段落があるのみであり、英語版もそれをそのまま訳している。「比率 $\overline{FE}$ 対 $\overline{CD}$※が比率 $\overline{BF}$ 対 $\overline{BC}$ の3乗の比率であることを示すことが残っている。比率「($\overline{CD}$ すなわち) $\overline{FG}$」対 $\overline{FE}$ は比率 $\overline{BC}$ 対 $\overline{BF}$ の $\frac{1}{3}$ 乗の比率であるから、比率 $\overline{FG}$ 対 $\overline{FE}$ はまた比率 $\overline{FG}$ 対 $\overline{FH}$ の $\frac{1}{3}$ 乗の比率でもあるだろう。それゆえ、比率 $\overline{FG}$ 対 $\overline{FH}$ は比率「$\overline{FG}$ (すなわち $\overline{CD}$)」対 $\overline{FE}$ の3乗の比率である。しかるに、初項が最小であるような4つの連続比例項において、初項対第4項という比率は (第13章第16節により) 第3項対末項〔第4項〕という比率の $\frac{1}{3}$ 乗の比率である。それゆえ、比率 $\overline{FH}$ 対 $\overline{FG}$ は比率 $\overline{FE}$ 対 $\overline{CD}$ の $\frac{1}{3}$ 乗の比率であり、したがって比率 $\overline{FE}$ 対 $\overline{CD}$ は比率 $\overline{FH}$ 対 $\overline{FG}$ の、ということはつまり $\overline{BF}$ 対 $\overline{BC}$ の、3乗の比率である。証明終り。」なお底本の註では※のところがCE〔$\overline{CE}$〕となっているが、これは誤植である。

どないということを、私は知っている。

けれども比率の計算法の場合はしばしば、複数の等しいものを足し合わせることと、等しいものを複数倍することとは、別のことである。

このことの原因は、大きいほう対小さいほうという比率（すなわち超過の比率）は複数倍することによって増加するけれども、小さいほう対大きいほうという比率（すなわち不足の比率）は複数倍することによって減少する、ということである。

それゆえ、どういう仕方でこの両方の比率が２乗あるいは３乗されたと言えるのかは、万人の容易にわかることである。しかし、小さいほう対大きいほうの２乗あるいは３乗された比率においては、「第１の量」対「第２の量」という比率は、「同じ第１の量」対「第３の量」という比率よりも２倍あるいは３倍大きいのであるが、このような比率に関して何を言うべきかを認識している人々は少ない。それゆえ、１対２と１対４(4)という比率に関して、比率１対２は比率１対４の２倍であると私が言ったのを、われらが幾何学の教授先生方は（ユークリッド『幾何学原本』第５巻定理８から、比率１対２は１対４よりも大きいということを知っていたであろうにもかかわらず）受け入れることもできなかったし、１対２が１対４よりどのくらい大きいのかを説明することもできなかった。しかし私はこのことを、それに関する箇所で、すなわち第13章第16節で十分に説明した。彼らはお望みならば、そこから次のことを学ぶであろう。すなわち、不足が大きければ大きいほど比率は小さく、反対に超過が大きければ大きいほど比率は大きい、ということである。また彼らは、２分の１乗（subduplicatum）、３分の

（４）底本ではここが２対４となっているが、明らかに誤植とみられるので訳文では訂正した。

1乗（subtriplicatum）等々という（ラテン語でない）言葉のうちに真理を求めなくなるであろうし、「2倍」と「2乗」、「半分」（dimidum）と「2分の1」（subduplum）あるいは「2分の1乗」が別のものであるとはみなさなくなるであろうし、ユークリッド『幾何学原本』第3巻定理20において διπλασίων というギリシア語が「2乗の」ではなくて「2倍の」の意に用いられているのを思い出すことになるであろう。

既に示されたことから、ある可動体の速度が時間と同じ比率で増加する場合、速度の歩調は、数が1から次々に1、2、3、4等々と増加してゆくような増加の仕方をするが、これに対して速度が時間の2乗の比率で増加する場合には、数が1から1つおきに1、3、5、7、等々と増加してゆくような増加の仕方になり、最後に、速度の比率が時間のそれの3乗の比率をなしている場合には、速度の歩調の進み方は数が1から2つの中間項をおいて、1、4、7、10等々と増加してゆくような仕方になり、以降も同様である、ということを結論することができる。なぜなら、あらゆる点において幾何学的に比例した諸項がとられた場合、それらは算術的に比例した諸項と同じだからである。

11. 円の内部に描かれた欠如図形について

さらに注目しなければならないのは、減少してゆく大きさから生じる諸量において図形の面積同士の比率は「高さ同士の比率」対「底辺の長さ同士の比率」に等しいように、減少してゆく運動——この運動とは、上の大きいほうの図形あるいは小さいほうの図形が描かれる潜勢力にほかならない——から生じる諸量においてもそうなっている、ということである。それゆえ、円周の長さが減少するのと同じ比率でなされる円の半径の連続的減少によってアルキメデスの渦巻形が描か

れる際には、半径と渦巻形によって囲まれた空間の面積は円全体の面積の 3 分の 1 となるであろう。なぜなら、円の半径は、半径の集積から円そのものが生じる、もしくは完成されると解されるかぎり、それだけの数の断片であり、そしてこのことから次のことが、すなわち、渦巻形を描く断片は、渦巻形がその内部に描き込まれる円の円周の 2 乗の比率で面積を減じ、それゆえ渦巻形の補形、つまり円内にあって渦巻形の外部にある空間の面積は、渦巻形そのものの面積の 2 倍である、ということが生じるからである。同様にして、渦巻形を含む円の半径と、渦巻形の内側にあるこの同じ半径の部分の長さとの比例中項をどこでもよいからとるならば、円全体の半分の面積を持つ図形が生じるであろう。最後に、大きさなり潜勢力なりに関して減少してゆく線ないし面によって描かれうる空間は何であれ、これと同じ規則に従う。したがって、線や面の減少の比率が、それらの減少している時間の比率と通約可能であるとすれば、この線や面の描く図形の大きさは認識されたことになろう。

12. 第 2 節で証明された命題の第一哲学によるある確認

既に第 2 節で証明された命題の真理性（これは諸々の欠如図形について私が述べてきたことの根拠なのだが）は、第一哲学のうちに起源を持っているように思われる。それはすなわち、2 つの結果同士のあらゆる等しさと不等性（ということはつまり、あらゆる比率）が、同じこれらの結果の等しかったり等しくなかったりする諸原因から、言いかえれば、一方の結果のために協働作用する諸原因が他方の結果のために協働作用する諸原因に対して持つ比率から由来し、それによって決定されるということ、それゆえ諸量の比率もまたその諸原因の比率に同じであるということに、起源を持つように思われるということである。それゆえ、（一方が他方の補形であるような）2 つの欠如図形の場合、一

方はある時間と比率で減少してゆく運動によって生じ、他方は同じ時間で生じた運動の喪失によって生じるのであるから、両方の図形の量を、ということはつまりそれらの比率を生ぜしめ、それらが現にあるのとは別な量・比率ではありえないように決定する諸原因が互いに異なるのは、次の点においてでしかないのである。それはすなわち、図形を発生させる量がそれに従って進むことで欠如図形そのものを描いてゆくその比率（ということはつまり、任意のところで残っている時間同士の、あるいは高さ同士の比率）は、図形を発生させるこの同じ量がそれに従って減少することで補形を作り出すその比率（ということはつまり、任意のところで減少した分のこの発生させる量の比率）とは別のものでありうる、ということである。それゆえ、「運動の喪失が生じる時間の比率」対「欠如図形を発生させる減少してゆく量の比率」は「欠如図形もしくは補形の面積」対「作られた図形そのものの面積」に等しいであろう。

13. 球の部分の表面積と円の面積との等しさについて

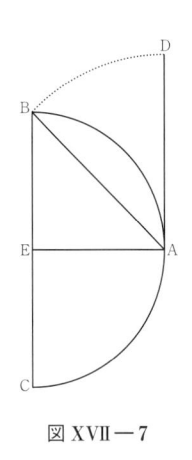

その他の諸量もその原因の認識によって、すなわちそれらの量を生じさせる運動の比較によって、幾何学の共通根本原理によるよりもさらに容易に決定されうる。たとえば、球の任意の部分の表面積は、この部分の頂点から底面である円の円周へと引かれた直線を輻線とする円の面積に等しい、ということは次のようにして立証される。たとえば、（図XVII－7において）球の部分BACがあって、その軸はAE、底面はBCであるとし、頂点Aから底面上のBへ直線ABを降ろしたとして、最大円BACに頂点Aで接する接線AD

図XVII－7

が、ABと等しい長さになるようにしよう。立証しなければならないのは、ADを輻線とする円の面積が球の部分BACの〔球面の〕表面積に等しい、ということである。AEを軸として平面AEBDが回転すると考えよう。すると直線ADは円を描くが、弧ABは球の部分の表面を描き、最後に弦ABは正円錐形の円錐面を描くであろう。いま、直線ABの回転と弧ABの回転とは同じであり、しかもこの直線と弧はともに同じ両端AとBを持つから、弧の作り出す球面が弦の作り出す円錐面よりも大きい原因は、弧ABのほうが直線ABよりも長いということである。しかるに、このより長いことの原因は、両者ともAからBへと引かれているにもかかわらず、直線は真直ぐに引かれているのに対し、弧はその弧自身が弦となしている角に従って引かれているという点にある。この角は角DABに等しい（なぜなら、第14章第16節で示したように、接線角は〔弓形の〕切片の角に何も加えないからである）。それゆえ、角DABの大きさこそが、弧ABの描く部分球の表面積のほうを、弦ABの描く正円錐の側面積よりも大きくしている原因である。

　さらに、接線ADの描く円の面積が、弦ABの描く正円錐形の側面の表面積よりも大きいことの原因は、（この接線はこの弦に長さが等しく、回転している時間も同じであるから、）ADは軸に対して直角であるのにABは斜めになっているということである。しかるに、この斜めであることも、同じ角DABに存する。それゆえ、角DABの量は一方では弦ABの描く正円錐形の側面の表面積に対する部分球の球面の表面積の超過分を作り出し、一方では同じ正円錐形の側面の表面積に対する、輻線ADから生じる円の面積の超過分をもまた作り出すので、輻線ADから生じる円の面積が円錐形の側面の表面積を超える超過分は、弧ABから生じる球面の表面積がそれを超える超過分とちょうど同じになる。したがって、ADすなわちABから生じる円の

面積と弧 AB から生じる球面の表面積とは互いに等しい。証明終り。

14. 長方形の内部に描かれた欠如図形によって、2直線の長さの間に任意の数の比例中項を置き入れるにはどうすればよいか

　本書で描かれてきた欠如図形が長方形の内部に正確に描かれうるとすれば、それによって、所与の2直線の長さの間に好きなだけ多くの比例中項を置き入れることができる。たとえば、長方形 ABCD の内部に、（図 XVII－8 におけるように）2つの比例中項による三線図形 BEDC（何人もの人々がこれを立方放物形と呼ぶ）が描かれたとしよう。また所与の2直線 R と S があって、R と S のそれぞれの長さの間に2つの比例中項を見出さなければならないとしよう。このことは次のような仕方で行なわれるであろう。「R の長さ」対「S の長さ」が $\overline{BC}$ 対 $\overline{BF}$ に等しくなるような他の点 F を BC 上にとり、それから BA に平行で E で曲線を切り分ける直線 FE を引き、次に E を通って直線 AD に平行で長さも等しい直線 GH を引き、GH が対角線 BD と交わる点を I としよう。そうすると、$\overline{GH}$ と $\overline{GE}$ の間の2つの比例中項のうちの

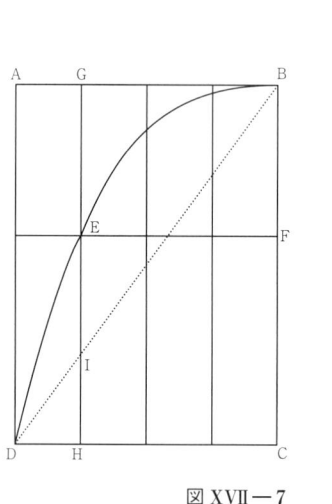

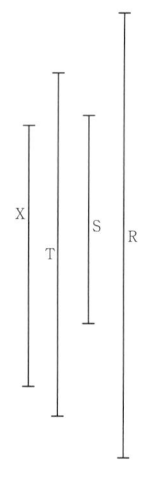

図 XVII－7

大きい方は、第4節で述べた図形の描出からして$\overline{\mathrm{GI}}$であろう。それゆえ、$\overline{\mathrm{GH}}$対$\overline{\mathrm{GI}}$が「Rの長さ」対「Tの長さ」に等しいような他の直線Tを引けば、Tの長さがRの長さとSの長さとの間の2つの比例中項のうちの大きいほうであろう。それゆえ、さらに「Rの長さ」対「Tの長さ」が「Tの長さ」対「Xの長さ」に等しいような他の直線Xを引けば、めざされていたことがなされたことになろう。

　これと同じやり方で、4つの比例中項による三線図形が描かれた場合には4つの比例中項を見出すことができるし、他の場合も同様である。

第18章　直線と放物線の長さの等しさについて[1]

1．所与の放物線に長さの等しい直線を示すこと

放物線 ABC（図 XVIII－1）が与えられていて、その縦径 $\overline{\mathrm{AD}}$ がわかっているとしよう。底辺 DC を引いて長方形 ADCE を完成し、またAとCを直線で結び、AD をFで2等分して、直線 DC に長さが等しく平行な直線 FH を引き、これが AC と交わる点をK、放物線に交わる点を O としよう。次に、$\overline{\mathrm{FP}}$ が $\overline{\mathrm{FH}}$ と $\overline{\mathrm{FO}}$ の比例中項となるような点Pをとって、直線 AO、AP、PC を引こう。2直線 AP と PC の長さを合計すると放物線 ABOC の長さに等しくなる、と私は言う。

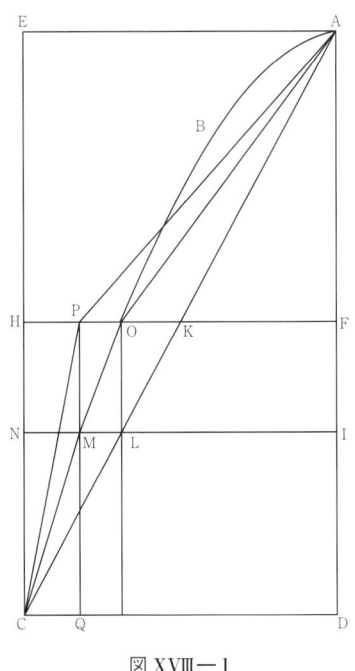

理由は次のとおりである。線 ABOC は放物線であるから、2つの運動の、すなわち1つはAからEに至る等速運動、もう1つはこれと同じ時間でAにお

図 XVIII－1

（1）　本章の最初のラテン語版は、底本と内容が大きく異なっている（付録9参照）。

ける静止からDに至る等加速度運動の、協働作用によって生じたものである。さらに、AからEに至る運動は等速運動であるから、直線AEは上の両運動の時間を表わすことができる。そこで、$\overline{\mathrm{AE}}$は時間であるとしよう。それゆえ、半放物形の内部に順々に引かれた〔AEに平行な〕諸直線の長さは、線ABOCを描く物体がこの曲線の各々の点にある時の時間部分を表わすであろう。したがってこの物体は、時間$\overline{\mathrm{AE}}$すなわち$\overline{\mathrm{DC}}$の終りにはCにあるように、時間$\overline{\mathrm{FO}}$の終りにはOにあるであろう。また、AD上を行く速度は等加速度で、すなわち時間と同じ比率で増加してゆくので、半放物形の内部に順々に引かれた同じ諸直線は、最大衝動になるまでの衝動の絶え間ない増大を表わすであろう。そしてこの最大衝動は底辺DCの長さによって表わされるであろう。それゆえ、〔AD上の〕運動が等速運動であると仮定した場合には、Aにある物体は時間$\overline{\mathrm{FK}}$の間に、AF上とFK上の2つの等速運動の協働作用のゆえに、AK上で等速運動するであろう。また、$\overline{\mathrm{KO}}$は時間$\overline{\mathrm{FK}}$の間に獲得された衝動（もしくは速度）の増加分であるが、AOはAFとFOに沿う2つの等速運動の協働作用により、時間$\overline{\mathrm{FO}}$の間に等速で描かれるであろう。点Oから、直線ECに平行でACをLで切り分ける直線OLを引き、またDCに平行でECをNで切り分ける直線LNを引いて、これが放物線と交わる点をMとし、LNをLの側へ直線ADまで延長して、この延長線がADとぶつかる点をIとしよう。そうすると、IN、IM、ILの長さは（放物線の仮設により）連続した比率をなすであろうし、それぞれ3直線FH、FP、FOの長さに等しいであろう。また、直線ECに平行でMを通る直線はPにぶつかるであろうし、したがって$\overline{\mathrm{OP}}$は時間$\overline{\mathrm{FO}}$すなわち$\overline{\mathrm{IL}}$で獲得された衝動の増加分であろう。最後に、PMをCDまで延長して、この延長線がCDとぶつかる点をQとしよう。そうすると、$\overline{\mathrm{QC}}$すなわち$\overline{\mathrm{MN}}$すなわち$\overline{\mathrm{PH}}$は、時間$\overline{\mathrm{FP}}$すなわち$\overline{\mathrm{IM}}$すなわち$\overline{\mathrm{DQ}}$に

比例した衝動の増加分であろう。いま、時間 $\overline{PH}$ の間にHからCに至る等速運動を仮定しよう。そうすると、時間 $\overline{FP}$ の間に等速運動と、時間と同じ比率で増加する衝動とによって直線 AP が描かれ、残りの時間と衝動とによって、すなわち時間および衝動 $\overline{PH}$ によって、CP が等速で描かれるから、線 APC の全体は、衝動全体と、放物線 ABC が描かれるのと同じ時間とによって描かれた、ということが帰結する。それゆえ、2直線 AP と PC が組み合わされた線 APC の長さは、放物線 ABC の長さに等しい。かくて、半放物曲線に長さの等しい直線が見出された。そしてこれがなされるべきことであった。

2．第1の放物線類の曲線、すなわち立方放物線に長さの等しい直線を見出すこと[2]

（図 XVIII−2 の）ABC は第1の半放物線類の曲線であり、AD がその縦径、DC が底辺であるとしよう。そして AC を対角線とする長方形 ADCE を完成しよう。縦径を2等分する点をFとし、CD に長さが等しく平行な直線 FH を引き、これが AC と K で、曲線と O で交わり、直線 EC を H で切り分けるものとしよう。次いで EC に平行で AC

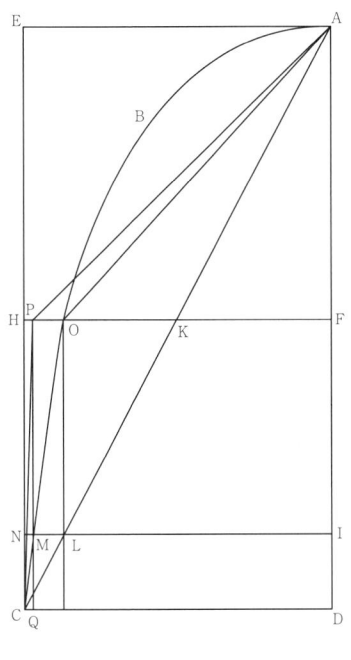

図 XVIII−2

をLで切り分ける直線OLを引き、また底辺DCに平行な直線LNを引いて、LNは曲線とMで交わり、ECをNで切り分けるものとしよう。そしてLNをLの側へADまで延長して、この延長線がADとぶつかる点をIとしよう。最後に、点Mを通り、HCに平行で長さの等しい直線PMQを引き、これがFHをPで切り分けるものとし、またCとP、AとP、AとOをそれぞれ直線CP、AP、AOで結ぼう。2直線APとPCの長さを合計したものは、曲線ABOCの長さに等しい、と私は言う。

　理由は次のとおりである。線ABOCは半放物線類の曲線であるから、1つはAからEまでの等速運動、もう1つはこれと同じ時間での、Aにおける静止からDまでの加速度運動という、2つの運動の協働作用によって生じたものであり、しかもこの加速度運動のほうは、衝動の増加する比率が時間の増加する比率の3乗の比率をなすような、言いかえれば、（同じことであるが）通過される距離同士が通過のなされる時間同士の3乗の比率をなすような運動である。衝動ないし速度が増加する仕方はまた通過された距離の長さの増加する仕方と同様だからである。そして、AからEまでの運動は等速運動であるから、直線AEは時間を表わすことができ、したがって放物線類半曲線形の内部に順々にはめ込まれた〔AEに平行な〕諸直線は、Aにおける静止から運動を始める物体がその運動によって線ABOCを描く時間の諸部分を表示している。また、獲得された最大衝動を表わす$\overline{DC}$は$\overline{AE}$そのものに等しいので、順々に並んだこの同じ諸直線は、Aにおける静止から増加してゆく衝動のそのつどの増加分を表わすであろう。それゆえ、時間$\overline{FK}$の間にAからFまでの等速運動を仮定すれば、AFとFKにそれぞれ沿った2つの等速運動の協働作用によって線AKが等速で描かれるであろうし、$\overline{KO}$は時間$\overline{FK}$に対応する衝動の増加分であろう。また、AFとFOにそれぞれ沿った2つの等速運動の協働作用によって線AOが等速で描かれるであろう。点Lを通っ

てDCに平行な直線LMNを引き、これがMで曲線ABCと交わるとともに、Nで直線ECを、〔LMNのL側への延長線が〕IでADを切り分けるものとし、また点Mを通ってHCに平行で長さの等しい直線PMQを引き、これがQでDCを、PでFHを切り分けるものとしよう。それゆえ、AFとFPにそれぞれ沿った2つの等速運動の協働作用によって、時間$\overline{FP}$の間に直線APが等速で描かれるであろう。また、$\overline{LM}$すなわち$\overline{OP}$は、時間$\overline{FO}$に対応した付け加わるべき衝動の増加分であろう。そして、比率$\overline{IN}$対$\overline{IL}$は比率$\overline{IN}$対$\overline{IM}$の3乗の比率であるから、比率$\overline{FH}$対$\overline{FO}$も比率$\overline{FH}$対$\overline{FP}$の3乗の比率であろう。また、時間$\overline{FP}$で獲得された衝動は$\overline{PH}$である。それゆえ、$\overline{FH}$と$\overline{DC}$は等しく、かつ$\overline{DC}$は加速によって獲得された衝動全体を表示しているのであるから、衝動のそれ以上のいかなる増加分も計算に入れるべきではない。いま、時間$\overline{PH}$の間にHからCまでの等速運動を仮定すると、CHとHPにそれぞれ沿った2つの等速運動によって直線PCが等速で描かれるであろう。それゆえ、2直線APとPCは時間$\overline{AE}$で描かれたうえに、同じ時間$\overline{AE}$で曲線ABOCが描かれるのと同じ衝動の増加分をもって描かれたのであるから、ということはつまり、直線AP、PCが組み合わされた線と線ABOCは同じ物体によって同じ時間で等しい速度によって通り抜けられたのであるから、この両線の長さは等しいであろう。証明終り。

3．放物線類に属するその他の諸曲線に長さの等しい直線を見出す一般的な方法[3]

第17章第3節の表に整理配列されている半放物線類のうちの任意の曲線に長さの等しい直線を、上と同じ方法で、すなわち縦径を2等分して上のように手順を進めることによって、見出すことができる[4]。

（2）・（3）・（4）　英語版では、第3節は独立の節としては存在せず、第2節の続き（その最終段落）という形になっており、それに合わせて第2節の節題が「第1の半放物線類の曲線に、また前章第3節の表にある他のどんな欠如図形の曲線部にも、長さの等しい直線を見出すこと」となっている。また英語版のこの本章最終段落は、底本本文（1668年のラテン語第2版）第18章第3節のこの1文の後に、ラテン語初版本の第18章（付録9）の最終段落（613〜614ページ）とほぼ同内容の記述がさらに続く形となっている。

第19章　互いに等しい入射角と反射角について

　他の物体の表面に入射する〔ぶつかる〕物体と、この表面による反射とが、この表面に対して等しい角を生じるかどうかを論じることは、この箇所の仕事ではない。なぜなら、この認識は反射の自然的諸原因に依拠していて、この諸原因についてはこれまでのところ何も述べられておらず、後で述べられなければならないからである。

　それゆえこの箇所では、上のことの原因ではなく何かある帰結を探るために、入射角は反射角に等しいということを仮定しよう。

　本書で「入射角」と呼ぶのは、ぶつかってゆく〔入射する〕直線が、それにぶつかられる線（直線であれ曲線であれ）となす角のことであり、これに対して「反射角」と呼ぶのは、この同じぶつかる点に対して作られ、反射された直線と反射する線との間に挟まれた、入射角に等しい角のことである。

1．1本の直線に入射する2本の直線が平行であるとすれば、反射線同士もまた平行であろう

　　　同じ直線に入射する2本の直線が平行であるとすれば、それらの反射線もまた平行であろう。

　　　（図XIX―1において）直線EFに点BとDで入射する2直線AB、CDが互いに平行である

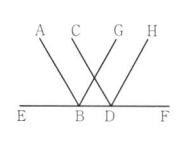

図XIX―1

（1）　入射角のこの定義は現代物理学の定義と異なっている。この点については、第24章の訳註（1）を参照。

とし、AB、CD の反射線がそれぞれ BG、DH であるとしよう。BG、DH は互いに平行である、と私は言う。

理由は次のとおりである。角 ABE、角 CDE は平行線の同位角であるから等しい。さらに、GBF、HDF は入射線の反射角であるから、仮定によりそれぞれ ABE、CDE に等しい。それゆえ BG、DH は互いに平行である。

2．同じ点から発する2本の直線が1本の直線に入射するとすれば、この2本の直線の反射線を反対側へ延長した線同士は出会って、入射線同士によって作られた角に等しい角をなすであろう

同じ点から発する2本の直線が他の1本の直線に入射するとすれば、この2本の直線の反射線を反対側へ延長した線同士は出会って、入射線同士によって作られた角に等しい角をなすであろう。

（図 XIX—2 において）同じ点から2直線 AB、AD が発して直線 EK にそれぞれ点 B と点 D で入射するものとし、AB、AD の反射線はそれぞれ BI、DG であるとしよう。IB、GD は離開してゆくが、それらを反対側へ延長した線同士は出会い、その出会う点をたとえば F とすると、角 BFD は角 BAD に等しい、と私は言う。

理由は次のとおりである。反射角 IBK は入射角 ABE に等しく、また IBK の対頂角 EBF は IBK に等しい。それゆえ、角 ABE は角 EBF に等しい。さらに、角 ADE は反射角 GDK に、ということはつまり GDK の対頂角 EDF に等しい。それゆえ、三角形 ABD の2つの角 ABD、ADB は三角形 FBD の2つの角 FBD、FDB にそれぞれ等しい。それゆえにまた、三角形 ABD の3つめの角 BAD は、三角形 FBD の3つめの角 BFD に等しい。

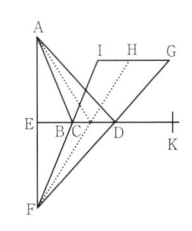

図 XIX—2

証明終り。

系1 直線AFを引けば直線EKに対して垂直になるであろう。なぜなら、角ABEと角FBEは等しく、また辺ABと辺FBの長さも等しいので、点Eに対する角は両方とも等しいからである。

系2 直線ACがどこでもよいからBとDの間でEKにぶつかり、その場合のACの反射線がCHであるとすれば、CHをCの側に延長した線もFにぶつかる。なぜなら、そのことの証明は上と同じだからである。

3. **平行な2本の直線が円の円周に入射するとすれば、それらの反射線を円の内側へ延長した線同士がなす角は、円の中心からそれぞれの入射点へと引かれた直線同士がなす角の2倍である**

円の外部にとられた2つの点から互いに平行な2本の直線が円の円周に同じ側から入射するものとすれば、それらの反射線を円の内側へ延長した線同士がなす角は、円の中心からそれぞれの入射点へと引かれた直線同士がなす角の2倍である。

たとえば、(図XIX—3において) 2本の平行な直線AB、DCがあって、それらは円周BCにそれぞれ点Bと点Cで入射するとしよう。さらに、円の中心はEで、 ABの反射線はBF、 DCの反射線はCGであるとしよう。いま、FB、GCを円の内側へ、互いに出会うまで延長し、この出会う点をHとしよう。そして直線EB、 ECを引こう。角FHGは角BECの2倍である、と私は言う。

〔理由は次のとおりである。〕AB、 DCは互いに平行であり、EBはBでABとぶつかるから、 EBの延長線はどこかでDCとぶつかるであろう。このぶつかる点がDで

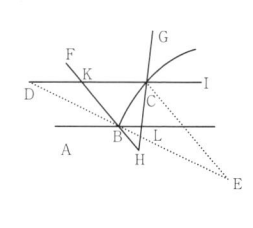

図XIX—3

あるとし、DC をどこでもよいからある点まで延長して、この点を I としよう。そうすると、角 ICH（三角形 CKH の外角）は2つの角 CKH、CHK の和に等しいであろう。さらに、角 ICE（三角形 CDE の外角）は2つの角 D と E の和に等しい。それゆえ角 ICH（これは角 ICE の2倍である）は2つの角 D と E の和の2倍に等しい。しかるに、角 CKH は角 D と角 ABD の和に、ということはつまり角 D の2倍に等しい（なぜなら、AB、DC は平行なので、角 D と角 ABD は錯角同士であり、それゆえ等しいからである）。それゆえ CHK は、ということはつまり角 FHG もまた、角 E の2倍に等しい。証明終り。

系　円の内部にとられた2つの点から2本の平行な直線が円周に入射するものとすれば、それらの反射線は、円の中心からそれぞれの入射点へと引かれた直線同士のなす角の2倍の角で出会うであろう。なぜなら、点 B と点 C で入射する互いに平行な直線 LB、IC の反射線はそれぞれ BH と CH であり、この反射線同士のなす角は H であるが、これが角 E の2倍であることは今しがた示されたからである。

4．同じ点から2本の直線が円周に入射するものとすれば、それらの反射線の円の内側への延長線同士がなす角は、円の中心から入射点への2本の直線がなす角の2倍と、入射線同士の角との和に等しい

円の外部の同じ点から引かれた2本の直線が円の円周に入射するものとすれば、それらの反射線の円の内側への延長線同士がなす角は、円の中心から入射点へと引かれた2本の直線のなす角の2倍と、入射線そのもの同士のなす角との和に等しい。

（図 XIX—4 において）点 A から D を中心とする円の円周へ2本の直線 AB、AC を引こう。そして、AB、AC の反射線がそれぞれ BE、CG であるとし、これらの反射線の円の内側への延長線同士のなす角

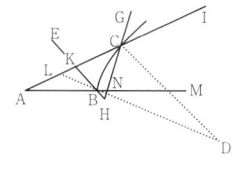

図 XIX―4

をHとしよう。さらに、円の中心Dから入射点B、Cへ2本の直線DB、DCを引こう。角HはDにおける角の2倍とAにおける角との和に等しい、と私は言う。

理由は次のとおりである。ACをどこでもよいからある点まで延長して、この点をIとしよう。すると角ICH（これは三角形CKHの外角である）は、2つの角CKH、CHKの和に等しいであろう。さらに角ICD（これは三角形CLDの外角である）は、2つの角CLD、CDLの和に等しいであろう。しかるに、角ICHは角ICDの2倍であるから、角CLDと角CDLの和を2倍したものに等しいであろう。それゆえ、角CKH、CHKの和は、角CLD、CDLの和を2倍したものに等しい。しかるに、角CLD（三角形ALBの外角）は2つの角LAB、LBAの和に等しいので、CLDを2倍したものはLABとLBAの和を2倍したものに等しい。それゆえCKHとCHKの和は、角CDLと、LABとLBAの和を2倍したものとの和に等しい。しかるに角CKHは、角LABとABKを併せた和に、言いかえれば、LABとLBAを2倍したものとを併せた和に等しい。それゆえ角CHKは、残るCDL（すなわちDにおける角）を2倍したものと、角LAB（すなわちAにおける角）とを併せた和に等しい。証明終り。

系 1点に集中してゆく2本の直線、たとえばIC、MBが円の円周に凹状の側から入射するものとすれば、それらの反射線は1点で出会うであろうが、この出会う点をたとえばHとし、反射線をCH、BHとすれば、CH、BHが出会う角Hは、角Dの2倍と、入射線の延長線同士がなす角Aとの和に等しいであろう。あるいは、入射線がHB、ICであるとし、それらの反射線BM、CHがNで出会うとすれば、角CNBは角Dを2倍したものと、入射線同士の角CKHとの

和に等しいであろう。なぜなら角 CNB は、角 H（すなわち角 D を 2 倍したもの）と、2 つの角 A と NBH の和、すなわち A と KBA の和との和に等しく、しかるに角 KBA と角 A の和は角 CKH に等しいからである。それゆえ角 CNB は、角 D を 2 倍したものと、入射線 IC、HB の延長線同士が K においてなす角 CKH との和に等しい。

5. 1 つの点から 2 本の直線が円の円周の凹側に入射して、〔この入射点同士を結ぶこの円の弧に対する〕中心角の 2 倍よりも小さな角をなすものとすれば、それらの反射線同士のなす角を入射線同士の角に加えたものは、中心角の 2 倍に等しくなるであろう

1 つの点から 2 本の直線が円の円周の凹側に入射して、〔この入射点同士を結ぶこの円の弧に対する〕中心角の 2 倍よりも小さな角をなすものとすれば、それらの反射線同士が出会って作る角を入射線同士の角に加えたものは、中心角の 2 倍に等しくなるであろう。

たとえば、(図 XIX―5 において) 点 A から 2 本の直線 AB、AC が、D を中心とする円の円周の凹側に入射するものとしよう。そして AB、AC の反射線が E で出会うものとしてこれらの反射線をそれぞれ BE、CE とし、また角 A は角 D の 2 倍よりも小さいとしよう。角 A と角 E を併せたものは角 D の 2 倍に等しい、と私は言う。

理由は次のとおりである。直線 AB が直線 DC と交わる点を G とし、また直線 EC が直線 DB と交わる点を H としよう。そうすると、角 BHC は 2 つの角 EBH と E の和に等しく、またこの同じ角 BHC は、2 つの角 D と DCH の和にも等しい。同様に、角 BGC は 2 つの角 ACD と A の和に等しく、なおかつこの同じ角 BGC は、2 つの角 DBG と D との和にも等しい。それゆえ、4 つ

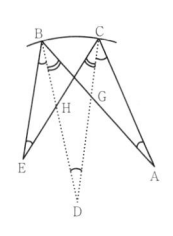

図 XIX―5

の角 EBH、E、ACD、A の和は 4 つの角 D、DCH、DBG、D の和に等しい。いま、この両方の組から等しいものを、すなわち前者の組からは EBH と ACD を、他方後者の組からは DCH と DBG を消去しよう（なぜなら、角 EBH は角 DBG に等しく、角 ACD は角 DCH に等しいから）。そうすると、両方の組から等しいものが、すなわち前者の組からは角 A と角 E の和が、後者の組からは角 D を 2 倍したものが残る。それゆえ、角 A と角 E を併せたものは角 D の 2 倍に等しい。

系　角 A が角 D の 2 倍よりも大きいとした場合には、AB と AC の反射線同士は離開するであろう。なぜなら、（第 3 節の命題の系により）角 A が角 D の 2 倍に等しいとした場合は反射線 BE、CE は互いに平行であろうし、角 A が角 D の 2 倍よりも小さいとした場合にはこれらの反射線は出会うであろうということは、既に示されたとおりであるから、角 A が角 D の 2 倍よりも大きい場合には、反射線 BE、CE は離開するだろうからである。そしてそれゆえに、この場合この 2 本の反射線の円周の反対側への延長線同士が互いに出会い、それらのなす角は、第 4 節からわかるように、角 A が角 D の 2 倍を超えるその超過分と同じであろう。

6．同じ円の長さの等しくない 2 本の弦がどこかある 1 点によって互いに交わるように引かれ、しかも円の中心はそれらの間には位置せず、かつそれらの〔円周の凹側での〕反射線同士がどこかで出会うとした場合、最初の 2 本の弦がそこから引かれた点から他の直線を引くと、この直線の反射線は最初の 2 本の反射線の共有点を通らない。

同じ円の任意の 2 本の長さの等しくない弦が、ある 1 点によって円の内側もしくは（それらの延長線が）外側で互いに交わるように引かれ、しかも円の中心はそれらの間には位置せず、かつそれらの〔円周

第 19 章 | 321

の凹側での〕反射線がどこかで出会うとした場合、この最初の2本の弦がそこから引かれた点から他の直線を引くと、この直線の反射線は最初の2本の反射線の出会う点を通らない。

（図 XIX—6 において）円 BC の内部に任意の2本の長さの等しくない弦 BK、CH を、点 A を通るように引こう。そして、BK、CH の反射線はそれぞれ BD、CE であるとし、この両反射線の出会う点を F としよう。他方、円の中心は AB と AC の間にはないものとしよう。さらに点 A から、B と C の間で円周に入射する任意の他の直線を引き、この直線は AG であるとしよう。反射線 BD、CE の出会う点 F を通る直線 GN は、入射する直線 AG の反射線ではない、と私は言う。

弧 BG に長さの等しい弧 BL と、直線 AB に長さの等しい直線 BM をとろう。そして直線 LM を引き、これを円の周まで延長して、この延長線が周とぶつかる点を O としよう。さて、BA、BM は長さが等しく、弧 BL は弧 BG に長さが等しく、また角 MBL は角 ABG に等しいから、AG と ML も長さが等しいであろうし、GA を円周まで延長してこの延長線と円周のぶつかる点を I とすれば、LO 全体の長さは GI 全体の長さに等しいであろう。しかるに、LO は（この後すぐに証明されるように）GFN よりも長いので、GI もまた GN よりも長い。それゆえ、角 NGC と角 IGB は等しくないので、直線 GFN は入射線 AG の反射線ではなく、したがって、点 A を通るように引かれて周 BC に入射する（AB、AC を除く）いかなる直線も、反射して点 F に向かうことはない。証明終り。

LO が GN よりも長いことを立証することが残っている。このことは次の

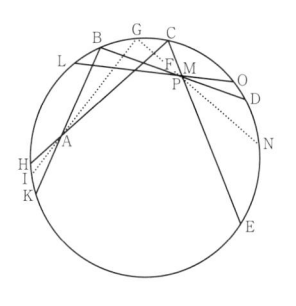

図 XIX—6

322

ようになされるであろう。LO、GN が互いに交わる点を P とすれば、線分 PL は線分 PG よりも長い。それゆえ、$\overline{\rm LP}:\overline{\rm PG}::\overline{\rm PN}:\overline{\rm PO}$ は比例しているので、両端項 $\overline{\rm LP}$、$\overline{\rm PO}$ を併せたものは $\overline{\rm PG}$、$\overline{\rm PN}$ を併せたものよりも大きい、ということはつまり、$\overline{\rm LO}$ は $\overline{\rm GN}$ よりも大きい。立証されるべく残っていたのはこのことであった。

7．長さの等しい弦の場合には、上と同じことは真ではない

しかるに、円の内側の同じ点を通って長さの等しい2本の弦を引き、それらの〔円周の凹側での〕反射線同士が他の点で出会うとした場合には、前者の点を通る他の直線をこの2本の弦の間に引いて、この直線の反射線が後者の点を通るようにすることができる。

（図 XIX―7 において）円 BCD の内部に点 A があるとし、点 A を通って長さの等しい2本の弦 BC、ED を引こう。そして BC、ED の反射線はそれぞれ CH、DI であるとし、この両反射線が出会う点を F としよう。次に弧 CD を2等分する点を G とし、弦 GK、GL を（それぞれ点 A と点 F を通るように）引こう。弦 KG の反射線は GL である、と私は言う。

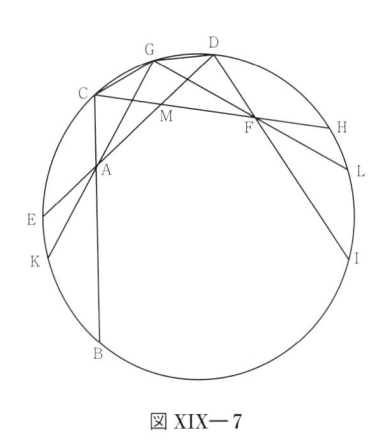

理由は次のとおりである。4本の弦 BC、CH、ED、DI はすべて仮定によって互いにその長さが等しい。それゆえ、弧 BCH の長さは弧 EDI の長さに等しく、角 BCH は角 EDI に等しいし、角 AMC はその対頂角 FMD に等しく、直線 DM の長さは直線

図 XIX―7

CM の長さに等しいので、したがってまた直線 AC の長さは直線 FD の長さに等しい。さらに弦 CG、GD を引けば、それらの長さは等しく、また切片 GDI、BCG 内の円周角である角 FDG と角 ACG は等しいので、直線 FG、AG の長さは等しい。それゆえ、角 FGD は角 AGC に等しい、ということはつまり、入射角は反射角に等しい。したがって、入射する直線 KG の反射線は GL である。証明終り。

 系　図そのものの観察から、G が C と D の中点でないとした場合には反射線 GL は F を通らないであろう、ということが明らかである。

8．円の円周上に 2 つの点が与えられた場合に、これらの点へ 2 本の直線を、この両直線の反射線が所与の角を挟むように引くこと

円の円周上に 2 つの点が与えられた場合に、これらの点へ 2 本の直線を、この両直線の反射線が互いに平行になるように、もしくは所与の角を挟むように引くこと。

（図 XIX—8 において）A を中心とし、その円周上に 2 点 B、C がある円が与えられているとしよう。そして、点 B と点 C への 2 本の入射線を、円の外部にとられた点から、この両入射線の反射線が、まず第 1 に平行になるように引くことが命じられたとしよう。

直線 AB、AC を引き、またどんな直線でもよいから入射線 DC を引いて、その反射線を CF としよう。それから、角 ECD が角 A の 2 倍になるように点 E をとり、直線 EC を引こう。さらに、直線 EC に平行な直線 HB を引き、これを DC の延長線と出会うまで延長して、その出会う点を I としよう。最後に、AB をどこまででもよいから延長してその終点を K とし、角 GBK が角 HBK と等しくなるように直線 GB を引こう。そうすると、GB は入射線 HB の反射線であることになろう。さて、DC、HB は、それらの反射線 CF、BG が互いに平

行であるような入射線である、と私は言う。

なぜなら、角 ECD は角 BAC の2倍に等しいので、角 HIC は（EC、HB が平行なので）同じ角 BAC の2倍であろうし、それゆえ FC、GB（それぞれ入射線 DC、HB の反射線）は平行であるからである。第1に命じられたことはなしとげられた。

第2に、点 B と点 C に入射する2本の直線を、それらの反射線が所与の角 Z を挟むように引くことが命じられたとしよう。

角 ECD に、一方の側で角 Z の半分に等しい角 DCL を加え、他方の側で角 DCL に等しい角 ECM を加えよう。そして直線 CM に平行な直線 BN を引こう。また、角 KBO は角 NBK に等しくなるようにしよう。そうすると、BO は入射線 NB の反射線であることになろう。最後に、入射線 LC の反射線 CO を引き、それが O で BO に出会って角 COB をなすとしよう。角 COB は角 Z に等しい、と私は言う。

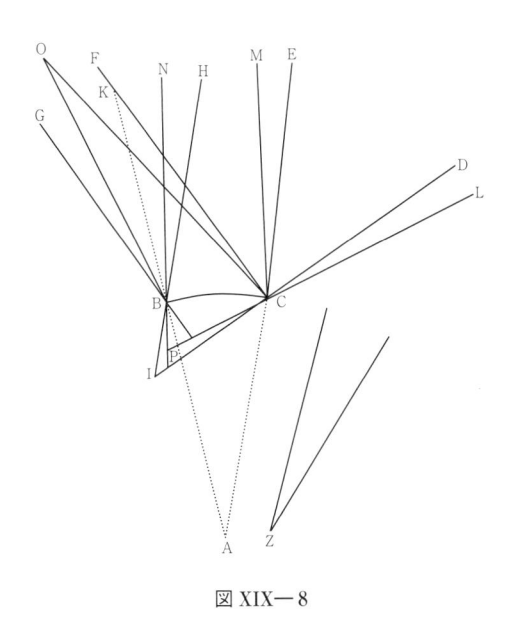

NB を LC の延長線と出会うまで延長し、この出会う点を P としよう。そうすると、角 LCM は（仮設により）角 A の2

図 XIX—8

倍に角Zを併せたものに等しいので、角NPL（これは、MCとNPが平行なので、角LCMに等しい）もまた角Aの2倍に角Zを併せたものに等しいであろう。また、点Oから引かれた2本の直線OB、OCはBとCに入射し、それらの反射線NB、LCは点Pにおいて出会うから、角NPLは角Aの2倍に角COBを併せたものに等しいであろう。しかるに、角NPLは角Aの2倍に角Zを併せたものに等しいことが今しがた示された。それゆえ、角COBは角Zに等しい。かくて、円の円周上に2つの点が与えられた場合に、これらの点へ2本の直線を、この両直線の反射線が所与の角を挟むように引くことはなしとげられた。そしてこれがなされるべきことであった。

他方、円の内部の点から2本の入射線を、それらの反射線が所与の角Zを挟むように引かなければならない場合、用いられる方法は同じであるが、ただしこの場合には、角Zは角Aの2倍に加えられるのではなしに、角Aの2倍から引かれなければならないという点だけが違っている。

9．**円の円周上に入射する直線を半径まで延長し、円周と半径との間で切り取られたこの延長線の部分の長さが、この延長線と出会う点から円の中心までの半径の部分の長さに等しくなるようにした場合、反射線は半径に平行になるであろう。**

円の円周上に入射する直線を半径まで延長し、円周と半径との間で切り取られたこの直線の延長線の部分の長さが、この延長線と出会う点から円の中心までの半径の部分の長さに等しくなるようにした場合、入射する直線の反射線は半径に平行になるであろう。

（図XIX―9において）Aを中心とする円があって、どれでもよいからその半径の1つをABとしよう。そして円周BD上に直線CDが入射し、CDの延長線がABとEにおいて、EDとEAの長さが等しく

326

なるように交わるとしよう。さらに、入射線 CD の反射線は DF であるとしよう。AB と DF は平行である、と私は言う。

点 D を通る直線 AG を引こう。いま、ED、EA の長さは等しいから、角 EDA と角 EAD は等しいであろう。さらに、角 FDG と角 EDA も等しい（なぜなら、この両角は角 EDH の、すなわち角 FDC の半分であるから）。そ

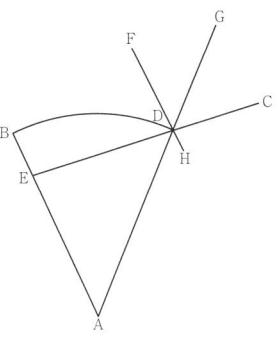

図 XIX—9

れゆえ、角 FDG、EAD は等しく、したがって DF と AB は平行である。証明終り。

系　EA が ED よりも長いとした場合には、DF と AB を延長すればそれらは出会うであろうし、これに対して EA が ED よりも短い場合には、BA と DH を延長すればそれらは出会うであろう。

10. 円の内部の 1 点から円の円周上に入射する 2 本の直線を引き、それらの反射線同士がこの円の円周上で出会うようにしたとすれば、反射線の挟む角は入射線の挟む角の 3 分の 1 になるであろう

円の内部の 1 点から円の円周上に入射する 2 本の直線を引き、それらの反射線同士がこの円の円周上で出会うようにしたとすれば、反射線の挟む角は入射線の挟む角の 3 分の 1 になるであろう。

（図 XIX—10 の）A を中心とする円の中に点 B があるとして、この点から円周へ 2 本の直線 BC、BD を引いて、それらの反射線が円周上で出会うようにし、この出会う点を E、反射線をそれぞれ CE、DE としよう。角 CED は角 CBD の 3 分の 1 である、と私は言う。

直線 AC、AD を引こう。いま、角 CED、角 CBD を併せたものは

第 19 章 | 327

図 XIX—10

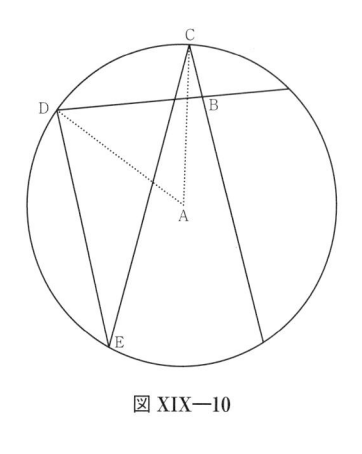

（第5節で示したように）角CADの2倍に等しく、さらに角CADの2倍は角CEDの4倍であるから、角CED、角CBDを併せたものは角CEDを4倍したものに等しいであろう。したがって、この等しい双方の角から角CEDを引いた残りは、角CBDに等しく、かつ角CEDを3倍したものに等しいであろう。それゆえ、角CBDは角CEDの3倍に等しい、ということはつまり、角CEDは角CBDの3分の1である。証明終り。

系　それゆえ、円の平面内に1点が与えられている場合、この点から円の円周へ2本の直線を引いて、それらの反射線同士もまた円周上で出会うようにすることができる。なぜなら、このことは角CBDの3等分によってなされるからである。しかして、所与の角が3等分されるのはどのようにしてであるかは、すぐ次に続く章で示されるであろう。

第20章　円の面積について、および弧もしくは角の分割について[1]

命題Ⅰ

　円の輻線〔半径〕が互いに長さの等しい10,000,000の部分を含む場合、30度の正接線はこの同じ部分を約5,811,704含む。[2]

　〔次頁の図において〕円の輻線ABがあるとしよう。ABを一辺とする正方形はABCDであるとしよう。そしてこの正方形の辺BC、ADを2等分する点はそれぞれOとPであるとしよう。

（1）　本書の最初のラテン語版（付録10・11）、英語版（付録12）および底本（1668年版に基づく）は、互いに内容が大きく異なる（巻末の訳者解説参照）。

（2）　本書はインド・アラビア数学以来の古典数学の用語法に従い、右の図（ア）における直線BDを、もしくは $\overline{AB} = 1$（ただし本書では10,000,000）としたときの $\overline{BD}$ の値を、角 θ の（あるいは弧BCの）正接（tangens arcus、あるいは単に tangens）と呼び、直線CEを、もしくは $\overline{AB} = 1$（本書では10,000,000）としたときの $\overline{CE}$ の値を、角 θ の（あるいは弧BCの）正弦（sinus rectus、あるいは単に sinus）と呼んでいる。ただし本訳書では、図（ア）の直線BD、CEそのものを言うときはそれぞれ角 θ（弧BC）の「正接線」「正弦線」、$\overline{AB} = 1$（10,000,000）としたときの $\overline{BD}$、$\overline{CE}$ の値を言うときはそれぞれ角 θ（弧BC）の「正接」「正弦」というように訳し分けた（tangensが接線一般を意味するときはもちろん単に「接線」と訳した）。これは、図（イ）・（ウ）において $\frac{b}{a} =$ tan θ（角 θ の正接）、$\frac{b}{r} = $ sin θ（角 θ の正弦）とする現代数学の三角法における定義と合致させ、読者の理解を容易にするためである。なお、ホッブズがここに示している正接の数値は、少し後で彼自ら述べるように、数学で認められている数値と一致しない。

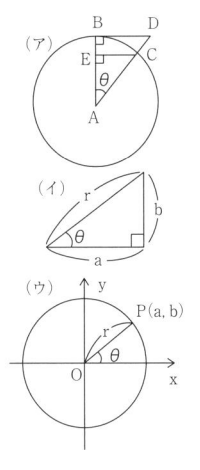

(3)

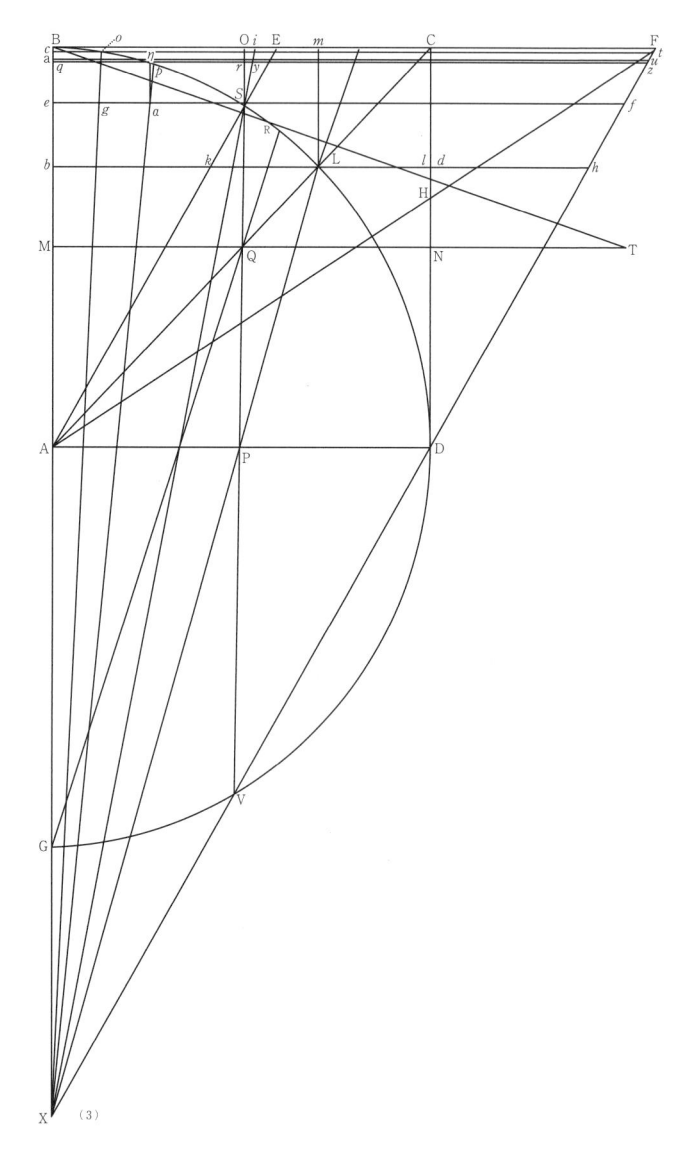

半円BDGを描き、OとPを結んだ直線OPがBDGと交わる点を
S、OP（の延長線）が再びBDGと交わる点をVとしよう。

　その場合、弧BSに対する中心角は30度である。

　点Aから直線BAを延長して、この延長線上に直線SVと長さの
等しい線分AXをとろう。その場合、AXの長さは60度の正弦線の長
さの2倍に等しい。

　その場合、直線XVを引くと、その長さは輻線ABの長さに等し
く、またXVの延長線はDに入射し、XDの長さは輻線ABの長さ
の2倍に等しく、そして角AXDは直角の3分の1である。

　XDを直線BCの延長線と出会うまで延長して、この出会う点をF
としよう。そうすると、角CDFは直角の3分の1であろう。

　また、直線CFは30度の正接線〔に等しい長さの直線〕であろう。

　その場合、AとSを直線で結び、この直線ASをBCに出会うまで
延長して、この出会う点をEとすれば、BEの長さはCFの長さに等
しく、EFの長さは輻線の長さ$\overline{BC}$に等しいであろう。

　ABが10,000,000含んでいるのと同じ長さの部分を、BEあるいは
CFは約5,811,704含む、と私は言う。

　XDの長さはADの長さの2倍であるから、XFの長さはBFの長
さの2倍であろう。

　ゆえに、XFを一辺とする正方形の面積は、BFを一辺とする正方
形の面積の4倍であろう。

　したがってまた、XBを一辺とする正方形の面積は、BFを一辺と
する正方形の面積の3倍であろう。

（3）　この図は本章における唯一の図であるため、他の図のような番号が付けられ
ていない。

60度の正弦線を一辺とする正方形の面積は、半幅線 AP あるいは BO を一辺とする正方形の面積の3倍である。

それゆえ、60度の正弦線の2倍の長さの直線を一辺とする正方形（すなわち、XA を一辺とする正方形）の面積は、BO を一辺とする正方形の面積の12倍である。

しかるに、AB を一辺とする正方形の面積は、同じ BO を一辺とする正方形の面積の4倍である。

それゆえ、XA を一辺とする正方形と AB を一辺とする正方形の両方を併せた面積は、BO を一辺とする正方形の面積の16倍に等しい。

さて、BO を一辺とする同じ正方形の12倍の正方形の面積（これは直線 XA の長さの2乗である）と、4倍の正方形の面積（これは幅線 AB の長さの2乗である）との比例中項は、12を4にかけた積の平方根（すなわち$\sqrt{48}$）である。そしてこの値は、$\overline{XA} + \overline{AB}$ の全体の長さを持つ直線を一辺として描かれた正方形の補形のうちの1つの面積に等しい。

それゆえ、両方の補形の面積の合計は$\sqrt{192}$である。

しかるに、数192の平方根の近似値は$13\frac{23}{27}$である。

それゆえ、XB を一辺とする正方形の面積は、（ユークリッド『幾何学原本』第2巻定理4により）$12 + 4 + 13\frac{23}{27}$、すなわち約30に等しい。なぜなら、192であるかわりに196であったなら、2つの補形の面積の合計は14だったであろうし、かくて XB を一辺とする正方形の面積は BO を一辺とする正方形30個分の面積に、また BF を一辺とする正方形の面積は BO を一辺とする正方形10個分の面積に、正確に等しかったであろうから。

それゆえ、BF（すなわち、幅線と30度の正接線とを併せて1本の線とした長さの直線）を一辺とする正方形の面積は、BO を一辺とする正方形10個分の面積に近似的に等しい。

しかるに、$\overline{\mathrm{AB}}$ は10,000,000であるから $\overline{\mathrm{BO}}$ は5,000,000であり、BO を一辺とする正方形の面積は25,000,000,000,000、この正方形10個分の面積は250,000,000,000,000である。250,000,000,000,000の平方根の近似値は15,811,704である。しかるに、$\overline{\mathrm{BC}}$ すなわち $\overline{\mathrm{FE}}$ は10,000,000であるから、CF すなわち30度の正接線の長さの近似値は5,811,704である。証明終り。

　このことから明らかなのは、正接表の中に30度の正接として置かれている5,773,503という数字は誤っているということ、すなわち、これは輻線に10,000,000個含まれている部分の38,201個分だけ、正しい数値よりも小さいということである。

　この誤りの原因は、数値を正確に計算しなかったことではなく、諸々の線を数倍しても、同数の諸線の長さにある線の長さを掛けたものと同じには決してならないということ、また、平方数の平方根は正方形の辺では決してない——この辺の諸部分の数がどれほど多くなっても——ということである。なぜなら、直線をたとえば３つの等しい長さの部分へと分割したうえでそれを３倍したとすれば、生じたものは正方形ではなくて９本の線であろう。あるいはまた、この直線を10,000,000の部分へと分割したとすれば、これらの部分に10,000,000を掛けて得られるのは100,000,000,000,000本の線であって、これらの部分を一辺とする10,000,000個の正方形ではないであろう。なぜなら、直線に数を掛けて長方形が正じるためには、その数は無限でなければならないからである。

　同様に、平方数の平方根を導き出そうとした場合、この平方根をそれ自身に掛けたものはこの平方根の２乗に等しくなければならない。それゆえ、平方数９から３という平方根を導き出そうとした場合、この３をそれ自身に掛けたものは数９をなすであろうし、かくてこの平方根はそれ自身の２乗の３分の１であろう。また同様に、数からその

平方根を導き出すあらゆる計算において、平方根はそれ自身の2乗の何分の1かになるであろう。しかるに、正方形の一辺はいかなる仕方においてもこの正方形の何分の1かではありえない。もっとも、辺に幅を付与すれば、それは本来の意味では直線でなく、幅の狭い長方形であることになり、その場合には辺の数は有限であっても正方形をなすことができる。ただし、辺の数が多くなるほど、この細い長方形の辺のその数だけ等分された部分による正方形は小さくなるであろう。しかして、平方根とはこの正方形の数である。

さて、30度——その弧は BS であり、その正弦線は半輻線 BO に長さの等しい eS である——の正接を求めるのに次のようなやり方がなされている。いわく、「$\overline{Ae}$ 対 $\overline{AB}$ は $\overline{eS}$ 対正接 $\overline{BE}$ に等しく、また $\overline{Ae}$ は8,660,254、$\overline{AB}$ は10,000,000、$\overline{eS}$ は5,000,000である。それゆえ、10,000,000に5,000,000を掛けた積50,000,000,000,000を8,660,254で割ったもの、すなわち5,773,503が正接 $\overline{BE}$ であろう」と。そしてこのとき次のことが見落とされている。すなわち、割られる数50,000,000,000,000はそれだけの数の短い線であるが、これに対して割る数8,660,254はこれらの短い線を一辺とするそれだけの数の正方形であり、したがって商の数5,773,503は必然的に、正しい数よりも小さくなるであろう、ということである。

しかるに、XA を一辺とする正方形と AB を一辺とする正方形の面積を幾何学的に認識したうえで、これらの面積から XB 全体を一辺とする正方形と BF を一辺とする正方形との面積（この2つの正方形の面積は3対1の比率を持つ）を求めたならば、平方根を導き出すだけで、$\overline{Ae}$、$\overline{AB}$、$\overline{eS}$ の3つの規準を用いずに、それゆえ線の数をこの線が一辺となっている正方形の数で割ることなしに、直線 CF すなわち BE の長さの正しい数値が知られたであろう。そして以上のことから、このやり方で見出された直線 BE の長さの数値、すなわち

5,811,704は人々の見出した5,773,503という数値よりも大きいこと、そして前者の数値も正しい数値よりなお僅かに小さいものの、より真理に近いということが言える。

それゆえにまたアルキメデスによる円の面積の測定も、先に挙げたほうのあの計算法に依拠しているので、正しい値より小さいし、幾何学的計算法を反駁するのに有効であるはずはない。幾何学的計算法によれば、円周率はアルキメデスの定めた値よりも大きいことがおそらく見出されるであろう。

命題Ⅱ

円の輻線と30度の正接線とから合成された直線BFの長さは、同じ円の周の長さの4分の1に等しい。

eSを直線XFに出会うまで延長して、この出会う点をfとすれば、efの長さはeSの長さの3倍であろう。

それゆえ、直線XSを引けば、XSはefからその3分の1の部分を切り取り、これがすなわちeSである。またXSをBCまで延長してこの両線のぶつかる点をiとすれば、Biは（ef、BFが平行なので）直線BFの3分の1の部分を切り取る。

直線eSをαで、弧BSをpで2等分し、弧Bpの正弦線を引き、この正弦線をqpとすれば、qpの長さは弧Bpの2倍の弧すなわち弧BSの、弦の半分の長さであろう。

qpを2倍の長さに延長してその終点をyとし、qyがSOと交わる点をrとしよう。また、eqに平行で長さの等しい直線αηを引こう。

いま、Xαの延長線が点pに入射するものとすれば、qyの長さは弧BSの弦の長さに等しいであろうし、またqyをXFにぶつかるまで延長してこのぶつかる点をzとすれば、qzの長さはqyの長さの3倍、qpの長さの6倍であろう。

しかるに、Xαの延長線はpに入射する。私はこのことを次のようにして示す。

　仮にXαの延長線がpに入射しないとすると、この延長線は少くともBとpの間か、もしくはpとSの間かのどちらかで弧BSに入射するであろう。また、この延長線は弧BSの正弦線を切り分けるであろうが、この正弦線は弧BSの弦の半分より長いか短いかのどちらかであろう。また同様に、この正弦線を直線Xiと出会うまで延長した線は、弧BSの弦よりも、ということはつまり直線qyよりも、長いか短いかのどちらかであろう。

　それゆえXiが弧BSの弦に平行で長さの等しい直線eSを切り分けることができるのは、この平行線が点pを通る場合だけである。

　それゆえ点yは直線Xi上にある。またXα〔の延長線〕はpに入射し、$\overline{ry}$は$\overline{\eta p}$の2倍である。

　同様に、qzの長さはqpの長さの6倍であるが、ただし弧Bpの6倍の長さを持つ弧BLDよりは短い。

　同じように、直線eαが点gで、弧Bpが点oで2等分されるとすれば、次のことを示すことができる。すなわち、直線Xgを引いてこれを延長すればoに入射すること、弧Boの正弦線coを2倍の長さにした直線の一方の端はXpの延長線上にあること、そしてこれと同様のことは、2等分によって生じた弧と正弦線をさらにどこまで2等分し続けても起こること、またcoをXFにぶつかるまで延長してこのぶつかる点をtとすれば、ctの長さはcoの長さの12倍であるが、ただし弧Boの12倍の長さを持つ弧BLDよりは短いこと、これらのことである。

（4）　底本原文ではXfとなっているが、誤植と思われるので訳文では訂正した。

同じように、諸々の弧の2等分点をそれぞれ通り、両端を直線 XB 上と直線 XF 上に持つ諸直線は、(一方ではこれらの弧を、また一方ではそれらの切り分けられた正弦線を常に2等分するので、) 弧 BLD の長さに対するその長さの比率が、「これらの直線と同じ数だけの〔それらによって2等分される〕諸々の弧の長さ」に対する「それと同数の、これらの弧の正弦線の長さ」の比率と同じになるような、そのような長さを持つということを示すことができる。

　それゆえ、直線 BF は、円の周の4分の1である弧 BLD よりも長くなることはできない。

　しかるに、仮に直線 BF が弧 BD よりも短いとすると、弧 BD に長さの等しい直線はたしかに、直線 BF に平行で、なおかつ2直線 XB、 XF によって、ただしそれらの延長線によって切り取られた直線であろう。このことから帰結するのは、弧 BD が可能なかぎりの数の部分に、ということはつまり無数の部分に分割されると、それらの弦を組み合わせて1本の直線にしたものは弧 BD そのものよりも常に短いであろう、ということであるが、これは真ではない。なぜなら、どこまでも分割することによって、弧の長さと弦の長さとの間のあらゆる差異は消失するからである。それゆえ、 BF は弧 BD より長くも短くもなく、この弧に等しい長さを持つ。証明終り。

命題Ⅲ

　直線 XP を引いてこれを延長すれば、この延長線は、弧 BD の2等分点 L に入射する。

　点 X から直線 XF 上に、対角線 AC の2倍に等しい長さの線分 Xh をとり、また点 h から直線 BF に平行な直線 hb を引いて、これが直線 AB、AS、CD をそれぞれ点 b、k、l で切り分けるものとしよう。

　そうすると、 Xh の長さは bh の長さの2倍であろうし、したがっ

第 20 章 | 337

て bh は対角線 AC に等しい長さを持つであろう。さらに、「Xh を一辺とする正方形の面積」対「bh を一辺とする正方形の面積」は 4 対 1 であり、「Xh を一辺とする正方形の面積」対「Xb を一辺とする正方形の面積」は 4 対 3 であろう。

しかるに、AC を一辺とする正方形は、半輻線を一辺とする正方形 8 個に等しい面積を持つ。

それゆえ、Xh（その長さは AC の長さの 2 倍）を一辺とする正方形は、半輻線を一辺とする正方形32個に等しい面積を持つ。

また、bh を一辺とする正方形は半輻線を一辺とする正方形 8 個に等しい面積を持ち、Xb を一辺とする正方形は半輻線を一辺とする正方形24個に等しい面積を持つ。

また、bh は XP の延長線によって 2 等分されるであろう。

それゆえ、bh が L を通るならば（bh の部分 bL は対角線 AC の半分の長さであり）、XP〔の延長線〕もまた L を通るであろう。

これに対して、bh が L を通らない場合、それでも bl の長さは AL の長さに、bh の長さは AC の長さに等しいので、lh の長さは LC の長さに等しいであろう。

点 L から BC に対して垂線 Lm を引こう。そうすると、LC を一辺とする正方形は Lm を一辺とする正方形 2 個に等しい面積を持つので、lh（これの長さは LC の長さに等しい）もまた、同じ Lm を一辺とする正方形 2 個分の面積を持つ正方形の一辺であることができる。

さらに、CD に対して垂直で、それゆえ Lm に、ということはつまり Cd に長さの等しい直線 Ld を引けば、hC を一辺とする正方形は Cd を一辺とする正方形 3 個に等しい面積を持つであろう。

それゆえ、角 hdC は直角であろう。

しかるに、角 hlC は直角である。

それゆえ、l と d は同一の点である。

それゆえ、直線 bl は点 L を通る。

したがって、XP の延長線は L を通る。証明終り。

このことから、Xb を一辺とする正方形は、半輻線を一辺とする正方形24個に等しい面積を持つことが帰結する。

第 2 に、直線 Lk は Ll に、ということはつまり Lm に等しい長さを持つことが帰結する。理由は次のとおりである。直線 AE、DF は平行で長さが等しく、それゆえ直線 EF、kh の長さは等しい。しかるに、EF の長さは輻線の長さに等しい。それゆえ、kh も輻線に長さが等しく、したがって bk は lh に、Lk は Ll に等しい長さを持つ。

第 3 に、「輻線 AB の長さ」対「30度の正接線すなわち BE の長さ」は、「半対角線の長さ $\overline{Ab}$」対「$22\frac{1}{2}$ 度の正接線の長さ」に等しい。なぜなら、bk、lh、LC の各々の長さは $22\frac{1}{2}$ 度の正接線の長さに等しいからである。

直線 XB 上と直線 XF 上に両端があり、かつ直線 BF に平行な他の諸直線を、直線 bh と AD との間に引くとすれば、X から引かれた直線はこれらの直線全部を同一の長さの比率に切り分けるであろうが、弧 LD をそのように切り分けることはないであろう。なぜなら、「辺 BC の長さ」対「弧 BL の長さ」は「辺 DC の長さ」対「弧 DL の長さ」に等しいので、辺 DC のこの弧に等しい長さの部分と同じ比率で弧 DL を切り分けるためには、DA を BX そのものに等しい長さになるまで延長しなければならないからである。このように延長された辺 DA の端から引かれた直線は、弧 DL と、辺 DC のこの弧に等しい長さの部分とを、同じ比率で切り分けるであろう。

命題Ⅳ

さて、今しがた示されたように、直線 Xb を一辺とする正方形は半輻線を一辺とする正方形24個に等しい面積を持つが、このことから、

算術的計算法によって得られる量は正しい量よりも小さいということを証明することができる。

　理由は次のとおりである。XAを一辺とする正方形の面積は半輻線を一辺とする正方形12個の面積に等しく、Abを一辺とする正方形の面積は半輻線を一辺とする正方形2個の面積に等しいから、XA、Abのそれぞれを一辺とするこの2つの正方形の面積を併せたものは、半輻線を一辺とする正方形14個の面積に等しい。

　しかるに、正方形の個数12と2の比例中項は$\sqrt{24}$であり、そしてこれは$\overline{XA}+\overline{Ab}$の全体を一辺とする正方形に対する補形のうちの1つの面積に等しい。

　それゆえ、$\sqrt{96}$はこの補形の面積の2倍に等しい。

　さらに、ユークリッドの『幾何学原本』第2巻定理4により、XAを一辺とする正方形の面積と、Abを一辺とする正方形の面積と、上の補形の面積の2倍とを足し合わせたものは、Xbの全体を一辺とする正方形の面積に等しい。

　いま、$\sqrt{96}$（上の$\sqrt{24}$の2倍）の近似値は$9\frac{15}{19}$である。

　それゆえ、$12+2+9\frac{15}{19}=23\frac{15}{19}$で、これは24よりも小さい。したがって、算術的計算法によって得られる量は正しい量よりも小さい。証明終り。

　このことから、幾何学上の諸問題の検討に算術的計算法を用いることは禁じられなければならないことがわかる。

命題Ⅴ

　円の輻線の長さは、四分円の弧の長さと、この同じ弧の長さの5分の2との間の比例中項である。

　AとFを直線AFで結び、AFが辺CDと交わる点をHとしよう。

　そうすると、三角形ABF、ADHは相似であるから、$\overline{BF}$対$\overline{AB}$（す

なわち $\overline{BF}$ 対 $\overline{AD}$)は、$\overline{AD}$ 対 $\overline{DH}$ に等しい。

それゆえ、$\overline{BF}$ が四分円の弧 BD の長さに等しいので、$\overline{AD}$ は弧 BD の長さと直線 DH の長さとの間の比例中項であろう。

それゆえ、直線 DH の長さは直線 BF の長さの $\frac{2}{5}$ に等しいことが証明されなければならない。

辺 AB、DC をそれぞれ点 M と点 N で 2 等分し、直線 MN を引いてこれを T まで延長し、MT が半輻線の 3 倍に等しい長さになるようにしよう。

直線 BT を引き、これが弧 BD と交わる点を R とし、また直線 GR を引き、これが直線 MN と交わる点を Q としよう。

そうすると、直線 TB は半輻線 $\sqrt{10}$ 本分[5]の長さを持つことができ、したがってその長さは直線 BF の長さに等しい。

また、角 GRB は半円上の直角である。

しかるに、直角三角形 GRB、TMB の B における角は共通であるから、この両三角形は相似であり、また(直線 TM、GM は長さが等しいので) 三角形 TMB、GMQ は相似でなおかつ面積も等しい。

それゆえ、直線 BM、QM は長さが等しく、また直線 QT の長さは輻線のそれに等しい。

しかるに、三角形 TRQ は上の互いに相似な諸三角形に相似である。

また、$\overline{MB}$ は $\overline{MT}$ の 3 分の 1 であり、さらに $\overline{RQ}$ も $\overline{RT}$ の、$\overline{BR}$ も $\overline{GR}$ の 3 分の 1 であり、なおかつ $\overline{TQ}$ 対 $\overline{GB}$ は $\overline{QR}$ 対 $\overline{BR}$ に等しい。

それゆえ、$\overline{BR}$ は $\overline{RQ}$ の 2 倍である。

それゆえ、$\overline{TR}$ は $\overline{RQ}$ の 3 倍であるから、「TB 全体の長さ」対 $\overline{BR}$

---

(5) 底本原文では「10本分」となっているが、これでは計算が合わないので訳文では訂正した。

第 20 章 | 341

は5対2に等しいであろう。

それゆえ、BRの長さはTB全体の長さの5分の2である。

しかるに、「TBの長さ」対「半輻線MBの長さ」は「輻線の長さ$\overline{\text{TQ}}$」対「$\overline{\text{BR}}$の半分である$\overline{\text{QR}}$」に等しいので、「TBの長さ」対「MBの長さの2倍すなわち輻線の長さ」は、「輻線の長さ$\overline{\text{TQ}}$」対「$\overline{\text{RQ}}$の2倍すなわち$\overline{\text{BR}}$」に等しいであろう。

それゆえ、輻線TQの長さは四分円の弧の長さと直線BRの長さとの間の比例中項であり、したがってまたBRとDHは長さが等しく、かつDHの長さは弧BDの長さの5分の2に等しい。証明終り。

命題VI

今しがた証明されたことから、所与の直線に長さの等しい弧と、所与の弧に長さの等しい直線をどのようにして見出すことができるかは明らかであり、（したがって）また所与の弧を所与の比率に分割することがどのようにして可能かも明らかである。

理由は次のとおりである。点Bから直線BC上にBFの半分よりも長くない直線をとり、その端からXまで直線を引いたとすれば、この直線は直線BLから、BC上にとられた直線に等しい長さを持つその部分を切り取るであろう。

同様に点Bから、弧BL上に何かある弧をとり、この弧の端を通る直線をXから引き、この直線を辺BCにぶつかるまで延長したとすれば、この延長線はBC上に、弧BL上にとられた上の弧に等しい長さを持つ直線を切り取るであろう。このことは、弧を2等分してその各々の2等分された断片の正弦線の長さを2倍にすることにより、BF全体の長さが弧BD全体の長さに等しいことが示されたのと同じ方法で示すことができる。

それゆえ、BLよりも長くない弧は、上述のような仕方で所与の比

率に分割することができる。

さらに、弧が45度の弧よりも長いとした場合でも、それのどの部分も同じ方法で所与の比率に分割することができる、というこのことは、同じように妥当する。

それゆえ、所与の弧を、言いかえれば所与の角を、所与の比率に分割する方法は見出された。

別のやり方で証明された弧 BD の長さ

円の輻線と30度の弧の正接線とから合成された直線の長さは、この円の周の4分の1に等しい。

ABCD は正方形、AC はその対角線であるとし、弧 BLD は四分円の弧で、点 L において2等分されるとしよう。

辺 BC、AD はそれぞれ点 O と点 P において2等分されるとして、直線 OP を引き、OP が弧 BD と点 S で交わり、OP の延長戦が同じ円の別の四分円の弧 DG と点 V で交わるとしよう。

そうすると、弧 BS の長さは四分円〔の弧〕BLD の3分の1である。

また、直線 DV を引けば、その長さは輻線 AB の長さに等しく、これを BA の延長線にぶつかるまで延長してそのぶつかる点を X とすれば、DV のこの延長線の長さは直径 BG の長さに等しいであろう。

また、XD を BC の延長線にぶつかるまで延長し、このぶつかる点を F とすれば、直線 BF は輻線の長さ $\overline{BC}$ と30度の正接線の長さ $\overline{CF}$ とから合成された長さを持つ直線であろう。

BF の長さは弧 BD の長さに等しい、と私は言う。

点 A と点 S を直線 AS で結び、これを BC にぶつかるまで延長して、このぶつかる点を E としよう。

そうすると、直線 AE、DF は平行で長さが等しく、また直線 EF

の長さは輻線の長さ $\overline{BC}$ に等しいであろう。

また、直線 AX の長さは直線 SV の長さに、言いかえれば直線 PS の長さの 2 倍に等しいであろう。

点 S を通る直線 ef を引き、これが AB を e で、DF を f で切り分けるものとしよう。そうすると、ef の長さは半輻線の長さ $\overline{eS}$ の 3 倍になるであろう。

しかるに、直線 AX の長さは直線 Ae の長さの 2 倍である。

点 X と点 S を直線 XS で結ぼう。

そうすると、XS は直線 ef を 1 対 2 の比率で分割する。

それゆえ、同じ直線 XS を直線 BF に出会うまで延長し、この出会う点を i とすると、この延長線は BF を i で 1 対 2 の比率に切り分ける。

いま、仮に直線 BF の長さが弧 BD の長さに等しくないとすると、直線 BF は弧 BD より長いか短いかのどちらかであろう。まず第 1 に BF のほうが長いとしよう。

そこで、BF に平行な直線 au を引き、これが AB を a で、XF を u で切り分けるものとしよう。また au は、その長さが弧 BD の長さに等しくなりうる場合には等しく、かつ弧 BD に η で交わるとしよう。次いで弧 BD を、次のようになるまで何回も 2 等分しよう。すなわち、最後の 2 等分された断片のうちの 1 つで直線 co を正弦線とする弧 Bo が、弧 Bη の半分よりも短くなるようにである。

co を直線 XF にぶつかるまで延長し、このぶつかる点を t としよう。また点 X と点 o を直線 Xo で結び、Xo が直線 ef と交わる点を g としよう。そうすると、線分 eg が直線 ef に含まれるかぎりは常に、弧 Bo の正弦線 co は直線 ct に含まれ、かつ弧 Bo は弧 BD に含まれている。

しかるに、co は弧 Bo よりも短いから、ct 全体は弧 BD よりも、と

いうことはつまり直線 au よりも短い。このことは不合理である。それゆえ、直線 BF は弧 BD よりも長くはない。けれども先に示したように、BF は弧 BD より短くあることもできない。それゆえ、直線 BF の長さは弧 BD の長さに等しい。

　第 6 章で方法について論じた際、幾何学者たちの分析〔解析〕についてその箇所で言わなければならなかったことを、しばらくの間先延ばしにしているのが見られた。なぜなら、私はその際にはまだ、線・面・立体・等しいもの・等しくないものについて言及しておらず、したがって私の考えをわかってもらうこともできなかったからである。それゆえ、この分析について私の思うところをこの場で述べよう。さてそこで分析とは、真であると前提されている何かある言辞の諸々の用語の定義と、さらにこれらの定義の諸々の用語の定義とから出発して、何かある諸々の目印に、すなわち、それらの合成こそが前提された言辞の真偽の証明にほかならない諸々の目印に到り着くまでの、不断の推論のことである。そしてほかならぬこの合成すなわち証明こそ、総合と呼ばれる当のものである。それゆえ分析とは、定立されたことから原理へと、つまり第 1 の諸命題もしくはこれらの諸命題から証明された諸命題へと、前提されたことの真偽を証明するのに十分なだけ推論する仕方である。これに対して総合とは、証明する仕方そのものである。

　それゆえ分析と総合には、前向きか後ろ向きかという違い以外の違いはない。しかして論理学はこの両方を包括する。それゆえ、何であれ分析と総合についての問いないし問題においては、あらゆる命題の用語が置き換え可能でなければならないか、あるいは諸命題が仮定的に述べられているとした場合には、先行命題の真理性から後続命題の真理性が推論されることだけでなく、反対に後続命題の真理性から先行命題の真理性が推論されることも必然的であるかのどちらかであ

第 20 章 | 345

る。さもなければ、分解することによって諸原理へと到り着いた場合でも、合成することによる問いへのいかなる回帰も生じないであろう。なぜなら、分析において先になっている用語は総合においては後になるだろうからである。たとえば、分解することによって「これらの長方形の面積は等しい、それゆえ、それらの長方形の辺の長さは逆比例している」と言われる場合、合成することによって「これらの辺の長さは逆比例している、それゆえそれらの長方形の面積は等しい」と言うことが必要であろうが、このことが言えるのは、「長さの逆比例する辺を持つこと」と「長方形の面積が等しいこと」とが置き換え可能な用語であるとした場合だけである。

　ところで、あらゆる分析においては、求められている量を（描かれた図形により）感覚に対して明示できるようにするための手段として、2つの量の比率が問い求められる。なぜなら、終点のこの明示はまた問いの解決ないし問題の構造解示（constructio）だからである。そして、分析は前提から諸原理への、言いかえれば諸定義もしくは予め知られている諸定理への推論であり、そしてこの同じ推論は結局は何かある等置へと向かうので、等しさと不等性の原因そのものへと、もしくはこれらの原因から予め証明された、問われていることの証明のために十分なだけ多くの諸定理へと到り着くまでは、分解することのいかなる終りもないのである。

　さて、分析の終点は解決可能な問題の構造解示、もしくは解決不可能な問題の看破であるから、問題が解決可能であるとした場合でも、構造解示されるべき問題の作用因を含んでいるものに到達するよりも以前に、分析され了ったものが存するはずはない。しかるに、分析され了ったものが第1の諸命題のうちに存していることは必然的なことであり、さらにこの第1の諸命題とは諸々の定義である。それゆえ、これらの定義のうちには構造解示の作用因が含まれていなければなら

ない。私は、構造解示の作用因が含まれていなければならないと言っているのであって、証明された結論の作用因が含まれていなければならないとは言っていない。なぜなら、結論の原因は前提された諸命題のうちに含まれている、言いかえれば、証明された言辞の真理性はそれを証明する言辞のうちに内在している、ということはたしかであるが、これに対して構造解示の原因は物事自体のうちにあり、運動に、もしくは諸々の運動の協働作用に存するからである。したがって、分析がそこで終りになる諸命題は定義ではあるが、しかしそれは物事自体が構築（construere）されたり発生したりする仕方を表示するような諸定義である。なぜなら、そうでなければ証明されるべき問題に総合をつうじて立ち戻っても、いかなる証明もないであろうから。そしてその理由は、学問的でない証明は証明ではないが、問題の構造解示を引き起こす諸原因の認識から進んでゆく証明以外の証明は学問的でない、ということにある。それゆえ、上に述べられたことの結論を最も手短な言い方で述べると、次のようになる。「分析とは、構築〔構造解示〕された、もしくは作られたと仮定されたものから、この作られたものないし構築されたものの単一の作用因もしくは複数の協働作用因への推論である。」そして「総合とは、構築〔構造解示〕の第1の諸原因から諸々の中間項を経て、作られたものそのものに達する切れ目のない推論である。」

　しかし、同じ物事が発生しうる仕方、あるいは同一の問題が構造解示されうる仕方は多数存在するので、すべての幾何学者が同じ方法を用いはしなかったし、同じ幾何学者でも常に同じ方法を用いはしなかった。なぜなら、所与のある量に等しい他の量を構築することが命じられたとすると、何かある運動を思い描くことによってこのことがなされうるかどうかを問う人もいるだろうからである。というのは、ある量の等・不等は重ね合わせによるのに劣らず運動と時間からも論

証可能であり、また線同士にせよ面同士にせよ２つの量が、たとえ一方は直線もしくは平面、他方は曲線ないし曲面であったとしても、広げられて真直ぐに、もしくは平らになることによって重なり合い一致するように、何かある運動によってさせられる、ということも可能なのだから。アルキメデスは渦巻線に関してこの方法を用いた。さらに、同じアルキメデスが『放物形の求積』において行なったように、重さの考量から等・不等を発見し証明することもできる。さらに、それ以上は分割不可能と考えられている諸部分へと双方の量を切り分けることによって等・不等を見出すことも、何度も繰り返し行なわれている。これはたとえば今に近い時代にボナヴェントゥラ・カヴァリエリが行なっており、同じくアルキメデスも多くの箇所で行なったとおりである。最後に、この同じ等・不等を見出すことは、諸々の線の冪数を、つまりさまざまな冪数を持つ諸々の辺を、加減乗除によって、また辺を冪数から引き出すことによって考量したり、あるいは長さの同じ比率を持つ諸直線の端がどこにあるかを見出したりすることによっても、行なわれている。たとえば、ある１本の直線から引かれた、同じ１つの点を通る諸直線が何本あろうと、この点によって分けられるこれらの直線各々の２つの部分の長さ同士の比率が同一であれば、これらの直線の端もまた１本の直線上にあるであろう。また同様に、２つの円の間に点をとり、これらすべての点の場所が１つの直線に、もしくは１つの円周に属しているように、かつ「平面的な場所」と呼ばれるようにするならば、〔これらの点の場所が直線上にある場合〕

（６）　イタリアの数学者（1598〜1647）。ガリレオに学び、『不可分量の幾何学』を著してさまざまな図形の面積・体積の求め方を論じ、幾何学・解析学の発展に貢献した。

この同じ直線に一方の端が結びつけられている互いに平行な諸直線の他方の端は、これらの直線の結びつけられているこの直線の諸部分の長さが、それに結びつけられている互いに隣り合った2直線の長さの持つ比率の2乗の比率を持つ場合には、すべて円錐形の断面上にあるであろう。この断面こそが、これらの端の場所である。そしてこの場所は「立体的な場所」と言われるが、それはこの場所が3つの次元から成る等しさの量を見出すのに役立つからである。それゆえ、所与の2つの量同士の等・不等の原因を問い求める仕方は3とおりある。すなわち、運動の計算によるのと、不可分なものによるのと、冪数によるのとの3つである。運動の計算によるのは、等しい運動と等しい時間によって等しい空間が描かれるからである。ちなみに、重量は運動である。不可分なものによるのは、諸部分をすべて合わせたものは全体に等しくなるからである。また冪数によるのは、等しい冪数を持つ辺同士の長さは等しく、かつその逆に、辺同士の長さが等しければこれらの辺の持つ冪数も等しいからである。しかし、この3つの仕方のどれにおいても、複雑度のかなり高い問題の場合には、とくに未知の等置関係から分析を始めたり、最初から知られているさまざまな等置関係からどれかをとくに選んだりするのに前提しておかなければならない一定の規則を、定めることはできないのであって、問題解決がうまくいくのは、天賦の才と以前に獲得された知識のおかげ、またいくぶんかは幸運のおかげでもあるとしなければならない。なぜなら、人は以前に幾何学者であったのとちょうど同じだけ、後では分析家であるからであり、また分析の規則のおかげで幾何学者になるのではなく、根本諸原理そのものから始まる総合と、根本諸原理に付け加わるそれらの論理的使用とのおかげで幾何学者になるのだからである。総合のおかげでというのは、幾何学の真の伝達は総合によって、ユークリッドの教えた方法で行なわれるからである。かくてユークリッドを

師とする者はヴィエタ(7)がいなくても（ヴィエタは十分に称賛すべき幾何学者であったとはいえ）幾何学者になることができるが、ヴィエタを師とする者はユークリッドがいなければ幾何学者にはなれないのである。

　他方、分析のうち冪数によって行なわれる部分は、（第1級の幾何学者でない）何人かの幾何学者たちによって、どんな問題であろうとあらゆる問題を解決するのに適しているとみられてきたけれども、適用範囲の狭い代物である。その理由は次のとおりである。分析のこの部分はすべて、長方形についての、および長方形に関係した立体についての学説うちに含まれているので、問い求められている量を決定している等置関係に幾何学者たちが至り着いたとしても、その量をいつか技術によって明示できるのは平面上においてではなく、ある円錐断面においてである、ということはつまり、幾何学者流の言い方をすれば、幾何学的にではなく機械的にである。さて、この種の問題は立体問題と呼ばれ、円錐断面の助けを借りても求める量を明示することができない場合、そういう問題は線問題と呼ばれる。それゆえ、角の大きさと円の弧の長さという量に関しては、冪数による分析はいかなる用もなさない。だから古代の人々は、2等分を越えての角の分割や2等分された角のさらなる2等分を平面上で明示することは、機械的にでなければ不可能であると公言したのである。たとえばパッポス(8)は、（『数学集成』第4巻定理31に先立って）諸問題の部類を区別し定義して次のように言っている。「ある種の諸問題は平面問題、ある種のそれは

（7）　フランスの数学者（1540〜1603）。法律家として活動しアンリ4世の顧問官となる一方、50歳ごろから数学の研究に大きな業績を上げ、代数の記号法を完成し、「代数学の父」と称せられた。
（8）　2世紀後半のギリシアの数学者。主著『数学集成』のほか、ユークリッド『幾何学原本』の注解を著し、数学の普及に貢献した。

立体問題、ある種のそれは線問題と呼ばれることはたしかである。かくて、直線と円の円周によって解くことのできる諸問題（すなわち、定規とコンパスがあれば他の道具はなくても図に描くことのできる諸問題）は、平面問題と言われるのが妥当である。なぜなら、そのような問題の答えを求めるのに用いられる線は、平面上に起源を持つからである。しかし、何かある１つの、もしくは複数の円錐断面が作図〔構造解示 constructio〕のために採り入れられることによって解かれる諸問題は何であれ、立体問題と呼ばれてきた。なぜなら、立体図形の作図のためには諸々の面を用いる必要があり、当然円錐面も用いる必要があるからである。残るのは、線問題と呼ばれる第３の種類の諸問題である。それらがそう呼ばれるのは、既述の線〔平面上の線と円錐面上の線〕以外の線が作図〔構造解示〕のために採り入れられるからである。……」また、その少し後ではこうも言っている。「渦巻線・２次曲線・コンコイド・シッソイド[9]はこの種の線のうちに入る。しかるに、ある幾何学者が平面問題の答えを、諸々の円錐問題や線問題を介して求めているとき、幾何学者たちのもとに小さからぬ誤りのあることが見てとれる。」しかるにパッポスは、角の３等分を立体問題のうちに、角の５等分を線問題のうちに数え入れている。するとどういうことになるのか。円の弧に長さの等しい直線を求めるために２次曲線に

（９）　コンコイドについては、本コレクション08『人間論』第７章訳註（１）（93ページ）を参照。シッソイドは、円周上の定点から同じ円周上を動く動点を通り、この円の直径をはさんでこの定点と対峙する点におけるこの円の接線上を動く動点まで引かれた直線上にあって、最初の定点からの距離が円周上の動点と接線上の動点との間の距離に等しいような点の軌跡として定義される曲線をいう。最初の定点が原点Ｏ、Ｏにおけるこの円の接線がｙ軸で、Ｏを一方の端とするこの円の直径がｘ軸の正の部分に重なり、この円の半径がａ（したがってＯと直径をはさんで対峙する点における接線の方程式は $x = 2a$）であるとすれば、シッソイドの方程式は $y^2 (2a - x) = x^2$ となる。

よった古代の幾何学者たちや、所与の角の3等分を双曲線によって求めたパッポス自身も、誤りを犯したのか。決してそうではない。なぜなら、古代の幾何学者たちはこの冪数による分析を用いていたのだが、この分析を行なうことはごく近い数値によっていれば可能だったろうからである。より遠い数値によって行なった場合には、それは誤りであった——事の本性が十分に理解されていない、ということが論拠であったわけだから——のだけれども。

　冪数による分析の力は、長方形とその比例関係の変換・転換および推動に存する。そして分析家たちの技能は論理学であって、求められている結論の主語と述語のうちに隠れているものは何であれ、論理学によって方法的に見出されうる。しかし、大多数の人々が分析であるとみなして日常的に使用している記号法は、分析でも総合でもない。これはたしかに算術的計算法の短記法としては真であるが、しかし幾何学の短記法としては偽であり、幾何学を教えたり学んだりする技術ではなくて、幾何学者たちの発見を迅速かつ簡約に覚え書きにしておく技術である。なぜなら、遠く離れた諸命題同士の間では記号による議論が容易であるとしても、この議論は諸事物そのものの観念なしに行なわれても有効に役立つと考えられるべきかどうか、私は確実には知らないからである。

第21章　円運動について

1. **単純〔円〕運動においては、動いているものの中にとられた直線は、それ自身の残跡に対して常に平行であるような仕方で運ばれる**

　単純円運動とは、各々の点が各々の等しい時間で各々の長さの等しい弧を描くような運動である、と定義される。それゆえ、単純円運動においては、動いているものの中にどのような直線がとられようと、この直線はそれ自身に対して常に平行に運ばれる、ということが必然的である。このことは次のように示される。第1に、(図XXI―1において) 任意の立体の中に任意の直線 AB をとり、かつ任意の点 C を中心とし CA を輻線とする任意の長さの弧 AD を引こう。さらに点 B は、この AD に相似で長さの等しい弧 BE を同じ方向に向かって描くと考えよう。したがって、点 A と点 B が同じ速度で動くと仮定すれば、点 A が弧 AD を通り抜けるのと同じ時間で点 B は弧 BE を通り抜けるであろう。それゆえ、この同じ時間の終りには、直線 AB 全体が直線 DE 上にあることになるであろう。したがって、直線 AD と直線 BE の長さは等しい。また、弧 AD と弧 BE の長さが等しいから、という理由からしてもまた、それらの弦である直線 AD、BE の長さは等しいであろう。それゆえ、四辺形 ABDE は平行四辺形である。したがって、直線 AB はそれ自身

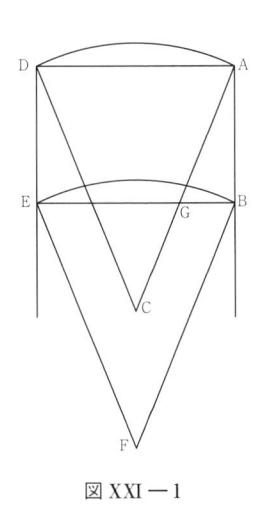

図 XXI―1

353

に対して平行に運ばれる。これと同じことを、同じ運動体の中にとられた他のどんな直線についても、同じ方法で立証することができる。したがってたしかに、円運動にしてかつ単純運動でもある運動によって回されている物体の中にとられた直線は、すべてそれ自身に対して平行に運ばれている。

系1　さらに円運動ではなくてもどんな単純運動をするものに関しても、上に述べたのと同じことが生じる、ということも明らかである。なぜなら、任意の直線の個々の点は、〔この直線が単純運動をするものの中にとられるならば〕円ではないとしても互いに長さの等しい諸線を描くので、曲線 AD、BE が円の弧ではなく放物線、楕円その他の図形の弧であったとしても、それにもかかわらずこれらの弧同士も、これらの弧の弦同士も、これらの弦と弦を結ぶ直線同士も、互いに長さが等しく、かつ平行だからである。

系2　さらに、等しい円 AD、BE の輻線（あるいは球内の軸）は、常にそれら自身の残跡に対して平行であるように運ばれる、ということも明らかである。理由は次のとおりである。弧 BE の中心 F に向かって輻線 AC に長さの等しい直線 BF を引くと、F と E を結んだ直線 FE あるいは C と D を結んだ直線 CD と、この直線 BF とは長さが等しく、かつ角 BFE は角 ACD に等しいであろう。いま、直線 CA、BE が交わる点を G としよう。そうすると、（直線 BE は直線 AD に平行なので）角 CGE は角 DAC に等しい。しかるに角 EBF も同じ角 DAC に等しい。それゆえ角 CGE と角 EBF は等しい。したがって直線 AC、BF は互いに平行である。証明終り。

2．停止した中心の周囲をまわる円運動があり、かつこの円上に小周転円があって、これが反対方向へ、等しい時間で等しい角が生じるように回転しているものとすると、この小周転円の中にとられ

354

た任意の直線は、それ自身の残跡に対して常に平行であるように運ばれる

　第2に、(図XXI—2において) Aを中心としABを輻線とする円が与えられているとしよう。そしてBを中心とし、任意の長さのBCを輻線として小周転円CDEが描かれたとしよう。さらに、中心Bは小周転円CDEの全体といっしょに、この小周転円がIを中心とする円FGHと一致するまで、中心Aの周囲を回転すると考えよう。そして任意の大きさの角BAIが与えられたとしよう。これに対して、その間に小周転円CDEはそれ自身の中心Bのまわりで回転するものとしよう。すなわち、中心BがIへと押し動かされる間に、EからDを経てCへと、しかも同一の比率に従って、ということはつまり、両方の運動において等しい時間で等しい角が生じるように、回転するものとしよう。小周転円の軸(これはECであるとしよう)はそれ自身に対して常に平行に運ばれる、と私は言う。

　角FIGが角BAIに等しくなるとしよう。そうすると、直線IF、ABは互いに平行であろう。軸AGがそれの以前の場所ACを離れる(この分離は、角CAGそのものによって、もしくはそれに等しいと仮定されている角CBDによって測られる)その分だけ、軸IG(これはBCと同じ長さである)も同じ時間でその位置を離れる。したがって、中心Aのまわりで、点Bから点Iへと向かう運動によって輻線BCがIGへと至るのに要する時間と

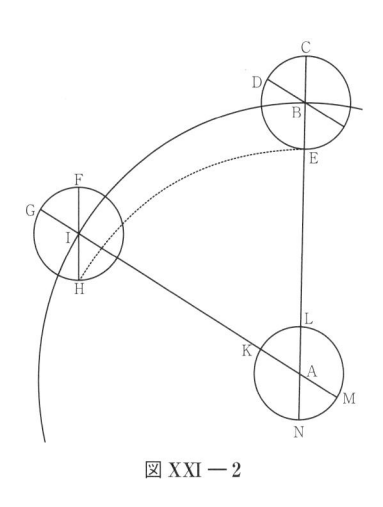

図XXI—2

第21章 | 355

同じ時間で、点Gは小周転円上の反対方向の運動によって点Fへと至る、すなわちGはFまで回転して輻線IGはIF上にあることになるであろう。しかるに角FIGと角GACは等しい。それゆえ直線ACは、ということはつまり直線BCはさまざまな場所においてそれ自身に平行であり、また直線IGすなわち軸もそうである。それゆえ小周転円EDCの軸はそれ自身に対して常に平行に運ばれる。証明終り。

　系　上のことから、ニコラス・コペルニクスが地球に帰した2とおりの年間運動は、両方とも単純円運動というこの1つの運動に、すなわち、運動するものの諸々の点が常に等しい〔角〕速度で移動するようにさせるような、ということはつまり、これらの点が等しい時間で等しい円を均一な仕方で完成するようにさせるような運動に、帰着するということがわかる。

　しかるに、この運動は諸々の円運動のなかで最も単純であるのと同じく最もよく見られる運動である。すなわちそれは、たとえばものを臼で挽いたりふるいにかけたりする人々のように、腕で何かあるものをまわす人々が行使するような運動である。これがなぜ最もよく見られるのかというと、この運動によって動いているものの個々の点は常に等しい単純な線を描いており、したがって多数の竿の先端が等しくそこから突き出ている棒を持っている人は、この1つの運動によって多数の回転を一斉に与えることができるからである。

3．単純〔円〕運動の諸特性

　単純〔円〕運動がいかなるものであるかは説明されたので、この運動の2、3の特性をもまた説明することにしよう。

　第1に、充実した流体の媒体中を物体が単純〔円〕運動によって運ばれるとした場合、この物体は周囲の流体の、この物体自身の運動に抵抗するすべての諸部分——それがどんなに小さな諸部分でも——の

位置を変動させ、どの場所にも流体の新たな小部分がただちに入り込むようにさせる。

理由は次のとおりである。(同じ図XXI—2において)任意の物体KLMNがあって、これが単純円運動によって動いていると考えよう。そしてこの物体の各々の点が描く円の大きさは、どんな大きさでもよいが、たとえば物体KLMNと同じだけの大きさであるとしよう。それゆえ、この物体の中心Aそのものも他のどの点も、それゆえ運動体自身も、ときにはKのほうへ、またときにはMのほうへ近づくであろう。しかし、運動体がKに近づくと、流動体の諸部分は運動体の後方の場所へと逆行するであろう。それゆえ、空間全体が充実していると仮定されているからには、他の諸部分もこれらの部分の後に続くことは必然的である。同様に、LでもMでもNでもいたるところで回転が生じる。しかるに、流動体のどこの諸部分に直近の諸部分もみな逆行すれば、この直近の諸部分に直近の諸部分もまた退行するということもまた必然的であり、そして(充実していると仮定されているので)それらの場所にはまた別の諸部分の入り込むことが必然的であり、このようにして次々に限りなく続く。それゆえ、流動体の最も小さな諸部分でさえも場所を変える。証明終り。

上のことから、運動体が絶えずそれ自身の元の場所に戻るような単純運動は、円運動であれ他の運動であれ、その速度とそれが描く線の長短に応じて、それの持つ抵抗する諸物体の諸部分をばらばらにする力が大きかったり小さかったりする、ということが明らかである。しかして、最大の速度を最小の回転のうちに、最小の速度を最大の回転のうちに考えることは可能であり、必要とあれば仮定することも可能である。

4．流動体が単純円運動によって動くとした場合、流動体中にとられ

た任意の諸点がそれぞれ円を描くのに要する時間同士は、この運
　　動の中心からの距離同士のなす比率をなすであろう。

　第2に、この単純〔円〕運動が空気や水その他の流動体中に生じる
と仮定すると、この流体のうち、それを動かしている物体に最も近接
している諸部分は、同じ運動によって同じ速度で回転し、その結果、
動かしている物体の任意の点がその描く円を完成するのと同じ時間
で、この物体に最も近接している流動体の部分は、どんな部分であ
れ、この動かしている物体の描く円全体に長さの等しい、それ自身の
円の部分を描くであろう。私が「円の部分を」描くであろうという言
い方をして、「円全体を」と言わないのは次の理由による。すなわ
ち、流動体のあらゆる部分はその運動を、内側の同心円上にある動か
す部分から得ているが、複数の同心円のうち外側の円は内側の円より
も常に大きく、しかもある動かすものによって刻印された運動が、そ
れを刻印するものの運動よりも速いということはありえないから、と
いうことである。そしてこのことから、動かしている物体の表面から
〔上述の近接している部分よりも〕もっと遠く離れている周囲の流動体の
諸部分がそれの描く円を完成するのに要する時間同士のなす比率は、
動かす物体からのこれらの諸部分の距離同士が持つ比率である、とい
うことがわかる。その理由は次のとおりである。周囲の点はどれも、
それを回転させる物体に接している間、この物体と同時に回転し、か
つ（外側の円は内側の円よりも周の長さが超過している、ということのせいで
背後に残される分を除いては）同じ円を作り出すであろう。その結果、
動かしている物体に最も近い流動体中に何かある流動体でないものが
浮かんでいると仮定するならば、この浮かんでいるものは回転させる
物体と同時に回転するであろう。さらに、最も近くはないが（いわ
ば）ほとんど最寄りの流動体は、その運動を〔動かしている物体に〕最
も近い流動体から受け取り、そしてこの運動はそれを与える側の流動

体中にある運動よりも大きいということはありえない。それゆえ、このほとんど最寄りの流動体は、動かしている物体が円を完成するのと同じ時間で、たしかに円形の線を作り出すであろうが、ただしそれは円の周全体ではなく、最も内側の動かしているものの描く円の周全体に等しい長さの円い線であろう。それゆえ、動かしている物体がその円を描くのと同じ時間で、それに接していない流動体が描くのは、その描く円の全体ではなく、前者の円の周全体に等しい長さの、後者の円の弧であろう。同じ理由により、もっと遠く離れた他の諸点も、動かしている物体の描く円の全体に等しい長さの、それら自身の描く円の各々の部分を、この物体が円を完成するのと同じ時間で描くであろうし、したがってそれらの諸点がそれら自身の描く円の全体を描くのに要する時間は、動かしている物体からそれらの諸点を隔てる距離に比例しているであろう。証明終り。

5．単純〔円〕運動は異質なもの同士を分散させ、等質なもの同士を凝集させる

第3に、流動体の媒体中に置かれた物体の同じ単純〔円〕運動は、同じ流動体中に自然に浮動している諸物体を、それらが等質的であれば凝集させ、1つの場所へと駆り集めるが、しかしそれらが異質的であれば分離し分散させる。しかるに、もし異質的な諸物体が浮動しているのではなく沈殿しているとするならば、上と同じ運動はそれらを振り動かし混ぜ合わせるであろう。

理由は次のとおりである。互いに似ていない、すなわち異質的な諸物体は、物体としてのかぎりで似ていないのではなく（なぜなら、それらは物体としては異ならないのであるから）、何かある特殊な原因によって、すなわち、それらの最小部分の何らかの運動つまり内部運動によって（なぜなら、第9章第9節で示したとおり、あらゆる変化は内部運動

であるから）似ていないのである。したがって異質的な諸物体は、互いに異なった内部運動すなわち特殊運動を持つであろう。さて、このような仕方で異なっている諸物体は、外部から来る共通な運動を異なった仕方で受ける。それゆえ、これらの諸物体はいっしょには運ばれない、ということはつまり、分散させられるであろう。他方、分散させられた諸物体はときおりそれ自身に似た諸物体に遭遇し、それらといっしょに同じように運動するであろうし、これらの物体もまた他の似た諸物体に遭遇して統合され、いっそう大きくなるであろう。それゆえ、等質的なもの同士はそれらがその中で自然に浮動している媒体中において単純〔円〕運動によって凝集させられるのに対して、異質的なもの同士は分散させられる。さらに、同じ流動体中に浮動せずに沈澱しているものは、流動体の十分に大きな運動がそれに突き当たってそれらに刺激を与えたならば、その刺激に触発されてこの流動体のしている運動をするように仕向けられるであろう。したがってこれらのものは、自然に沈澱していた場所、そこでのみ結合されていたその場所に戻ることを妨げられるであろうし、この場所の外へと入り混じり合いながら運ばれてゆく、ということはつまり、混合させられるのである。

　さて、等質的なものを凝集させ異質的なものを分散させるこの運動は、一般に「沸動〔発酵〕」(fermentatio) と呼ばれている運動であるが、この呼び名は「沸騰すること」(fervendum) に由来している。これはギリシア語の ζύμην（酵母・発酵物）が ζέω（沸き立つ）に由来しているのと同様である。なぜこの呼び名がついたかというと、沸騰して熱くなっている水は、その諸部分の１つひとつが位置を変えるようにさせ、また動いているこの湯の中に投入される事物の小部分がそれらの相異なる本性に応じてばらばらに散らばるようにさせるからである。ただし、沸き立つことがすべて火によるわけではない。なぜな

ら、葡萄の汁やその他無数のものにも沸動〔発酵〕して沸き立つということがあるが、しかしこのことはみな火によらないで生じるからである。もっとも、沸動に際して熱が感じられる場合は、この熱そのものが沸動を引き起こすのであるが。

6．単純〔円〕運動によって動かすものの描く円が、この動かすものによって回転させられた点の描く円に対して通約可能な周の長さを持つとした場合、両方の円の諸点はときおり同じ位置関係に戻るであろう

第4に、(同じ図 XXI—2 において) A を中心とする動かすものが KLN の各点を通って運動しつつ数回回転させることにより、BI の各点を通る円の周と等しい長さの線を描く（ということはつまり、この場合周 BI と周 KLN の長さは通約可能である）のと同じ時間で、B をその中心とする浮動している物体のすべての点は、それらが離れていった元の同じ、動かすものに関する位置へと回帰する。なぜなら、距離 $\overline{BA}$、すなわち B と I を通る円の輻線の長さの、この円 BI の周の長さに対する比率は、円 KLN の輻線の長さの、この円 KLN〔の周〕の長さに対する比率に等しく、かつ B と K の両点の速度は等しいので、BI 上における回転の時間の、KLN 上における1回転の時間に対する比率も、「円 BI の周の長さ」対「円 KLN の周の長さ」に等しいであろうし、したがって円 BI の周全体が完成されるのと同じ時間で、合計の長さが円 BI〔の周〕の長さに等しくなるだけの回数の、KLN 上での回転が完成されるであろうから。それゆえこれと同じ時間で、L、N、F、H やその他の諸点も、離れていった元の同じ位置に回帰するであろう。考量されることになる諸点が〔上のような関係にある円の周上の〕どの点であっても、これと同じことを示すことができる。それゆえ、これらの点はすべて同じ位置関係に回帰する。証明終り。

上のことから、円BIと円KLNの周の長さが通約不可能であるとした場合には、すべての点が同一の相互位置関係に、ということはつまり同一の形状に回帰することは、決してないであろうということが帰結する。

7. 球が単純〔円〕運動を有するとした場合、その球の運動が異質的なものを分散させる度合は、両極から遠くなるほど大きくなるであろう

単純〔円〕運動において、運動している物体が球形をしているとした場合、この運動の持つ異質的なものを分散させ等質的なものを駆り集める力は、その運動の両極付近のほうが中心付近よりも小さいであろう。

（図XXI─3において）Aを中心とし、BCを直径とする球があるとして、この球が単純円運動によって運動していると考えよう。そしてこの運動の軸は直線DEであるとし、これが直径BCと点Aで直角に交わるとしよう。さらに、この球の任意の点、たとえばBの描く円が、直径BFを持つとしよう。そうすると、長さが直線BCに等しく、かつ点Hで2等分される直線FGをとれば、Aは半回転後にはHにあるであろう。また、線分HF、ABは長さが等しいので、中心をH、輻線をHFないしHGとして描かれた円は、中心をA、輻線をABとして描かれた円に等しい大きさになるであろ

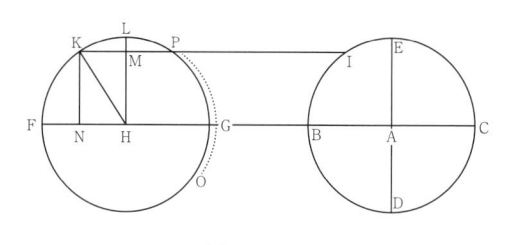

図XXI─3

362

う。そして、同じ運動が続けられれば、もう半回転後には点Bは運動を開始した場所へ戻るであろう。したがって、半回転後に点BはFへ、半球DBE全体は点L、K、Fのある半球へと運ばれる。それゆえ、点Fに接していた流動体は直線BFの長さの分だけ、それも同じ時間で退行する。そして点FがBへ、ということはつまり点GがCへと戻る際に、それとちょうど同じだけ、流動体は点Cから直線上を戻る。そしてこのことは、両極からの距離が最大である球の中央部においてこのとおりに生じる。

いま、同じ球の上に、もっと極に近い点Iをとり、この点を通って直線BFに平行な直線IKを引き、これが弧FLとKでぶつかり、軸HLとMで交わるものとしよう。次にHとKを直線HKで結び、線分HFに対して垂線KNを引こう。そうすると、BがFに達するのと同時にIはKに達するであろう。なぜなら、直線BF、IKは長さが等しく、かつ同じ速度で描かれたからである。ところで、次のような運動、すなわち直線IKに沿って、この運動の作用を受ける流動体に、言いかえれば流動体のうち点Kに接している部分に至る運動は、斜め向きの運動である。しかるに、この運動が仮に直線HKに沿って行なわれていたとしたら、それは鉛直方向の運動であったであろう。さらに、IKに沿って進む運動の動きは、同じ速度でHKに沿う運動の動きよりも小さいが、しかしHKに沿う運動はHFを通る運動と等しいだけ流動体を追いやる。それゆえ、球のうちでKの周辺の部分はFの周辺の部分よりも流動体を動かす度合が小さい。すなわち、KNがHFよりも短い分だけ小さいのである。それゆえにまた、異質的なものを分散させ等質的なものを凝集させる度合も、より極に近いところのほうが、極からより遠いところよりも小さいのである。

　系　軸に垂直で、かつ球の中心から極そのものよりももっと遠く離れている平面上においては、上の単純〔円〕運動がいかなる作用もし

ない、ということもまた必然的である。なぜなら、軸 DE が単純〔円〕運動によって描くのは円筒形の側面であって、この運動においては円筒形の底面の方に向かっては全然いかなる努力も存在しないからである。

8．流動体の単純円運動に流動体でない物体が抵抗する場合には、表面に沿った拡張の運動が生じるであろう

上に述べてきたような円運動をしている流動体の媒体中に、流動体でない他の球形の可動体が泳動していると考えたとすると、この可動体に押し当たる流動体の諸部分は、この流動体でない物体の表面に沿ってあらゆる方向へと拡張してゆく努力を持つであろう。また経験もたしかに十分にこのことを明らかにしている。それはすなわち、床の上にこぼれた水の拡張に際してである。さて、このことは次のように説明される。（図 XXI—3 において）球 A は部分 B の方へと動くので、この球がその中で動いている流動体もまた、同じ運動を持つであろう。しかし、この運動によって流動体は流動体でない物体に、たとえば G に突き当たり、その結果流動体は進み続けることもできず、さりとて動かしている力に逆らって逆戻りすることもできないので、残るのは、流動体の小部分が拡がりながら、抵抗する物体 G の表面をあらゆる方向へ、たとえば OP に沿って、なでかすめて進む、ということである。証明終り。

9．動かない中心のまわりの円運動は、円周に置かれていて固定されていないものを、接線に沿って投じる

合成された円運動（すなわち、それによって運動体の個々の部分が、共通の中心からの距離に比例して、ある部分はより大きな円の周を、ある部分はより小さな円の周を、同時に描くような運動）は、そのように運動する物

体に付着した流動体でない物体を回転させるが、この接着が引き離されると、この引き離しの生じた点における〔円の〕接線に沿って、この流動体でない物体を投じる。

たとえば、（図XXI—4において）ABを輻線とする円と、その円周上のB点に置かれた何かある物体があるとしよう。この物体はBに固定されているとすれば、それ自体で十分明らかなように、たしかにいっしょに回転するであろう。さてそこで、運動している最中に、この物体が点Bにあるそのときにこの付着が何らかの仕方で除かれたと仮定しよう。可動体はBから接線BCに沿って進むことになるだろう、と私は言う。

輻線ABも物体Bも同じように硬い物質から成っている、と考えよう。そして、輻線ABが点Bにおいて、接線DBに沿って入射する物体に突き当たられたと仮定しよう。そうすると、次の2つの物事の協働作用によって円運動が生じるであろう。すなわち、その1つはDBの延長線に沿ったCの方への努力であり（なぜなら、物体は輻線ABに保持されていなかったとすれば、Bから他ならぬ直線BCに沿って進んだであろうから）、もう1つはこの保持そのものである。しかし、この保持はBにある物体に中心の方へのいかなる努力も与えない。それゆえ、この保持が除去されると（このことは引き離しに際して生じることである）、引き離された物体のBにおける努力は1つだけ残り、そしてそれは接線BCに沿った努力である。それゆえ、引き離された点Bは接線BCに沿って運動するであろう。証明終り。

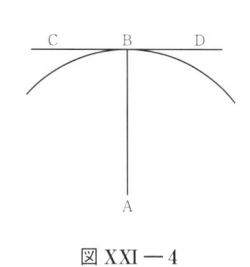

この証明から次のことが明らかになる。すなわち、不動な軸のまわりを円運動しているものは、その表面に接して存

図XXI—4

第21章 | 365

在しているがそれに固定されて付着してはいないものなら何であれ、これを投射して自分の円運動の中心から遠ざけるということ、そしてその度合は、接している点が極から遠く離れているほど大きく、また投射されるものが別の諸原因のせいで周囲の流体から中心の方へと押し戻される度合が小さいほど大きい、ということである。

10. 単純円運動によって動くものは単純円運動を生じさせる

球形の物体が流動体の媒体中で単純円運動によって運動し、かつ同じ媒体中を流動体でない物質でできた他の球体が泳動している場合、後者の球体も単純円運動によって運動するであろう。

たとえば（図XXI—5において）Aを中心とする円BCDがあるとしよう。そしてこの円の円周上で球体が、単純〔円〕運動によって周BCDそのものを描くように動いているとしよう。さらに、固体の物質でできた他の球体EFGがあって、その半径はEH、中心はHであるとしよう。また、輻線AHは円HIを描くものとしよう。球体EFGは円周HI上を（BCD上の物体の運動により）単純〔円〕運動によって動くであろう、と私は言う。

理由は次のとおりである。BCD上の運動は、（本章第4節により）流動体の媒体の個々の点が互いに等しい円形の諸線を同じ時間で描くようにさせるので、直線EHGの点E、H、Gは等しい長さの輻線を持つ互いに等しい円を同じ時間で描

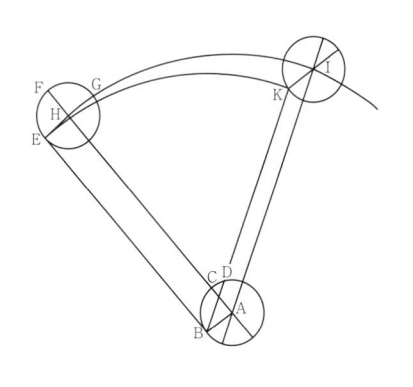

図XXI—5

く。直線 AH に平行で長さの等しい直線 EB を引き、A と B を直線 AB で結ぼう。そうすると、AB は EH に長さが等しく、かつ平行であろう。そこで、B を中心とし BE を輻線として、弧 HI に長さの等しい弧 EK を描き、直線 AI、BK、IK を引こう。そうすると、BK と AI の長さは等しいであろう。また 2 つの弧 EK、HI は長さが等しい、ということはつまり角 KBE と角 IAH は等しいので、BK と AI は平行であろうし、それゆえこの両直線を結ぶ直線 AB、KI は長さが等しくかつ平行である。したがってまた、KI と EH は平行である。それゆえ、E と H が同じ時間でそれぞれ K と I へと移された場合、直線 IK の全体は、それが分離した元の直線 EH と平行であろう。かくて、(球 EFG は固体であり、したがってそれのあらゆる点は常に同一の位置関係を保つ、と仮定されているので) この球内にとられた他のどんな直線も、それ自身の残跡に対して常に平行に運ばれる、ということは必然的である。それゆえ、球 EFG は単純円運動によって動く。証明終り。

11. 上のような仕方で動かされるものが硬い部分と流体の部分とを併せ持っている場合、それの運動は完全な円運動にはならないであろう[(1)]

単純運動(それは完全な円運動でも、楕円運動でもよく、それ自身に戻ってくる線ならどんな線に沿った運動でもよい)で回っている物体によって駆り立てられている、いたるところで流体である媒体の中に、これも流体ではあるが、媒体よりも粘度の高い他の物体が置かれているものとした場合、私は次のように言う。第 1 に、媒体のこの揺動のせいで

---

(1) この節の英語版は底本と内容が大きく異なっている(付録13参照)。

他方の物体の集塊から引き離されたある非常に微小な諸部分が媒体中に混ざり込み、この諸部分は最初の動かしている物体のほうへと向かわされてそれにますます近づいてゆくであろう、ということ。第2に、残った集塊は膨張するということ。第3に、この残った集塊は流動性の最も大きい諸部分のほうへとますます近づくであろう、ということである。たとえば、流体の媒体（例としては空気）の中に据えられた何かある物体が、元の位置に戻ってくる単純運動によって空気を駆り立てると仮定し、さらにこの同じ空気中に空気よりも粘度の高い他の流体、たとえば水が置かれたと仮定しよう。水のある微小な諸部分が必然的に空気に混ざり込む、と私は言う。なぜなら、媒体の個々の部分が、その最も微小な諸部分にいたるまで、その場所を最も近い小部分と絶えず交換するような具合に媒体すなわち空気が駆り立てられることは、第5節で示したとおりなので、空気に接している水の諸部分が空気の諸部分と場所を交換することは必然的だからである。それゆえ、水のある諸部分は空気に入り込んでゆく。これが第1の点である。第2に、空気の中に入り込んだ水の諸部分は、他の水の集塊から引き離され、しかも（仮定により）水はいくらかの粘度を持つので、空気に入り込んだ水の小部分がそこから出てきた水の総体が、出てきた小部分の後にあるところまでついてくるということ、すなわち水がある程度膨張するということが、必然的に生じるであろう。これが第2の点である。第3に、物体のある部分は他の部分よりも流動性が大きいと仮定されているので、流動性のより大きい部分はより小さい部分に比べて膨張しやすい。しかるに、膨張すればするほど集塊全体の行なう努力も大きくなるであろう。それゆえ、諸部分の粘性のゆえに、反対に進む努力の小さい部分は流動性の大きい部分の後についてゆくであろう、ということはつまり、集塊全体が流動性の大きい部分によって動かされるであろう。これが証明されるべきこととして残っ

ていたことであった。

第22章　その他の多種多様な運動について

1．努力と抗力はどのように異なるか

　努力は、既に第15章第２節において、たしかに長さに沿ったある運動ではあるが、しかし長さとしてではなく点として考量された運動である、と定義された。それゆえ、努力するものに抵抗するものが何かあろうと何もなかろうと、努力は同じである。なぜなら、「努力する」ことは「進行する」ことと端的に同じだからである。しかるに、反対方向へと努力する２つの物体が互いに圧力を加え合うものとした場合には、この双方の物体の努力はともに「抗力」と呼びならわされるが、この努力は、それに対して他のものが静止したまま反対のほうへと努力している、ということはつまり抵抗しているような、そのような努力である。

2．運動がその中で行なわれる媒体の２つの類

　運動する当の物体にも、それがその中で運動する媒体にも、同じく２つの類がある。なぜならそれらは、動くものの全体が動かすものに従って動くのでなければ動くもののいかなる部分も容易には動かすものに従って動かないような具合に、それら自身の諸部分が互いに密着し合っているようなものであるか、もしくは全体が不動のままでもそれらの諸部分は動かすものに従って容易に動くか、そのいずれかだからである。前者のような物体は「硬い物体」と呼ばれ、後者のような物体には「流体」と呼ばれるものと「軟い物体」と呼ばれるものとがある。なぜなら、「流動する」「軟い」「粘性の」「硬い」といったことは（大きい・小さいと同様に）比較上においてのみ言われることであって、異なった複数の類ではなく、１つの質の異なった複数の度だから

371

である。

3．物体から物体への運動の伝播とは何か

さて、作用することは動かすこと、作用を被ることは動かされることである。そして、動かされるものは何であれ、動いていてなおかつそれ自身に接しているものによって動かされる、ということは以前の箇所で示したとおりである。また、隔たりがどれほどあっても、最初の動かすものは最後の可動体を動かす、と言われるが、ただしそれは間接的に、すなわち、第1のものが第2のものを、第2のものが第3のものを動かし、以下同様にして、ついには最後のものに接しているものにまで至りついた、という仕方によってである。それゆえ、何かある物体がそれに対抗して努力する物体を動かし、この動かされた物体が同様にして第3の物体を動かし、以下同様に次々と動かしてゆくとき、この作用は「運動の伝播」と呼ばれるであろう。

4．圧力をかけるものによる運動はどのような運動か

2つの流動する物体が開放された場所において互いに圧力を加え合う場合、この両物体の諸部分は横に向って動くかもしくは努力するであろう。しかも、接触の生じているところにある諸部分だけでなく、すべての諸部分がそのように動いたり努力したりするであろう。理由は次のとおりである。最初の接触に際して、両方の努力する物体によって押された諸部分は動ける他の場所を前にも後にも持っていないので、横のほうへと押し出される。そしてこのことは、(もし両方の力が等しいとすれば)それらが押し出されて離れてゆく物体に対して直角をなすような線上において行なわれる。さらに、両方の物体の押されている前のほうの諸部分によって、後のほうの諸部分もまた圧力を加えられる(なぜなら、後のほうの諸部分の運動は前のほうの諸部分の抵抗に

よって瞬間的に止められることなく、しばらく持続するからである）ので、後のほうの諸部分にも動けるような何らかの場所が与えられなければならない。しかし、前のほうには運動にとっての場所は与えられない。それゆえこれらの諸部分は、必然的にいたるところで横のほうにある場所へと動かなければならない。そしてこのことは、流体の場合だけではなく、固体でしかも硬い物体の場合にも必然的に起こることであって、それはたとえ時として感覚にとっては流体の場合ほど明らかでないことがあるとしても、そうなのである。なぜなら、硬い石同士の圧力のかけ合いからは横のほうへのいかなる拡張が起こることも（これは蠟状の2つの物体の場合には生じることだが）目では識別されないけれども、たとえ僅かではあっても何らかの膨張がそこに存在することは必然的である、ということは、理性によって十分に理解されるからである。

5．圧力をかけられた流体同士は互いに入り込み合う

これに対して閉ざされた場所では、両方の物体がともに流体であるとした場合には、それらは（圧力をかけられれば）互いに他方によって入り込まれるであろうが、ただしその入り込まれ方は、両物体の有する努力の違いに応じて異なるであろう。たとえば、硬い物質でできた中空の円筒形の管があって、両端はしっかりと塞がれているが、塞がれる前に下のほうは水銀のような何かある重い流動体によって充たされ、これに対して上の方は空気か水で充たされたと仮定しよう。そうすると、円筒を逆さまにすれば重さのまさるほうの流体は他方の流体よりも大きな努力を底のほうへ向かって行ない、また横のほうへひろがる能力は管の硬さのために持ちこたえられてしまうので、上のほうにある重い流体が軽いほうの流体に迎え入れられて沈んでゆくことは必然的である。なぜなら、より容易にその諸部分の分離を許すほうの

流体は先に細分されるが、それらが細分されても他方の流体の諸部分は必ずしも分解されるとはかぎらないからである。それゆえ、閉じ込められた２つの流動物が同じ管の中で場所を交換する場合、それらの諸部分は最小の部分に至るまで混合される、ということは必然的である。閉じ込められた２つの流動物、というのは、２つの流動物のうちの一方が開放されていれば、他方の流動物の諸部分も分解されるということは不必要だからである。

　これに対して、閉ざされていない場所で流動体が硬い物体にのしかかったり押し当たったりするとした場合には、たしかに硬い物体の内部の諸部分のほうへの努力が生じるであろうが、しかし流動体の諸部分は（硬い物体の抵抗のために排除されて）硬い物体の表面に沿ってあらゆる方向へと運動するであろう。そしてこの運動は、抗力が直角であるとした場合には等しい運動になるであろう。なぜなら、原因のうちにあるものがすべて互いに等しいので、結果もまた互いに等しいであろうから。けれども、抗力が直角でないとした場合には、ぶつかる角度が等しくないであろうから、流動体の諸部分のひろがり方も等しくなく、角度のより大きい側でひろがり方もより大きいであろう。なぜなら、直線に沿った運動のほうが、そうでない運動よりも真直ぐだからである。

６．他の物体に押し当たるけれども入り込みはしない物体は、押し当たられる物体の表面に対して引かれる垂線上で作用する

　物体が物体に押し当たったりのしかかったりしながらも入り込みはしないとした場合、前者の物体は、それが押し当たったりのしかかったりする部分に、この押し当たられた点において後者の物体の表面に対して垂直であるような直線に沿って遠ざかる努力を与えるであろう。

たとえば、（図XXII―1において）硬い物体ABCDがあって、これに直線EA――この直線は傾いていてもいなくてもよい――に沿って運動する他の物体が、点Aにおいて押し当たるかまたはのしかかるとしよう。このように運動してのしかかるが入り込みはしないこの物体は、硬い物体の部分Aに、直線ADに対して垂直な直線に沿って遠ざかる努力を与えるであろう、と私は言う。

　理由は以下のとおりである。直線ABが直線ADそのものに対して垂直であるとしよう。そしてBAを点Fまで延長しよう。そうすると、仮にAFがAEと一致するとした場合には、EAに沿った運動はAがABに沿って努力するような作用を及ぼすであろう、ということはおのずから明らかである。そこで、EAはADに対して斜めになっているものとし、また点Eから直線ECを降ろして、これがADと点Dにおいて直角に出会うようにし、長方形ABCDとADEFを完成しよう。EからAへと向かう可動体は、2つの等速運動、すなわちその1つはEF（とそれに平行な諸直線）に沿い、もう1つはED（とそれの諸平行線）に沿った2つの等速運動の、協働作用によって運ばれている、ということは既に示された（第16章第8節）。しかるに、EFとそれの諸平行線――そのうちの1つがDAである――に沿った運動は、可動体をしてAからBのほうへ行こうとめざさせたり努力させたりできるようないかなる寄与も決してしない。それゆえ、斜線EA上の可動体が有する、直線ADを突き抜ける努力もしくはこの直線に圧力を加える努力は、すべて

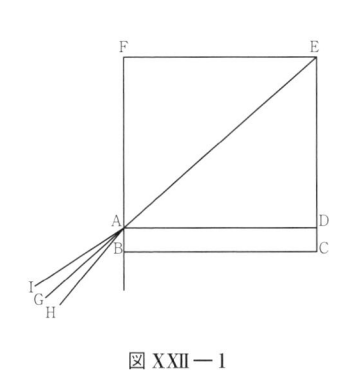

図XXII―1

FA上の垂直な運動ないし努力に由来している（と私は言う）。それゆえEは、Aに存在した後、垂線FAに沿った、ということはつまり直線ABに沿った運動から生じる努力のみを有するであろう。証明終り。

7. **硬い物体が他の物体に押し当たって入り込むとした場合には、垂直にぶつかるのでなければ、垂線に沿って入り込むことはないであろう**

硬い物体が他の物体に押し当たったりのしかかったりしてそれに入り込むとした場合、入り込み始めた後のこの硬い物体の努力は、斜線の延長線上にでも垂直な線上にでもなく、両者の中間に、もしくは外側に働くであろう。

（同じ図XXII－1において）延長された斜線EAGがあるとしよう。そして第1に、線分EAを含んでいる媒体を通っての移行は、線分AGを含んでいる媒体を通っての移行よりも容易であるとしよう。そうすると、可動体Aが線分AGを含んでいる媒体の中に突っ込んだ途端に、DAとその平行線に沿った運動に対する抵抗は、ADの下側のほうが上側よりも大きくなるであろう。したがって、このDAの平行線に沿った運動は、DAの下側のほうが上側よりも遅くなる。それゆえ、EFとEDに沿った2つの運動の協働作用によって生じる運動は、DAの下側のほうが上側よりも遅いので、可動体Aの努力はEAの延長線に沿ってではなく、この線よりも手前側へと進行するであろう。しかるに、FAに沿った努力はABに沿った努力を生じるので、（点Aが既にAG側の媒体に突っ込んだ後）たしかに何ほどかは存在しているDAに沿った努力が、FAに沿った努力に付け加わるものとすれば、Aによる努力はもはや垂線AB上にではなく、その向こう側へと進行するであろう。それゆえ、AはABとAGとの間にある

376

何らかの直線、たとえばAHに沿って努力するであろう。

　第2に、線分EAに沿った移行は線分AGに沿った移行よりも困難であるとしよう。そうすると、EF、FBに沿った運動の協働作用から生じる運動は、ADの上側のほうがそれの下側よりも遅いであろうし、したがってAによる努力はEAに沿っては延長されず、その向こう側へと、たとえば線分AI上へと延長されるであろう。それゆえ、硬い物体が等々[1]。証明終り。

　また、直線AGからの直線AHのこの離開は、光学者たちによって「屈折」と呼びならわされているが、これは初めのうちのほうが移行が容易で後のほうが困難である場合には、たしかに斜線から垂線のほうへ近づくように生じるが、これに対して初めのうちのほうが移行が困難な場合には、反対に垂線から遠のくように生じる。

8．運動は時として動かすものと反対向きになることがある

　船の運動において生じるのが見られるように、可動体が動かすものの進路のほとんど反対の進路に沿って進むような作用を動かすものから被るような、そのような位置に動かす力が置かれることがありうることは、（定理6より）明らかである。

　たとえば、（図XXII－2において）可動体ABがあるとして、これがたとえば船首から船尾までの長さがABであるような船だとしよう。さて、互いに平行な直線CB、DE、FGに沿って風がこの船に吹きつけるものとし、また点Bから直線ABに対して引かれた垂線がDEにE で、FGにGで出会うものとしよう。そして線分BE、EGは互いに長さが等しく、かつABCはどんなに小さくとも角をなすとしよ

（1）　第16章訳註（11）（282ページ）参照。

う。次に BC と BA の間に直線 BI を引こう。そしてこの直線に沿って帆が広げられて、点 L、M、B において風がこの帆に吹き当たると考えよう。また、この 3 つの点から垂直に直線 BK、MQ、LP を引こう。最後に、直線 BG から上方へ垂線 EN、GO を引き、EN は BK と H で交わり、GO は BK と K で出会うものとし、そして HN と KO の長さは直線 BA の長さに等しくお互い同士も等しいとしよう。船 BA は CB、DE、FG に、またそれらに平行な他の諸直線に沿って吹く風によって、風とはほとんど反対向きに、すなわち動かすものの進路とほとんど反対の進路に沿って、前進させられることになるであろう、と私は言う。

理由は以下のとおりである。CB に沿って吹く風は、点 B には（第 6 節で示したように）直線 BI に対して垂直な直線すなわち BK に沿って進む努力を与え、点 M と点 L にはそれぞれ BK に平行な直線 MQ、LP に沿って進む努力を与えるであろう。さてそこで、時間の尺度は直線 BG であるとし、これが点 E で 2 等分されるとしよう。そうすると、点 B が H まで推進されるのに要する時間は $\overline{BE}$ であろう。したがって、これと同じ時間で船全体は、DM と FL（およびこれらに平行に好きなように引かれる他の諸直線）に沿って吹く風により、直線 HN に重なる距離と進路を進むであろう。同様に、第 2 の時間 $\overline{EG}$ の終りには、同じ船は直線 KO に重なる距離と進路を進んでいるであろう。それゆえ、船は常に前方へと進み、その間風に対して、角 ABC がどれほど小さかろうとこれ

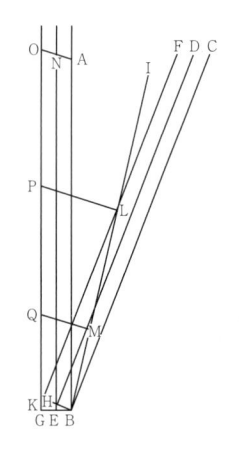

図 XXII－2

に等しい角をなし、しかも各時間に直線EHの長さと同じだけ進むであろう。そして、船がBA上を前方へと動くのと同じ速さでBAからKOのほうへと横に動くかもしれないということを仮定しても、事情はたしかにこのとおりである。けれども、側面にのしかかってくる水塊の抵抗のせいで、こういうことにはなりえない。なぜなら、この抵抗は船首にのしかかるごく僅かな水の前方からの抵抗よりはたしかに大きく、したがって船はかろうじてわかるかわからない程度に横の方へ進むからである。それゆえ点Bは、風とごくごく小さな角ABCをなしつつほぼ直線BAそのものの上を、ということはつまりほぼ直線BC上を進むであろう。言いかえれば、動かすものの進路のほぼ反対の進路に沿って進むであろう。証明終り。ところで、帆は直線BI上に、いかなるひだも帆の中に残らないようにぴんと張られていなければならない。なぜなら、そうでないと直線LP、MQ、BKは帆の面に対して垂直にならず、P、Q、Kよりも下にぶつかって船を後ろへ駆動するであろうから。しかし私は、帆のかわりに補助板を、船のかわりに小さな車輪で支えられた台車を、海のかわりに舗装された面を用いて、このことが真であると検証したので、風によって台車が運び去られないように、風に対してごくごく小さな傾斜をなすように補助板を対させることが、やっとのことでできたのであった。

　同じ定理6から、(他の点が等しければ) 斜めの打撃は垂直な打撃に比べてどれだけ弱まるかを知ることができる。

　たとえば、(図XXII-3において) 反対側の壁ABに対して、直線CAに沿った斜めの打撃が入射するとしよう。このABに平行な直線CEと、同じABに垂直でCAと長さの等しい直線DAを引こう。また、CAに沿った運動の速度と時間はDAに沿った運動の速度と時間に等しいとしよう。CAに沿った打撃はDAに沿った打撃よりも、$\overline{EA}$対$\overline{DA}$の比率で弱い、と私は言う。

理由は次のとおりである。DAを
どれだけでもよいから延長して、そ
の末端をFとすれば、第6節によ
り、上の両方の打撃の努力は垂線
AFに沿うであろう。しかし、CA
に沿った打撃はCEとEAに沿った
2つの運動の協働作用によって生
じ、この2つの運動のうちCEに

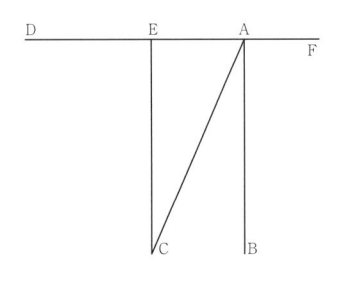

図XXII—3

沿って行なわれるほうは、CEとBAが平行なので、Aにおける打撃
には何の寄与もしない。それゆえ、CAに沿った打撃はただEA上に
だけある運動によって生じる。しかるにEA上における垂直な打撃の
速度ないし力は、DA上における打撃の速度ないし力に対して、$\overline{EA}$
対$\overline{DA}$の比率をなす。それゆえ、CA上における斜めの打撃はDA上
における垂直な打撃より、$\overline{EA}$対$\overline{DA}$、すなわち$\overline{EA}$対$\overline{CA}$の比率で
弱い。証明終り。

9. 充実した媒体の中では、運動はどんな距離の所へも伝播する

　充実した媒体の中では、すべての努力はこの媒体の及ぶ所にまで進
む、ということはつまり、媒体が無限だとすれば無限に進む。

　理由は次のとおりである。努力するものは何であれ運動し、それゆ
えこれに立ち塞がるものを何でも少くともいくぶんかは屈服させる。
すなわち、努力するものが動かす分だけ立ち塞がるものは押し動かさ
れる。さらに、この屈服するものもまた運動し、それゆえその行く手
を遮るものを屈服させ、以下次々と同様にして、何らかの充実した媒
体が存在するかぎりのところまで続く、ということはつまり、(媒体
が無限であるとした場合には) 無限に続く。証明終り。

　もっともこの種の永久に伝播してゆく努力は、何らかの運動が存在

するような現れ方を感覚に対して常にするとは限らない。しかしそれでもこの努力は、作用として、すなわち何らかの変化の作用因として現れる。なぜなら、（たとえば）1粒の砂——これはたしかにある一定の距離までなら目に見えるであろう——のような非常に小さな何かある対象が眼前に置かれているとすると、この砂粒が感覚によって捉えられないほどさらに遠くへ遠ざけられることは可能であるが、それでも視覚器官に作用するのをやめるわけではない、ということは明らかであって、これはすべての努力が無限に進むということから既に示されたとおりである。この砂粒をどれだけ遠くてもよいから非常に大きな距離にまで目から遠ざけ、そしてこの遠ざけられた砂粒に、各々がこれと同じ大きさの、十分に多くの他の砂粒が添加されると考えよう。すると結局は、この添加から生じる集合体が目に現れ、これらの砂粒のうちのいかなるものも他の砂粒から区別されて見えはしないとしても、それらの堆積すなわち砂の山全体が明瞭に見えるであろう。このことは、仮に1つひとつの部分が全然何の作用もしていないとしたら、生じえないであろう。

10. 膨張と収縮とは何か

軟かいものと硬いものの度合の中間に「しなやかなもの」と呼ばれるものがある。さてこの「しなやかなもの」とは、同一物のままでありながら屈曲させられうるもののことである。そして、線上における屈曲とは、同一の線のままでありながら末端の2点が引き寄せられたり引き離されたりすること、すなわち、直線から曲線になる運動とその逆の運動のことである（なぜなら、線の両端を可能なかぎり引き離すと直線になるが、さもなければ曲線であるから）のに対して、面上における線の末端の引き離しと引き寄せは、これすなわち膨張と収縮である。

11. 膨張と収縮は、微小な諸部分の、位置に関する変化を前提する

さてこの膨張と収縮は、あらゆる屈曲と同様に、屈曲した物体の内部の諸部分が外部のもののほうへ近づくか、もしくは外部のものから遠ざかるかすることを、必然的に前提する。なぜなら、物体の長さだけに関して考量したとしても、次のようなことになるからである。すなわち、屈曲に際しては一方の側に凸状の線が、他方の側に凹状の線が生じるであろうが、このうち凹状の線のほうは内側なので、(この線から何かが取り去られて凸状の線に付け加えられでもしないかぎりは) 屈曲度がより強くなる、ということはつまり、よりきつい屈曲になるであろう。しかるに、この両線の長さは等しいので、屈曲した物体の内側の諸部分から外側の諸部分への接近が生じる。また反対に、物体が引っ張られた際には外側の諸部分から内側の諸部分への接近が生じる。

これに対して、諸部分のそのような置き移しを受け入れることがこれほど容易ではないものは、「脆いもの」と呼ばれる。そしてこのようなものは、屈曲させる大きな力による突然の運動によって破裂する。

12. あらゆる牽引は推動である

運動はまた推動と牽引とに区分される。そして推動は、以前に定義されたように、動かされるものが動かすものに先行する場合であるのに対して、牽引は、動かすものが動かされるものに先行する場合である。しかしながら、もっと注意深く考量すると、牽引は推動であることがわかる。理由は次のとおりである。硬い物体の2つの部分のうち、前のほうの部分がその前方で、運動がその中で行なわれている媒体を押し動かしている間、押し動かされているものは他のものを押し動かし、後者がさらに他のものを押し動かし、というように次々と推

動が続いてゆく。この作用において、物体のない空虚な場所が全然ないと仮定すると、連続的な推動が、すなわち作用の循環が行なわれたのだから、最初のうちは押し動かされているのではなく牽き動かされているように見えていた部分の後ろに動かすものがあるということは必然的であり、したがって、牽き動かされたものは既にそれを動かす物体に先行していることになる。それゆえこのものは、押し動かされたのであって牽き動かされたのではないのである。

13. 圧縮されるか引き伸ばされるかしたうえで元に戻るものは何であれ、内部の諸部分のうちに運動を有している

力によって行なわれた圧縮もしくは引き伸ばしによって元の場所から追い立てられたが、この力が除かれればただちに元の位置に戻って原状に復するものは、その原状回復の根本原因をそれ自身のうちに有している。すなわちこのものは、内部の諸部分のうちに何かある運動を有していて、この運動は、力が除かれる以前の引き伸ばされるか圧縮されるかしていたときに、それに内在していたのである。なぜかというと、それは次の理由による。この原状回復は運動であるが、しかし静止しているものは、動いていてしかもそれに接している動かすものがなければ動くことができない。しかるに、圧縮する力にせよ引き伸ばす力にせよ、力が除去されても、圧縮または引き伸ばしのこの除去そのものに由来するような、原状回復のいかなる原因も存在しない。妨害の除去は原因の効果を持たないからである（このことは第15章第3節の終りのところで示したとおりである）。それゆえ原状回復の原因は、圧縮されたり引き伸ばされたりしたものをとり巻いている物体の諸部分か、もしくはこの圧縮されたり引き伸ばされたりしている当のものの諸部分か、そのどちらかの持つ何らかの運動のうちにある。しかるに、周囲の諸部分は、圧縮もしくは引き伸ばしのためにも、それ

らからの解放と原状回復のためにも、役立つ努力を全然有していない。それゆえ残るのは、この当の圧縮または引き伸ばしのなされた時点から何らかの努力（ないし運動）が残存していて、妨害が除かれるとこの努力によって各々の部分がその元の場所を取り戻す、すなわちすべてが原状に回復される、ということである。

14. 運ぶものが何かに当たったとしても、運ばれるものは進み続けるであろう

　運搬中に、運ぶものが何かに当たるか何かして急に停止させられたが、運ばれるもののほうは当たっていないとした場合、運ばれるものは、その運動が外部の何かあるものによって消されるまでは進み続けるであろう。理由は次のとおりである。運動しているものは、外部の何かある抵抗物によってその運動が妨げられないかぎり、永久に、かつ同じ速度で運動する、ということは第8章第19節で示したとおりであり、また接触がなければ外部のいかなる作用もないということも、第9章第7節で示したとおりである。それゆえ、運ぶものの衝突は運ばれるものの運動を取り除かない。したがって運ばれるものは、それの運動が外部の何かある抵抗物によって徐々に消されるまで進み続けるであろう。証明終り。もっともこのことの立証のためには経験そのもので十分であるが。同じように、運ぶものと運ばれるものがあって、運ぶものが静止状態から急に動かされるとした場合には、運ばれるものはいっしょに移動せず、その場に残るであろう。理由は次のとおりである。運ぶものに接している運ばれるものの部分は、たしかに運ぶものとほとんど同じ運動を持つが、これに対して離れている部分は、運ぶものからの距離が異なるのに応じて各々が異なった速度を受け取る。すなわち、遠い部分ほど受け取る速度は小さくなる。それゆえ、運ばれるものが運ぶものによって多かれ少なかれとり残されること

は必然的である。このことは、突っ走る馬のせいで乗り手が後ろへそり返るときの経験から明らかになるとおりである。

15. 打撃の効果と重量の効果は互いに比較できないように思われる

それゆえ、硬い物体が他の硬い物体によって大きな力で、ある小さな部分において打ち当たられるような打撃においては、このことのために物体全体が、打ち当たられた部分が動くのと同じ速度で動く、ということは必然的ではない。なぜなら、他の諸部分はそれらの有する運動を、打ち当たられて動く部分の運動から得るのであるが、この運動は横のどの方向へ伝わるよりも、前方へと伝わるほうが大きいからである。それゆえ、時として次のようなことになるのが見られる。すなわち、非常に硬く、かつ立てられればかろうじて立ったままでいる物体が、激しい打撃を受けると倒れるよりも容易に貫通されるが、これに対してそれの諸部分がどんな運動であれごく軽い運動によって全部いっしょに押しやられた場合には、倒れるということである。

16. 同前〔続き〕

推進と打撃との違いは、推進においては動かすものと動かされるものの運動がほかならぬ接触に際して同時に始まるのに対して、打撃においては打ち当たるものが打ち当たられるものよりも先に動いている、ということ以外のいかなることにも存しないとしても、両者の効果は互いに非常に違っていて、両者の力を互いに比較することが可能とは思われないほどである。私は言うが、打撃のある効果、たとえばある重さの鉄槌で打つということが与件としてあって、それによってある硬さの地面に棒杭がある程度まで打ち込まれる場合、この打つことがなければどのくらいの重量とどのくらいの時間で同じ棒杭が同じ地面にちょうど同じだけ打ち込まれるかを算定することは、私にとっ

て不可能ではないとしても困難であることは間違いないと思われる。しかしてこの困難の原因は、打ち当たるものの速度が重量をかけるものの大きさと比較されなければならないように思われるということである。しかし、速度は空間の長さによって評価されるので、1次元のものとみなされなければならないのに対して、重量は物体全体の次元によって測定されるので、立体と同類のものである。しかるに、立体と長さとの、すなわち立体と線とのいかなる比較も存在しないのである。

17. 物体の内部の諸部分のうちで運動が始まることはできない

どんな物体であれ物体の内部の諸部分が、静止しているか、もしくは相互の位置関係をどれほど短い時間の間であろうと同一に保っているとした場合、これらの諸部分のうちには、それらを部分としている物体の外部にその作用因があるのでないようないかなる運動も努力も生じることができない。理由は次のとおりである。ある物体において、全体の表面の内部に含まれている何かある部分が今は静止していて、やがて動くということが本当に仮定されたならば、この部分がそれに接していてなおかつ運動しているものによって動かされているということは必然的であろう。しかし、物体全体の内部にあって運動していてなおかつ接しているそういうものは（仮定により）何ひとつ存在しない。それゆえ、努力・運動ないし位置変化は、（何かそういうことが生じる場合には）右のような諸部分を内部の諸部分とする物体の外部にある何らかの作用因によって生じる。証明終り。

18. 同前〔続き〕

それゆえ、圧縮されるか引き伸ばされるかした硬い諸物体にあっては、圧縮したり引き伸ばしたりしているものが除かれてそれらが元の

場所ないし位置に復帰する場合、それらが元の場所と位置を取り戻すことを可能ならしめたこの物体の内部の諸部分の努力（すなわち運動）は、圧縮したり引き伸ばしたりしているものが遠ざけられる以前に存在していた何らかの努力であった、ということは必然的なことである。それゆえ、投石器の（発射後には元に戻る）鋼板が引っ張られると、たとえ感覚による判断ではこの鋼板そのものもそのすべての部分も静止しているように見えたとしても、妨害物の除去を作用因のうちに数えることも、何かあるものが作用因なしに静止から運動へと移行すると考えることもしない理性による判断によれば、この鋼板が元に戻り始める以前に、それの諸部分は運動していたのである。

19. 作用と反作用は同一の線に沿って進行する

作用と反作用は同一の線に沿って生じるが、しかし反対の端から生じる。理由は次のとおりである。反作用とは、作用を被る物体が作用する物体の努力によって追い立てられたその同じ位置へ戻ろうとする努力にほかならないから、両物体の、すなわち作用する物体と反作用する物体の努力ないし運動は、同一の両端の間を（ただし作用においてはそこから作用の生じる端であるものが、反作用においてはそこへと反作用がなされる端であるような仕方で）伝わる。また、事がそのように生じるのは、作用がそれに沿って伝わる線全体の相対峙する両端の間だけでなく、この線のすべての部分にわたってもそうであるから、そこから生じる端とそこへと行なわれる端は、作用のそれも反作用のそれも、同一線上にあるであろう。それゆえ、作用と反作用は同一線上で生じる。

20. 習慣とは何か

習慣についての何かあることもまた、運動について上に述べたこと

と結びつけられる。なぜなら、習慣とは運動のある発生の仕方だからである。ただしこの運動とはたしかに端的な意味での運動ではない。そうではなくて習慣とは、ある指定された経路に沿って運動するものを容易に伝導することなのである。これは運動をわきへ逸らせる努力が弱いことによって生じるので、そのような努力が徐々に弱められなければならない。このことは、長い間継続する作用もしくは繰り返される作用なしには起こりえない。それゆえ、一般に習慣と言われ、かつそう言われるのが正しい容易さは、慣れから生じる。さてそこで、習慣は次のように定義される。「習慣とは、慣れによって、(言いかえれば) 不断の努力もしくは反復された努力によって、最初に運動が行なわれ始めたときの経路とは異なったある経路に沿って抵抗する努力に対抗して、よりたやすく行なわれるようになった運動である。」このことがある例によってよりいっそう明らかになるように、次のことに注意しよう。すなわち、弾き慣れていない人がリュラに手をかけるとき、最初の1打の後で弾き手が第2打を下そうとしている場所へと手が運ばれるためには、新たな努力によって手を戻したうえでもう一度初めからやり直すようにして第1の場所から第2の場所へ移行させなければならないであろう、ということ。この新たな努力によって手は第3の場所へは動かず、再び手を戻す必要があるだろうし、その後も引き続き同様に、あらゆる衝撃に対して改変された努力を必要とするであろうということ、そしてこの新たな努力の必要性は、手が何度も何度もこのことを行なうことにより、ついには途切れ途切れのたくさんの運動ないし努力が1つの等しい努力へと合成され、初めから決まった経路を迅速に通過するようになるまで続くであろうということである。また習慣は、生命のある物体〔身体〕にだけでなく、生命のない物体にも観察されうる。たとえば、大きな力で引っ張られた投石器の板は、止め金が外されると大きな力で戻るであろうが、長時間

にわたって引っ張られたままでいた後は、発射されてもそれ自身の性質によっては元に戻らないばかりか、以前引っ張られた力よりも小さからぬ力で引き戻されなければならないような習慣を獲得するのが見られる。

第23章　互いに平行な直線に沿って押し下げるもの同士の平衡の中心について

1．定　義
1．天秤とは、中心点が不動のまま保たれ、他のすべての点は自由に動ける直線のことである。これに対して、中心から量られる重量のところまでとられた天秤の両部分は、竿と呼ばれる。
2．平衡と言われるのは、一方の竿を押し下げる努力が、他方の竿を押し下げる努力に対して、両方の竿がともに不動になるような仕方で抵抗している場合である。これに対して、平衡の状態にある物体同士は、釣り合っていると呼ばれる。
3．重量とは、竿を押し下げる物体の個々の点が互いに平行な諸直線上で努力する場合の、それらの努力全部の集積である。これに対して、押し下げる物体そのものは、おもりと名づけられる。
4．モーメントとは、ある一定の位置に応じた、竿を動かすためのおもりのある一定の力能のことである。
5．平衡面とは、両側のモーメントが等しくなるような仕方でおもりを分割する平面のことである。
6．平衡径とは、2つの平衡面の共有する交線のことである。
7．平衡の中心とは、2本の平衡径の共有する交点のことである。

仮　定
1．釣り合っている2つのもののうちのどちらか一方に重量が付け加わり、他方には付け加わらなかったとすると、平衡は失われる。
2．大きさが等しく種類が同じであるおもりのモーメントは、これらのおもりが天秤の中心から等しい距離のところで竿を両側で押し下

げるとき、互いに等しい。同様に、天秤の中心から等しい距離のところで努力するおもりとおもりは、大きさが等しく種類が同じであるとした場合には、互いに等しいモーメントを持つ。

2．2つの平衡面は互いに平行でない

2つの平衡面は互いに平行でない。

たとえば、(図XXⅢ－1において) 任意のおもり ABCD があり、その中に平衡面 EF があるとして、さらに EF に沿った平面に平行な他の任意の平面、たとえば GH に沿った平面を〔考え、それを表わす線分 GH を〕引こう。GH〔に沿った平面〕は平衡面ではない、と私は言う。

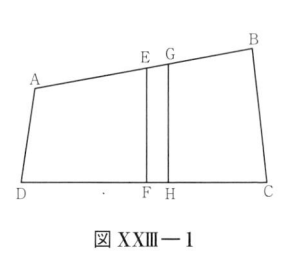

図 XXⅢ－1

おもり ABCD の部分 AEFD、 EBCF は互いに釣り合っていて、しかも部分 AEFD には EGHF の重量が付け加わり、これに対して部分 EBCF には何も付け加わらないで EGHF の重量が除去されたら、(仮定1により) 部分 AGHD、 GBCH は互いに釣り合わないであろう。したがって、 GH〔に沿った平面〕は平衡面ではない。それゆえ、2つの平衡面は互いに平行でない。証明終り。

3．平衡の中心はどんな平衡面上にもある

どんな平衡面上にも平衡の中心がある。

理由は次のとおりである。別のある平衡面をとったとすると、この平衡面は先の平衡面に (第2節により) 平行でなく、それゆえこの両平衡面は互いに交わるであろう。この交線は (定義6により) 平衡径である。さらに、他の任意の平衡径をとったとすると、この平衡径は先の平衡径に交わるであろう。そしてその交点に (定義7により) 平

衡の中心はある。それゆえ、平衡の中心がその上にある平衡径は件の平衡面上にある。

4．互いに等しい複数のおもりのモーメント同士は、天秤の中心からの距離の比率と同じ比率をなしている

「竿の1点にかけられたおもりのモーメント」対「同じ竿の任意の他の点にかけられた同一の、すなわち等しいおもりのモーメント」は、「天秤の中心からの前者の点の距離」対「同じ中心からの後者の点の距離」に等しく、また天秤の中心を中心として竿の上述の2つの点が同じ時間で描く円の弧の長さ同士の比率に等しく、また最後に、天秤の中心において共通な角を持つ2つの三角形の互いに平行な底辺の長さ同士の比率に等しい。

たとえば、(図XXIII−2において) 天秤の中心はA、竿はABであるとし、等しいおもりDとEが点Bと点Cにおいて竿ABを押し下げているとしよう。さらに、直線BD、CEは平衡径であり、D、Eそのものの平衡の中心はそれぞれ点Dと点Eであるとしよう。どんな直線でもよいから、DBの延長線にFで、ECの延長線にGでぶつかる直線AGFを引こう。最後に、Aを共通の中心として2つの弧BH、CIを描き、これらが直線AGFとそれぞれHおよびIでぶつかるものとしよう。「おもりDのモーメント」対「おもりEのモーメント」は、「線分ABの長さ」対「線分ACの長さ」に等しく、「弧BHの長さ」対「弧CIの長さ」に等しく、また「線分BFの長さ」対「線分CGの長さ」に等しい、と私は言う。

理由は次のとおりである。おもりDの点Bにおける効果は弧BHに沿った

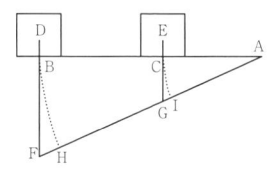

図XXIII−2

円運動であり、またおもりEの〔点Cにおける〕効果は弧CIに沿った円運動である。そしてこの2つの運動の比率は、おもりDとおもりEが等しいので、ほかならぬ弧BHと弧CIにそれぞれ沿った点Bと点Cの衝動ないし速度の比率に等しい、ということはつまり、弧BHと弧CIの長さの比率に等しく、互いに平行な直線BF、CGの長さの比率に等しく、また竿の部分AB、ACの長さの比率に等しい。なぜなら、$\overline{AB}:\overline{AC}::\overline{BF}:\overline{CG}::$〔弧〕BH〔の長さ〕:〔弧〕CI〔長さ〕は比例しているからである。したがって、等しいおもりの効果の比率、すなわち（定義4により）竿の異なる点にかけられたこれらのおもりのモーメントの比率は、$\overline{AB}$ 対 $\overline{AC}$ に、すなわち天秤の中心からのこれらの点の距離の比率に等しく、Aにおいて共通な角を持つ三角形の平行な底辺の長さ同士の比率に等しく、また円心円の弧BH、CIの長さの比率に等しい。証明終り。

5．等しくないおもりのモーメント同士は、重量の比率と天秤の中心からの距離の比率とから合成された比率をなしている

竿の異なる点にかけられた等しくないおもりは、天秤の中心からの距離同士の比率と、重量対重量の比率とから合成された比率をなすモーメントを持つ。

たとえば、（図XXIII－3において）天秤の中心はA、竿はABであるとし、この竿に2つのおもりC、Dがそれぞれ点Bと点Eにおいてかけられているとしよう。おもりDのモーメントに対するおもりCのモーメントの比率は、$\overline{AB}$ 対

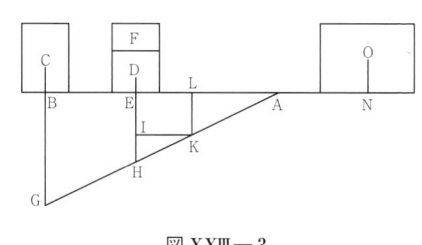

図XXIII－3

$\overline{\mathrm{AE}}$ と、「Cの重量」対「Eの重量」との両比率から、すなわち（Cと Dが等質であるとした場合には）$\overline{\mathrm{AB}}$ 対 $\overline{\mathrm{AE}}$ と、「Cの大きさ」対「Dの大きさ」との両比率から合成されている、と私は言う。

どちらでもよいのだが、Cのほうがもう一方のDよりも大きいと仮定しよう。そうすると、DにFを付け加えたらFとDの両方をいっしょにした物体がCそのものに等しくなったとした場合、（前節により）「Cのモーメント」対「F + Dのモーメント」は $\overline{\mathrm{BG}}$ 対 $\overline{\mathrm{EH}}$ に等しい。いま、F + D〔のモーメント〕対D〔のモーメント〕が $\overline{\mathrm{EH}}$ 対「他の線分EIの長さ」に等しくなるとしよう。そうすると、「F + Dのモーメント、すなわちCそのもののモーメント」対「Dのモーメント」は、$\overline{\mathrm{BG}}$ 対 $\overline{\mathrm{EI}}$ に等しいであろう。しかるに、比率 $\overline{\mathrm{BG}}$ 対 $\overline{\mathrm{EI}}$ は比率（$\overline{\mathrm{BG}}$ 対 $\overline{\mathrm{EH}}$ すなわち）$\overline{\mathrm{AB}}$ 対 $\overline{\mathrm{AE}}$ と、比率（$\overline{\mathrm{EH}}$ 対 $\overline{\mathrm{EI}}$ すなわち）「Cの重量」対「Dの重量」とから合成される。それゆえ、大きさの等しくないおもりは、〔天秤の中心からの距離同士の比率と、重量対重量の比率とから合成された比率をなす〕モーメントを持つ。証明終り。

6. 同前〔続き〕

上のことが成り立つとして、竿ABに平行で直線AGとKでぶつかる直線IKと、直線BGに平行で竿ABとLでぶつかる直線KLを引くとすれば、中心からの距離 $\overline{\mathrm{AB}}$、$\overline{\mathrm{AL}}$ は、ほかならぬCとDのモーメントに比例するであろう。なぜなら、Cのモーメントは $\overline{\mathrm{BG}}$、Dのモーメントは $\overline{\mathrm{EI}}$ で、$\overline{\mathrm{KL}}$ はこの $\overline{\mathrm{EI}}$ に等しいのであるが、「中心からの距離 $\overline{\mathrm{AB}}$」対「中心からの距離 $\overline{\mathrm{AL}}$」は「おもりCのモーメント $\overline{\mathrm{BG}}$」対「$\overline{\mathrm{LK}}$ すなわちおもりDのモーメント $\overline{\mathrm{EI}}$」に等しいからである。

7. 2つのおもりのもつモーメント同士の比率と天秤の中心からのそ

れらの距離同士の比率とが逆の比率になっているならば平衡が生
　じ、その逆も成り立つ

　2つのおもりの重量同士の比率と中心からの距離同士の比率とが逆の比率になっており、なおかつこれらのおもりがかけられている点と点の間に天秤の中心があるとした場合には、平衡が生じるであろう。また逆に、平衡が生じるとした場合には、2つのおもりの重量同士の比率と天秤の中心からの距離同士の比率とが逆の比率になっているであろう。

　（同じ図XXIII—3において）天秤の中心はA、竿はABで、Bに任意のおもりCがかけられており、このおもりのモーメントは$\overline{BG}$であるとしよう。さらに、他の任意のおもりDがEにかけられており、このおもりのモーメントは$\overline{EI}$であるとしよう。Iを通り竿ABに平行で、AGとKでぶつかる直線IKを引き、またBGに平行な直線KLを引こう。そうすると、$\overline{KL}$はおもりDのモーメントであろう。また前節により、「点BにおけるおもりCのモーメント$\overline{BG}$」対「点EにおけるおもりDのモーメント$\overline{LK}$」は、$\overline{AB}$対$\overline{AL}$に等しい。天秤の中心のもう一方の側から直線ALに長さの等しい直線ANをとろう。そして点NにおもりOがかけられているとし、「おもりO〔のモーメント〕」対「おもりC〔のモーメント〕」は$\overline{AB}$対$\overline{AN}$に等しいとしよう。BとNにある2つのおもりは平衡をなしている、と私は言う。

　理由は次のとおりである。「点NにおけるおもりOのモーメント」対「点BにおけるおもりCのモーメント」の比率は、（第5節により）「Oの重量」対「Cの重量」の比率と、「（天秤の中心からの）距離$\overline{AN}$すなわち$\overline{AL}$」対「（天秤の中心からの）距離$\overline{AB}$」の比率とから合成される。しかるに、「Oの重量」対「Cの重量」は「距離$\overline{AB}$」対「距離$\overline{AN}$」と逆の比率になっていると仮定されているので、「点Nにお

けるおもりOのモーメント」対「点Bにおけるおもり C のモーメント」の比率は、$\overline{\mathrm{AB}}$ 対 $\overline{\mathrm{AN}}$ と $\overline{\mathrm{AN}}$ 対 $\overline{\mathrm{AB}}$ という２つの比率から合成されていることになるであろう。それゆえ、$\overline{\mathrm{AB}}$、$\overline{\mathrm{AN}}$、$\overline{\mathrm{AB}}$ をこの順に置けば、「Oのモーメント」対「Cのモーメント」は初項対末項に、すなわち $\overline{\mathrm{AB}}$ 対 $\overline{\mathrm{AB}}$ に等しいであろう。したがって、この２つのおもりのモーメントは等しいので、Aを通る平面は（定義５により）平衡面であろうし、それゆえ平衡が生じるであろう。証明終り。

さらに、上のことの逆が成り立つことは明らかである。なぜなら、仮に平衡が存在していながら重量同士の比率と〔天秤の中心からの〕距離同士の比率とが逆の比率になっていないとすると、これらの重量は、そのうちの一方が重さを増すか〔中心からの〕距離を変えるかしても、同一のモーメントを保つことになるだろうからである。

系　おもり同士が等質である場合には、等しいモーメントを持つおもり同士の大きさと天秤の中心からの距離とは逆比例している。なぜなら、等質なもの同士にあっては重量対重量の比率と大きさ対大きさの比率は等しいからである。

8．おもりの諸部分が天秤の竿をいたるところで等しく押し下げている場合、天秤の中心からとられた１つひとつの切り分けられた部分の持つモーメント同士の比率は、底辺に平行な直線によって頂点から順に切り分けられた三角形の諸部分の面積同士の比率に等しいであろう

〔天秤の〕竿に、その全長に沿って、長方形・平行六面体・角柱・円筒形、あるいは円筒面・球面・球の部分の面・角柱面のいずれかの形をしたおもりがかけられたとすると、底面に平行な諸平面によって切り分けられたこのおもりの諸部分が持つモーメント同士の比率は、（天秤の中心を頂点とし竿そのものを１つの辺とする）三角形の、底辺に平

行な諸平面[(1)]によって切り分けられた諸部分の面積同士の比率に等しい。

（図XXIII—4において）最初に長方形ABCDが竿ABに、AB自身の全長に沿ってかけられているとしよう。またCBを好きなだけ延長してその端をEとし、三角形ABEを作ろう。いま、底辺CBに平行な直線FGに沿った平面によって、長方形の任意の部分——AFを対角線とする——を切り分け、またFGをAEに出会うまで延長して、この出会う点をHとしよう。「ABCD全体のモーメント」対「AFを対角線とする部分のモーメント」は、「三角形ABEの面積」対「三角形AGHの面積」に等しい、ということはつまり、天秤の中心からの距離同士の比率の2乗の比率をなしている、と私は言う。

長方形ABCDを底辺〔BC〕に平行な諸直線によって互いに面積の等しい無数の部分へと分割し、また直線CBのモーメントは$\overline{BE}$であると仮定すれば、直線FGのモーメントは（第7節により）$\overline{GH}$であろうし、長方形の1つひとつの直線のモーメントは、三角形ABEの中に引かれた底辺BEに平行な同数の直線それぞれの長さになるであろう。そしてこれらの平行線全部をいっしょにしたものが長方形ABCD全体のモーメントであり、また同じこれらの平行線全部がいっしょになって三

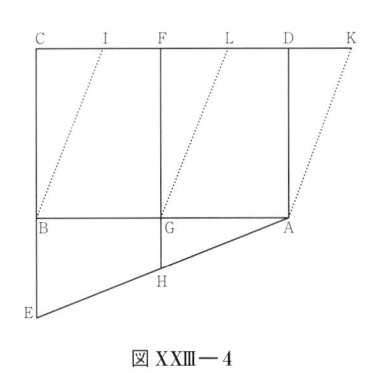

図XXIII—4

（1）「諸直線」とあるべきところであるが、底本にplanisとあるのに従う。

角形 ABE の面を構成している。それゆえ、長方形 ABCD のモーメントは三角形 ABE の面積であり、同じ理由によって、AF を対角線とする長方形のモーメントは三角形 AGH の面積である。したがって、「長方形全体のモーメント」対「長方形の部分〔ADFG〕のモーメント」は「三角形 ABE の面積」対「三角形 AGH の面積」に等しい、すなわち、それぞれの長方形がかけられている竿の長さ同士の比率の 2 乗の比率をなしている。さらに、長方形について示されたのと同じことが、円筒形・角柱およびそれらの面についても考えられなければならない。球面や半球面や部分球面についても同様である(なぜなら、球面の諸部分の面積同士は、アルキメデスが証明したように、球面のこれらの部分そのものを切り分けているのと同じ諸々の平行線によって切り分けられた軸の諸部分の長さ同士のなす比率と同じ比率をなしているからである)。それゆえ、これらの図形のすべてに関して、どこであれ天秤の中心から等しい距離にある等しい部分同士のモーメントは、長方形の場合と同様に等しい。

　第 2 に、長方形でない平行四辺形 AKIB があって、点 B を直線 IB が垂直に、すなわち直線 BE に沿って押し下げ、かつ点 G を直線 LG が直線 GH に沿って押し下げているとしよう。また、直線 IB に平行なその他の諸直線についても同様であるとしよう。そうすると、直線 IB にどんなモーメントを与えてもよいが、たとえばそれを $\overline{BE}$ とすると、直線 AE を引くならば、AI を対角線とする平行四辺形全体のモーメントは三角形 ABE の面積であろうし、また AL を対角線とするそれの部分のモーメントは三角形 AGH の面積であろう。それゆえ、竿の上に均一に重なっている辺を持つおもりのモーメントは(垂直にかけられていようと斜めにかけられていようと)、その部分のモーメントに対して、底辺に平行な平面(2)によって切り分けられた三角形の部分の面積に対して三角形全体の面積が持つ比率と同じ比率を常に持つで

第 23 章 | 399

あろう。

9．高さと底辺との通約可能な比率に従って欠如している図形の平衡径は、「軸の頂点寄りの部分の長さ」対「残りの部分の長さ」が「完全図形の面積または体積」対「欠如図形の面積または体積」に等しくなるような仕方で、軸を分割する

短縮された高さと短縮された底辺の長さとの通約可能な比率に従って欠如している図形なら、それの完全図形が長方形であれ円筒形であれ平行六面体であれ、どんな図形であってもその平衡の中心は、「軸の頂点寄りの部分の長さ」対「残りの部分の長さ」が「完全図形の面積または体積」対「欠如図形そのものの面積または体積」に等しくなるような仕方で、この〔欠如〕図形の軸を分割する。

たとえば、（図XXIII－5において）ABを軸としCDFEを完全図形とする欠如図形CIAPEがあるとしよう。さらに、軸ABをZで分割して、$\overline{AZ}$対$\overline{ZB}$が「CDFEの面積」対「CIAPEの面積」に等しくなるようにしよう。図形CIAPEの平衡の中心は点Zにある、と私は言う。

第1に、自明のことであるが、図形CIAPEの平衡の中心は軸AB上のどこかにあり、したがってABは平衡径である。直線AEを引き、$\overline{BE}$を直線CEのモーメントとみなそう。そうすると、（第8節により）三角形ABEの面積は完全図形CDFEのモーメントであろう。軸

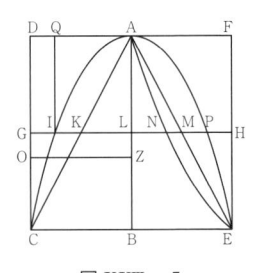

図XXIII－5

（2）　前註に同じ。

ABをLで2等分し、直線CEに平行で長さの等しい直線GLHを引き、これが曲線CIAPEとIおよびPで、直線ACとKで、直線AEとMで交わるものとしよう。さらに、同じ直線CEに平行な直線ZOを引き、また$\overline{LG}$対$\overline{LI}$が$\overline{LM}$対「他の線分LNの長さ$\overline{LN}$」に等しくなるようにしよう。また、底辺CEに平行に引くことのできるすべての直線に関しても同様にし、そのうえで点Nの全てを通る線ANEを引こう。そうすると、三線図形ANEBの面積は図形CIAPEのモーメントであろう。さてそこで、「三角形ABEの面積」対「三線図形ANEBの面積」は（第17章第9節により）「ABCDの面積 + AICBの面積」対「AICBの面積の2倍」に等しい、ということはつまり「CDFEの面積 + CIAPEの面積」対「CIAPEの面積の2倍」に等しい。しかるに、「CIAPEの面積」対「CDFEの面積」すなわち「欠如図形の重量」対「完全図形の重量」は、「CIAPEの面積の2倍」対「CDFEの面積の2倍」に等しい。それゆえ、「CDFEの面積 + CIAPEの面積」：「CIAPEの面積の2倍」：「CDFEの面積の2倍」の順に置くと、「CDFEの面積 + CIAPEの面積」対「CDFEの面積の2倍」という比率は、「CDFEの面積 + CIAPEの面積」対「CIAPEの面積の2倍」という比率と、「CIAPEの面積の2倍」対「CDFEの面積の2倍」という比率とから合成されるが、これはつまり、「三角形ABEの面積」対「三線図形ANEBの面積」、すなわち「完全図形のモーメント」対「欠如図形のモーメント」という比率と、「欠如図形の重量」対「完全図形の重量」という逆にとられた比率とから合成される、ということである。

さらに、$\overline{AZ}:\overline{ZB}::$ CDFE〔の面積〕：CIAPE〔の面積〕は比例していると前提されているので、これを複合して得られる$\overline{AB}:\overline{AZ}::$ CDFE〔の面積〕 + CIAPE〔の面積〕：CDFE〔の面積〕は比例しているであろう。また、$\overline{AL}$は$\overline{AB}$の半分であるから、$\overline{AL}:\overline{AZ}::$ CDFE〔の面積〕

＋ CIAPE〔の面積〕: 2 × CDFE〔の面積〕は比例しているであろう。しかるに、「CDFE〔の面積〕＋ CIAPE〔の面積〕」対「2 × CDFE〔の面積〕」という比率は、既に示したように、〔完全図形の〕モーメント対〔欠如図形の〕モーメントという比率〔と、「欠如図形の重量」対「完全図形の重量」という比率と〕(3)から合成されている。それゆえ、比率 $\overline{AL}$ 対 $\overline{AZ}$ は、「完全図形 CDFE のモーメント」対「欠如図形 CIAPE のモーメント」という比率と、「欠如図形 CIAPE の重量」対「完全図形 CDFE の重量」という比率とから合成されたものである。しかしまた比率 $\overline{AL}$ 対 $\overline{AZ}$ は、比率 $\overline{AL}$ 対 $\overline{BZ}$ と比率 $\overline{BZ}$ 対 $\overline{AZ}$ とから合成され、かつまた比率 $\overline{BZ}$ 対 $\overline{AZ}$ は重量同士の比率を逆にした比率、すなわち「CIAPE の重量」対「CDFE の重量」である。それゆえ、残る比率 $\overline{AL}$ 対 $\overline{BZ}$ すなわち $\overline{LB}$ 対 $\overline{BZ}$ は、「CDFE の重量のモーメント」対「CIAPE の重量のモーメント」という比率である。しかるに、比率 $\overline{AL}$ 対 $\overline{BZ}$ は比率 $\overline{AL}$ 対 $\overline{AZ}$ と比率 $\overline{AZ}$ 対 $\overline{BZ}$ とから合成され、そのうち $\overline{AZ}$ 対 $\overline{BZ}$ のほうは、「CDFE の重量」対「CIAPE の重量」という比率である。それゆえ、(第5節により) もう1つの比率 $\overline{AL}$ 対 $\overline{AZ}$ は、天秤の中心 A からの点 L の距離と点 Z の距離との比率である。したがって、(第6節により) CIAPE の重量は直線 OZ に関して釣り合っているであろう。かくて OZ は CIAPE の重量のある1つの平衡径である。しかるに、この同じ重量のもう1つの平衡径は直線 AB である。それゆえ、(定義7により) 点 Z は CIAPE の重量の重心である。この点は、(仮説により)「頂点寄りの部分 AZ の長さ」対「残りの部分 BZ の長さ」が「完全図形 CDFE の面積」対「欠如図形

---

(3) 底本原文では「等々」(etc.) となっているが、訳者の判断により、省略内容を補って訳した。

CIAPEの面積」に等しくなるような仕方で、軸を分割する。証明終り。

  系1　第17章第3節の表においてそれ自身の完全図形と対比されているもののうちのどの平面三線図形であれ、その平衡の中心は、この同じ表そのものから得られる。すなわち、分数の分母を〔平衡の中心から〕頂点寄りの軸の部分の長さとしてとり、これに対して分子を〔平衡の中心から〕底辺寄りの軸の部分の長さとしてとればよいのである。たとえば、4つの中項による第2の三線図形の平衡の中心を求める場合、第2行が4つの中項による三線図形の列と交わるところに分数 $\frac{5}{7}$ が見出され、この分数は、この図形の面積がそれの完全図形である長方形の面積に対して $\frac{5}{7}$ 対 1 の、ということはつまり $\frac{5}{7}$ 対 $\frac{7}{7}$ すなわち5対7の比率になっていることを表わしており、それゆえこの図形の平衡の中心は、「頂点寄りの軸の部分の長さ」対「底辺寄りの軸の部分の長さ」の比率が7対5になるように軸を分割する。

  系2　同じ第17章の第8節の表に含まれているもののうちのどの立体円錐曲線であれ、その平衡の中心は、上と同様に、この表の中に示されている。たとえば円錐の平衡の中心を求める場合、円錐の体積は円筒形の $\frac{1}{3}$ であるから、その平衡の中心は、頂点寄りの軸の部分の長さが3、底辺寄りの軸の部分の長さが1という比率になるように軸を分割することがわかる。同様に、1つの中項による三線円錐曲線体、すなわち放物体は、円筒形の $\frac{2}{4}$ すなわち $\frac{1}{2}$ の体積を持つから、頂点寄りの軸の部分の長さが底辺寄りの軸の部分の長さの2倍になるように軸を分割する点に、その平衡の中心を持つであろう。

10. 既述の欠如図形のうちのどんな図形であろうと、それを半分にした図形の補形の平衡径は、頂点を通って底辺と平行に引かれた線を、「頂点寄りの部分の長さ」対「残りの部分の長さ」が「完全図

形の面積」対「補形の面積」に等しくなるような仕方で分割する

　第17章第3節の表に含まれているもののうちのどの図形であれ、それを半分にした図形の補形の平衡径は、この元の図形の頂点を通り、底辺に平行でしかも長さが等しくなるように引かれた線を、「頂点寄りの部分の長さ」対「残りの部分の長さ」が「完全図形の面積」対「補形の面積」に等しくなるような仕方で分割する。

　たとえば、(同じ図XXIII—5において) AICB は放物形の、もしくは第17章第3節の表にある他の任意の三線図形の半分であり、その軸は AB、底辺は BC、頂点を通り底辺に平行でなおかつ長さの等しい線分が AD、完全図形は長方形 ABCD であるとしよう。線分 IQ を好きなように、ただし辺 CD に平行になるように引こう。そして補形 AICD の高さは $\overline{AD}$ で、QI は順々に重なり合っていると考えよう。そうすると、欠如図形 AICB において高さ $\overline{AL}$ は、この欠如図形の補形の中に順々に重なった QI の長さに等しく、また逆に図形 AICB の中に順々に重なった線分 LI の長さは、この図形の補形における高さ $\overline{AQ}$ に等しい。そしてこのようにして、その他のすべての順に重なった線分と高さとをつうじて、図形の中に順々に重なった線分の長さが補形における高さと同じになるような変化があるものとしよう。そうすると、「減少してゆく高さ同士の比率」対「順に並んだ線分の減少してゆく長さ同士の比率」は、後者の比率が欠如図形において任意の数 n に従って n 倍されると、補形において同じ数 n に従って 1／n になる。たとえば、AICB が放物形であるとすると、比率 $\overline{AB}$ 対 $\overline{AL}$ は比率 $\overline{BC}$ 対 $\overline{LI}$ の2倍の比率であるから、補形 AICD において比率 $\overline{AD}$ 対 $\overline{AQ}$ (これは比率 $\overline{BC}$ 対 $\overline{LI}$ と同じである) は、比率 $\overline{CD}$ 対 $\overline{QI}$ (これは比率 $\overline{AB}$ 対 $\overline{AL}$ と同じである) の $\frac{1}{2}$ の比率であろうし、それゆえ「補形の面積」対「長方形の面積」は、放物形の場合は1対3であろうが、2つの中項による三線図形の場合はこれが1対4、3つの中項に

よる三線図形の場合は1対5、等々となるであろう。しかるに、AICD の中に重なったすべての線分を合せたものは AICD のモーメントであり、AICB の中に重なったすべての線分を合せたものは AICB のモーメントである。したがって、第17章第3節の表の中にまとめて並べられた諸々の欠如図形を半分にした図形の補形のモーメントは、これらの欠如図形そのものと同じようになっている。そしてそれゆえ、直線 AD は平衡径によって、「頂点寄りの部分の長さ」対「残りの部分の長さ」が「完全図形 ABCD の面積」対「補形 AICD の面積」に等しくなるような比率において分割される。

　系　これらの半分にされた図形の平衡径を第17章第3節の表のうちに見出すには、次のようなやり方をすればよい。問題の欠如図形が2つの中項による第2の三線図形であるとしよう。「この図形の面積」対「完全図形の面積」は $\frac{3}{5}$ 対1、すなわち3対5である。それゆえ、「この図形の補形の面積」対「同じ完全図形の面積」は2対5である。したがって、この補形の平衡径は、頂点を通り底辺に平行な直線を、「頂点寄りの部分の長さ」対「残りの部分の長さ」が5対2になるような仕方で分割するであろう。同様にして、上述の諸図形のうちの他のどれをとっても、表の中に見出されるその図形の分数の分母から分子を引けば、頂点を通る直線は、「頂点寄りの部分の長さ」対「残りの部分の長さ」が分母対「この引き算によって得られた差」に等しくなるような仕方で分割されるであろう。

（4）・（5）　ここがそれぞれ「2乗の」（duplicata）、「$\frac{1}{2}$ 乗の」（subdublicata）ではなく、「2倍の」（dupla）、「$\frac{1}{2}$ の」（subdupla）となっている理由については、第17章第10節の説明（300〜302ページ）を参照。ただし本書の多くの箇所では、「2乗の」「$\frac{1}{2}$ 乗の」という一般的な言い方がなされており、本章のここ以外の箇所も同様である。

11. 第17章第3節の表の中の第1列の諸図形のうちのどれを半分にした図形も、その平衡の中心は第2列の数によって見出される

　第17章第3節の表の第1列にあるもののうちのどの曲線図形を半分にした図形も、その平衡の中心は、すぐ下の第2列にある分数に従って、分子が軸寄りの部分の長さに相当するような仕方で底辺を分割する、軸に平行な直線上にある。

　たとえば、(図XXIII—6において) 3つの中項による第1の図形をとり、その半分がABCDであるとして、長方形ABEDを完成しよう。そうすると〔ABCDの〕補形はBCDEであろう。また、(表により)「ABEDの面積」対「図形ABCDの面積」は5対4であるから、「同じABEDの面積」対「補形BCDEの面積」は5対1であろう。それゆえ、底辺DAに平行な直線FGを引き、これが軸を、$\overline{AG}$ 対 $\overline{GB}$ が4対5となるように切り分けるとするならば、図形ABCDの平衡の中心は (前節により) この直線FG上のどこかにあることになろう。さらに、「完全図形ABEDの面積」対「補形BCDEの面積」は5対1であるから、BE、ADを5対1の比率で分割する点をそれぞれH、Iとすれば、(前節により) 補形BCDEの平衡の中心はHとIを結んで引かれた直線HI上のどこかにあることになろう。いま、完全図形の中心Mを通り底辺に平行な直線LKと、同じ中心Mを通り底辺に垂直な他の直線NOを引き、さらにLK、FGが直線HIと交わる点をそれぞれP、Qとしよう。直線PQの4倍の長さを持つ線分PRをとり、直線RMを引いて、これを直線FGに出会うまで延長し、この出会う点をSとしよう。

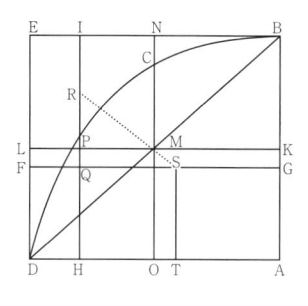

図XXIII—6

そうすると、$\overline{\text{RM}}$ 対 $\overline{\text{MS}}$ は4対1、すなわち「図形 ABCD の面積」対「その補形 BCDE の面積」である。しかるに、ABED 全体の中心は M である。いま、中心 M から R と S までの距離同士の比率は、「補形 BCDE の重量」対「図形 ABCD の重量」の逆の比率をなしているから、R と S がそれぞれこれらの図形の平衡の中心そのものであるか、それともこの2つの中心はそれぞれ平衡径 HI、FG 上の他の点にあるかのどちらかであろうが、この後のほうのケースはありえない。なぜなら、点 M を通り、なおかつ直線 HI 上と直線 FG 上に両端を持つ他の直線を、〔M で切り分けた両部分の長さが〕$\overline{\text{MR}}$ 対 $\overline{\text{MS}}$ という比率に、すなわち「図形 ABCD の面積」対「その補形 BCDE の面積」という比率になるように引くことはできないからである。それゆえ、図形 ABCD の平衡の中心は点 S にある。さてそこで、$\overline{\text{RP}}$ 対 $\overline{\text{RQ}}$ は $\overline{\text{PM}}$ 対 $\overline{\text{QS}}$ に等しいので、$\overline{\text{QS}}$ は $\overline{\text{PM}}$ がその4つ分の長さである部分の、ということはつまり $\overline{\text{IN}}$ がその4つ分の長さである部分の、5つ分の長さであろうが、しかるに $\overline{\text{IN}}$ すなわち $\overline{\text{PM}}$ は、$\overline{\text{EB}}$ すなわち $\overline{\text{FG}}$ がその6つ分の長さである部分の、2つ分の長さである。したがって、4対5と2対第4項とが等しくなるようにするならば、この第4項は $2\frac{1}{2}$ であろう。それゆえ $\overline{\text{QS}}$ は、$\overline{\text{FG}}$ がその6つ分の長さである部分の、$2\frac{1}{2}$ 個分の長さである。しかるに $\overline{\text{FQ}}$ は1であるから、$\overline{\text{FS}}$ は $3\frac{1}{2}$ である。したがって、残る $\overline{\text{GS}}$ は件の部分の $2\frac{1}{2}$ 個分の長さである。かくて、FG は S において、「軸寄りの部分の長さ」対「残りの部分の長さ」が $2\frac{1}{2}$ 対 $3\frac{1}{2}$ に、すなわち5対7になるように分割されるが、これは〔第17章第3節の表の〕第2列において、第1列の数 $\frac{4}{5}$ があるところのすぐ下の数 $\frac{5}{7}$ に対応しており、軸と平行な直線 ST を引けば、この ST によって底辺も同じように5対7に分割される。

　同じ方法によって、半放物形の底辺は3対5に分割されることがわ

かる。また、2つの中項による第1の三線図形〔の半形〕の底辺は4対6に、4つの中項による第1の三線図形〔の半形〕の底辺は6対8に分割される。それゆえ第2列の分数は、第1列の図形〔の半形〕の底辺が平衡径によって分割される比率を示しているが、ただし第1列は第2列よりも1つ上のところから始まる。

12. 同じ表の第2列のどの図形も、それを半分にした図形の平衡の中心は第4列の数によって見出される

　第17章第3節の同じ表の第2列にあるもののうちのどの図形も、それを半分にした図形の平衡の中心は、第4列でその図形の2つ下の位置にある分数に従って、分子が軸寄りの部分の長さに相当するように底辺を分割する、軸に平行な直線上にある。

　（図XXIII—7において）2つの中項による第2の三線図形をとって、この図形がABCD、その補形がBCDE、完全図形の長方形がABEDであるとし、この長方形がその中心Mを通って互いに直交するように引かれた2本の直線LK、NOによって分割されるものとしよう。また、「ABEDの面積」対「ABCDの面積」は5対3であるから、$\overline{AG}$対$\overline{BG}$が3対5になるようにABをGで分割して、底辺に平行な直線FGを引こう。同様に、「ABEDの面積」対「BCEDの面積」は（第17章第3節により）5対2であるから、$\overline{BI}$対$\overline{IE}$が5対2になるようにBEを点Iで分

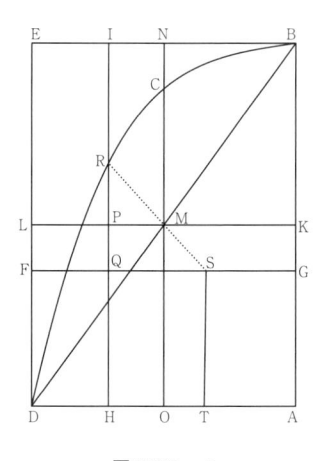

図XXIII—7

割して、軸に平行な直線 IH を引き、これが LK、FG と交わる点をそれぞれ P、Q としよう。いま、$\overline{PR}$ 対 $\overline{PQ}$ が3対2であるような直線 PR をとり、直線 RM を引いて、これを FG にぶつかるまで延長し、このぶつかる点を S としよう。そうすると、$\overline{RP}$ 対 $\overline{PQ}$ すなわち $\overline{RM}$ 対 $\overline{MS}$ は、「ABCD の面積」対「その補形 BCDE の面積」に等しく、ABCD、BCDE の平衡の中心はそれぞれ直線 FG 上と直線 HI 上にあり、またこの両図形の平衡の中心はともに同時に点 M にもあるから、R は補形 BCDE の、S は図形 ABCD の平衡の中心であろう。また $\overline{RP}$ 対 $\overline{RQ}$ は $\overline{PM}$ 対 $\overline{QS}$ すなわち $\overline{IN}$ 対 $\overline{QS}$ であり、さらに $\overline{IN}$ すなわち $\overline{PM}$ は、$\overline{BE}$ すなわち $\overline{FG}$ がその14個分の長さである部分の、3つ分の長さであるから、$\overline{QS}$ はこの同じ部分の5つ分、$\overline{EI}$ すなわち $\overline{FQ}$ はその4つ分、$\overline{FS}$ は9つ分、$\overline{GS}$ は5つ分の長さである。それゆえ、軸に平行な直線 ST は底辺 AD を5対9に分割する。しかして分数 $\frac{5}{9}$ は表の第4列において、第2列で分数 $\frac{3}{5}$ があるところの2つ下の位置に見出される。

同じ方法に従って、同じ第2列の中から3つの中項による第2の三線図形をとった場合には、この図形を半分にした図形の平衡の中心は、第4列においてこの図形の2つ下の位置にある分数 $\frac{6}{10}$ に従って底辺を分割する、軸に平行な直線上にあるであろうし、第2列のその他の三線図形についても同様であろう。同様の方法により、3つの中項による第3の三線図形〔を半分にした図形〕の平衡の中心は、「軸寄りの部分の長さ」対「残りの部分の長さ」が7対13になるように底辺を分割する、軸に平行な直線上にあることがわかる、等々。

系　上述の諸図形を半分にしたものの平衡の中心は既に知られている。それらは既知の直線 ST と FG の交点にあるからである。

13. 同じ表のどの図形も、それを半分にした図形の平衡の中心が知られれば、この半分の図形がそれと同じ底辺の長さと高さとを持つ三角形をはみ出している、その超過部分の中心も知られる

第17章第3節の表において自らの完全図形である長方形と対照されている諸図形のうちのどの図形も、それを半分にした図形の平衡の中心が知られれば、この半分の図形が〔底辺と高さとを共有する〕それ自身の三角形をはみ出している、その超過部分の平衡の中心もまた知られる。

たとえば、（図 XXIII－8 において）半放物形 ABCD をとり、その軸は AB、完全図形は ABED、三角形をはみ出す超過部分は BCDB であるとしよう。この BCDB の中心は次のようにして見出されるであろう。底辺に平行な直線 FG を、$\overline{AF}$ が軸の長さの3分の1になるように引き、また軸に平行な直線 HI を、$\overline{AH}$ が底辺の長さの3分の1になるように引こう。そうすると、I は三角形 ABD の平衡の中心であろう。さらに、底辺に平行な直線 KL を、$\overline{AK}$ 対 $\overline{AB}$ が2対5になるように引き、また軸に平行な直線 MN を、$\overline{AM}$ 対 $\overline{AD}$ が3対8になるように引こう。そして、MN の一方の端〔N〕は直線 KL 上にあるものとしよう。そうすると、N は〔半〕放物形 ABCD の平衡の中心であろう。それゆえ、半放物形 ABCD と、それの部分すなわち三角形 ABD とのそれぞれの平衡の中心が得られている。残

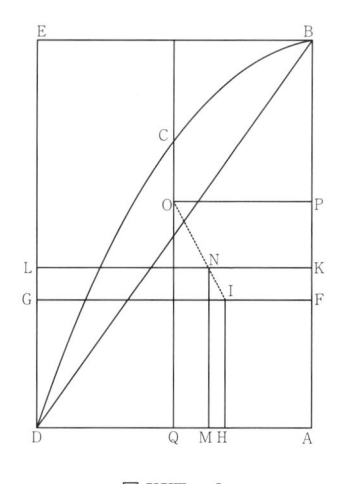

図 XXIII－8

りの部分 BCDB の平衡の中心を見出すためには、直線 IN を引いてこれを O まで延長し、さらにこの延長線上に線分 NO をとって、$\overline{\mathrm{NO}}$ が $\overline{\mathrm{IN}}$ そのものの 3 倍になるようにしよう。そうすると、O が求める中心であろう。なぜなら、「ABD の重量」対「BCDB の重量」は「直線 NO の長さ」対「直線 NI の長さ」の逆の比率であり、また N は全体の中心、I は三角形 ABD の中心なので、それゆえ O は残りの部分の、すなわち図形 BCDB の中心であるだろうからである。これが見出されるべき答えであった。

系　図形 BCDB の平衡の中心は、次のような 2 本の直線の交点にある。すなわち、その 1 つは底辺に平行で、軸の底辺寄りの部分の長さが軸全体の長さの $\frac{3}{5}$ すなわち $\frac{9}{15}$ になるように軸を分割する直線であり、もう 1 つは軸に平行で、底辺の軸寄りの部分の長さが底辺全体の長さの半分すなわち $\frac{12}{24}$ になるように底辺を分割する直線である。理由は次のとおりである。底辺に平行な直線 OP を引けば、$\overline{\mathrm{IN}}$ 対 $\overline{\mathrm{NO}}$ は $\overline{\mathrm{FK}}$ 対 $\overline{\mathrm{KP}}$ に、ということはつまり 1 対 3 すなわち 5 対 15 に等しいであろう。しかるに、$\overline{\mathrm{AF}}$ は AB 全体の長さの $\frac{5}{15}$ すなわち $\frac{1}{3}$、$\overline{\mathrm{AK}}$ は $\frac{6}{15}$ すなわち $\frac{2}{5}$、$\overline{\mathrm{FK}}$ は $\frac{1}{15}$、$\overline{\mathrm{KP}}$ は $\frac{3}{15}$ であり、したがって $\overline{\mathrm{AP}}$ は $\frac{9}{15}$ である。次に $\overline{\mathrm{AH}}$ は底辺全体の長さの $\frac{1}{3}$ すなわち $\frac{8}{24}$、$\overline{\mathrm{AM}}$ は $\frac{3}{8}$ すなわち $\frac{9}{24}$ である。それゆえ、軸に平行な直線 OQ を引けば、$\overline{\mathrm{MQ}}$（これは $\overline{\mathrm{HM}}$ の 3 倍である）は〔底辺全体の長さの〕$\frac{3}{24}$ であろう。したがって $\overline{\mathrm{AQ}}$ は、底辺 AD の長さの $\frac{12}{24}$ すなわち半分である。

第17章第3節の表の第1列のその他の三線図形の超過部分は、平衡の中心を次のような 2 本の直線上に持つ。すなわち、軸と底辺とを、下のように放物形の場合の分数 $\frac{9}{15}$ と $\frac{12}{24}$ の分子に 4 を、分母に 6 を次々と加えた分数にそれぞれ従って分割する 2 直線である。

　　　　放物形の場合、　　　　　　　軸 $\frac{9}{15}$、底辺 $\frac{12}{24}$。

第1の三線図形の場合、　　　軸$\frac{13}{21}$、底辺$\frac{16}{30}$。

第2の三線図形の場合、　　　軸$\frac{17}{27}$、底辺$\frac{20}{36}$、等々。

同じ方法により、第2列、第3列等々のその他諸々の図形について、それらの〔半分の図形がそれと底辺・高さを共有する〕三角形をはみ出す超過部分の平衡の中心を、誰でも（そうするだけの意味があるなら）見出すことができる。

14. 球体の断片の平衡の中心は、軸上にあって、「頂点寄りの軸の部分の長さ」対「軸全体の長さから切片の球部分の軸の長さの半分を除いた長さ」が3対4になるように軸を分割する点にある

　球の断片（すなわち、球の中心をその頂点とする正円錐形と、底面をこの円錐形と共有する球の一部とから合成された図形）の平衡の中心は、この円錐形の軸と球のこの部分の軸の半分とを合せたものから成っている直線を、頂点寄りの部分の長さが残りの部分の長さの3倍になるように、言いかえれば、「頂点寄りの部分の長さ」対「この直線全体の長さ」が3対4にな

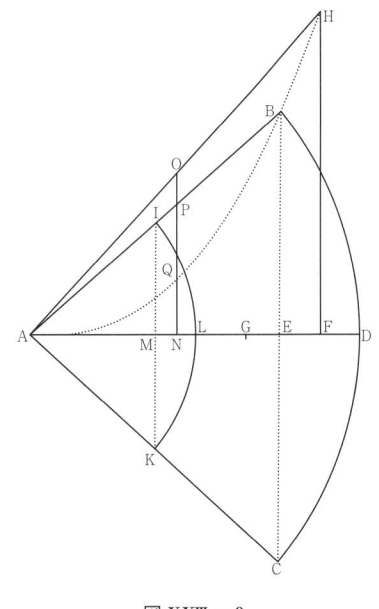

図 XXIII－9

るように分割する。

　たとえば、（図 XXIII−9 において）球の断片は ABC、その頂点（球の中心）は A、軸は AD、円錐形と球の一部との共通の底面は BC を直径とする円、球の一部の軸は ED、その半分は FD、円錐形の軸は AE であるとし、最後に AG の長さは直線 AF の長さの 4 分の 3 であるとしよう。G が切片 ABC の平衡の中心である、と私は言う。

　任意の長さの直線 FH を引いて、これが AF と点 F において直角をなすようにし、また直線 AH を引いて、三角形 AFH が生じるようにしよう。次に、同じ A を中心として任意の長さの弧 IK とその弦を引き、弧 IK が AD と交わる点を L、弦 IK が AD と交わる点を M としよう。そして、ML を 2 等分する点を N とし、直線 FH に平行な直線 NO を引き、これが直線 AH に O で出会っているとしよう。いま、BDC は軸に直交し BC に沿って描かれた平面によって切り分けられた球の一部であり、また FH は球のこの部分の軸 ED を点 F で 2 等分するので、部分球面 BDC の平衡の中心は（第 8 節により）F にあるであろうし、同じ理由により部分球面 ILK の平衡の中心は N にあるであろう。また同様に、球の中心 A と、断片の最も外側の面 BDC との間に無数の弧を引くものとすれば、これらの弧をそれぞれ含んでいる諸々の部分球面の平衡の中心は、その面自身と、それが含む弧の弦に沿って軸にその中点で直交する平面との間に切り取られた軸の部分上に見出されるであろう。

　いま、最も外側の球面 BDC のモーメントが $\overline{FH}$ であるとしよう。そうすると、「面 BDC の面積」対「面 ILK の面積」は「弧 BDC の長さ」対「弧 ILK の長さ」の 2 乗の比率を、すなわち $\overline{BE}$ 対 $\overline{IM}$ の 2 乗の比率をなしており、これはつまり $\overline{FH}$ 対 $\overline{NO}$ の 2 乗の比率であるから、$\overline{FH}$ 対 $\overline{NO}$ が $\overline{NO}$ 対「他の線分 NP の長さ $\overline{NP}$」に等しく、さらに $\overline{NO}$ 対 $\overline{NP}$ が $\overline{NP}$ 対「他の線分 NQ の長さ $\overline{NQ}$」に等しくなるよう

にし、また三角形AFHの底辺FHと頂点Aとの間にあって底辺FHに平行なすべての可能な直線に関しても同様になるようにして、点Qの全部を通る曲線AQHを引くものとすれば、図形AFHQAは2つの中項による第1の三線図形の補形であろう。そしてこの図形の面積は立体断片ABCDを構成するすべての球面のモーメントであろうし、したがってこの断片そのもののモーメントであろう。いま、FHはAHを辺としAFを軸とする正円錐体の底面の半径であると考えよう。そうすると、FとNおよび軸上のその他の諸点を通る諸々の円錐底面の面積同士の比率は、直線FH、NO等々の長さ同士の比率の2乗の比率であるから、すべての底面を併せたもののモーメント、すなわち円錐体全体のモーメントは、同じ図形AFHQAの面積であろう。それゆえ、円錐体の平衡の中心は立体断片のそれと同じである。したがって、AGの長さは軸AFの長さの4分の3なので、円錐体AFHの平衡の中心はGにあるから、立体断片の〔平衡の〕中心もまたGにあって、軸の部分AFを、AGの長さがGFの長さの3倍になるように、すなわち$\overline{AG}$対$\overline{AF}$が3対4になるように分割する。証明終り。

　断片が半球形である場合には、円錐体の軸は消滅して球の中心である点そのものになってしまい、それゆえ球の部分の軸の半分に加えるものは何もない。したがって、半球形の軸上に中心から軸の長さの半分の$\frac{3}{4}$を、つまり球の半径の$\frac{3}{8}$をとれば、そこに半球形の平衡の中心があるだろう。

第24章　屈折と反射について

1．定　義

1．屈折とは、運動する物体もしくはそれの作用が同一の媒体中においてならばそれに沿って進むであろうその線が、2つの媒体の異なる性質のせいで2つの直線へと折れ曲ることである。

2．この2つの直線のうち、異なる媒体中に進入する以前のほうの線は入射線、進入して以後のほうの線は屈折線と言われる。

3．屈折点とは、入射線と屈折線との共有点である。

4．屈折面とは2つの媒体の境界面であるが、これは屈折点がそのうちに含まれている面である。

5．屈折角（angulus refractus）とは、屈折線が屈折点において、この同じ点から異なる媒体中へと、境界面に垂直に引かれる線となす角である。

6．屈折の角度（angulus refractionis）とは、屈折線が入射線の延長線となす角である。

7．傾斜角とは、入射線が、屈折点から境界面に垂直に引き出される直線となす角である。

8．入射角とは、直角に対する傾斜角の補角のことである[1]。

　それゆえ、（図XXIV—1において）屈折は ABF を通って生じる。

---

[1] 現代日本の物理学用語では、「入射角」は7で定義された「傾斜角」のことを意味するが、原語は7で定義されているものが angulus inclinationis、8で定義されているものが angulus incidentiae なので、前者を「傾斜角」、後者を「入射角」と訳すことにした。ホッブズは本書第19章の冒頭でも、「入射角」についてこの8における定義と同じ意味の定義を述べている。

屈折線は BF、入射線は AB、入射点であり屈折点でもあるのが B である。屈折面すなわち境界面は DBE である。入射線を真直ぐに延長した線は ABC である。境界面に対する垂線は BH である。屈折の角度は CBF、屈折角は HBF、傾斜角は ABG ないし HBC、入射角は ABD である。

9．さらに、より稀薄な〔密度のより低い〕媒体とは、運動ないし運動の発生に対してその中で生じる抵抗がより小さい媒体のことであると解される。より濃密な〔密度のより高い〕媒体とは、この抵抗がより大きい媒体のことであると解される。

10．さらに、この抵抗がその中ではどこにおいても等しいような媒体は、等質な媒体である。そうでない媒体は不等質な媒体である。

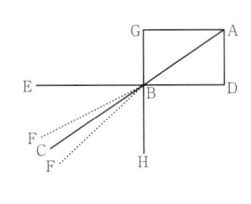

図 XXIV－1

2．垂直な運動に際してはいかなる屈折も生じない

可動体の移行や運動の発生が、1つの媒体から、密度の異なる別の媒体中へと、境界面に対して垂直な線上において行なわれるとした場合には、いかなる屈折も生じない。

理由は次のとおりである。垂線のどちらの側でも、上述の2つの媒体中にあるすべてのものは等しくかつ同様であると仮定されているから、運動そのものも垂直であるとみなされるとするならば、傾斜もまた等しいか、あるいはむしろいかなる傾斜もないかのいずれかであろう。それゆえ、垂線の一方の側で屈折が生じるようにさせるような原因であって、他方の側で同じ屈折を等しくうち消す原因でないようなものは、何ひとつ存在しえない。そうだとすれば、一方の側での屈折は他方の側では屈折を除去するであろう。それゆえ、屈折線はいたる

ところにあるか全然ないかのいずれかであるが、いたるところにあるというのは不合理である〔から、全然ないという結論になる〕。そしてこれが示そうとしたことである。

　系　このことから、屈折の原因は入射が斜めであるということにのみ存することが明らかである。これは入射する物体が両方の物体に入り込むにせよ、入り込まずにただ圧力を加えることで運動を伝えるだけであるにせよ、同じように言えることである。

3．稀薄な媒体から濃密な媒体中へと投じられたものは、屈折角が傾斜角よりも大きくなるような仕方で屈折する

　（それ自身の内部の諸部分の位置関係を保ちながら）運動する物体、たとえば石が、稀薄な媒体から濃密な媒体の中へ斜めに入り込んで進行するものとし、なおかつ密度の高いほうの媒体は、その内部の諸部分が動かされて互いに置き換わるようなものであるとした場合、屈折角は傾斜角よりも大きくなるであろう。

　たとえば、（図XXIV－1において）2つの媒体の境界面がDBEであるとしよう。そして直線ABCに沿って、何かある物体が、たとえば投げられた石が運動すると考えよう。さらに、線分ABはより稀薄な媒体、たとえば空気の中にあり、線分BCはより濃密な媒体、たとえば水の中にあるとしよう。ABに沿って投げられた石は、BCに沿っては進行しないで、引かれた垂線BHと、傾斜角HBCよりも大きな屈折角HBFをなすような別の直線に沿って進行するであろう、と私は言う。

　理由は次のとおりである。Aから来てBに打ち当たる石は、BにあるものをHの方向へと進行させ、また同様のことが、線分BHに平行なすべての直線に沿って生じるので、そして動かされた諸部分は同じ線に沿って反対向きに戻るので、反対の運動がHBに沿って、な

おかつこのHBに平行なあらゆる直線に沿って生じるであろう。それゆえ石の運動は、線分AGに、ということはつまり線分DBに沿った運動と、線分GBに、ということはつまりBHに沿った運動と、最後にHBに沿った運動との協働作用から、すなわち3つの運動の協働作用から生じたものとなるであろう。しかるに、AG沿いの運動とBH沿いの運動との協働作用によって、石はCへと導かれる。それゆえ、HBに沿った運動が付け加わると、石はどこかもっと高い所を、たとえば角HBCよりも大きい角HBFをなす線分BFに沿って、飛んでゆくであろう。

　それゆえ、大きな斜度で投じられた物体が、平たい物体であるか、もしくは非常に大きな力で投じられるかした場合には、水に入射して再び水から空気中へとはね返される、ということの原因は、上述のことから見出されるべく努められなければならないと思われる。

　理由は次のとおりである。(図XXIV－2において)水面はABであり、この水面へ点Cから直線CAに沿って、線分BAの延長線と十分に小さな角CADをなしつつ石が投じられるものとし、またBAの延長線に対して任意の場所Dにおいて垂線CDを引き、なおかつこのCDに平行な直線AEを引くものとすれば、石はDA沿いとCD沿いの2つの運動の協働作用によって線分CAに沿って運動するであろうし、この協働作用する2つの運動の速度の比率はこの直線DAとCDの長さの比率に等しいであろう。しかるに、CDとそれに平行なあらゆる直線とに沿った運動から、Aにおける衝突後に上方への反作用が生じる。なぜなら、水は元の位置に戻るからである。さてそこ

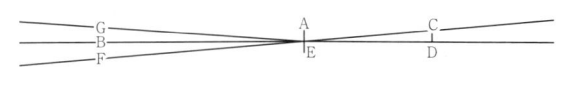

図 XXIV－2

で、投射の斜度が十分に大きいとすれば、つまり直線 CD が十分に短いとすれば、すなわち石が下方へと向かう努力が水の反作用する努力という、石自身の重さによって石が有する努力よりも小さいとすれば（こう仮定するのは、このことが生じうるからである）、石は（元に戻る水の努力が下方への石の努力を上回る超過分の努力のせいで）水面 AB よりも上へと再び上昇し、AG のような他のもっと上のほうの線に沿って、高い方へと反射して飛んでゆくであろう。

4．ある１つの点からどのような方向へと向かう努力も、「屈折角の正弦」対「傾斜角の正弦」が、〔それぞれの角を含む媒体の密度の順と〕逆にとられた「第１の媒体の密度」対「第２の媒体の密度」という比率に等しくなるような仕方で屈折する

　任意の媒体中において、ある１つの点から、あらゆる方向へと一斉に努力が伝わると仮定され、かつこの努力に対して、性質の異なる、ということはつまりより稀薄かもしくはより濃密な媒体が斜めに対置されているとするならば、この努力は、「屈折角の正弦」対「傾斜角の正弦」が、〔それぞれの角を含む媒体の密度の順と〕逆にとられた「第１の媒体の密度」対「第２の媒体の密度」という比率に等しくなるような仕方で屈折するであろう。

　図 XXIV―3 において、ある物体が最初に、より稀薄なほうの媒体の１点 A にあるものとしよう。そしてこの物体はあらゆる方向へ向かって努力していると考え、それゆえ線分 AB と Ab――この両線分に対して、より濃密なほうの媒体の表面 Bb が、$\overline{AB}$ と $\overline{Ab}$ の等しくなるような仕方で斜めに向かい合っており、なおかつ直線 Bb の両側へとひろがっているものとする――に沿った努力を有しているとしよう。さらに、点 B と点 b をそれぞれ通る垂線 BC と bc を引き、そして中心がそれぞれ B と b、輻線がそれぞれ BA と bA で、この両輻線

第 24 章 | 419

の長さが等しくなるような2つの円 AC と Ac を描き、円 AC は C で線分 BC に、円 Ac は c で線分 bc に出会うものとし、また円 AC は CB の延長線と D で、AB の延長線と E で交わり、円 Ac は cb の延長線と d で、Ab の延長線と e で交わるものとしよう。次に点 A から直線 BC へ垂線 AF を、直線 bc へ垂線 Af を引こう。そうすると、 AF は直線 AB の傾斜角の正弦線であり、また Af は直線 Ab の傾斜角の正弦線であるが、この2つの傾斜は仮設により等しいとされたのであった。私は、「線分 BC と線分 bc を含む媒体の密度」対「線分 BD と線分 bd を含む媒体の密度」は「屈折角の正弦」対「傾斜角の正弦」に等しい、と言う。

　直線 AB に平行な直線 FG を引き、これが直線 bB の延長線と G で出会うものとしよう。そうすると、線分 AF、 BG もまた平行であるから、 BG と AF は長さが等しく、それゆえ媒体の密度が同じだとす

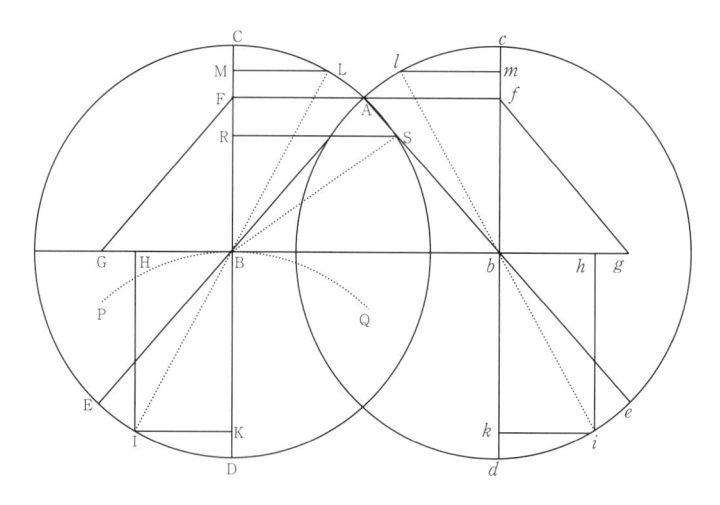

図 XXIV－3

れば、努力がAFに沿って伝わる時間とBGに沿って伝わる時間は同じであろう。しかしながら、BGを越えた側の媒体はAFを含んでいる媒体よりも密度が高い、ということはつまり努力に対してする抵抗が大きいので、BG上を伝わる努力はAF上を伝わる努力よりも小さく、その比率は「AFのある媒体の密度」対「BGのある媒体の密度」という比率になる。そこで、$\overline{BG}$対$\overline{BH}$が「BGを含む媒体の密度」対「AFを含む媒体の密度」に等しいとしよう。また、時間の尺度は円の輻線であるとしよう。線分BDに平行な線分HIを引いて、これがIで円周に出会うものとし、また点IからBDへ垂線IKを降ろそう。そうすると、BHとIKは長さが等しくなるであろうし、$\overline{IK}$対$\overline{AF}$は「AFを含む媒体の密度」対「IKを含む媒体の密度」に等しくなるであろう。それゆえ、円の輻線の長さである時間$\overline{AB}$の間に、より稀薄なほうの媒体中を努力がAFに沿って伝わるとき、それと同じ時間で、ということはつまり時間$\overline{BI}$の間に、より濃密なほうの媒体中では努力がKからIへと伝わるであろう。したがって、BIは直線ABの屈折線であろう。さらに、IKは屈折角の正弦線であり、AFは傾斜角の正弦線である。それゆえ、$\overline{IK}$対$\overline{AF}$が「AFを含む媒体の密度」対「IKを含む媒体の密度」に等しいので、「AFを（つまりBCを）含む媒体の密度」対「IKを、つまりBDを含む媒体の密度」は「屈折角の正弦」対「傾斜角の正弦」に等しい。これと同じやり方で、「より稀薄なほうの媒体の密度」対「より濃密なほうの媒体の密度」は「屈折角の正弦線KIの長さ」対「傾斜角の正弦線AFの長さ」に等しいことを示すことができる。

　第2に、あらゆる方向へ向かって努力する物体が、より濃密なほうの媒体中の点Iにあるとしよう。そうすると、仮に両方の媒体がたしかに同一だとした場合には、この物体の努力はIBに沿って真直ぐにLへと向かうであろうし、傾斜角の正弦線LMの長さはIKの、すな

わちBHの長さに等しいであろうが、しかし「IKを含む媒体の密度」対「LMを含む媒体の密度」は$\overline{\text{BH}}$対$\overline{\text{BG}}$に、ということはつまり$\overline{\text{BH}}$対$\overline{\text{AF}}$に等しいので、努力の伝わり方はLMのある媒体中のほうがIKのある媒体中よりも大きく、その比率は両媒体の密度対密度、ということはつまり$\overline{\text{ML}}$対$\overline{\text{AF}}$という比率になるであろう。それゆえ、線分BAを引けば、屈折角はCBA、その正弦線はAFであろう。しかるに、LMは傾斜角の正弦線である。それゆえこの場合もまた、「1つの媒体の密度」対「これと異なる媒体の密度」は「屈折線の正弦」対「傾斜線の正弦」の逆の比率に等しい。証明終り。

この証明においてはたしかに、境界面Bbは平面だという仮設がなされた。しかし、境界面が凹面あるいは凸面であったとしても、上の定理は真であろう。なぜなら、屈折が境界平面の点Bで生じるものとした場合、境界平面に点Bで接する曲線、たとえばPQを引けば、屈折線BIも垂線BDも変りはないであろうし、屈折角KBIとそれの正弦線KIも以前と同じままであろうからである。

5．「ある傾斜における屈折角の正弦」対「他の傾斜における屈折角の正弦」は、「前者の傾斜角の正弦」対「後者の傾斜角の正弦」に等しい

「ある傾斜における屈折角の正弦」対「他の傾斜における屈折角の正弦」は、「前者の傾斜角の正弦」対「後者の傾斜角の正弦」に等しい。

理由は次のとおりである。「屈折角の正弦」対「傾斜角の正弦」は、この傾斜がどれほどであっても、「1つの媒体の密度」対「これと異なる媒体の密度」に等しいから、「屈折角の正弦」対「傾斜角の正弦」という比率は、密度対密度という比率と、「1つの傾斜角の正弦」対「これと異なる傾斜角の正弦」という比率とから合成される。

しかるに、等質な同一物体における密度の比率は同一と仮定されている。したがって、異なる傾斜における屈折角の正弦同士の比率は、それぞれの傾斜角の正弦同士の比率に等しい。証明終り。

6．2つの入射するものが、一方は稀薄な、他方は濃密な媒体中にあって等しい傾斜を有しているとした場合、傾斜角の正弦は両方の屈折角の2つの正弦の間の比例中項であろう

2つの入射するものが、一方は稀薄な、他方は濃密な媒体中にあって等しい傾斜を有しているとした場合、傾斜角の正弦は両方の屈折角の2つの正弦の間の比例中項であろう。たとえば、（図XXIV—3において）線分 AB は稀薄な媒体の中で傾斜していて、濃密な媒体の中では屈折して線分 BI に沿うものとしよう。また、線分 EB は濃密な媒体の中で AB とちょうど同じだけ傾斜していて、稀薄な媒体の中では屈折して線分 BS に沿うものとしよう。〔後者の〕屈折角〔SBC〕の正弦線を引き、これを RS としよう。直線 RS、 AF、 IK のそれぞれの長さは連続的に比例している、と私は言う。

理由は次のとおりである。「より濃密なほうの媒体の密度」対「より稀薄なほうの媒体の密度」は $\overline{RS}$ 対 $\overline{AF}$ に等しく、さらに「より濃密なほうの媒体のこの同じ密度」対「より稀薄なほうの媒体のこの同じ密度」は $\overline{AF}$ 対 $\overline{IK}$ に等しい。それゆえ、$\overline{RS}:\overline{AF}::\overline{AF}:\overline{IK}$ は比例している、言いかえれば、$\overline{RS}$、$\overline{AF}$、$\overline{IK}$ は連続的に比例していて、その比例中項は $\overline{AF}$ である。証明終り。

7．傾斜角が45度で、傾斜した直線がより濃密なほうの媒体中にあり、両媒体の密度の比率が「正方形の対角線の長さ」対「同じ正方形の辺の長さ」に等しく、なおかつ境界面が平面であるとした場合、屈折線は境界面そのものに含まれるであろう

傾斜角が45度で、傾斜した直線がより濃密なほうの媒体中にあり、両媒体の密度の比率が「正方形の対角線の長さ」対「同じ正方形の辺の長さ」に等しく、なおかつ境界面が平面であるとした場合、屈折線は境界面そのものに含まれるであろう。

　たとえば、（図XXIV－4において）傾斜角ABCは45度で円ACの中にあるものとしよう。CBを円周上の点Dまで延長し、また角EBCの正弦線CEを引き、境界面BG上にCEに長さの等しい線分BFをとろう。そうするとBCEFは平行四辺形でFEとBCの長さは等しい、ということはつまりFEとBGの長さも等しいであろう。BGを一辺とする正方形の対角線AGを引こう。そうすると$\overline{AG}$対$\overline{EF}$は$\overline{BG}$対$\overline{BF}$に等しく、かつ（仮定により）「Cを含む媒体の密度」対「Dを含む媒体の密度」に等しく、なおかつ「屈折角の正弦」対「傾斜角の正弦」にも等しいであろう。それゆえ、線分FDと（Hまで延長された）ABに対する垂線DHとを引けば、DHは傾斜角の正弦線であろう。そして「屈折角の正弦」対「傾斜角の正弦」は、「Cを含む媒体の密度」対「Dを含む媒体の密度」に、ということはつまり（仮定により）$\overline{AG}$対$\overline{FE}$すなわち$\overline{BG}$対$\overline{DH}$に等しく、かつ$\overline{DH}$は傾斜角の正弦であるから、$\overline{BG}$は屈折角の正弦であろう。それゆえ、BGは屈折線であり、なおかつそれは境界平面そのもののうちに含まれるであろう。証明終り。

　系　それゆえ、傾斜が45

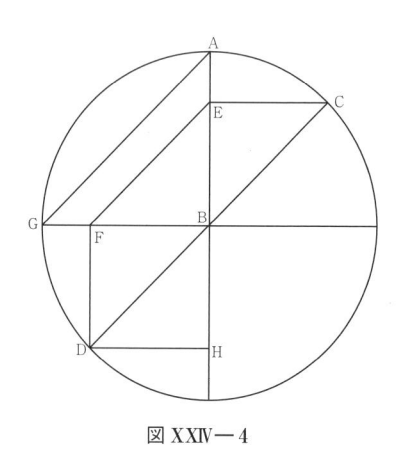

図XXIV－4

度より大きくても、また密度がもっと大きければ傾斜はもっと小さくても、屈折が濃密なほうの媒体から稀薄なほうの媒体へ決して出て行かないということが起こりうることは明らかである。

8. 物体が直線に沿って他の物体に突き当たり、後者の物体に入り込まずにはね返るとした場合、反射角は入射角に等しいであろう

物体が直線に沿って他の物体に突き当たり、後者の物体に入り込まずにはね返るとした場合、反射角は入射角に等しいであろう。

（図XXIV—5において）可動体がAにあるとし、この可動体はACに沿った直線運動によって他の物体にCでぶつかり、先へ進まずにはね返るとしよう。さらに、入射角はどんな角度でもよいから、これをACDとしよう。角ACDに等しい角ECFを線分DCの延長線となすような直線CEを引き、また直線DFに対して垂線ADを引こう。DF上にCDと長さの等しい直線CGをとり、垂線GEを引いて、これがCEとEで出会うものとしよう。そうすると、三角形ACDと三角形ECGは面積が等しくかつ相似〔すなわち合同〕であろう。直線ADに平行で長さの等しい線分CHを引き、これをCの側へ好きなだけ延長して、その終点をIとしよう。そして直線EAを引けば、EAはHを通り、かつ直線GDに平行で長さも等しくなるであろう。私は、入射直線ACに沿ってAからCへと行なわれる運動はCEに沿って反射する、と言う。

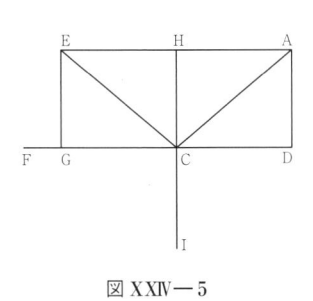

理由は以下のとおりである。AからCに向かう運動は、協同効果を持つ、ということはつまり協働作用する2つの運動から生じ、この2つの運動の1つは直線DG

図XXIV—5

に平行な直線 AH に沿った運動、もう 1 つは同じ DG に垂直な直線 AD に沿った運動である。この 2 つの運動のうち AH に沿ったほうは、この両運動から生じた運動が C までである——というのは、この運動は直線 DG を越えないと仮定されているからである——場合、可動体 A に対して何の作用もしないが、これに対して AD もしくは HC に沿ったほうの運動は、I の方向へとさらに努力する。しかし、この運動も圧力を加えるだけで入り込まないので、IC 上には反作用が生じ、この反作用から、C から H の方へ向かう運動が生じる。しかるにこの間、HE に沿った運動は AH に沿っていたのと同じ運動を続ける。それゆえ、可動体は CH と HE とに沿った 2 つの運動から作用を被るが、この 2 つの運動は、もう一方の側で AH と HC とに沿っている運動に等しい。それゆえ可動体は CE に沿って運ばれるであろう。したがって、角 ECG は反射角であり、これは(仮設により)角 ACD に等しい。証明終り。

　他方、反射がそこで生じる面または線が、平面ないし直線であるかそれとも曲面ないし曲線であるかは、可動体が点として考量される場合には何の関係もない。なぜなら、入射点にして反射点である C は、直線 DG に C で接する曲線にも DG そのものにも共通な点であろうから。

9．入射による運動の発生に際しても、上述のことと同じことが起こる

　これに対して、点 A に何かある可動体ではなく、A から C へと伝わる何かある努力があると仮定したとしても、証明は同一であろう。なぜなら、努力はすべて運動であって、抵抗する立体の部分に C において圧力を加え、その結果努力は入射後は CI に沿って進行するので、反作用は CH に沿って進行し、そして HE に沿った努力と協働作用する CH に沿った努力から、CE に沿った努力が発生するであろう

ことは、運動する諸物体のはね返りの場合と同様だからである。

それゆえ、努力がどの点からでもよいから、くり抜かれた球形の物体の凹面へと伝わるとした場合、反射線は球内の最大円の円周と、入射角に等しい角をなすであろう。たとえば、(図XXIV－6において) 努力が点Aから円周上の点Bまで伝わるものとし、またCは球の中心であるとして、直線CBと円周の接線DBEとを引き、最後に角FBDは角ABEに等しくなるものとするならば、今しがた示したように、反射はBFに沿って生じるであろう。それゆえ、直線AB、FBが円周となす角もまた互いに等しいであろう。

さらに注意されるべきことは、CBをどこまででもよいから延長してその終点をGとすれば、直線GBC上の努力は線分GB上の垂直な反作用にのみ由来すること、それゆえ点Bには、球の中心を通る努力以外に、球の内側の方向へと向かう他のいかなる努力もまったく存在しないということである。

さて私は、運動と大きさとをそれ自体として抽象的に考量してきたこの論考の第3部を、ここで終りにする。続く第4の、最後となる部では、自然の諸現象について、言いかえれば、世界の諸物体すなわちそれ自体で存在している諸物体の、運動と大きさについて述べる。

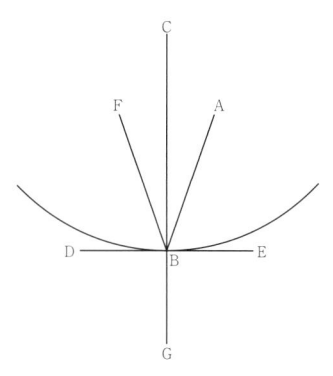

図XXIV－6

第24章 | 427

第 4 部

自然学、もしくは自然の諸現象

第25章　感覚と生命運動について

１．これから述べるべきことと、ここまで述べてきたこととの連関

　哲学とは、（第１章において）「既知の発生の仕方から正しい推論によって獲得された、諸々の結果の認識、および既知の諸々の結果すなわち諸現象から正しい推論によって獲得された、（存在しうるかもしれない何かある）発生の仕方の認識」であると定義された。

　それゆえ、哲学する方法は２つあって、その１つは発生の仕方から可能な諸々の結果へと進む方法であり、もう１つは諸々の結果すなわち諸現象（φαινόμενα）から可能な発生の仕方へと進む方法である。この２つのうちの第１の方法においては、諸事物の呼称に関する合意をつうじて、私たち自身が推論の第１原理（すなわち定義）を真であるとする。そして私は本書のここよりも以前のところにおいては、たしかにこの第１の側を実行してきた。そこでは（私が誤っていなければ）、諸々の定義以外に、これらの定義そのものとよく符合しないようなこと、すなわち、語彙の用法に関して私と意見の一致する人々——私にとってはこういう人々だけが重要なのだが——に対して十分に証明されていないようなことは、何ひとつ断言しなかった。今や私は、感覚をつうじて私たちに知られた自然の諸現象すなわち諸結果から、これらの現象ないし結果がそれに基づいて（生じた、とは私は言わないが、しかし）生じた可能性のある何かある仕方を探究することに進む、もう一方の側に着手する。それゆえ、これから述べることが依拠している諸原理は、私たちがこしらえたものでも、定義としてあまねく布告したものでもなく、自然の創建者によって諸事物そのもののうちにおかれたのを私たちが見てとっているものなのであって、私たちはそれらを一括りに提示されたものとしてでなく、個々別々に使用する。ま

431

た、これらの原理は諸定理の必然性を作り出すものではなく、単に（既に証明された普遍的諸命題がないわけではないが）何かある発生の仕方の可能性を示すにすぎない。そこで私は、この部で述述される認識が諸原理を自然の諸現象のうちに捉え、自然的諸原因の何かある学識のうちにとどまるという理由で、この部に「自然学、もしくは自然の諸現象について」というタイトルをつけた。しかして諸現象と呼ばれるのは、何であれ現れるもの、すなわち自然によって私たちに示されたもののことである。

 ところで、私たちの身近に存在するあらゆる諸現象のうちで最も驚くべきものは、現象するということ（τὸ φαίνεσθαι）自体である。これはすなわち、自然の諸物体のうちのあるものはそれ自身のうちにほとんどあらゆる事物の模像を有するのに、他のものはいかなる事物の模像もそれ自身のうちに持たない、ということである。それゆえ、ある諸現象がその他の諸現象を認識することの原理であるとすれば、感覚こそは認識することの原理の原理そのものであり、あらゆる知識は感覚から導き出される、と言わなければならず、かくて感覚の諸原因の探究のための端緒を感覚そのもの以外の他の現象からとってくることはできない、と言わなければならない。しかし私たちはどのような感覚（sensus）によって感覚（sensio）を観想するのか、と読者は言われるであろう。それは当の同じ感覚そのものによって、すなわちその他の感覚可能なもの——たとえ過ぎ去ってゆくものであっても——の、あるいくらかの時間にわたって留まっている記憶によってである。なぜなら、自分が感覚したということを感覚することは、思い出すということだからである。

 それゆえ、すべてに先立ってまず探求されなければならないのは、感覚の、すなわち感覚する私たちに生じるのを私たちが絶えず経験している諸々の観念ないし表象の原因と、〔それらの〕発生が進行する仕

方である。しかるに、この探求へと導くものは第1に、私たちの表象が常に同一ではなく、感覚器官がある時はある対象へ、またある時は他の対象へと向け変えられるのに応じて、そのつど新しい表象が生じて古い表象が消滅する、ということを観察することである。感覚が生じたり消え失せたりするのはそのためであり、そしてこのことから、感覚とは感覚する身体の何らかの変化である、ということがわかる。

2．感覚の本性の探究および感覚の定義

あらゆる変化は変化するものの内部の諸部分における何らかの運動ないし努力（この努力もまた運動であるが）であるということは、（第9章第9節において）次のことから示された。すなわち、どんな物体であれそれの最も小さい諸部分さえ同一の相互位置を保っているかぎり、（全体がいっしょに動くことができるということはおそらく別として）その物体には新しいことは何ひとつ生じず、その結果、それ以前にあって見えていたのと同じことがあり、またあるように見える、ということである。それゆえ、感覚する者において感覚とは、この感覚する者の内部に存在している何かある諸部分の運動以外の何物でもありえず、そしてこの運動する諸部分とは、私たちが感覚する際に用いる諸器官の部分である。なぜなら、感覚がそれをつうじて遂行される身体部位は、一般に「感覚器官」と呼ばれる当の部位だからである。それゆえ私たちは今や、感覚の主体を、すなわち表象がそのうちにある主体を捉え、また部分的にはそれの本性も、すなわち何らかの内部運動が感覚する者のうちに存在する、ということもまた捉えているのである。

さらに、（第9章第7節において）運動は運動と接触とによってしか生じることができない、ということが示された。このことから、感覚の直接的原因は感覚器官に最初に接触して圧力を加えるもののうちにある、ということがわかる。なぜなら、器官の最も外側の部分が圧力

を加えられると、内側のほうでこの部分に近接した部分もまたそれに屈して圧力を受け、こうしてこの圧力すなわち運動は器官のすべての部分を経て最も内奥の部分にまで伝わるであろう。この最も外側の部分の圧力は、この部分よりも遠くにある物体の何らかの圧力から生じてくるが、同じようにして圧力のくる元を切れ目なく辿れば、次のようなものに至りつく。それはすなわち、感覚から生じる当の表象がそこから派生してくる、いわば最初の源泉のようなものと私たちが判断するものである。さてこのものは、事物に属するどのようなものであろうと、・対・象と呼びならわされている。それゆえ、感覚とは感覚する者のうちなる何かある内部運動であって、対象の内部の諸部分の何かある運動から生じて、諸々の中間物を経て器官の最も内奥の部分にまで伝わったもののことである。以上の文言により、感覚が何であるかはほぼ定義された。

　同様に、（第15章第2節において）あらゆる抵抗は努力に対する反対の努力、言いかえれば反作用であることが示された。したがって、対象から諸々の中間物を経て器官の最も内奥の部分にまで伝わった運動に対しては、器官全体の何かある抵抗すなわち反作用が、器官そのものの自然な内部運動によって生じるから、それによって対象からの努力に対する器官からの反対の努力が生じる。その結果、最も内奥へと向かう努力が感覚の作用において生じる諸作用のうちの最後の作用である場合、その反作用がしばらくの間持続すると、しまいにそこから表象が生じる。そしてこの表象こそ、外部のほうへと向かう努力のせいで器官の外部に位置している何物かであるかのように常に見える（φαίνεται）当の表象なのである。それゆえ、感覚（sensio）の定義、それも感覚の諸原因の説明と発生の順序とから成っている全面的な定義を述べれば、次のようになる。「・感・覚・と・は、・対・象・か・ら・内・部・の・ほ・う・へ・と・向・か・う・努・力・に・よ・っ・て・生・じ・る・外・部・へ・と・向・か・う・感・覚・器・官・の・努・力・か・ら、それ

もしばらくの間継続するこの努力から、反作用によって生じた表象である。」

3．感覚の主体と対象

さて、感覚の主体（subjectum）とは感覚する者自身、すなわち動物のことであり、それゆえ「動物が見る」と言うほうが「目が見る」と言うよりも正しい。対象（objectum）とは感覚されるもののことであり、それゆえ「私たちは太陽を見る」と言うほうが「私たちは光を見る」と言うよりも正しい。なぜなら、光・色・熱・音その他の「感覚されうる諸性質」と呼びならわされている諸々の質は、対象ではなくて、感覚する者たちの表象だからである。というのは、表象とは感覚する作用であって、これと感覚との違いは「生じる」と「生じた」との違いにほかならず、そしてこの違いは瞬間的な出来事の場合には全然ないのであるが、表象は瞬間的に生じるものだからである。そして、表象が瞬間的に生じるというのは次の理由による。物体を経て中断なしに伝わる運動においては、最初に動いた部分が第２の部分を動かし、第２の部分は第３の部分を動かし、こうして次々に伝わって最後の部分にまで及ぶが、これは最初の部分から最後の部分までの距離がどれだけあってもこうなる。しかも、第１の、すなわち前のほうの部分が第２の部分の場所まで進んでこれを押し動かしたその同じ時点において、最後から２つめの部分は最後に自分の場所を離れる部分のその場所に進入した。そしてこの最後の部分は同じ瞬間に反作用するが、この反作用が十分に強ければ、表象を生じさせる。しかして、この表象が生じたとき、同時に感覚も生じたのである。

4．感覚器官

感覚器官とは、感覚する者の内部にあって、それが傷つけられると

他の部分はいかなる傷も受けていなくても表象の発生が除去されてしまうような、感覚する者の諸部分のことである。さてこの器官は、非常に多くの動物にあっては精気と膜であって、この膜は脳の柔膜から発してすべての神経を被っていることがわかる。また同じく、脳そのものと脳内の動脈もこの器官をなしていて、これらが揺動させられるとあらゆる感覚の源である心臓もまた揺動させられるのがわかる。なぜなら、対象の作用が感覚する者の身体に到達するときにはいつでも、この作用はどれかある神経を通って脳へと伝わるからであり——それゆえ脳へと導く神経が傷つけられるか遮断されるかして、運動がそこから先に伝わることができなくなった場合には、いかなる感覚も続いて生じないのである——、また同様に、同じ運動が脳と心臓の間で、この運動を運ぶ何かある器官の疲労によって遮られた場合にも、対象のいかなる感覚も存在しないだろうからである。

5．すべての物体が感覚を備えているわけではないこと

さて、既述のようにすべての感覚は反作用によって生じるとしても、しかし反作用するものなら何でも感覚するということは必然的ではない。すべての物体は感覚を備えている、と主張した哲学者が何人かいたこと、しかもこれらの哲学者は学識ある人々であったということを、私は知っている。またもし感覚の本性が反作用のうちにのみおかれるなら、どうすれば彼らを反駁できるのか、私にはわからない。しかし、たとえ動物以外の諸物体の反作用からも表象が生じたとしても、対象が遠ざかればこの表象はたちまち止んでしまうであろう。なぜなら、対象が遠ざかっても印象として受けとった運動を保持しておくのに適した、動物の持つような器官を持っていなければ、感覚したということを決して思い出さないような仕方でしか感覚しないだろうからである。今話題としてとり上げられた感覚については、このことは

まったく当てはまらない。なぜなら、感覚とは一般に、表象によって対置された複数の事物についての何かある判断という意味に解されているが、これはすなわち表象同士を比較し区別することによって行なわれ、そしてこの比較と区別は、表象がそこから生じてきた当の器官内に運動がしばらくの間留まっていてこの表象そのものがいつしか回帰してくる、ということがなければ行なわれることができないからである。それゆえ、ここで問題になっている、一般に感覚と呼ばれている感覚には、何かある記憶が必然的に付随していて、この記憶によって先行の諸表象を後続の諸表象と比較したり、一方の表象を他方の表象から区別したりすることができるようになっているのである。

それゆえ、本来の意味での感覚には次のことが付随している。すなわち、そういう感覚には何かある多様な諸表象が絶えず混ざり込んでいて、そのことによってある表象が他の表象から区別できるようになっている、ということである。なぜなら、もしも人間がたしかにはっきりと見える目やその他の正常な状態にある視覚器官を有してはいるが、しかし他の感覚は何ひとつ備えておらず、また全然いかなる多様性もなしに常に同一の色と形で現れる同一の事物に向かっている、と仮定したとすれば、他の人々は何と言おうが私にとってはたしかに、この人間がものを見ているとは思われないであろうからである。それは、私の両腕の骨は常にあらゆる所で非常に感覚鋭敏な膜に接しているにもかかわらず、それを私が触覚器官によって感覚しているとは私には思えないのと同様である。この人間はおそらく驚いたり注意を向けたりはするであろうが、無感覚であって見ることはない、と私は言おう。したがって、常に同じものを感覚するということと、感覚しないということとは同じことになるのである。

6．同一時点では表象はただ1つしかない

さて、感覚の本性は、複数の事物が同時に感覚されることを許容しない。なぜなら、感覚の本性は運動に存するので、感覚器官が何かある１つの対象によって占められているときには、この対象による運動と他の対象による運動の両方によって両対象のそれぞれ１つの真なる表象が生じるような具合に、この器官が他の対象によって動かされることはできないからである。それゆえ、２つの対象の２つの表象が生じるのではなく、両対象の作用がいっしょになって引き起こした１つの表象が生じるであろう。なぜなら、たとえ対象がいろいろに変化したのが見えたとしても、１つの対象がいろいろに変化したのであって、変化したいろいろな対象があるのではないからである。

　さらに、物体の分割と場所の分割とは同時に生じ、したがって物体が複数あれば場所も必然的に複数あり、その逆も真であることは、第８章で明らかにされたとおりであるが、これと同様に、運動と時間の分割に関しても、運動が複数あると言われるときにはそのつど時間も複数あることがわかるし、時間が複数あると言われるときにはそのつど運動も複数あることがわかる、ということになるのである。

　また次のようなことも起こる。すなわち、すべての感覚に共通な諸器官（人間の場合、諸々の神経の根元から心臓にまで至る器官の全部分がそのようなものである）が何かある１つの対象の感覚によって激しく揺り動かされている間、運動が新しい運動をなかなか受け入れにくい性質を持つせいで、これらの器官は他の一切の対象の作用（どんな感覚にかかわる作用であれ）を受け取ることに対して役立つ度合が減じる、ということである。そしてこのことのゆえに、１つの対象に気をとられていると、そのせいで他の諸対象の感覚は、たしかに現前しているのに全然存在することができないようにされる。なぜなら、気をとられるということは心が占有されること、言いかえれば、諸々の感覚器官の運動が何かある１つの対象によって激しくされ、この運動が続いて

いる間、他の諸対象に対して無感覚になっている、ということにほかならないからである。テレンティウス[1]の言ったところによれば、「無感覚になっている群衆は綱渡り師に気をとられ、そのことで心がいっぱいになっている」と。さてこの無感覚とは、ἀναισθησία すなわち「他のものを感覚することの停止」以外の何であろうか。それゆえ、同一時点において感覚によって知覚される対象はただ１つである。だから私たちは文字を次々に読んでゆく際に、たとえページ全体が照らし出されていても、すべての文字を同時に見ているわけではないし、１つの直観によってページを眺めている場合には、個々の文字が非常に判明に書かれているとしても、１文字も読んではいないのである。

このことから次のように考えることができる。すなわち、外部に向かっての器官の努力をすべて感覚と言うべきではなく、個々の時点に応じて、激しさにおいて他の努力よりもまさっていて、他の諸事物の表象を圧倒しているような努力だけを、感覚と言うべきである、と。それはあたかも太陽の光が、他の諸天体の作用を妨げはしないが、その極度の輝きによって他の諸天体の光を、くらましておおい隠すという仕方で奪い去ってしまうのと同様である。

７．過去の感覚の残滓の表象像〔想像〕（そしてこれが記憶である）。また夢について

ところで、表象がそこから生じてくる器官運動は、対象が現前している場合にのみ「感覚」（sensio）と呼びならわされ、これに対して対象は遠ざかるか過ぎ去るかしてしまったのに表象が残存している場合には、phantasia と、またラテン語では imaginatio（表象像〔想像〕）と

---

[1] カルタゴ生れのローマ共和制期の喜劇詩人（前195？〜前159）。

呼びならわされる。このimaginatioという語は一般的に解されたphantasiaとは十全には一致しないが、それはすべての表象（phantasma）が像（imago）であるというわけではないからである。しかし今は、このことを十分に承知したうえで、ギリシア語phantasiaを表わすのに表象像〔想像〕（imaginatio）という語をあえて使用することにしよう。

　それゆえ、表象像〔想像〕とは実のところ、対象が遠ざかったせいで力を失っている、つまり弱くなった感覚以外の何物でもない。さてそこで、この弱さの原因はいったいどういう原因でありうるだろうか。対象が遠ざかると運動が弱くなるのか。もしそうだとしたら、想像している者の表象が感覚の場合よりも不明瞭になりもするであろうし、しかも常に必ずそうなるはずであるが、このようなことは真ではない。なぜなら、夢の中でも（しかして夢は眠っている者の想像である）表象は感覚の場合より不明瞭になりはしないからである。もっとも、目覚めている者の過去の物事についての表象は、現在の物事の表象よりも不明瞭であるが、それは現前している諸対象によって同時に揺り動かされた諸器官のせいで、過去の物事についての表象が他の表象を圧倒する度合が小さくなるからである。これに対して夢の場合には、外部からの作用はそのアクセスが閉ざされてているために内部の運動に何の妨害もしないのである。

　上のことが真であるとすれば、次に考えなければならないのは、原因として仮定されると諸感覚の外的対象の器官内部へのアクセスが必然的に閉ざされることになるような、何かそのような原因が見出されうるかどうかである。そこで私は、諸対象の長時間にわたる作用（これに続いて器官の、とりわけ精気の反作用が必然的に生じる）によって、器官が疲労する、ということはつまり、器官の諸部分が精気によって揺り動かされる際に苦痛を伴わずにはいなくなる、ということ、そして

それゆえに諸神経が荒廃したり弛緩したりしたせいで、脳の、もしくは心臓の空洞内に位置するその源へと精気が戻ってゆくということを仮定する。このことによって、神経を通って導かれていた作用は必然的に遮断される。なぜなら、作用は自分の前を逃げ去ってゆく被作用体に対して、最初のうちはより乏しく作用し、次いで神経が徐々にゆるんでゆくと何の作用もしなくなるからである。それゆえ反作用（すなわち感覚）は、休息のおかげで器官が回復し精気が増加することによって目覚めさせられるまでは休止する。そしてこのことは、動物の本性の秩序以外の何かある原因が付け加わらないかぎり、常にたしかにそういう状態にあることが知られる。この原因とは、たとえば疲労かもしくは何らかの病気かによる内部の熱がそれであって、この熱は精気や器官の、通常以外の他の諸部分を揺り動かすとみられる。

8．表象の継起とはどのようなことか

　ところで、諸表象のこの多様性のさなかである諸表象から他の諸表象が生じること、そして同じ諸表象からときには似た諸表象が、ときには似ていない諸表象が精神のうちへとやってくること、このことは、原因なしに生じるわけでも、多くの人々がおそらく思いなしているほど偶然に生じるわけでもない。その理由は次のとおりである。切れ目なく連続している物体の諸部分の運動においては、部分が密着によって部分のあとにつき従う。それゆえ、目やその他の諸々の感覚器官が複数の対象に相次いで向けられている間、これらの対象の各々から生じた運動は存続しているので、これらの運動のどれか1つがその他の運動よりも優勢になるたびに、表象が生れ変る。しかるに、優勢になる順序は、既に過ぎ去ったある時においてこれらの運動が感覚によって生じた順序と同じである。その結果、年をとって非常に多くのことを感覚した後では、ほとんどどんな思考からでもどんな思考でも

生じうるようになり、そのせいで、どういう思考がどういう思考に続いて起こるかは偶然であると思える、ということがありうるようになるのである。しかし大抵の場合、注意して見る人々にとってはこの起こり方はそんなに不確実ではない。なぜなら、願い求められている目的についての思考ないし表象はこの目的のために役立つ手段の表象を引き起こし、しかもそれは最終の手段から最初の手段へと進む分析的順序によるのと、逆に始めから終りへと進むのと、この2とおりの仕方によるからである。けれども、このことは欲求と目的のための諸々の手段についての判断とを前提しており、この判断をもたらすのは経験である。しかるに経験とは、多くの事物についての感覚から生じた諸表象の蓄積である。

　なぜなら、「想像すること」（φαντάζεσθαι）と「思い出すこと」（meminisse）とは、後者が過ぎ去った時間を前提するのに対して、φαντάζεσθαιは全然そうしないという点以外は、互いに異ならないからである。記憶においては、表象はいわば時間によって摩耗したかのように考えられているが、想像（phantasia）においてはあるとおりに考量されている——もちろんこの区別は物事の区別ではなく、感覚する者の考量の仕方の区別であるが——のである。なぜなら、記憶の場合には未知の事物に対する遠望の場合に起こることに似た何事かが起こるからである。そしてそう言えるのは、遠望の場合には距離が遠すぎるせいで物体の比較的小さな部分の見分けがつかないように、記憶の場合には諸事物の、かつて感覚によって知覚された多くの偶有性や場所や部分が老化によって滅失するからである。

　ときには感覚する者に対する、ときには思考する者に対する複数の表象の恒常的な出現こそは、「気が散ること」（animi discursus）と呼びならわされている当のことであり、これは人間と獣類とに共通のことである。どうして思考の場合も含むかというと、思考する者は移りゆ

く諸表象を比較する、言いかえれば、それら相互の類似と相違に注意するが、異なる本性を持つ、もしくは互いに遠く隔たっている事物同士の類似を速やかに見てとることは、たしかに想像力の働きであるけれども、これに対して類似した事物同士の相違を発見することは、大抵の場合判断力の働きであると考えられるからである。ただし、差異を見てとるというこのことは、固有の意味での感覚から、何かある共通感官によるという点で区別される何らかの感覚なのではなく、諸々の差異についての個々の表象がしばらくの間存続することによる記憶である。たとえば、熱いものと明るいものとの区別が、熱くする対象と明るくする対象の記憶以外の何物でもないように。

9．夢は何から生じるか

眠っている人々の表象は夢である。夢に関して私たちは5つのことを経験から教わる。第1に、大部分の夢は無秩序で一貫性がないということ。第2に、過去の感覚の諸表象から合成され作られたもの以外は何ひとつ夢に見ることはないということ。第3に、夢はある場合にはたしかに、眠ろうとしている人々のうちで眠さのために徐々に劣化させられた諸表象の錯乱によって生じるが、しかし時には睡眠の真最中にも生じること。第4に、夢は目覚めている人々の（感覚以外の）想像よりも強いが、明晰さの点では諸感覚そのものに等しいこと。第5に、私たちは夢を見ているときには諸事物の場所にも外観にも驚かないということである。これらの現象（φαινόμενα）の原因がどのようなものである可能性があるかを、上述のことに基づいて示すのは困難ではない。第1の点に関しては、あらゆる秩序と一貫性は目的へのたび重なる注意の向け直しによって、言いかえれば熟察によって生じるものであるから、眠りによって目的の認識が失われると、表象相互の継起がもはや目的へと向かう秩序に従っては行なわれず、たまたま生

じるとおりに、つまり視覚の対象が（人があらゆる可視的なものに対して無関心な状態にある時に）見る人によって、彼が見たいからではなく目を閉じていないことのゆえに、いかなる秩序もなしに見られるような仕方で行なわれる、ということは必然的である。さらに第2のことは、感覚が止むと諸対象から新たな運動が全然やって来なくなり、それゆえいかなる新たな表象も存在しなくなる、ということから生じる。もっとも、キマイラや黄金の山といった類いの、古い諸表象から合成された表象を、新しい表象だと言うのならば話は別であるが。第3の点に関しては、劣化させられた諸表象から場合によってはほとんど感覚と切れ目のないような夢が生じる——たとえば病人の場合がそうである——のはどうしてかということの理由が、ある器官による感覚は存在するが他の器官による感覚は欠けてしまうから、ということであるのは明らかである。もっとも、すべての外的器官が眠っているのにどのようにして何かある諸表象が蘇ったのか、ということは説明がもっと難しい。とはいえこのことの原因もまた、上に述べたことに存する。なぜなら、脳の軟い膜を刺激するものは何であれ、脳内でなおそれらの運動が続いているような諸表象のうちからあるいくつかの表象を呼び起こすので、心臓の内部運動によってこの膜が刺激されさえすれば、他の運動よりも優勢な運動から表象が生じるからである。心臓のこの運動こそはまさしく欲求と嫌悪であって、これについてはもうすぐ述べなければならない。さて、諸表象から欲求と忌避が生じるのと同様に、欲求と忌避からあべこべに諸表象が生じる。たとえば、怒りと闘争から心臓内に熱が生み出されるが、逆に何から生じた熱であれ心臓内の熱から、夢の中では怒りと敵の姿が呼び起こされる。また愛と美しいものの姿はあるいくつかの器官のうちに熱を生じさせるが、それと同じくこれらの器官内の熱は、たとえ外から来た熱であっても、時として欲求と、抗いがたい美しいものの姿とを呼び起

こす。最後に、眠っている人々の寒さは同じようにして、夢を見ているこの人々に、何かある恐しい光景かもしくは危険の表象を示して、恐怖を引き起こすが、これは目覚めている人々の場合に恐怖がゾーッとする寒さの原因であるのと同様である。このようなわけで、心臓の運動と脳の運動とは相互に因ともなり果ともなる関係にある。第4の点に関しては、夢の中で見たり感じたりしているように思われる物事が、感覚そのものの場合と同じほどに明瞭であるという、このことの原因は2つのことに存する。そのうちの1つは、外的感覚は止んでも表象の生じてくる元である運動は現にあるものとして主たる役割を果しているから、ということであるが、いま1つの原因は、諸表象の部分部分が時間のたつにつれて減損し、それらが他の虚構された諸部分によって補塡されるということである。最後〔第5〕に、夢を見ているときに私たちが諸事物のそれまで知られていなかったような場所や形姿にも驚かされないのは、驚くということのためには新しくて尋常ならざるものが見えるということが要求され、このことはそれ以前の形姿を思い出している人々にしか起こりえないことであるのに、夢の中ではあらゆることが現在のこととして見えるからである。

ところで、ある種の夢、とりわけ半眠りの人々に起こる夢のうちのあるものや、夢の本性をよくわかっていない人々および迷信深い人々に起こる夢は、かつては夢とみなされなかったし、今もみなされていない、ということが見てとられなければならない。それらが夢とみなされずにきたのは、夢の中の光景や夢の中で聴かれると思われてきた音声が、表象ではなくて、それ自体で夢を見ている人々の外部の諸事物の中に存在している対象であると考えられていたからである。そう考えられていた理由は次のとおりである。すなわち、眠っている人々だけでなく目覚めている人々の場合でも、とりわけ罪の自覚のある人々の場合には、夜間に神聖な場所にいると、まさしく恐怖のせい

第25章 | 445

で、また過去にそういうものが現れたことがあるという昔話のせいも少しばかり加わって、心の中に恐しい表象が呼び起こされたことがあり、この表象が幻や非物体的実体の名で実在的諸事物としてまことしやかに語られてきたうえに、今もそのように語られているから、ということである。

10. 諸々の感覚の類別、器官、それらの固有の表象と共通の表象

　大多数の動物において観察されている感覚の類別は5とおりで、これらは異なる器官の類別であるとともに、異なる表象の類別でもある。視覚・聴覚・嗅覚・味覚および触覚がそれである。これらの感覚は、一部はそれ自身に固有の、一部はすべての感覚に共通の器官を持っている。視覚の器官は、一部は生きた器官、一部は生命のない器官である。生命のない視覚器官とは3つの液体、すなわち前房水・水晶体・ガラス体である。前房水は、(瞳孔と言われる穴が真ん中にあいているブドウ膜という膜が間に挟まって)一方の側では目の最初の凹面に、もう一方の側では毛様体筋と水晶体液の被膜とにつながっている。水晶体は、(毛様体筋同士の真ん中にぶら下がっていて、形は球形に近く、他の2種類の液よりも濃度が高いのであるが、)それに特有の透明な小皮によって全面をとり巻かれている。ガラス体は、目の残りの空洞を満たしていて、その濃度は前房水よりは高いが水晶体よりは低い。視覚器官の生きた部分としてまず第1に現れるのは脈絡膜である。これは脳の軟膜の一部であるが、ただ次の点だけが脳の軟膜と違っている。それはすなわち、視覚神経の髄から派生した網膜と呼ばれる膜が、脈絡膜に向かって広がっていることである。この脈絡膜はまた、(脳の軟膜の一部であるから)頭蓋内にある脊髄の始まりの部分にまでつながっていて、この部分には頭蓋内の全神経の根がある。それゆえ、動物精気のうちで神経内に吹き込まれているものは何であれ、この部分から神経

に入り込むのであって、他のところから入り込むということは考えられない。したがって、感覚とは器官の末端にまで伝わった対象の作用にほかならない以上、また動物精気とは心臓から動脈を通って運ばれ純度を高められた精気にほかならない以上、次のことは必然的である。すなわち、頭の中にある諸神経の根へと、作用があるいくつかの動脈——それらの動脈が網状血管叢かそれとも脳の実質のうちに入り込んだその他の血管かはわからないが——を通って心臓から導かれるということである。それゆえ、それらの動脈は視覚器官全体の補足物ないし残余物である。さてそこで、この最後の部分はすべての感覚器官に共通のものであるが、これに対して目から神経の根に達するまでのところは視覚器官に固有のものである。聴覚器官に固有なのは耳の鼓膜とそこから出ている特有の神経であって、心臓に至るまでのその他の部分は共通部分である。嗅覚と味覚の固有の器官は、後者については口蓋と舌の粘膜およびそれらの内部の神経、前者については鼻の中の粘膜と神経であって、これらの神経の始まりのところから次々と連なるその他の部分は共通部分である。最後に、触覚器官は全身に張りめぐらされた諸々の神経と膜であり、この神経のほうは諸神経の起源から発している。触覚器官にあってすべての感覚器官に共通なその他の部分は、神経ではなく動脈によって司られているように見受けられる。

　視覚に由来する固有の表象は光である。光という名称の下には、（混乱した光である）色もまた含まれる。それゆえ、光る物体の光、色のついた物体の色は、表象である。そして本来の意味での視覚の対象とは、光や色ではなく、光る物体あるいは光で照らされた物体にせよ色のついた物体にせよ、物体そのものである。なぜなら光や色は表象であり、したがって感覚する者の偶有性であって感覚されるものの偶有性ではないからである。もっともこのことは、次の点から十分に明

らかなことではあるが。すなわち、視覚可能な諸事物はしばしば、それらがそこには存在していないことが確実に知られるような場所に現出するし、また違った場所に違った色で現出したり、同時に複数の場所に現出したりすることもできる、という点である。運動・静止・大きさ・形は視覚とともに触覚にも共通である。しかるに、光や色は形なしには存在することができない。さてこの「光や色を伴った形」全体は、ギリシア人にはεἶδοςとかεἴδωλονとかἰδέαなど呼びならわされ、ラテン人にはspecies〔姿〕とかimago〔像〕(これらの語はすべて同じくaspectus〔見え方〕を意味する) と呼びならわされている。

聴覚に由来する表象は音、嗅覚からのそれは匂い、味覚からのそれは味であるが、触覚に由来する表象は、硬さと軟らかさ・熱さと冷たさ・水っぽさ・油っぽさその他多くの、感覚によってよく区別されるが言葉では十分に区別されない諸表象である。軽さ・粗さ・稀薄さ・濃厚さは形に関係し、それゆえ視覚とともに触覚にも共通である。聴覚・嗅覚・味覚・触覚の対象も、視覚の場合と同様、それぞれ音・匂い・味・硬さ等々ではなく、音・匂い・味・硬さ等々を引き起こす諸物体である。音や匂いその他の表象の原因について、またそれらが生じる仕方については、後で述べることにしよう。

さて、これらの表象は、感覚する主体の内に生じた、器官に作用する諸対象の効果であるが、しかし同じ諸器官のうちに同じ諸対象から生じた別の効果がさらにある。それはすなわち、感覚から生じたある運動で、動物的運動と呼ばれるものである。これがどうして生じるかというと、あらゆる感覚に際しては外的諸事物同士の相互的な作用と反作用が、言いかえれば互いに対立した2つの努力が生じるので、両事物から同時に生じた運動がどの側へも、しかしとりわけ両物体の境界の方へと続けられる、ということは明らかであるが、このことが内部の器官内で生じるとき、努力は外部へ向かって生じるからである。

448

この努力は、印象がもっと〔つまり、動物的運動が生じないほど〕軽微であったとした場合よりも大きな、固定した角度によって生じ、そしてそこからより大きな観念が生じるのである。

11. 諸表象の大きさは何によって決まっているのか

上のことからまず第1に、（他の点が等しければ）より大きな角度の下で見られたものがより大きく見えることの物理的原因が明らかになり、第2に、空気の澄んだ月の出ていない寒い夜には他の時よりも多くの恒星が見えることの物理的原因も明らかになる。そしてその原因とは、星々の作用が澄んだ空気のおかげで妨げられることが少く、また月あかりのないおかげで隠されたりくらまされたりすることも少いうえに、さらに寒さが空気を澄みわたらせることによって目に対する星々の作用を助長ないし強化する結果、他の場合には見られない星々も見ることができるようになるから、ということである。

そして、器官の反作用によって生じる感覚と総じて言われる感覚については、これで十分である。なぜなら、像の場所や視覚の誤りや、私たちが自分自身のうちに感覚して表現するその他の物事は、大部分が人間の目の特有の作りによることなので、それらについては人間について論じるときに述べられなければならないからである。

12. 快楽・苦痛・欲求・忌避とは何か

さらに別の種類の感覚があって、それについて今からあることを述べよう。それはすなわち快楽と苦痛の感覚である。この感覚は外部の方への心臓の反作用から生じたのではなく、器官の最も外側の部分から切れ目のない作用によって心臓の方へ向かって生じたものである。なぜなら、生命の本源は心臓にあるので、感覚する者のうちで心臓へと伝わった運動が生命運動を何らかの仕方で変えたり転じたりするこ

と、すなわち難易度を高めたり低めたり、促進したり妨げたりすることは必然的であるが、促進する場合には快楽が、妨げる場合には苦痛・苦しみ・悩みが生じるからである。また、外部へ向かう努力に由来する諸表象は外部に存在するように思えるが、それと同様に、快楽と苦痛は内部へと向かう器官の努力のせいで感官の内部に、すなわち快楽もしくは苦痛の第１の原因があるところにあるように思える。たとえば、傷による苦痛の場合なら、傷そのもののあるところに苦痛があるように思えるようにである。

さらに、血液の生命運動は静脈と動脈を通って（このことの最初の観察者であるわが国のハーヴェイによって、多くの非常に確かなしるしによって示されたように）絶えず循環する運動である。この運動は、感覚可能な諸対象の作用によって引き起こされた運動によって妨げられた場合には、身体の諸部分の曲げ伸ばしによって再び回復されるであろう。それはすなわち、可能なかぎりあらゆる苦しみが除去されるまで、精気がときにはこちらの、ときにはあちらの神経へと衝き動かされることによってである。けれども、感覚による運動によって生命運動が促進される場合には、器官の諸部分は、感覚による運動が可能なかぎり神経の助力によって保存され増幅されるように精気をコントロールするために配置される。そしてこれは動物的運動の場合にはたしかに第１の努力であって、胎児のうちにも見出される。胎児は苦しいことがある場合にはそれを忌避して、もしくは安楽さを求めて、母親の子宮の中で自分の四肢を随意運動によって動かすからである。さてこの第１の努力は、経験によって知られている安楽さへと向けられているかぎりでは欲求（言いかえれば接近）と言われ、苦しみを避けるかぎりでは嫌悪とも忌避とも言われる。

ところで、最初に生れたばかりのときのほんの小さな赤ん坊は、経験も記憶もないので、欲求するものも忌避するものも僅かであり、し

たがって大人にあるのが見られるほどの動物的運動のヴァリエーションは、そういう赤ん坊にはない。なぜなら、多くの事物の感覚的認識がないと、つまり経験と記憶がないと、対象が快をもたらすか害をもたらすかを知ることができないからである。けれども、諸事物の見え方に基づいて推測する立ち位置が何かあるので、赤ん坊は自分にとって将来何がよいものになり何が悪いものになるか知らないけれども、迷いながらそれらに近づいたり、それらから遠ざかったりする。しかしその後、ときには欲求すべきものと忌避すべきものに関して、またときにはあるものを忌避して他のあるものを求めるための神経その他の諸器官の使用に関して、慣れることをつうじて徐々に準備ができてゆく。かくて欲求と、忌避すなわち心の嫌悪とは、動物的運動の最初の努力である。

　最初の努力に続いてさらに、動物精気（その何らかの容器ないし場所が諸神経の根源のほぼ近くにあるということは必然的である）の諸神経に対する衝撃が起こり、さらに続いてその反作用が起こる。そしてこの運動ないし努力に続いて、筋肉の膨張と弛緩が必然的に生じ、そしてそれに続いて最後に四肢の収縮と拡張が生じるが、この収縮・拡張が動物的運動である。

13. 熟慮と意志とは何か

　ところで、欲求についても忌避についても同じように、相異なる複数の考量が存在する。そう言える理由は次のとおりである。動物は同一の事物を、それが自分に快と害のどちらをもたらすことになると考えるかに応じて、欲求するときもあれば忌避するときもあるので、欲求と忌避の交替が続いている間、熟慮と呼ばれる一連の思考が生じるが、これは快をもたらすものを獲得し不快をもたらすものを逃れることが動物の力能のうちにあるかぎりはずっと続けられる。それゆえ欲

求と忌避は、熟慮がそれに先立っていない場合には単に欲求・忌避と呼ばれるが、熟慮が先行している場合には、欲求ならばそのうちなる最終的な現実作用は「欲すること」(volle) あるいは「意欲」(volitio) と呼ばれ、忌避ならばこの現実作用は「欲しないこと」(nolle) と呼ばれる。したがって、同じものが意志 (voluntas) と呼ばれたり欲求と呼ばれたりするが、同じといってもそれについての考量は（すなわち熟慮に先立ってかそれの後かで）異なることになるのである。また、何かあることを欲している間に人間の内部で生じていることは、他の諸動物のうちで、それらが（予め熟慮があったとしても）欲求している間に生じていることとは異なっている。

　また、欲したり欲しなかったりする自由は、人間の場合のほうが他の諸動物の場合よりも大きいわけではない。なぜなら、欲求する者にあっては欲求することの完全な原因が先行しているので、（第9章第5節で示されたように）当の欲求が引き続いて生じないわけにはいかなかった、ということはつまり、必然的に結果したのであり、したがって、必然性から自由であるような自由は、人間の意志にも獣の意志にも適合しないからである。これに対して自由を、欲する能力ではなしに、欲することを行なう能力の意に解するとした場合には、この自由は確かに人間にも獣にも認めることができるし、それが現にある時には人間と獣の両方に等しく現にあるのである。

　さらに、欲求と忌避が互いに急速に交替し合うかぎり、それらから成っている系列全体は、ときには欲求に、ときには忌避に由来する名称を有する。なぜなら、（ときには欲求の方へ、ときには忌避の方へと揺れ動く）同一の熟慮が、欲求由来で希望と言われたり、忌避由来で恐れと言われたりするからである。この希望と恐れが揺れ動く同一の熟慮だというのは、希望のない恐れは恐れではなく嫌忌と言われなければならず、また恐れのない希望は希望でなく欲と言われなければならな

いからである。結局のところ、情念と言われる気持ちはすべて欲求と忌避から成っている（ただし純粋な快苦は善と悪のある享受であるから除く）。たとえば、怒りは差し迫っている悪の忌避であるが、ただし逃れる力をつうじてこの悪の欲求と結合された忌避であるようにである。これに対して、気持ちを全然揺り動かさないような諸対象（そういう対象があるならば）は軽視の対象と言われる。けれども情念と気持ちの混乱は無数にあり、それらの多くは人間の場合以外は目につくことはないので、これらについてもっと詳細に述べることは、人間についての部の中ですることにしよう。

　感覚一般についてはここまでとする。今からは感覚可能なものへと話を移さなければならない。

第26章　宇宙と諸星群について

1．宇宙の大きさと持続は調べることができない

　感覚の考究に続くのは、感覚することの作用因ないし対象である諸物体についての考究である。さて、あらゆる対象は宇宙の部分、もしくは宇宙の諸部分の集合体である。あらゆる感覚可能な物体ないし対象のうちで最大のものは宇宙そのものであって、これは大地と呼ばれるもののこの1点上で見回せば、私たちにとってどこからでも知覚可能である。多数の部分の1つの集合体としての宇宙そのものについては、問うことのできることは僅かしかなく、決定できることは皆無である。宇宙全体がどのくらい大きいか、どのくらい長く続いているか、いくつあるかということはたしかに問うことができるが、その他のことは何も問うことができない。なぜなら、物体の場所と時間、すなわちその大きさと持続は、第7章で示したように、端的な意味での表象、すなわち無限定な意味にとられた表象であるが、その他の表象はすべて、互いに区別された諸物体すなわち表象の諸対象の表象であるからである。たとえば、色は色のついたものの、音は聴かれたものの表象である、といったようにである。世界の大きさについての問題とは、世界は有限か無限か、充実しているかいないか、という問題である。世界の持続についての問題とは世界には始まりがあるか、それとも永遠なるものか、という問題である。世界の数についての問題とは、世界は一か多かという問題である（もっとも数については、世界が大きさにおいて無限であるとしたならば、いかなる論争もありえないのではあるが）。また世界に始まりがあるとしたら、世界はどのような原因により、どのような材料をもって作られたのか、ということも新たな問題となるであろうし、さらにこの原因と材料についても、それらがど

| 455

こから生じたのか、ということが新たな問題となって、何かある1つまたは複数の永遠の原因に達するまで問題が続くであろう。そして、問うことが可能なかぎりのものは知ることも可能であるとすれば、哲学全般を自家薬籠中のものとしたと称する者は上の諸問題をすべて決定しなければない。しかし、無限なものの知識は有限な問い手には近づきがたいものである。私たち人間の知っていることは何であれ、私たちの表象から学ばれたものであるが、しかし（大きさにおいてであれ時間においてであれ）無限なものについてのいかなる表象も存在しない。なぜなら、自分自身が無限であるような者以外は人間も他のいかなるものも、無限なもののいかなる概念も持つことはできないし、またどんな結果であれ結果からその直接的原因へ、そしてこの直接的原因からより遠い原因へ、というようにどこまでもきわめて正しい推論によって遡ってゆく人がいるとしても、永遠に進んでゆくことはできず、それ以上先へ進むことがほんとうに可能であったのか否かわからないまま、いつかは疲れてへこたれてしまうであろうから。また、世界が有限・無限のいずれであると判断されようと、いかなる不合理なことも帰結しない。なぜなら、世界の作り手がどちらに決めたとしても、いま見えているのと同じものがすべて見えるということは可能だったであろうから。さらに、何物もそれ自身を動かすことはできないということから、何かある第1の動かすものが存在していて、これは永遠の昔から存在してきたであろうということが、十分に正しく推論されるとしても、しかし何物もそれ自身によっては動かされないということが真であるように、何物も動くものによってしか動かされないということもまた真である、ということがたしかならば、人々がつねづね推論していること、すなわちこの第1の動かすものが永遠なる不動者であるということは推論されず、反対にそれが永遠なる動くものであるということが推論される。それゆえ、世界の大きさと起源に

ついての諸問題は、哲学者たちによってではなく、命じられるべき神の崇拝を合法的に司る人々によって決定されなければならない。なぜなら、至善にして至大なる神は、その民をユダヤへとお導き入れになったとき、御自身のためにとっておかれた初穂を司祭たちに許し与えられたが、これと同じように、御自身のお作りになった世界を人間たちの論争に委ねられたときにも、無限かつ永遠なものの本性——これは神御自身にのみ知られている——についての諸見解が、いわば知の初穂として、命じられるべき宗教においてその奉仕を用いようと御自身のお望みになった者たちによって判断されることを、お望みになったからである。したがって、世界の何かある起源が存在したということを自分の理性によって自然的諸事物から証明したと自分で言いふらしている連中を、称賛するわけにはいかない。こういう連中は無学な人々からも博識な人々からも軽蔑されて当り前であるが、無学な人々が軽蔑するのは連中の言うことがわからないからであるのに対して、博識な人々はわかるからこそ軽蔑するのである。なぜかと言うに、次のような仕方で証明を行なう者を誰が称賛するであろうか。「世界が永遠の昔から存在していたならば、その場合には無限の日数（もしくは他の何らかの時間尺度）がアブラハムの血統に先行したわけである。しかるに、アブラハムの出生はイサクの出生に先行している。それゆえ、無限なものが無限なものよりも大きい、もしくは永遠なものが永遠なものよりも長い。このことは（この証明者の言うには）不合理である。」この証明は、偶数の数が無限であるということから、数が端的に存在する分だけ、ということはつまり、偶数と奇数を併せた分だけ偶数が存在する、と誰かが結論するとした場合と似たりよったりである。こんなふうにして世界の永遠性を除き去る連中は、同じやり方で世界の創造者の永遠性をも除き去るのではないか。それゆえ彼らは、この不合理から別の不合理へと陥り、永遠を「今あるもの」と

言うことを強いられ、またもっと不合理なことに、諸数の無限な数を「一なること」と言うことを強いられる。これがなぜ不合理かというと、そのわけは次のとおりである。永遠がどうして「そのときあるもの」よりもむしろ「今あるもの」と言われなければならないのか。そんな理由はない。それゆえ、多くの永遠が存在するか、さもなければ「今」と「そのとき」は同じことを意味するかのどちらかであろう〔が、これはどちらも不合理である〕。この種の「異言を語る」（ἀλλόγλωσσος）証明をもってしては、私たちにとっていかなる議論も始められることはできない。しかるに、かくも不合理な推論をする連中とは、無学な人々などではなく、こういうことをするのを決して許されてはならない幾何学者たちである。彼らは他の人々の証明の判定者になりたがり、それもまったく不適格なくせに、厳しい判定者であろうとするのだ。誤りの原因は次のことである。すなわち、「無限なもの」「永遠なもの」という語の下には、心の中で（この語の正しい理解の欠けていること以外の）いかなる物事の観念もおかれていないのに、これらの語の罠にかかるやいなや、何か不合理なことを言わなければならないか、もしくは（もっと悪いことに）黙り込まなければならないかのどちらかになる。なぜなら幾何学には、何だか知らないが酒に似たところ——出来立てのうちは泡を立てているが、冷めてくると味は落ちても身体にはよい——があり、それゆえ幾何学を学びたての者は、真であることなら何でも同じように自分は証明できると思い込むが、落ち着いてきてからは同じようには思わなくなるからである。したがって、無限なものと永遠なものについての問題を私は故意に放置しておき、世界の大きさと起源については、聖書とそれを裏付ける諸々の奇蹟の言い伝えと、祖国の習俗と、法への当然払うべき尊敬とが説くであろう教説に満足して、議論しても神を瀆すことにならない別の問題へと移る。

2．宇宙のうちなるいかなる場所も空虚ではないこと

　宇宙についてはさらに、その諸部分がほんの少しの空虚の介在するのも全然許さないほど互いに近接しているのかどうか、という問いがなされるのが常であるが、これは肯定・否定のどちらの側に対しても十分に蓋然性のある議論がなされている。私は空虚を除き去るために、1つだけ実験を引いてくることにしよう。この実験はごくありふれたものであるが、それでも非常に有効な（と私には思われる）ものである。そこで、（図XXVI―1において）壺AB（これは庭師が庭に水をまくのにいつも使いつけているような壺である）があって、その底Bには小さな穴がたくさんあいており、Aには小さな口があって、この口は必要とあらば指でふさぐことができるとしよう。いま、この壺を水で満たし、（先にAの穴をふさいでから）元の向き〔Aが上でBが下〕にすると、口がふさがれている間は底Bにある穴のうちのどれからも水は流れ出ないが、指をどけると（空気が上から入り込むので）全部の穴から流出し、また再び壺の口に指を当てると、一斉に、かつ突然にすべての流出が停止する。このことの原因は、水が下方へと向かうその本性上の努力によって下にある空気を自分の前方へと追いやることが、できないということにほかならないように思われるが、そのできない理由は次のとおりである。すなわち、水の衝撃の受け入れられる場所が存在するのは、隣接する空気を追いやることによって穴Aに至るまで切れ目のない努力が生じ、そしてAで空気が壺の中へ入り込んで流下する水の後に続いてゆく場合か、もしくは下方へと努力する水に抵抗しつつ水そのものを通り抜けて移行する場合か、そのいずれかの場合だけであって、それ以外はいかなるそういう場所も存在しない。しかし、

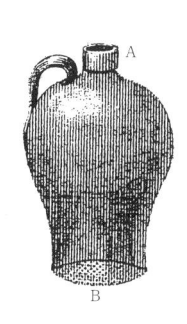

図XXVI―1

第1のケースは（穴Aがふさがれているので）不可能である。さらに第2のケースも、生じうるのは次の場合だけである。すなわち、この穴を通って流れ出る水の重量によって同時に空気が壺の中へと、水を注ぐために口のかなり広い何かある小さな器を急に逆さまにしたときに生じるような仕方で押し込まれるほど、穴が大きい場合である。なぜならこの場合には、空気は水の重量に強いられて、（ドクドクと音を立てて抵抗する水そのものが証示するように）穴の周縁部を通ってこの小さな器の中へ入り込むだろうからである。それゆえ、私にとって宇宙の充実していることのしるしは、このことが認められなければ水の（すなわち重さのある物体の）自然運動は〔指で口をふさいだ壺ABの中の水のケースでも〕妨げられないことになるであろう、ということである。

3．空虚を支持するルクレティウスの論拠は無効であること

これに対して、空虚をありとするために多くの十分に立派な論拠や実験が案出されている。しかしそれらの1つひとつには、結論の裏付けのための何かが常に欠けているように思われる。さて、空虚を支持する論拠は、部分的にはエピクロスの学説に追随した人々のそれである。しかるにエピクロスが説いたのは、いかなる物体にも占められていない極微の場所と、いかなる空虚な場所も含まない極微の物体（これらは固体性のゆえに原子と呼ばれる）とが混じり合って、それらから宇宙が成り立っているということである。ルクレティウスの説明するエピクロス派の人々の論拠とは、次のようなものである。

第1に、空虚が存在しなかったとするといかなる運動も存在することはできなかった、とルクレティウスは言う。彼の言うに、その理由は次のとおりである。物体の務めは運動を妨げ阻むことである。それゆえ、仮にすべては物体で充たされているというのが本当だとすると、運動にとって障害があらゆるところにあることになり、したがっ

て運動のいかなる始まりも、かくていかなる運動も存在することはできなかった、と。たしかに、充実していてなおかつそのあらゆる部分に沿って静止しているもののうちにあっては、運動の始まりが生じることは不可能であるが、しかしこのことからは空虚の立証につながるいかなることも引き出されはしない。なぜなら、たとえ空虚が存在するということが認められたとしても、空虚と混ざり合った物体はすべて同時に、かつ一斉に静止し、決して再び動かないだろうからである。そしてそれは、（第9章第7節で）既に証明されたとおり、動いていてなおかつ接しているものによって動かされなければ何も動くことはできないので、あらゆるものが同時に静止したと仮定すると、接していて動いているものは何ひとつないことになるであろうから、運動のいかなる始まりも決して存在しないであろう、という理由のためである。ただし、運動の始まりを否定しても、物体の始まりをも除き去るのでなければ、現在の運動は除き去られはしない。なぜなら、物体の運動が物体とともに永遠の昔からあったか、もしくは物体とともに創造されたという可能性もあるからで、その理由はこうである。すなわち、最初は静止していた諸物体が後で動かされたということのほうが、最初動いていた諸物体が（いつか静止させられたとすれば）その後静止させられたということよりも、いっそう必然的であるとは思われないということ。また、空虚な空間に運動を引き入れるためには世界の物質が区切られていなければならないということの原因が、充実した空間——充実しているが流動している空間、と私は言う——に運動

（1）　底本では、ここは si tollat etiam initium corporis（物体の端緒をも除き去るならば）となっているが、1655年・68年の両ラテン語とも si が nisi となっており、英語版もここを unless としているので、訳文はこちらのほうに従った。

第 26 章 | 461

を引き入れるためにそうしなければならないことの原因よりも大きいようには見えない、ということ。そして最後に、かの固体的な諸原子が、それに混ざり合った何かある流動体の運動によって集められて私たちの見るような合成された諸物体の集塊へと凝集させられる、ということを不可能にしたような理由など、知ることはできないということである。それゆえ、ルクレティウスの論拠から結論されうることは、諸々の可動体の運動はみなともに永遠の昔からあったか、生じた時を同じくしていたかのどちらかである、ということ以外には何もなく、この結論のどちらも、世界にも運動にも始まりを認めなかったエピクロスの学説と両立しない。それゆえ、空虚の必然性はいまだ証明されてはいない。さて、この誤りの原因は、空虚について私と論じ合った人々の言説から私が理解するかぎり、次のことにある。すなわち、流体をあたかもその本性上原子や空虚そのものと等しく等質的であるかのように思い描くことは可能であるのに、彼らは流体の本性を考究する間、挽かれた穀物から流動する粒が生じるように、流体があたかも固体の粒から成っているかのように想像している、ということである。

　第2の論拠は重量からとってこられたもので、ルクレティウスの次のような詩句のうちに含まれている。

  というのは、物質の特性は、すべてのものを下方へ押しつけることであり、
  これに反して、空虚の性質は、重量を欠くということだからである。
  従って、大きさが相い等しくありながら、より軽いと思われるものは、
  明らかに空虚をより多く含有していることを示すのであるが、[2]

　この論拠が諸物体の下方への努力について想定していることは正しくない。なぜなら、「下方へ」ということは諸事物の本性とはいかな

る関係も持たず、私たちの作り事だからであり、またもしあらゆるものが1つの最下部へと向かうとすると、何も融合しないか、もしくはあらゆるものが同じ場所に集まるかのどちらかになってしまうだろうからである。だがこのことは問題にしないとしても、この論拠の力は次のことによって除き去られてしまう。それはすなわち、事物の原子に混ざり合っているのが空気だったとしても、混ざり合った空虚が引き起こすとルクレティウスの考えているのと同じだけの効果を、その空気がこの事物のうちに引き起こしたであろう、ということである。

　第3の論拠は、稲妻・音・熱・冷たさなどが（原子そのものを除く）非常に硬い物体にも入り込んでゆくように思われたということから引き出されている。しかしこの理由は、空虚がないとすれば運動の絶え間ない発生によってもこれらの透入はみな生じることができない、ということを誰かがまずもって証明したのでないかぎり、有効ではない。しかるに、それが生じうるということが、いずれしかるべき箇所で証明されるであろう。

　最後に第4の論拠は、同じルクレティウスによって次の短詩の中で述べられている。

　　2つの幅広い物が、あい接着していて、
　　急速に離れた場合、この2つの物体間に生ずる空虚は、
　　もちろんすべて空気が占めてしまうのは必定である。
　　ところで、空気がたとえ如何に急速な風をたてて四方から流れ集ったとしても、
　　この空虚全体は、一時には充塡できるものではない。

（2）　ルクレティウス『物の本質について』第1巻362〜365行。訳文は岩波文庫版（樋口勝彦訳）による。

即ち、空気は必ずや、次から次へとその空虚な場処を占め、
　　しかる後に、空虚全体が充填されてしまうのに違いない。[3]

　しかしこの論拠は、空虚が存在することを否定する人々の意見と衝突するよりもはるかにひどく、エピクロスその人の意見と衝突する。なぜなら、2つの物体が限りなく硬く、なおかつ複数の平面に沿って非常に正確に組み合わされているとした場合、それらを引き離すことは、瞬間的な運動がないと生じることができない以上、不可能であろうが、しかし諸々の大きさのうちで最大の大きさも諸々の運動のうちで最速の運動も与えられないのと同じように、諸々の硬いものの中で最も硬いものも与えられないとすれば、空気の継起的な侵入が与えられること、すなわち、結合した諸物体の最も外側の諸部分がそれらより内側の諸部分よりも先に分解されることは、何かある大きな力によるなら生じうるだろうからである。それゆえ、より軟いものに対して相対的に最も硬いだけでなく、絶対的に、言いかえれば限りなく硬い何かあるものが存在することを、先に示しておかなければならなかったのであるが、このことは真ではないのである。しかし、（エピクロスのように）原子が不可分であると仮定したとしても、諸原子がその小表面を有するからには、2つの物体が双方の複数または1つの小表面に沿って組み合わされているとした場合、ルクレティウスのこの論拠は、（エピクロスの仮定するように）諸原子が凝集してできたいかなる物体も、どんな力によっても決して打ち割ることはできない、ということの非常に堅固な証明となるであろう。しかしこのことは日常的な経験に反しているのである。

　ルクレティウスの諸論拠はここまでとし、今からは、もっと最近の

（3）　上掲書第1巻385〜391行。訳文は同じく岩波文庫版による。

人々の実験から取ってこられた諸論拠を見ることにしよう。

4．その他いくつかの空虚を定立するのに無効な論拠

　第1の実験は、中が空の器を逆さまにして水に沈めると、水は器の中へと上昇してゆくであろう、というものである。人々の言うには、このことは器の内部の空気がそれ以前より狭いところに押し込まれなければ生じることができず、さらにこの後のほうのことは、空気中に空虚な場所があるのでなければ生じることができない。しかも、ある程度まで圧縮された空気はそれ以上圧縮されることができないが、これはすなわち、空気の小部分がさらにもっと狭いところに押し込まれることを拒むことによってである、と。この論法は、器の内部へと上昇してゆく水によって圧縮された空気が水に浸透することが間違いなく不可能であるとすれば、無力ではないように思われるかもしれない。けれども、空気は力を加えられると、そしてその力が水の重力そのものよりも大きくなくても、水に浸透してゆくということは、十分に知られている。それゆえ、器の沈められる力が下方へと自然に水が向かってゆく努力よりも大きいか、もしくはそれに等しいとした場合、器の中に入っていた空気は、抵抗の生じる道筋（すなわち器の縁のほうへの道筋）から水を通って外へ出て行くであろう。しかし中の空気が全部出て行くことはない。なぜなら、空気の浸透すべき水深が増せば増すほど器を沈める力も強くなるであろうが、しかしこの沈める力すなわち水の上昇する力は、器全体が沈んだ後ではもはや増加しないからである。それゆえ、水の下方への自然な努力が既に増加した深さにおいて空気が水に浸透するための努力に等しいような、そのような平衡に達するのである。

　第2の実験は、中が空で（実験が見えるように）ガラス製の、十分な長さのある、一方は開いていてもう一方は閉じている円筒に水銀を満

たし、次に開いていた側を指でふさいで、同じく水銀の入った任意の器に指ごと沈めて直立させたとすると、（自由な下降が水銀に生じるように）指をどけてやれば、水銀は下に置かれた器の中へ、円筒内に残っている部分が約26インチを占めるまで下降するのが見られるであろう、というものである。この場合の円筒は、上述の26インチよりも短くなければどんな円筒であってもよい。そこで人々が言うには、円筒内の残りの空間は空虚である、と。しかし私は、このことに空虚のいかなる必然性も見ない。その理由は次のとおりである。円筒の中にある水銀が下降するとき、下に置かれた器がより高い位置まで満たされて、下降した水銀の嵩と同じだけの周囲の空気を押しのける、ということは必然的である。「この押しのけられた空気はどこへ去っていったのか」と問われたとすれば、「この空気はちょうど同じだけの空気を直近の場所から追い立て、この追い立てられた空気は他の空気を追い立て、以下次々と同様にして、最初の押しのけが始まったところへ戻るまで続く」と言う以外に何と言うべきであろうか。さらにこの場合、最初の空気が押しのけられたのと同じ力によって、最後に押しのけられた空気が器の中にある水銀に圧力を加える。そして水銀が下方へと下降してゆく力がたしかに十分大きい（しかもより高い位置から下降するときはより大きく、より低い位置から下降するときはより小さい）とするならば、この力は器の中にある水銀そのものに空気が浸透して、空虚と人々の思いなしている場所を満たすべく上昇するに至るまでにさせる。しかし水銀の力は、そのような浸透を強いるのに十分な強さをあらゆる高さにおいて持っているわけではないので、円筒内の水銀が下降していってどこかで停止することは必然的であるが、このどこかとはすなわち、下方への水銀の努力と、空気の浸透に対する水銀の抵抗との間に平衡が生じるところである。そしてこの平衡がたしかに26インチ前後の高さにあるということは、これまた上の実験から明ら

かになるのである。

　第3の実験は、（空気の本性が受け入れるかぎり）空気のみで満たされた器の中に、それでもなお同じ器の容積のほぼ4分の3に相当する水を押し込むことができる、というものである。さて、この実験は次のように行なわれる。（図XXVI—2において、Aを中心とする球FGによって表わされている）ガラスの酒壺に、導管BACを、それの通る穴に隙間なくぴったりはまるように調整して挿入するものとしよう。この導管の一方の端Bは器の底に位置するが、ただし上から注入された水がこの端Bを通って自由に出てゆけるだけの隙間が、Bと器の底との間にあるとしよう。Dには導管のふたがあって、Dへと上昇してゆく水はこのふたの〔開く〕おかげでEを通って出てゆけるようになっているとしよう。さらに、コックHCが導管内を横に貫いていて、これがBからDへの水の通り抜けを必要に応じて閉じたり開いたりするものとしよう。ふたDEが取り外されると、水はサイフォンの作用力により、サイフォンの容量の分だけ、導管を通って器の中の空のところへ押し戻されることになろう。次いでコックの穴を閉じて、この通り路を空気が少しも通り越さないようにすると、サイフォンは再び水で満たされ、また再びコックの穴が開くと、サイフォン内のこの水は前と同じようにBを通って器の中の空のところへ追い込まれることになろう。そしてこの同じ作業は好きなだけ繰りさ

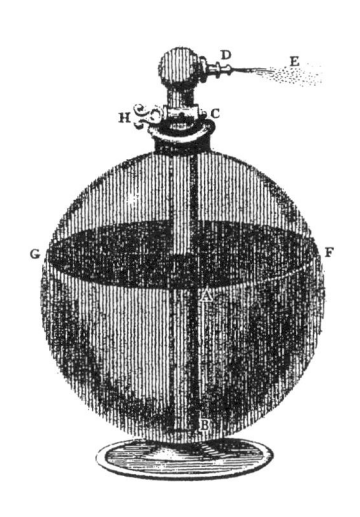

図XXVI—2

れるものとし、水はたとえばGFまで上昇するものとしよう。最後に、ふたをとりつけたうえでHCで穴を開くと、水はEを通って急速に噴き出し、水位はFGからBまで徐々に低下してゆくのが見られるであろう。そこで人々はこの現象から、真空の必然性へと次のように論を進める。「器は最初から空気で満たされていた。この空気は導管を通って注入された水に、導管の全長にわたって浸透する、というやりかたで出て行くことはできなかったし、他に空気の出口は何もない。それゆえ、一方では水位FGまでの水の全部と、また一方では水の入り込んでくる以前に器の中に含まれていた空気の全部とが、それ以前には空気だけが入っていたのと同一の場所に存在している、ということは必然的である。このことは、仮に器の全容量が空気によって十全に（ということはつまり、空虚なしに）満たされていたのだとしたら、生じることはできなかったであろう。これに対してさらに、微細な物体である空気なら、導管内に含まれている水の集体そのものに浸透することもできるのではないか、と疑う人もおそらくいるであろうが、その場合には上の現象に加えてある別の現象が、すなわちスペースBFGに存在する同一の水がすべて穴Eを通って再び排出されるということが挙げられる。このことの原因としては、圧縮からそれ自身を解放する水の衝動以外に何ひとつ指定することができないように思われる。そして以上のことからの帰結として、何かある空虚な空間が存在したか、複数の物体が同一の場所に存在することが可能であるかのどちらかだ、ということになるが、後のほうの主張は不合理である。それゆえ前のほうの主張が、すなわち空虚は存在するということが、真である」。と

　この論拠は2か所に弱みがあって、そのうちの1か所では、認められるべきでないことが想定されており、もう1か所では、空虚を否認するものだと私にはたしかに思われる実験が引かれている。さらに、

空気が導管を通って出て行くことはできないということも想定されている。しかしながら、流れる水の底から表面へと空気がたやすく上昇してゆくことは日常的に見られることである（湧き上がる泡はそのようにして生じると人々は公言している）し、水の下方への自然的な努力そのもの以外の他の動因体を必要としない。それならば、注入によって得られた上方への水の努力（この上方への努力は水の下方への自然的努力よりも大きい）は、器の中にある空気が抵抗する水に同じような仕方で浸透するようにさせることがどうしてできないであろうか。とりわけ、水が器の中で導管の方向に上昇してゆくにつれて、その上にある空気を駆り立てて、どの側からも導管の外側の表面の方向への努力を、またそれゆえに導管内に含まれた空気の全部分の、最短経路を通ってBにある穴のほうへと向かう努力を、作り出すようにさせる場合には。このことは、流れる水の底から吐き出された空気がどんな水位の水をも通り抜けるということと同じくらい明らかであると、私は言う。それゆえ、水が注入されると同時に空気がこの注入する力により同じ通り道から排出されることを、不可能とするようないかなる原因も、私はまだ知らないのである。

　さらに、人々が空虚の必然性を水の排除から論じたがることに関しては、私はまず第1に、空虚を前提した場合、どのような運動の原理によってこの排出が生じるのかを問う。じっさい、内部から外部へのこの運動は器の内部の作用体によってしか、すなわち空気そのものからしか生じることができない。しかるに、器の中のこの空気の運動は上昇してゆく水から得られるので、底から始まって頂点へと向かうのに対して、水を排出する運動は頂点から始まって底へと向かわなければならない。それでは、器に含まれている空気にあって底の方への努力はどこから生じるのか。空気が水を押し出すために自発的に下降する、とでも言う以外にここで何と言うことができるか、私はわからな

い。こんなことは不合理であるし、空気は水が詰め込まれた後も空気の嵩が要求するだけの場所を占めるであろうから、水が排出される原因は全然存在しないであろう。それゆえ、空虚があるという主張は、空虚があると主張するために引かれている当の実験と相反してしまうのである。

　空虚を立証するために、このほか多くの現象が持ち出されるのが常である。たとえば寒暖計・汽力計・空気銃などがそうである。仮に水が空気を通さないとしたら、これらはたしかに空虚な場所を認めることなしには説明するのが非常に困難であろう。ところが今、空気はたいした努力にもよらずに、水のみならず、水銀のように非常に粘性の強い他のどんな流動体をも透過できるのであるから、これらの現象は何の立証にもなっていない。しかしながら、空虚を除き去ろうとする人が、（空虚なしで）上述の諸現象の、より蓋然性が高いとまではいかなくとも少くとも等しい蓋然性をもった他の諸原因を私たちに示すことは、理に適ったことのうちに入る。しかしこのことは、この後それぞれしかるべき箇所で行なわれるであろう。だがその前に、自然学全体の最も一般的な仮説を定立しなければならない。

　さて、仮説とは出現している結果の真の原因として定立されたものであるから、仮説が不合理でないかぎり、それが何かある仮定された可能な運動に存するということは必然的である（なぜなら、静止はいかなる物事の作用因でもありえないからである）。しかるに、運動は可動的物体を前提し、可動的物体には流体・固体・この両者の混合体の3つの部類がある。そして流体とは、その諸部分がごく軽微な努力によってお互い同士から切り離されうるような物体であり、これに対して固体とは、その諸部分の分離のためには比較的大きな力が用いられなければならないような物体である。それゆえ、固体性には度があって、この度はそれが比較されるものの固体性の大小に応じて、軟らかさと

名づけられたり硬さと名づけられたりする。また流体は、等しい程度に流動的なものへと常に分割可能であって、これは量が常に諸々の量へと分割可能であり、軟いものはその軟かさの度がどんなであっても同じ軟らかさの度を持つ諸々の軟いものへと分割可能であるのと同様である。しかし、硬い粒の粉末が流動すると言ってよい（と思われている）ように、多くの人々は諸部分の大きさの違いから生じる違い以外に流動のいかなる違いもわかっていないように思われる。これに対して私は、流動というものが本性上、粉末の流れるような具合にではなく（なぜなら、流動がそのように行なわれるのなら、崩れかかっている家も流体と呼ばれることになろうから）、水が絶え間なく流動する諸部分へと溶けひろがるのが見られるような仕方で、流体のあらゆる部分において一斉に行なわれたものと解する。このことを了解したうえで、私は諸々の仮説へと進む。

5．自然現象を説明するための6つの仮説

そこで私は第1に、世界と呼ばれる巨大な空間が次の諸物体から集積されてできていると仮定する。すなわち、地球や諸天体などの目に見える固体、これに対して地球や諸天体同士の間に散らばりひろがっている目に見えない極微の原子、そして最後に、宇宙内のどこであれその他のあらゆる場所を、いかなる空虚な場所も残らないように占めている、非常に流動的なエーテルである。

第2に、私はコペルニクスとともに、世界の比較的大きな、固体の、なおかつ恒久的な諸物体が、相互間で次のような順序を持っていると仮定する。すなわち、最初に太陽があり、2番目が水星、3番目が金星、4番目が（それ自身の周囲を回る月を伴った）地球、5番目が火星、6番目が（それ自身の衛星を伴った）木星、7番目が土星、そしてその次に、太陽からさまざまな距離にある諸々の恒星、という順序で

ある。

　第3に、太陽のみならず地球や個々の惑星にも、それらの誕生と同時に生じた単純円運動が内在しているし、また常に内在してきたと私は仮定する。

　第4に、エーテル状の物体には、流体でない、感覚できないほど小さな何かある諸物体が間に散らばって存在しており、これらもまた固有の単純運動によって運動し、それらには硬さと固体性の小さいものもあれば大きいものもある、と私は仮定する。

　第5に、私はケプラーとともに、「地球から太陽までの距離」対「地球から月までの距離」が、「地球から月までの距離」対「地球の半径」に等しい、と仮定する。

　さらに私は、円の大きさと、円の周上にある諸物体が円を描く時間とに関しては、これから問題にされる当の諸現象に最大限に一致するように思われるであろうことを仮定しよう。

6．公転運動と自転運動の、また惑星の見かけの方向・停止および逆行の、ありうる原因が述べられる

　地表全体にわたっての、1年のうちのさまざまな季節の原因および昼夜の交替の原因は、コペルニクス以後、ケプラー、ガリレオその他の人々によって、次の3つのことから証明されてきた。すなわち、上で仮定された地球のそれ自身の軸を中心とした自転と、それとともに黄道に沿って黄道帯12宮を順にめぐりつつ太陽の周囲をまわる地球の公転運動と、そして第3に、同じ地球が上の12宮を逆順にめぐりつつそれ自身の中心を中心として1年かけて行なう回転とである。私たちはコペルニクスとともに、自転は地球のまわりに昼夜平分時の円を描く地球の運動に由来する、と仮定する。これに対して、ともに1年かけて行なわれる他の2つの運動は、地軸が常にそれ自身に対して平行

に保たれるような仕方で黄道上を周回するようにさせる。この平行のことが言い出されたのは、地球の公転によって南北両極もまた（経験に反して）必然的に見かけ上太陽のまわりを周回するはずだということにならないためである。けれども私たちは、上で仮定された太陽の単純円運動からして、地軸がそれ自身に対して常に平行に保たれるような仕方で地球は太陽のまわりを動く、ということになるであろうということを、第21章第10節で証明済みである。したがって、太陽に関して仮定された２つの運動、すなわち一方の単純円運動と、もう一方のそれ自身の中心を中心として回転する運動とから、コペルニクスによって証明されたのと同じ１年の移り変りと昼夜の移り変りを証明することができる。なぜかと言うに、（図XXVI―３において）円abcdは黄道、その中心はe、その直径はaecであって、地球はaにあるとし、さらに太陽は円fghi上を、すなわちf、g、h、iの各点を通って運動するものとすれば、aに置かれた物体〔地球〕は同じ順序で黄道上の諸点a、b、c、dを通って動くであろうし、この物体の軸は

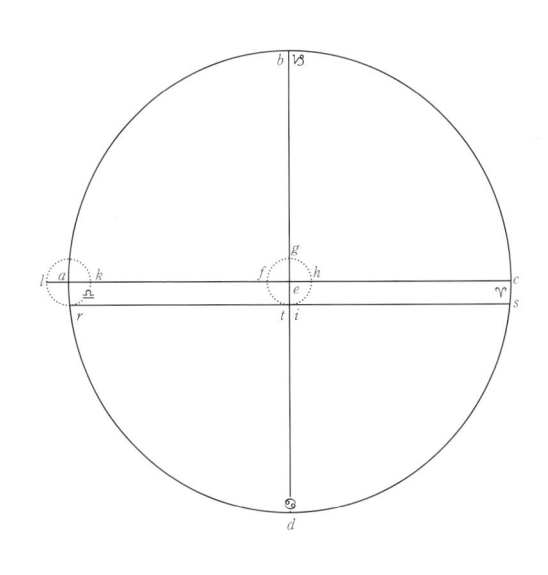

図XXVI―３

第26章 | 473

それ自身に対して常に平行を保つであろう、ということは既に証明されているからである。さらに、（私たちの仮定したように）地球はまたaを通る平面上を単純円運動によって動いてもおり、この平面は黄道の平面と交わっていて、両平面の共通の交線がac上にあるようになっている、とした場合にも、やはり地軸はそれ自身に対して常に平行に保たれるであろう。その理由は次のとおりである。地球の中心が直線lacの一部である線分lakを直径とする小周転円の円周上を動くとしよう。そうすると、この小周転円の直径lakは地球の中心を通りつつ黄道平面に含まれていることになるであろう。それゆえ、一方では黄道に、また一方では小周転円に沿った地球の単純運動に際して、直線lakはそれ自身に対して常に平行に保たれるので、地球体の内部にとられた他のどんな直線も、したがってまた地軸も、それ自身に対して常に平行に保たれるであろう。以上のようなわけで、小周転円の中心が黄道のどの部分にあろうと、またそれと同時に地球の中心が小周転円のどの部分にあろうと、地球の中心が黄道から決して離れたことがないとすれば、地軸は地軸自身がかつてあった位置に対して平行であろう。

さらに、上で仮定された太陽の単純運動から地球の単純年間公転運動が証明されたように、上で仮定された地球の単純運動から月の単純月間公転運動を証明することができる。なぜなら、名称が変っただけで事柄は全く同じであろうから。それゆえ、証明を繰り返す必要はない。

7．単純運動の仮定は何ゆえ真実味を帯びてくるのか

（小周転円fghi上における）太陽の単純運行というこの仮定を真実味のあるものにしているのは、とりわけ次のことである。すなわち、すべての惑星の周回が単に太陽のまわりに描かれるというだけでなく、

全惑星が黄道帯の内部に、すなわち約16度の幅のうちに含まれるような仕方で、太陽のまわりに描かれもする、ということである。なぜなら、このことが生じる原因のうちには、太陽そのもののうちなる、とりわけ黄道帯に面している太陽の部分のうちなる何かある力が見られるからである。第2に、諸天体の運行全体のうちに、そのような現象の原因を帰せられることがおそらく可能であるような他の物体は、何ひとつ現れそうにない、ということがある。さらに、諸惑星のこれほど多くの、これほどさまざまな運動に、お互い同士からの派生が何もないなどということは、私の腑に落ちうることではなかった。しかし、太陽のうちに運動の力があるとみなされれば、運動も定立される。なぜなら、運動の力は運動以外に何もないからである。

　それゆえ私は、主要な惑星と月がそれを受けることによって現に見えているとおりの見え方を必然的にしなければならないような、そのような運動が地球のうちに、月を司るためにあるのと同じく、太陽のうちにも、主要な惑星を司るためにあると仮定した。しかし、停止している軸の周囲をまわる、回転と言われる円運動、そしてこれは物体全体の運動ではなく、物体の諸部分の運動であるが、この運動は私の仮定したこのことに適合していない。なぜなら、そういうふうに運動するものは、円の外部に位置する諸部分に対してはいかなる努力も有しないので、円の外部に位置する諸物体に対して努力を伝えるすべがまったくないだろうからである。これに対して、磁力によって、もしくは非物体的ないし非物質的な種類の力によってこのことが生じると仮定する人々は、自然学的原因を仮定していないし、そもそも全然何も仮定していない。なぜなら、動かすもので非物体的なものは何もなく、磁力は存在するとしても知られておらず、認識されたあかつきには物体の運動であることがわかるだろうからである。それゆえ残るのは、主要惑星が太陽によって、月が地球によって周囲をまわらされる

のだとすれば、この周囲をまわることの原因を含み持つのはそれぞれ太陽と地球の単純円運動である、ということである。けれども、それらが太陽と地球によって周囲をまわらされるのではなくて、各々の惑星の持つ運動がこの当の物体〔各惑星〕の発生と同時に生じたのだとした場合には、これらの運動の原因はいかなる自然学的原因でもないであろう。なぜなら、その場合これらの運動は、それを行なう物体とともに創造されたものであり、それゆえ超自然的な原因を持っているか、もしくはこれらの物体とともに永遠の昔からあり、それゆえいかなる原因も全然持たない——永遠の昔からあるものにはいかなる発生もないのだから——かのどちらかだからである。そのうえ、この単純運動の蓋然性を確かめるために、次のことが付け加えられる。すなわち、地軸の平行であることに関するコペルニクスの見解は、今日ほとんどすべての識者によって支持されているが、この平行が生じるのは単純円運動によってであるということのほうが、かたや黄道上の運動、かたや地軸自身を中心としてこれと反対方向にまわる運動という２つの運動——先の運動に対して、この２つはどちらも単純運動ではなく、またどちらも太陽のどんな運動から生じうるような運動でもない——によってであるということよりも本当らしい、あるいは少くともおさまりがよいように思われる。そういうわけで、単純運動というこの仮説を保持し、この仮説からその原因を導き出すことの可能な諸現象については、それらの原因を導き出し、この仮説から演繹することのできないその他の諸現象には触れないように、意を用いてきたのである。

　おそらく、次のような反対論が唱えられるであろう。すなわち、たとえそのような仮説によって地軸の平行性やその他多くの見かけ上のことの説明がなされうるとしても、しかしそれは地球が公転運動によって描く軌道の中心に太陽という物体を配置することによってなさ

れるのであるから、この仮説自体は偽である、なぜならこの公転軌道は太陽に対して偏心的であるから、と。そこで第1に、この偏心性はどういうことか、またそれは何ゆえに生じるのかを見ることにしよう。

8．地球の公転運動の偏心性の原因

それゆえ、（同じ図XXVI－3において）地球の公転円を abcd とし、これが中心 e で互いに交わる2直線 ac、bd によって4等分されるとしよう。また a、b、c、d はそれぞれ天秤座、山羊座、牡羊座、蟹座の各宮の入口であるとしよう。そしてコペルニクスとともに、軌道 abcd 全体はどの方向においても恒星群のあるところから非常に遠い距離にあって、これだけ大きな距離との関係で見れば上の軌道全体は点も同然であるほどだ、と考えよう。いま、地球は天秤座の入口にあって a に位置していると仮定しよう。そうすると、太陽は牡羊座の入口にあって c に位置しているように見えるであろう。それゆえ地球が a から b へと動けば、太陽は c から d にある蟹座の入口へと動くように見えるであろうし、地球が b から c へと進めば、太陽は a にある天秤座の入口へと進んだように見えるであろう。したがって cda は夏天穹、abc は冬天穹である。さて、太陽が夏天穹にあるように見える間に $186\frac{3}{4}$ 日が経過するので、弧 abc 上ではこれと同じ回数の自転が地球によって行なわれ、したがって同じ地球が弧 cda を通り抜ける間に自転を $178\frac{1}{2}$ 回だけ行なっている。それゆえ、弧 abc は半円 cda よりも $8\frac{1}{4}$ 日分だけ、ということはつまり、約 $8\frac{1}{4}$ 度だけ大きくなければならない。弧 ar は $2\frac{1}{16}$ 度、また弧 cs もこれと同じだけあるとしよう。そうすると、弧 rbs は半円 abc よりも $4\frac{1}{8}$ 度だけ大きく、また同様に弧 sdr よりも $8\frac{1}{4}$ 度だけ大きいから、点 r と点 s において昼夜平分時が生じる。それゆえ、地球が r にある時、

太陽はsにあるように見えるであろうし、したがって太陽の本当の位置はtに、すなわち地球の軌道の中心より弧arの正弦分だけ、つまり2度16分の正弦分だけ外寄りにあるであろう。しかしこの正弦は、軌道円の輻線の長さ〔半径〕を100000とすれば、ほぼそのうちの3850に当たるであろう。それゆえ、地球の軌道が円でありさえすれば、地球の軌道の偏心性は $\frac{3850}{100000}$ であり、昼夜平分時の点はsとrである。そして直線sr、caを両側へ恒星群のあるところまで延長すると、延長線は同じ恒星に出会うであろうが、それは軌道abcdの全体が恒星群の距離との関係で見れば零に等しい大きさしか持たないと仮定されているからである。

　今や残るのは、太陽がtにあると仮定したうえで、地球が公転運動によりdにある時のほうが、bにある時よりも太陽に近いということの原因を示すことである。私見によれば、このことの原因は次のことである。地球が山羊座の入口にあってbに位置しているとき、太陽は見かけ上蟹座の入口にあってdに位置している。それゆえ、その時点は夏至である。しかし、夏至には地球の北側の部分が太陽のほうに向いており、この北側の部分においては最大部分が乾燥地で、ヨーロッパ全体とアジア・アフリカの最大部分がそこに含まれている。これに対して、地球が蟹座の入口にあってdに位置しているときには冬至になり、南洋とインド洋という、同じ南半球にある乾燥陸地のひろがりよりもはるかに広大な大洋を含む地球の部分が、太陽のほうに向いている。それゆえ、（第21章の最終節により）dにある時の地球は、最初の動かすものに、すなわちtにある太陽に近づくから、地球はdにある時、すなわち冬至のときのほうが、bにある時、すなわち夏至のときよりも太陽に近い。したがって、太陽は冬期には近地点に、夏期には遠地点にある。かくて、地球の偏心性のありうる原因は示されたが、なされるべきことはこのことであった。

それゆえ私は、次の点ではケプラーに同意する。すなわち、地球のこの偏心性を地球そのものの諸部分の何らかの差異によるものとみなし、これらの諸部分には太陽に対して親和的な部分と敵対的な部分とがあると仮定している点である。けれども、このことが磁力によって生じるとケプラーがみなしている点には、私は不同意である。さらにケプラーは、この磁力すなわち地球の引力と斥力が非物質的な種類の力によって生じると考えているが、こういうことは起こりえない。なぜなら、何物もそれに接していてなおかつ運動している物体によってしか動かされないからである。そしてその理由は、静止している物体に接している諸物体が運動していないとしたら、静止している物体が静止していることをやめるということは考えられないから、ということである。このことは第9章第7節で証明済みであり、またそれ以降のここまでの箇所でも、哲学者たちが語彙のこの種のつながりを無考えに（ἀδιανόητῳ）用いるのをやめる気に最後はなってくれるようにという目的で、かなり頻繁に挿しはさんできたことである。私はまた、物体同士の相互引力の原因は諸物体そのものの類縁関係である、とケプラーが言うなら、この点においても彼と意見を異にする。なぜなら、仮にこのことがそのとおりだとすると、なぜ卵が卵によって引き寄せられないのか、私にはわからないからである。それゆえ、ことによると太陽と地球のある部分との間に、地球の別の部分との間に介在するよりも大きな親和性が介在しているのだとしたら、親和性のこの違いは、地球の一方の部分には水が多いのに、他方の部分は乾燥しているという点に存するであろう。そしてこのことから、（今しがた証明されたように）水の多い部分が太陽によって照らされているときのほうが、乾燥した部分が照らされているときよりも、地球は太陽に近づくということが生じるのである。

9．月の同じ面が常に地球のほうに向いている原因

地球のこの偏心性が、地球の公転軌道を完全な円ではなく、楕円曲線もしくは少くともほぼ楕円形の曲線であるようにさせるとともに、地軸がそれ自身に対して常に正確に平行に保たれるのではなく、昼夜平分時の点においてのみそうなるようにさせている。

さて私は、地球が太陽によってその周囲をまわらされているのと同様に、月は地球によってその周囲をまわらされている、と言ったが、しかし地球はときには一方の半球を、ときには他方の半球を太陽に示すような仕方で太陽のまわりを周回しているのであるから、月の同じ面が常に地球のほうに向いている原因が問われなければならない。

そこで、（図XXVI−4において）太陽がその上を単純〔円〕運動によって動いている小円は fghi で、その中心は t であるとしよう。また、地球の公転軌道は ♈♋♎♑であり、a は天秤座の入口であるとしよ

図 XXVI−4

480

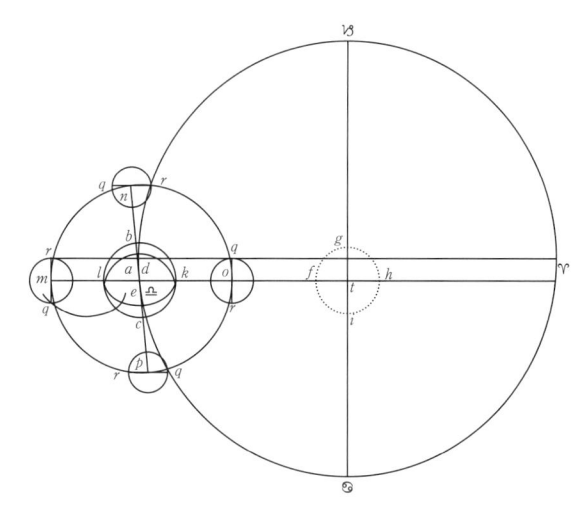

う。点 a を中心として小円 lk を描き、この小円上を地球の中心が単純〔円〕運動によって動いていると考えよう。また太陽と地球はどちらも、黄道帯上の諸星座宮の順に従って動いていると考えよう。a を中心として月の軌道 mnop を描こう。そして直線 qr は、1 つは満月の際に私たちに見え、もう 1 つはそのとき私たちから見て反対側になるような 2 つの半球へと月球を切り分ける円の、直径であるとしよう。したがって月の直径 qor は直線 ta に対して垂直であろう。そうすると、月は地球の運動により o から p のほうへ運ばれるが、しかしこれと同時に、もしも月が p にあれば、(太陽の運動により) p から o のほうへ運ばれる。それゆえ、2 つの反対方向の運動によって、直線 qr は回転させられるであろうし、円 mnop の四分円上においては、この回転全体の 4 分の 1 に当たる分だけの回転がたしかになされるであろう。したがって、月が p に存在していれば qr は直線 mo に平行であろう。第 2 に、地球の運動により、月が m にある時には qr は mo そのものの上に重なるであろう。それゆえ、四分円 pm に沿って作用する太陽の接近運動によって、qr はその回転全体のもう 4 分の 1 だけ回転させられるであろう。したがって、月が m に存在していれば qr は直線 om に対して垂直であろう。同じ理由で、月が n に存在していれば qr は mo に平行であろうし、月が o に戻れば qr は最初にとっていた位置に戻るであろう。そして月の球体は 1 回の周期においてそれ自身の軸を中心とした回転をもう 1 回行なうであろう。この事実から、常に同じ月の面が地球に向いていることは明らかである。さてそこで、qr がその上を単純〔円〕運動によって月が運ばれる小円の直径だとしても、結果は同じである。なぜなら、太陽の作用がなければ月の直径はどれもみなそれ自身に対して常に平行に移動するだろうからである。それゆえ、月の同じ面が常に地球のほうを向いていることの、ありうる原因は述べられた。

第 26 章 | 481

さらに注意しなければならないのは、月が黄道の外にある場合には、正確に同じ面が常に私たちに見えるわけではないということである。なぜなら、私たちには光に照らされたもの以外は何も見えないが、しかし黄道の外では光に照らされている部分と私たちのほうに向いている部分とは決して正確に同じではないからである。

10. 海洋の潮の満ち引きの原因

1つは太陽の、2つめは月の、3つめは地球の、それぞれの固有の小円 fghi、lk および qr 上における3つの単純〔円〕運動と、またこれとともに地球の自転（この回転によって地球の表面に据えられているすべてのものが必然的に回転させられる）とに、海洋の潮の満ち引きに関する3つの現象を帰することができる。この3つの現象のうちの1つめは、海岸における海水の上昇と低下の交替がほぼ24時間52分の間に2回あり、これは永久に一定不変であるということである。2つめは、新月と満月の際にはその中間のときよりも、海水の上昇が大きくなるということである。3つめは、昼夜平分時に太陽が赤道上にある時には、この上昇がなおいっそう増幅されるであろうということである。これらの現象を説明するために、私たちはいま、先に言及された4つの運動を有しているが、さらにアメリカと言われる地球の一部分が、海水面よりも高くて、しかも北から南へとほとんど全半球にわたってひろがっており、これが水の運動に対抗している、ということを想定しなければならない。

以上のことが与えられたとして、（同じ図 XXVI―4 において）lbkc が月の公転運動の軌道平面上にあると仮定された場合に、同じ a を中心として赤道平面上に小円 ldke が描かれたとしよう。そうするとこの小円は、小円 lbkc から約 $28\frac{1}{2}$ 度の角度で傾いているであろう（なぜなら、黄道の最大の傾きは $23\frac{1}{2}$ 度であり、これに黄道からの月の最大の傾き

として5度が加えられて、$28\frac{1}{2}$度になるからである)。さて、月の軌道の下方にある水は、月の軌道平面上における地球の単純〔円〕運動によって地球とともに、ということはつまり水の底とともに動き、この底の運動に先行もしないし、この底の運動によって先行されもしないから、〔地球の〕自転運動——これによって赤道の下の水が同じ順に動く——が付け加わり、かつ月の軌道面と赤道とが互いに交わるならば、月の軌道の下方にある水と赤道の下方にある水との双方が赤道の下で協働作用し、したがってこの両方の水による運動は底の運動に先行するのみならず、地球が昼夜平分時にある時にはそのつど、水そのものの上昇があるであろう。それゆえ、潮の満ち引きに他のどんな原因があろうと、その時には満ち引きの増幅が上の原因によって生じるであろう。

さらに、月は地球の単純〔円〕運動によって小円 lbkc 上を回転させられるということが仮定されたうえに、第21章第4節では、単純〔円〕運動によって動いている動かすものによって動かされるものはすべて同じ速度で動く、ということが証明されたから、地球の中心は月が円周 mnop 上を移動するのと同じ速度で円周 lbkc 上を移動するであろう。それゆえ、「月が mnop 上を1周する時間」対「地球が lbkc 上を1周する時間」は「円周 mnop そのものの長さ」対「円周 lbkc の長さ」に、ということはつまり $\overline{ao}$ 対 $\overline{ak}$ に等しい。しかるに、$\overline{ao}$ 対「地球体の半径」は59対1に等しいことが観察されている。それゆえ地球は、(地球の半径を $\overline{ak}$ と定めるとすれば)月が mnop 上を1まわりする、つまり公転する間に、 lbkc 上を59回転するであろう。ところで、月は29日と少しで公転する。それゆえ、地球は円周 lbkc に沿った回転を12時間と少しで、すなわちほぼ12時間26分で行なう、ということはつまり、ほぼ24時間52分で2まわりするであろう。しかるに、これは満潮から翌日の満潮までの時間に当たることが観察され

ている。そういうわけで、アメリカ大陸の南の部分が海水の流動に対抗して水の動きを南アメリカの海岸のところで中断させるであろうから、その結果海水は24時間52分の間に2回、この場所で上昇してはそれ自身の重みで再び沈下するであろう。それゆえ、海洋の日々の潮汐交替の、ありうる原因は説明された。地球のこの部分における海洋の膨張から、大西洋・スペイン・イギリス・ドイツの海域の海水の満ち引きが生じる。この満ち引きはたしかに不変であるが、しかし海岸が違えばそれに応じて1日のうちの異なる時刻に生じるし、また中国やタタールの海岸が対抗していることによってもかなり増幅されている。これらの海岸で上昇する水の一部は分離してアニアン海峡を経て北方の海へと向かい、また北側からドイツの海域へとあふれ出てくる。

　さらに、海面が最も大きく盛り上がるのは新月のときと満月のときである、ということの原因は、仮定により最初から月にもそれ自身に固有の単純〔円〕運動として帰せられていた運動である。太陽と月の場合、この運動の両極は赤道の両極と同じである。このことが仮定されると、（太陽・月・地球はすべての新月と満月の際に（ほぼ）同一直線上にあるので）地球のこの〔単純円〕運動が行なわれる速度は、新月と満月のときのほうが半月のときよりも速い、ということが帰結する。なぜなら、地球と共通な太陽と月のこの運動は、地球の単純〔円〕運動を必然的に増幅させるが、しかしこの増幅が最も大きくなるのは太陽・月・地球が同一直線上にある時であり、このことは新月と満月の際にのみ生じるからである。[4]

（4）　初版本と英語版では、この段落の内容が底本とは大きく異なっている（付録14を参照）。

11. 昼夜平分時歳差の原因

昼夜平分点の歳差の原因を説明するためには、地球の公転軌道が円周ではなくて、楕円もしくは楕円との違いがわからないほどそれに近似した曲線であることが示されたのを思い起こさなければならない。それゆえ、この軌道はとくに描いてみなければならない。

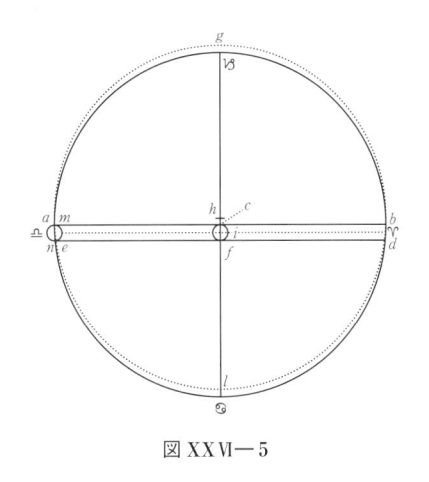

図 XXⅥ—5

そこで（図 XXⅥ—5において）黄道♎♑♈♋が描かれたものとし、中心cで互いに交わる2直線abと♑♋によってこれが4等分されているとしよう。また、中心角が2度16分の弧bdをとり、abに平行な直線deを引き、これが直線♑♋と交わる点をfとしよう。すると地球の偏心分は$\overline{cf}$であろう。そうすると、地球の軌道は楕円の周であり、直線♑♋はその長軸であるから、abと♑♋の長さが互いに等しい以上、abは短軸ではないであろう。それゆえ地球は、aとbを通過すれば♑の外を、たとえば点g上を通過するであろうし、♑を通過すればcとaの間を通るであろうし、そのどちらかであることになろう。さてそこで、このどちらであるとしても何の問題もないので、地球はgを通るものとして、直線♑♋に長さの等しい直線glをとり、このglをiで2等分すれば、giは♑fに、ilはf♋にそれぞれ長さが等しいであろうし、したがって点iは偏心分$\overline{cf}$を2等分するであろう。そして、ifと長さの等しい直線chをとれば、偏心分全体は$\overline{hi}$であろう。iを通って直線ab、edに平行な直線すなわち♎i♈を引こ

第26章 | 485

う。そうすると、夏の太陽の経路♎g♈は冬の経路よりも $8\frac{1}{4}$ 度の弧の長さだけ長くなるであろうから、真の昼夜平分時は直線♎i♈上にある。それゆえ、地球の公転運動の楕円はa、g、b、lを通過せずに、♎、 g、♈、lを通過する。だから地球の公転軌道はこれであって、他のいかなる軌道でもない（さもないと偏心性の説明がつかなくなる）。そしておそらくこのことが、ケプラーが彼以前のすべての天文学者たちの意見に反して、地球の、もしくは（昔の人々の意見によれば）太陽の偏心分を半分にすべきだと考えた理由である。ただしケプラーは、夏の半軌道と冬の半軌道の長さの差であることを彼が明らかにしているちょうどその分量とみなされるべき量だけ偏心分を小さくすることによらずに、黄道の大軌道の中心cをfにもっと近いところにとり、そうすることで大軌道の全体を諸恒星の黄道に対して、直線ciの長さの分だけ♋のほうへと近づけることによって、この半減がなされるべきだと考えた。なぜなら、大軌道の全体は恒星の莫大な距離に比べれば点も同然なので、直線♎♈も直線abも、こちらでは牡羊座の入口へ、あちらでは天秤座の入口へと延長された場合、同じ点で恒星群の球にぶつかるだろうからである。これらのことが定立されたうえで、地球の直径mnがその軌道平面上にあるとしよう。地球が太陽の単純〔円〕運動により黄道円上で中心iの周囲をまわって動く場合、 mnはそれ自身と直線glとに対して常に平行に保たれるであろう。それゆえ、いま地球は黄道の外側の楕円の周に沿って移動するのであるから、点nは♎♑♈を通る行路全体において、点mよりも小さな円の上を進むであろう。したがってmnは、動き始めるやいなや直線♑♋との平行関係を失い、その結果mnの延長線は結局は直線glの延長線と交わるであろう。また逆に、 mnが♈を通過するやいなや、（地球は♈l♎の内側の楕円の線上を進行するので）同じmnのmの側への延長線は直線lgの延長線と交わることになるであろう。そして、

486

地球が軌道のほぼ全体を通過しおわるとき、再びmnは中心iからくる直線と、最初に動き始めた場所よりも少し手前のところで直角をなすであろう。それゆえ、♎にある1つの昼夜平分点は1年後にはそこに、すなわち♍の出口付近にあり、反対側のもう1つの昼夜平分点は♓の出口のあたりにあるであろう。そしてそのようにして、昼と夜の長さが等しくなる点は毎年逆戻りする。ただし、この逆戻りの運動はゆっくりしている。なぜなら、逆戻りしているのは1年全体で最初の51分だけだからである。そしてこの逆戻りは、黄道帯12宮の順とは逆に生じるので、「昼夜平分時歳差」と呼びならわされている。この現象のありうる原因は、先に仮定されたことから述べられた。そして、なされるべきことはこのことであった。

地球の偏心性の原因について上に述べたことによれば、また地球には太陽に親和的な部分と敵対的な部分があることを偏心性の原因として仮定しているケプラーによれば、太陽の遠地点と近地点は、昼夜平分点が動くのと同じ順序・同じ速度で毎日動かなければならないことになるし、昼夜平分点から常に四分円だけ離れていなければならないことになる。しかしこうなるとは思われない。なぜなら、天文学者たちの言うところによれば、昼夜平分時は既に、1つは牡羊座の最初の星から28度、もう1つは天秤座の入口から28度離れてしまっており、それゆえ太陽の遠地点すなわち地球の遠日点は、蟹座の28度のところにあるのでなければならないであろうが、しかしそれは7度のところにあると考えられているからである。このことの原因である可能性があるのは次のことである。すなわち、太陽が地球から最も遠く離れているとき、ということはつまり遠地点にある時、地球を動かす太陽の力は弱くなるということである。このことから、自然日は夏のほうが冬よりも長いということが生じる。それゆえ、天文学者たちは太陽の遠地点を、ほとんど1年全体を通して等しい日数と時間数によって調

べるせいで、誤って軌道極点を昼夜平分点から四分円よりももっと遠く離れているとみなすということが——軌道極点の運動は昼夜平分点に必然的につき従うのだから、そのようなことは起こりえないとみられるにもかかわらず——ありえたのである。⁽⁵⁾

　同様に、土星・木星・火星・水星の偏心性の原因に私は言及しないけれども、地球の偏心性が生じうるのは、上に示したように太陽に代るがわる向けられる地球の表面の異なった性質によってであるから、これらの惑星にもそれぞれいくつかの互いに似ていない表面があって、そのせいでこれらの惑星に関しても地球の場合と似たような効果が生じる、と信じてよいのである。

　そして、以上で天体の自然学については話し終ったことにしよう。これらの諸現象がたとえ私の仮定した諸原因から生じるのではないとしても、これらの仮定された原因がそのような諸現象を生じさせるのに適していることは証明されたわけで、これは最初から意図されていたとおりである。

（5）「このことから」以降、この段落末までの二文は、1668年版に基づいた底本による。初版本と英語版では、ここは次のようになっている。「もっとも〔英語版では「それゆえ」〕、「事実がどうあるか」（τὸ ὅτι）がまだ確定していないのだから、「そのことの原因」（τὸ διότι）を問うても詮ないことである。それゆえ、軌道極点の〔英語版では「遠地点の」〕運動がその速度の遅さのせいで観察不能であるかぎり、またこの運動そのものからすると〔この一句は英語版では欠落〕、軌道極点が昼夜平分点からちょうど四分円だけ離れているのかいないのかが疑われるかぎり、軌道極点が昼夜平分点と等しい足どりで進むと私に思われるとしても、このことは許されるであろう。」

第27章　光・熱および色彩について

1．ある諸物体の巨大な大きさと、他の諸物体の言い表わしがたい小ささについて

　諸天体の運動については今しがた述べたばかりであるが、これらの天体以外に宇宙の中に残っているどんな諸物体も、「星間諸物体」という1つの名称によって包括することができる。さて、星間諸物体は（仮定により）きわめて流動的なエーテルであるか、もしくは何らかの凝集力を持つ諸部分からなる諸物体であるかのいずれかである。さらに、星間諸物体が互いに異なるのは、硬さと大きさと運動と形状によってである。そして硬さに関してはたしかに、あるものはより硬く、他のあるものはより軟いという違いが、あらゆる硬度にわたって存在すると私は仮定する。大きさに関しても同様に、より大きいものとより小さいものとがあるが、ただし大部分の星間諸物体は言い表わしがたいほど小さいということを仮定する。なぜなら、量は知性によってたしかに分割可能であり、しかもこの分割によって得られたものも常に分割可能であるということ、それゆえ、仮に人間が知性によってできるのと同じだけの分割を手によってもすることができるとしたら、人間は所与のどんな大きさからでも、所与の任意の大きさの分だけそれよりも小さい部分を取り去ることができるであろうということが、思い起こされるであろうからである。しかし、全能なる宇宙創造者は、どんな事物であれ私たちがそれを分割可能であると知性によって考えるだけの部分へと、それの現実の部分から切り分けてゆくことがおできになる。それゆえ、物体のいかなる微小さも不可能ではない。それなのに、同じこのことが本当らしく思われもすることを妨げているものは何なのか。じっさい、その全体がかろうじて見分けら

れるかどうかというほど小さなある諸生物が存在していること、こんな小さな生物にも胚があるし、血管その他の脈管や、いかなる顕微鏡にも映らないほど小さな目があることを、私たちは知っているのである。したがって、いかなる大きさも、本性そのものによって私たちの想定を絶しているほど小さいと仮定することはできそうにない。これに加えて、顕微鏡は今日、それを通して見られた事物が裸眼で見られた場合よりも何十万倍も大きく見えるようなものになって普及している。そして顕微鏡の性能が（材料と職人たちの手技がそこまでは追いつかない、ということにならないかぎりは、この性能は増強可能なので）増強されれば、この何十万分の1の諸部分のどれもが以前よりもさらに何十万倍も大きく見えるようになるであろうことは、疑う余地がない。また、ある諸物体の小ささに劣らず、他の諸物体の途方もない大きさも驚くべきものである。無限に大きくすることも無限に小さくすることも、同じ無限な力能に属することだからである。大軌道、すなわちその輻線が地球から太陽まで伸びている軌道が、太陽から恒星群までの距離に比べれば点も同然であるようにさせることも、またこれと反対に、目に見えるどんなものよりも上と同じ比例をなして小さいほど微小な物体を作ることも、自然の同じ創始者の働きである。しかるに、恒星群の莫大な距離について、長い間信じがたいとみなされていたことを、今では学識ある人々のほとんど全員が信じている。それならば、もう一方の、何かある諸物体の小ささについての信じがたいことが、いつか将来信じられるようにならないということが、どうしてあろうか。なぜなら、小さなもののうちにも大きなもののうちにも同じ神威があって、この神威は宇宙の大きさにおいてと同様、宇宙の諸部分の微細さにおいてもとにかく、人間の感覚を等しく越えているからである。組み立てることに関しては最初の諸要素が、作用に関しては最初の動き出しが、時間に関しては最初の諸瞬間が、恒星群の距離

についていま信じられていることに劣らず信じられてよいということがたしかならば、諸物体の信じがたいほどの小ささも信じられてよいのである。人間は、何かある有限ではあっても大きなものが存在していて、それは自分たちが見ているとおりのものである、ということを認識しているし、これと同様に、自分たちの見ていないものの大きさが無限でありうるということも認識しているけれども、自分が見ているかもしくは知っているもののうちで最も大きなものと、無限なものとの間には、中間の大きさがある、ということはただちには納得されないし、また大いなる博識によらなければ納得されない。しかし、この種のいわゆる不可思議なことの多くは、熟考と考究を経た後にはもっと馴染み深いものになり、そのとき信仰者たる私たちは作られたものから作り手へと賛嘆を転じる。ただし、ある諸物体がどれほど小さなものである可能性があろうと、私たちはそれらの量が諸現象そのものの要請していた量よりも小さくはないと仮定しよう。また私たちは、それらの諸物体の運動（私の言っているのは速さと遅さということである）についてや、形状の多様性についても、同じように考えよう。すなわち、自然的諸原因の説明が要求するだけ多くの運動や形状を仮定しよう。最後に私は、純粋なエーテルの諸部分（いわば第1の物質のようなもの）のうちにも、泳動しているが流動体ではない諸物体からそれらが得ている運動以外のいかなる運動も存在していないと仮定する。

2．太陽の光の原因について

以上のことを仮定したうえで諸原因の記述に取り組むことにし、まず第1に太陽の光の原因を探求しよう。そこで、太陽本体は単純円運動により周囲のエーテル状の物質を、その時々に応じてあちらこちらの側へと押しのけ、かくて太陽の最も近くにある部分は太陽そのもの

に動かされてその次に近くにある部分をさらに押しやるので、目が太陽からどんな距離にあっても、結局は目の前側部分が圧力を加えられ、そしてこの圧力を加えられた部分によって運動が視覚器官の最も内奥の部分である心臓へと伝わるであろう、ということは必然的である。さらに、これに反作用する心臓の運動から、同じ経路を逆に通る努力が生じ、これはついには「網膜」と呼ばれる（外向きの）皮膜の努力となるに至る。しかるに、外部に向かうこの努力こそ、（既に第25章で定義されたように）「光」ないし光る表象と呼ばれる——なぜなら、対象が光る対象と呼ばれるのはこの表象によってであるから——当のものである。それゆえ私たちは、見出そうと企てた太陽の光のありうる原因を手にしているわけである。

3．光が熱くさせるのはどのようにしてか

太陽の光の発生には熱の発生が伴っている。ところで各人は、自分が熱がっている間、たしかに熱を自分自身のうちに感覚することによって認識するが、これに対して他の諸事物のうちに熱を認識するのは推論によってである。なぜなら、熱がることと熱くさせることとは別のことだからである。それゆえ私たちは、火や太陽が熱くさせるということを認知するが、火や太陽が熱がっていることを認知することはない。なるほど私たちは、自分が他の動物たちと似ているということから推論して、これらの動物が熱くさせる間、それら自身も熱がっているという結論を導くが、しかしこの推論は必然的ではない。なぜなら、「動物は熱くさせる、それゆえ動物は熱がっている」と言うことは正しいとしても、だからといって「火は熱くさせる、それゆえ火は熱がっている」という論を導くのは正しくはないからである。なぜかと言うに、こう論じる人は「火は苦痛を生じさせる、それゆえ火は苦しみ痛んでいる」ということ以上のことを言っているだろうか。そ

れゆえ、感覚する存在である私たちが熱がるもの、しかも必然的にそうであるものこそが本来的に、かつそれだけが、熱いものと言われるべきである。

　さて、熱がっている私たちは、精気や血液や、何であれ私たちの体内にあって流体であるものが、より内的な諸部位から外部の方へと、熱さの度合に応じて大きくあるいは小さく喚起され、また外皮が腫脹する、ということを確認する。それゆえ、もしも誰かがこの喚起と腫脹のありうる原因で、しかも他の熱現象にも適合するような原因を示したとすれば、この人は太陽熱の原因を示したとみなされるべきである。

　第21章第5節で示されたとおり、太陽の単純円運動は大気と呼ばれる流動する媒体を、その最も小さい部分にまで至るあらゆる部分が絶えずそれらの相互位置を変えるような具合に動かす。この位置の変化を私たちは「沸動」と名づけた。水が上昇して雲になるということが起こりうるのは大気のこの沸動による、ということは証明済みであるが、これと同様の仕方で、私たちの身体から流動する諸部分が同じ沸動によって内部から外部へと引き出されうるということを、いま示そう。この引き出しが可能な理由は次のとおりである。どのような動物でもよいから、動物の身体に流体の媒体が接している場合、この媒体の諸部分は絶えず位置を変えてお互い同士から引き離されるので、媒体に接している動物の諸部分が媒体の分離した部分と部分の間隙に入り込もうと努力することは必然的である。そうでなければ（空虚な場所は存在しないということが仮定されたのであるから）分離した諸部分にはいかなる場所もないことになるであろう。それゆえ、媒体に接している動物の諸部分のうちにあって最も流動的で分離しやすいものが、まず第1に出て行くであろう。次いで、外皮の孔を通って最も蒸発散しやすい諸部分が、出て行ったものに代わってその場所を占める。そ

れゆえ、引き離されていない他の諸部分は、全部ひとかたまりで、すべての場所が満たされるように動く、ということが必然的である。この運動が全部いっしょのひとかたまりのものによってなされることは、周囲にあって分離する大気の諸部分に圧力をかけながらでしか可能でないから、大気にはこのかたまり全体による圧力がかかる。それゆえ、身体のこの引き離されていない諸部分のかたまりは、こういう仕方で一斉に努力することにより、身体の全体をふくれ上がらせる。かくて、太陽からの熱のありうる原因は示された。そしてこのことがなされるべきことであった。

4．太陽からの火の発生

今や私たちは、光と熱がどのようにして発生するかを見た。熱が発生するのは、媒体の単純〔円〕運動に際して諸部分が諸部分と場所を交換するからであるが、光が発生するのは、同じ単純〔円〕運動に際して作用が直線に沿って伝わることによる。これに対して、何かある主体が、感覚可能な仕方で熱を生じさせ、かつ同時に光を放つような諸部分の運動を、それ自身のうちに有しているときこそ、火が発生すると私たちの言うときである。さて私たちは、火とはたとえば木のような可燃物質や鉄のような白熱する物質と異なる物体のことではなく、こういう物質そのもののことであると解する。ただしもちろん、端的に、また常に木や鉄そのものが火であるわけではなく、それらが光り輝いて熱くさせるときに火なのである。それゆえ、「光り輝くこと」と「熱くさせること」の両方が同時に生じるのはなぜか、またどんな作用によってか、という問いの答えである、そのありうる原因を、しかも他の諸現象とも適合する原因を示した人は誰であれ、火のありうる発生を説明したものとみなされなければならない。

それゆえ、（図 XXVII—1 において）ABC は D を中心とする球また

は球の一部であるとし、これは水晶やガラスのように透明かつ等質であって、太陽に対置されているとしよう。そうすると、ABC の前側の部分は太陽の光線によって、ということはつまり、太陽の単純〔円〕運動――この運動によって太陽はそれ自身の前方へと媒体を押しやる――によって、直線 EA、FB、GC 上において圧迫を受けるであろうが、これらの直線は、太陽からの距離の大きさに照らして互いに平行とみなされてよい。さらに、球の内部の媒体は外部の媒体よりも密度が大きいので、これらの直線は球面に対する垂線のほうへ屈折するであろう。直線 EA、GC を、それぞれ点 H と点 I で球にぶつかるまで延長し、また球面に対する垂線 AD、CD を引けば、光線 EA、GC は屈折して、EA は直線 AH、AD の間に、GC は直線 CI、CD の間に入り込むことは必然的である。これらの屈折した光線をそれぞれ AK、CL としよう。さらに、球面に対して垂線 DKM、DLN

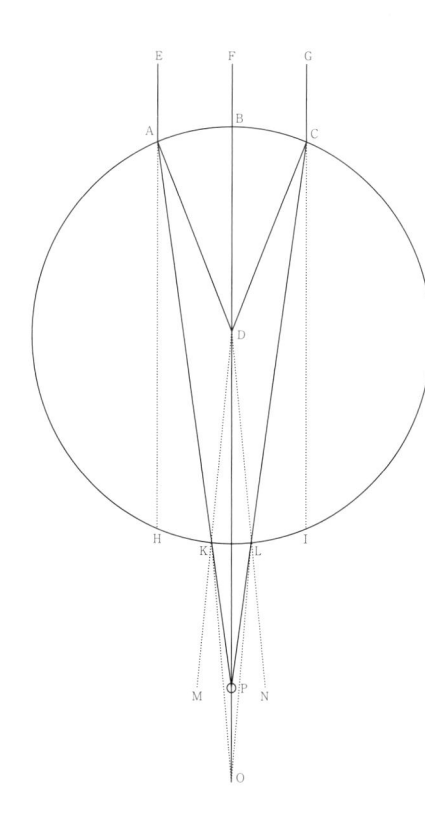

図 XXVII－1

第 27 章 | 495

を引き、かつ AK と CL を直線 BD の延長線に出会うまで延長して、この出会う点を O とすれば、球の内部の媒体は外部の媒体よりも密度が大きいので、屈折線 AK が球面に対する垂線から遠ざかってゆく度合は、KO が同じ垂線から遠ざかってゆく度合よりも大きいであろう。それゆえ、KO は屈折線と垂線との間に入りこむであろう。そこで、屈折線を KP とし、これが FO と出会う点が P であるとしよう。他方、同じ原因により、直線 CL の屈折線は直線 LP であろう。そうすると、光線とは伝わった運動の通り道にほかならないから、P 付近での運動は ABC 付近での運動よりも、次の分だけ激しいであろう。すなわち、P を中心とし、P の周囲で ABC そのものから伝わったすべての光線を包括する小円の持つ面積をその最大断面積とする球——この球はたしかに、球 ABC よりもはるかに小さい——における、ABC と相似な部分の底面積よりも、部分 ABC の底面積のほうが大きい分だけである。それゆえ、媒体の、すなわち大気の諸部分が P の付近で互いに入れかわる速さは、ABC 付近で互いに入れかわる速さよりもはるかに大きいであろう。したがって、可燃的な、すなわち分散可能な物質が P に置かれると、この物質の諸部分は（弓形 AC の面積の、P を中心とする小円のこれに相似な部分の面積に対する比率を十分に大きくしさえすれば）相互に凝集から解き放たれ、破裂してそれ自身の単純〔円〕運動を回復するであろう。しかるに、太陽の単純〔円〕運動について今しがた証明されたように、激しい単純〔円〕運動はそれを見る人のうちに光り輝く熱いものの表象を発生させる。したがって、P に置かれた可燃物質は光り輝く熱い物質に、すなわち火にされているであろう。かくて、火のありうる原因は示された。そしてこれがなされるべきことであった。

5．衝突による火の発生

　太陽が火を発生させる仕方から、火が2個の火打石の衝突から発生することがどういう仕方で可能なのかを説明することは容易である。理由は次のとおりである。石の衝突そのものにより、石を強いられて構成している諸々の小部分のうちのあるものが大いなる激しさをもって破砕され、生じた渦によってさらにそれらが飛び出して、太陽から光が発生する場合と同じように目を動かす。それゆえこれらの小部分は光り輝き、またそれ以前に既に半ば分散しかかっている物質——たとえば燃やされた亜麻布からできている火口のようなもの——にぶつかって、それの諸部分を分散させて渦とともに投げ出す。そしてさらにそこから、以前示したように、光と熱が、すなわち火が発生するのである。

6．土蛍、朽木、ボローニャ石における光の原因

　土蛍やある種の朽木や適度に暖められたある種のボローニャ石が光ることの共通の原因である可能性があるのは、燃えたぎる太陽にさらされることである。ボローニャ石についての経験から、そのようにさらされていなければ光らないこと、さらに太陽にさらされた場合でも光るのは短時間だけ、すなわち十分に暖かい間だけであることが確かめられている。このことの原因でありうるのは、凝集してこの石をなした諸部分が太陽によって印せられた単純〔円〕運動を熱といっしょに容易に受け入れるということである。そうだとすれば、この石がまだ暖いうちに暗い中へ移されると、適度の暖かさが続いている間は光るが、その後は光が消える、ということは必然的である。同様に実験で確かめられていることだが、土蛍の体内には目の水晶体の液に似たある粘液があり、この粘液を取り出して、十分に長い時間指で握っておいた後で暗い中へ移した場合も、指から温もりを受けているせいで

光るであろうが、しかし冷えてしまえば光らないであろう。それなら、この生き物は夏の最も暑い時期に1日中陽に当たっているということ以外の何事によって光るのであろうか。同様にして朽木も、太陽に当って腐ったか、もしくは既に腐ってから十分に長い間太陽にさらされていたかのどちらかでなければ、光ることはないであろう。これに対して、すべての虫、何であれ任意の木、すべての小石に同じことが起こるわけではないということの原因のうちには、次のことがあるかもしれない。すなわち、凝集して上述の発光する諸物体をなしている諸々の小部分の運動や形状に、これらとは種類を異にする諸物体の小部分とは異なるところがある、ということである。

7．海の水が揺れ動く際の光の原因

塩分を含んだ海の水もまた、櫂でたたかれたり、船が強い勢いで通り過ぎて行ったりすると光るが、ただしその光り方は風の吹きつけ方に応じて強かったり弱かったりする。なぜなら、塩の小部分は、塩田で太陽によって非常にゆっくりと取り出された場合には光らないとしても、密集したうえに立ち上る波によって大きな力で空中に投げ上げられた場合は、渦に巻き込まれてかなり輝くことができる、ということはありうることだからである。かくて、この現象のありうる原因は示された。

8．炎・火花・液化の原因

硬い小物体から合成された物質が発火すると、密集して飛び出した個々の小物体から大なり小なりの炎が生じることは必然的である。理由は次のとおりである。大気状の、すなわち流動する部分がいっしょに飛び出せば、出て行く小物体の運動は速さを増すであろう。これはたとえば木やその他の火のつくものにおいて、風とともに小物体が出

て行くときに生じるとおりである。それゆえ、出て行く小部分が硬いほどそれらは目をより激しく動かすことによってより強く光るであろうし、密集していれば光り輝くであろう。かくて、炎は光り輝く小物体の集合体にほかならないので、明るい炎が生じるであろう。それゆえ、炎のありうる原因は示された。そしてこの点からさらに、次のことはなぜ起こるのかという原因も明らかになる。すなわち、ガラスは（風がないと）非常に激しい火によらなければ融けないのに、口で風を吹きつけて煽ってやれば蝋燭の柔らかな火でも融けるということである。

　ところで、もしも同じ物質から何かあるやや大きい部分（すなわち複数の微細な小部分から合成されている部分）が剥落すると、火花が生じる。なぜなら、この剥落は破砕によって生じる激しい渦を伴い、そこから光を生じるからである。しかし、可燃物質から炎も火花も出てこない場合でも、それの何らかの小部分が表面の方へと運び出されることはありうる。たとえば灰がそうであって、灰の諸部分は非常に微細なために、自然はその分割をどこまで進めるかという疑問を、それ以上立てることができないほどである。

　最後に、火のついている物質から飛び出すものがごく少いか、もしくは何もない場合でも、単純〔円〕運動に向かう諸部分のある努力が生じ、この努力によって物体全体の液化もしくは（低度の液化である）軟化が生じるであろう。なぜなら、あらゆる運動はあらゆる物質に対して（第15章第３節で示したように）何らかの影響を持つからである。さて、諸物体がその強固さよりもそれ自身の重さのほうが上回るほどにまで間違いなく軟化するとした場合には、それらは完全に液化したと言われるか、さもなければ軟化して柔軟さと展性を持つようになったと言われる。

　さらに、火のついている物質がその内部に、硬い小部分同士の間に

閉じ込められた他の気体状もしくは液状の小部分を有しているとした場合、次のことが生じるであろう。すなわち、気体状・液状の小部分が位置の変動によって誘い出されることにより、硬い小部分同士はいっそう完全な接触に適するようになり、したがって引き離されることに対していっそう強固な状態になる、ということはつまり、全体がいっそう硬くなる、ということである。同じ火によって融解する物体もあれば硬くなる物体もあるということには、このような原因がありうるのである。

9．湿った乾草がひとりでに発火する場合があることの原因、および稲妻の原因

　湿った乾草を積み上げておくと、最初にしばらく時が経った後で、いわば「ひとりでに」（αὐτομάτως）煙が出始め、次いで火がつくであろうということが、経験的に知られている。このことの原因である可能性があるのは次のことである。草に含まれている空気の中に、上で仮定されたような、単純〔円〕運動によって動く諸々の小物体があって、これらはそれ自身の自由な運動を有している。しかし水分が下降してゆくと、この運動は徐々に抑制されるうえに、水で満たされ立往生させられることで気体状の部分は水に浸透して外へ出て行くのに対して、かの流体でない小物体は水に入り込まないので、相互の接触によってもっと激しい運動を獲得し、ついには著しく増大した運動によって、まず初めに液状の部分が外へ押し出されてこのことから湯気が生じ、運動が続けばやがて乾燥した草そのものの極微の小部分が飛び出し、自然の渦動が回復されて光と熱を生じる、ということはつまり発火するに至るのである。

　稲妻の原因もこれと同じである。稲妻は1年中で最も暑い季節に起こるが、この季節は水の蒸発量が最も多く、しかも最も高く立ち上

る。最初に立ち上った雲の後に他の雲が、さらにまた他の雲が、というように次々に立ち上って凝結し、（降る水もあれば上昇する水もあるが）ときには次のような衝突をし合うに至る。すなわち、ある場所では水が集まって1つになるが、他の場所には空いたスペースを残し、このスペースには（雲と雲のぶつかり合いのせいで気体状の諸部分が蒸発することにより）流体でない小物体が多量に押し込まれて、それらを包んでいる大気の状態に応じてその運動を自由に行なうことができないほどになる、というような具合にである。そしてこのようにしてこれらの小物体の運動は激しさを増し、あちらこちらへうごめいて雲を打ち砕いて外へ出てゆき、大きな力で空気を揺り動かし目を打つことによって光を発生させる、つまり光るのである。しかしてこの光が稲妻である。

10. 火薬の威力の原因、また木炭・硫黄・硝石にそれぞれどのような作用が帰せられるべきか

火による現象のうちで最もよく知られており、かつ最も驚嘆すべきものは、火のついた火薬の威力である。この薬粉は、すりつぶされた硝石と硫黄と木炭から合成されていて、最初の点火は木炭の作用によるが、火口の役をして小さな炎を、すなわち光と運動を生じさせるのは硫黄の作用であり、次いで非常に激しく閃光して爆発するのは硝石の作用によってである。ところで、まだ砕いて粉にしていない硝石を火の起きている木炭に当てると、まず硝石は融解して、それが木炭に付着している部分では水がかかったように炭火が消えるが、やがて硝石と炭の境目から蒸気のような気体が噴き出してきて、急速な運動によって四方八方へ激しく炭を吹き飛ばす。このことから、続いて猛烈な運動と燃焼が起こることになるが、これは1つには火のついた炭から外へ出てくる小部分の運動、いま1つは炭の中に含まれたままの気

体状の物質と液状の物質の小部分の同時運動という、互いに相反する2つの運動によるものである。次いで、硝石がそれ以上作用することをやめた後（すなわち、硝石中の飛びやすいものが飛び出してしまったとき）、傍に何かある白い物質が見出されるが、これは再び火の中に投じると再び白く輝きはするものの、火が大きくならなければもはや飛び散らされないであろう。そういうわけで、このことのありうる原因が見出されるならば、この原因はまた、火のついた火薬の粒があれほど激しく拡がり、光り、運動することのありうる原因でもあるだろう。さて、この原因でありうるのは次のようなことである。

　硝石を構成している諸々の小部分は、一部が固体状、一部が液状、一部が気体状であると仮定しよう。また、固体状の小部分は水泡のような中が空っぽの球形をしているとしよう。したがって、いっしょにされ凝縮された多数の小部分は隙間の多い塊を構成し、これは液状または気体状の物質で満たされているか、もしくは一部は液状の、一部は気体状の物質で満たされていることになろう。そうすると、固体状の小部分が砕けた場合、必然的に液状および気体状の諸部分は飛び出してくるであろうが、これらは飛び出せば必然的に、火のついた木炭とそれに混ざった硫黄とに強く吹きつけるであろう。こうなると、光は著しく拡がり、炎は激しく灼熱し、硝石・硫黄・木炭の小部分は猛烈な勢いで飛び散らされる、ということは必然的である。それゆえ、火のついた火薬の威力のありうる原因は示された。

　さてここで、鉛や鉄の弾丸があれほどの速さで大砲の砲身から撃ち出されることの原因を示すために、一般に定義されているような稀薄化を、すなわち同一の物質にあって時にはより大きく、時にはより小さくなるような量を持ち出す必要があるとは思われない。こういうことは考えられないことである。なぜなら、各々の事物がより大きいとかより小さいとか言われるのは、それの有する量がより大きいか小さ

いかに応じてのことだからである。発射機から弾丸が撃ち出される激しさは、点火された火薬の極微の小部分の激しさから生じる。あるいは、少くともこの原因から生じる可能性のあることはたしかである。それにもかかわらず何かある空虚な場所を仮定することは、不必要である。

11. 摩擦によって熱が生じるのはどのようにしてか

さらに、木材を木材に擦り合わせる場合のように、2つの物体の摩擦からある程度の熱ばかりでなく火も発生することは、経験によって知られている。これは、この摩擦運動があれこれの部分に対するその時どきの圧力の相互作用であって、この運動から必然的に次のことが生じるからである。すなわち、両方の木材に含まれている流動物があちこちで引き離され、その結果飛び出すよう努力して、この飛び出してゆくものがしばらく後で火になる、ということである。

12. 光を第1次光、第2次光等々に区別すること

さて、光には第1次光、第2次光、第3次光等々があり、以下同様に限りなく続く。第1次光と言われるのは、太陽や火のような最初に光るもののうちにある光のことである。第2次光とは、月や壁のような、太陽によって照らされた不透明な物体のうちにある光のことである。第3次光とは、第2次光によって照らされた不透明な物体のうちにある光のことである。以下同じ。

13. プリズムを通した赤・黄・青・紫の諸色のスペクトルの原因

さて、色とは光であるが、ただし混乱した光、すなわち混乱した運動から発生した光である。このことは、赤・黄・青・紫の諸色——これらの色は、光るものと照らされたものとの間に、反対側の底面が三

第27章 | 503

角形をした透明なプリズムを挿し入れることによって発生する——に関して明らかになるであろうとおりである。

　理由は次のとおりである。（図XXVII—2において）ガラスかもしくはその他の透明な、空気よりも密度の高い物質でできたプリズムがあって、その底面は三角形ABCであるとしよう。また直線DEは、直線ABに対して斜めに位置する太陽の円面の直径であり、太陽はDAとEBCに沿う光線を放射するとしよう。そして直線DA、ECを、どこでもよいから点Fと点Gへと延長しよう。いま、直線DAはガラスの密度のせいで垂線寄りの方向へと屈折するから、（点Aで）屈折した屈折線を直線AHとしよう。さらに、ACよりも下方の媒体は上方の媒体よりも密度が低いので、別の屈折が生じ、これは垂線から離れてゆくであろう。そこで、こちらの屈折線をAIとしよう。点Cでもまた同じことが生じるものとし、その場合の第1の屈折線はCK、もう1つの屈折線はCLであるとしよう。さてそこで、（直線AB上の点である）点Aにおける屈折の原因は、ABにおける媒体の抵抗が空気の抵抗を超過していることであるから、点Aから点Bの方への屈折があったであろうことは必然的であり、それゆえ媒体の運動は三角形ABC内の点としてのAで混乱させられるであろう、つまり、AFと

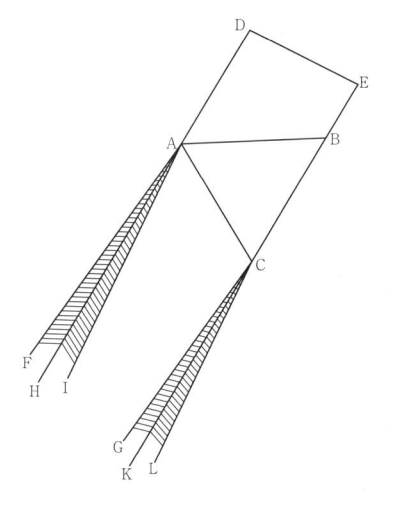

図XXVII—2

504

AH とに沿った直線運動と、同じ AF と AH の間を横切る運動——三角形 AFH の中を横切る短い線でこの運動を表示した——による混入を受けるであろう。さらに、直線 AC 上の点としての点 A では直線 AI に沿った屈折が生じるので、媒体の運動は A から C の方へ横切る反作用——この反作用も同じように三角形 AHI の中を横切る短い線で表わされている——のせいでさらに混乱させられるであろう。また三角形 CGK と CKL の内部にも 2 重の混乱が生じるが、これも上と同じ仕方で素描しておいた。他方、直線 AI、CG の間では光は混乱させられないが、その理由は、A と C で生じたのと同じことが直線 AB と直線 AC のあらゆる点においても生じるとすると、三角形 CGK の平面はあらゆる場所において三角形 AFH の平面に重なるということが起こるであろうし、そしてこのことから、A と C の間ではすべてが似かよっているということになるだろうからである。そのうえ、次のことも見てとられなければならない。すなわち、A で生じたすべての反作用は A と C の間にあって光に照らされている部分へと向かい、それゆえ最初の光を混乱させるということ、しかしこれに反して、C における反作用はすべて三角形の外部の部分へと、すなわち第 2 次光のある所であるプリズム ABC の外部の部分へと向かうということ、そして三角形 AFH はガラスそのものの中に生じる光の混乱を示すのに対して、三角形 AHI はガラスの下方に生じる光の混乱を示し、これと同様に、三角形 CGK はガラスの中の、CKL はガラスの下方の光の混乱を示すということである。このことから、4 つの異なる運動が、すなわち 4 つの異なる照らされ方が、つまり 4 つの色が存在するのであり、この 4 つの色の相違は、太陽光線がプリズムを透過して白い紙の上で受け取られるときに、(二等辺三角形を底面とする) プリズムの中で感覚に対して非常に明らかに現出する。さらに、感覚に対して三角形 AFH は赤く、三角形 AHI は黄色く、三角形

第 27 章 | 505

CGKは青にかなり近い緑色に現出し、最後に三角形CKLは紫色に現出する。それゆえ、光に横から入射する光線は、ガラスのような抵抗性の大きい透明体を透過する際のような、弱いけれども第1次光である光からは赤を、直線ACの下方のもっと密度の低い媒体中にあるような、より強い第1次光からは黄色を、（第1次光に最も近い）三角形CGKの中にあるような、比較的強い第2次光からは緑色を生じさせ、最後に、三角形CKLの中にあるような比較的弱い第2次光からは紫色を生じさせる、ということが確かに知られる。

　また、この4色の発生のためにはガラスの形がプリズム状である必要はない。なぜなら、球においても太陽光線は2度屈折し2度反射するので、球体も同じ効果を生じるからである。デカルトはこのことと並んで、現に雨の降っているときにしか虹が現れないこと、また落下する雨滴はほぼ球形であることを観察したので、このことから虹の諸色の原因を説明した。この原因を繰り返して述べる必要はない[1]。

14. 月と星は、地平線上にある時のほうが、中天にある時よりも赤く、かつ大きく見えるのはなぜか

　今しがた示したことによって、地平線の近くに見えている月と星が、中天にある時よりも赤く見えたり大きく見えたりする原因を説明することができる。その原因とは次のとおりである。目と現出している地平線との間には、同じ目と中天との間によりも、汚れた空気や水と土の小物体などが混り合ったものがはるかに多く介在している。他方、月の視覚像は月の円面を底面とし目に頂点のある円錐体の中に並

（1）　初版本、1668年版および英語版では、いずれもこの段落が誤って次の第14節の末尾に置かれている。

んだ光線によって生じる。それゆえ、月からの大多数の光線が視覚円錐の外にある小物体に入射し、これらの小物体から目に向かって反射することは必然的である。しかし、これらの反射光線は視覚円錐に対しては横切るように向かってゆき、目に対しては円錐角よりも大きな角をなす。それゆえ、月は地平線上にある時のほうが中天にある時よりも大きく見える。また、反射光線は月の光を横切るので、(前節により) 赤色が生じる。それゆえ、月と星は地平線上にある時のほうが、中天にある時よりも赤くかつ大きく見えるということの、ありうる原因は示された。

　地平線上にある太陽が中天にある時よりも大きく、かつ白い輝きから鈍って黄色くなった色で現出する原因も、上と同じであるとみてよい。なぜなら、間にある小物体による反射は同じであるし、媒体の横切る運動も上と同じであるが、しかし太陽の光は月の光よりもはるかに強いので、(前節により) 太陽の白い輝きが少しばかり混乱させられて、鈍って黄色くなることは、必然的だからである。

15. 白色の原因

　白色はたしかに光であるが、ただし多数の光線の目に対する (狭い空間の内部での) 一斉反射によって混乱させられた光である。なぜなら、ガラスもしくは任意の透明体が粉砕され揺り動かされて非常に微細な諸部分にされたとすると、これらの諸部分の各々は、(光線がどこかある1点から目に向かって反射しさえするならば) 見る人においてその光全体の観念ないし像を、すなわち光全体の表象を——最も強い光は最も白く輝くので——白くするであろうから。それゆえ、そのような諸部分がたくさんあればたくさんの光の像を作り出すであろうから、これらの諸部分が非常に目の詰んだ状態にあるとすれば、このたくさんの像は混淆して現出し、そして混淆した光に由来する1つの白い光

を呈するであろう。したがってこのことから、粉砕された、すなわち粉々にされたガラスが白い色を帯びるということの、ありうる原因を見出すことができる。水と雪が白いことの原因も同様である。なぜなら、これらは極微の透明な諸物体の集塊であり、この諸物体はすなわち小泡で、それらの1つひとつの凸面から反射によって光全体の1つひとつの混淆した表象が、すなわち白色が生じるからである。塩や硝石が白いのも同じ原因によってである。なぜなら、これらは水と空気を含んだ諸々の小泡から成っているからである。このことは硝石に関しては、それが火にくべられると火を非常に激しく燃え上がらせるということから明らかなとおりである。他方、塩も同じ作用をするが、その衝動力はもっと小さい。ところで、もしも白いものが光に、ただし日中の白く輝く光にではなしに、火か蠟燭の光にさらされるとすれば、このものが白いのか黄色いのかを見て判断するのは容易ではない。このことの原因であるとみてよいのは、火の光や炎が白と黄色のほぼ中間の色をしているということである。

16. 黒色の原因

白色が光であるように、黒色は光の欠如、すなわち暗さである。このことから次のようなことが生じる。第1に、そこから光が目に向かって反射することができないような穴は、黒く現出するということ。第2に、物体の諸々の小部分が（それらに入射する光線が物体そのものの中へと反射し、目に向っては反射しなくなるような具合に）表面から直立して突起していると、この表面は黒く現出する——海が風によって波立たせられると黒くなるように——ということ。第3に、可燃物質は火によって、明るくなるよりも先に黒くなるということ。これはどうしてかというと、火は投げ込まれた物体のごく微細な部分を分散させる努力をしている間、分散させるよりも先に起き立たせるからであ

る。それゆえ、諸部分の全体的な分散が生じる以前に火が消された場合、炭は最も黒く現出するであろう。なぜなら、直立した諸部分に入射する光線は、目に向かってではなく炭そのものの中へと反射するだろうからである。第4に、黒い物質のほうが白い物質よりも、採火鏡によって火がつきやすいということ。これはどうしてかというと、白い表面においては突起している諸部分が小泡のように丸くなっており、それゆえ光線はこれらの諸部分に入射すると反射して、反射させる物体から四方八方へ遠ざかってゆくが、これに対して黒い表面においては、突起している諸部分はもっと直立しているので、それらに入射する光線がみな物体そのものの中へと反射することは必然的だからである。そういうわけで、黒いもののほうが白いものよりも太陽光線によって火がつきやすいのである。第5に、白と黒の混合から生じるすべての色は、表面から突起している諸々の小部分の位置が、粗さの違いに応じて異なった形態を持つことに帰因するということ。この異なった諸形態によって、光線の目に向かっての反射が反射させる物体によって多くなったり少なくなったりするということが生じるからである。しかし、こういった差異は無数にあって、上述の小物体も目にとっては知覚不可能であるから、1つひとつの色の原因を厳密に決定して説明することは困難であって、私はこの諸原因の説明にあえてとりかかろうとする気にはなれない。

第28章　冷たさ・風・硬さ・氷・曲げられたものが元に戻ること・透明なもの・稲妻と雷・河川の水源について

1. 同じ口から吐かれた息が暖めることもあれば冷やすこともあるのはなぜか

　私たちの精気と身体の流動する諸部分が周囲の大気の物質の運動によって刺激されることから色が認識されるように、同じ精気と体液の内部に向かう努力からは冷たさが感覚される。したがって、冷たくすることとは、身体の外的な諸部分が内部に向かって努力するようにさせることであって、これはすなわち、熱くすることに際して生じる運動——この場合は内部の諸部分が外部に向かって喚起される——の反対の運動によるものである。それゆえ、冷たさの原因を認識するためには、身体の外的な諸部分が内部に向かって入り込もうと努力するということが、どのような1つまたは複数の運動によって生じるのかを見出さなければならない。そこで、最も馴染み深い諸現象から始めるとして、次のことはほとんど誰ひとり知らぬ者はない。すなわち、口の息は激しく吹き出されると、つまり口をあまり大きく開かずに排出されると、その息にかざされた手を冷たくするが、口を大きく開いて、つまりやんわりと排出されると、同じ息が同じ手を暖めるということである。この現象の原因は次のようなことであるとみてよい。呼気は2とおりの運動を有し、その1つは呼気全体の真直ぐな運動であって、この運動により息にかざされた手の前側の諸部分はそれ自身の前方へ、すなわち内部に向かって押しやられる。もう1つは息の小部分の単純〔円〕運動であって、これは前章の第3節で示したとおり、暖める〔熱くする〕運動である。それゆえ、この2つの運動のどちらか一方が優勢になるのに応じて、呼気は冷たく感じられたり暖か

511

く感じられたりする。したがって、口を大きく開いて柔かく息を吐き出している間は、暖める単純〔円〕運動のほうが優勢であり、それゆえ暖かく感じられるが、しかし口をすぼめて息を吹き出すときは、真直ぐな運動のほうが優勢になり、それゆえ冷たく感じられるのである。なぜなら、息にせよ空気にせよ、それの真直ぐな運動とは風であり、しかしてあらゆる風は冷たくする、あるいはそれ以前にあった暖かさを減じるからである。

2．風はどうして生じるのか。また風の吹き方が不安定であるのはどうしてか

さて、大風だけでなく、ほとんどどのような通気や空気の動揺であっても、あらゆる風は冷やす働きをするから、冷たさに関する多くの実験が説明されることは、風の原因が発見されてしまう以前には不可能であろう。ところで、風とは空気の直線運動の衝撃にほかならないが、しかし多くの風が同時に吹く場合には、この運動はつむじ風の際のように円やどのような曲線にもなりうる。それゆえ、このすぐ後の箇所では風の原因を探求しなければならない。しかして、空気の運動すなわち風には、多くの空気の一斉の流動ないし波動であるものと、直線的進行であるものとがある。

どんなに僅かな時間でもよいから、空気が清朗であり、かつ同時に静穏でもあると仮定しよう。しかしそれでも、地上の諸物体が上に述べたように配置されていれば、たちまちどこかで風が生じることは必然的であろう。その理由は次のとおりである。太陽がそれ自身の小周転円上での単純〔円〕運動によって引き起こす空気の諸部分の運動により、海水も、海の諸物体のあらゆる湿った小部分も蒸発し、それらから雲が生じるので、次のことは必然的である。すなわち、水の小部分が移行している間、（いかなる空虚な場所も存在しないので）それと同

じだけの空気の小部分が四方八方から脇へと逸れて、それら自身に最も近い諸部分を押しやり、またこの押しやられた諸部分が他の諸部分を押しやって、ついには回転が作り出され、水が陸地の前面から遠ざかったのとちょうど同じだけの空気が後方から陸地へ近づくまでになる、ということである。それゆえ空気は、上昇する蒸気によって最初のきっかけが作られると四方八方から脇へと動くが、動く空気とは風であり、したがって風が生じる。さてそこでもしこの風が、他の場所で立ち上る蒸気によって再び、しかもより高い頻度で現れるとすれば、風の力は増大し、その通り道すなわち風域は変動するであろう、ということは明らかである。さらに、地球がその自転運動によって時にはその乾燥した部分を、時には湿った部分を太陽のほうへ向けるのに応じて、上昇する蒸気の量も多くなったり少なくなったりするであろう、ということはつまり、作り出された風は少なくなったり多くなったりするであろう。したがって、蒸気によって発生する風と、同時にこの風の吹き方が不安定であることとの、ありうる原因は示された。

　このことから次のことが帰結する。すなわち、これらの風は、蒸気がそこへ向かって上昇してゆくことのできる位置よりも高い場所では生じることができないということ、また、テネリフェ山頂やペルーのアンデス山地のような非常に高い山々について語られていること、すなわちこれらの山々では吹き方の不安定な風が吹き乱れることはなさそうだということは、信じがたいことではないということである。もしも本当にこれらの山々の頂上では雨も雲も決して見られたことがない、ということが確かなこととして知られたとすれば、これらの山々が蒸気の通常到達する高度よりも高いということは疑いえないところであろう。

　3．東から西へ向かって吹く風は、強くはないが、赤道付近で定常的

に吹き続けているのはなぜか

　けれどもそういう高い山の頂では、たしかに蒸気の上昇によって生じた風ではないが、しかしもっと弱いがもっと定常的な、ふいごの永続的な一吹きに似た別の風が、東の区域から吹いているのを感知することができる。この風は2重の原因によるもので、そのうちの1つは地球の自転運動、もう1つは地球自身の小周転円上における単純〔円〕運動である。その理由は次のとおりである。これらの山々はその高さゆえに地球の他のあらゆる部分よりも高くそびえ立っているので、この両方の運動によって――自転運動によるのはたしかに少しだけであるが――空気を西から東へと押しやる。しかし、地球のそれ自身の小周転円上での単純〔円〕運動は、自転運動が一度完了するのにかかる時間で2度完了し、なおかつ小周転円の半径は自転運動の回転の半径の2倍である、ということが仮定されたのであるから、それ自身の小周転円上での地球の任意の点の運動は、自転運動よりも4倍速いであろう。それゆえ、上の両運動をいっしょにすれば、空気に対する当たり方が感知できるようにされるには十分であり、したがって風が感知されるに十分である。空気が感知する人に打ち当たろうと感知する人が空気に打ち当たろうと、運動の知覚は同じだからである。しかもこの風は、蒸気の上昇から生じるのではないので、必然的にきわめて定常的であろう。

4．雲の中に含まれている空気の効果はどのようなものか

　空気中へと雲が立ち上ったところへ別の雲が上昇してゆく場合、両方の雲の間にとらえられた大気の部分は必然的にあらゆる方向へ押し出されるであろう。同様に、一方は上昇し、他方は同じ高さに留まっているか下降してゆく2つの雲が、大気の物質をあらゆる方向から封鎖するような仕方で結合する場合にも、こうして圧縮された空気はや

はり水を通り抜けて外へ出て行くであろう。しかしその際に、大気に混入していて（仮定されたように）単純〔円〕運動によって絶えず動かされている固体状の小部分は、雲の水分を通り抜けずに、雲の中の空洞のうちできつく圧縮されるであろう。またこのことは、第21章第4、5節においてたしかに証明された。そのうえ、地球は太陽の運動によって押し動かされたエーテルによって泳動するので、地球にぶつかるエーテルの諸部分は地球そのものの表面に沿ってあらゆる方向へ広がってゆくであろう。このことは第21章第8節で証明されたとおりである。

5．運動によらなければ、軟いものから硬いものは生じない

私たちが硬いものを認識するのは、私たちの触れている物体のある部分をさらにもっと押しやりたいと思っても、物体全体をいっしょに押しやるのでなければ、したいとおりにはならない、ということによってである。じっさい、触れられたり叩かれたりした空気や水の小部分は、容易に、かつ感知できる仕方で押しやられるが、しかしその他の部分は（感覚に関しては）動かないままである。石の部分はそうはいかない。それゆえ硬いものとは、全体が動かなければそれのいかなる部分も感知できるような仕方では動かすことができないような物体のことである、と定義される。したがって、軟いものや流動するものが硬いものになることができるのは、大多数の諸部分が任意の1つの部分の運動にすべて一斉に抵抗してそれを妨げるような、そのような運動によってでしかなく、他の原因によっては不可能である。

6．南北両極周辺の寒さの原因は何か

以上のことを前提して、地球の両極の周辺では両極から遠い所よりも寒さが厳しいことの、ありうる原因を示そう。空気は、南北両回帰

線の中間を周回する太陽によって、それ自身の直下にある地表の方へと押しやられて四方八方へと広がるが、その広がる速さはたしかに、地表が狭ければ狭いほど、すなわち赤道円に平行な円が小さいところほど速い。それゆえ、広がってゆく空気の運動は出会った空気の諸部分を常に南北両極の方へと前押しし、さらにその押す強さは、空気の力が統合されるほど、すなわち平行円が小さいところほど、ということはつまり、地球の両極に近づけば近づくほどそれだけますます強くなる。したがって、南北両極に近い場所では両極から遠い場所よりも厳しい寒さが生じるのである。

さらに、地表上を東から西へと空気が広がる際に、下にある場所へと太陽が絶えず近づくせいで、なるほど日の出と日没には寒さが生じるが、しかし太陽は常に寒くなった場所に向かって、ますますその真上にくるように近づくので、太陽の当面の単純円運動から生じる熱によって、この寒さは逆に軽減される。そしてそれが強くなるのは自転運動によってでしかない。そういうわけで、南北両極に近い場所における、もしくは太陽の傾きが大きいときの、寒さのありうる原因は示された。

7．氷の原因。天気のよいときよりも雨の降っているときのほうが寒さが和らぐのはなぜか。深い井戸の中の水が地表に近いところの水よりも凍りにくいのはなぜか。氷が水よりも軽いのはなぜか。酒が水よりも凍りにくいのはなぜか。

さて、水が寒さによって氷結するということがどのようにして生じうるのかは、次のような仕方で説明することができる。（図XXVIII—1において）、Aが太陽で地球はBであるとしよう。それゆえAはBよりもはるかに大きい。さらに、直線EFは赤道平面に含まれており、直線GH、IK、LCはEFに平行であるとしよう。最後に、C、Dは地

球の両極であるとしよう。そうすると、空気の作用は地球に対してこれらの平行線に沿って効果を及ぼすであろうから、空気は地表に沿って運動し地表を強く擦るが、その擦りかたは、両極の方へ行くにつれて赤道面の平行面が小さくなるほど、それだけ大きくなる。それゆえ風が生じ、この風は水の水位の最も高い点を押しやると同時に少しばかり高め、地球の中心へと向かう水の努力を妨げる。さらに、今しがた述べた風の努力と結合した地球の中心に向かう努力により、水の最も高いところの小部分は圧縮され集中させられて丘状になり、その結果水の最も高いところは表皮化して硬くなる。少し後には同じようにして水の最も高いところに最も近い部分が硬くなり、ついには厚い氷が生じるに至る。ただしこの氷は、小丘部による結合のせいで、氷の中に取り込まれた空気の小部分をも少からず含んでいる。

さらに、川や海と同様に雲もまた氷結することがありうる。理由は次のとおりである。ある雲は上昇し他の雲は下降して、間に挟みとられた大気を圧縮により吹き出すので、吹き出された大気が両方の雲を擦り、徐々に固着させてゆく。また（組み合わさって雲を作りなしているのが常である）諸々の水滴がたしかにまだ融合していなかった場合でも、同様な風が引き起こされ、そしてこの風によって（水が氷結して氷になるように）水蒸気が氷結して雪になるのである。氷が火の近くでも人工的に生じうるということも、これと同じ原因によることである。理由は次のとおりであ

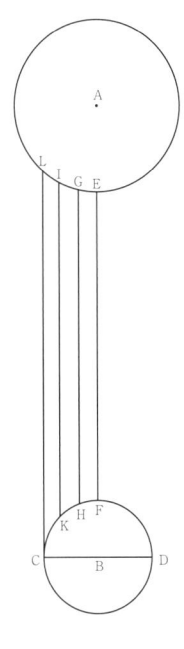

図 XXVIII—1

る。この氷作りを行なう人は、雪に塩を混ぜて器の中へいっしょに入れ、この物質の中へ水で満たした小さな器をほとんど埋まるようにしておく。さてそこで、塩と雪（それらの中には多量の空気が含まれている）が融けてゆくと、押し出された空気が四方八方から（風のように）水の入った小さな器を擦る。そして小さな器が風から受けるのと同じ運動により、中に入っている水は小さな器の作用によって徐々に氷結してゆくのである。

さらに、雨が降っていたり曇っていたりしている場所では、天気のよい場所よりも（他の点が等しければ）常に寒さが和らいでいるということが、経験的に知られる。そしてこのことは、今しがた言われたこととたしかに一致している。理由は次のとおりである。天気のよいときには、風（これが地表を擦ることは今しがた示したとおりである）の進行は最も自由であり、かつ最も強い。しかしこの風は、水滴が上昇したり下降したりすればそれらによって鈍らされ、弱められ、分散させられる。しかるに、より弱くされた風はそれだけ寒くさせる度合が低いということは当然である。

同様に、深い井戸の内部では地表においてよりも水が氷結しにくいことも経験的に知られている。その理由は次のとおりである。氷を生じさせる風は地中に（土壌の諸部分の目が粗いせいで）ある所まではそれ自身の力をあまり失うことなく入り込んでゆく。それゆえ、深くない井戸の中では水が凍結する。けれども深い井戸の中では、冷たくさせる風がそこまで入り込めないので、凍結は生じないのである。

さらに、氷が水よりも軽いことも経験的に知られている。このことの原因は、凍結している水には氷結そのものの最中に空気の小部分が混入している、ということが既に示されたことから、明らかである。

最後に、酒が水よりも氷結しにくいのは、酒の中では流体でない小部分が非常な速さで運動しているからである。このことによって、ま

ず第1にこれらの小部分の運動のせいで氷の外皮のできるのが遅らされるが、冷たさがこの運動を凌いでしまえば最初に外側から酒が凍りだし、最後に内側が凍結する。真ん中のところにあって凍らずに残っている酒が非常に強い酒になることは、このことの証拠である。

8. 原子同士のより完全な接触に由来する、硬さの別の原因。また、硬いものはどのようにして砕かれるか

　硬いものを生じさせる1つの仕方、すなわち氷結による仕方を見てきた。さらに、これとは別の仕方があって、それは次のようなものである。大気の構成物質には、他の諸原子よりも硬く、かつそれ自身の単純〔円〕運動を有する他の無数の原子が混入しているということは、以前既に前提したことである。それゆえこのことから、次のことは必然的である。すなわち、第21章で述べられた大気全体の沸動のせいで、諸原子同士が互いにぶつかり合い、それらの運動と相互の接触とが要求するところに従って、互いに接着し合って結合するということ、そして（空虚は存在しないので）それらの硬さを凌ぐのに必要なだけの力によらなければ引き離すことができないということである。

　さて、硬さの度合は無数に存在する。そしてじっさい、水にもある硬さの度合が内在しているのであって、このことは、平らな面の上にある水が指に従って私たちの意のままにあちらこちらへ引いていかれることからも明らかである。粘性のある液体においては硬さの度合はなおいっそう高い。さてこの粘性の液体は、注ぎ出されると落下しながらほとんど1本の糸のように並び連なり、そしてこの糸は、切れる以前に徐々に薄められて濃度が下がると、その結果ただ1点において切断が生じるのが見られる。そしてたしかに最初の糸の周囲の外寄りの諸部分が互いに切り離されてゆき、さらにその後次々とより内側の部分がそうなってゆく。粘性の液体の次にさらに高い度の硬さを持つ

のは蠟である。蠟の場合も、その部分同士を引き離したいときには、諸部分を分離する以前にその全体を細くする。しかるに、切断されるべきものが硬ければ硬いほど、それだけ加えられなければならない力も大きなものになる。それゆえ、綱・木材・金属・石というように、より硬いものへと進んでいっても、（たとえ常に感知可能な仕方で、というわけではないとしても）必ず同じことが起こるということを、合理的推論は説得する。したがって、非常に硬いものもまた同様の仕方で、すなわち最初は最も外側の表面の周囲において、それから次々とより内側の諸部分において連続性の解消がなされたことにより、断裂するのである。同様に、物体の諸部分が引き離されることによってではなく打ち割られることによって分離されなければならないとした場合には、曲げられた物体の凹面よりも凸面の近くにある諸部分のほうが先に破裂することは必然的である。なぜなら、あらゆる屈曲に際して凸面には分離に向かう諸部分の努力があるのに対して、凹面には相互浸透に向かう努力があるからである。

　上のことがわかれば、共通面に沿って互いに接し合っている２つの物体が、力を加えられると、いかなる空虚も存在しなくてもやはり破裂しうるのはどうしてかという、その理由も示すことができる。ルクレティウスは、この破裂によって空虚を確認したと思い込んだとき、このことを見誤っていた。なぜ見誤ったかというと、大理石の柱が別の土台によって支えられているのが示された場合、この柱が十分長いとすれば、それ自身の重量によって割れるだろうからである。しかし、連続性の解消が周囲から中心に向かって相次いで生じる場合には、上の事実から空虚の存在することは必ずしも帰結しないのである。

9．熱に由来する、硬さの第３の原因

ある諸事物における硬さには、次のような別の原因もありうる。すなわち、多数の硬い小部分が凝集して１つの軟い物体をなしているけれども、以前からのこれらの小部分同士の密着の仕方は比較的緩やかで、流体の小部分が数多く混入していたとすると、これらの流体の諸部分は、第21章の最終節で示したように、外へ出て行くように仕向けられるであろうから、かの硬い小部分同士は、より大きな面に沿って互いにくっつき合うようになり、したがって互いにいっそう緊密に密着し合うであろう、ということはつまり、全体がより硬くなるであろうから、ということである。

10. 狭い空間内での諸原子の運動に由来する、硬さの第４の原因

　さらに、ある諸事物の場合、次のような仕方でもまた、ある度合の硬さが生じうる。すなわち、ある液に何らかの極微の小物体が散在していて、かつこれらの小物体がそれ自身の単純〔円〕運動によって動き、そのせいでこの液そのものの諸部分も同様の運動によって動く場合、そしてこのことが狭い空間内で（たとえば球体かもしくはごく狭いラッパの中空部で）生じ、しかもこの運動が非常に激しくて、中に含まれている小物体が十分に多数である場合、次の２つのことが起こる。１つは、封入された流動体がすべての方向に向かって一斉にそれ自身を拡張する努力を始めるということ。いま１つは、封入された流動体の諸部分の運動は元々強いのだが、外へ出て行くことができないので運動の反射によって今やはるかにその強さを増しているということである。それゆえ、何かある外部の動かすものによってこの流体のどこかある１つの小部分が接触されて圧力を加えられるということがありえても、この小部分は、十分に感知されうるだけの力が加わらなければその場から退くことができない。それゆえ、封入されたままこのように揺り動かされた流体はある程度の硬さを持っている。さらに、硬

さの度合の高い低いは小物体の量・速度と、場所の狭さという2つの結びついた原因に依拠している。

11. 硬いものが軟くなるのはどのようにしてか

焼き固められたもののように、熱のせいで急激に硬くなったものは、大抵は水に浸されることによって軟くなって元の形に戻る。なぜなら、焼き固められたものの大部分は水分の蒸発によって硬くなっており、それゆえ同じ液が戻ってくれば以前の性質も戻ってくるからである。寒さのせいで氷結したものは、それを凍結させた風が反対の風域へと変化すれば（おそらく、新しい運動ないし努力の習慣を獲得してしまっているであろうほど長時間にわたって硬くなっていたのでないかぎりは）融解するが、凍らせる風が止んだだけでは融解のためには十分でなく（なぜなら、原因の除去は結果を消滅させないから）、融解の固有の原因が、すなわち反対の風かもしくは少くともある程度対立した風が存在したのでなければならない。そしてこのことは、そうなることが経験的にも知られている。なぜなら、しっかり閉じられていて空気の運動が少しも入り込むことのできない場所に氷を運び込むと、そこでは寒さがあまり感じられなくても、氷は融けずに保存されるだろうからである。

12. 曲げられたものがひとりでに元に戻るのはどうしてか

硬いものには、はっきりと曲げることができるものと、曲げることができず、曲げたとたんにすぐ割れてしまうものとがある。そして、はっきりと曲げることができるものには、たしかに曲げられはするが、放っておかれるとすぐに再び元に戻るものと、曲ったままになっているものとがある。それゆえ、元に戻ることの原因が問題となるが、この原因である可能性があるのは次のようなことである、と私は

言う。すなわち、曲げられた物体の小部分は物体が曲げられたまま保たれているときにもやはり運動しているので、（曲げている力が除かれれば）その運動によって、曲げられたものを元に戻す、ということである。なぜなら、何かあるもの、たとえば鋼の板が曲げられて、曲げる力が除かれるとそれが急激に元に戻る場合、元に戻ることの原因を周囲の空気によるものとすることができないことは明らかであるし、曲げる力が除かれたことが元に戻ることの原因でないことも明らかだからである。この後のほうのことの理由は、静止しているものの場合、後々運動を妨げるであろうものを除くことは運動の十分な原因ではないから、ということである。運動の原因は運動以外にないからである。それゆえ、元に戻ることの原因は、板そのものを構成している諸部分のうちにある。

それゆえ、板が曲ったままになっている間も、板の諸部分のうちには何かある運動が、目には見えなくても、ということはつまり少くとも努力が内在しており、しかもたしかに、板そのものを元に戻さなければならないような仕方で内在している。それゆえ、すべての部分の努力をいっしょにしたこの努力が、元に戻ることの根本原因である。したがって妨げが、すなわち板を曲ったままにしておく力が除かれれば、板は元に戻るであろう。さらに、このことを生じさせる諸部分の運動は、単純〔円〕運動すなわちそれ自身に戻る運動であると前提された運動である。したがって、板の曲っているときにはその両端を引っ張ると、たしかに一方の側では小部分同士の相互圧縮——これは努力に対立する努力である——が生じるが、他方の側では小部分同士の引き離しが生じる。それゆえ、一方の側からの小部分の努力は、中央から両端の方へと板の形を元に戻すことに向かい、そしてその影響で、他方の側では小部分が両端から中央へ向かって努力する、ということになる。したがってこの努力は、（完全な復元の根本原因であるか

ら）妨げが除かれれば板を元に戻す。かくて、何かある曲げられたものが元に戻ることの、ありうる原因が説明された。そして、これが説明されるべきことであった。

これに対して石は、多くの非常に硬い小部分が地下で互いに付け加わり合うことによって生じるが、これらの小部分は比較的緊密でない仕方で、ということはつまり、比較的小さな諸表面に沿って互いにくっつき合い、それゆえ空気の小部分が入り込む余地があるから、曲げられている間、硬さのせいで内から圧力がかかることには比較的なりにくいということは必然的である。そして、石の小部分同士が比較的緩やかなくっつき方をしているせいで、硬い小部分同士が外から位置をずらされると、空気の諸部分が必然的に飛び出してきて、その結果全体が急激に砕けるのである。

13. 透明なもの・不透明なものとは何か、またどうして透明あるいは不透明になるのか

光を発する物体の光線が別の諸物体に対して作用する際に、個々の光線の作用が、互いに同じ順序かもしくはその逆の順序を保つような仕方でこれらの諸物体を通って伝わる場合、この諸物体は透明なものと呼ばれる。それゆえ、完全に透明な諸物体はまた完全に等質でもあることが必然的である。これに対して不透明なものとは、それに入射する光線がこの物体の不等質な性質のために、多様な形や等しくない硬さを持った諸々の小部分における無数の反射と屈折によって、目に到達する以前に弱まるような、そのような物体のことである。

さて、大気や水を構成する物質、またおそらく石の中に見出される物質──ただし水の場合、それが遠い昔の時代から氷結したままの水でないとしての話であるが──のように、自然によって最初から透明にできているものもたしかにあるが、しかしこれに対して、等質なも

のを凝集させる熱の力によって透明なものもある。もっとも、このようにして透明になるものは、諸部分の次元では以前から透明だったのであるが。

14. 稲妻と雷の原因

太陽の運動によって海や湿気の多い場所から水の小部分が立ち昇り、それによって雲が生じるのはどのようにしてかは、第21章で説明済みである。同様に、雲が氷に変るのはどのようにしてかは、上の第7節で述べられた。今や、上昇したり下降したりする雲同士のぶつかり合いにより、空気の諸部分が、あたかも中が空っぽなものの内部に集められて凝縮されるように、徐々に集められ凝縮されうるということから、雷と稲妻のありうる原因を導き出すことができる。その原因とは次のとおりである。空気の中には2種類の部分があり、その1つは気体状の部分で、これは最小部分にまで分割可能な事物としてそれ自身に固有のいかなる運動も持たないが、もう1つは硬い部分、すなわち空気中でそれ自身の、しかも非常に速い単純〔円〕運動を享受している多くの硬い1個1個の原子である。それゆえ、雲と雲がぶつかり合うことで間に挟まって切り取られた空っぽなところをますます狭くするにつれて、気体状の諸部分は雲の水分の実質そのものを通り抜けて外へ出て行くが、これに対して硬い諸部分は、その分だけいっそう強く圧縮されて互いに押し合い、したがってまた各々の小部分の激しい運動のせいで互いにはね返し合う努力をする、ということである。

それゆえ、圧縮が十分に大きく、雲と雲の間の中が空っぽな諸部分が（上で説明された原因から）凝り固まって氷になった場合、雲が破裂することは必然的である。それゆえ、壊れた氷から最初のバリバリという雷鳴が生じ、次いで雲の中に含まれていた空気が飛び出してゆく

ことによって、自由な空気の騒擾も生じる。そしてこのことから、バリバリという音に続いて空気のうなりと鳴動が生じるが、最初のバリバリという音とそれに続くこの鳴動から、雷と呼ばれる音響が生じるのである。さらにこの同じ空気と、飛び出してきてその他の空気を目に達するまで振動させる雲とから、稲妻と呼ばれる光を私たちに感覚させる、目に対するあの作用が生じる。それゆえ、雷と稲妻の、ありうる原因は示された。

15. 氷となった雲が一斉に上昇してその後落下することはどうして生じるのか

しかし、蒸気が雲の中へと上昇し合体してつながり合った水となったり、組み合わさって氷になったりしたのだとすると、氷も水も同じように重いのに、かくも長い間空気によって支えられていることが可能なのはどうしてなのか。あるいはむしろ、上昇したのにどういう原因のせいで再び落下するのか。というのは、水を持ち上げることのできた力は水を支えることもできたはずだということは、疑いようがないからである。それならば、持ち上がった水がなぜ再び落下するのか。太陽の同じ単純〔円〕運動によって、ある時は蒸気が持ち上げられ、ある時は合体して雲になった水が投げ落とされるということが起こるのだと、私は言う。

理由は次のとおりである。第21章第11節では、蒸気がどのようにして上昇するのかが示された。しかるにまた同じ章の第5節では、同一の運動によって等質的なものは寄せ集められ、異質的なものは分散させられるのはどのようにしてか、ということはつまり、大地の本性に近いものが大地の方へと押しやられるのはどのようにしてか、言いかえれば、重いものが下降することの原因は何か、ということが示された。それゆえ、太陽の作用が蒸気の上昇する際には妨げられ、蒸気の

投げ落とされる際には妨げられない場合には、水は下降する。しかるに太陽の作用は、土に似たものが大地の方へと投げ落とされる際には雲によって妨げられることはありえないが、蒸気の上昇する際には妨げられる可能性がある。なぜなら、濃い雲の下のほうの部分は、蒸気を上昇させる太陽の作用を受け入れることができないような仕方で、上のほうの部分によって覆われるからである。このことの理由は、蒸気の上昇の原因が空気の絶え間ない沸動、もしくは極微の諸部分同士の分離であって、この原因は濃い雲が介在していると、天気のよいときよりもはるかに弱いから、ということである。したがって、雲が十分に濃くなったときには、水は（風によって動揺させられなければ）落下するが、それ以前には落下しないのである。それゆえ、雲が空気中に支えられていることが可能で、なおかつ再び地上に落下しうるということの、ありうる原因は述べられた。そしてこのことが述べられるべきことであった。

16. 月蝕が起きているのに月が太陽の正反対にあることがはっきりわからず、そう見えもしなかったということが、どのようにして生じたのか

雲が氷になることがありうるということが認められれば、次のようなことがあっても不思議ではない。すなわち、太陽が地平線上に現出し、これに対して月が地平線より約２度上方に現出したときに月蝕になったのが見られたことがかつてあったとしてもである。じっさい、そのような月蝕が1590年にチュービンゲンのメストリン(1)によって観察されたのである。どうしてこういうことがありうるかというと、太陽と観察者の目との間に凍結した雲が介在していたということがありうるからである。このことが生じた場合、太陽は地平線上に見えていたときに地平線よりも約２度低いところにあったのであって、これは太

第28章 | 527

陽光線が氷を通り抜けるせいでそれだけ高く見えたのである。さらに注意しなければならないことは、この種の屈折を大気のせいにする人々が、これくらい大きな屈折になると大気のせいにはしないことである。それゆえ、かの屈折の原因も大気ではなく、つながり合った水または氷であったのでなければならない。

17. 複数の太陽が同時に現出することがありえたのはどのようにしてか

さらに、(空中に) 氷のあることが認められれば、かつて複数の太陽が見られたことがあったとしても少しも不思議ではない。理由は次のとおりである。反射によって同一の対象が複数の位置に現出するように鏡を並べることは可能であるが、しかるにこれほど多くの凍結した雲が、諸々の鏡の働きを果すことはできなかったであろうか。あるいは少くとも、そのことに対して適した仕方で並べられることはできなかったであろうか。そのうえ、現出の数は屈折によっても増加させられうる。それゆえ、もしもそのような現象が決して生じなかったとすれば、私にはそのほうがよほど不思議に思われたことであろう。

仮にカシオペア座の中に見える新星の一現象が妨げなかったとすれば、私は彗星も同じ仕方で生じると、すなわち、地球からだけでなく他の惑星からも生じてきてその後1つながりの物体へと氷結した水蒸気によって生じると、たしかに信じたことであろう。なぜなら、私はそれで彗星の尾や髪の理由も、またその運動の理由もうまく説明できたであろうから。けれども、かの新星はまるまる16か月にわたって恒

---

(1) ドイツの数学者・天文学者 (1550〜1631)。ハイデルベルク大学、次いでチュービンゲン大学の教授を勤め、新星の発見や彗星の観察に基づいてコペルニクスの地動説を支持した。ケプラーの師。

星と恒星の間の同じ位置に安定不変のまま存続したのであるから、この星の物質が氷であったとは私は信じられない。それゆえ私は、彗星の原因の探究には手をつけないまま、これを後世の人々に残しておく。なぜなら、彗星について（単なる歴史以外に）今まで書かれて存在していることは、考量に値しないからである。

18. 河川の水源

　河川の水源は、雨水や雪どけからごく容易に導き出すことができるが、他の原因から導き出すのは困難もしくはまったく不可能である。理由は次のとおりである。雨水や雪どけ水は山々の斜面を伝って流れ下るが、もしも山の最も外側の表面を伝って流れ落ちるとすれば、この雨もしくは雪そのものが水源とみなされるであろう。けれどももし地下にしみ込んで伏流水として下降するとすれば、それが最初に湧き出るところが水源であって、そこから小川が生じ、小川が合流して河川が生じる。これに対して、水源に向かって流れた水のあったところよりも地球の中心から遠い、もしくは等しい距離にある水源というものは、どこにも見出されたためしがない。なぜなら、ある高名な哲学者は、スーサに沿って流れ下る河川がモンスニー山頂（この山はサヴォワをピエモンテから分つ山である）で生じているということを引合いに出して反対したが、これは真ではないからである。どうして真でないかというと、この河川に対しては両側から高い山々が２マイルにわたってそびえ立っており、これらの山々はほとんど絶え間なく雪で覆われていて、そこから流れ下る無数の小川がこの河川に水を供給していることは明らかであるし、しかもこの河川の大きさに見合った豊富な水量を供給しているからである。

第29章　音・匂い・味および触覚について

１．音の定義と諸々の音の区分

　音は、運動する媒体が耳やその他の聴覚の感官に対して行なう作用から生じた感覚である。これに対して、運動する媒体それ自体は音ではなく、音の原因である。表象すなわち感官の反作用こそが、本来の意味で音と言われるべきものだからである。

　諸々の音の顕著な区分は次の諸点にある。第１に、強い音と弱い音があること。第２に、低い音と高い音があること。第３に、はっきりした音とかすれた音があること。第４に、１次的な音と派生的な音があること。第５に、均一な音と均一でない音があること。第６に、長く続く音と少ししか続かない音があること。これらすべての区分の分肢は、これまた区分可能な諸々の分肢へとさらに下位区分することができ、この下位区分はほとんど限りなく続けることができる。なぜなら、音のバラエティーは色のそれよりもずっと少ないとは思われないからである。

　視覚と同じように、聴覚も媒体の運動から生じるが、しかしその生じ方は似ていない。似ていないという理由は次のとおりである。視覚は圧力に由来する、ということはつまり、次のような努力に由来する。すなわち、この努力に際しては、媒体のどの部分の進行も知覚できるようにはならないが、ある部分が他の部分を押しやったり押しのけたりしながら、結局はどんな距離のところへも作用を次々に伝えてゆくような、そのような努力である。これに対して、音を作り出す媒体の運動は打撃である。というのは、聴覚に際しては最初の聴覚器官である耳の鼓膜が打撃を受けるからである。鼓膜が揺り動かされると、脳軟膜とその中に入り込んでいる動脈も揺り動かされ、こうして

531

作用が心臓そのものに伝わると、心臓の反作用から表象が生じるが、この表象を私たちは音と称して、(この反作用が外部へと向かうので) 外部にあるとみなすのである。

2．音に関する諸々の度の原因

さて、運動するものが運動によって生じさせる効果は、速度が速い場合のほうが遅い場合よりも大きいだけでなく、速度が同じ場合でも、体積の大きい物体のほうが小さい物体よりも大きな効果を生じさせる。それゆえ、速度がより速くなっても物体がより大きくなっても、どちらの仕方でも引き起こされる音はより大きくなる。また、大きさに関しても速度に関しても最大値も最小値も存在しないから、ときにはいかなる音も引き起こさないほど運動が微小であったり、それほど微小な物体の運動であったりするということも起こりうるし、またときには感官を傷つけて感覚する能力を奪ってしまうほど大きいということも起こりうる。

上のことから、音の強さと弱さに関する次のような諸現象の、ありうる原因が明らかになる。この諸現象の第1のものは、誰かある人が管の一方の末端を自分の口に当て、他方の末端を聴き手の耳に当てて、この管をつうじて話をすると、開放された空気をつうじて話す場合よりも音が増幅して強くなる、ということである。このことの、単にありうるだけでなく確実かつ明白でもある原因は、次のことである。すなわち、最初に呼気によって揺り動かされ管を通って運ばれた空気は、開放された空気中におけるように拡散することがなく、したがって吐き出されたのとほとんど同じ速度で耳に達する、ということである。しかし開放された空気中ではこのようにはならない。開放された空気中では、水溜りに石を投げ込んだときに生じるのが見られるような仕方で、最初の運動が輪をなして拡散してゆく。それゆえ、波

動が進行してゆく際の速度は、運動の発生源から遠くへと進めば進むほど、常にますます遅くなってゆく。

　第2の現象は、誰かある人がもっと短い、ただし耳に当てられるほうの開口部よりも話し手に向けられているほうの開口部のほうが大きく開いている管を使用したとしても、やはり受け取られる音は開放された空気を介した場合よりも強くなるであろう、ということである。そしてその原因も同じこと、すなわち大きく開いているほうの管口が音源から遠ざかっている度合が小さいほど、運動が拡散することも少なくなる、ということである。

　第3の現象は、室内にいる人が外で言われていることを聴き分けるほうが、外に立っている人が室内で言われていることを聴き分けるよりも容易だということである。なぜなら、窓やそのほか何であれ動く空気の出入口が、大きく開いているほうの管口の代わりになるからである。そしてこの原因により、何種類かの動物の聴覚にとって、大きく開いた広い耳を自然から授かっていることが並みひととおりでなく役に立っている、ということもまた見てとることができる。

　第4の現象は、海岸にいる人にとって、海全体の巨大な潮騒の音は感覚されるのに、2つの波の衝突はすぐ近くからでもまったく聴き分けることができない、ということである。このことの原因は次のことであると思われる。すなわち、1つひとつの衝突は、たとえ感官を動かしたとしても、感覚を生じさせるのに十分なほど大きくはないけれども、全部の衝突がいっしょになって音を生じさせることを妨げるものは何もない、ということである。

3．音のうちで低いものと高いものとの違い

　叩かれた物体のうち、あるものは低い音を、他のあるものは高い音を生じるが、このことの原因のうちの1つとしてありうるのは、叩か

れてその位置から押し出された諸部分が再び同じ位置に戻るのに要する時間の違いである。なぜかというと、そのわけは次のとおりである。動かされた諸部分の復元はある諸物体においてはたしかに速いが、他のある諸物体においては遅い。そしてこのことからまた、媒体によって動かされた器官の諸部分が静止するのも、速いときもあれば遅いときもある、ということが生じる。さらに、打撃すなわち諸部分の行き戻りがその頻度を増せば増すほど、（時間が同じならば）１回の衝撃によって生じた音の全体は、より多くの、したがってまたより微細な諸部分から成っている。そしてじっさい、高い音のするものは素材に関しては微細である。なぜなら、この両者、と私が言うのは高い音と微細な素材のことであるが、これらのうちの前者は時間の、後者は物質の、極微の諸部分から成り立っているからである。

4．はっきりした音とかすれた音の違いは何によって生じるか

音の第３の区別は、私が用いてきた「はっきりした」と「かすれた」という名称によっても、私の知っている他のどんな名称によっても、十分明らかには理解されえない。それゆえ例が必要である。私が「かすれた音」と言うときに意味しているのは、口笛やささやき声やヒューヒューいう音や、名前はどうあれこれらに類似したもののことである。さて、この種の音は何かある強い風の、それに対置された硬い物体を叩くというよりはむしろ擦る力から生じたものであるように思われる。これに対して、私が「はっきりした音」と言うときに意味しているのは、容易に、かつ判明に聞こえる音のことではなく——なぜなら、そういう意味でなら口笛もはっきりしているから——どよめき、叫び声、ベルの音、ラッパの音、および（おそらくは十分に明瞭に言われた言葉による）喧騒のことである。そして、音は少くとも２つの物体の衝突からしか生じず、この衝突に際しては作用と、反作用すな

わち運動に相対立する運動とが生じることは必然的であるから、対立するこの2つの運動相互の比率が異なるのに応じて生じる音も違ったものにならないわけにはいかない。じっさい、一方の物体の運動が他方の物体の運動に比べたら感知できないほどにこの相互比率が大きいとすれば、音の種類は同じではないであろう。強い風が硬い物体に斜めにぶつかったり、硬い物体が空気中を高速で運行したりする場合はその例である。そういうときには、σύριγμοςすなわち私が「かすれた音」と呼んだ音が生じるからである。

　それゆえ、口から激しく吹き出された息が口笛の音を生じさせるのは、息が出て行くときに唇の表面を擦るが、息の力に対する唇の反作用は感知できないからである。さらに、風が口笛のような音を立てるのも同じ原因によってである。同様に、2つの物体がどれほど硬くても、それらが中くらいの圧力で擦り合わされたならば、生じる音は口笛のような音である。これに対して、既述のように何かある硬い物体の表面を擦る空気によって生じる場合の口笛のような音は、空気が非常に細い無数の部分へと細長く切られることにほかならないように思われる。なぜなら、表面の粗さのせいで、衝突する空気が無数の諸部分の突起によって切られたり裂かれたりするからである。

　他方、「はっきりした音」と私の呼んだ喧騒や音は、1つの生じ方としては、対立する複数の口笛のような音から生じ、他の生じ方としては、2つの物体の突然の衝突や引き離しによって両物体の小部分が急に揺り動かされたり、揺り動かされた小部分が急に元に戻ったりして、小部分のこの運動が媒体に刻印されて聴覚器官にまで伝わったときに生じる。そしてこの衝突あるいは引き離しに際しては、一方の物体の小部分のうちに、他方の物体の小部分内にある努力に対立する努力が内在しているので、これと似たような努力同士の（ということはつまり運動同士の）対立が、聴覚器官内にも生じるであろう。そしてそ

第29章 | 535

れゆえ、このことから生じた音は2つの対立した運動から、すなわち器官の同一部分における相対立する2つの口笛のような音から生じるであろう。なぜなら、今しがた述べたように、口笛のような音はただ1つの物体の感覚可能な運動を前提するからである。さらに、突然に衝突したり打ち割られたりした物体が大きな音を立てるのが見られるのも、器官内における運動と運動のこのぶつかり合いによることである。

5．雷や大砲による音はどうして生じるか

上に述べたことが認められれば、雷によるバリバリという音の原因は、（雷は氷結した雲と雲の間の空になったところから空気が激しく爆発的に吹き出すことによってしか生じないというのがたしかならば）氷そのものが急激に打ち割られることであるかもしれない。理由は次のとおりである。この作用に際しては、打ち割られた諸部分の微小な小部分が縦横両方向に揺り動かされるということだけでなく、この振動が空気に伝わり、聴覚器官に持ち込まれてそこへ刻印されるということもまた必然的である。次いで聴覚器官の最初の反作用から、諸部分が元に戻る際に衝突によって引き起こす最初の、非常に強い音が生じるが、これが「バリバリという音」と呼ばれるものなのである。さらに、あらゆる振動に際しては、揺り動かされた諸部分の行き戻りの交互作用が生るので（なぜなら、第8章第11節で示されたように、相対立する運動同士は間に時間を挟まなければ互いにうち消し合うことはできないからである）、上述の音は鳴り続けながら同時に徐々に弱まってゆき、ついには交互作用する空気の作用がもはや感知されないほどに弱くなるまでに至る、ということは必然的である。それゆえ、あの最初のバリバリという音にせよ、それに続いて起こる雷の鈍くとどろく音にせよ、雷の音のありうる原因は明らかである(1)。

6．笛に息を吹き込んだ際の音のはっきりしているのはどうしてか

　同様に、笛の音は息を吹き込むことによって生じるのにはっきりしているということの原因も、衝突によって生じる音の原因と同じである。理由は次のとおりである。笛の中へと吹き込まれた息が、笛の内側の凹面をただ単に擦るだけであったり、この面にぶつかる際に非常に鋭角的な入射角をなしたりするのであるならば、音ははっきりしたものにはならないで、口笛のような音になるであろう。しかるに、もし大きな角をなすとすれば、管の内側の凹部に対してある部分で打撃が生じるであろうし、そこから反対側の部分への反響が、次いで多数の反響が同じようにして生じるであろう。こうしてついには、笛の面全体が打撃を受けて揺り動かされ、衝突の場合のような行き戻りの交互作用が生じるまでに至るであろうし、この交互作用が感覚器官にまで伝わるときには、衝突や打ち割りの場合のようなはっきりした音が、器官の反作用から生じるであろう。

　同じ仕方で、人の声の場合もはっきりした音が生じる。なぜなら、息が自由に吐き出されて喉の凹面に沿って伝わる際に、この凹面を軽くなでるのなら、そのことによってかすれた音が生じるが、しかし息が喉頭に対して強く押し当たるとすれば、笛の場合のようなはっきりした音が生じるからである。また息はさらに、口蓋・舌・唇・歯やその他の発話器官に対するさまざまな作用により、さまざまな仕方で諸々の声へと分節される。

7．反射音

（1）　1655年のラテン語初版本と翌年の英語版では、この後にさらに2つの段落が続いていた（付録15参照）。

反射していない直線上で音を立てるものからくる運動によって生じる音を、私は「第１次音」と呼ぶ。これに対して、１回のであれ複数回のであれ反射によって生じる音は「反射音」と私は呼ぶが、これは「反響」という名称をつけられている、耳への反射の生じる回数だけ繰り返される音と同じものである。さて、反射は山や壁その他の抵抗物体によって生じるが、これらの抵抗物体の置かれ方により、運動の反射する仕方は、回数の上では多くなったり少なくなったりし、また音と音との間隔の上では密になったり疎になったりする。この反射の回数の多い少いと間隔の疎密という２つのことの原因はともに、反射させるものの位置に求められなければならず、これは視覚の場合にもつねづね行なわれているのと同様である。なぜなら、視覚・聴覚いずれの場合にも、反射の法則は同じであって、それはすなわち、入射角と反射角は互いに等しい、ということだからである。

　それゆえ、硬い物質でできていて内側が磨かれている、中ががらんどうの回転楕円体や、共有の底面で結合した２つの正放物錐体の内部で、１つの焦点に音をたてるものが置かれ、もう１つの焦点に耳が置かれるならば、開放された場所で聞こえるよりもはるかに大きな音が聞こえる。そしてこれは、同じく焦点の位置において可燃物が太陽光線によって燃えるのと同じ原因のためである。しかし、目に見える対象が１つの焦点に置かれると、他方の焦点からは判明には見えないが、その理由は、凹面から目へと反射するあらゆる線上では、対象のあらゆる部分が見え、そこから混淆した視覚が生じるからである。これと同じように、これらと同じ諸々の反射線に沿って運ばれてゆく音も、１つひとつ判明には聞こえない。そしてこのことから、次のことが生じうる。すなわち、寺院や大聖堂の円天井の内部で発せられる声は、円天井が楕円体でも放物体でもないとしても、そういう形と大きくは違っていないので、円天井がない場合ほど一語一語明瞭に分節さ

れては感覚されないであろう、ということである。

8．均一で持続する音はどうして生じるのか

　音の均一性と持続性の原因は共通であり、この両性質に関しては次の点を観察することができる。すなわち、叩かれると不均一な、つまりごつごつと耳に障る音を発する物体は、はなはだしく不等質である、ということはつまり、形状に関しても硬さに関しても似ていない諸々の小部分から成っている、ということである。このようなものには、木材や岩石その他少からざるものがある。それゆえ、これらのものが叩かれると、それらの小部分はたしかに内部で揺り動かされて再び元に戻るが、しかしこれらの小部分が運動を受け取る仕方は似ていないし、相互に作用し合う仕方も同じではなくて、ある諸小部分が打撃により跳びのく際には、既にそれ以前に跳びのいていた他の諸々の小部分は戻りつつあり、したがって別々の小部分同士が互いに異なった仕方で停止させ合う。このことから、運動が不均一でごつごつしたものとなるばかりでなく、行き戻りの交互作用が急速に消滅することにもなる。それゆえ、この運動が耳に伝わる場合、それによって生じた音もまた短くて不均一であろう。反対に、ガラスや融解後に固まった金属の場合に生じるように、叩かれた物体が十分に硬いうえに、それを作りなしている諸々の小部分が硬さと形状に関して互いに似てもいるとするならば、これらの小部分の似たような斉一的な行き戻りによって音は均一で甘美なものとなるであろうし、また叩かれた物体の大きさに応じて音の持続は長くなったり短くなったりするであろう。それゆえ、均一な音とごつごつした耳障りな音、長い音と短い音の、ありうる同一の原因は、音を発する諸物体の内部の諸部分の、形状と硬さとに関する類似と相違である可能性がある。

　さらに、同じ材質でできた、厚さの等しい、均一な音を発する2つ

の物体があったとすれば、より長く延ばされているほうの物体の音のほうが長く聞える。なぜなら、両方の物体において叩かれた点から始まる運動は、より大きな物体においてはより大きな空間を通って、したがってより長い時間をかけて伝わるはずなので、動いた諸部分が再び元に戻るのにもより長い時間がかかり、それゆえ各々の行き戻りが完了するのにもより長い時間がかかって、それが耳へ伝わって生じさせる音もより長く続くからである。さらに、このことから明らかなのは、均一な音を発するもののうちでは、他の点が等しければ、中ががらんどうの球体に鋳造された物体のほうが平らに鋳造された物体よりも長く音を出し続けるということである。その理由は次のとおりである。円形の線上ではどの点から始まる作用も、形状によって予め決まった伝播の終点を持たない。なぜなら、この場合作用の伝わる線は、運動の進行が無限になるのを形状によって妨げないような仕方で再び最初に戻るからである。しかるに平面上では、作用が直線の有限な長さよりも長く進行することができない。そういうわけで、叩かれた物体の材質が同じであるとすれば、中ががらんどうの球体の諸部分の運動は、平らな板の諸部分の運動よりも長く続くであろう。

　同様に、中ががらんどうの物体に両端を固定されて張られた絃が叩かれたとすれば、固定されていない絃よりも長く続く音を出すであろう。なぜなら、叩かれた絃の震動すなわち上述の交互作用は、連結を介して中ががらんどうの物体そのものにも伝わるからである。さらにこの震動は、中ががらんどうでなおかつ大きな物体に刻印されると、大きさのせいでいっそう長く続くであろうし、それゆえ（既に示した仕方により）いっそう長く音を出し続けるであろう。

9．音が風によって促進されたり妨げられたりすることはどのようにして可能なのか

ところで、視覚の場合と違って聴覚の場合には、媒体の作用がたしかに追い風によって強まり、向い風によって弱まるということが起こる。このことの原因が、音と光では発生の仕方が異なるということ以外のことからきている可能性があるとは思われない。理由は次のとおりである。光の発生に際しては、対象から目までの媒体の1つひとつの部分が、その場から他の感知可能なほど離れた場所へ動くことはなく、作用は知覚できないほど小さな諸間隔のうちを伝わるから、対象自体を同時に目から遠ざけたり、同時に目に近づけたりするのでないかぎり、光を向い風が減少させることも追い風が増大させることもできない。なぜなら、風すなわち空気の運動が対象と目との間に介在することから引き起こされる作用は、静止した空気の行なう作用と何の違いもないからである。その理由は、圧力が恒常不変であれば、空気のある部分が移動したとき、それに続く他の部分も、先に移動した部分が受けたのと同じ圧迫を受けるから、ということである。これに対して、音の発生に際しては、最初の衝突あるいは打ち割りのときに、上と同じ空気の部分が、目につくほど大きな間隔を経て、たしかに目につく程度の速度で押しやられてその場から押し出されるし、また各部分の運動は（遠い部分になればなるほど広がってゆく輪をなすせいで分散して）ほどなく弱まってしまう。それゆえ、（音を引き起こす）押しやられた空気の全体は、それと出会う風によって、追い風ならばたしかに耳にいっそう近いほうへと動かされるが、しかし向い風ならば耳からいっそう遠いほうへと動かされる。したがって、対象のほうから風が吹けば音は実際よりも近い場所から来るかのように聞こえ、反対向きに吹けば実際よりも遠い場所から来るかのように聞こえる、ということが生じる。もちろん、距離が等しくなればそのせいで、後者の場合に作用がもっと弱くなったり、前者の場合に作用がもっと強くなったりもする。

このことから、どういう理由によって次のようなことが生じうるのかがわかる。すなわち、腹話術師は近い所から声を出していても、注意していない人々には遠くのほうから話しているように聞こえる、ということである。このことの理由は次のとおりである。声の発せられている場所について前もって何の思い込みもない場合には、聴き手はこの場所について音の明瞭さによって判断し、音が弱ければ発声場所は遠く、音が強ければ発声場所は近いという見積り方をする。そこで腹話術師は声色を作る際に、他の人々がやるように息を吐くことによってではなく、肺に吸い込むことによって弱い声を出すのであるが、この技に感付かず、話し手の努力に注意を払ってもいない人々は、この声の弱さによって欺かれて、それが弱い分だけ遠くからくるように思ってしまうのである。

10. 空気だけでなく、どんなに硬い物体でも音を伝える

　聴覚の媒体に関して言えば、媒体は空気だけではない。なぜなら、水やその他のどんな物体でも、非常に硬い物体でさえ、聴覚の媒体でありうるからである。その理由は、連続した物体ならどんなものの中でも、運動はどこまでも伝わってゆくからである。ただし、硬い諸物体の部分は運動させにくいので、硬い物質から出て行く際に空気に刻印される運動は、非常に弱いものになる。しかしそれでも、何かある非常に長くて、同時にまた非常に硬い梁の一方の端を叩いて、反対の端に耳を当てることにより、耳のどこかが梁の作用によって、この作用が梁から出て行く際に揺り動かされ、この受け取られたものの全体が耳から鼓膜へと運ばれるようにするならば、十分に力強い音が聞こえる。

　同様に、夜に（すなわち、音を妨げかねないような他のあらゆる喧騒が止んでいるときに）誰かが地面に耳を当てたとすれば、通り過ぎる人々

の足音が、十分に遠い距離まで聞こえるであろう。なぜなら、足が地面を踏む際に地面に刻印する運動が、足で叩かれた地面の最も上の表面の諸部分を経て耳へと伝わるからである。

11. 音の高低と和諧の原因

音の高低差が、叩かれた諸部分の行き戻りの時間が短ければ短いほどそれだけ音は高くなる、ということに存することは、既に示したとおりである。しかるに、叩かれた物質が重いほど、もしくは（大きさが同じなら）ぴんと張っている度合が低いほど、行き戻りが完了するのもそれだけ遅くなる。それゆえ、（他の点が等しければ）重くて張りの緩やかな物体のほうが、軽くて張りのきつい物体よりも低い音を生じる。

音と音の和諧に関しては、次のことが考量されなければならない。すなわち、音の発してくる元である空気の交互作用すなわち振動は、耳の鼓膜に達した後、耳の中に含まれていて耳と同時に生じた空気に、似たような振動を刻印し、そしてこの振動から、鼓膜の側面が内部から入れかわり立ちかわり叩かれる、ということが生じることである。しかして、2つの音の和諧があるのは、鼓膜が等しい時間間隔と頻度で、音を出す両方のものからの打撃を同時に受ける場合である。それゆえ、2本の絃が時間に関して互いに等しい振動（これらはἰσοχρόνος〔同時的〕だと呼ばれる）を有する場合には、最も精妙なる和諧が生じるであろう。なぜなら、鼓膜（すなわち聴覚器官）の両側面があちら側とこちら側から同時に弾かれるだろうからである。

たとえば、長さの等しい絃 AB、CD が同時に弾かれて等しい振幅 $\overline{EF}$、$\overline{GH}$ を持つものとし、また点 E、G、F、H は鼓膜の凹面上そのものにあるものとし、さらに鼓膜は両方の絃からの衝撃を E と G において同時に受け、そのうえ F と H においても同時に受けるものと

第29章 | 543

すれば、両方の絃の振動からくる音は、同じとみなされてよいほど似ているであろう。これは最高の和諧であって、「斉奏」と呼ばれる。さらに、絃 AB の、EF を通る振動を以前と同じに保ったまま、絃 CD を、その振動が以前よりも 2 倍速くなるまで引っ張るものとし、また EF を 2 等分する点を I としよう。そうすると、絃 CD の振動の一部分が G から H まで行なわれるのと同時に、絃 AB の振動の一部分が E から I まで行なわれる。また、絃 CD の振動の他の部分が逆に H から G まで行なわれるのと同時に、絃 AB の振動の他の部分が I から F まで引き起こされるであろう。しかし、点 F と点 G は器官の側面にあるので、器官をたしかに毎回ではないが、しかし 1 回おきに打つであろう。この和諧は最も精妙な和諧に近似しており、オクターヴ音である。さらに、絃 AB の振動を同じに保ったまま、絃 CD を、その振動が絃 AB の振動よりも 3 対 2 の比率で速くなるまで引っ張るものとし、また EF を 3 等分する点を K と L としよう。そうすると、絃 CD の振動の 3 分の 1 に当たる部分が G から H まで引き起こされるのと同時に、絃 AB の振動の 3 分の 1 に当たる部分、ということは直線 EF の $\frac{2}{3}$、すなわち直線 EL の振動が引き起こされ、また絃 CD の振動の他の 3 分の 1 の部分が、すなわち H から G までの振動が引き起こされるのと同時に、絃 AB の振動の 2 番目の部分が、すなわち L から F までとさらに F から L までの振動が引き起こされるであろう。最後に、絃 CD の最後

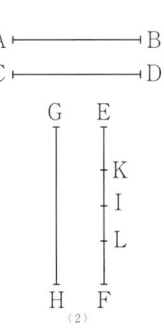

（2） この図は本章における唯一の図であるため、他の図のような番号が付けられていない。

の振動がGからHまで引き起こされたら、絃ABの振動の最後の部分がLからEまで引き起こされるであろう。しかるに、点Eと点Hはともに器官の側面にあり、それゆえ器官は3回に1回、この両点の振動によって同時に打たれるであろう。そして5度の和諧が生じるであろう。

12. 嗅覚作用に関する諸現象

匂いの原因を認識するために、次に挙げる諸現象についての証言を利用しよう。第1に、嗅覚作用は寒さによって妨げられ、暑さによって促進されること。第2に、匂いを発するもののほうから風が吹くと嗅覚作用は強まるが、反対に匂いを嗅ぐ人のほうから風が吹くと、嗅覚作用は弱まるということである。これがともに真であることは、匂いを嗅ぐことによって野獣の臭跡を追いかける犬たちに関する経験から十分に明らかである。第3に、流体の透過しにくい物体は、透過しやすい物体に比べて、匂いのする可能性も低いということで、これは石や金属が、動植物の部分や果実や排泄物と比べたらほとんど、あるいはまったく匂いを持たない、という点に見てとれるとおりである。第4に、それ自身の本性によって匂いを生じるものは、すりつぶされるといっそう強い匂いを生じること。第5に、呼吸が止められると(少くとも人間の場合)嗅覚作用が失われること。第6に、鼻の穴を塞げば口は開いていても嗅覚は生じないということである。

13. 嗅覚作用の第1の器官と嗅覚作用の発生

上の第5と第6の現象から、嗅覚作用の第1の直接的な器官は、鼻の内側の小皮と、鼻道と口蓋道とが合わさって共通の気道となるところよりも手前にあるこの小皮の部分とである、ということが明らかである。その理由は次のとおりである。息は鼻を通って吸い込まれると

き、肺まで吸い込まれる。それゆえ、匂いをもたらす息は、息が肺へと運ばれる通り道に、すなわち息が通り抜ける気道の手前にある鼻の部分にある。なぜなら、息がこの部分を越えて運ばれても、鼻の中へ吸い込まれる以前も、匂いは感じられないからである。

　さらに、それぞれ違ったふうに感覚する人々にとっては、器官内に何らかの変化が生じていることは必然的であり、そしてあらゆる変化は運動であるから、嗅覚作用においては器官の諸部分が、すなわち器官の内側の小皮が、匂いの多様な違いに応じていろいろと違った仕方で刺激を受け、それゆえ小皮の下に入り込んでいる神経もまた、いろいろと違った仕方で刺激を受ける、ということは必然的である。

　また、運動していてなおかつ接している物体によってでなければ何も運動させられることはありえない、ということは既に示されたし、匂いを嗅いでいる間、息以外には、ということはつまり、吸い込まれた空気と、空気に混入している目に見えない固体の小物体（それらがそこに存在している場合には）とのほかには、鼻の内側の粘膜に接触している物体は何もないのであるから、嗅覚作用の原因は、かの純粋な空気すなわち大気の物質の運動か、もしくは空気に混入した小物体の運動かのいずれかである、という結論に必然的になる。しかし、この運動は匂いを発する対象によって引き起こされたものであるから、この対象そのものの全体か、それの１つひとつの諸部分か、どちらかは必然的に運動しているはずである。しかるに、匂いを発するものは全体としては運動していなくても匂いを生じさせることが知られている。したがって匂いの原因は、匂いを発する事物の目に見えない諸部分の運動である。しかるに、この目に見えない諸部分は、対象から出て行くか、それともそれ以前に他の諸部分に対して占めていた位置関係を保ったままこれらの諸部分と同時に運動する、ということはつまり単純かつ不可分な運動を持つか、そのいずれかである。匂いを発す

る物体からは何かあるものが出て行く、と言う人々は、このことを流出と呼ぶ。そしてこの流出は大気の物質の流出か、それともそれに混じり込んでいる小物体の流出かのいずれかである。

　しかし、匂いの多様な違いが大気の物質に混じり込んだ小物体の流出から生じるということは、次の諸点によって信じがたいものとなる。第1に、ある種の膏油は僅かな分量であっても、場所のひろがりのみならず時間のひろがりにおいても非常に長きにわたって強い匂いを発し、この匂いは場所のひろがりのあらゆる点において感覚されうるので、流出した諸部分はこの膏油そのものの全体よりも数万倍以上も大きな空間を満たさなければならないことになるほどであるが、このようなことはありえない。第2に、上述の流出の生じるのが直線運動と曲線運動のいずれによってであろうと、匂いを発する他のどんなものからでも同じ運動によって同じだけの数の小物体が流出したとするならば、匂いを発するものはみな同じ匂いを持つという結論になるであろう。第3に、(排泄孔から発せられた悪臭が十分に遠い所でも急速に感覚される、ということから明らかなように)上述の流出した小物体は非常に速い運動を持つので、これらの流出物にとって嗅覚器官への通り道が塞がれていない以上は、この運動のみから嗅覚作用が生じなければならないことになるであろうが、しかしそういうことは起こらない。なぜなら、鼻から息を吸い込まなければ、嗅覚作用という結果は生じないであろうから。それゆえ、嗅覚作用は諸々の原子の流出によって生じるのではないが、しかし同じ理由により、大気の物質の流出によって生じるのでもない。なぜなら、そうだとしたら空気を吸い込まなくても匂いは嗅がれることになるであろうし、そのうえ匂いを発するすべてのものの中には大気の似たような物質が含まれているのであるから、嗅覚器官も似たような仕方で働きかけを受け、それゆえすべての事物の匂いは似たような匂いであることになってしまうだろ

第29章 | 547

うからである。

　それゆえ残るところは、嗅覚作用の原因は匂いを発するもの全体からのいかなる流出も伴わない、このものの諸部分の単純運動である、ということである。この運動により、同様な運動が中間の空気を経て嗅覚器官にまで伝わるのであるが、しかしこの伝わる運動はそれだけでは、呼吸による空気の吸い込みなしに感覚を喚起するのに十分なほど激しくはない。これこそが嗅覚作用の、ありうる原因である。

14. 嗅覚作用が熱さと風によって促進されるのはどのようにしてか

　さて、嗅覚作用が冷たさによって妨げられ、熱さによって促進されることの原因である可能性があるのは、既に第21章で示したように、熱は単純〔円〕運動を生じさせ、それゆえ前もって存在している単純〔円〕運動を増大させもするが、しかしこうして匂いの原因が増大させられれば、匂いそのものも増大させられるであろうから、ということである。

　さらに、匂いを発するもののほうからの風が匂いをいっそう強めるのは、呼吸に際して空気を吸い込むことが同じことを生じさせるのと同じ原因によることである。なぜなら、直近の空気を吸い込む人は、匂いを発する対象があるもっと遠い所の空気も吸い寄せられるようにするが、この空気の運動が風であって、これはそれに付随して対象のほうから吹いている風によって増大させられるからである。

15. 混入した大気をごく僅かしか含んでいない物体がごく僅かしか匂いを発しないのはなぜか

　石や金属のように、中にごく僅かな大気しか含んでいない物体は、動植物に比べると少ししか匂いがしない、ということの原因である可能性があるのは、次のことである。すなわち、匂いを生じさせる運動

は流体状の諸部分だけの運動であるが、この諸部分は、それらを含んでいる固体状の諸部分からこの運動を得れば、それをあけすけに空気に伝達し、器官に伝わらせる、ということである。それゆえ、金属の場合のようにいかなる流体も含まれていない場合や、固まることによって硬くなっている石の場合のように流体が固体状の諸部分からいかなる運動も受け取らない場合には、いかなる匂いもないであろう。それだから水も、諸部分の運動を全然、もしくはごく僅かしか持たないので、いかなる匂いも持たないのである。ただしその同じ水が、種子と太陽熱によって土壌の小部分とともに植物の中へと吸い上げられたとすれば、その後で絞り出されると、葡萄酒のように匂いを発するであろう。さらに、植物の中を通って移動する水から、植物の諸部分の運動によって匂いのする液汁が生じるように、同じ植物が成長する間にその中を通り抜けてゆく空気からも、匂いのする気体が生じる。また動物たちの、同時に発生する液汁と息にも同じことが起こる。

16. 匂いを発するものがすりつぶされるといっそう多く匂うのはなぜか

匂いを発するものがすりつぶされることによっていっそう匂うようになりうるのは、匂いを発する多数の諸部分へとすりつぶされるせいで、次のようなことが生じる、ということによってである。すなわち、呼吸によって対象から器官のほうへ引き寄せられる空気が、これらの諸部分を通過してゆく際に1つひとつの部分をなめるようにして通ってゆき、それらの部分の運動を受け取る、ということである。これに対して、まだすりつぶされていないときには、空気はたしかに対象の元のままのかたまりの表面をなめるようにして通るであろうが、この表面は、すりつぶされることによって生じたすべての諸部分の表面を併せたものよりははるかに小さいので、匂いを発する同一のものでも、元のままの場合はすりつぶされた場合よりも弱い匂いを生じさ

せる。匂いに関してはこれだけにしておこう。

17. 味を感じる第1次の器官。また、ある種の味が吐き気を催させるのはなぜか

　次に述べるのは味覚である。味覚の発生が視覚や聴覚や嗅覚の発生と異なるのは、次の点においてである。すなわち、視覚や聴覚や嗅覚の場合は遠く離れた対象の感覚も存在するが、味覚の場合は接している対象の感覚しかなく、舌か口蓋かもしくはその両方に直接接触していない何かあるものの味が感じられることはない、という点である。このことからわかるのは、舌および口蓋の小皮と、それらに入り込んでいる神経とが、味を感じる第1次の器官であるということ、そして（これらの器官の諸部分が揺り動かされると、必然的に脳軟膜も揺り動かされるので）この作用は脳へと伝わり、さらにそこから最終的な〔感覚〕器官へと、すなわち心臓そのもの——この心臓の反作用に感覚の本性は存する——へと伝わる、ということである。

　さらに、味覚・嗅覚双方の器官をともに考量する人々は、味が（匂いもそうであるように）脳を動かすだけでなく、吐き気のする際に見られるように、胃をも動かすということを、不思議には思わないであろう。舌と口蓋と鼻との小皮は脳硬膜から派生した同一の連続した小皮だからである。

　これに対して、味覚は器官と対象とが接触している場合にしか生じないということから、味がするという感覚の場合、作用している流出は何もないということは明らかである。

　（数えきれないほどたくさんある）さまざまな類の味が、運動のどのような違いによって区別されるのか、私は知らない。私が他の人々とともに、やろうと思えばできたであろうことは、味のするものの各々を構成している諸々の原子の形の違いや、あるいはこれらの原子に（仮

定という仕方によって）帰することができたであろうさまざまな運動から、何かある真実らしさをもって、次のように推測することである。すなわち、甘いものには緩やかな円運動と球状の形とがあって、味覚器官はそれらによって撫でられるが、苦いものには激しい円運動と角ばった形があって、味覚器官はそれらによって擦られるし、酸っぱいものには直線的な往復運動と幅の非常に狭い楕円状の形があって、味覚器官はそれらによって傷つけられる、と。また同様にその他の諸々の味に対しても、諸原子の運動や形に関して、真実らしく思われることのできそうな何かあることを考え出すことも、私が哲学から予言へ鞍変えする決心をしたならば、できたことであろう。

18. 触覚の第1次の器官、また、触覚にとって他の諸感覚と共通な諸対象が認識されるのはどのようにしてか

　熱いものと冷たいものは、たしかに離れたところからでも触覚によって感じられるが、その他のもの、たとえば硬いもの、軟いもの、ざらざらしたもの、滑らかなものなどは、接していないと感じられない。触覚の器官は、脳軟膜に連続している膜なら何でもそうであり、これらの膜は全身にわたって広がり散っていて、身体のどこか一部が圧力を加えられたらこの膜も必ず圧力を加えられずにはいられないようになっている。それゆえ、圧力を加えているものがたとえば硬いものか軟いものか、言いかえれば硬さの大きいものか小さいものか、といったことが感じられるのである。さらに、ざらざらしたものの感覚とは、時間と場所のごく短い諸間隔をはさんで互いに継起し合う硬いものと硬いものとの無数の感覚にほかならない。それゆえ、ざらざらしたものと滑らかなものが認識されるのは、大きさや形の場合と同じように、触覚によるだけでなく記憶にもよっている。なぜなら、触覚は時には1点において生じることもあるが、ざらざらしたもの・滑ら

かなもの・量・形は点の流れなしには、ということはつまり時間なしには感覚されず、しかるに時間を感じることは記憶の働きだからである。

第30章　重さについて

1．（場所の大きさが等しい場合）濃密なものが稀薄なものよりも多くの物質を含むわけではない

　第24章においては、濃密なものと稀薄なものとが（その箇所ではそうする必要があったのに応じて）次のように定義された。すなわち、濃密なものとは抵抗の大きいものを、稀薄なものとは抵抗の小さいものを意味する、と。これは、私以前に屈折について論究した人々の慣わしに従った定義の仕方であった。しかしそれに加えて、これらの単語の真の、一般に行なわれている意味を考量したならば、それらが集合名詞、すなわち多数のものの名称であることを見出すであろう。たしかに、濃密なものとは所与の空間の多くの部分を占めるもの、稀薄なものとは同一の空間、すなわち広さの等しい空間の、同じ大きさをもった諸部分を、より少く含むもののことである。それゆえ、濃密なものは稠密なものと、稀薄なものは疎らなものと同じであって、それはたとえば「濃密な集団」(densa caterva)、「稀薄な戦列」(rara acies)、「稀な家々」(rara tecta) といった言い方にみられるとおりである。これは、濃密なものにはどこの場所においても、そこと広さの等しい他の場所にあるよりも、多くの物質があるということではなくて、名のつけられたある何らかの物体がより多くある、ということである。なぜなら、空間の広さが同じであるとすれば、荒れ野には都会よりも物質が、すなわち無限定にとられた物体が少く存在する、というわけではなく、より少い家々や人々が存在するのであるし、濃密な戦列には稀薄な戦列によりも、多くの物体があるのではなくて多くの兵士がいるのだからである。それゆえ、同じ空間の内部に含まれた諸部分の多い少いが、濃密さと稀薄さを作り出すのであって、これらの諸部分を

553

隔てているのが空虚であろうと空気であろうと、それはどうでもよいのである。濃密さと稀薄さについての考量は哲学にとっては大きな重要性のあるものではないので、この考量は放っておいて、重さの諸原因の探求に移ろう。

2．重いものが落下するのは重いもの自身の欲求によってではなく、地球のある力によってである

さて、私たちが重いと言うのは、何らかの力によって妨げられないかぎり地球の中心のほうへ、それも私たちが感覚によって知覚できるかぎりではそれ自身の自発性によって、移行する物体のことである。それゆえ哲学者たちは次のような見解を持っていた。すなわち、ある哲学者たちは落下を重いものの何かある内的欲求であるとみなし、この欲求のせいで、上方へと投げられたものはそれ自身によって運動しその本性に適した場所へと再び落下する、と考えたが、これに対して他の哲学者たちは、重いものは地球によって引っぱられるのだと考えた。私は、落下を重いものの欲求のせいにする人々には賛同できない。理由は次のとおりである。以前の箇所で、外部にあって運動しているものによるのでなければ運動のいかなる端緒もありえない、ということは十分明らかに証明されたと私には思われるので、どんな方向へのであれ運動ないし努力をひとたび有しているものは、外部の何かある反作用するものによって妨げられないかぎり、常に同じ方向へと進行するであろう。それゆえにまた、上方へと運動している重いものは、外的原因によってでなければ引き降ろされることができない。そのうえ、生命のない物体はいかなる欲求も持っていないのに、自己保存のために——どういう「ため」になるのかはわからないが——その生来の欲求によって、それが現にある場所を棄てて他の場所へ移動するなどということは、滑稽なことである。欲求も知性も持っている人

間が生命を保つためにさえ、3フィートか4フィートを越えて上昇しては無事ではいられないのであるから。最後に、被造物である物体に自分自身を運動させる能力があるとすることは、創造主に依存していない被造物が存在すると主張すること以外の何であろうか。重いものの落下を地球の引力によるものとするほうの哲学者たちに、私はたしかに賛同する。けれども、このことがどのような仕方で生じるのかは、まだ誰も説明したことがない。それゆえ、重いものを引っ張る際の地球の作用の仕方と方法について、何らかのことをこの場で述べなければならない。

3. 重さの違いは、重いものの諸要素が地球に打ち当たる際のその衝動力の違いから生じる

　仮定された太陽の単純〔円〕運動によって、等質なものは寄せ集められ、不等質なものは分散させられるということが、第21章第5節で証明された。さらに、大気には何らかの小物体ないし（他の人々の呼び方によると）諸原子が混入していて、これらは極度に微小なために目に見えず、またその固体性・形・運動・大きさによって異なっている、ということも仮定された。以上のことから、これらの小物体のうちのあるものは地球のほうへ、またあるものは他の惑星のほうへと寄せ集められるのに対して、他のあるものは中間の空間中でただよい巡っている、ということが生じる。さてそこで、地球のほうへと運ばれてゆく諸原子は、形や運動や大きさによって互いに異なっているので、あるものはより大きな、またあるものはより小さな衝動をもって地球にぶつかる。そして、私たちが重さの度合を評価する仕方は、地上へ落ちるこれらのものの衝動の大小による以外にはないから、より大きな衝動を持つものはより重く、より小さな衝動を持つものはより軽いと言わなければならない。それゆえ探求しなければならないの

は、空中から地上へと落下する諸物体のうちのあるものはより大きな、他のあるものはより小さな衝動をもって運ばれるということが、言いかえれば、ある諸物体は他の諸物体よりも重いということが、どのようにして生じうるのか、ということである。さらに、地面に置かれてあるどんな物体でも地上から空中へ持ち上げることがどうしたらできるのか、ということも見なければならない。

4．重いものの落下の原因

いま、(図XXX―1において)[1] Cを中心とする地球表面上の最大円があって、これが点Aと点Bを通っており、他方また何でもよいから重いもの、たとえば岩石ADが、赤道平面上のどこか任意の点にあるとしよう。そしてこの岩石がADからEまで垂直に投げ上げられるか、もしくはどんな仕方でもよいから運び上げられたうえで、そこで静止していると考えよう。それゆえこの岩石は、ADにおいて占めていたのと同じだけの空間を、今ではEにおいて占めている。そうすると、空虚な場所が認められな

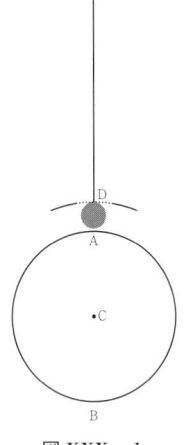

図XXX―1

（1） 底本をはじめ原著の各版では、この図の番号が2となっている。おそらくホッブズは、前章（第29章）にある唯一の、番号を欠いた図を1としたつもりで、本章の最初の図である本図の番号を2としたのではないかと訳者は推測するが、2つの章にまたがって続き番号とするような図への付番の仕方は、本書のこれまでのやり方と一貫せず、いかにも不自然であることから、本訳書では本図をXXX―1とし、以下本章の各図の番号をすべて原著の番号から1つずつ繰り上げて表示することにした。

い以上、空間 AD は流入する空気によって再び満たされるであろうが、このことは最初は地球に最も近い場所から行なわれ、次いでもっと遠い場所からも相次いで空気が流入してくるであろう。C を中心として点 E を通る円が引かれ、また地球の表面と E を通る円周との間の平面空間が幅の等しい同心の輪状平面——それらのうちの第 1 のものは A と D をそれぞれ通る 2 つの円の周に挟まれた輪状平面である——へと分割されたと考えよう。

そうすると、第 1 の輪状平面の中にある空気が場所 AD を満たす間に、この輪状平面自体はその分だけ小さくなり、したがってこの輪状平面の幅は直線 AD の長さよりも小さくなる。それゆえ必然的に、その分だけの空気がすぐ上隣りの輪状平面から下降してくるであろう。同様に、同じ原因によってさらにそのもう 1 つの上隣りの輪状平面からの空気の下降が生じ、こうしてついには、E にある岩石の静止している当の輪状平面からの空気の下降が生じるであろう。それゆえ、岩石そのものか、もしくはその分だけの空気が下降してくるであろう。そして空気のほうが岩石よりも地球の自転によって振り払われやすいので、岩石そのものを含んでいる輪状平面の中にある空気は岩石そのものよりも高方へと振り払われるであろう。しかるにこのことは、空虚が認められないとすると、その分だけの空気がすぐ上隣りの場所から E へと下降してこなければ生じることができない。だがそうなると、岩石は下方へと押しやられるであろう。それゆえ今や岩石は、その下降の端緒を、ということはつまり重さを有している。しかもひとたび運動しているものは、(第 8 章第 19 節で示したように) 外部の動かすものによって減速または加速されないかぎり、常に同じ経路を同じ速度で運動するであろう。他方、(地面 A と空中の岩石 E との間に介在している唯一の物体である) 空気は、直線 EA の全体にわたって、E において行なうのと同じことを行なう。しかるに、E において空気は

岩石を押し下げた。それゆえ、空気は直線EAのあらゆる点においてもまた同様に岩石を押し下げるであろうし、しかもあらゆる点において等しい仕方で押し下げるであろう。したがって、岩石はEからAへと加速度運動によって落下する。それゆえ、赤道直下における重いものの落下のありうる原因は、地球のある運動である。さらに、岩石が赤道に平行などの円の平面上に置かれたとしても、同じ証明が成り立つであろう。しかるに、私が単純円運動——地球の中心もまたこの運動によって動いている——と説明した運動以外には、空気を地面からはね返すことのできるいかなる地上の運動も考えられない。なぜなら、物体の形そのものの中心を中心とした物体運動は、物体自身の外部のいかなる場所へ向かっても努力しないからである。

5．重いものの落下はどのような比率で加速されるか

　重いものの落下の上に述べた原因が定立されると、重いものの運動は、各々の時間に通過される空間が1から始まって次々に進む奇数の数列と同じ比率になるような仕方で加速される、ということが帰結する。理由は次のとおりである。直線EAを好きなだけの数の互いに長さの等しい諸部分へと分割すると、落下する重いものは（決して止むことのない地球のこの運動のせいで）各々の時間に直線EAの各々の点において、そのつど新たな、互いに等しい衝撃を空気から被る。したがってこの重いものは、各々の時間にそのつど新たな、互いに等しい加速度を獲得する。それゆえ、「運動についての対話」の中でガリレオが証明したことからの帰結として、重いものが落下する際に各々の時間ごとに通過する空間同士の差は、1から始まる平方数の数列の階差数列をなすということになる。さてそこで、1から始まって次々に進む平方数の数列は1、4、9、16、…であり、その階差数列は1、3、5、7、……である、ということはつまり、1から始まって次々

に進む奇数の数列である。

　重さの上述の原因、すなわち重いものよりも上にある空気の衝撃という原因に対して、おそらく次のような反対意見が出されるであろう。すなわち、鉄または鋼鉄でできた何かあるU字型の管の底に置かれた重いものもまた、管を逆さまにして底を上にすれば落下するであろうが、しかしこの場合、上にある空気がこの重いものを駆りやるなどということは起こりえないし、ましてやそれの落下運動を加速するなどということはなおさら起こりえない、と。しかしよくよく考量しなければならないことは、この種の管や水槽は、それら自体が地面に乗っていないような、また乗ったまま地球といっしょにこの空気をはね返す運動によって回転しないようなものではありえない、ということである。だがそうなると、管の底が地面の代りになり、最も下にある空気を振り払って、最も上にある空気が最も上部の管内に置かれた重いものを、上で説明したような仕方で駆りやるようにさせるであろう。

６．潜水夫が自分の潜っている水の重さを感じないのはなぜか

　水の重さは私たちが経験によって知るとおりのものであるのに、誰も次のことを問題にしたことがなかった。それはすなわち、潜水夫が水中にどれほど深く潜っても、自分にのしかかっている水塊の重量を決して感じないということは、どうして起こりうるのか、ということ

（２）　ガリレオ最晩年の著作『新科学対話』（1638年刊）の第３日「場所運動について」（De motu locali）を指しているものと思われる。ここで言及されている証明はその第２部定理２の系１のところに見える。
（３）　「０から始まる」とするほうが適切であるが、原文に従う。
（４）　ここも同じく「０から始まって次々に進む平方数の数列は０・１・４・９・16・……であり」とするほうが適切であるが、本文に従う。

である。このことの原因は、各々の物体は重くなればなるほどその分だけ、より大きな努力によって下方へと向かう、ということであると思われる。しかるに、人間の身体はそれ自身と体積の等しい水塊よりも重いので、人間の身体の下方への努力のほうが、水のそれよりも大きい。また、あらゆる努力は運動であるから、水底のほうへと移動してゆく際の運動の速さも、人間の身体のほうが同量の水よりも速い。したがって、水底の反作用は人間の身体に対するほうが大きい。また水が圧力を加えられるのが水からであろうと水より重い物体からであろうと、上方への努力は下方への努力に等しいので、互いに等しい反対方向の努力によって水の努力は両方とも除去され、それゆえ潜水夫に圧力を加えることができないのである。

　系　水は水の中では重さがないということもまた明らかである。その理由は、水の諸部分はすべてが等しい努力によって、また上のほうの諸部分も下のほうの諸部分も同一の直線に沿って、底へ向かって同時に努力しているからである。

7．水に浮かんでいる物体は、水面下に沈んでいる部分の占めている
　　空間と同じだけの体積の水に等しい重さを持つ。

　どんな物体であれ、物体が水に浮かんでいる場合、この物体の重量は、この浮かんでいる物体の水面下に沈んでいる部分が占めている場所に入るだけの水塊の重量に等しい。

　たとえば、(図ＸＸＸ－2において)[5] ABCD は水で、これに物体 EF が浮かんでいるとしよう。そして、ある部分 E は水の上に突き出て

（5）　底本をはじめ原著の各版では、この図の番号が3となっている。訂正の理由については、本章の訳註（1）を参照。

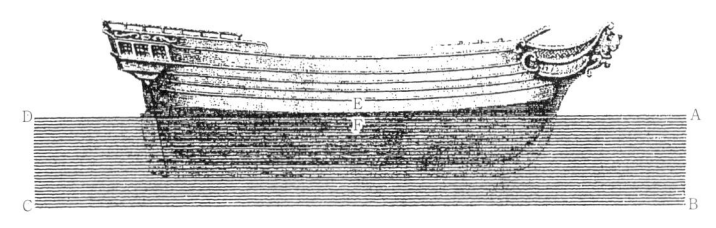

図XXX—2

いるのに対して、残りの部分Fは沈んでいるとしよう。物体EF全体の重量は空間Fに入るだけの水の重量に等しい、と私は言う。

　理由は次のとおりである。物体EFの重量により、空間Fから出て行く水は深さABの水の最上部よりも上のところに位置をとり、そしてこの位置をとったことによって下方に圧力を加え、その結果として水底の抵抗により上方への努力が生じる、ということになり、そしてこの水の努力によってさらに物体EFは上方へと持ち上げられる。したがって、仮に物体EFの下方への努力と水の上方への努力とが等しくないとしたら、物体EFは水底のほうへ沈んでいってしまうか、全体が水の外へと浮き出てしまうかのどちらかであろう。なぜなら、物体と水の努力が等しくないということは、つまり推進力が等しくないのだからである。しかるに、EFは静止しており、したがって上昇も下降もしない、と仮定されている。それゆえ、水の努力は釣り合っている、ということはつまり、物体EFの重量は空間Fに入る水の重量に等しい。証明終り。

8．水よりも軽い物体の塊はどれだけ嵩があっても、どれだけ少い量の水にも浮かぶであろう

　上のことから、どんな大きさの物体でも、水より軽い物質でできてさえいれば、どんなに少しの水にも浮かぶ、ということが起こりうる

第30章 | 561

という結論になる。

たとえば、（図ⅩⅩⅩ—3において）容器ABCDがあり、その中に水よりも軽い物質でできた物体EFGHがあるものとしよう。さらに、空間AGCFは水で満たされているとしよう。物体EFGHは底DCまで沈むことはないであろう、と私は言う。

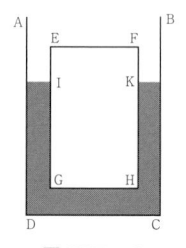

図ⅩⅩⅩ—3

理由は次のとおりである。物体EFGHの物質は水よりも軽いので、その外側のABCD内の空間全体が水で満たされているとすれば、物体EFGHのある部分、たとえばEFIKが水の上へ浮き出ることになり、また空間IGHKに等しい体積の水の重量は物体EFGH全体の重量に等しいことになるから、GHは底DCに触れないであろう。さらに、容器の側面が固体か流体かは無関係であり、その理由は次のとおりである。すなわち、この側面はもっぱら水に対して境界をなすだけのものであって、このことは水によっても、また他のどれほどの硬さのどんな物質によっても等しくなされる。なぜなら、水は器の外にあってもどこかでそれ以上流れ広がることができないように限定されるからである。それゆえ、部分EFIKはこの場合もやはり容器の中に含まれた水AGCFの上に浮き出るであろう。したがって、物体EFGHは水AGCFがどれほど少なくてもそれに浮かぶであろう。証明終り。

9．水が空気によって容器から上方へ運ばれて外へ出されることはど

（6）底本をはじめ原著の各版では、この図の番号が4となっている。訂正の理由については、本章の訳註（1）を参照。

のようにして起こるのか

　第26章第4節では、真空を立証するための、容器の中に入っていて空気により上方へと押し上げられて上にある出口から吐き出される水についての実験のことが述べられた。それゆえ、（水は空気より重いのだから）このことがどのようにして起こりうるのかが問題となる。上述の第26章の2番目の図〔図ⅩⅩⅥ─2〕を考えよう。この図において、水は空間 FGB の中へサイフォンを通って大きな力で注入された。この注入に際して、空気は注入された水を通り、サイフォンの側面と活栓の間を通り抜けて容器から外へ出て行ったが、ただしそれは純粋な空気であった。なぜなら、空気に散在していて単純運動により前方へ動くと仮定された諸々の小物体は、純粋な空気といっしょに水を通り抜けることができなかったからである。さてこの残留した小物体は必然的に、より狭い場所に、すなわち FG よりも上方のスペースに押し込められている。それゆえ、これらの小物体の運動は、注入される水の量が多くなるにつれて、ますます不自由になるであろう。したがって、これらの小物体はそれら自身の運動によって互いに押し合いへし合いして、お互い同士を圧縮し合うということと、自分を自由にしようとしてそれを阻む水を押し下げようとする絶え間ない努力を有するということが起こるであろう。それゆえ出口が上方にあれば、出口付近に存在する水は上昇する努力を有するであろう。したがって、必然的に水は出て行くであろう。しかるに、同時に同量の空気が入ってこなければ水が出て行くことはできないから、水は出てゆき空気は入ってくるであろう。そしてこのことは、容器の中に残留していた小物体がかつての運動の自由を回復してしまうまで、ということはつまり、容器が再び空気で満たされて、穴 B を覆い塞ぐのに十分な水位の水が残らなくなるまで続くであろう。それゆえ、この現象のありうる原因は示された。すなわちそれは雷の原因と同じである。なぜ

なら、雷の発生に際して、雲同士の中に閉じ込められた諸々の小物体が過度に圧縮されるやいなや、それら自身の運動により雲を破って自然な自由へと自らを解放するように、この場合には直線FGよりも上のスペースの中に閉じ込められている諸々の小物体が、それら自身の運動によって水を上にある出口のほうへと押し上げるのだからである。さてそこで、出口が塞がれてしかも絶え間ない水の注入によりこれらの小物体がいっそう激しく圧縮されると、ついには大音響とともに容器そのものが破裂してしまうであろう。

10. 空気でふくらんだ袋がしぼんだ袋よりも重いのはなぜか

　管や袋に空気が吹き込まれた場合、管や袋の重さは少しばかり増加するであろう。このことは、何人もの人々によって行なわれた綿密な作業によって経験的に知られているとおりである。そしてこれは、普通の空気の中には多くの流体でない小物体が（仮定されたように）混入しているということがたしかならば、驚くべきことではない。これらの小物体は純粋な空気よりも重いからである。なぜなら、大気の物質はあらゆる方向から等しく太陽の運動によって絶えず動かされるので、宇宙のすべての部分に対して等しい努力を行ない、それゆえ全然重さを持たないのであるから。

11. 空気銃の銃身から重いものが上方へと発射される原因[7]

　空気銃と呼ばれる銅製の銃に詰め込まれた空気の力によって、鉛の弾丸でさえも上方へと発射されるのが見られる。さてこの銃には2つの穴があって、弁によって内側から閉じられるようになっているが、

（7）　英語版の本節は底本と内容が少し異なっている（付録16参照）。

この２つの穴のうちの一方は空気が入るための穴、もう一方は空気が出て行くための穴である。次に、銃身を固くとり巻いている管と、穴が通っており内側に弁があって容易に引き戻せるようになっている（金槌に似た）込め矢との助けで、外部の空気を多くの強い拍動によって銃身の中へと押し込むのであるが、これは込め矢を突き込むことができないほど困難になり、そのことによって銃身の中に以前（たとえいっぱいに入っていたとしても）入っていたよりもはるかに多くの空気が入っていると判断されるようになるまで行なわれる。さらに、押し込まれた空気がどれほど多量であっても再び外へ出てこないように、上記の２つの弁が阻むのであるが、この弁は外へ出ようとする空気によって必然的に両方とも閉じられることによって、この働きをする。しかし、空気を放出するために作られていた穴が開くと、空気はたちまち大きな力で急激に噴出し、同時に弾丸を非常な高速度で駆り立てる。このことの原因を私は、次の２つの条件のどちらかが満たされていれば、多くの人々とともに、「銃身の中に同じ空気が最初は稀薄な状態で存在し、次いで外部の空気が押し込まれることによって濃密になり、出口が開かれると再び稀薄化したから」だと信じたことであろう。その２つの条件とは、同一の場所が常に充満していながら、ある時はより多くの、ある時はより少しの物質を含むということを、言いかえれば充満状態よりも充満度が増すということを、考えることが可能であるか、それとも充満ということ自体が運動の作用因であるということを思い描くことができるならば、ということである。しかしこれはどちらも不可能であるから、この現象の他のありうる原因を問い求めなければならない。さてそこで、最初の一突きによって管の最初の弁が開かれている間、入り込んでくる外部の空気に対して内部の空気は等しい力で抵抗する。それゆえ、内部と外部の空気同士の戦いと、一方では入ってくる空気、他方では出て行く空気の対立する２つ

の運動とがたしかに生じるが、しかし銃身の内部には空気のいかなる増加も生じない。すなわち、突き込みによって純粋でない空気が押し込まれるのと同じだけ、管の側面とピストンとの間から、固体の小物体の混ざっていない純粋な空気が（突き込みの打撃のせいで）外へ出て行くことによって、そうなるのである。それゆえ、多くの強い突き込みによって銃身の内部では、固体の小物体の量が増加すると同時にそれらの運動も強まるであろうし、銃身が破裂する以前に銃身の物質が持ちこたえることができるかぎり、それの側面は出てゆこうとする空気によってあらゆる方向に非常に強い作用を受ける。したがって、出口が開けられれば、これらの小物体は非常な高速度の運動によって自由な場所へと出てゆき、それを妨げる弾丸をいっしょに運び去る、ということは必然的である。それゆえ、この現象のありうる原因は示された。

12. 温度計の中を水が上昇する原因

さらに、重いものの通常行なう作用に反して、水は温度計の中を上昇する。ただしそれは、空気が冷たい場合の話である。なぜなら、暑くなると水は再び下降するからである。この場合、温度計とか検温器と名づけられているのは、暑さや寒さの度をそれで測定したり表示したりする道具である。これの作り方は次のようにする。（図ⅩⅩⅩ—4において）小さな容器 ABCD が水で満たされており、また中ががらんどうのガラスの円筒 EFG は E では閉じているが G では開いているものとしよう。そしてこの円筒 EFG を暖めて F のところまで水の中に

（8）底本をはじめ原著の各版では、この図の番号が5となっている。訂正の理由については、本章の訳註（1）を参照。

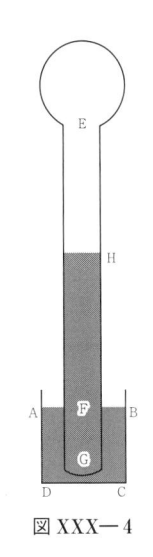

直立させて入れ、下端がGまで達しているものとしよう。こうしておくと、空気が徐々に冷えるにつれて水は徐々に管の中をFからEのほうへと上昇してゆき、ついには内外双方の空気が等しい温度になって、それ以上上昇しなくなるに至るが、（空気の温度が変化しないかぎり）下降することもないであろう。それゆえ、水位はどこかある点Hで停止することになろう。いま仮に気温が上昇するものとすれば、水はHから下降するであろうし、気温が下がるとすれば、水は上昇するであろう。このことは経験上きわめて確実であるが、しかしその原因は今なお問題になっている。

図XXX—4

第28章第6、7節（そこでは寒さの原因が問題にされた）では、流動体の物体が冷たくなるのはそれに圧力を加える空気によって、言いかえれば、流動体に絶えず吹きつける風によってである、ということが示された。これと同じ原因により、水全体の面がFのところで圧力を加えられる。しかし、圧力を受けた水が押し戻されてゆく行き場所は、HとEの間の管の中空部以外にどこにもない。したがって、寒さによって水はこの中空部へと必然的に押し込まれるので、寒さの増し方の大きいか小さいかに応じて水の上昇も大きくなったり小さくなったりする。そして再び暖かさが増して寒さが緩むと、同じ水がそれ自身の重さによって、言いかえれば（既に説明された）重さの原因によって押し下げられるであろう。

13. 動物の場合の上方への運動の原因

動物たちもまた、重くはあっても跳躍や泳ぎや飛行によってどこかある所までは上昇することができる。しかしこのことは、地面や水や

空気のような何かある抵抗する物体に支えられることによってしか生じない。その理由は次のとおりである。これらの運動は、動物の身体の（筋肉の力による）収縮に端を発する。というのは、この収縮に続いて身体全体の拡張が起こり、これによって身体を支えている地面なり水なり空気なりが押えつけられ、その結果、圧力を受けたものの反作用によって動物は上方への努力を獲得するのである。しかし、この努力は身体の重さによって急速に失われる。それゆえ、この努力によって動物は、跳躍に際しては少しばかり上昇するが、上がり方は僅かである。これに対して、泳ぎや飛行による場合には上がり方が非常に多くなる。なぜなら、上昇力の効果が身体の重さによって完全にうち消される以前に、上昇力が更新されるからである。

　生命の力により、先行する筋肉収縮も支えるものもなしに、何かある動物がその身体を上昇させた、などという考えは子供じみている。なぜなら、そうであるとしたならば、人間はどこでも上昇したいところまで上昇することができることになるだろうからである。

14. 自然のうちには、空気よりも重いけれども感覚によっては空気から区別されえないような類の物体が存在すること

　目の周囲にある透明なものは目に見えないし、空気中の空気や水中の水、あるいは水中にあって不透明でないどんなものも、見ることはできない。しかし2つの透明な物体の境目において、それらを互いに区別することはできる。それゆえ、空気がそのうちに存在すると私たちの言う空間は、空虚であると信じているような単純素朴な人々も、笑止千万というわけではない。空気が何物かであるとみなすためには合理的根拠が必要である。なぜかというに、私たちには見えも聞こえもせず、味も匂いもせず、手で触れられることによって何物かであると知られることさえない空気が、存在するということを私たちが判断

するよすがとなるものは、私たちの諸感覚のうちのどの感覚であるというのか。私たちは熱さを感じているとき、それを空気のせいにはせず火のせいにするし、寒さは空気の寒さではなく私たちの寒さである。また、風を感じているときは何物かがやってくると考え、何物かがその場にあるとは考えない。同様に、水中ではもちろん水の重量を感覚することはできないし、空気中ではなおさら空気の重量を感覚することはできない。けれども合理的根拠によれば、空気と言われるものが何かある物体であることを認識することができる。ただし、この合理的根拠はただ1つしかない。それはすなわち、遠方に位置する諸物体は中間の物体なしには私たちの感官に作用することができないし、私たちは隣接しているもの以外は全然感覚しないから、ということである。それゆえ、合理的推論なしに感覚のみの効果から得られる証拠は、物体的本性には適さない。

たとえば、大地の内部にあって石炭の採掘されている場所には、何かある効果のせいで水と空気のほぼ中間と思われるかもしれないような性質をした何物かがある。これはもちろん、感覚の働きによってでは空気から区別されえない。なぜならそれは、至極純粋な空気と等しく透明であり、また感覚に関する洞察にとって近づきうる度合も空気に等しいからである。しかし効果に注目するなら、それは水に似ている。なぜなら、石炭の採掘される穴は全体が、もしくは少くともあるところまで、大地から溢出するこの物質によって満たされており、この穴の中へ降りていった人間は、水そのものに溺れて死ぬ場合に比べてあまり長い時間のたたないうちに窒息死するし、火を降ろせばこれも水で消される場合に比べてあまり長い時間のたたないうちに消えるからである。しかし、この現象をもっとよく理解するために、図ＸＸＸ—5を描こう。この図において、炭坑の穴はABであるとしよう。そしてこの穴の部分CBは上述のような物質で満たされていると仮定

しよう。もしも火のついたカンデラをCよりも下まで降ろしたとすると、水の中と変らず火は突如として消える。同様に、鉄製の炙り器に火のついた炭を入れてどんなに強い火にでもなるようにしたのを降ろしたとしても、Cよりも下まで沈降させられるとたちまち火勢が衰え始め、その後いくばくもなくして、水の中と同じように（光が消えて）見えなくなってしまう。そればかりでなく、炭がまだ非常に熱いうちに炙り器を引き上げたとすれば、徐々に火がついて再び光を発する。この後のほうの点においては、たしかに水に似ているということからは多少かけ離れている。なぜなら、炭坑内のこの物質は水のように湿らせたり浸けられたものにくっついたりはしないが、水はそうやって湿らせることによって再び火がつくのを妨げるからである。

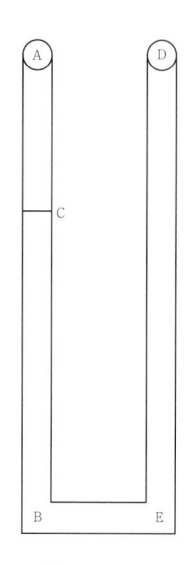

図XXX—5

　同様に、同じ場所Cへ人間が降りていったとすれば、間違いなくたちまち呼吸困難になり、まもなくさらに気を失って、すみやかに引き上げてやらないと死んでしまう。それゆえ、炭坑へ降りてゆく人々の間では、最初の息苦しさを感じたらすぐさま、自分がそれで降りてきた綱を揺さぶることが、苦しいから引き上げてくれという合図として習慣化している。引き上げるのが遅くなりすぎて、そのせいで意識

（9）　底本をはじめ原著の各版では、この図の番号が6となっている。訂正の理由については、本章の訳註（1）を参照。

がなくなり動けなくなってしまったら、（芝草を刈り取ったばかりの）新鮮な土の方へその人の口を傾けて押しつけてやる。そうすると、完全に死亡してしまっていなければ、徐々に意識と動きを回復し、あたかも地下で吸い込んだ有害物質が口から出て行くかのようにして蘇生するが、そのさまは、水に溺れた人が水を吐き出せば蘇生するその仕方とほとんど同じである。もっとも、こういう窒息事故はすべての穴で起こるわけではないが、しかし多くの穴で起こり、またそういう穴でも常に起こるわけではないが、しかし起こる頻度は高い。この事故が起こる場合には、次のような対処法が用いられる。すなわち、近くに深さの等しい別の穴 DE を掘り、両方の穴を地下道 EB でつなぐ。次に底 E において火をともすと、この火によって管 DE 内にある空気が上方へと運ばれ、D を通って外へ出て行く。この出て行った空気の後に地下道 EB 内に含まれていた空気が続き、さらにその後に続いて CB 内に含まれていた有害物質が出て行くので、そのおかげで通常のように健康に適した状態がこの穴に戻ってくるのである。（信頼性の疑わしい話によって哲学を支えるなどということは私の流儀ではないので、この話の真理性を自ら経験によって知っている人々に対してだけ、私はこの話を書くのだが、）このちょっとした話から、当該現象のありうる原因は次のようなことであると考えることができる。すなわち、何かある流体状の、非常に透明度の高い物質(10)が存在していて、これが地中から噴出して穴を C のところまで満たしており、この物質の中ではあたかも水中と同様に、火も消え動物も死ぬということである。ただし、次のようなこともありうることではある。すなわち、この物質は空気、すなわち非常に強い風にほかならず、この風が火を消すとともに、生命をも消してしまうのであるが、それは肺の中へこの風を受けた者は、この風が肺において心臓の一方の心室から他方の心室への血液の移行を妨げてしまうので、それが自分に向かってくる運動の激しさのせいで

息が詰まってしまうからだ、ということである。[11]

15. 磁力の原因について

　重いものの性質をめぐる最大の困難は、黒玉や琥珀や磁石のように、重いものを自分の方へ向かって高く持ち上げる諸事物についての観察から生じる。しかしとりわけ混乱させるのは、ヘラクレスの石と呼ばれる磁石である。これはその他の点では何の変哲もない石であるが、地中の奥深くから取り出された鉄をも、ヘラクレスがアンタイオスを宙吊りにしたように[12]、この石自身から宙吊りにしたままにしておくほどの力を持っている。しかしこのことは、驚くべき度合が次の理由によって少しばかり減じる。すなわち、たしかに鉄よりは重くないがしかしそれでも重さのあるもみがらを、黒玉は引き寄せるのだから、ということである。もっとも、黒玉がこのことを行なうには、予め摩擦によって、ということはつまり行きつ戻りつする運動によって刺激されていなければならない。これに対して、磁石の刺激は石自体

---

(10) 1655年の初版本とそれに基づく英語版では、ここが「何かある流体状の、非常に透明度の高い、水よりもはるかに軽い物質」となっている。本訳書では、1668年版に基づいた底本に従い、「水よりもはるかに軽い」を省いた。
(11) 「ただし、……ということである。」の2文に相当する部分は、1668年版で付加されたもので、1655年の初版本とそれに基づく英語版には欠けている。本訳書では、1668年版に基づいた底本に従って、この部分も含めて訳出した。
(12) ヘラクレスは、ゼウス神を父とし、ミュケーナイ王エーレクトリュオーンの娘アルクメーネーを母とする、ギリシア神話の英雄伝説上最大の英雄。アンタイオスは海神ポセイドーンと大地の女神ガイアの間に生れた巨人で、リビアに住み、そこを通りかかった旅人に自分とレスリングをするよう強要し、勝っては相手を殺していたが、ヘスペリスの園に黄金の林檎を取りに行く（いわゆるヘラクレス12功業の11番目）途中リビアを通ったヘラクレスと戦い、敗れて殺された。その際ヘラクレスは、アンタイオスが手で大地に触れると母である大地の女神ガイアから力を得て強さを回復することを知り、アンタイオスを宙吊りに持ち上げてその手が地に触れないようにしておいて締め殺したという。

の本性によるもの、ということはつまり初めからあるもの、すなわち石の何かある内部運動によるものである。動くものは何であれ、それに接している動いているものによって動かされているのだということは、以前証明されたことのうちに入っている。それゆえ、石に対する鉄の最初の努力が鉄に接している空気の運動から生じていることは確実である。同様に、この空気の運動はそれに直近の空気の運動から生じている、というように以下次々に限りなく続き、しまいに空気全体の運動の起源を磁石そのもののうちなる何らかの運動から引き出すことが思いつかれるに至るが、この運動は（磁石は静止していることが見てわかるので）目には見えない運動である。それゆえ磁石の引き寄せる力が、磁石そのものの極微の諸部分の何らかの運動にほかならないことは確実である。そこで、地中奥深くで合わさって磁石となる最小の小物体が、その本性上、今しがた黒玉について言われたような行きつ戻りつする（短いせいで目には見えない線に沿った）運動ないし努力を持つと仮定すれば、両方の石の引力の原因は同一であることになろう。今やこの原因がどういう作用の仕方と順序で引力を引き起こすのかが問われなければならない。私たちは、振動すなわち同一直線上の行き戻りの運動によって、琴の絃が1本弾かれると別の絃も、似たような強さで張られていれば似たような振動によって動くようになる、ということを知っているし、器の底に沈んでいる澱や砂が水全体の運動や棒の強い行き戻りの振動によって底からかき立てられることも知っている。それならば、どうして磁石の諸部分の行き戻りの運動が、鉄の動く際に何かある似たようなことをしていないであろうか。なぜなら、もし本当に磁石の中に諸部分の行き戻りの運動が、すなわちそれらの往還が仮定されるとしたならば、そこからの帰結として、似たような運動が空気を通って鉄へと伝わり、それゆえ鉄そのものとそれの個々の部分とに往還の同じ交替が内在する、ということにな

り、さらにこのことから、石と鉄の間に介在していた空気が徐々に追い出される、ということが帰結し、空気が追い出されることによってさらに、磁石と鉄の本体同士が必然的に結合するからである。それゆえ、磁石が鉄を、また黒玉がもみがらを自分の方へ引き寄せる原因としてありうるのは、引きつける物体の諸部分の、同一直線上における、もしくは楕円の線に沿っての行き戻りの運動である。ただし、このことが引き寄せの原因となるのは、引きつけられるものの本性のうちにそういう運動と相容れないようないかなる性質もない場合である。

　さらに、(磁石をコルクの上に載せて水面上に自由に動けるように浮かべた場合) 磁石はどういう位置に置かれても、子午線の平面上において次のような位置のとり方をするであろう。すなわち、ある時点で静止している磁石のある2点がそれぞれ地球の両極のほうに向くなら、他のどんな時点においてもこの同じ2点がそれぞれ同じ極のほうに向く、というようにである。このことの原因である可能性があるのは、磁石の諸部分の行き戻りと先に言われた運動が、地軸に平行な線上において行なわれ、しかもそれが磁石の発生からこのかたその諸部分に生来の運動である、ということである。それゆえ、磁石は鉱山の坑内にあって地球とともに自転運動によって回転していると、行き戻りの運動の線に対して垂直な線に沿った運行の習慣を長い時の間に獲得してしまっているから、たとえ磁石の軸が地軸に対する平行関係から離れたとしても、同じ位置へと戻る努力を保持するであろう。しかしてこの努力こそ運動の始まりであって、この始まりが与えられ、なおかついかなる妨害も介在していなければ、磁石はそれによって以前の位置へと戻るであろう。なぜなら、どんな鉄でもやはり長い時間にわたって子午線の平面上に置かれたまま静止していると、この位置から離れても、自由に動けるようになってさえいれば、子午線のほうへと

向き直るであろうが、これはすなわち、鉄が子午線に対して垂直になっている互いに平行な諸々の円上において地球の運動から獲得した努力によってそうなるのである。

　ところでもしも磁石を鉄で、一方の極から他方の極へと真直ぐに引き動かして擦ったとすれば、2つのことが生じる。そのうちの1つは、方位を指す力という磁石と同じ力を、すなわち子午線上に静止し、なおかつ磁石が持つのと同じ軸と両極を持つという力を、鉄が獲得するということである。もう1つは、磁石と鉄との同じ極同士は互いに退け合い、異なる極同士は互いに引きつけ合うということである。第1のことの原因である可能性があるのは、行きつ戻りつではなくて常に極から極へと同じ経路で引き動かすことによって行なわれた摩擦をつうじて、鉄にもまた同じ極から同じ極へと向かう努力が刻印されるということである。なぜかというと、磁石と鉄との違いは未加工の鉄鉱石と精製された鉄との違いでしかないので、精製された鉄には磁石に内在する運動を受け入れることに対していかなる抵抗もないからである。このことからの帰結として、地球の運動に対して等しく一致しているものは、子午線下の位置から追い出されても、等しくこの位置に戻ってくるということがある。第2のことの原因である可能性があるのは、磁石が鉄と擦れ合う際に、磁石が鉄に対して作用して、一方の極、たとえばN極へ向かう努力を鉄に刻印するのと同様に、反対に鉄も磁石に対して作用して、もう一方の極、たとえばS極に向かう努力を磁石に刻印する、ということである。それゆえ、N極とS極の間にある磁石と鉄の小部分の行き戻りすなわち往還に際しては、一方において行きがNからSへ、帰りがSからNへと行なわれている間に、他方においては行きがSからNへ、帰りがNからSへと行なわれる、ということが起こるであろう。しかし、この互いに反対向きの、空気に伝わる2つの運動から生じるのは、鉄のN極

は引力の生じている間に磁石のＳ極のほうへと押しやられ、また反対に、磁石のＮ極は鉄のＳ極のほうへと押しやられて、両者の軸が、つまり磁石の軸も鉄の軸も、同一直線上に位置をとるに至る、ということである。このことは、まさに実験がそうなることを教示している当のことである。

　さらに、磁力が空気中のみならず、非常に硬いどんな物体中をも伝わるということは、不思議なことではない。なぜなら、いかなる運動も、どれほど硬い物体であれ物体によって満たされた空間中を限りなく伝わらないほどに、弱いということはありえないからである。そしてその理由は、充実した媒体中においてはいかなる運動も、媒体の直近の部分が移動し、次いでこの部分に直近の部分が移動し、というように次々と際限なく続いてゆくことなしには存在することができず、その結果、どんな効果に対しても個々の諸事物の個々の運動がやはり必然的に何らかの寄与をしているから、ということである。

　さて、本書はここまで物体一般の本性について述べてきたが、これが『哲学原本』の第１の部門である。この部門の第１部、第２部および第３部における推論の諸原理は、私たちの知性のうちに、言いかえれば、私たち自身の行なっている語彙の正当な使用のうちに存するので、これら３つの部では、偽なるもの以外のすべての定理が正当な仕方で証明された。第４部は諸々の仮説に依拠しており、したがってこれらの仮説の真理性が未知である以上は、物事の原因が本当に私たちの説明したとおりのものであるということを証明することはできない。しかし私は、ありうるとともに理解しやすい仮説でないようない

---

(13)　英語版では、ここから先の２つの段落の内容が底本と少し異なっている（付録17参照）。

かなる仮説も採用しなかったし、とり上げた仮説からの推論は正当な仕方で行なったから、物事の原因が私たちの説明したようなものである可能性があったということは証明したのであり、そしてこのことが自然学の考究の目的なのである。さてそこで、もしも誰か他の人が、これと同じことかもしくはこれ以上のことを、他の仮説を採用したうえで証明したとすれば、私は自分に対してなされなければならないと要求する感謝よりも大きな感謝を、その人に対してしなければならないであろう。ただしそれは、彼の用いている諸々の仮説が考えられるものであるとしたならばの話である。なぜなら、何かあるものがそれ自身によって動いたり生じたりするとか、形相・潜勢力・実体形相・非物体的実質・本能・反対状況・反感・共感・隠れた性質その他のようなスコラ学者たちの空虚な語によって、動いたり生じたりするとか言う人がいたとしても、それは意味のないものの言い方であろうから。

　今や私は、人間身体の諸現象へと話を移すことにする。そこでは、視力の原因や、また同様に人間の気質・感情および習性の原因が（私が生き長らえることを神が当面お許し下さるならば）示されることになるであろう[14]。

---

(14) 『哲学原本』第 2 部である『人間論』(De Homine、1658年初刊、本コレクション08所収) の内容を予告したもの。

第 30 章 | 577

付　　録

付録1　英語版のまえがき

訳者(1)より読者へ

『哲学原本』のこの第1部の拙訳を脱稿した際に、私がそれをそのまますぐに印刷に付していたならば、この訳書はもっと早く読者の手許に届いていたかもしれない。しかし私は、この翻訳を引き受けるにあたって、それを上手にやり遂げる自分の能力についての自信をはなはだ欠いていたので、この訳を公刊するに先立ってホッブズ氏にお願いして、これに目を通し、訂正し、氏御自身の意向に従って好きなように注文をつけていただくのが適切だと考えた。そういうわけで読者は、いくつかの箇所が加筆され、他の何箇所かは変更され、また2つの章（第18章と第20章）はほぼ全面的に書き換えられていることにお気付きになっても、いま私が読者に提供するとおりのこの訳が、著者自身の意見と意図にいささかも違(たが)うものではないということを、依然として確信しておいていただいてよい。サヴィル卿の流れを汲むオクスフォード大学の教授連に向けた「6課の授業」(2)(3)に関して言えば、これらは私の翻訳したものではなく、本訳書に収められているとおりに英語でホッブズ氏御自身が執筆されたものである。この「6課の授業」を本書に付け加えたのは、それらがとりわけ本書を弁護するためのものだからである。

（1）　この訳者の名は明らかにされていない。実はホッブズ自身ではないかという説もあるが疑わしい点があり、真相は依然不明である。この問題については、巻末の訳者解説を参照。

（2） 『物体論』の初版本を批判して「ホッブズ幾何学の論駁」(Elenchus Geometriae Hobbianae, 1655) を著したジョン・ウォリス（1616〜1703）と、「書簡体の訓育」(Exercitatio Epistolica, 1656) を著したセス・ウォード（1617〜89）を指している。「サヴィル卿の流れを汲む」と言われているのは、ウォリスとウォードが当時それぞれその教授の席を占めていたオクスフォード大学の幾何学講座と天文学講座が、数学者ヘンリー・サヴィル卿（1549〜1622）によって設立されたものであることによっている。
（3） 前註のウォリスの論文「ホッブズ幾何学の論駁」に対する反論のためにホッブズによって書かれ、1656年の『物体論』英語版の付録として出版された小冊子。本訳書には収録していない。

付録2　第13章第16節の英語版

　比率が掛けられたと言われるのは、この掛けられた回数のうちにある1の個数と同じ回数繰り返してこの比率がとられた場合である。そして、この比率が「大きいほうの量」対「小さいほうの量」という比率であるとした場合には、それを何回か掛けることによって比率の量も増加するであろうが、この比率が「小さいほうの量」対「大きいほうの量」という比率であるとした場合には、掛ける回数が増加するにつれて比率の量は減少する。たとえば、4、2、1という3つの数の場合、4対1という比率は4対2という比率の2乗であるのみならず、2倍大きくもあるが、これらの数の順序を逆にして1、2、4とすれば、1対2という比率は1対4という比率よりも大きく、したがって1対4という比率は1対2という比率の2乗ではあるが、1対2という比率と比べて2倍大きいのではなく、反対にその半分の大きさの比率なのである。同様に、比率が割られると言われるのは、2つの量の間に連続した比率をなす1つもしくは複数の中間項が挿入される場合である。そしてこの場合、第1項対第2項の比率は第1項対第3項の比率の$\frac{1}{2}$乗であり、第1項対第4項の$\frac{1}{3}$乗であり、等々と言われる。

　複数の比率のこのような混合は、(借り手と貸し手についての商人の計算の場合のように) 混合された比率のあるものが超過の比率で他のものが不足の比率である場合には、ある人々が考えるほど容易には計算されず、この混合によって比率の合成はときには足し算になり、ときには引き算になる。これは、合成といえば常に足し算のことで、減少といえば常に引き算のことだと解してきたような人々には、ばかばかしく聞こえることである。それゆえ、この計算を少しでもより明晰にす

るために、(普通に想定されていることで、しかもこの想定は真なのであるが)次のように考えることにしよう。すなわち、比率をなす量の項数が決してさほど多くは存在しないとした場合、初項対末項の比率は、初項対第2項、第2項対第3項、以下同様に末項に至るまでの隣り合った各項同士の比率すべてを合成したものであって、これはそれらの比率が等しさ・超過・不足のいずれの比率であるかにかかわりなくそうなる、と。したがって、1つは不等の、もう1つは等しさの比率である2つの比率が足し合わされたとしても、そのことによって比率はより大きくもならないし、より小さくもならない。たとえば、A対Bという比率とB対Bという比率とが合成されたとすると、初項対第2項の比率〔の大きさ〕は、この両比率〔の大きさ〕の合計と同じになる〔ので、大きくも小さくもならない〕ように。なぜなら、等しさの比率は(量ではないので)比率の量を増加も減少もさせないからである。けれども、互いに等しくない3つの量A、B、Cがあって、初項が最大、末項が最小であるものとすれば、その場合にはB対Cの比率はA対Bの比率に対する加算であり、後者〔の大きさ〕をより大きくする。また反対に、Aが最小、Cが最大の量であるとすれば、その場合にはB対Cという比率の付加はA対Cという合成された比率〔の大きさ〕をA対Bという比率〔の大きさ〕よりも小さくする、すなわち全体を部分よりも小さくするのである。それゆえ、複数の比率の合成は、この後のほうの場合にあっては、それらの比率〔の大きさ〕の増加ではなく減少である。なぜなら、(ユークリッド『幾何学原本』の第5巻定理8によれば)同一の量は他の2つの量と比較された場合、小さいほうの量に対してのほうが大きいほうの量に対してよりも大きな比率を持つからである。同様に、合成される比率の一方が超過の、他方が不足の比率である時には、8、6、9という数の場合のように最初の比率が超過の比率であるとすれば、合成して得られた比率すなわ

ち8対9という比率〔の大きさ〕は、それの諸部分のうちの1つの比率、すなわち8対6という比率よりも小さいが、6、8、4という数の場合のように初項対第2項の比率が不足の比率で、第2項対第3項の比率が超過の比率であるとすれば、6は4に対してのほうが8に対してよりも大きい比率を持つように、初項対第3項の比率〔の大きさ〕は初項対第2項の比率〔の大きさ〕よりも大きくなるであろう。このことの理由が、ある量のもう1つの量に対する不足の度合が小さくなるか、もしくは超過の度合が大きくなるかするほど、「前者の量」対「後者の量」という比率は大きくなる、という点にあることは明らかである。

いま、連続した比率をなす3つの量 $\overline{\mathrm{AB}}$、$\overline{\mathrm{AC}}$、$\overline{\mathrm{AD}}$ を考え、各々が4、6、9であると仮定しよう。そうすると、$\overline{\mathrm{AD}}$ は $\overline{\mathrm{AC}}$ よりも大きいが、$\overline{\mathrm{AD}}$ よりも大きくはないので、$\overline{\mathrm{AD}}$ 対 $\overline{\mathrm{AC}}$ という比率は（ユークリッドの上掲書の第5巻定理8により）$\overline{\mathrm{AD}}$ 対 $\overline{\mathrm{AD}}$ という比率よりも大きいであろう。また同様に、$\overline{\mathrm{AD}}$ 対 $\overline{\mathrm{AC}}$ および $\overline{\mathrm{AC}}$ 対 $\overline{\mathrm{AB}}$ という2つの比率は同一なので、この2つの比率は（両方とも超過の比率であるから）$\overline{\mathrm{AD}}$ 対 $\overline{\mathrm{AB}}$（すなわち9対4）という比率全体を、$\overline{\mathrm{AD}}$ 対 $\overline{\mathrm{AC}}$（すなわち9対6）という比率の2乗の比率にするだけでなく、2倍の比率にもする、すなわち2倍の大きさにもするのである。他方、$\overline{\mathrm{AD}}$ 対 $\overline{\mathrm{AD}}$（すなわち9対9）という比率は、等しさの比率であるからいかなる量でもないが、それでもやはり $\overline{\mathrm{AC}}$ 対 $\overline{\mathrm{AD}}$（すなわち6対9）という

（1） 9対4すなわち $\frac{9}{4}$ が、9対6すなわち $\frac{3}{2}$ の2乗（duplicate）の比率であるというのはそのとおりであるが、2倍（double）の比率でもあるというのは首肯しがたい。（$\frac{9}{4}$ は $\frac{3}{2}$ の2倍ではなく、1.5倍であるから。）この問題点は、本文第13章第16節における「半分の比率」「$\frac{1}{3}$ の比率」という言い方に対して、同章の訳註（6）で指摘したものと同一である。

比率よりも大きいので、「0－9対0－6」と$\overline{AC}$対$\overline{AD}$は等しく、さらに「0－9対0－6」は「0－6対0－4」に等しいであろう。しかるに、0－4、0－6、0－9は連続した比率をなしている。また、0－4は0－6よりも大きいので、「0－4対0－6」という比率は「0－4対0－9」という比率の2倍の比率であろう。ただし言っておくが、2倍の比率ではあっても2乗の比率ではなく、$\frac{1}{2}$乗の比率である。

　もしも誰か上の推論では満足しない人がいるなら、そういう人にはまず第1に次のことを考えてもらおう。すなわち、（ユークリッドの上掲書の第5巻定理8により）$\overline{AB}$対$\overline{AC}$という比率は、ACの延長線上のどの位置に点Dが置かれようと、$\overline{AB}$対$\overline{AD}$という比率よりも大きいということ、また点DがCから遠ざかれば遠ざかるほど、その分だけますます$\overline{AB}$対$\overline{AC}$の比率は$\overline{AB}$対$\overline{AD}$の比率よりも大きくなるということである。それゆえ、次のようなある点（これをEであると仮定せよ）が存在する。すなわちCから、$\overline{AB}$対$\overline{AC}$の比率が$\overline{AB}$対$\overline{AE}$の比率の2倍の大きさになるような距離にある点である。このことを考量したうえで、上の推論に満足しない人に線分AEの長さを決定してもらい、かつ（できるものなら）$\overline{AE}$が$\overline{AD}$よりも大きいか小さいかどちらかであるということを証明してもらおう。

　これと同じ方法により、連続した比率をなす3つよりも多い数の量、たとえばA、B、C、Dがあって、Aが最小であるとすれば、A対Bという比率はA対Dという比率に対して3倍の大きさ（ただし乗数に関しては$\frac{1}{3}$）であることが明らかにされるであろう。[2]

（2）　この「3倍」「$\frac{1}{3}$乗」という言い方が妥当でないと考えられることに関しても、第13章の訳註（6）を参照。

付録3　第15章第2節への英語版における加筆

　第2に私は、「衝動」すなわち運動の迅速さを、運動する物体の速さないし速度、ただし、この物体が運動している時間の各々の時点において考量された速さないし速度である、と定義する。この意味において「衝動」とは、努力の量、すなわち努力の速度以外の何物でもない。ただし、全体の時間について考量されれば、衝動とは運動する物体の、全運動時間をつうじてひとまとまりのものとみなされた全体の速度のことであり、これは時間を表わす線分の長さと、「衝動」の、すなわち速さの算術的平均を表わす線分の長さとを掛けて得られた積に等しい。この算術的平均〔中項〕が何であるかは、第13章第29節で定義されている。

　また、時間が等しければ通過される経路の長さは速度に比例し、なおかつ衝動とはこの時間の各々の時点のすべてにおいて計算された物体の進行速度のことであるから、どれだけの時間の間でも、また衝動がどれほど増加したり減少したりしようと、通過される経路の長さは同じ比率で増加したり減少したりするであろうし、同じ線分の長さが運動する物体の経路の長さと、この経路が通過される際の各々の衝動、すなわち迅速さの度合との、両方を表わすであろう。

　また、運動する物体が1つの点ではなく1本の直線であって、この直線のあらゆる点が各々1本ずつの直線を描くように運動するものとすれば、この物体の運動によって描かれる平面の大小は、この運動が等速・加速・減速のいずれであろうと、（時間が同じであれば）「ある運動に関して計算された衝動」対「他の運動に関して計算された衝動」という比率と同じ比率になるであろう。なぜなら、この場合の平面の広さと衝動の大きさとの関係は、長方形の面積とその辺の長さとの場

合と同じだからである。

　同じ原因によって、運動する物体が平面である場合にもまた、描かれる立体の体積の大小は、「その平面内のある線に沿って計算された各々の衝動すなわち速さ」対「その平面内の別のある線に沿って計算された各々の衝動」という比率になるであろう。

　上のことがわかったら、（図付8－1において）長方形 ABDC(1)(2) があるとして、この長方形において辺 AB は対辺 CD の方に向かって平行移動し、その間ずっと長さを減じていって、点Cにおいて消滅するに至り、そのようにして図形 ABEFC が描かれると仮定しよう。それゆえ点Bは、AB の長さが減少してゆくにつれて、線 BEFC を描くであろう。また、この運動の時間は線分 CD〔の長さ〕によって表わされると仮定し、この同じ時間 $\overline{CD}$ の間に、辺 AC は等速度で BD まで平行移動すると仮定しよう。さらに、線分 CD 上のどこでも好きなところに点Oをとり、この点Oから辺 BD に平行な直線 OR を引き、これが線 BEFC とEで交わり、かつ辺 AB をRで分割するとしよう。さらにまたもう一度、線分 CD 上のどこでも好きなところに点Qをとり、ここから辺 BD に平行な直線 QS を引き、これが線 BEFC とFで交わり、かつ辺 AB をSで分割するとしよう。そして辺 CD に平行な直線 EG と FH を引き、これらがそれぞれGとHで辺 AC を分割するとしよう。最後に、これと同じ仮設が線 BEFC 上の可能なあらゆる点においてなされるものと仮定しよう。私は次のように言う。すなわ

（1）　底本の付録3のこの箇所は「（第17章の第1図において）」となっているが、本文第17章第2節の図XVII―1（284ページ）と区別するため、付8―1（603ページ参照）という番号にした。（この両図は2点R、Sの位置が置き換わっている。）以下も付録中の図の番号については同様とする。
（2）　底本では ABCD となっているが、図に従って訳文では訂正した。

ち、QF、OE、DBの長さと、DBに平行でなおかつ線BEFC上に一方の端が位置するように引かれると仮定された他のすべての線分の長さとが表わす諸々の速さの相互比率が、平行線HF、GE、ABの長さと、時間線CDに平行でなおかつ線BEFC上に一方の端が位置するように引かれると仮定された他のすべての線分の各々の長さによって表わされた、上の諸々の速さの各々の時間の相互比率に対して持つ関係〔〔比率の〕総計対〔比率の〕総計〕は、「領域DBEFCの、すなわち平面DBEFCの面積」対「領域ACFEBの、すなわち平面ACFEBの面積」に等しい、と。理由は次のとおりである。線分ABが線BEFCによって連続的に長さを減じていって、時間$\overline{CD}$の経つ間に消滅して点Cとなるように、同時に線分DCは同じ線CFEBによって連続的に長さを減じていって、消滅して点Bとなる。また、点Dは線分DCの長さの減じるこの運動に際して線分DBを描くが、この線分DBの長さは、線分ABの長さの減じる運動に際して点Aの描く線分ACの長さに等しいので、この2つの運動の速さは等しい。さらに、時間$\overline{GE}$の間に点Oは線分OEを描き、同時に点Rは線分REを描くので、「線分OEの長さ」対「線分REの長さ」は「OEの描かれる速さ」対「REの描かれる速さ」に等しいであろう。同様に、同じ時間$\overline{HF}$の間に点Qは線分QFを、点Sは線分SFを描くので、「QFの描かれる速さ」対「SFの描かれる速さ」は「線分QFそのものの長さ」対「線分SFそのものの長さ」に等しいであろうし、また辺BDに対して平行に引かれうるすべての線分の場合にも、それらが線BEFCと交わる諸点に関して同様のことが言えるであろう。しかるに、BDに平行な〔曲線の上方の〕全直線、たとえばRE、SF、ACや、線分ABから線BEFCへと引くことのできる他のすべての直線は、平面の領域ABEFCを作り、また同じBDに平行な〔曲線の下方の〕全直線、たとえばQF、 OE、 DBや、同じ線BEFCに〔下方から〕ぶ

つかるすべての点へと引かれた他のすべての直線は、平面の領域 BEFCD を作る。それゆえ、「平面 BEFCD が描かれる諸々の速さの総計」対「平面 ACFEB が描かれる諸々の速さの総計」は、「平面 BEFCD そのものの面積」対「平面 ACFEB そのものの面積」に等しい。しかるに、平行線 AB、GE、HF その他によって表わされる諸々の時間の総計もまた領域 ACFEB を作るので、「線分 QF、OE、DB と、BD に平行で線 BEFC 上に一端を持つ他のすべての線分とを併せた全線分の集合体」対「線分 HF、GE、AB と、CD に平行で同じ線 BEFC 上に一端を持つ他のすべての線分を併せた全線分の集合体」、すなわち「速さの諸直線の集合体」対「時間の諸直線の集合体」、つまり「DB に対して平行線をなす速さの全体」対「CD に対して平行線をなす時間の全体」は、「平面 BEFCD の面積」対「平面 ACFEB の面積」に等しい。また $\overline{\text{QF}}$ 対 $\overline{\text{FH}}$、$\overline{\text{OE}}$ 対 $\overline{\text{EG}}$、$\overline{\text{DB}}$ 対 $\overline{\text{BA}}$、および他のすべての同様な線分の長さ同士の比率を合計したものは、「平面 DBEFC の面積」対「平面 ABEFC の面積」に等しい。しかるに、線分 QF、OE、DB その他は運動の速さを表示する諸線分であり、線分 HF、GE、AB その他は運動の時間を表わす諸線分であるから、「平面 DBEFC の面積」対「平面 ABEFC の面積」は、「すべての速度の合計」対「すべての時間の合計」に等しい。それゆえ、〔QF、OE、DB、および DB に平行でなおかつ線 BEFC 上に一端が位置するように引かれると仮定された他のすべての線分の長さが表わす〕諸々の速さの相互比率が、等々。証明終り。[3]

これと同じことは、時間の諸直線を半径とする諸々の円の面積の減少に関しても当てはまる。このことは、軸 BD[4] の周囲を回転した平面 ABDC[5] 全体を想像することによっておそらく容易に思い描かれるであろうとおりである。なぜなら、線 BEFC はそうやって作られた表面上のいたるところにあるであろうし、線分 HF、GE、AB は、回転

前は長方形であるが、回転後は線分 HF、GE、AB 等々をそれぞれの底辺の直径(6)とする円筒形になる——ただしこの場合、長方形と円筒形の高さは1つの点、すなわち名づけることの可能などんな量よりも小さい量であり、線分 QF、OE、DB 等々は、名づけることの可能などんな量よりも小さい長さと幅を持つ小さな立体であるが——であろうから。

ただし、注意されなければならないのは、「諸々の速さの総計」対「諸々の時間の総計」という比率が決まらないならば、「図形 DBEFC の面積」対「図形 ABEFC の面積」という比率も決めることができない、ということである。

（3） 証明に先立って提示された証明されるべき命題が、証明の最後の結論として繰り返される際に、重複を避けて、文の冒頭以外は省略されるという証明文の慣例に従ったもので、省略されている部分は「平行線 HF、 GE、 AB、および時間線 CD に平行でなおかつ線 BEFC 上に末端が位置するように引かれると仮定された他のすべての線分の各々の長さによって表わされた、上の諸々の速さの各々の時間の相互比率に対して持つ関係（〔比率の〕総計対〔比率の〕総計）は、「領域 DBEFC の、すなわち平面 DBEFC の面積」対「領域 ACFEB の、すなわち平面 ACFED の面積」に等しい。」である。
（4） 後に続く円筒形のことから考えて、回転軸は BD でなく AC であるべきであるが、ここは底本に従う。
（5） 本付録訳註（2）に同じ。
（6） 「半径」とあるべきところであるが、底本に従う。

付録 3 | 591

付録4　第16章第2節の英語版

　あらゆる等速運動において、複数の運動の伝わる距離の長さ同士の比率は、それぞれの運動の平均衝動をその運動の時間に掛けた積同士の比率に等しい。

　理由は以下のとおりである。(図付4—1において)[1] 何らかの物体が距離の長さ $\overline{DE}$ を等速運動で通過する際の時間が $\overline{AB}$、衝動が $\overline{AC}$ であるとしよう。そして時間 $\overline{AB}$ の任意の一部、たとえば時間 $\overline{AF}$ の間に、別の物体が等速運動で、最初に同一の衝動 $\overline{AC}$ をもって運動するものとしよう。そうすると、この後のほうの物体は、時間 $\overline{AF}$ の間に衝動 $\overline{AC}$ をもって距離 $\overline{DG}$ を通過するであろう。したがって、複数の物体が同時に、それらの運動のあらゆる部分において同一の速度と衝動をもって運動するとき、それぞれの伝わる距離の長さ同士の比率はそれぞれの運動する時間同士の比率と同じであるから、その結果として次のようなことになる。すなわち、「時間 $\overline{AB}$ の間に衝動 $\overline{AC}$ をもって伝わった距離の長さ」対「時間 $\overline{AF}$ の間に同じ衝動 $\overline{AC}$ をもって伝わった距離の長さ」は、$\overline{AB}$ そのもの対 $\overline{AF}$ に、ということはつまり「AI を対角線とする長方形の面積」対「AH を対角線とする長方形の面積」に等

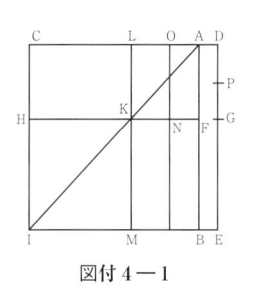

図付4—1

（1）　底本における番号は〔XVI—〕1であるが、付録4の訳注（1）で述べた方針に従い、付4—1という番号にした。（ただし本図に関しては、本文第16章の図XVI—1と同一の図である。）以下の図についてはいちいちこのことを注記しない。

しく、さらに言いかえれば、「時間 $\overline{\mathrm{AB}}$ を平均衝動 $\overline{\mathrm{AC}}$ に掛けた積」対「時間 $\overline{\mathrm{AF}}$ を同じ衝動 $\overline{\mathrm{AC}}$ に掛けた積」に等しいであろう、ということである。さらに、ある物体が時間 $\overline{\mathrm{AF}}$ の間に、上と同じ衝動ではなくてある別の均一な衝動、たとえば $\overline{\mathrm{AL}}$ をもって運動すると仮定しよう。そうすると、複数の物体のうちの1つは、その運動のあらゆる部分において衝動 $\overline{\mathrm{AC}}$ を持ち、他の1つは同様にして衝動 $\overline{\mathrm{AL}}$ を持つから、「衝動 $\overline{\mathrm{AC}}$ をもって運動する物体の伝わる距離の長さ」対「衝動 $\overline{\mathrm{AL}}$ をもって運動する物体の伝わる距離の長さ」は、$\overline{\mathrm{AC}}$ そのもの対 $\overline{\mathrm{AL}}$ に、ということはつまり「AH を対角線とする長方形の面積」対「FL を対角線とする長方形の面積」に等しいであろう。それゆえ、図の縦軸の比率によって、「AI を対角線とする長方形の面積」対「FL を対角線とする長方形の面積」は、すなわちそれぞれの物体の運動の平均衝動を時間に掛けた積同士の比率は、「時間 $\overline{\mathrm{AB}}$ の間に衝動 $\overline{\mathrm{AC}}$ をもって伝わった距離の長さ」対「時間 $\overline{\mathrm{AF}}$ の間に衝動 $\overline{\mathrm{AL}}$ をもって伝わった距離の長さ」に等しいであろう。証明終り。

付録5　第16章第17節の英語版

　ある与えられた時間内に、運動が2とおりの長さの距離を伝わり、その一方は等速運動、他方は距離対時間のある比率で加速してゆく加速度運動であるとし、さらにこの同じ時間の一部において、同じそれぞれの距離の長さの一部を同じそれぞれの運動が伝わるものとすれば、長いほうの距離全体が他方の距離よりも長くなっている比率は、上のそれぞれの部分距離の一方が他方よりも長くなる比率と同じであろう。

　たとえば、（図付5-1において）$\overline{AB}$ は時間 $\overline{AC}$ の間に等速運動が伝わる距離の長さであり、$\overline{AH}$ は、最終的に獲得される衝動が $\overline{AC}$ に等しい $\overline{GH}$ であるような等加速度運動が、同じ時間内に伝わるもう1つの距離の長さであるとしよう。そして AH 上に任意の部分 AI をとり、$\overline{AI}$ を $\overline{AC}$ の一部において等速運動が伝わる距離とし、また別の部分 AB をとり、$\overline{AB}$ を時間 $\overline{AC}$ の同じ一部において等加速度運動が伝わる距離としよう。$\overline{AH}$ 対 $\overline{AB}$ は $\overline{AB}$ 対 $\overline{AI}$ に等しいであろう、と私は言う。

　線分 HG に平行で長さも等しい線分 BD を引き、これを中点 E で2等分し、$\overline{BD}$ と $\overline{BE}$ の比例中項に当たる長さを持つ線分をとってこれを BF としよう。そうすると直線 AG は、（第13節の証明により）点 F を通るであろう。また、AH を中点 I で2等分すれば、$\overline{AB}$ は $\overline{AH}$ と $\overline{AI}$ の比例中項になるであろう。さらに（AI と AB は同一の運動によって描かれるから）線分 BF に、つまり線分 AM に平行で長さも等しい線分 IK を引き、これを中点 N で2等分し、$\overline{IK}$ と $\overline{IN}$ の比例中項に当たる長さを持つ線分 IL をとるならば、直線

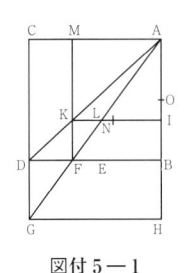

図付5-1

AFは（第13節の証明により）点Lを通るであろう。また、線分ABを中点Oで2等分すれば、$\overline{\mathrm{AI}}$は$\overline{\mathrm{AB}}$と$\overline{\mathrm{AO}}$の比例中項となるであろうし、この場合ABが点IとOで分割される仕方は、AHが点BとIで分割される仕方と同様である。それゆえ、$\overline{\mathrm{AH}}$対$\overline{\mathrm{AB}}$は$\overline{\mathrm{AB}}$対$\overline{\mathrm{AI}}$に等しい。証明終り。

系　また、$\overline{\mathrm{AH}}$対$\overline{\mathrm{AB}}$は$\overline{\mathrm{HB}}$対$\overline{\mathrm{BI}}$に等しく、$\overline{\mathrm{BI}}$対$\overline{\mathrm{IO}}$にも等しい。

そして（運動のうちの1つが等加速度運動である場合）このことが第13節の証明から立証されるように、（加速度が時間に対して2倍の比率をなしている場合には）同じことが第14節の証明によっても立証されうるし、また同じ方法によって、時間に対する比率が整数倍の比率になっている他のあらゆる加速度に関しても立証されうる。

付録6　第16章の削除された第20節

さて、直線運動と直線運動の協働作用についてはこれだけにしておく。今からは、直線運動と円運動、および円運動と円運動の協働作用を考量しよう。直線運動と円運動との協働作用については1つの定理がある。

円周上の点から任意の弦と、この弦に長さの等しい接線とを引けば、この両直線に挟まれている角は、この弦によって与えられた弧を何等分であれ等分して得られるすべての互いに長さの等しい弧に対する弦を全部同時にとれば、それらが〔最初の弦は接線と、他の諸弦は接点からそれぞれの発端点へ引かれた弦の延長線と〕なす諸角の総計の2倍であろう。

たとえば、（図付6−1において）線分 AB を弦とする、つまりそれに向かい合っている任意の弧があって、接線 AC とそれに長さの等しい弦 AB 自身とが角 BAC をなすとしよう。さてそこで、弧 BA を互いに長さの等しい諸部分 AD、DE、EF、FB へと分割しよう。そうすると、弦 AD、DE、EF、FB のそれぞれの長さも互いに等しくなるであろう。さらに、A、D、E、F の各点をそれぞれの中心とする弧 DG、EH、FI、BK を引こう。角 BAC は、角 DAG、角 EDH、角 FEI、角 BFK の総計の2倍である、と私は言う。

理由は次のとおりである。第14章第15節で示したように、長さの等しい諸弦の〔第1の弦はその発端点における接線と、他の諸弦はそれぞれの発端

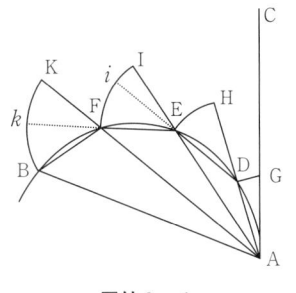

図付6−1

点へ第1弦の発端点から引かれた諸弦の延長線となす〕角〔の大きさ〕は、1、2、3、4、……という数の比率において進行してゆく。それゆえ、いま仮定されているとおりでありうるかぎり多く、弦の数があるものと考えるとすれば、その数は無限となるであろうし、第1の弦は量を持つものとしては考えることができず、考えられるのは点としてであるが、これは諸量のうちにあっては無、諸数のうちにあっては0である。それゆえ、上述の諸角〔の大きさ〕の数列は最初の数として0を有するであろうから、0、1、2、3、4、……という仕方で定まるであろう。しかるに、この種の数列〔等差数列〕の場合、すべての数を併せた総和は、最大項から最小項を引いて得られる数の半分であり[1]、この場合最小項はすなわち0である。それゆえ、弧AEBに対する弦ABと接線ACとの間に上述の仕方で生じうるすべての角の総和は、最大角から0を引いて得られる角の半分、ということはつまり、最大角そのものである角BACの半分である。証明終り。

（1）「最大項から…半分であり」は誤りであり、ホッブズは「6課の授業」においてここを「最大項を最小項に掛けて得られる数の半分に等しく」（原文は英語）と訂正しているが、この訂正もやはり誤りである（これでは0を初項または末項とする等差数列の和は常に0であることになってしまう）。正しくは、「最大項と最小項の和に項数を掛けて得られる数の半分に等しく」でなければならない。（したがってこの節の議論は成り立たない。）

付録7　第17章第2節の最初のラテン語版

　いたるところで比例的かつ通約可能な比率に従って連続的に減少していった挙句、ついには消失する量からなっている欠如図形の面積は、その補形の面積に対して、次のような関係にある。すなわち、「全体の高さ」対「任意の時間における減少後の高さ」という比率が、「この図形を描く全体量」対「上と同じ時間における減少後の量」という比率に対してあるのと同じ関係である[1]。

　(図付7－1において) その長さが量を表わす線分ABは、高さを表わす線分ACに沿って運動することにより、線分ADを対角線とする完全図形を描くものとし、しかるに他方ではこの同じABが、点Cにおいてすべて消失するに至るまでその長さを減じつつ、欠如図形ABEFCを描くものとしよう。するとこの欠如図形の補形は図形BDCFEであろう。また線分ABは、線分GKに重なるまで〔短縮しつつ〕運動し、その結果高さは減少して $\overline{GC}$ となり、$\overline{AB}$ は減少して $\overline{GE}$ となり、また「全体の高さ $\overline{AC}$」

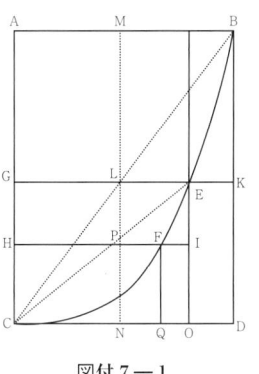

図付7－1

（1）　本付録と付録8のこの命題とその証明は、「n倍の比率」と呼ばれるべきものが一般には「n乗の比率」と呼ばれているというホッブズの見方（本文第13章第16節と第17章第10節）を前提していることを念頭におかないと理解しにくい。1668年版による本文第17章第2節はこのわかりにくさが除かれるように書き換えられている。

対「減少後の高さ $\overline{GC}$」という比率は、「全体量 $\overline{AB}$」対「減少後の量 $\overline{GE}$」という比率の、ということはつまり $\overline{GK}$ 対 $\overline{GE}$ の、たとえば3乗になるものと考えよう。これと同様に、線分 GE——これは長さを減じて線分 HF になることになるが——に長さの等しい線分 HI をとり、比率 $\overline{GC}$ 対 $\overline{HC}$ が比率 $\overline{HI}$ 対 $\overline{HF}$ の3乗であるものとし、なおかつ直線 AC の可能なあらゆる部分に関しても常にそのようになるものとしよう。そしてB、E、F、C 等の諸点を通る線を引こう。欠如図形 ABEFC の面積はその補形 BDCEF の面積の3倍である、すなわち、この両図形の面積の比率は、「$\overline{AC}$ と $\overline{CG}$ との相互間の比率」対「$\overline{AB}$ すなわち $\overline{GK}$ と、$\overline{GE}$ との相互間の比率」という比率である、と私は言う。

　理由は次のとおりである。線分 CB を引き、これが線分 GK と交わる点をLとして、Lを通り直線 AC に平行な線分 MN を引こう。そうすると、 GM、LD のそれぞれを対角線とする長方形同士の面積は等しいであろう。いま、線分 LK を3等分しよう。すなわち、LK 全体の長さの、この分割された1つの部分の長さに対する倍率が、$\overline{AC}$ と $\overline{GC}$ との相互間の比率の、ということはつまり $\overline{GK}$ と $\overline{GL}$ との相互間の比率の、 $\overline{GK}$ と $\overline{GE}$ との相互間の比率に対する倍率に等しくなるようにしよう。そうすると、$\overline{LK}$ 対「$\overline{LK}$ の3つの部分のうちの1つの長さ」は、「$\overline{GK}$ と $\overline{GL}$ との相互間の算術的比率」対「$\overline{GK}$ と、$\overline{GE}$、すなわち直線 LK の3分の1の部分 EK の長さを $\overline{GK}$ から引いた長さとの、相互間の算術的比率」に等しいであろう。他方、高さ $\overline{AG}$ すなわち $\overline{ML}$ は、連続的減少のために所与のあらゆる量よりも小さいものと仮定されなければならないから、（対角線 CB と辺 BD との間に切り取られた）線分 LK の長さもまた所与のあらゆる量よりも小さいであろうし、したがって $\overline{AB}$ と $\overline{GL}$ の相互間の差も所与のあらゆる量よりも小さいであろう。それゆえ、（第13章第28節の系により）$\overline{AB}$（す

なわち $\overline{GK}$) と $\overline{GL}$ との間の算術的中項は、同じ $\overline{GK}$、$\overline{GL}$ 間の幾何学的中項と異ならないので、$\overline{AC}$、$\overline{GC}$ の相互間の比率は、算術的比率において $\overline{GK}$、$\overline{GE}$ の相互間の比率の 3 乗である。したがって、$\overline{EK}$ そのものは $\overline{LK}$ そのものの 3 分の 1 であり、それゆえ直線 BD に平行な直線 EO を引くとすれば、ED を対角線とする〔長方形の〕スペースは LD を対角線とする〔長方形の〕スペースの 3 分の 1、すなわち AL を対角線とする〔長方形の〕スペースの 3 分の 1 であるから、AL を対角線とする〔長方形の〕スペースは ED を対角線とする〔長方形の〕スペースの 3 倍である。また、(上述のように) この両方のスペースの幅は分割不可能なので、スペース LEB は (第13章第28節の系により) 点であろう。それゆえ、運動の最初の部分において生じるもの (すなわち AL を対角線とするスペース) は、ED を対角線とするスペースの、すなわち同じ時間では未完成のままになっているものの 3 倍である。さらに、線分 GE は、線分 HI に重なると同時に長さを減じて線分 HF になるに至るまで運動した、と考えよう。また、$\overline{GC}$ と $\overline{CH}$ との相互間の比率は、既述のように $\overline{HI}$ と $\overline{HF}$ との相互間の比率の 3 乗である (なぜなら、これらの比率は常に比例していると仮定したのだから) とし、$\overline{GC}$ 対 $\overline{HC}$ は $\overline{GE}$ 対 $\overline{HP}$ すなわち $\overline{HI}$ 対 $\overline{HP}$ に等しくなる (対角線 CE を引いて、これが線分 HI に交わるであろう点を P とすればそうなる) ものとし、また直線 AC に平行な線分 FQ を引こう。前と同じ方法により、GP を対角線とする〔長方形の〕スペースは FO を対角線とする〔長方形の〕スペースの 3 倍であること、また同じ仕方で発生したその他のスペースについても同様であることが証明されうる、それゆえ、LB、PE 等々を対角線とする諸々の〔長方形の〕スペースは、この図形全体がそれらから成っている分割不可能な諸々のスペースと同じだけの数の点へと消失してゆくが、それらは BEFC のような何らかの線を構成し、この線は AD を対角線とする〔長方形である〕完全図形を 2 つ

の部分へと分割する。そしてこの2つの部分のうちの一方であるABEFCは、欠如図形と呼ばれたものであるが、これはもう一方の部分、すなわちこの欠如図形の補形と呼ばれたBDCFEの、3倍の面積を持つ、さらに、高さ同士の比率はいたるところで、減少してゆく量同士の比率の3乗であった。同様にして、高さ同士の比率がいたるところで、減少してゆく量同士の比率の4乗であるとした場合には、欠如図形の面積もその補形の面積の4倍であることが示されるであろうし、また〔高さ同士と量同士の〕2つの比率の他のどのような対比に従っても、同様のことが示されるであろう。それゆえ、連続的に減少していった挙句、ついには全体が消失する量から成っている欠如図形の面積は、等々[2]。証明終り。

---

(2) 本付録冒頭の段落と同一の内容になる結論が、証明文の慣例に従って省略されたもの。省略されているのは、冒頭段落の「その補形の面積に対して、」から段落末「同じ関係である。」までである。

付録8　第17章第2節の英語版

　いたるところで比例的かつ通約可能な比率に従って連続的に減少していった挙句、ついには消失する量からなっている欠如図形の面積は、その補形の面積に対して、次のような関係にある。すなわち「全体の高さ」対「任意の時間における減少後の高さ」という比率が、「この図形を描く全体量」対「上と同じ時間における減少後のこの同じ量」という比率に対してあるのと同じ関係である。

　（図付8－1において）その長さが量を表わす線分 AB は、高さを表わす線分 AC に沿ったその運動により、線分 AD を対角線とする完全図形を描くものとしよう。そしてさらに、この同じ量が点 C において無に帰するまで連続的に減少することにより、欠如図形 ABEFC を描くものとしよう。この欠如図形の補形は図形 BDCFE であろう。いま、線分 AB は線分 GK に重なるまで〔短縮しつつ〕運動し、その結果高さは減少して $\overline{GC}$ となり、かつ $\overline{AB}$ は減少して $\overline{GE}$ となると仮定しよう。また、「全体の高さ $\overline{AC}$」対「減少後の高さ $\overline{GC}$」という比率は、「全体量 $\overline{AB}$」対「減少後の量 $\overline{GE}$」という比率に対して、ということはつまり $\overline{GK}$ 対 $\overline{GE}$ に対して、（たとえば）3乗であるとしよう。また同様に、線分 GE に長さの等しい線分 HI をとり、これが長さを減じて線分 HF になるものとし、$\overline{GC}$ 対 $\overline{HC}$ という比率が $\overline{HI}$ 対 $\overline{HF}$ という比率の3乗であるとし、なお

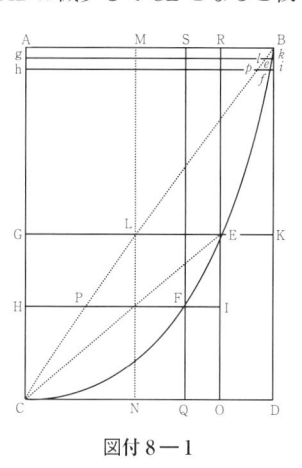

図付8－1

かつ直線 AC の可能なだけ多くの諸部分に関しても同じことがなされるものとしよう。そして B、E、F および C の諸点を通る線を引こう。「欠如図形 ABEFC の面積」対「その補形 BDCEF の面積」は 3 対 1 である、ということはつまり、$\overline{AC}$ 対 $\overline{GC}$ という比率の、$\overline{AB}$ 対 $\overline{GE}$ すなわち $\overline{GK}$ 対 $\overline{GE}$ という比率に対する関係に等しい、と私は言う。

理由は次のとおりである。（第15章第2節により）「補形 BEFCD の面積」対「欠如図形 ABEFC の面積」という比率は、$\overline{DB}$ 対 $\overline{BA}$、$\overline{OE}$ 対 $\overline{EG}$、$\overline{QF}$ 対 $\overline{FH}$ という諸比率のすべてに等しく、かつ「DB に平行で線 BEFC 上に一端のあるすべての線分それぞれの長さ」対「AB に平行で線 BEFC の同じ諸点に一端のあるすべての線分それぞれの長さ」という諸比率のすべてにも等しい。また $\overline{DB}$ 対 $\overline{OE}$、$\overline{DB}$ 対 $\overline{QF}$ 等の諸比率はそれぞれ、いたるところで $\overline{AB}$ 対 $\overline{GE}$、$\overline{AB}$ 対 $\overline{HF}$ 等の諸比率の3乗であるから、$\overline{HF}$ 対 $\overline{AB}$、$\overline{GE}$ 対 $\overline{AB}$ 等の諸比率はそれぞれ、（第13章第16節により）$\overline{QF}$ 対 $\overline{DB}$、$\overline{OE}$ 対 $\overline{DB}$ 等の諸比率の3乗であり、したがって、HF、GE、AB 等々の諸線分すべての集合体である欠如図形 ABEFC の面積は、QF、OE、DB 等々の諸線分のすべてからなる補形 BEFCD の面積の3倍である。証明終り。

上のことから、同じ補形 BEFCD の面積は長方形全体の面積の4分の1である、という結論が出てくる。そして同じ方法により、他のあらゆる欠如図形に関しても、それらが上に述べられたような仕方で発生したのであれば、長方形の面積の、それの諸部分のうちのどの部分の面積に対する比率も計算することができよう。たとえば、諸々の平行線の長さが1つの点から同一の比率で増大してゆく場合には、長方形は面積の等しい2つの三角形へと分割されるであろうし、諸平行線のうちの一方の長さの増大が他方のそれの2倍である場合には、長方形は半放物形とその補形へと分割され、その面積の比率は2対1であろう、というように。

同じ仮設が存立していれば、これ以外の仕方でも同じ結論を証明することができよう。それは次のようになされる。

　直線 CB を引いて、これが線分 GK と交わる点を L としよう。また、L を通って直線 AC に平行な直線 MN を引こう。そうすると、GM を対角線とする長方形の面積と LD を対角線とする長方形の面積とは等しいであろう。それから線分 LK を3等分して、$\overline{\text{LK}}$ がこの3つの部分の1つの長さに対して、$\overline{\text{AC}}$ 対 $\overline{\text{GC}}$ すなわち $\overline{\text{GK}}$ 対 $\overline{\text{GL}}$ という比率が $\overline{\text{GK}}$ 対 $\overline{\text{GE}}$ という比率に対して持つのと等しい関係を持つようにしよう。そうすると、$\overline{\text{LK}}$ 対「この3つの部分の1つの長さ」は「$\overline{\text{GK}}$ と $\overline{\text{GL}}$ との相互間の算術的比率」対「$\overline{\text{GK}}$ と、同じ $\overline{\text{GK}}$ から $\overline{\text{LK}}$ の3分の1を引いた値との相互間の算術的比率」に等しいであろう。そして $\overline{\text{KE}}$ は $\overline{\text{LK}}$ の3分の1よりもやや大きいであろう。いま、高さ $\overline{\text{AG}}$ すなわち $\overline{\text{ML}}$ は、連続的な減少のせいで、与えられうるどんな量よりも小さいと仮定されるべきであるから、(対角線 BC と辺 BD の間に挟みとられている) LK の長さもまた与えられうるどんな量よりも小さいであろう。そしてその結果、点 G を点 A にごく近い位置 g に置いて、$\overline{\text{Cg}}$ と $\overline{\text{CA}}$ との間の差が指定可能などんな量よりも小さくなるほどにするならば、(点 L は点 l へ移行するものとして) $\overline{\text{Cl}}$ と $\overline{\text{CB}}$ の間の差も指定可能などんな量よりも小さくなるであろう。また gl を引き、これを直線 BD にぶつかるまで延長して、このぶつかる点を k とし、また gl が曲線と交わる点を e とすれば、$\overline{\text{Gk}}$ 対 $\overline{\text{Gl}}$ という比率は $\overline{\text{Gk}}$ 対 $\overline{\text{Ge}}$ という比率に対してやはり3乗であろう。そして k と e との間の差、すなわち $\overline{\text{kl}}$ の3分の1は、与えられうるどんな量よりも小さいであろうし、それゆえ eD を対角線とする長方形の面積と、Ae を対角線とする長方形の面積の3分の1との差は、指定可能などんな量よりも小さいであろう。さらに、CE に平行で長さの等しい線分 HI を引き、これが点 P で CB と、点 F で曲線と交わり、点 I で OE にぶつ

かるものとしよう。そうすると、$\overline{\mathrm{Cg}}$ 対 $\overline{\mathrm{CH}}$ という比率は $\overline{\mathrm{HF}}$ 対 $\overline{\mathrm{HP}}$ という比率に対して3乗であろうし、$\overline{\mathrm{IF}}$ は $\overline{\mathrm{PI}}$ の3分の1よりも大きいであろう。しかしさらに、Hをgにごく近いhに置いて、$\overline{\mathrm{Ch}}$ と $\overline{\mathrm{Cg}}$ の間の差が1つの点にすぎないといってもよいほどにすれば、点Pもまたlにごく近いpにあって、$\overline{\mathrm{Cp}}$ と $\overline{\mathrm{Cl}}$ の間の差が1つの点にすぎないほどになるであろう。また、線分hpを引き、これをBDと出会うまで延長して、この出会う点をiとし、hpが曲線と交わる点をfとし、なおかつBDに平行な線分eoを引いたとして、これがoでDCに出会うとすれば、foを対角線とする長方形の面積とgfを対角線とする長方形の面積の3分の1との差は、与えられうるどんな量よりも小さいであろう。そしてこのことは、同じ仕方で発生した他のすべての領域に関しても当てはまるであろう。それゆえ、諸々の算術的中項と幾何学的中項との差——これらはそれだけの数の点B、e、f等々にほかならない——は、(図形全体がそれだけの数の不可分な領域から出来上がっているから) 線BEFCのような、ADを対角線とする完全図形を2つの部分に分割するある1本の線を構成するであろう。そしてこの2つの部分のうちの1つ、すなわち私が欠如図形と呼ぶABEFCの面積は、もう一方の部分、すなわち私が欠如図形の補形と呼ぶBDCFEの面積に対して3倍である。また、この場合高さ同士の相互比率はどこでも、減少してゆく量同士の相互比率に対して3乗であるが、同様の仕方で高さ同士の比率がどこでも、減少してゆく量同士の比率に対して4乗であったとすれば、欠如図形の面積はその補形の面積に対して4倍であることがおそらく証明されたであろうし、他のどんな比率の場合もそうであろう。それゆえ、上述のような量から成る欠如図形の面積は、等々。証明終り。

　同じ規則は、第15章第2節で証明されたように、円筒形の底面の縮少に関しても成り立つ。

付録9　第18章の最初のラテン語版

1．所与の放物線に長さの等しい直線を示すこと

（図付9－1において）所与の放物線は ABC であるとしよう。縦径 AD を見出し、底辺 DC を引き、また長方形 ADCE を完成しよう。そして点 A、C を線分 AC で結び、AD を2等分する点を F とし、$\overline{AD}$ と $\overline{AF}$ の比例中項が $\overline{AG}$ となるような点 G をとり、底辺 CD に長さが等しくかつ平行な直線 GH を引こう。最後に点 A、H を線分 AH で結ぼう。2直線 AH、HC を真直ぐにつないで置けば、全体で放物曲線 ABC に長さの等しい直線を構成する、と私は言う。

ABCD [(1)] は半放物線であるから、次のような2つの運動の協働作用によって発生するであろう。その1つは底辺に平行な直線上の運動であり、もう1つは縦径 AD に平行な直線上の運動であるが、底辺に平行な直線上の運動のほうは等速運動であるのに対して、縦径に平行な直線上の運動のほうは等加速度運動で、なおかつこの両運動は同時に始まって同時に終了する、という具合になっている。な

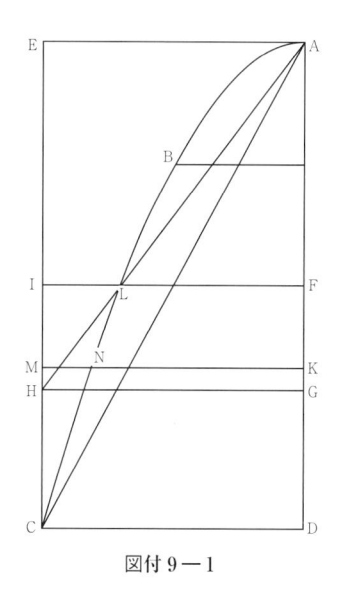

図付9－1

（1）・（2）　ともに ABC とあるべきところであるが、底本に従う。

ぜなら、このことは（第16章第9節で）既に示されたからである。さらに、底辺に平行な直線に沿った運動は等速運動であるから、AE（これは底辺に平行な直線のうちの1本である）の長さを時間の尺度としよう。そうすると、Aから出発する可動体は縦径ADから対辺ECの方へと、等しい時間に等しい仕方で進んでゆくので、底辺に平行で長さも等しい直線FI、KMをどこにでもよいから引き、それらがABCと交わる点をそれぞれL、Nとすれば、FL、KNの長さはそれらが描かれる時間そのものの値となるであろう。また、放物線ABCDのゆえに、$\overline{AK}$は$\overline{AF}$に対して、$\overline{KN}$が$\overline{FL}$に対して持つ比率の2乗の比率[2]を持つので、この同じ$\overline{AK}$対$\overline{AF}$は、KN、FLがそれぞれ通過される時間同士の、またAKとAFそのものが通過される時間同士の比率の2乗の比率となるであろう。また、$\overline{AG}$は$\overline{AD}$と$\overline{AF}$の比例中項であるから、$\overline{AG}$対$\overline{AF}$すなわち$\overline{AD}$対$\overline{AG}$は、AGに沿った運動の時間がAFに沿った運動の時間に対して持つ比率、ということはつまり、ADに沿った運動の時間がAGに沿った運動の時間に対して持つ比率と、同じ比率になるであろう。そして可動体はAからDへと加速度運動によって運ばれると同時に、（第16章第13節により）EHに沿って等速運動によって運ばれるから、対角線AHを引けば、可動体はAEとAGに沿った2つの運動の協働作用によって、直線AH上を点Hまで等速で動かされるであろうし、なおかつそれは、時間$\overline{AE}$の間に、ということはつまり、可動体が等加速度で加速しつつそれ自身の運動のみによって点Dまで運動するのと同じ時間の間に行なわれるであろう。またこれと同じ時間の間に、AEに沿った運動は可動体を、等しい時間に等しい仕方でADからECの方へと押し動かす（なぜなら、ADからECの方へ横切るこの運動は、平行線AD、ECの間で可動体を等速で運ぶこと以外には何の作用もしないから）ので、AEに沿って横切る運動は、ADに沿った加速度運動とAEに沿った等速運動との協

働作用によって生じる運動に対して、AEとAGに沿った2つの等速運動の協働作用によってこれと同時に生じる運動に寄与するのと同じだけ寄与するであろう。それゆえ、次の2つの線が得られるであろう。すなわち、その1つはAGとAEに沿った2つの運動の協働作用によって生じた直線AHであり、もう1つは、同じAEに沿った運動と、ADに沿った等加速度運動との協働作用によって生じた放物線ABCである。したがって、AEに沿った共通な運動を除き去れば、一方からはAGないしEHに沿った等速運動が、他方からはADに沿った等加速度運動が残る。それゆえ、放物線ABC上で生じる運動は、ADに沿った運動がAGないしEHに沿った運動よりも大きいのと同じ分だけ、直線AH上で生じる運動よりも大きい（なぜなら、互いに等しくない任意の2つの量から等しい量を引き去るならば、それぞれの量全体に属していた残余量の超過分（すなわち差）は同じになるであろうから）。けれども、ADとEHが通過されるのに要する時間は同じであるから、ADに沿った運動がEHに沿った運動よりも大きいのと同じ分だけ、直線ADそのものは直線EHよりも長い。それゆえ、放物線ABCが直線AHよりも長いのと同じ分だけ、直線ADはEHよりも長い。しかるに、ADはEHよりも量$\overline{HC}$分だけ長い。それゆえ曲線ABCは直線AHよりも量$\overline{HC}$だけ長い。したがって、$\overline{AH}$と$\overline{HC}$を併せたものは放物線ABCの長さに等しい。かくて、所与の放物線に長さの等しい直線は示された。そしてこれがなされるべきことであった。

系 頂点から底辺までの放物線の長さは、放物線の底辺を一辺とし、放物線の縦径全体の長さと次の値との比例中項に当たる長さを持つ直線をもう一辺とする長方形の、対角線の長さに等しい。そしてその値とはすなわち、縦径の半分と、この縦径全体とその半分との比例中項に当たる長さよりも縦径そのもののほうが長いその超過分とを、

足し合わせた値である。これに対して、放物線の頂点 A を一端としない任意の部分 CB の長さに等しい長さの直線が示されなければならないとした場合には、この部分の一方の端を頂点に見立てることができる。すなわち、放物線の端 B から縦径 AD に平行になるように引かれた直線を見出し、これを縦径とみなしてあとは上と同じようにするのである。同じことは、B を通る水平な線を縦径まで引き、（上のようにして）2つの放物線 AC、AB のそれぞれに長さの等しい2本の直線を見出すことによっても行なわれる。なぜなら、長いほうの直線の長さから短いほうの直線の長さを引けば、部分 BC に等しい長さの直線が残るからである。

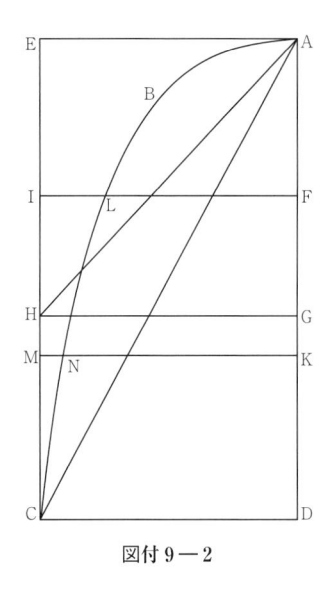

図付 9—2

2. 第1の放物線類の曲線、すなわち立方放物線に長さの等しい直線を見出すこと

第1の放物線類の曲線を（図付9—2における）ABC、この放物線類曲線の半曲線形を ABCD とし、その内部には同じ底辺上にあって同じ高さを持つ三角形 ACD が、また半放物線類曲線形の周囲には長方形 ACDE[3] が生じるものとしよう。そして縦径 AD の3分の1である AF をとり、直線 AF、AD の間に $\overline{AF}$ と $\overline{AD}$ の

（3） ADCE とあるべきところであるが、定本に従う

610

比例中項が $\overline{AG}$ となるような線分 AG をとり、また CD に長さが等しくかつ平行な直線 GH を引いて、点 A、H を直線 AH で結ぼう。2 直線 AH、HC を併せたものは、曲線 ABC に長さの等しい直線をなす、と私は言う。

　曲線 ABC は第1の放物線類の曲線であるから、次のような2つの運動の協働作用から発生するであろう。すなわち、その1つは可動体を直線 AD から直線 EC の方へ等速で、かつ底辺 CD に対して平行に動かすのに対して、もう1つのほうは、直線 AE から底辺 CD の方へ、辺 AD に対して平行に、ただし時間の2乗の比率で増加してゆく運動によって可動体を動かし、その結果、同時に協働作用するこの2つの運動によって、可動体はついには点 C において停止してしまうことになるような、そのような運動である。直線 AD 上に任意の2点、たとえば F と K をとり、この2点から水平方向に曲線まで、底辺 CD に平行な直線 FL、KN を引こう。そうすると、$\overline{AK}$ 対 $\overline{AF}$ という比率は、曲線 AB の発生の仕方そのものにより、$\overline{KN}$ 対 $\overline{FL}$ という比率の3乗になるであろう。このことは（第17章第3節で）既に示されたとおりである。また、底辺に平行な直線（AE はそのうちの1つである）に沿った運動は等速運動であるから、AE の長さを時間の尺度としよう。そうすると、点 F と点 K がどこに位置しようと、$\overline{AK}$ 対 $\overline{AF}$ という比率は $\overline{KN}$ 対 $\overline{KL}$ という比率の3乗になるであろう。そしてそれゆえ、直線 KN、FL の長さ同士の相互比率は、この2直線自身が描かれる時間同士の相互比率に等しく、また直線 AK、AF が描かれる時間同士の相互比率にも等しい。また、$\overline{AG}$ は $\overline{AD}$ 全体とその3分の1である $\overline{AF}$ との比例中項であるから、可動体は縦径 AD を上に仮定されたような加速度運動によって通過するのと同じ時間で、（第16章第14節で示したように）線分 EH を等速運動によって通過するであろうし、対角線 AH を引けば、可動体は（AE と EH に沿った）

２つの運動の協働作用によって、AH に沿って等速で駆動され、この駆動に要する時間は、１つは AE に沿った等速運動、もう１つは AD に沿った加速度運動という２つの運動の協働作用によって可動体が C まで駆動されるのに要する時間と同じであろう。それゆえ、１つは直線 AH、もう１つは曲線 ABC という、同時に描かれた２つの線があり、この２つの線の発生の仕方において共通なのは AE に沿った運動である。それゆえ、両方からこの共通の運動を除き去ると、一方では等速運動によって生じた AE が、他方ではこれと同じ時間で加速度運動によって生じた AD が残るであろう。しかるに、AD に沿った運動が EH に沿った運動よりも大きい、ということはつまり速い分だけ、曲線 ABC に沿った運動は直線 AH に沿った運動よりも大きい（なぜなら、ABC に沿った運動と AH に沿った運動という等しくない運動から、共通な運動を、すなわち AE に沿った運動を除き去った場合、残った２つの運動同士の差は、それを除き去る前の２つの運動それぞれの全体同士の差と同じだからである）。したがって、AD に沿った運動が EH に沿った運動を超過している分だけ、ABC に沿った運動は AH に沿った運動を超過している、ということはつまり、直線 AD の長さ $\overline{AD}$ すなわち $\overline{EC}$ が $\overline{AG}$ すなわち $\overline{EH}$ を超過している分だけ、曲線 ABC の長さは直線 AH の長さを超過している。それゆえ、$\overline{AH}$ に $\overline{HC}$ を加えたとすれば、AHC 全体の長さは曲線 ABC の長さに等しいであろう。したがって、第１の放物線類の曲線に長さの等しい直線は見出された。そしてこれがなされるべきことであった。

　同じ方法で、曲線が第２の放物線類の曲線であるとした場合、すなわち、横座標の頂点からの縦径上の諸部分の長さ同士が縦座標の方向に引かれた諸直線の長さ同士の４乗の比率になっている場合は、縦径全体の長さとその４分の１の長さとの比例中項をとれば、この比例中項の長さを持つ直線と放物線類の曲線の底辺とを二辺とする長方形の

対角線の長さを、縦径の長さがこの比例中項に当たる長さを超える超過分と足し合わせた長さは、第2の放物線類の曲線の長さに等しいことが立証されるであろうし、以下同様であろう。

3. 〔放物線類に属するその他の諸曲線に長さの等しい直線を見出す一般的な方法〕[4]

最後に、横座標の頂点からの縦径の諸部分の長さが、縦座標の方向に引かれたそれぞれの隣接直線の長さに対してどのような比率を持とうと、「縦径全体の長さ」対「ある部分の長さ」が「横座標の頂点からの縦径の諸部分の長さ同士の比率」対「それらのそれぞれの縦座標方向の隣接直線の長さ同士が持つ比率」に等しいように縦径を分割し、かつ縦径全体と上の部分の長さとの間に比例中項をとり、この比例中項の長さを持つ直線と底辺とを二辺とする長方形を完成するならば、この長方形の対角線の長さを、縦径全体の長さが上の比例中項に当たる長さを超える超過分と足し合わせた長さは、放物線類のこの曲線の長さに等しいであろう。たとえば、（第16章の図11において）「比率 $\overline{AB}$ 対 $\overline{AE}$」対「$\overline{BD}$ と $\overline{EH}$ の相互比率」が3対2であるとし、かつ $\overline{AB}$ と $\overline{AE}$ の間の比例中項が $\overline{AF}$ となるような線分 AF をとって、線分 FG、AG を引けば、$\overline{AG}$ を $\overline{GD}$ と足し合わせた長さは曲線 AHD の長さに等しいであろう。なぜなら、このことの証明は直前の2つの定理の証明と同じであろうから。

それゆえ、今まで誰もある曲線の長さとある直線の長さとを比較することはできなかったし、あらゆる時代の幾何学に携わった非常に多

（4） 底本ではこの第3節のみ節題を欠いているが、訳文では本文の第18章第3節の節題に準じて補った。

付録9 | 613

くの人々が全努力を傾けてこのことを試みてきたのではあるが、私たちは第17章第3節の表にある放物線と放物線類のすべての曲線とに長さの等しい諸直線を示すことができる。このことが今までできなかったことの原因は次の点にある。すなわち、線と線の長さが等しいということのいかなる定義も、また（ユークリッド『幾何学原本』第1巻公理8にある）一致〔重なり合い〕ということ——これは曲線の長さをいかなる直線の長さと比較することにも役に立たない——以外には、線と線の長さの等しさのいかなる「基準」（κριτήριον）もユークリッドによって伝えられなかったので、後世の人々は、アルキメデスとアポロニオスと、私たちの時代にあってはボナヴェントゥラとを除いて、すべてのことが彼らの著作物から導出されなければならず、さもなければ知ることは不可能だ、とみなしたということである。また何人かの古代人によって、直線同士以外の場合に長さが等しいということがそもそもありうるかどうかが議論された。ある直線の長さが円の周の長さに等しいことを主張したアルキメデスは、この問題を軽視したように見受けられるが、この軽視は正当である。直線の長さと曲線の長さとの間に何らかの等しさがあることは間違いないが、しかし今となっては、神の恩寵の特別な助けなしにはそれを見出すことはできない、と思っている連中もいる。この「今となっては」とは、彼らの言うには「アダムの堕罪の後では」ということである。

（5） 正しくは公理7である。
（6） 紀元前3世紀後半のギリシアの数学者。アルキメデスより1世代ほど年下の同時代人で、『円錐曲線論』を著し、「放物線」「楕円」「双曲線」などの概念の命名者として知られる。
（7） 本文第20章訳註（6）（348ページ）に既出のボナヴェントゥラ・カヴァリエリのこと。

付録10　第20章の、刊行されなかった最初のラテン語版[1]

1．円の周に長さの等しい直線を見出すこと

円の周に長さの等しい直線を求めよ。

（図付10—1において）ABDは四分円であり、これに正方形ABCDが外接しているものとしよう。この正方形の各辺を2等分する点を、それぞれE、F、G、Hとしよう。そうすると、線分FH、EGを引けば、これらはそれぞれIとKにおいて弧BDを3等分するであろう。弧BIの正弦線IMを引こう。そうすると、$\overline{IM}$は輻線の長さ$\overline{BC}$の半分になるであろう。弧BIを4等分する点をL、N、O、直線MIを4等分する点をP、Q、Rとしよう。PとL、QとN、RとOをそれぞれ線分PL、QN、ROで結び、また弧BNの正弦線SNを引いて、このSNにそれ自身と長さの等しい直線を付け足したものをNTとしよう。最後に直線ITを引き、これをBCにぶつかるまで延長して、このぶつかる点をVとしよう。直線BVの長さは弧BIの長さに等しく、それゆえBVの長さを3倍にした直線をBeとすれば、Beの長さは弧BDの長さに等しく、またこの同じBVの長さを12倍にした直線の長さは、ABDを四分円とする円の周の長さに等しい、と私は言う。

$\overline{SN}$、$\overline{NT}$が等しいのと同様に$\overline{MQ}$、$\overline{QI}$も等しいから、$\overline{ST}$対$\overline{SN}$は$\overline{MI}$対$\overline{QI}$に等しいであろう。線分TIを直線BAの延長線に出会うま

（1）　底本の註によれば、この付録は「ホッブズ幾何学の論駁」の著者ジョン・ウォリスによって伝えられた原文に基づいており、ホッブズ自身は「6課の授業」の中で、第20章のこの版を、最初に印刷されたが公刊はされなかったものだとしている。

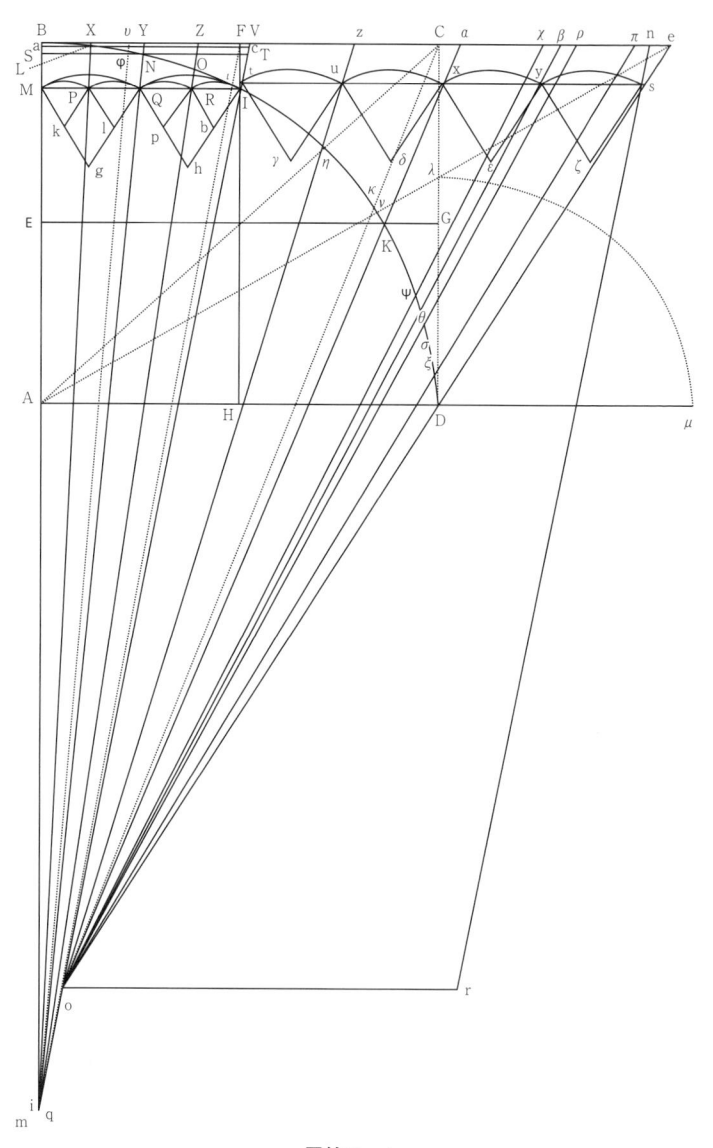

図付10—1

で延長し、この出会う点をqとしよう。そうすると、NQの延長線は同じ点qにぶつかるであろう。また線分qP、qQ、qRを引き、これらを線分BVまで延長すれば、それらはBVを4等分するであろうが、この4等分する点をそれぞれX、Y、Zとしよう。直線MQ、QIをそれぞれ底辺として、2つの正三角形MgQ、QhIを構成し、gとhをそれぞれ中心として弧MQ、QIを引こう。この2つの弧の両方が弧BN、NIの両方に等しい長さを持つであろう。さらに、直線MP、PQ、QR、RIをそれぞれ底辺として、4つの正三角形MkP、PlQ、QpR、RbIを構成し、k、l、p、bをそれぞれ中心として弧MP、PQ、QR、RIを引こう。この4つの弧のいずれもが、弧BL、LN、NO、OIのいずれにも等しい長さを持つであろう。いま、弧IQ、INの長さは等しいので、qQに沿った直線運動は点QをNの位置に置くであろうし、INとIQは一致するであろう。すなわち、弧IQをほんの少しだけ広げて真直ぐにすれば、それは弧INよりもほんの少しだけ大きくカーブした曲線になる。また、2つの弧IR、ROを両方併せたものの長さは弧INの長さに等しいので、それらは上と同じ運動によって広げられて弧IN上に置かれ、これと一致するであろう。それゆえ、qRに沿った直線運動によって、直線YVの中点へと運ばれる中点Rは、弧INの中点を、すなわち点Oを通って運ばれるであろう。同様に、線分qQに沿った運動は点QをNの位置に、線分qMに沿った運動は点MをBの位置に置き、また弧MQ、BNの長さは等しいので、弧MQは弧BNと一致するであろうし、同じ運動によって2つの弧MP、PQは同じ弧BNの位置に置かれ、これと一致するであろう。それゆえ、線分qPに沿った運動は中点Pを弧BNの中点、すなわちLの位置に置くであろう。同様にして、直線MIを絶えず2等分していって、生じた諸部分を底辺とする諸々の正三角形を構成してゆくと、無数の、すなわち好きなだけ多くの数の弧

付録10 | 617

が生じるであろうが、これらの弧は互いに長さが等しく、すべてを併せるとその長さは弧BIの長さに等しくなるであろう。またこれらの弧は、点qから直線MIの1つひとつの分割点を通って引かれた諸直線上の運動によって、直線BVの互いに長さの等しい上と同じだけの数の諸部分の上に位置づけられるであろう。さらに、qから引かれたこの同じ諸直線は、直線BV、MIと弧BIを同じ比率へと分割するであろう。弧BLの正弦線を引いてこれをaLとし、aLをIVとぶつかるまで延長して、このぶつか点をcとしよう。そうすると、$\overline{MP}$は$\overline{MI}$の4分の1であるから、$\overline{aL}$は$\overline{ac}$の4分の1であろう。また、$\overline{qB}$は$\overline{qa}$よりも大きいので、$\overline{BV}$もまた$\overline{ac}$より大きいであろう。それゆえ$\overline{BV}$は、弧BIに対して4分の1の長さの弧である弧BLの正弦線の長さの4倍よりも大きい。同様にして次のことも示すことができる。すなわち、弦BIを互いに長さの等しい好きなだけ多くの諸部分へと分割し、この弧BIそのものの長さと、それの諸々の微小部分のうちの1つの正弦を、分割された諸部分の数と同じ数だけ足し合わせた値との差が、所与のあらゆる量よりも小さくなるようにするとした場合でも、直線BVは、弧BIのこれらの微小部分をすべて併せたものよりも長くなるであろう、ということである。それゆえ、直線BVは弧BIよりも短くはない。しかし次の理由によって、より長いということもありえない。それはすなわち、点Bそのものを弧BIの微小部分の正弦線とみなしたとすれば、点として考量されたすべての〔微小部分の〕正弦線の長さの総計は直線BVそのものの長さに等しく、かつ弧BIそのものの長さにも等しくなるであろうから、ということである。それゆえ、直線BVの長さは弧BIの長さに等しいし、また直線Beの長さは弧BDの長さに等しく、$\overline{Be}$を4倍したものはABDを四分円とする円の周の長さに等しい。それゆえ、円の周に等しい長さを持つ直線は見出された。そしてこれがなされるべきことであっ

た。

系 点qから直線MIを越えて引かれたすべての直線は、直線MIと直線BVと弧BIを同じ比率へと分割するであろう。このことは上の証明そのものから明らかなとおりである。なぜなら、直線MIの何番目かの部分が切り分けられるところではどこでも、弧BIの同じ番目の部分が切り分けられるからである。「弧BIの長さ」対「輻線ABの長さ」という比率を、正弦表のみによってできるだけ正確に調べるために、また点qを厳密にではなくても近似的に見出すために、私は既知の線分BMの長さに既知の対角線ACの長さの2倍を加えるが、そうすると線分Biの長さが既知のものとなり、これを輻線の長さの3倍から、すなわち線分Bmの長さから引けば、imの長さが残って既知となる。これをqで分割して$\overline{iq}$対$\overline{qm}$が3対8になるようにすれば、線分qM、qBの長さが知られたことになるであろう。しかるにMIの長さは輻線の長さの半分であることが知られており、また$\overline{qM}:\overline{qB}::\overline{MI}:\overline{BV}$は比例している。また、規則3によって$\overline{BV}$は、輻線の長さを10,000,000とすれば5,235,980に当たることがわかる。

残る弧IDの長さを、同様の仕方で、残る直線Veの長さと比較するために、直線eDを引いて、これを直線qVにぶつかるまで延長し、このぶつかる点をoとしよう。また、このVe上に輻線と長さの等しい直線Vnをとり、点oから直線Vnに長さが等しくかつ平行な直線orを引き、かつ直線nrを引いて、これがDeと交わる点をsとしよう。さらに点sから直線Veに平行な直線stを引き、これがqVと点tでぶつかるものとしよう。そうすると、tsの長さは輻線の長さに、すなわち直線Vnの長さに等しくなるであろう。そこでtsを点u、x、yで4等分し、直線ou、ox、oyを引き、これらを直線Vnにぶつかるまで延長して、このぶつかる点をそれぞれz、α、βとしよ

付録10 | 619

う。互いに長さの等しい線分 tu、ux、xy、ys をそれぞれ底辺として、4つの正三角形 tγu、uδx、xεy、yζs を構成し、γ、δ、ε、ζ の各点をそれぞれ中心として、弧 tu、ux、xy、ys を引こう。互いに長さの等しいこれら4つの弧は、弧 ID の長さの、すなわち直線 Ve の長さの4分の1の長さを持つ4つの曲線であろう。そして ot、ou、ox、oy、os 上の直線運動により、点 t、u、x、y、s はそれぞれ点 V、z、α、β、e の位置に置かれるであろう。また、弧 ID が点 η、K、θ で4等分されるものとすると、oI、oD に沿った直線運動は点 I と点 D をそれぞれ V と e の位置に置くので、oη、oK、oθ に沿った直線運動は点 η、K、θ をそれぞれ z、α、β の位置に置くであろう。なぜなら、弧 Iη、ηK、Kθ、θD の長さはそれぞれ弧 tu、ux、xy、ys の長さに等しく、その場合またそれぞれ直線 Vz、zα、αβ、βe の長さにも等しいからである。それゆえ、ou は η を、ox は K を、oy は θ を通過するであろう。これと同様のことは、直線 tu、ux、xy、ys をさらにそれぞれ2等分した場合にも起こり、以下このような2等分を限りなく繰り返しても同様である。それゆえ、点 o から引かれたすべての直線は、直線 Ve、ts と弧 ID とを同一の比率へと分割するであろう。

　直線 Ae を引いて、これが CD に交わる点を λ としたとすれば、弧 BD の長さと輻線 AD の長さと直線 Dλ の長さは連続した比率をなすであろうし、D を中心として四分円の弧 λμ を引けば、この弧の長さは輻線 AD の長さに等しいであろう。この2つのことの理由は次のとおりである。三角形 ABe と三角形 ADλ は相似なので、$\overline{Be}$ 対 $\overline{BA}$、すなわち $\overline{Be}$ 対 $\overline{AD}$ は、$\overline{AD}$ 対 $\overline{Dλ}$ に等しい。それゆえ、$\overline{Be}$、$\overline{AD}$、$\overline{Dλ}$ は連続した比率をなしている。しかるに、直線 Be の長さと弧 BD の長さは等しい。それゆえ、弧 BD の長さと直線 AD の長さと直線 Dλ の長さは連続した比率をなしている。これが第1の点である。また、直線 Ae が弧 BD に交わる点を ν としよう。そうすると、

「輻線 Aν の長さ」対「四分円の弧 BD の長さ」は、$\overline{\mathrm{D}\lambda}$ 対「四分円の弧 λμ の長さ」に等しく、逆に「弧 BD の長さ」対「輻線 Aν の長さ」は、「弧 λμ の長さ」対 $\overline{\mathrm{D}\lambda}$ に等しいであろう。しかるに、「弧 BD の長さ」対 $\overline{\mathrm{A}\nu}$ は $\overline{\mathrm{AD}}$ 対 $\overline{\mathrm{D}\lambda}$ に等しい。それゆえ、輻線 AD の長さと弧 λμ の長さは互いに等しい。証明終り。

2．諸々の弧と角を所与の比率で分割すること

四分円の弧よりも長くない所与の直線に長さの等しい、この弧の部分を求めよ。

最初に直線 BF が与えられていて、これに長さの等しい弧が見出されなければならないとしよう。線分 qF を引き、これが弧 BD と交わる点を ι としよう。弧 Bι の長さは直線 BF の長さに等しい、と私は言う。理由は次のとおりである。点 q から直線 BV まで引かれたすべての直線は、弧 BI と直線 BV を同じ比率へと切り分けるので、「弧 BI の長さ」対 $\overline{\mathrm{BV}}$ は、「弧 Bι の長さ」対 $\overline{\mathrm{BF}}$ に等しい。しかるに、弧 BI の長さと $\overline{\mathrm{BV}}$ は等しい。それゆえ、弧 Bι の長さと $\overline{\mathrm{BF}}$ もまた等しい。

次に、BV よりも長い直線 BC が与えられているとしよう。また直線 oC を引き、これが弧 BD と交わる点を κ としよう。弧 Bκ の長さは直線 BC の長さに等しい、と私は言う。理由は次のとおりである。弧 ID と直線 Ve は、直線 oI、oκ〔とそれらの延長線〕によって同じ比率へと切り分けられる。それゆえ、「弧 ID の長さ」対 $\overline{\mathrm{Ve}}$ は、「弧 Iκ の長さ」対 $\overline{\mathrm{VC}}$ に等しい。しかるに、弧 ID の長さと直線 Ve の長さは等しい。それゆえ、弧 Iκ の長さと $\overline{\mathrm{VC}}$ は等しい。さらに、弧 ιI の長さと直線 FV の長さも等しいので、弧 ικ の長さと直線 FC の長さは等しい。さらに、弧 Bι の長さは直線 BF の長さに等しく、それゆえ 2 つの弧 Bι、ικ を併せた長さは直線 BF の長さの 2 倍に等しい、

ということはつまり、弧Bκの長さは直線BCの長さに等しい。証明終り。

弧BDの所与の部分に長さの等しい直線を求めよ。

所与の弧κξは弧BDの任意のところにとられた部分であるとしよう。直線oκ、oξを引き、この両直線をVeにぶつかるまで延長して、このぶつかる点がそれぞれCとπであるとしよう。直線Cπの長さは弧κξの長さに等しい、と私は言う。理由は次のとおりである。直線oκ、oξは弧IDと直線Veを同じ比率へと分割するので、「弧IDの長さ」対「直線Veの長さ」は「弧Iξの長さ」対「直線Vπの長さ」に等しいであろう。それゆえ、弧Iξの長さと直線Vπの長さは等しい。同じ理由により、弧Iκの長さと直線VCの長さも等しいということを示すことができる。それゆえ、残りの弧κξの長さは残りの直線Cπの長さに等しい。証明終り。

これに対して、所与の弧もしくは直線が四分円の弧よりも長いとした場合でも、この所与の弧に長さの等しい直線を、またこの所与の直線に長さの等しい弧を与えることができる。それはすなわち、どんな長さの部分でもよいから所与の弧のある部分に長さの等しい直線を、もしくは長さのわかっている所与の直線に長さの等しい弧を求めることによってである。それゆえ、任意の弧に長さの等しい直線、任意の直線に長さの等しい弧、および所与の2つの弧のそれぞれの長さの比例中項に当たる長さを持つ弧を求める仕方は示される。

同様に、所与の弧を所与の比率で切り分ける仕方も示される。なぜなら、今しがた示したように、所与の弧に長さの等しい直線を求める仕方が示され、なおかつ直線を所与の比率で切り分ける仕方と、直線と弧を同じ比率へと切り分ける仕方も示されているからである。

それゆえ、弧BDの所与の長さの部分を得たければ、弧BDを端BまたはDのどちらか一方から、もしくはどこでも好きなところで、

次のような仕方で切り分けよう。たとえば点 e から、直線 Be の 7 分の 1 の長さの部分をとってこれを eρ とし、線分 oρ を引いて、これが弧 BD と交わる点を σ としよう。そうすると、弧 Dσ は弧 BD の 7 分の 1 の長さの部分であろう。同様に、eρ に、すなわち直線 Be の 7 分の 1 の長さの部分に等しい長さの線分 Bυ をとり、線分 qυ を引いて、これが弧 BD に交わる点を φ とすれば、Dσ も Bφ も弧 BD の 7 分の 1 の長さの部分であろうし、「直線 Be の長さ」対「弧 BD の長さ」は「直線 Bρ の長さ」対「弧 Bσ の長さ」に等しく、なおかつ「残りの直線 ρe の長さ」対「残りの弧 Dσ の長さ」にも等しいであろう。しかるに、弧 BD の長さと直線 Be の長さは等しく、それゆえ線分 ρe の長さと弧 Dσ の長さも等しい。それゆえ、弧 Dσ は弧 BD の 7 分の 1 の長さの部分である。同様にして、弧 Bφ も弧 BD の 7 分の 1 の長さの部分であることを示すことができる。あるいは、〔直線 Be 上の〕他の任意の点 α から直線 ρe に長さの等しい部分 αχ をとるとした場合には、直線 oα、oχ を引いて、これらが弧 BD に交わる点をそれぞれ K、ψ とすれば、上と同じ方法で弧 Kψ が同じ弧 BD の 7 分の 1 の長さの部分であることを示すことができる。

系 上のことから、正七角形のみならず任意の正多角形が所与の円に外接または内接できることが明らかである。

また、四分円の弧よりも短い所与の弧を所与の比率に分割したい場合には、この弧に長さの等しい直線を直線 Be 上にとり、これを上の所与の比率に分割しよう。たとえば、所与の弧 Bξ を 3 等分しなければならないとしよう。直線 oξ を引き、これを Be にぶつかるまで延長して、このぶつかる点を π としよう。そして Bπ を点 F と点 C で 3 等分し、直線 qF、oC を引いて、これらが弧 BD と交わる点をそれぞれ ι、κ としよう。弧 Bξ は点 ι と点 κ で 3 等分される、と私は言う。これは今しがた本節そのものにおいて示されたことである。[(2)]

5．幾何学者たちの分析〔解析〕からの離脱

他方、分析〔解析〕のうち冪数によって行なわれる部分は、(第1級の幾何学者でない) 何人かの幾何学者たちによって、どんな問題であろうとあらゆる問題を解決するのに適しているとみられてきたけれども、適用範囲の狭い代物である。それゆえ、問い求められている量を決定している等置関係に幾何学者たちが至り着いたとしても、この量をいつか技術によって明示できるのは平面上においてではなく、ある円錐断面においてである。この種の問題は立体問題と呼ばれ、円錐断面の助けを借りても求める量を明示することができない場合、そういう問題は線問題と呼ばれる。それゆえ、角の大きさと円の弧の長さという量に関しては、冪数による分析はいかなる用もなさない。だから古代の人々は、2等分を越えての角の分割や2等分された角のさらなる2等分を平面上で明示することは、機械的にでなければ不可能であると公言したのである。たとえばパッポスは、(『数学集成』第4巻定理31に先立って) 諸問題の部類を区別し定義して次のように言っている。「ある種の諸問題は平面問題、ある種のそれは立体問題、ある種のそれは線問題と呼ばれることはたしかである。かくて、直線と円の円周によって解くことのできる諸問題 (すなわち、定規とコンパスがあれば他の道具はなくても図に描くことのできる諸問題) は、平面問題と言われるのが妥当である。なぜなら、そのような問題の答えを求めるのに用いられる線は、平面上に起源を持つからである。しかし、何かある1つの、もしくは複数の円錐断面が作図〔構造解示 constructio〕のために採

---

(2) 同じく底本の註によれば、この後に入るべき第3、4の両節については、それぞれ「所与の扇形と円の断片との求積法について」「アルキメデスの渦巻線に長さの等しい直線について、さらにまた、この渦巻線に接する直線について」という節題のみがウォリスによって伝えられており、本文そのものは伝えられていない。

り入れられることによって解かれる諸問題は何であれ、立体問題と呼ばれてきた。なぜなら、立体図形の作図のためには諸々の面を用いる必要があり、当然円錐面も用いる必要があるからである。残るのは、線問題と呼ばれる第3の部類の諸問題である。そう呼ばれるのは、既述の線〔平面上の線と円錐面上の線〕以外の線が作図〔構造解示〕のために採り入れられるからである。……」また、その少し後ではこうも言っている。「渦巻線・2次曲線・コンコイド・シッソイドはこの部類の線のうちに入る。しかるに、ある幾何学者が平面問題の答えを、諸々の円錐問題や線問題を介して求めているとき、幾何学者たちのもとに小さからぬ誤りのあることが見てとれる。」するとどういうことになるのか。円の弧に長さの等しい直線を求めるために2次曲線によった古代の幾何学者たちや、所与の角の3等分を双曲線によって求めたパッポス自身が誤りを犯したのか。それとも、自分はこのどちらの問題も定規とコンパスだけで作図〔構造解示〕した、と思っている私が間違っているのか。どちらも誤ってはいない。なぜなら、古代の幾何学者たちはこの冪数による分析を用いていたのであって、この分析を行なうことはごく近い数値によっていれば可能だったろうからである。より遠い数値によって行なった場合には、それは誤りであった——事の本性が十分に理解されていない、ということが論拠であったわけだから——のだけれども。

6．直線の長さと円の弧の長さの等しさを見出した分析〔解析〕

さて私は、自分がどのような諸々の思考に導かれて、（図付10—1における）直線 BV の長さは弧 BI の長さに等しいと考えるようになったのかを、おそらく非常に多くの人々がそうであるとみなすであろうから、簡潔に示すことにしよう。もっとも他のある読者の方々は、私が欺かれてそう考えているのだと言うであろう。私は人間であるか

ら、そういうことは起こりうる。また、あなたがた読者も人間であるから、私の誤りをお許しにはなるまいと私は思う。しかし、私がどこで、どのようにして誤りへと引き入れられたのかということを知ることは、確実に役に立つことであるから、よく見ておかれるがよい。第1に、弧BIと直線MIを分割可能な回数だけどこまでも2等分し続けていったとすれば、弧BIをどこまでも2等分することから生じるのと同じだけの数の弧が直線MIの諸々の切片の上に置かれうること、そしてそれらに長さの等しい、たとえばMP、PQ、QR、RIといった線分も同じ数だけ置かれ、そしてこれらは弧BL、LN、NO、OIに長さが等しいということを、私は見ていた。そしてそれゆえ、なるほど未知ではあるがしかしたまたま幸運にも弧BIに対して、ということはつまり直線MIの上に置かれた互いに長さの等しい諸々の弧の全部に対して、ある直線が、たとえばBVが与えられるものとすれば、両端MとIの運動によってこれらの弧の全部は、直線BVと一致することにおそらくなるであろうし、点Bが固定されていれば、端Iの直線運動によって、弧BIは同じ直線BVと一致することになるであろう。

　第2に、次のことが明らかであった。すなわち、直線BVの互いに長さの等しい諸部分（言いかえれば、弧BIの広げられて真直ぐになったものの諸部分、つまり広げられて真直ぐになった弧MP、PQ、QR、RIそのもの）を、直線MP、PQ、QR、RIのそれぞれと直線で結んだとすれば、それらを結びつける諸直線BM、XP、YQ、ZR、VI〔の延長線〕は同一の点で、たとえばqで出会うことになる、ということである。なぜなら、直線BVの諸部分の長さは直線MIの諸部分の長さに対して、いたるところで同じ比率を持つからである。

　第3に、次のことを私は見ていた。すなわち、弧MP、PQ、QR、RIが徐々に広げられて真直ぐになるにつれて、それらの弦、すなわ

ち全部をいっしょにすると直線 MI をなす諸々の弦もまた、徐々に長さが増大するということである。このことが必然的であったのは、直線 MI の上に生じた諸々の弧は、弧 BI 上にとられたそれらに長さの等しい諸々の弧よりも、曲がり方がきつくなっているからである。

　第 4 に、直線 SN の長さは弧 BI の弦の長さの半分であるから、次のことが明らかであった。すなわち、点 Q が点 N にあったときには、$\overline{SN}$ の 2 倍すなわち $\overline{ST}$ は、弧 MP、PQ、QR、RI を広げて真直ぐにして、弧 BI の互いに長さの等しい同じだけの数の諸部分と同じ曲がり方の曲線になるようにしたものを、全部いっしょにした弧の弦の長さにたまたま等しく、それゆえそのような弦 SLYT は、MB、IV に沿った同じ直線運動により、同じ直線 BV 上に必然的に位置をとる、ということである。このことから、直線 IV は必然的に点 T を通ることになるだろうということを理解することが容易にできた。それゆえ、2 つの点 I と T が知られれば、直線 BV は認識されたものとされた。そしてこれはたしかに BV からの分析と仮定されていた。それゆえ私は構造解示すなわち総合を、直線 ST から始めることに努めたのである。

　私のこの一連の思考は、それ自身のうちに正当な証明の力を有しており、また何かある命題の分析からでなく、事物そのものの発生の分析から成り立っていると、少くとも私には思われる。なぜなら、私の考量したところでは、弧 BI は直線 BV をその微小部分へとどこまでも等分してゆくことによって生じうるからである。それゆえ私は、これらの微小部分に長さの等しいそれだけの数の弧を、再び直線 BV へと復元することができる、と論じた。そしてこのことは、合成されたもの、ということはつまり発生したものを、分解し復元すること、言いかえれば分析と総合である。

　それゆえ私は、円の求積法、任意の所与の扇形や円の切片〔弓形〕

の求積法、渦巻線に長さの等しい直線や放物線に長さの等しい直線〔の求め方〕、および所与の角を所与の比率で区分する仕方を見出した。しかるに、「諸大学の擁護」という題名の有名な小冊子の、誰かある匿名の著者にして、私が決して攻撃したことのない諸大学の役立たずの擁護者にして、私に対する嘘つきの告発者たる貴君よ[3]、私は貴君に対し、これらの問題を解決したら私に与えると貴君の約束したその当の称賛を免除する。それは、人から貴君流のやりかたで称賛されることは、非難されることよりもよほど不名誉なことであると判断してのことである。なぜなら、貴君が知ったこともない者を、短気だの、剽窃者だの、宗教の敵だのと、公刊された著作の中で呼ばわることは、この非難されていることがたとえ本当であったとしても、次のような理由により、愚行ではなくて（愚かさなしにはいかなる悪質さもないとはいえ）邪悪な行ないだからである、と私は申し上げよう。そしてその理由とは、貴君は自分が私に対して非難している当のことを知らず、ただ聞き伝えによって知っていると称しているにすぎないのであって、この聞き伝えなるものを貴君は容易にでっち上げることができたのであるし、また貴君がそのことを誰から伝え聞いたのかおっしゃらないからには、貴君がそれをでっち上げたとみられるから、ということである。

　円の面積について述べたことから、他の非常に多くのことが演繹されうるので、長い間このところに、ヘラクレスの柱にしがみつくように留まってきた幾何学は、今や大洋へと駆り立てられて、非常に美事

---

(3)　付録1の訳注（2）に既出のセス・ウォードを指している。「諸大学の擁護」は本書公刊に先立って1654年6月に公刊された匿名の小冊子で、本付録の内容である円の求積と角の分割の方法についてのホッブズの主張に先取り的な疑念を述べている。

な諸定理の別の領域へと航海してゆこうとしているように、私には思われるほどである。なぜなら、円の弧や放物線や渦巻線の長さに対する直線の長さの既知の比率から、ついには双曲線や楕円の長さに対する同じ直線の長さの比率も出てくるであろうし、また2つの末端の間の任意の個数の連続比例中項——これは冪数による分析〔解析〕にはいかなる捉え所（λάβη）も与えない——の求め方も出てくることになるであろうということを、私は疑わないからである。そして私は、私の準備できていることの公表を友人たちによって強く求められたり、言う必要のないその他の諸原因にせき立てられたりして急ぐということがないかぎり、おそらく上述のようなことを見出すことができるであろう。それゆえ、件の称賛は他の人々にとっておかれればよい。そして、称賛されるようなことが起こるとすれば、それは諸大学の擁護者氏に起こるであろう。彼は古代人たちの（ということはつまり、ユークリッド、アルキメデス、アポロニオス、パッポスらの、ということだと私にはたしかに思われるが）あの冗長な方法も、クラヴィウス(4)その他のようなもっと最近の人々のほとんど全員の方法をも自分は捨て去ったが、それは記号的方法の全能性に魅せられたことによってだと、自慢げに言っているからである。

（4） ドイツの数学者・天文学者（1537〜1612）。数学では小数点の使用の導入やユークリッドの『幾何学原本』の刊行によって知られ、また天文学者としては教皇グレゴリウス13世の諮問を受けて、いわゆるグレゴリオ暦を作案した。

付録11　第20章の印刷された最初のラテン語版

1．誤った仮定に基づいた円の求積法

（図付11―1において）四分円が正方形の内部に書き込まれているものとし、また弧BIの中心角は30度であるとしよう。そうすると、その正弦線MIの長さは半径の半分であろう。直線MIと弧BIをそれぞれ4等分し、弧BIを4等分する点をL、N、O、直線MIを4等分する点をP、Q、Rとしよう。点Nを通り、直線BCに平行で、かつ弧BIの弦に長さの等しい直線STを引こう。そうすると、STは点Nで2等分されるであろう。直線IT、QNを引き、この両線を延長して、それらがBC〔およびその延長線〕と交わる点をそれぞれV、Yとしよう。そうすると、ST、MIが同じように分割されたとき、BM、YQ、VI〔のそれぞれの延長線〕は同一の点で出会うが、この点をqとしよう。いま直線qPを引いたとき、これが点Lをも通過するものとし、そしてこのように点qから引かれた諸直線が直線MIをどこまでも比例的に分割するものとすれば、$\overline{BV}$は弧BIの長さに等しいであろう。

　理由は次のとおりである。直線BV、MIと弧BIとは、直線NYによって同じ比率へと分割され、しかも直線BV、MIは、qからそれらを通り越して引かれた諸直線によって同じ比率へと分割されるから、もし同じ諸直線が弧BIをもこの2直線に比例するように切り分けるということがたしかならば、直線BVの長さが弧BIの長さに等しいこと

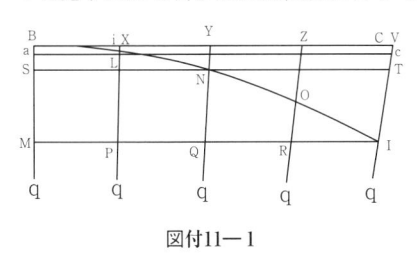

図付11―1

は必然的である。なぜなら、qP は L と X を通過するであろうし、$\overline{BX}$ 対 $\overline{BV}$ は $\overline{BL}$ 対 $\overline{BI}$ に等しく、かつ $\overline{MP}$ 対 $\overline{MI}$ にも等しいであろうから。そして、直線 MP の2等分を進められるだけ進めてゆくとすれば、弧 BI の諸々の微小部分も直線 BV、MI の諸々の微小部分も、q から引かれた諸直線によって常に同じ比率へと切り分けられているであろうから、点 L を通り、直線 MB、IV 上に両端を有し、なおかつ BV に平行な直線 ac を引くとすれば、$\overline{MP}$ 対 $\overline{MI}$ は $\overline{aL}$ 対 $\overline{ac}$ に等しいであろう。しかるに、$\overline{BV}$ は $\overline{ac}$ よりも大きい、ということはつまり、弧 BI の4分の1の長さの諸部分の4つの正弦線の長さよりも大きい。同様に、点 q からの直線が MI そのものの、どんなに小さな部分でもよいからある部分を切り取るとするならば、この直線は弧 BI 上でもまた同じ長さの部分を切り取るであろうし、こうしてついには点 B そのものが弧の一部分でもあり、またそれと同じ長さの、弧の正弦線の一部分でもある、というところまで行きつくであろう。さらに $\overline{BV}$ は $\overline{ac}$ よりも大きいように、この同じ $\overline{BV}$ は、弧 BI 上にあって、それらの集合体が直線 BV の下方の直線 MB、IV 上に両端を持つであろうと考えることができるすべての点の正弦よりも大きいであろう。それゆえ、$\overline{BV}$ は弧 BI の長さよりも小さくはないが、より大きくもない。その理由はこうである。$\overline{ST}$ は弧 BI の長さに等しいが、しかし $\overline{BV}$ よりも小さい、としよう。そうすると、諸々の平行線のうちで弧 BI に交わるある線が、BV よりも下方の MB、IV 上に両端を有するであろうし、なおかつ有限な大きさを持つ正弦と弧の長さとが互いに等しい、ということになるであろうが、これはありえないことである。

　さらに、鉛直線 Li を引けば、qP の延長線が Li と L より上方で交わることはありうるので、$\overline{aL}$ が直線 ac の4分の1の長さよりも大きいということもまたありうる。したがって、直線 BV の長さが弧 BI

の長さに等しいことは証明されたわけではない。なぜならBVとMIのすべての平行線はそれぞれに固有の位置において比例的な仕方で切り分けられなければならないからである。しかし、もしも悪意ある連中の早まった嘲弄が私を抑えて、物事を友人たちとともにもっと入念に検討するようにさせなかったとしたら、私はほとんど、直線BVの長さが弧BIの長さに正確に等しいということを、証明されたものと宣言していたことであろう。

2．四分円の弧の長さに望むだけ近似的に等しい長さの直線を求めること

幾何学者たちは、円の周の長さを数によって決定することができるし、それも、どういう誤りが念頭におかれようと、真理から逸脱する度合がもっと小さくなるような仕方でそうすることができる。さてそこで、諸々の直線を引くことによっても同じことがなされうるかどうかを見てみよう。それゆえ、（図付11―2において）正方形ABCDの内部に書き込まれた四分円の弧BDがあって、これが点Eで2等分されているとしよう。さらに、Bを中心として中心角$22\frac{1}{2}$度の弧CFを引こう。そして弧BEは不動であると考え、なおかつ弧BEも接線BCも点Bにおいて、結びついたまま分離されえないように、いわば輪に通されていると考えよう。そうすると輻線〔と等しい長さの直線〕BCは、Bを中心に弧CFに沿って等〔角〕速度で運動することにより、この小さな輪もまたこれと同じ時間の間に弧BEを等〔角〕速度で通り抜けるようにさせるであろう。それゆえ、1つはBからAまでの直線運動、もう1つはCからBまでの円運動という、ともに均

（1） 付録1の註（2）に既出のウォリスとウォードを指している。

図付11—2

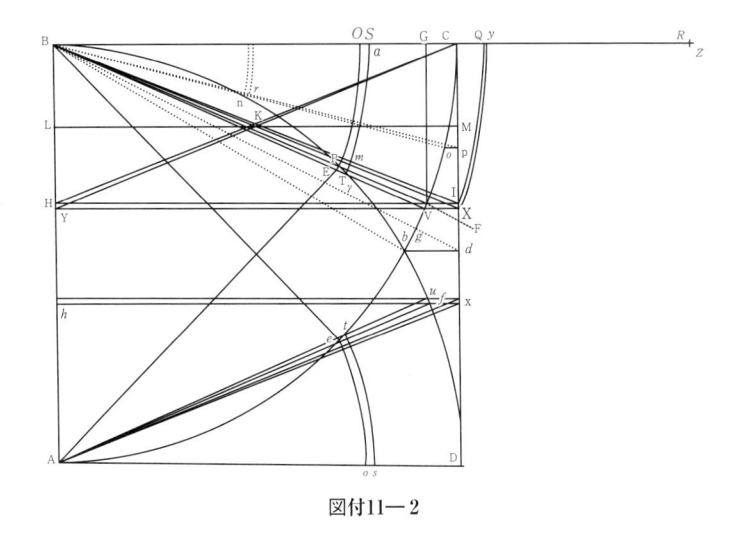

一な2つの運動の協働作用により、弧CFの長さに当たる所与の時間において、弧BEが等〔角〕速度で描かれるであろう。点FからBCへ垂線FGを引き、またFを通って直線BCに平行で長さの等しい直線HIを引こう。そして直線HCを引き、これが直線BFと交わる点をKとし、またKを通って直線BCに平行で長さの等しい直線LMを引こう。そして点Bは弧CFの長さに当たる時間において自由な等速運動を行ない、かつこれと同時にBCはHIまで平行に下降する、と考えよう。そうすると点Bは、この2つの運動の協働作用によって点Iに達するであろう。それゆえ、弧BEを発生させる運動と直線BIを発生させる運動とは、同じ長さ$\overline{\mathrm{BC}}$と等しい幅$\overline{\mathrm{CI}}$、$\overline{\mathrm{FG}}$を

---

(2) この箇所は内容上おかしいが、底本どおりに訳出した。

有し、かつ弧CFの長さに当たる同一時間の間に完遂されるが、ただしこの2つの運動は、弧BEの発生の際の運動は円運動である、という点で異なっている。それゆえ、弧BEが発生している間は直線BCに沿った運動において端Bは静止しているが、直線BIが発生している間は端BとCはともに運動しているので、$\overline{BI}$は弧BEの長さよりも大きくなるであろう。

　Bを中心として、四分円の弧CAを完成し、これを2等分する点をeとしよう。そして線分Aeを弧BDにぶつかるまで延長して、このぶつかる点をfとしよう。また、直線ADに平行な直線hfを引き、これが直線CDに出会う点をxとしよう。そうすると、線分Axを引けば、その長さは直線BIの長さに等しく、また三角形ADxは、三角形HICに面積が等しくかつ相似〔すなわち合同〕である。そこで三角形ADxを三角形HICの位置に移し重ねよう。そうすると、BCに向かう直線HIの運動と、CIに向かう直線BHの運動という2つの運動から、直線HCに沿った運動が生じるであろうが、これは直線BCとCIに沿った2つの運動から直線BIに沿った運動が生じたのと同様である。しかるに、BCに向かう直線HIの運動はHIに向かう直線BCの運動と反対であるから、この両方の運動の効果は、それらが互いに協働作用する場合には、すなわち三角形KCIの内部において、この効果が運動の合成に達するかぎりは、うち消されてしまう。それゆえ残るのは、生じた3つの直線BK、HKおよびKMである。同様に、他の任意の弦BTを引いて、これを弧CAにぶつかるまで延長し、このぶつかる点をVとして、直線FIに平行でCD上のXに一端を持つ直線VXを引き、これをBAにぶつかるまで延長してこのぶつかる点をYとし、また直線BXを引いて、これが弧STと交わる点をmとしたとすれば、YX、XCのそれぞれに沿った運動から合成された運動と、BC、CIのそれぞれに沿った運動から合成された運動とに

付録11 | 635

よって、半輻線の長さ $\overline{\mathrm{KM}}$ の分だけ BX の長さを上回る長さを持った直線が生じる。（なぜなら、BC に向かう直線 YX の運動は YX に向かう直線 BC の運動と反対である、ということのゆえに、三角形 KIC の内部では、この両方の運動は除き去られて、残るのは KM に沿った運動であるが、これはなるほど運動の合成には用をなさないが、しかしそれ自体として計算されなければならないからである。）しかるに、BX の長さは、直線 mX の長さの分だけ弦 BT の長さを上回っている。B を中心、BX を輻線とする弧 Xy を引き、直線 By の長さに半輻線の長さ $\overline{\mathrm{yZ}}$ を加えよう。そうすると、BC に向かう YX の運動と XC に向かう YB の運動から合成された運動と、YX に向かう直線 BC の運動と CX に向かう直線 BY の運動から合成された運動とによって、2 直線 mX と KM の長さの和に等しい直線 SZ の長さを、弦 BT の長さに、つまり $\overline{\mathrm{BS}}$ に加えた長さを持つ線 BZ が生じる。そして、どのような弦に関しても常にそのようになる。

　弧 BE よりも長くない弧 Bn をとり、直線 Bn を弧 CA にぶつかるまで延長して、このぶつかる点を o としよう。そして BC に平行な直線 op を引き、点 B、p を直線 Bp で結び、直線 Bn を輻線として描かれた弧が Bp と交わる点を r としよう。そうすると、直線 rp の長さを半輻線の長さといっしょにしたものは、弦 Br の長さよりも大きいであろう。さらに、輻線に等しい長さの弦 Bb を引いたうえで、直線 BC に平行な直線 bd を引き、点 B と点 d を直線 Bd で結び、これが弧 CA と交わる点を g としよう。そうすると、gd の長さを半輻線の長さといっしょにしたものは、輻線の長さよりも、ということはつまり弦 Bb の長さよりも小さいであろう。それゆえこの弦は、それ自身の長さが弧 BD の長さの増加分に等しくなるような仕方で、弧 BD 内のどこにでも当てはめることができる。さらに、このことが生じる場合、この弦の長さは弧 BE の長さに等しい。

理由は次のとおりである。三角形BCIと三角形HICの高さが増加するとき、弦と間に挟まった直線と半輻線とから合成された直線の長さは絶えず増加し、また弦そのものの長さも増加するが、しかし同時に、間に挟まった直線と半輻線とからなる直線の長さは減少する。それゆえ、弦と間に挟まった直線と半輻線からなる直線全体の長さが、弦の長さの2倍になるような具合に増大することは、挟みとられた直線と半輻線とから合成される直線の長さが弦の長さと等しいのでなければ、決して可能ではない。

たとえば、$\overline{BT}$すなわち$\overline{Bm}$、ということはつまり$\overline{BS}$が、弧BEの長さに等しいと仮定すると、$\overline{BS}$の2倍すなわち$\overline{BR}$は、$\overline{BQ}$が$\overline{BS}$つまり$\overline{BT}$よりも大きい分だけ、半輻線の長さ$\overline{RQ}$よりも大きいであろう。それゆえ、$\overline{BQ}$と$\overline{BX}$は互いに等しく、また$\overline{BT}$は、直線mXの長さを半輻線の長さ$\overline{QR}$といっしょにしたものに等しい。

いま、輻線BCの長さを$10,000,000$とすると、$22\frac{1}{2}$度の正弦$\overline{CI}$が、すなわち$3,826,834$が得られるであろう。しかるに、辺の長さがそれぞれ$\overline{BC}$と$\overline{CI}$である2つの正方形の面積を統合した面積を持つ正方形の辺の長さは$\overline{BI}$（すなわち$10,707,224$）であり、これは$\overline{BQ}$に等しく、この$\overline{BQ}$に半輻線の長さ$\overline{QR}$を加えると$15,707,224$となる。この数は既にアルキメデスによって上限と下限の間に置かれたものであるが、しかしこれは弧BDの長さよりも小さく、かつ直線CQの長さは、弧BDの長さが、半輻線の長さの3倍を上回っているその超過分よりも小さい。直線BRをSで2等分し、Bを中心、BSを輻線として弧STを引き、これが弧BDにTでぶつかるようにしよう。また直線BTを引き、これを弧CFの延長曲線にぶつかるまで延長して、このぶつかる点をVとし、VXがFIに平行になるようにし、かつBを中心、BXを輻線として弧Xyを引き、これが直線BRとyでぶつかるものとして、直線Byの長さに半輻線の長さ$\overline{yZ}$を加えよう。そう

すると、$\overline{\mathrm{BZ}}$ は $\overline{\mathrm{BR}}$ よりも大きいが、しかし弧 BD の長さよりは小さい。なぜなら、$\overline{\mathrm{BR}}$ は弧 BD の長さよりも小さいからである。したがって、$\overline{\mathrm{BS}}$ すなわち $\overline{\mathrm{BT}}$ は弧 BE の長さよりも小さい。それゆえ、$\overline{\mathrm{mX}}$ と半輻線の長さとを統合したもの、すなわち SZ 全体の長さ $\overline{\mathrm{SZ}}$ は、$\overline{\mathrm{BE}}$ よりも大きい。さらに、直線 ZB を点 α で 2 等分しよう。そうすると $\overline{\mathrm{B\alpha}}$ は、直線 RZ の長さ（これからして既に感覚によって捉えることができないほど小さな量なのであるが）の半分に当たる長さの分だけ、$\overline{\mathrm{BS}}$ よりも長いであろうし、$\overline{\mathrm{B\alpha}}$ を輻線として引かれた弧は、T を越えたところで弧 BD にぶつかるであろう。このぶつかる点を γ としよう。そうすると、直線 Bγ の延長線は V よりも下方で弧 CA にぶつかるであろうし、このぶつかるところから直線 BC に平行な直線を引けば、この直線は X よりも下方で直線 CD に交わるであろう。そして、B から X よりも下方にあるこの交点まで引かれた直線の長さは $\overline{\mathrm{By}}$ よりも大きいであろうし、後者に半輻線の長さを加えれば、By を半輻線といっしょにした線全体の長さは、$\overline{\mathrm{BZ}}$ よりも大きいであろう。それゆえ、間に切り取られた直線と半輻線とから合成される直線の長さは、依然として弦の長さよりも、ということはつまり直線 BZ の長さの半分よりも大きい。したがって、直線 BZ の長さの半分は、弧 BE の長さよりも小さい。同様に、$\overline{\mathrm{B\alpha}}$ の 2 倍よりも大きい長さを持つこの最後の直線を 2 等分するとした場合、依然として $\overline{\mathrm{B\alpha}}$ の 2 倍よりも大きい長さを持つ弦が生じるであろうが、しかし間に切り取られた直線の長さと半輻線の長さとをいっしょにしたものは、この弦の長さを上回るであろう。したがってこの弦の長さもまた、間に切り取られた直線と半輻線とから生じる直線の長さよりも小さいであろうから、それはまた弧 BE の長さより小さくもあるであろうが、その差ははるかにいっそう小さくて、感覚ではとても捉えることができないほどであろう。それゆえ、四分円の弧 BD の長さのほうがたしかにその

長さを上回ってはいるが、しかしその超過分は所与のどんな最小量よりも小さいような直線、言いかえれば、誤差がお望みのかぎりのどんな小さな値よりも大きくはならないほど正確に弧BDの長さに等しい長さを持つような直線を、与えることができる。

系 それゆえ、弧BEに等しい長さを持つ直線Bαが見出されたので、2直線Bα、BCが直角を挟んでいるような直角三角形の面積は、四分円面ABCの面積に等しく、したがって$\overline{Bα}$、$\overline{BC}$の比例中項をとるならば、この比例中項は、この同じ四分円面に等しい面積を持つ正方形の一辺の長さになるであろう。さらにこの同じ比例中項の2倍は、ABを輻線とする円に等しい面積を持つ正方形の一辺の長さになるであろう。これが円の求積法である。

私は、「諸大学の擁護」という題名の有名な小冊子の、誰かある匿名の著者にして、私が決して攻撃したことのない諸大学の役立たずの擁護者にして、私に対する嘘つきの告発者が、私に約束した称賛を履行せず、自分にはそんなことをする義務はないと言うであろうということを知っている。もっとも私は喜んでそんな称賛などなしで済ますし、称賛する義務が彼にあるとしたところで、私はそれを免除する。それは、そういう仕方で人から称賛されることは、非難されることよりもよほど不名誉なことであると判断してのことである。なぜなら、自分が知ったこともない者を、「短気だ」「剽窃者だ」「宗教の敵だ」などと、公刊された著作の中で呼ばわることは、この非難されていることがたとえ本当であったとしても、次のような理由により、愚行ではなくて（愚かさなしにはいかなる悪質さもないとはいえ）邪悪な行ないだからである、と私は申し上げよう。そしてその理由とは、この著者は自分が相手に対して非難している当のことを知らず、ただ聞き伝えによって知っていると称しているにすぎないのであって、この聞き伝えなるものを彼は容易にでっち上げることができたのであるし、また

彼がそのことを誰から伝え聞いたのか言っていないからには、彼がそれをでっち上げたとみられるから、ということである。

3．あらゆる種類の角分割と円の真の求積法

円の所与の弧を、すなわち所与の角を、所与の比率で分割せよ。

（図付11―3において）四分円の弧の3分の1の弧 ab を描き、これをcで2等分し、弦 ab もまた d で2等分しよう。そうすると、線分 cd は弦 ab に垂直に結び合わさっているであろう。点 c を通ってこの弦 ab に平行な直線を引き、この直線上の両側に、弧 ca、cb の両方に両方とも長さの等しい直線 cf、cg をとろう。そして直線 fa、gb を引いて延長すれば、この両延長線は cd の延長線と同一の点で交わるであろう。なぜなら、直線 cf、cg は直線 da、db に長さが比例していて、なおかつ平行だからである。この交点を q とし、輻線の4分の1に長さの等しい直線 ch をとり、そして直線 cf に対して垂直な直線 hi を引いて、これが i で直線 fq にぶつかるものとし、なおかつ直線 hc に平行な直線 ik を引いて、これが k で直線 cq にぶつかるものとしよう。そうすると、2直線 ch、ik の長さは互いに等しいであろう。ik を l、m、n で4等分し、線分 il を底辺として正三角形 ilo を構成したうえで、o を中心として弧 ac の4分の1の長さを持つ弧 il を引こう。そして直線 cf の4分の1の長さの部分 fp をとれば、直線 fp の長さと弧 il の長さは互いに等しいであろう。それゆえ、直線 pl を引いてこれを延長すれば、この延長線は点 q

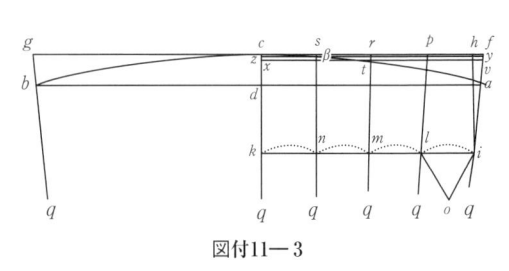

図付11―3

640

に出会うであろう。同様に、線分 cp を r と s で 3 等分し、かつ各々が弧 il に長さの等しい 3 つの弧 lm、mn、nk を描いた上で、直線 rm、sn を引けば、この 2 直線の延長線もまた点 q に出会うであろうし、弧 il、lm、mn、nk の長さは弧 ac の長さの 4 分の 1 である一方で、その各々が直線 fp、pr、rs、sc の各々の長さに等しいであろう。いま仮に点 i、l がそれぞれ直線 if、lp 上を運動すると考えるならば、弧 il は広がって真直ぐになってゆき、それ自身に長さの等しい直線 fp 上に重なって位置をとるであろう。同様に、その他の弧 lm、mn、nk も直線 lp、mr、ns、kc 上の〔それぞれ点 l、m、n、k の〕運動によって広がって真直ぐになり、それぞれ完全に直線 pr、rs、sc 上に重なるであろうし、点 q から引かれたすべての直線は、cf、ad およびその他の、2 直線 qf と qc との上に両端を有するすべての互いに平行な諸直線を、比例的に分割するであろう。弧 ac を t で 2 等分し、この点 t を通って 2 直線 fc、ad に平行な直線 vx を引き、これが直線 cd に x で、直線 af に v でぶつかるものとしよう。いまもし直線 qr が t を通れば、弧 ac と直線 vx は同じ比率へと切り分けられる。なぜなら、vx の長さは xt の長さの 2 倍になるであろうから。けれども仮に qr が t を通らないとするならば、直線 mt を引いて、これを直線 cf にぶつかるまで延長しよう。そうすると、直線 mt、kc に沿った 2 つの運動により、m と k はそれぞれ c と t に位置をとるであろうが、この場合 2 つの弧 mn、nk は完全に真直ぐには広がらないであろう。それゆえ（点 c は停止したまま）mt を延長したときに、やっとこの 2 つの弧は真直ぐに広がって、自分に長さの等しい直線に、すなわち直線 cr になるであろう。それゆえ、直線 rt の延長線は m にぶつかるであろう。したがって、直線 mt、qr はは同一直線上にある。同様にして、もしも弧 ca の 4 分の 1 の部分の正弦線 zβ をとり、これを直線 af にぶつかるまで延長して、このぶつかる点を y とするならば、

$\overline{zy}$ は正弦線の長さ $\overline{z\beta}$ そのものに対して4倍になるであろう。またこれと同様に、弧 ca の全体と弧 cb の全体もまた、点 q から引かれる諸直線によって、直線 gf、ab が、また2直線 qg、gf 上に両端を有し gf と ab に平行な他の諸直線が切り分けられるのと同一の比率へと、いたるところで切り分けられる、ということを示すことができる。

それゆえ、弧 ab と直線 fg を比例的に切り分ける仕方が与えられる。しかるに、所与の任意の直線を、どんな比率であれ所与の比率で分割する仕方は与えられている。したがって、四分円の弧の3分の1よりも大きくない弧を所与の比率で分割する仕方もまた与えられる。しかし、たとえ所与の弧が ab よりも大きくても、これを所与の比率で分割することは、第1に弧 ab そのものが、第2にこの所与の弧が ab よりも長いその超過分もまた、たしかにそのような比率で分割されるとすれば可能である。それゆえ、所与の弧を所与の比率で分割する仕方が与えられる。そしてこれは角の分割の一般的な仕方でもある。これがなされるべきことであった。

上のことから帰結したこと。直線 zy、xv、da は長さに関しても位置に関しても与えられていて、しかも2直線 qf、qc 上に両端を持つので、点 q も直線 cf も与えられている。それゆえ、弧 abc に正確に等しい長さを持った直線が見出され、したがって円の周全体に正確に長さの等しい直線と、円の面に等しい面積を持つ正方形が見出された。だから〔諸大学の〕擁護者氏よ）、私が貴君の称賛など望みもしないのでなかったなら、今や貴君は私に対して称賛の義務があるはずのところであろう。

4．諸々の扇形と〔弧と弦に挟まれた〕切片との求積法[3]

諸々の角の分割の仕方から、任意の扇形に等しい面積を持つ正方形を見出すことは容易である。なぜなら、輻線と、扇形の弧の半分に等

しい長さを持つ直線とが直角を挟んでいるような直角三角形の面積は、この扇形の面積に等しく、しかるに任意の直角三角形に面積の等しい正方形を示すことは可能だからである。

同様に、扇形の弧の、長さのわかっている弦を底辺とする三角形に、等しい面積を持つ正方形を構成する仕方も与えられる。それゆえ、弧と弦に間に挟まれた切片に等しい面積を持つ正方形も与えることができる。

5．アルキメデスの渦巻線に長さの等しい直線[4]

円の周の長さがわかっているとき、この円内に描かれた渦巻線にその最初の回転の終端で接する直線もまた認識される。

たとえば、(図付11—4において) A を中心として円 BCDE を描き、A を始点、B を終端としてアルキメデスの渦巻線 AFGHB を引いたとしよう。中心 A を通って直径 BD と直角に交わる直線 CE を引き、これを I まで延長して、$\overline{AI}$ が円の周 BCDEB の長さに等しくなるようにしよう。そうすると、I と B を直線で結べば、この直線 IB は渦巻線 AFGHB に B で接するであろう。なぜなら、このことはアルキメデスが「渦巻線について」の中で証明したことだからである。

所与の渦巻線 AFGHB に等しい長さを持つ直線を求めよ。

円の周 BCDE に長さの等しい直線 AI を K で2等分し、輻線 AB に長さの等しい直線 KL をとって、IL を対角線とする長方形を完成

---

(3) 底本の本文では、第4節はここよりも2段落あとからとなっているが、節題と本文の内容との関係からみて、ここからが第4節であるべきものと判断される。
(4) 底本の本文ではここからが第4節で、第5節はここよりも2段落あとからとなっているが、節題と本文の内容との関係からみて、ここからが第5節であるべきものと判断される。

しよう。直線 ML は、MK を曲線部分とする放物形の軸であり、これに対して直線 KL は、この放物形の底辺であると考えよう。点 M は、次のような 2 つの動かすものの協働作用によって運動する、と思い描こう。すなわち、その 1 つは IM から KL に向かって、時間と同じ比率で連続的に加速してゆくような運動をするのに対して、もう 1 つは、ML から IK に向かって等速で運動し、なおかつどちらの運動も M で始まって K で止むような、そのような 2 つのものである。点 M のこのような運動によって放物曲線が描かれることは、ガリレオによって既に示されている。さらに、点 A は直線 AB 上を等速で運動し、他方これと同時に、A と B との間のすべての点の A を中心とした円運動によっても運び去られる、と思い描こう。この運動によって渦巻形の線 AFGHB が描かれるということを、アルキメデスは証明した。それゆえ、これらすべての運動の回転円は A を中心とする同心円であり、内側の円は外側の円よりも常に、AB に沿って等速運動によって行なわれる移行の時間と同じ比率で小さいから、点 A の円運動の〔角〕速度も、円が大きくなってゆくせいで時間と同じ比率で連続的に増加してゆくであろう。この点までは、放物線 MK の発生の仕方と渦巻線 AFGHB の発生の仕方は似ている。

しかし、AB に沿った等速運動は、上述のすべての円心円の周上における円運動と協働作用して、A を中心とし BCDE を周とする円を描く。したがって、この円の面積は、

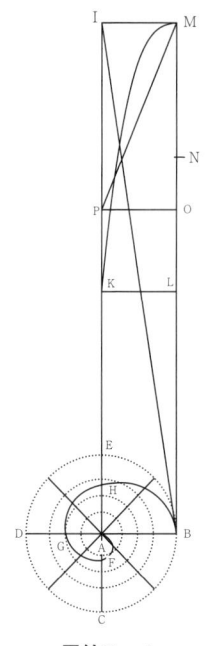

図付11―4

644

（第16章第1節の系により）渦巻線 AFGHB を描いている間の点 A の速度全部の総計であり、また長方形 IKLM の面積は、点 M が曲線 MK を描く際の速度全部の総計である。それゆえ、「放物線 MK が描かれる際の速度全体」対「これと同時に渦巻形の線 AFGHB が描かれる際の速度全体」は、「長方形 IKLM の面積」対「円 BCDE の面積」に、ということはつまり「長方形 IKLM の面積」対「三角形 AIB の面積」に等しい。しかるに、直線 AI は K で 2 等分され、また 2 直線 IM、AB の長さは等しいから、長方形 IKLM の面積と三角形 AIB の面積もまた等しい。それゆえ、渦巻形の線 AFGHB と放物線 MK とは、等しい速度によって等しい時間で描かれる。したがって、この渦巻線と放物線との長さは等しい。しかるに、（第18章第1節により）任意の放物線に長さの等しい直線の求め方はわかっている。それゆえ、最初の回転を持った所与のアルキメデスの渦巻線に長さの等しい直線が見出された。そしてこれがなされるべきことであった。

6．幾何学者たちの分析〔解析〕からの離脱

（以上のことが検討された後で）なお先の四角形による円の面積の求め方に対して何かあることが反対して言われる可能性があることに私は気付いていたが、本書全体の刊行をこれ以上ぐずぐずと遅れさせることよりもむしろ、このことについて読者の注意を促すことがめざされたのである。それにまた、かの擁護者氏に正当に帰せられるべきことがしっかり定まることも喜ばしいことである。しかしながら、円の面

（4） 刊行された初版本の第6節は、本文第20章の最後の7つの段落（345ページの「第6章で方法について論じた際、」以降）と同一の記述に、本付録のこの最後の1段落が続く形になっていた。

積と諸々の角との測定についてあたかも既に正確に見出されているかのように宣言されていることは、これを疑わしい言い草として読者は受けとられたい。

付録12　第20章の英語版

1. アルキメデスやその他の人々によって数値において近似的に決定された円の面積

　円の弧の長さを直線の長さと比較することに、多くの偉大な幾何学者たちが、まさしく最古の時代からその知力を働かせてきた。そして仮に彼らが、公共の利益——これは完成にはもたらされなかったとしても——のために労苦を引き受けたにもかかわらず、自分のその労苦が他人の称賛されるのを妬む連中によって中傷されるのを目のあたりにする、ということがなかったとしたなら、もっと多くの幾何学者たちが同じことをしていたであろう。私たちの手にその著作が伝わっている古の著作者たちのうちにあって、アルキメデスは円の周の長さを真理からごく僅かしか異ならない数と数の両限界の内にもたらした最初の人であった。すなわち彼は、円の周の長さが直径の $3\frac{1}{7}$ 倍よりは小さいが、直径の $3\frac{10}{71}$ 倍よりは大きい、ということを示したのである。したがって、輻線が10,000,000個の等しい諸部分から成っていると仮定すれば、四分円の弧はこの同じ諸部分の15,714,285個分と15,704,225個分との間である、ということになろう。現代にあっては、ルドルフ・ヴァン・ケーレンとウィレブロルド・スネルが共同の努力によってさらに真理に近づいた。そして彼らは真なる原理に基づ

（1）　アルキメデス『円の測定について』定理3。
（2）　オランダの数学者（1540〜1610）。ライデン大学教授。アルキメデスの方法に従って円周率の値を小数点以下35桁まで算出した。
（3）　オランダの数学者・物理学者（1591〜1626）。22歳でライデン大学教授となる。光の屈折についての「スネルの法則」を発見、また三角法を用いて地球の大きさを測定したことで知られる。

いて、四分円の弧の長さは、（上と同じく輻線の長さを10,000,000とすれば）15,707,963という数値から誤差1以内である、と宣言した。このことは、仮にこの両人が彼らの算術的演算を示していたとしたら、（なおかつ、彼らのこの長大な作業のうちに誰もいかなる誤りも見出さなかったとしたら、）彼らによって証明されたことになっていたであろう。これは数値という仕方においてなされた最も遠くへの前進であり、このようにして遠くへ進んだ人々は精励についての称賛に値する。にもかかわらず、（すべての思弁のめざすべき目的である）利益のことを考量すれば、彼らの行なった改善はごく些細なもの、もしくはないに等しいものであった。なぜなら、普通の人なら誰でもおそらく、円の周に長さの等しい直線を見出すことも、したがってまた円の面積に等しい正方形を求めることも、所与の円筒のまわりに細糸を巻いてみることによって、どんな幾何学者が同じことを——彼らは輻線を互いに長さの等しい10,000,000個の部分へと分割することによってやるであろうが——やるよりも、はるかに迅速かつ正確にやってのけるであろうから。しかし、円周〔弧〕の長さは、数値によってか、機械的にか、あるいは偶然によってか、正確に提示されはしたけれども、このことは次のようなことがなかったとしたら、角の分割にとっては全然何の助けにもならないであろう。それはすなわち、「所与の角をどんな比率であれ指定された比率に従って分割せよ」と「円の弧に長さの等しい直線を求めよ」というこの2つの問題が、幸いにも互換的であって、互いに一方が解ければその結果他方も解けるという関係になっていることである。それゆえ、四分円の弧の長さを知っていることから出てくる利益は、それによってある角を任意の比率に従って正確に、あるいは少くとも普通の用にとっては十分なだけ正確に分割できるという点にある、ということと、このことは算術によってはできない、ということと、この2つのことからして私は、この同じことを幾何学に

よって試みるのが適切だと考え、またそのことが直線と円を引くことによって実行されないものかどうかを本章において試してみるのが適当だと考えたのである。

2．諸々の線による、円の面積を見出すことのための第1の試み

（図付12—1において）正方形 ABCD が描かれるものとしよう。また AB、BC、および DC を輻線として、3つの弧 BD、CA、および AC が描かれるものとしよう。そしてこの3つの弧のうちの2つ BD と CA が互いに交わる点を E、BD と AC が交わる点を F としよう。そうすると、対角線 BD と AC を引けば、それらは正方形の中心 G で互いに交わるであろうし、2つの弧 BD と CA をどちらも互いに長さの等しい2つの部分へと切り分けるであろうが、対角線 AC が弧 BD をそのように切り分ける点を H、対角線 BD が弧 CA をそのように切り分ける点を Y としよう。すると弧 BHD は F と E で3等分されるであろう。中心 G を通って正方形の辺 AB と AD にそれぞれ平行で長さが等しく、この同じ正方形の4辺に点 K、L、M、N でぶつかる2直線 KGL と MGN を引こう。このことがなされると、KL は F を、MN は E を通過するであろう。次いで辺 BC に平行で長さが等しく、弧 BFD と F で交わり、辺 AB と DC にそれぞれ O と P でぶつかる直線 OP を引こう。そうすると、OF は中心角30度の弧である弧 BF の正弦線であろうし、かつこの同じ OF の長さは、輻線の半分の長さに等しいであろう。最後に、弧 BF を中点 Q で分割し、弧 BQ の正弦線 RQ を引き、$\overline{QS}$ が $\overline{RQ}$ に等しくそれゆえ $\overline{RS}$ が弧 BF の弦の長さに等しくなるような点 S まで、RQ を延長しよう。そして直線 FS を引き、これを辺 BC 上の点 T まで延長しよう。直線 BT の長さは弧 BF の長さに等しく、したがって $\overline{BT}$ の3倍である $\overline{BV}$ は、四分円の弧 BFCD の長さに等しい、と私は言う。

図付12−1

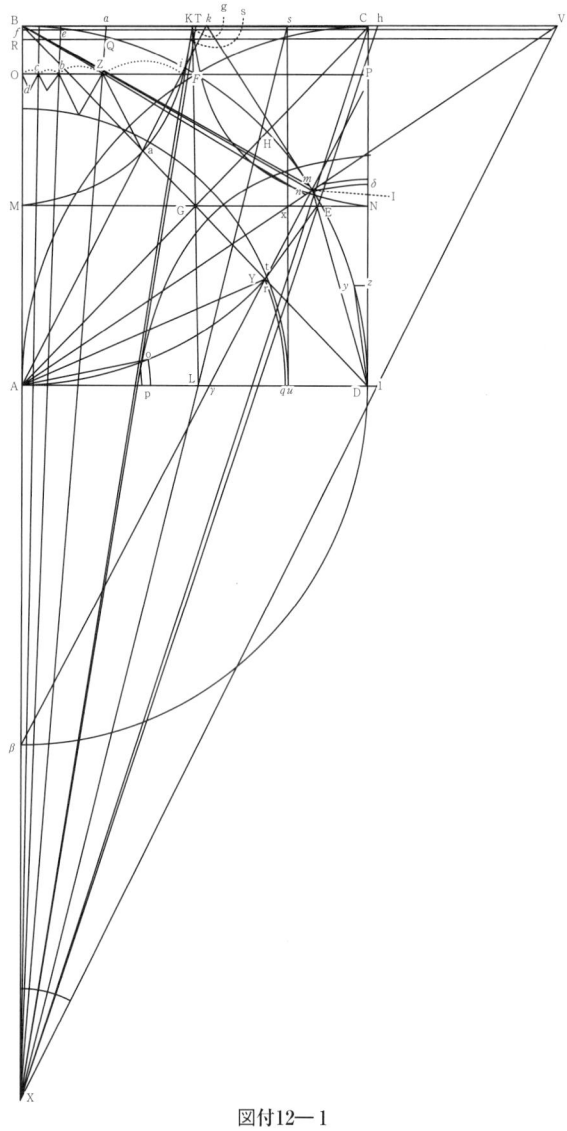

直線 TF を辺 BA の延長線と出会うまで延長し、この出会う点を X としよう。また直線 OF を中点 Z で分割し、直線 QZ を引いて、これを辺 BA の延長線と出会うまで延長しよう。そうすると、直線 RS と直線 OF は平行で、それぞれ Q と Z で 2 等分されることから、QZ の延長線は点 X にぶつかるであろうし、 XZQ を辺 BC まで延長した直線は、線分 BT を α で 2 等分するであろう。

　輻線 AB の 4 分の 1 の長さの直線 FZ を底辺として、正三角形 aZF を構成しよう。そして a を中心、aZ を輻線として、弧 ZF を引こう。そうするとこの弧 ZF は、弧 BF の半分である弧 QF に長さが等しくなるであろう。さらに、直線 ZO を b で 2 等分し、また直線 bO を c で 2 等分し、このようにして、とることの可能な最小の部分に至るまで 2 等分を続けるものとして、この最後の最小の部分を Oc としよう。そしてこの Oc と、直線 OF を切り分けて得られる Oc に長さの等しい他のすべての部分とを底辺として、それだけの数の正三角形が構成されるものと考え、それらのうちの最後の正三角形が dOc であると考えよう。そうすると、 d を中心、 dO を輻線として弧 Oc を引き、なおかつ直線 OF の部分 Oc に長さの等しい他のすべての部分をそれぞれ弦として、上と同様の仕方で互いに長さの等しいそれだけの数の弧を引くならば、これらの弧全部の長さを併せたものは弧 BF 全体の長さに等しいであろうし、またそれらの半分、すなわち O と Z の間もしくは Z と F の間に含まれる諸々の弧の長さの合計は、弧 BQ もしくは弧 QF の長さに等しいであろう。そして要するに、直線 Oc が直線 OF の何分の 1 の部分であろうと、弧 Oc は弧 BF の、それと同数分の 1 の長さを持つ部分であろう。そしてこのことは、弧と弦の両方がどこまでも限りなく 2 等分されていったとしても言えるであろう。さてそこで、弧 Oc は、弧 BF のこれと等しい長さの部分よりも強く湾曲していることからして、また直線 Xc は、延長されれば

されるほど直線XOから大きく離開してゆくことからして、点Oと点cがそれぞれXO上とXc上の直線運動とともに前方へと動かされるものと考えるならば、弧Ocはそれによって少しずつ広げられて真直ぐになってゆき、ついにはどこかで弧BFの、弧Oc自身と長さの等しい部分と同じ湾曲度を持つようになるに至るであろう。これと同様に、直線Xbを引いてなおかつ点bが同時に前方へと動かされるものと考えるならば、弧cbもまた少しずつ広げられて真直ぐになってゆき、ついにはその湾曲度が弧BFの、弧cb自身と長さの等しい部分の湾曲度に等しくなるに至るであろう。そしてこれと同じことは、直線OFの、2等分を繰り返しただけの数の互いに長さの等しい諸部分を弦として、その上に描かれた諸々の互いに長さの等しい小さな弧のすべてに関しても、起こるであろう。また、XO上とXZ上の直線運動によって、これらの小さな弧はすべて、点B、QおよびFにおいては弧BF上にあるであろう、ということも明らかである。そして、同じこれらの互いに長さの等しい小さな弧は、弧BFの他のすべての点においては、弧BFの互いに長さの等しい諸部分と一致しないものとしたにせよ、2つの弧BQおよびQFと長さの屈曲度が等しいのみならず、それらの凹部をこの2つの弧と同じ側のほうに向いて持ってもいるような2つの曲線を、確かに構成するであろう。これがいったいどのようにしてそうなるのかということは、上述の小さな弧のすべてが弧BFとそのすべての点において一致するのでないとしたら、想像不可能である。したがってそれらは一致し、それゆえXから引かれて直線OFの諸々の分割点を通過するすべての直線は、弧BFをもまた直線OFが分割されるのと同一の比率へと分割するであろう。

　さてそこで、直線Xbは弧BFの4分の1の部分を点Bの側から切り取るので、この4分の1の部分をBeとしよう。そして弧Beの正

弦線 fe を線分 FT にぶつかるまで延長し、このぶつかる点を g としよう。そうすると、$\overline{Ob}$ 対 $\overline{OF}$ は $\overline{fe}$ 対 $\overline{fg}$ に等しいので、fe は直線 fg の 4 分の 1 の部分であろう。しかるに、$\overline{BT}$ は $\overline{fg}$ よりも大きい。それゆえこの同じ $\overline{BT}$ は、弧 BF の 4 分の 1 の部分の正弦線の長さの 4 倍よりも大きい。また同様にして、弧 BF がどんな数の互いに長さの等しい諸部分へとさらに分割されようと、次のことが立証されうるであろう。すなわち、直線 BT の長さは、弧 BF 全体について作られた諸部分があるのと同じ回数だけとられた上のような小さな弧のうちの 1 つの正弦線の長さよりも大きい、ということである。それゆえ、直線 BT は弧 BF よりも短くはない。けれども、直線 BT は弧 BF より長いということもありえない。なぜなら、仮にどんな直線であれ BT よりも短い何かある直線が、BT よりも下方に、BT に対して平行に、かつ直線 XB 上と直線 XT 上とに両端を持つように引かれるものとすれば、この直線は弧 BF と交わることになるであろうし、それゆえ弧 BF の諸部分のうちのどれがある 1 つの部分の正弦線の長さは、弧 BF 全体上に小さな弧が見出されるのと同じ回数だけこれらの部分がとられた場合、同じだけの数の同じ弧の長さよりも大きい、ということになるであろうが、こんなことは不合理だからである。したがって、直線 BT の長さは弧 BF の長さに等しい。それゆえ、直線 BV の長さは四分円の弧 BFD の長さに等しく、$\overline{BV}$ を 4 回取ったものは、AB を輻線として描かれた円の周の長さに等しい。また、弧 BF と直線 BT はどこでも同じ比率へと分割されるので、したがっていかなる所与の角も、角 BAF より大きかろうが小さかろうが、どんな比率にでも分割されうるであろう。

ただし、直線 BV は（その長さはアルキメデスによって指定された限界内に納まるとはいえ）、正弦の規則によって計算されるなら、ルドルフの数[4]によって示される長さよりもやや大きな長さを持つことが見出さ

付録 12 | 653

れる。にもかかわらず、BTのかわりに別の直線——BTよりも決してそんなに少ししか短くないわけではない直線だが——を置き換えたとすれば、角の分割はただちに失敗する。このことは、どんな人によってもまさにこの図式によって証明されうるであろうとおりである。

　しかしながら、誰かある人が私の得たこの直線BVの長さの値は大きすぎると考える場合、それでも弧とあらゆる平行線とがいたるところでこれほと精密に分割され、$\overline{BV}$が真の値にこれほど近づいてきているからには、（この$\overline{BV}$の値が正確に真だと認めると）切り分けられた弧同士の長さが互いに等しくならないはずだというのはなぜなのか、その理由をこの人が捜し出そうとしてくれることを、私は願っている。

　けれども、点Xから弧BFの何等分かされた諸部分を通り越して引かれた諸直線が、弧BFのこれらの部分に長さが等しく数も同じだけの直線を、接線BV上になぜ切り分けるはずがあるのかというその理由を——XとVとの間に結ばれた直線XVが点Dを通らず、直線ADの延長線と点1で交わるからというので——なおも問い、それゆえこの問題の何らかの決まりをつけることを要求する人がいるかもしれない。この問題に関して私は、その理由だと自分が考えていることを申し上げよう。それはすなわち、弧の長さが輻線の長さを、ということはつまり接線BCの長さを上回っていない場合には、弧と接線は両方とも同じようにXから引かれた諸直線によって切り分けられるが、上回っている場合にはそうはならない、ということである。理由は次のとおりである。AとVを直線で結び、この直線AVが弧BHD

（4）　本付録訳註（2）のケーレンの名ルドルフにちなんだ円周率の数値の別称。

と交わる点を I とすると、直線 XC を引いてこれが同じ点 I で同じ弧と交わるものとした場合、弧 BI の長さが輻線 BC の長さに等しいことは、弧 BF の長さが直線 BT の長さに等しいことが真であるのと同じように真であろうし、直線 XK を引けば、XK は弧 BI とその中点 i で交わるであろう。また直線 Ai を引いて、これを接線 BC にぶつかるまで延長し、このぶつかる点を k とすれば、直線 Bk は弧 Bi（この弧の長さは輻線の長さの半分に等しい）の正接線であろうし、かつこの同じ直線 Bk の長さは直線 kI の長さに等しいであろう。このことは、先行の証明が真ならばすべて真であり、したがって弧とその正接線の比例分割はこれまでのように進行する、と私は言う。しかし、$\overline{BT}$ に対して 2 倍の長さを持つ線分 Bh をとれば、直線 Xh は弧 BF の長さに対して 2 倍の長さを持つ弧 BE を切り取らず、もっとずっと長い弧を切り取るであろうということが、黄金律によって明らかである。なぜなら、直線 XM、XB および ME の長さは（数値において）知られているので、直線 XE を接線まで延長した線によって接線上に切り取られる直線の長さもまた知られうるであろうし、しかもそれは $\overline{Bh}$ よりも小さいことが見出されるであろうから。それゆえ、直線 Xh を引けば、Xh は四分円の弧の、BE よりも長い部分を切り取るであろう。しかし私は次節において、弧 BI の長さに関してもっと十分に述べるであろう。

　そして上のことを、弧 BF の切り分けによって円の面積を見出すための最初の企てとしよう。

3．湾曲の本性についての考量に基づく、円の面積を見出すことのための第 2 の試み

　今度は、円そのものの湾曲の本性から引き出された論拠によって、上と同じことを私は試みよう。ただし最初に私は、この考察のために

必要ないくつかの前提を定立しよう。

　第1に、直線が曲げられてこの直線に長さの等しい円の弧になったとすると、伸ばされた糸が正円筒形に接触しつつあらゆる点で曲げられて、円筒形の底面の周といたるところで一致するようになっているときのように、この線の屈曲の仕方はそのあらゆる点において等しいであろう。したがって、上の円の弧の湾曲はいたるところで均一である。このことは、円の周は1本の均一な線であるということ以外のいかなる証明も必要としない。

　したがって第2に、同一の円の長さの等しくない2つの弧が、それらの各々に長さの等しい2本の直線を曲げることによって作られるものとすれば、長いほうの線（これは曲げられて大きいほうの弧になるのだけれども）の屈曲の仕方は、短いほうの線（これは曲げられて小さいほうの弧になるのだけれども）の屈曲の仕方よりも、これらの線自身の長さの比率に従って強い。そしてその結果、「大きいほうの弧の湾曲度」対「小さいほうの弧の湾曲度」は、「大きいほうの弧の長さ」対「小さいほうの弧の長さ」に等しい。

　第3に、等しくない2つの円と1本の直線とが同一の点において互いに接するならば、小さいほうの円上にとられたどのような弧の湾曲度も、大きいほうの円上にとられたこの弧に長さの等しい弧の湾曲度より、この2つの円を描く輻線の長さの比率に対して逆の比率で〔すなわち逆比例して〕強いであろう。あるいは、全く同じことだが、上の接点から大きいほうの円に再びぶつかるまで引かれているどんな直線も、この両方の円周を、「大きいほうの円の円周によって切り取られたこの直線の部分の長さ」対「小さいほうの円の円周によって切り取られたこの直線の長さ」という比率で切り分けるであろう。

　たとえば、（図付12—2において）ABとACは、点Aにおいて互いに接するとともに直線ADにも接する2つの円〔の弧〕であるとしよ

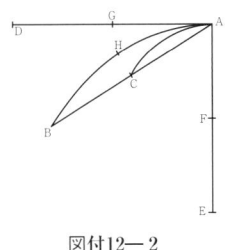

図付12—2

う。そしてこの2つの円の中心はそれぞれEとFであり、また$\overline{AE}$対$\overline{AF}$は「弧ABの長さ」対「弧AHの長さ」に等しいとしよう。「弧ACの湾曲度」対「弧AHの湾曲度」は$\overline{AE}$対$\overline{AF}$に等しい、と私は言う。理由は次のとおりである。直線ADの長さは弧ABの長さに、直線AGの長さは弧ACの長さに等しい、と仮定しよう。また$\overline{AD}$は$\overline{AG}$に対して（たとえば）2倍であるとしよう。そうすると、弧ABと弧ACは相似であるという理由により、直線ABは直線ACに対して、輻線AEは輻線AFに対して、また弧ABは弧AHに対して、2倍の長さを持つであろう。また、直線AGが曲げられてこの直線に長さの等しい弧ACと一致するようになるのと同じように、直線ADは曲げられてこの直線に長さの等しい弧ABと一致するようになるのであるから、直線AGの曲線ACへの屈曲の仕方は、直線ADの曲線ABへの屈曲の仕方に等しいであろう。しかるに、直線ADの曲線ABへの屈曲の仕方は、直線AGの曲線AHへの屈曲の仕方に対して2倍であり、それゆえ直線AGの曲線ACへの屈曲の仕方は、同じ直線AGの曲線AHへの屈曲の仕方に対して2倍である。それゆえ、「弧ABの長さ」対「弧ACの長さ、すなわち弧AHの長さ」すなわち「輻線AEの長さ」対「輻線AFの長さ」すなわち「弦ABの長さ」対「弦ACの長さ」は、「弧ACの屈曲の仕方すなわち均一な湾曲度」対「弧AHの屈曲の仕方すなわち均一な湾曲度」の逆の比率、すなわち前項が後項の2倍である。そしてこのことは、周の長さが互いに3対1、4対1その他所与のどのような比率をなしている円同士の場合にも、同じ方法によって証明されうるであろう。それゆえ、いくつかの円上にとられた長さの等しい2つの弧の湾曲度は、それらの輻線の長さの比率

図付12—3

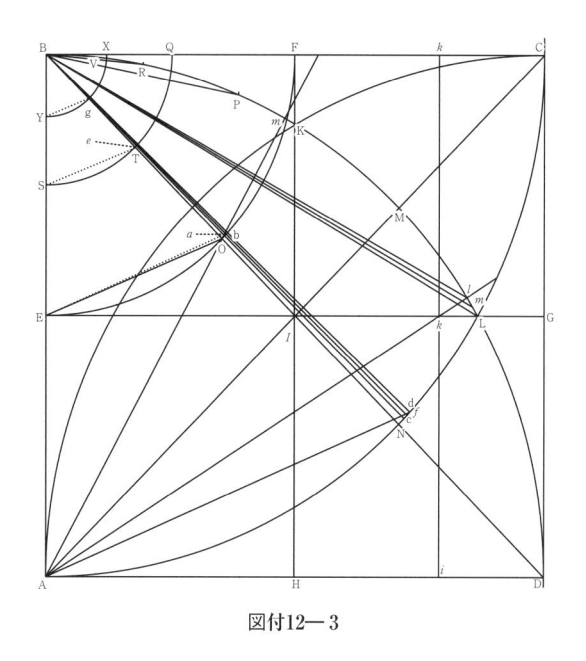

に対して逆の比率をなしており〔すなわち逆比例しており〕、弧の長さの比率とも、すなわち弦の長さの比率とも同様の関係にある。証明終り。

さらに、（図付12—3において）正方形 ABCD を描き、その中に四分円 ABD、BCA および DAC を描こう。そして正方形 ABCD の各辺をそれぞれの中点 E、F、G および H で分割し、E と G、F と H をそれぞれ直線 EG、FH で結ぼう。そうすると、この両直線は正方形の中心 I で互いに交わり、かつ四分円 ABD の弧を 3 等分するであろう。この 3 等分する点をそれぞれ K、L としよう。また、対角線 AC および BD を引けば、この両対角線は I で互いに交わり、かつ弧 BKD と弧 CLA を 2 等分するであろう。この 2 等分する点をそれぞれ M、N としよう。それから、BF を輻線とする弧 FE を引き、これ

658

が対角線BDと交わる点をOとしよう。また、弧BMを中点Pで2等分し、弦BPに長さの等しい直線Eaを弧EFの内側で点Eから出発させ〔て弧EF上の点aまで行かせ〕、かつ弧Oaに長さの等しい弧abをとり、直線Baと直線Bbを引いて、これらを弧AN〔AL〕にぶつかるまで延長し、このぶつかる点をそれぞれc、dとしよう。そして最後に、直線Adを引こう。直線Adの長さは弧ANの長さに、ということはつまり弧BMの長さに等しい、と私は言う。

　私は前節で、弧EOの湾曲度は弧BPのそれの2倍であること、言いかえれば、弧EOが弧BPよりも強く湾曲している度合は、弧BPが直線Eaよりも強く湾曲している度合に等しい、ということを立証した。それゆえ、弦Ea、弧BP、弧EOの湾曲度は、それぞれ0、1、2に相当する。そして、弧EOと弧EO、弧EOと弧Ea、弧EOと弧Ebのそれぞれの長さの差もまた0、1、2に相当し、それゆえ弧ANと弧AN、弧ANと弧Ac、弧ANと弧Adのそれぞれの長さの差もまた0、1、2に相当する。また、直線Acの長さは弦BPの長さに対して、ということは弦Eaの長さに対して2倍であり、かつ直線Adの長さは弦Ebの長さに対して2倍である。

　さらに、直線BFを中点Qで、弧BPを中点Rで2等分しよう。また四分円BQS（その弧QSの長さは四分円BMDの弧の長さの4分の1であり、同様に弧BRの長さは、八分円ABMの弧である弧BMの長さの4分の1である）を描いて、弦BRに長さの等しい弦Seが弧SQの内側で点Sから出発するものとしよう。そして直線Beを引き、これを弧AN〔AL〕にぶつかるまで延長して、このぶつかる点をfとしよう。このようにすると、直線Afの長さは弦BRの、ということはつまり弦Seの長さに対して4倍となるであろう。また、弧Seの、ということはつまり弧Acの湾曲度は、弧BRの湾曲度に対して2倍であるから、弧Afの湾曲度が弧Acのそれを上回るその超過分は、弧Acの湾曲

度が弧 AN のそれを上回るその超過分に対して 2 分の 1 であろう。そしてそれゆえ、弧 Nc の長さは弧 cf の長さに対して 2 倍であろう。したがって、弧 cd は中点 f で 2 等分され、弧 Nf の長さは弧 Nd の長さの 4 分の 3 である。また同様にして、弧 BR を V で、直線 BQ を X で 2 等分し、四分円 BXY を描き、なおかつ弦 BV に長さの等しい直線 Yg が弧 YX 上の点 Y から出発するものとすれば、直線 Bg を引いてこれを弧 AN にぶつかるまで延長したものは、弧 fd を 2 等分するであろうということ、A からこの区分点まで引かれた直線の長さは、弧 BV の弦 8 本分の長さに等しくなり、以下どこまでも同様であろうということ、したがって、直線 Ad の長さは、限りなく繰り返された 2 等分によって作られうるのと同じだけ多くの、弧 BM の互いに長さの等しい諸部分の互いに長さの等しい諸々の弦の長さの合計に等しいこと、これらのことが証明されうるであろう。それゆえ、直線 Ad の長さは弧 BM の、ということはつまり弧 AN の長さに等しい。言いかえれば、四分円 ABD あるいは BCA の弧の長さの半分に等しい、ということである。

系 四分円の弧よりも大きくないある弧が与えられている場合 (というのは、四分円の弧よりも大きな弧になると、そうなる以前には輻線 BA から退き離れていったのに、再び BA の延長線の方へ向かっていってしまうからであるが)、この所与の弧の半分の弧の弦の長さに対して 2 倍の長さを持つ直線をこの弧の発端のところから当てて、この直線に対して張られた弧が上の所与の弧よりも長いその長さの分だけ、この新たに張られた弧よりも長い弧を、他のある直線に対して張るものとすれば、この最後の直線の長さは最初に与えられた弧の長さに等しいであろう。

(図付 12—1 において) 直線 BV の長さは四分円 BHD の弧の長さに等しい、と仮定し、その上で点 A、V を直線 AV で結び、この AV が弧 BHD と交わる点を I とした場合、弧 BI の長さは弧 ID の長さに対

してどのような比率を有するか、ということが問われうるであろう。それゆえ、弧 AY を中点 o で2等分し、弦 Ao を引いて、これに長さの等しい線分 Ap と、弦 Ao に対して2倍の長さを持つ線分 Aq とを、直線 AD 上にとろう。それから A を中心、Aq を輻線として、ある円の弧を引き、これが弧 AY と交わる点を r とし、また弧 Yr の長さを2倍に延ばして点 t まで行かせよう。このようにしておいて直線 At を引けば、At の長さは（直前に証明されたことにより）弧 AY の長さに等しいであろう。さらに、A を中心、At を輻線として弧 tu を引き、これが直線 AD を u で切り分けるものとしよう。そうすると、直線 Au の長さは弧 AY の長さに等しいであろう。点 u から、直線 AB に長さが等しくかつ平行な直線 us を引き、これが直線 MN と交わる点を x としよう。そして us は、この同じ点 x で MN によって2等分されるものとしよう。そうすると、直線 Ax を引いてこれを直線 BC の延長線と点 V で出会うまで延長すれば、この延長線は、直線 Bs に対して2倍の長さを持つ、ということはつまり弧 BHD に長さの等しい、直線 BV を切り取るであろう。いま、直線 AV が弧 BHD と交わる点は I であるものとして、弧 DI が中点 y で2等分されるとしよう。そして弦 Dy を引き、この Dy に長さの等しい線分 Dz と、Dy に対して2倍の長さを持つ線分 Dδ とを、直線 DC 上にとろう。また D を中心とし、Dδ を輻線として円の弧を引き、これが BHD と交わる点を n としよう。そして弧 In に長さの等しい弧 nm をとろう。このようにすると、直線 Dm の長さは（直前の系により）弧 DI の長さに等しくなるであろう。いま、直線 Dm と直線 CV の長さは等しいものとするならば、弧 BI の長さは輻線 AB の、ということはつまり BC の長さに等しいであろうし、したがって直線 XC を引けば、この XC は点 I を通るであろう。さらに、半円 BHDβ を完成し、（この半円内で）点 I で直角をなす直線 βI と直線 BI を引き、また弧 BI を

中点iで2等分するならば、結果は次のようになるであろう。すなわち、Aとiを直線Aiで結べば、このAiは直線βIに平行になるであろうし、またAiを直線BCにぶつかるまで延長して、このぶつかる点をkとすれば、この延長線は、直線kIにも、また直線βIによって直線AD上に切り取られる直線Aγにも長さの等しい直線Bkを、〔BC上に〕切り取るであろう。これらのことはすべて、弧BIの長さと輻線BCの長さとが等しいと仮定すれば明らかである。

けれども、弧BIの長さと輻線〔と同じ長さの線分〕BCの長さとが正確に等しいということは、第1節中に含まれている次のことがまず第1に立証されないならば、（どれほど真であっても）証明されえない。それはすなわち、（ある長さまで延長された）直線OFの、互いに長さの等しい諸部分を〔切り分けつつ〕通り越して点Xから引かれた諸々の直線が、これらの諸部分と同じだけの数の諸部分を接線BC上にも切り取り、この切り取られた接線の諸部分の各々が〔弧BI上にXからの同じ諸直線によって〕切り取られた各々の弧と同じ長さを持つ、ということである。この立証は、BCが接線〔BV〕上にあり、なおかつ弧BIが弧BE上にあるかぎり、最も厳密な仕方で行なわれるので、弧BIの長さと輻線〔と同じ長さの線分〕BCの長さとの間には、手作業によっても推論によっても、いかなる不等性も発見されえないほどである。それゆえ、点Cが直線BV――これは四分円の弧に等しい長さを持つ――を分割するのと同じ比率で、直線AVは四分円の弧を点Iで切り分けるのかどうかが、さらに探求されるべきである。しかしこのことがどうであろうと、直線BVの長さが弧BHDの長さに等しいことは証明された。

4．第3の試み。および、さらに調査されるべく提出されたいくつかの物事

私は今から、次の2つの補助定理を想定することにより、1個の円の面積という同じ問題の解決を別の仕方で試みよう。

　補助定理1　四分円の弧の長さと輻線の長さに対して連続した比率をなす長さを持つ第3の線Zがとられているとすれば、その場合八分円の弧の長さと、四分円の弦の長さの半分と、そしてZの長さとは、これまた連続した比率をなすであろう。

　理由は次のとおりである。輻線の長さは四分円の弦の長さとその半分との間の比例中項であり、かつこの同じ輻線の長さが四分円の弧の長さとZの長さとの間の比例中項でもあるから、輻線の長さの2乗は四分円の弦とその半分とを二辺として作られた長方形の面積にも、四分円の弧と同じ長さの直線とZとを二辺として作られた長方形の面積にも同じように等しいであろうし、この2つの長方形の面積は互いに等しいであろう。それゆえ、「四分円の弧の長さ」対「その弦の長さ」は、「四分円の弦の長さの半分」対「Zの長さ」と互いに等しい。しかるに、「四分円の弧の長さ」対「その弦の長さ」は、「四分円の弧の長さの半分」対「四分円の弦の長さの半分」に等しい。それゆえ、「四分円の弧の長さの半分」対「四分円の弦の長さの半分（すなわち45度の正弦線の長さ）」は、「四分円の弦の長さの半分」対「Zの長さ」に等しい。証明終り。

　補助定理2　輻線、八分円の弧、45度の正弦線、および輻線の半分のそれぞれの長さは比例している。

　理由は次のとおりである。45度の正弦線の長さは、輻線の長さとその半分との間の比例中項であり、かつこの同じ45度の正弦線の長さが、（補助定理1により）45度の弧〔八分円の弧〕の長さとZの長さとの比例中項でもあるから、45度の正弦線の長さの2乗は輻線とその半分とを二辺として作られた長方形の面積にも、45度の弧と同じ長さの直線とZとを二辺として作られた長方形の面積にも、同じように等し

いであろう。それゆえ、「輻線の長さ」対「45度の弧の長さ」は、「Zの長さ」対「輻線の半分の長さ」と互いに等しい。証明終り。

さてそこで、(図付12―4において) ABCD は正方形であるとしよう。そして、AB と BC と DA をそれぞれ輻線として、3つの四分円 ABD、BCA、および DAC を描き、また辺 BC と辺 AB にそれぞれ平行な直線 EF と直線 GH を引いて、正方形 ABCD を互いに面積の等しい4つの正方形へと分割しよう。そうすると、この2本の直線は、四分円 ABD の弧を点 I と点 K で、また四分円 BCA の弧を点 K と点 L で、それぞれ3等分するであろう。また、対角線 AC、BD を引き、AC が弧 BID と交わる点を M、BD が弧 ALC と交わる点を N としよう。それから、H を中心、HF を輻線として——この輻線 HF の長さは弧 BMD の弦の半分の長さに、すなわち45度の正弦線の長さに等しい——弧 FO を描き、これが点 O で弧 CK にぶつかるものとしよう。そして直線 AO を引いて、これを辺 BC の延長線と出会うまで延長し、この出会う点を P としよう。また AP が弧 BMD と交わる点

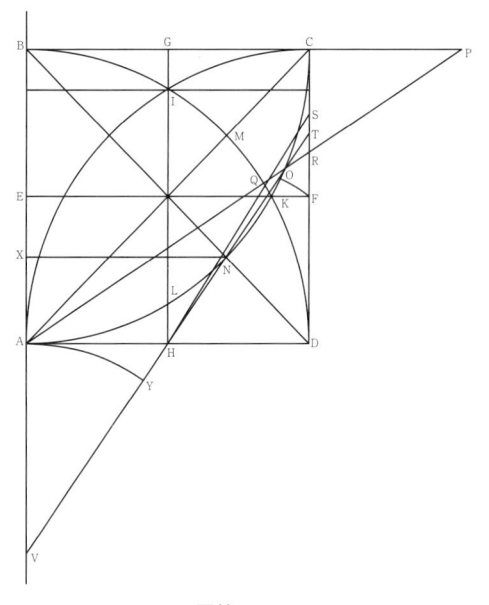

図付12―4

をQ、直線DCと交わる点をRとしよう。いま、直線HQの長さが直線DRの長さに等しいものとし、またHQを辺DCに点Sでぶつかるまで延長して線分DSを切り取らせ、このDSの長さが直線BPの長さの半分に等しいものとするならば、その場合直線BPの長さは弧BMDの長さに等しいであろう、と私は言う。

　理由は次のとおりである。PBAとADRは互いに相似な三角形であるから、$\overline{PB}$対「輻線BAの長さ」は、すなわち$\overline{PB}$対$\overline{AD}$は、$\overline{AD}$対$\overline{DR}$に等しいであろう。したがって、$\overline{PB}$と$\overline{AD}$と$\overline{DR}$も、$\overline{PB}$と$\overline{AD}$（すなわち$\overline{AQ}$）と$\overline{QH}$も、同じように連続した比率をなしている。また直線HOを辺DCにぶつかるまで延長し、このぶつかる点をTとすれば、まもなく証明されるように、線分DTの長さは45度の正弦線の長さに等しいであろう。ところで、$\overline{DS}$と$\overline{DT}$と$\overline{DR}$は補助定理1によって連続した比率をなし、また補助定理2により$\overline{DC}$：$\overline{DS}$::$\overline{DR}$:$\overline{DF}$は比例している。そしてこのことは、弧BPの長さが四分円の弧BMDの長さに等しかろうと等しくなかろうと、そうなるであろう。ただしこの2つの長さが等しいとした場合には、「弧BMDの、輻線に等しい長さを持つ部分のその長さ」対「同じ弧BMDの残りの部分の長さ」は、$\overline{AQ}$対$\overline{HQ}$に、ということはつまり$\overline{BC}$対$\overline{CP}$に等しくなるであろう。またその場合、$\overline{BP}$と弧BMDの長さとは等しいであろう。だがしかし、直線HQと直線DRの長さが等しいということは——点Bから（図付12—1の仮設により）弧BMDに長さの等しい直線が引かれているとした場合、$\overline{DR}$は$\overline{HQ}$に、また直線BPの半分の長さは$\overline{DS}$に常に等しく、これらの2組の直線の長さ同士の間にはいかなる不等性も見出すことができないほどであろうけれども——証明されない。それゆえ私はこのことを、さらに調査されるべきこととして残しておこう。なぜなら、直線BPと弧BMDとの長さが等しいということはほとんど疑いないことであるとしても、しかしこ

のことを証明抜きに受け入れるわけにはいかず、しかも円の形をした線は、屈曲の、あるいは角の本性に基づいていないいかなる証明手段も容認しないからである。しかし私は既に第1と第2の試みの中で、四分円の弧に長さの等しい直線をこの仕方で示した。

残るのは、$\overline{\mathrm{DT}}$ が45度の正弦線の長さに等しいことを私が立証することである。

BA の延長線上に、45度の正弦線に長さの等しい線分 AV をとろう。そして直線 VH を引いてこれを延長すれば、この延長線は四分円 CNA の弧を中点 N で2等分したうえに、同じ弧に O でも交わり、かつ直線 DC に T で交わるであろう。したがって、$\overline{\mathrm{DT}}$ は45度の正弦線の長さに、すなわち直線 AV の長さに等しいであろうし、また直線 VH の長さは直線 HI の、すなわち60度の正弦線の長さに等しいであろう。

理由は次のとおりである。$\overline{\mathrm{AV}}$ の2乗は半輻線の長さの2乗の2倍に等しく、したがって $\overline{\mathrm{VH}}$ の2乗は半輻線の長さの2乗の3倍に等しい。しかるに、$\overline{\mathrm{HI}}$ は半輻線の長さとその3倍との間の比例中項である。それゆえ、$\overline{\mathrm{HI}}$ の2乗は半輻線の長さの2乗の3倍に等しく、したがって $\overline{\mathrm{HI}}$ は $\overline{\mathrm{HV}}$ に等しい。しかるに、直線 AD は中点 H で2等分されるから、$\overline{\mathrm{VH}}$ と $\overline{\mathrm{HT}}$ は等しく、したがってまた $\overline{\mathrm{DT}}$ は45度の正弦線の長さに等しい。輻線 BA 上に45度の正弦線に長さの等しい線分 BX をとろう。なぜなら、そうすれば $\overline{\mathrm{VX}}$ は輻線の長さに等しいであろうし、$\overline{\mathrm{VA}}$ 対「半輻線 AH の長さ」は「輻線の長さ $\overline{\mathrm{VX}}$」対「45度の正弦線 XN の長さ」に等しいであろうから、VH の延長線が N を通るからである。最後に、V を中心、VA を輻線として円の弧を引き、これが直線 VH に交わる点を Y としよう。このようにすれば $\overline{\mathrm{VY}}$ は $\overline{\mathrm{HO}}$ に等しいであろうし（なぜなら $\overline{\mathrm{HO}}$ は、仮設により45度の正弦線の長さに等しいから）、$\overline{\mathrm{YH}}$ は $\overline{\mathrm{OT}}$ に等しいであろう。それゆえ、直

線VTは点Oを通る。証明すべて終り。

　私はここである諸問題を付け加えよう。この諸問題について作図〔構造解示〕をすることのできる分析家が誰かいれば、彼はそのことによって、円の面積に関して今しがた私の述べたことについて明晰に判断することができるであろう。さて、この諸問題とは、（少くとも感覚にとっては）本章の図1〔図付12―1〕と図3〔図付12―3〕の作図に伴うある諸徴候にほかならない。

　それゆえもう一度、（図付12―5において）正方形ABCDと3つの四分円ABD、BCAおよびDACを描き、対角線ACおよびBDを引いて、ACは弧BHDにその中点Hで、BDは弧CIAにその中点Iで交わるものとしよう。また、直線EFと直線GLを引いて、この両直線が正方形ABCDを互いに面積の等しい4つの正方形へと分割し、なおかつ弧BHDと弧CIAをともに3等分するものとしよう。そして、弧BHDが3等分される点をK、M、弧CIAが3等分される点をM、Oとしよう。それから弧BKを中点Pで2等分し、弧BPの正弦線QPを引いて、これを$\overline{QR}$が$\overline{QP}$の2倍になるような点Rまで延長しよう。そしてKとRを直線KRで結び、このKRを一方ではBCに、他方ではBAの延長線にぶつかるまで延長して、そのぶつかる点をそれぞれS、Tとしよう。また$\overline{BV}$が$\overline{BS}$の3倍に、したがって（本章の第2節により）弧BDの長さに等しくなるような点Vまで、辺BCを延長しよう。この作図は図1〔図付12―1〕のそれと同じであるが、私はこの最初の図を、私の当面の目的にとって必要であるような線以外のあらゆる線から解き放って更新するのが適切であると考えたのである。

　そこで第1に私は、直線AVを引いてこれが弧BHDと交わる点をX、辺DCと交わる点をZとした場合に、弧BYの長さを弧YXの長さに等しくするような具合に直線TEは点Yで、直線TCは点Xで

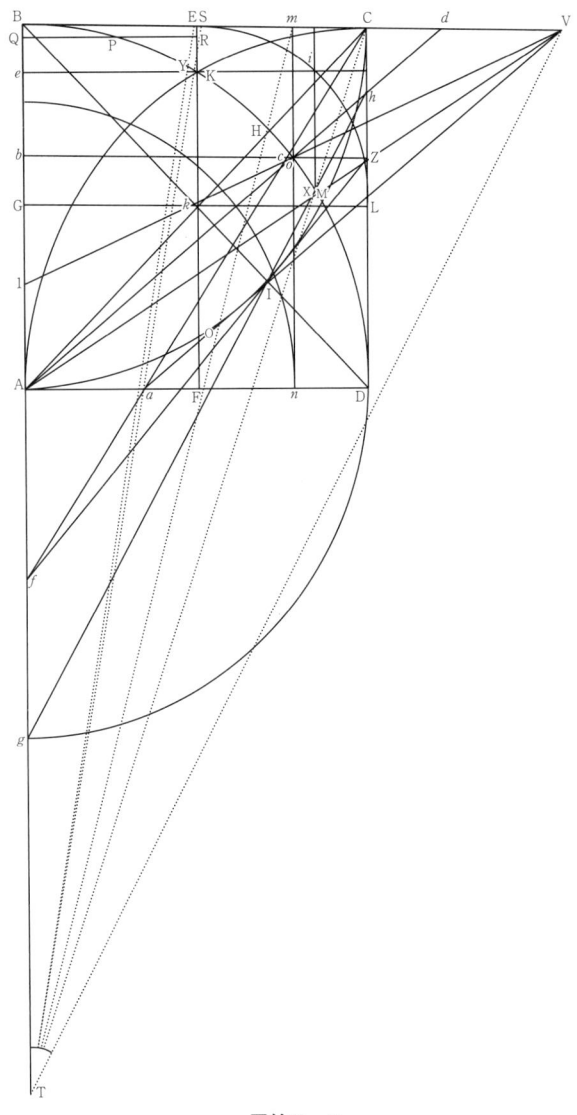

図付12—5

弧 BD と交わるのはなぜかというその理由を、誰かある分析家が（できることなら）挙げてくれたら、と、あるいはもし弧 BY と弧 YX の長さが等しくないというなら、この 2 つの弧の長さの差を決定してくれたら、と願望している。

　第 2 に、辺 DA 上に直線 DZ と長さの等しい直線 Da をとり、直線 Va を引くとすれば、$\overline{Va}$ と $\overline{VB}$ が等しくなるのはなぜか、あるいはもし等しくないというのなら、その差はいくらか。

　第 3 に、辺 CB に平行で長さの等しい直線 Zb を引いて、これが弧 BHD と交わる点を c とし、直線 Ac を引いてこれを直線 BV にぶつかるまで延長し、このぶつかる点を d とすれば、直線 Ad は直線 aV に長さが等しく、かつ平行になり、したがって弧 BD にも長さが等しくなるのはなぜか。

　第 4 に、弧 BK の正弦線 eK を引き、（直線 eA の延長線上に）対角線 AC に長さの等しい線分 ef をとり、f と C を直線で結ぶと、この直線 fC が点 a（この点が決まると弧 BHD の長さも決まる）と点 c を通るのはなぜか。また $\overline{fe}$ と $\overline{fc}$ が等しくなるのはなぜか、あるいはもし等しくないというなら、なぜ等しくないのか。

　第 5 に、直線 fZ を引くと、$\overline{fZ}$ が $\overline{BV}$ に、ということはつまり弧 BD の長さに等しくなるのはなぜか、あるいはこれらの長さが等しくないというなら、その差はいくらなのか、かの分析家が示してくれたらと、私は願望する。

　第 6 に、$\overline{fZ}$ が弧 BD の長さに等しいことを認めると、fZ がすべて弧 BCA の外側に出ているか、それともこの同じ弧と交わるか、それとも接するかを、また交わるか接するかするなら、それはどの点においてなのかを、かの分析家が決定してくれたらと、私は願望する。

　第 7 に、半円 BDg を完成し、直線 gI を引いてこれを延長すると、この延長線が点 X（この点 X によって弧 BD の長さが決定される）を通る

のはなぜか。また、この同じgIを辺DCにぶつかるまで延長し、このぶつかる点をhとすると、直線Ad（これの長さは弧BDの長さに等しい）がこの点hを通るのはなぜか。

第8に、正方形ABCDの中心をkとし、このkを中心として四分円の弧EiLを引き、この弧が直線eKの延長線と点iで交わるものとすれば、直線iXを引くとこれが辺CDに平行になるのはなぜか。

第9に、辺BA上に直線BVの半分に、ということは弧BHに長さの等しい線分Blを、辺BC上にBlと同じ長さの線分Bmをとって、辺BAに平行で長さの等しい直線mnを引き、これが弧BDと交わる点をoとすると、点Vと点lを結ぶ直線Vlが点oを通るのはなぜか。

第10に、点aと点Hを結ぶ直線aHの長さが$\overline{Bm}$に等しいのはなぜか、あるいは等しくないというなら、$\overline{aH}$と$\overline{Bm}$との差はどのくらいか、私はかの分析家の考えを知りたい。

まず最初に弧BDの長さを知ることなしに、ということはつまり角の2等分をどこまでも続けることによって進行するか、もしくは屈曲の本性の考量から引き出されるかする方法以外の何らかの既知の方法を用いて、上の諸問題を解決することのできる分析家は、並の幾何学者が実行できる以上のことを行なうことになろう。しかし、円の面積を求めることが上の方法以外のいかなる方法によっても可能ではないならば、私が円の面積を見出したか、この面積は全然求められえないはずのものであるかのどちらかである。

四分円の弧の既知の長さと弧〔BH〕と〔正〕接線BCの比例分割とから、ある角の所与のどんな比率への切り分け方も演繹されうるであろう。円や所与の扇形に面積の等しい正方形の求め方も、またこれと似たような多くの命題も同様にして出てくるが、そのことをここで証明する必要はない。それゆえ私は、アルキメデスの渦巻線に長さの等しい直線を示すだけにして、この考察をおしまいにしよう。[5]

(5) 英語版第20章のここから先は、第5節が付録11の第5節（底本の節区分によれば第4、第5の両節）と同内容、第6節が本文第20章の最後の7つの段落（345ページの「第6章で方法について論じた際、」以降）と同内容（ただし第6段落の終り近くに1か所だけ、付録10の第5節のほうと同じになっている箇所がある）となっているため、底本ではそのことを註記したうえで掲載を省略しており、本訳書も底本のこのやり方に倣う。

付録13　第21章第11節の英語版

11. そのように〔単純円運動によって〕運動させられているものが、一方の側では固体の、他方の側では流体の側面を持つ場合には、このものの運動は完全な円運動にはならなであろう

　流体の媒体の諸部分が単純〔円〕運動によって運動する物体によって攪拌され、この媒体中に別のある物体が浮かんでいる場合、この浮かんでいる物体が完全に固体であるような表面を持とうと完全に流体であるような表面を持とうと、この物体の諸部分は〔円運動の〕中心に、あらゆる側で等しい近づき方をするであろう。言いかえれば、この物体の運動は円運動であろうし、攪拌する物体の運動と同じ中心を持つであろう。しかるに、浮かんでいる物体が一方の側では固体の、他方の側では流体の表面を持つ場合には、この物体の運動と攪拌する物体の運動は同じ中心を持たないであろうし、浮んでいる物体は完全な円の円周上を運動することはないであろう。

　（図付13－1において）Aを中心とする円KLMNの円周上をある物体が運動するものとしよう。そして別のある物体がIにあって、この物体の表面はすべて固体であるか、すべて流体であるかのいずれかであるとしよう。また、この両物体がその中に置かれている媒体は流体であるとしよう。Iにある物体は中心Aをとり巻く円IB上を運動するであろう、と私は言う。その理由は前節で証明済みである。

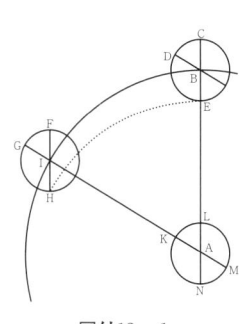

図付13－1

そこで、Ⅰにある物体の表面が一方の側では流体、他方の側では固体であるとしよう。そしてまず第1に、流体の側が中心のほうに向いているとしよう。そうすると、媒体の運動は（第5節で示されたように）その諸部分が連続的に場所を変えるような運動であるから、この場所の変化を流体面に接している媒体の諸部分において考量するならば、表面の微小部分がそれらに接している媒体の微小部分の場所へと入り込んでゆくことは必然的でなければならず、また同じような場所の変化がその次に近接している諸部分とともにＡの方へとなされるであろう。そして、Ⅰにある物体の流体部分がいやしくもいくらかの程度の粘性を持つ（なぜなら、空気や水の場合のように、粘性の度は存在するから）ならば、流体の側の全体が少しばかり持ち上げられるであろうが、ただしそれの諸部分の持つ粘性の度が低いほど持ち上がり方は少いであろう。これに対して表面の固体のほうの部分は、流体の部分に接してはいるが、全然いかなる持ち上がりの原因も有していない、ということはつまり、Ａの方へ向かういかなる努力も有していない。

第2に、Ⅰにある物体の固体の表面がＡのほうに向いているとしよう。そうするとこの固体表面は、それに接している諸部分の場所の上述の変化という理由によって、（仮定によりいかなる空虚な空間も存在しないのであるから）必然的に、Ａにいっそう近づくか、さもなければその最も微小な諸部分が媒体の近接した場所を埋める——さもないとこれらの場所が空虚になるであろう——かのいずれかでなければならない。しかし、後者のケースは〔この表面の〕仮定された固体性のゆえにありえない。それゆえ前者のケース、すなわち物体がＡにいっそう近づくということが、必然的にあるのでなければならない。それゆえⅠにある物体は、それの固体側がＡから逸らされている場合よりもＡに最も近い場合のほうが、中心Ａの方へ向かういっそう大きな努力を有する。しかるにⅠにある物体は、円IBの円周上を動いてい

る間、ときには一方の側を、ときにはもう一方の側を中心の方へと向ける。それゆえ、この物体はときには中心 A に近づき、ときには中心 A から遠ざかる。したがって、I にある物体は〔この場合〕完全な円の円周上を運行しない。証明終り。

付録14　第26章第10節の末尾の最初のラテン語版・英語版

　さらに、海面が最も大きく盛り上がるのは新月のときと満月のときである、ということの原因は、仮定により最初から月にもそれ自身に固有の単純〔円〕運動として帰せられていた運動である。なぜなら、地球の偏心性の原因が示されたときに太陽の単純〔円〕運動から水の上昇が引き出されたように、月の単純〔円〕運動からもまた同じ水の上昇が引き出されうるからである。というのは、たとえ水を上昇させる力が、雲の発生の仕方からすれば、月のうちによりも太陽のうちにいっそう明らかに現れているにしても、諸々の動植物のうちで水分を増大させる力は、太陽のうちによりも月のうちにいっそう明らかに現れているからであって、これはおそらく、月の持ち上げる水滴のほうが大きく、太陽の持ち上げる水滴のほうが小さいからであろう。さらに、雨になる水も太陽によってだけでなく月によっても持ち上げられる、ということのほうがいっそう真実味があるし、通常の観察にもいっそう適合している。なぜなら、ほぼすべての人々が時候の変化を予期するのは、太陽と月がお互い同士も、また地球とも四分円の位置にある時よりも合・衝の位置にある時のほうだからである。

　最後に、新月と満月の際の大潮の潮位上昇が昼夜平分時の頃には増幅を被る、というこのことの原因は、既に本節そのものの中で十分に明らかにされた。それは、一方は円 lbkc 上での単純〔円〕運動、他方は ldke に沿った自転運動という地球の２つの運動から、太陽が他の場所にある時よりも昼夜平分点 k および l のあたりにある時のほうが、水位の上昇が大きくなることは必然的である、ということが証明された際のことである。かくて、海洋の潮の干満をめぐる諸現象のありうる原因は説明された。そしてこれがなされるべきことであった。

付録15　第29章第5節の末尾の最初のラテン語版・英語版

　発射された大砲から生じる音の原因は、雷から発する音の原因と似たものであるかもしれない。理由は次のとおりである。点火された火薬は、大砲の外へ出てゆこうと努力する間に、大砲の素材物質をいたるところで側方へと押しやり、しかもその押しやり方は、そのせいで大砲の外周がどこをとってもいっそう大きくなるのに対して、軸は短くなるような仕方である。そしてこのことにより、発射に際して大砲の砲身は横に大きく、縦に短くなるということが生じる。それゆえにまた、発射された後はただちに、大砲の大きさは小さくなり長さは増大するが、その際もちろん、大砲を鋳造するのに用いられた個々の素材物質は、砲身のあらゆる側から一斉に元に戻り、諸部分の運動は互いにひどく対立し合うとともに、きわめて激しいものになる。しかるにこの運動は、空気に伝わって感覚器官に刻印され、それにこの器官が反作用して音が作り出される。そしてこの音は、本節において今しがた述べられた諸原因のゆえに、かなり長い間持続するのである。

　私はついでに（この場の仕事に加えて）、発射された大砲が後ずさりすることの原因としてありうるのは次のようなことである、ということを指摘しよう。すなわち、発射の際に火の力によって膨張させられた大砲がその後元に戻るとき、いたるところで中空部の方へと向かう努力が生じ、それゆえ砲底付近の諸部分にもまたこの努力が生じるが、しかし砲底は中空ではなくて硬いので、元に戻る効果はまさにこの砲底のところで妨げられて縦の方向へと転じられることになり、そのせいで砲底も大砲そのものも後ろ向きに押される、ということである。またこの押され方は、砲底に近い砲身の部分の元に戻る力が大きいほど、すなわち、この部分が厚みに乏しいほど、それだけ大きくな

る。それゆえ、大砲によって後ずさりの大きいものと小さいものとがあることの原因は、砲底に近い砲身の厚さの違いである。すなわち、この厚さが大きい場合には後ずさりは小さく、この厚さが小さい場合は後ずさりは大きいのである。

付録16　第30章第11節の英語版

11. 空気銃から重いものが上方へと発射されることの原因

　私たちはまた、最近発明された空気銃と呼ばれる銃からは、中がらんどうの銃身の中に閉じ込められた空気の力によって、鉛の弾丸がかなりの激しさで発射されることを、経験によって見出す。この銃身の端には2つの穴があり、その内側には穴を塞ぐための弁がついている。この2つの穴のうちの1つは空気を中に入れるための穴で、もう1つは空気を排出するための穴である。また、空気を取り込むのに役立つほうの端には、同じ金属でできていて大きさも同一の別の銃身が接合されていて、この中には、穴が貫通していてこれまた1個の弁——この弁は最初の銃身の方へ向かって開くようになっている——を持った込め矢がぴったりはめ込まれている。この弁の助けによって、込め矢は容易に引き戻され、外部から空気を中へ取り入れる。そして、たびたび引き戻されては激しい突き込みを伴って再び元に返ることによって、この込め矢は取り入れた空気のある部分を最初の銃身の中へと押し込み、ついには封入された空気の抵抗力が込め矢の突き込みの力よりも大きくなるまでになる。そしてこれによって人々は、銃身は以前も空気で充満していたけれども、今では以前あったよりも大量の空気が銃身内に存在している、と考える。また、このようにして無理やり押し込まれた空気は、どれほどたくさんあっても、再び外へ出ることを上述の弁によって妨げられる。それは外へ出ようとする空気のこの努力そのものが、これらの弁を必然的に閉じさせてしまうからである。最後に、空気の排出のために作られた弁が開かれると、今や空気は激しく発出し、大きな力と速度をもって弾丸を前方へと駆り立てるのである。

上のことの原因に関しては、私はそれを（大抵の人々がやるように）凝縮のせいにして次のように考えることも容易にできるであろう。すなわち、最初は通常の稀薄度しか持っていなかった空気が、その後もっと多くの空気が無理やり詰め込まれたことによって凝縮され、そして最後には、排出されてその自然な自由に復することによって再び稀薄化されたのだ、と。しかし私は、同一の場所が常に充満しているにもかかわらず、ときにはより大量の、ときにはより少量の物質を含む、などということがいかにして可能なのか、想像することができない。これではつまり、場所は充満しているときよりももっと充満していることがありうる、ということになってしまう。また私は、充満しているということがおのずから運動の作用因である、などということがいかにして可能なのかも、思いつくことができない。この２つのことはどちらもありえないことだからである。したがって、私たちはこの現象の何らかの他の可能な原因を探し出さなければならない。それゆえ、空気の取り込みのために役立つ弁が込め矢の最初の一突きによって開かれている間に、内部の空気は外部からの空気の入り込んでくることに等しい力をもって抵抗しており、その結果、内外の空気同士の努力と努力が対立している、ということはつまり、外の空気が入り込み中の空気が出て行くその間に２つの対立した運動が存在しているが、しかし銃身内の空気の増加は全然存在していないのである。なぜなら、込め矢の突き込みによって押し込まれた純度の低い空気があるのと同じ分だけ、込め矢と銃身の側面との間を通り抜けてこの同じ突き込みによって追い出される純粋な空気が存在するからである。そしてこのようにして、多くの強制的な突き込みにより、〔空気中の不純物である〕微小な固体の諸物体の量が銃身の内部で増加させられるであろうし、これらの諸物体の運動も、銃身の材質がこれらの運動の力に耐えうるかぎり、ますます強くなってゆくであろう。そして銃身は

この力によって破断しないとしても、少くともこれらの運動の自由になろうとする努力によってあらゆる方向へ押したてられるであろう。そして、それらを外へ出すのに役立つ弁が開かれるや否や、これらの微小固体は激しい運動を伴って飛び出すであろうし、それらの通り道にある弾丸をいっしょに運んでゆくであろう。かくて私は、この現象のありうる原因を示した。

付録17　第30章第15節の末尾の英語版

　そして、物体一般の本性に関してはこれだけにしておく。以上をもって私は、私のこの『哲学原本』の第1部門〔『物体論』〕を締めくくる。〔この『物体論』の〕第1部、第2部および第3部では、推論の諸原理は私たち自身の悟性に、言いかえれば、私たち自身が構成するような諸々の語の正当な使用に存しているが、この3つの部においてはすべての定理が（私が間違っていなければ）正しく証明されている。第4部は諸々の仮説に依拠しているが、これらの仮説が真であることを私たちが知らなければ、私がこの部で説明してきた諸原因が、これらの諸原因からその生じ方を私が引き出した諸々の物事の真の原因である、ということを証明することは、私たちにとって不可能である。

　それにもかかわらず、私は可能であるとともに理解しやすいのでないようないかなる仮説も想定しなかったので、またこれらの想定からの推論を正しく行なってもきたので、上述の諸原因が真の諸原因でありうることを、同時に十分に証明したわけである。そしてこのことが、自然学的考究の目的である。もし誰であれ他の人が他の諸々の仮説に基づいて同じことを、あるいはもっと重要なことを証明するようなら、そういう人に対しては、私が自分自身のために求めるよりももっと大いなる称賛と感謝があってしかるべきであろう。ただしそれは、彼の立てる諸々の仮説が思い描かれうるようなものであればの話である。なぜなら、何かあるものを運動させたり生じさせたりする可能性のあるものとして、「それ自身」「形相」「それ自身の力」「実体形相」「非物体的実質」「本能」「反対状況」「反感」「共感」「隠れた性質」その他の、スコラ学者たちの空虚な語のことを言い立てる人々に関して言えば、彼らがそのように言うことは何の用もなさないからで

ある。

　さて今から私は人間の身体の諸現象へと話を進める。その話の中で私は、人間の視覚・気質・感情・習性について（私に寿命をお与え下さることが神の御心に適うようなら）語るとともに、それらの原因を示すつもりである。

解　説

本書の著者トマス・ホッブズ（Thomas Hobbes、1588〜1679）の生涯については、既に本コレクション01『市民論』の訳者解説において、そのあらましを述べた（同書447〜450ページ）。また、本コレクション08『人間論』の解説では、この書の一見特異な構成と、ホッブズ哲学におけるその位置および意義を説明する必要から、本書『物体論』の内容・構成と、その中で明らかにされているホッブズ哲学の全体的なプランについて、かなり立ち入って論じた（『人間論』219〜230ページ）。そこで、これから述べる解説では、①本書の成立過程、②底本選択の経緯、③ホッブズ研究における本書の重要性、④翻訳の上での種々の細工についての断り、の4点を中心としたい。①に言及するのは、本書がホッブズの他の諸著作に比べて、非常に長い時間をかけて、複雑な紆余曲折と内容の変遷を経て完成されているからであり、また②を問題とするのは、本書がホッブズの存命中に既に3つの、少しずつ内容の異なる版によって刊行されていて、そのうちのどれを最も基本的なテキストとみなすべきかについて、議論の余地があるからである。

1．本書の成立過程

　『物体論』（*De Corpore*）は、既述の『人間論』（*De Homine*）、『市民論』（*De Cive*）とともに、ホッブズの哲学上の主著『哲学原本』（*Elementa Philosophiae* または *Elementa Philosophica*）の1つの部をなす著作であり、その第1部を形造っている。ただしその初版の刊行は、時間的に言うとこの3つの部のうちで2番目、最初に刊行された『市民論』（周囲の人々向けの少数の印刷が1642年、一般向け刊行は47年）からかなり遅れる1655年（著者67歳）のことである（『人間論』の刊行は58年）。また、その翌年には英語版（*Concerning Body*）が刊行され、さらに1668年にはラテン語第2版が、ホッブズのラテン語著作全集の一環と

して、初めて他の2つの部と一体の『哲学原本』の形で刊行されている。このように『物体論』は、主要著作のほとんどを50〜60歳代という比較的遅い時期に世に送ったホッブズにあって、その中でも遅いほうの時期にようやく公にされたのであるが、その執筆の開始は初版刊行よりも20年近く早い1630年代後半のことであり、構想が立てられたのはさらに早い時期に遡る。ここでは、ホッブズの経歴と本書の内容・構成とに関するおさらいを兼ねて、本書の成立に至るプロセスを簡潔に辿っておきたい。

(1) 土台となる知識・教養の形成（1600年代初頭〜1630年頃）

ホッブズは1602年（14歳）から08年（20歳）までオクスフォード大学に学んだが、当時大学で行なわれていた哲学は伝統的なスコラ哲学であった。この古色蒼然たる教育の中で学ばれたことのうちでは、アリストテレス論理学が唯一、『物体論』第1部において学問の基本的方法として呈示されている論理学の土台をなすものとして、同書に知的素材を提供している。

大学卒業後、後にデヴォンシャー伯となるウィリアム・キャヴェンディシュ（1世）に仕え、その子ウィリアム（2世）の家庭教師となったホッブズは、1614年から15年にかけて、この教え子のお伴をして初めてヨーロッパ大陸に旅する機会を得た。そして彼は、オクスフォード大学流の哲学とはまったく異なる新しい哲学がそこで台頭しつつあることを知った。その後、ホッブズはF．ベーコン（Francis Bacon、1561〜1626）の知遇を得て一時その秘書役を勤めたが（1619〜23年）、その際、自然事象についての実証科学的な観察・実験の重要性の認識と、自然科学上の種々の知識とを得るに至った。次いで1628年の末にキャヴェンディシュ家側の事情により同家への奉職からいったん離れた直後、ユークリッド幾何学との有名な出会い——フランスのある貴

族の館で偶然『幾何学原本』にその第1巻定理47として記されたピタゴラスの定理とその証明を読み、幾何学の論理的確実性について得心したという——を経験したホッブズは、40歳というやや遅めの年齢から幾何学・数学の本格的な研究に入ることになった。この研究が、本書『物体論』の自然哲学の構築にとって決定的な意味を持っていることは、本書を一読すれば明らかなとおりである。

(2) 本書の構想の形成（1630〜36年頃）

1630年にキャヴェンディシュ家に復職し、ウィリアム・キャヴェンディシュ（3世）の家庭教師となったホッブズは、チャールズ・キャヴェンディシュ卿やニューカッスル伯ウィリアムなどの同家の教養人たちとの交流からも刺激を得て、1632〜33年頃に「短論文」(*Short Tract*) と呼ばれる論考を執筆した。これは、すべての心理現象を物体の場所運動と、感覚器官に対するそれの影響とによって説明するという、『物体論』の自然哲学の基本的着想を含むものであった。

次いで1634〜36年、ホッブズはこの新たな生徒とともにフランス・イタリア両国を旅行した。このとき、彼はイタリアで幽閉中のガリレオ（Galileo Galilei、1564〜1642）を訪問し（35年）、また2度にわたってパリに長期滞在して、メルセンヌ（Marin Mersenne、1588〜1648）とその周辺の諸学者たちの知遇を得た。このメルセンヌ・サークルとの交わりの中で、『物体論』に記されることになる個別自然現象の説明のうちのあるものを発表するなどしたことにより、ホッブズは彼らの間で初めて哲学者として、ただし（社会思想家としての今日の一般的認知とは異なり）自然哲学者として認知されるようになった。この旅行中に、彼は自然哲学と国家哲学の2つの部分から成る自身の哲学の全体像の構想を確立するとともに、それを叙述する著作として、ユークリッドの『幾何学原本』に倣った『哲学原本』(*Elementa Philosophi-*

ae）を３部構成で執筆する計画を立てるに至った。

(3) 初版刊行に至るまでの執筆過程（1637〜55年）

　上述の旅行からの帰国後の1637年から、ホッブズは『物体論』の執筆に着手し、39年頃には、同書の現存する最初の草稿が書かれている。この草稿は、同書前半の２つの部である論理学と第一哲学を中心としたもので、とくに論理学の部はほぼ完成形態に近づいているが、後半の数学的力学および自然学については、基本的方法に関する記述を含むものの、具体的な議論は欠けている。また、『物体論』は当初は４部構成ではなく、論理学・第一哲学・自然学の３部構成で計画されていたことがわかる。

　しかしその後、種々の事情のため、『物体論』初版の刊行までにはなお16年もの歳月を要することになった。その事情とは、主として次の３つの点に集約される。

　第１に、まさにこの頃からイギリスの国情が激動の時代に入り、それとともにホッブズの人生もまた波乱の時期を迎えたことである。国情の激動とは言うまでもなく、1640年のいわゆる「長期議会」召集に始まり、内戦の勃発（42年）からついには国王の処刑と共和制の樹立（49年）へと進み、60年の王政復古まで続いた「清教徒革命」を指す。この革命に伴ってホッブズ自身も、早くも1640年末には議会による国王支持派追及を逃れてパリへ亡命し、46年からは皇太子（後の国王チャールズ２世）の亡命宮廷に数学教師として奉職して多忙となり、その後自らの宗教思想のゆえにフランス宗教界（カトリック教会）と亡命宮廷の忌避を被り、51年末には共和制下のイギリスへの帰国を余儀なくされる、といった具合に、たび重なる生活状況の変動を経験する。またその間、数回にわたって重い病気を患ったこともあり、『物体論』の執筆作業はしばしば中断された。

第2に、上述のような国情に伴って、この時期のホッブズの関心と研究の重点が、理論哲学や自然哲学の領域から、国家哲学・社会思想の分野へとしばらくの間シフトしたことである。『法学要綱』（*Elements of Law, Natural and Politic*）および『市民論』の私版刊行（1640・42年）、オランダでの『市民論』の一般向け刊行（47年）、『リヴァイアサン』（*Leviathan*）刊行（51年）と、1640年代から50年代初頭にかけて、後者の分野の大著が次々と世に送られたことは、この事情をよく物語っている。

　第3の事情として考えられるのは、17世紀の前半から中頃にかけてのこの時期に、ヨーロッパで自然科学上の新しい発見や新説の発表が相次いだため、自然学を重要なテーマの1つとする『物体論』の執筆にあたっては、この種の新たな知見の出現を慎重に見極め、それらの吸収あるいはそれらとの対決のために原稿にしばしば手直しを加えることが避けられなかった、ということである。真空の存在と光の真空透過性を実証した有名なトリチェリ（Evangelista Torricelli、1608〜47）の実験（1643年）により、真空の存在不可能性を前提として光の伝播や重力・磁力等を説明している『物体論』に、この実験に対する批判的解釈の記述を加える必要が生じたことは、その一例である。

　これらの原因によって大幅に遅延しながらも、『物体論』の構想と草案は徐々に煮詰められ、1646年頃には第1・2部の内容がほぼ確定、49年頃にはいったん全体の原稿がほぼ完成し、51年夏の重病に際しては、この原稿が友人デュ・ヴェルデュに託されて死後の出版が依頼されるまでになった。幸い健康を回復したホッブズは、イギリス帰国後の1653年から再びキャヴェンディシュ（デヴォンシャー伯）家の庇護を受け、翌年にかけて第13章以降の後半部分を中心に、『物体論』出版用原稿の改作・完成に力を注いだ。そして54年3月には、ロンドンのAndrew Crooke書店から同書の羅・英両語版の出版予告が出さ

れ、55年6月にようやく同書店からラテン語初版本が刊行をみたのである。

　なお、この初版本の刊行に先んじて、同書に含まれた幾何学的議論、とりわけ第20章の円求積と角分割の方法に関する議論について、その概要が一部の数学専門家に伝わり、彼らの間からその誤りを指摘する声が発せられた。オクスフォード大学天文学教授セス・ウォード（Seth Word、1617〜89）が1654年6月（初版刊行の1年前）に発表した小冊子「諸大学の擁護」（*Vindiciae Academiarum*）がそれである。この指摘を受けてホッブズは、初版印刷中に第20章の全面的な書き換えを行なっている（付録10、11参照。なお、この書き換えられた第20章の新稿にも誤りのあることが、刊行前に既に指摘されていたが、これは見切り発車の形でそのまま印刷・刊行された）。同様の理由により、第16章第20節（同章の最終節）も出版直前に削除され（付録6参照）、該当ページを白紙のままにして刊行されている。

(4)　英語版刊行からラテン語第2版刊行まで（1656〜68年）

　初版本の刊行後、第20章をはじめとする『物体論』の幾何学的議論に対しては、ホッブズの論敵のみならず友人や支持者の一部からさえ、その問題点の指摘と批判が相次いだ。その中でも、ウォード（既述）の論文「書簡体の訓育」（*Exercitatio Epistolica*、1656年8月）や、ウォードの友人でオクスフォード大学幾何学教授であったジョン・ウォリス（John Wallis、1616〜1703）の論文「ホッブズ幾何学の論駁」（*Elenchus Geometriae Hobbianae*、1655年8月）は、学者として令名ある論敵からの公の批判であり、わけてもウォリスの論文は、『リヴァイアサン』におけるホッブズの教会批判・大学批判に対する反感と悪意からくる声高な嘲笑と無用の挙げ足取りに満ちてはいたが、数学的議論としては妥当性があって、『物体論』の学問的評価に重大な影響を

及ぼしかねないものであった。これに対してホッブズは、1656年6月に刊行された匿名の訳者による英語版において、第18・20の両章の全面的な差し換え（付録9、12参照）をはじめとするかなりの修正を加えるとともに、この英語版『物体論』の付録として、ウォリスを主な標的とした反論のための小冊子「6課の授業」（正式のタイトルは「オクスフォード大学におけるヘンリー・サヴィル卿の設立施設の数学教授たちに対する6課の授業」*Six Lessons to the Professors of Mathematics of the Institution of Sr. Henry Savile, in the University of Oxford*）を併せて刊行した。

英語版『物体論』の刊行に続いてホッブズがめざしたのは、同書の改訂されたラテン語版・『人間論』初版・『市民論』第3版の3部から成る『哲学原本』全巻を、ヨーロッパの国際的学問界に向けた自身の哲学的主著として刊行することであった。しかしこれは諸般の事情から容易に実現の見通しが立たず、1658年に『人間論』初版が単独で刊行されるに留まった。その2年後の1660年、ホッブズはウォリスの『数学書』（*Opera Mathematica*、1656～57年）に対する批判論文「今日の数学の検討と改良」（*Examinatio et Emendatio Mathematicae Hodiernae*）を発表したが、この論文の付録として、『物体論』ラテン語版に施すべき修正のリストアップを行なっている。これは72歳のホッブズが、自身の存命中に同書の再刊が実現できない場合に備え、死後に再刊の機会があればこれらの修正を行ってほしいという希望を言いおいた遺言と言うべきものであった。

しかし3年後の1663年、友人ソルビエールの斡旋により、アムステルダムのJohan Blaeu書店からホッブズのラテン語著作全集を刊行する計画が具体化し、その5年後の68年末に、この全集の一環として『哲学原本』全巻の刊行が実現、こうして『物体論』のラテン語第2版が世に送られるに至った。ホッブズ80歳のときのことである。この版では、第20章の全体がさらに書き改められ、第18章は末尾部分を除

いて英語版と同一の内容とされたほか、「今日の数学の検討と改良」のリストに基づくものを中心とした数々の改訂も加えられているが、全体としては、(後述するように) ラテン語初版と英語版が異なる箇所については前者のほうが多く踏襲されている。

2．底本選択の経緯

 1の(3)・(4)からわかるように、『物体論』は著者の生前に、内容の一部異なる3つの版によって刊行されていた。すなわち、(a)1655年のラテン語初版本、(b)1656年の英語版、(c)1668年のラテン語第2版、の3つである。『物体論』の古い版としてはこのほかに、ウィリアム・モールズワース (William Molesworth、1810〜55) によって1839年に刊行された、ホッブズのラテン語著作集と英語著作集のそれぞれの第1巻所収のラテン語版と英語版があるが、これは(c)と(b)に綴字の統一や現代化を中心とした修訂を施したものであって、基本的に(c)、(b)それぞれの踏襲とみなされてよい。

 (a)1655年の初版本は既述のように、第18章・第20章を中心に、ホッブズ自身も認めざるをえなかった内容上の問題点を含んでおり、既に出版時にかなりの数の訂正箇所を含んだ正誤表が作成されていたほどであった。また、部や章のタイトルの提示の仕方の不統一など、体裁の面で整わない点も多く、この版が著者によって自身の執筆意図を十分に実現した『物体論』の完成形とみなされていなかったことは明らかである。

 (b)1656年の英語版に関しては、まず第1に、その翻訳が誰の手によって行なわれたか、ということが未解明の問題のまま残っている。この英語版の冒頭には、翻訳者から読者に向けた短いメッセージ (付録1) が付せられており、それによると、ホッブズとは別人の翻訳者が、かなり早い時点において自らの主導で全体の訳を作り上げ、それ

を出版前にホッブズに示して著者の監修を仰ぎ、必要な修正を行なった、という経緯が読みとれる。ラテン語初版本の刊行からこの英語版の刊行まで、ちょうど1年しか経ておらず、しかも1654年の出版予告に既に英語版が含まれている、という事実を、上述のメッセージの内容と考え合わせると、この英訳の作業が出版後の初版本によって行なわれたとは到底考えられず、初版本原稿の完成作業と並行しつつ、この原稿の出来上がった部分に基づいて順次進められていったと考えるほかはないように思われる。加えて、この訳が原著の哲学的・数学的議論をきちんと理解したうえでかなり綿密に仕上げられていることを考えると、その訳者は哲学・数学・自然科学等の素養があり、ホッブズの学説・思想にも通じていて、そのうえホッブズの身近にいて彼との緊密な意志疎通の可能な人物であったと考えなければならない。ところが、このような諸条件に該当するそれらしい人物の見当はつかず、しかも奇妙なことに、当時のホッブズの書簡その他のどのような資料にも、『物体論』の翻訳者に関する言及はまったく見出されない。こういったことを根拠として、この英語版は実はホッブズ自身の手になるものであり、上述の訳者メッセージは擬装にすぎないのではないか、という推測もなされている。しかしながら、この英語版には数は多くないものの、著者自身が訳したならば起こるはずがないような、文脈や議論の主旨をとり違えた大きな誤訳が(たとえば第6章第3節、第8章第4節、第16章第7節などに)含まれており、またホッブズが自身の訳を他人の仕事であるかのように装わなければならない何らかの理由があったとも考えにくいことからして、これはやはりホッブズ自身とは別の人物によって訳されたものと考えざるをえないように思われる。

　次に内容の面では、英語版は既述のウォリスやウォードらによる批判に応ずる形で、第18、20の両章の全面的な書き換えや、初版本の正

誤表に基づく多くの訂正が施され、初版本の数学的欠陥が大幅に改善されたものとなっている。とりわけ問題とされる第20章では、従来解決困難とされてきた円の求積の問題の解決に自分は成功した、とする初版本の断定的な書きぶりが改められて、自分が解決できたと言える問題とそうでない問題との線引きを明確にし、後者については専門の数学者たちに下駄を預けるという姿勢が前面に出ている。後述するように、こういった姿勢は英語版に特有のものであり、このような点からホッブズ研究者の一部には、『物体論』の諸版のうちでは1656年の英語版が最も良質であり、同書の研究はこれを標準テキストとして行なわれるべきだ、とする考え方が見られるようである。同書の最初の日本語訳である伊藤宏之・渡辺秀和両氏の共訳(『哲学原論・自然法および国家法の原理』柏書房、2012年　所収)がこの英語版を底本としているのも、おそらく上の理由によるのではないかと思われる。

(c)他方、1668年のラテン語第2版では、既述のように、1660年の「今日の数学の検討と改良」の付録リストに基づく手直しが行なわれている。しかしそもそもこのリストには、初版本の正誤表・英語版・「6課の授業」などで批判者に応える形で行なわれていた修正のうちのかなり多くが採用されないなど、初版本のスタンスへの回帰の傾向がはっきり見てとれる。その結果、ラテン語第2版では、第13章第16節、第15章第2節、第16章第2節、同第17節、第21章第11節、第30章第11節などの諸節で、英語版において行なわれた書き換えや加筆(付録2、3、4、5、13、16参照)が撤回されてラテン語初版本が踏襲されている。また、3たび書き換えられた第20章は、ウォードらに対する威丈高で揶揄的な記述が削られ淡々とした書きぶりに改められてはいるものの、円求積問題に関して断言的な主張を極力回避した英語版の穏健な態度もまた姿を消し、正接表の数値やアルキメデスの見出した円周率の上下限値といった数学上の定説を否認してまで自己流の方

法による円求積を擁護しようとする、いささか強引な議論（これをホッブズは既に1657年に友人の数学者ミュロンに提示して、その非妥当性を指摘されている）を展開している。このような点に、数学的には誤りである自己の独創に固執して多くの人々の批判を無視する頑なな態度、あるいは英語版の妥当な修正を丹念に採り入れてラテン語版を改訂する労を嫌ったホッブズの老齢ゆえの懈怠を見、ラテン語第2版を英語版よりも低く評価する見方のあるゆえんである。

　しかし訳者自身は、上のような理由によって英語版を『物体論』の標準テキストとみなすことには到底賛成できない。それは主として次の2つの理由による。(i)英語版における改訂がラテン語第2版に採用されていないケースの多いことを、面倒を避けようとした老ホッブズの怠慢に帰するような見方は、（第18章について実際に行なわれたような）英語版の修正箇所をラテン語に訳し直すだけの作業にさしたる労力を要するとは思えないことからも、またラテン語第2版における新しい第20章への書き換えに際してホッブズの示している力の入った作業ぶりに照らしても、妥当性が認められない。むしろ英語版における諸々の改訂の方こそ、初版本に対する各方面からの批判に困惑したホッブズが、目前に迫った英語版刊行を前に応急的対処としてやむをえず行なった、本人にとっては不本意な修正であったという印象が強く、ラテン語第2版における初版本への回帰傾向は、著者の熟慮に基づく決断によるものと見るべきであろう。言いかえれば、円求積をはじめとする自身の数学的見解の多くに関する確信は、初版本で批判を浴び英語版で後退を余儀なくされた後も、ホッブズの内面では保ち続けられ練り直されていたのであって、必要な修正を施しつつこの確信を新たに表明しなおしたのがラテン語第2版なのである。この意味で、この第2版こそ、『物体論』においてホッブズが伝えたかった本当の考えを、最終的な形で述べたものと見るべきである。

(ⅱ)ホッブズのこの確信が、今日の数学の観点からみて誤ったものであることは間違いないが、だからといってこの確信の前面に出ていない英語版に最も高い価値を認める、という態度には賛同しがたい。このような態度は、大きく進歩した後世の、もしくは現代の諸科学の見方を基準として、それにどれだけ適合しているかによって過去の哲学説の価値を測るものであり、古典的哲学説に対する評価のありかたとして正当とは言えないからである。この流儀でゆくならば、そもそも自然学の部に今日から見れば荒唐無稽な誤った自然現象の説明を数多く含んでいる『物体論』など、哲学書として著しく価値の低い書物だと言わざるをえないであろうし、プラトン、アリストテレスら古代の大哲学者の著作は、現代の無名の哲学研究者のどんな論文よりも値打ちに乏しい、ということになるであろう。円求積の問題を例にとってみても、定規とコンパスによってこれを幾何学的に解決しようとするホッブズの方針——このやり方が根本的に不可能であることは、『物体論』刊行から100年以上経ってようやく証明された——は、ウォリスをはじめとする当時の数学者たちにも共通のものであり、その意味で、現代数学の解析的方法による諸図形の求積法が理論的に確立される前夜の多くの試行錯誤の1つとして意義づけられる。そして各時代の、とりわけ科学と哲学の領域がいまだ画然と分化していなかった時代の哲学に対する評価は、このような試行錯誤の努力を、その時代に得られていたかぎりでの諸科学の知見に基づいて、どれだけ倦むことなく一貫して、深く、また広汎に行なっているか、という観点からこそなされるべきであろう。

　以上の理由により、『物体論』翻訳の底本として望ましいのは、本文をラテン語第2版に依拠しつつ、初版本や英語版がそれと異なる部分については、その箇所と内容が一通りわかるようになっているテキストである。この条件に適うものとして訳者が選定したのは、パリの

J.VRIN から1999年に刊行された、カール・シューマン (Karl Schuhmann) の編集になるペーパーバックの *De Corpore* であった。このテキストは、ラテン語第２版とモールズワース版を本文のベースとし、これを他の諸版や数種の草稿とも比較照合して、編者の必要とみなした校訂（ごく一部に首肯しかねる箇所があるものの、そのほとんどは妥当なものであると訳者は考える）を行なっているうえ、初版本や英語版との相違点については、脚註あるいは巻末の付録でそれぞれの形を明示し、各版がどういう内容のものであったかが把握できるように配慮しているという点で、現在入手しうる『物体論』の原書テキストとしては最良のものと文句なしに言いうるものである。訳出の方針としては、この底本の本文を訳書の本文とし、また他版との異同を指摘した脚註と付録はそれぞれ訳註と付録の形で再現することにしたが、ただし綴り字の異同その他のごく些細な指摘はいちいち取り上げなかった。また何か所か、訳者の判断で底本編集者の考え方とは異なる訳し方をしたり、底本の誤植を訂正したりした箇所があり、それらについては、そのつど訳註で断りを入れた。

3. ホッブズ研究における本書の重要性

　哲学史上の重要人物の最も主たる哲学的著作の一部でありながら、あまり活発には研究されず、長らく日本語にも訳されない状態が続いてきた本書『物体論』であるが、それがホッブズ哲学の、ひいては近代哲学全般の理解にとって非常に重要な意味を持つことは明らかである。その重要性は主として次の３点にある。

(1) ホッブズの理論哲学・自然哲学の理解のための基本文献としての重要性

　１に述べたことからもわかるように、ホッブズの哲学者としての出

発点は自然哲学にあり、この分野に対する関心と研究はその後も一貫して継続していた。哲学者ホッブズの全貌を正しく捉えようとするならば、国家哲学・社会思想の側面と並んで、彼の理論哲学・自然哲学という面にもまた、少くとも五分五分のウエイトを置いて注目しなければならず、そのためには後者の分野に関する彼の代表作である本書に対する十分な研究が欠かせない。この意味で、本書をあまり顧慮せずに進められてきた従来のホッブズ研究の主要な傾向は、ホッブズ哲学をあまりにも前者の側に重心の偏った歪んだ姿で捉えるという結果を招いてきたことは否定できないであろう。それゆえ今後のホッブズ研究においては、本書に対する十分な注意と検討の労とが払われる必要がある。

(2) ホッブズ哲学の基本性格と全体構造の理解にとっての重要性

『物体論』は、実践哲学に対峙する分野としての理論哲学・自然哲学の著作であるに留まらず、哲学全般に関するホッブズの考え方――哲学の定義・根本原理・方法論などについての所説――を体系的に述べた著作でもある。したがって、ホッブズ哲学の基本性格と全体構造を把握するためには、また彼の実践哲学（倫理学・国家哲学）をその中に正しく位置づけ、理論哲学・自然哲学との関連に即して理解するためにも、本書の正しい理解が不可欠である。どの分野・部門を研究の中心とするかにかかわらず、カントの研究にあたって『純粋理性批判』を棚上げしたり、ヘーゲル研究に際して『精神現象学』を黙殺したりするようなやり方が妥当でありえないように、いかなるホッブズ研究者にとっても、『物体論』を視野に入れないような研究方針は決して本物とは言えないのである。

(3) 近代哲学史・科学史の正しい理解にとっての重要性

『物体論』の自然哲学は、デカルト哲学と同様に、自然のあらゆる現象を数学的体系性において合理的に理解し説明することをめざしており、この意味で、近代自然科学が哲学から明確に独立した学問領域として固有の方法をもって発展してゆく方向性を、その前夜ないし曙の時点において指し示したものと言える。もっともその指示する方向は、自然理解のための数学的方法を代数学と幾何学の統合された解析幾何学に求めずに、代数学に相対するものとしての古典的幾何学に求めているという点で、デカルト哲学に比べるとその後の自然科学の進路から逸れていると言わざるをえない。しかし見方を変えると、人間の心ないし精神の働きの（全部ではないかもしれないが）非常に広汎な領域を自然現象の一部として上の方法によって説明しようとしている点では、物-心二元論の画然たる仕切りをアプリオリにうち立てるデカルト哲学よりも、いっそう徹底した形で近代自然科学の方向性を予示しているとも見られよう。

ひるがえって、西洋近代哲学に対する従来の研究のありかたを顧みると、デカルトの『哲学原理』第3〜5部の物理学や本書『物体論』後半の幾何学的力学・自然学の議論を、あたかもデカルトとホッブズの哲学そのものにとって非本質的な、時代遅れの無価値な擬似自然科学的議論以上のものではないかのように、はじめから研究の対象外としてしまうことが常態化している。しかしこれは、2において既に述べたように、自然科学が哲学とは別個の学問として大きく進歩した後の今日の視点に立って、そういう今日にあってこそ通用する学問の枠組みとそれに基づく評価基準を、この枠組みの未確立であった時代にあってその確立に向けて苦闘しつつあった人々の思想に無理やり適用するという、根本的に誤った不当な研究態度である。このような態度をもってしては、自然に対する前近代的な哲学的理解の中から近代自

解説 | 703

然科学へと連なる道筋を分岐させるために、17世紀の哲学者たちが払った巨大な思考努力を、正しく跡づけるとともにその意義を正当に評価する、という作業は、最初から放棄されたも同然であろう。

　この誤りは、近代政治思想の研究に際して、ホッブズの『リヴァイアサン』後半の宗教論やロックの『統治論二篇』第1部の聖書解釈を著しく軽視することによって犯されてきた方法的誤りと、完全に軌を一にするものと言えよう。なぜなら、この軽視はまさしく、政治と宗教の不可分一体性が当然の共通認識であった時代において、この認識の軌道から出発しつつも両者を切り離して考察する方向への道筋をつけるべく奮闘した思想家たちの努力を、政教分離が自明の前提とされる今日の視点から顧みることによって不徹底なものとみなし、彼らの政治論から宗教問題を、あたかも余計な混入物であるかのように取り除いて、前者だけを研究の対象とすることにほかならず、これによって彼らの本当の問題意識とその仕事の価値が見えにくくされてしまっているからである。ただし、『人間論』（本コレクション08）の訳者解説（同書218ページ）でも触れたように、政治思想研究の分野では近年、このような研究態度の弊が是正される傾向が少しずつ現れてきており、これは誠に歓迎すべきことである。訳者としては、自然哲学の分野でも同じような研究態度の是正がなされ、それをつうじて近代哲学史・科学史に対する理解がいっそう深まることを、今後に期待したい。本書『物体論』の十分な研究は、そのために不可欠である。本訳書が上のような理解の深化に多少とも役立つなら、訳者にとってこれに過ぐる幸いはない。

4．翻訳上の細工について

　上の理由により、訳者は本訳書が、ホッブズ哲学および近代哲学全般に関心を持つすべての人々に広く読まれることを願うものである。

しかしながら、現代の多くの国々の例に漏れずわが国でも、哲学が文学部を中心とする文科系学部で学ばれるというシステムになっていることから、(ほかならぬ訳者自身も含めて)哲学の徒の多くが、本書の含んでいるような数学的議論に対してある種の抵抗感ないし苦手意識を抱かざるをえないという事情があり、これは上の念願の実現にとって大きな障害となりかねない。本書の場合、数学的議論といってもその大部分は古典幾何学と比率・比例の計算であって、日本の教育制度下ならば中学卒業までに学ばれるテーマの範囲を出ないのであるが、本書の文章が当時の数学論文の固有の約束事に従って書かれているために、この約束事に不慣れな現代の文科系大学の学生・出身者や一般読者にとっては、本書の原文を機械的に日本語に訳し換えただけでは一読して何のことだか容易に理解できない可能性が高い。それゆえ本書の訳出にあたっては、このわかりにくさを多少とも軽減すべく、原書では使用されていない記号や用語の補塡を中心とした数々の細工を、訳者の判断で施した。しかしこれらの記号や用語の中には、数学的文章を読み慣れた読者にとっては全く余計でかえって煩わしく感じられるにちがいないものや、(ホッブズの時代にはまだ用いられていなかったために)数学史に通じた読者の目には明らかな時代錯誤と映るであろうものも含まれており、全体として訳者に許される裁量の範囲を越えているのではないかという危惧が拭えない。それゆえ、ここでこれらの細工の主要な例について説明し、なぜそれらを必要と考えたのか釈明しておく義務が、訳者にあるように思われる。

(i)直線の長さがその直線そのものを示す記号と同一の記号によって表示されている場合には、2点間の距離を表わす記号──をその上に補った。たとえば「AB 対 CD は EF 対 GH に等しい」という文は、AB、CD、EF、GH の各記号がそれぞれ直線 AB、CD、EF、GH の長さを表わしているかぎり、「$\overline{AB}$ 対 $\overline{CD}$ は $\overline{EF}$ 対 $\overline{GH}$ に等しい」と書

き表わした。これは、AB という記号が（長さではなく）直線 AB そのもののことを指して用いられているケースや、A×B という値のことを意味しているケースとの混同を避ける目的のためであるが、それとともにまた、本書には有向線分の概念を適用して考える必要のある箇所がないので、常に正の値となる2点間の距離を、この2点を結ぶ線分の長さと同一のものと考えることに、問題はないと判断されるからでもある。

(ii)記号——を補うかわりに「…の長さ」という用語を補ったケースもある。たとえば「接線 AB 対弧 CD」という表現は、接線 AB と弧 CD それぞれの長さ同士の比率のことを言っているかぎり、「「接線 AB の長さ」対「弧 CD の長さ」」と書き表わした。また、「長方形 ABCD 対三角形 EFG」のように、平面図形の面積がその図形そのものを示す記号と同一の記号によって表示されている場合には、「「長方形 ABCD の面積」対「三角形 EFG の面積」」というように、「…の面積」という用語を補った。同様に、立体図形の場合には、「…の体積」という用語を補った。

数学の文章において、線と線とが「等しい」と言われる場合には両線の長さが等しいことを意味し、平面図形と平面図形が「等しい」と言われる場合には両者の面積が等しいことを意味する、ということは基本的な約束事と言ってよいであろうが、訳者の（授業などをつうじての）経験によれば、学生や一般人の間ではこの約束事を失念している人々が少なくないように思われる。そのような人々にとっては、「直線 AB と弧 CD は等しい」という文の意味が理解できなかったり、「三角形 ABC と三角形 DEF は等しい」という文における「等しい」の意味を、合同あるいは相似の意味と取り違えたりする危険は小さくないはずである。しかしこの場合、先の例のように「…の長さ」「…の面積」という語を補って「直線 AB の長さと弧 CD の長さは等しい」

「三角形ABCの面積と三角形DEFの面積は等しい」と書き表わせば、理解は容易になり誤解の余地はなくなるであろう。

㈢本書の原文では、平行四辺形あるいは長方形、もしくはその面積が、しばしばその対角線のうちの1本を表わす記号によって表示されている。たとえば、「長方形BD」あるいは単に「BD」と書くことによって、長方形ABCDやその面積が表示されるのである。このような表示の仕方は、おそらく多くの読者にとって馴染みのないものと思われるので、簡潔な表現をわざわざ煩雑にする恨みはあるものの、常に「BDを対角線とする長方形（の面積）」というように書き表わした。

本書の本文中から1つの例として、第16章第7節の第3段落の全体を、上の(i)〜(iii)の細工抜きに素直に訳したものを下に掲げておく。本訳書の本文のほうに出ている、同じ段落の細工された訳文（264〜266ページ）と比較して、下の訳文から正しい文意が読みとれるかどうか、（262ページの図XVI-3を参照しつつ）試してみていただきたい。

「理由は次のとおりである。AFは衝動ACを時間ABに掛けて得られた積であるから、距離Zを通過する運行の時間は、長方形AFを直線ACで割ることで出てくる長さであろう。しかるにそれはABという長さであるから、ほかならぬABが距離Zを通過する運行の時間である。同様に、AGは衝動AEを時間ADに掛けて得られた積であるから、距離Xを通過する運行の時間は、長方形AGを直線AEで割ることで出てくる長さであろう。しかるにそれはADという長さであるから、ADが距離Xを通過する運行の時間である。しかるにAB対ADは、長方形AF対長方形AGと、衝動AE対衝動ACの2つの比率から合成された比率をなしている。このことは次のようにして示される。長方形AF、AG、DCを順に置くとしよう。すると、比率AF対DCがAF対AGとAG対DCの両比率から合成されたものであることは明らかである。しかるに、AF対DCはAB対ADに等し

解説 | 707

い。それゆえ、比率 AB 対 AD もまた、AF 対 AG と AG 対 DC の両比率から合成される。そして AF 対 AG は Z 対 X に等しく、AG 対 DC は衝動 AE 対衝動 AC に等しいから、比率 AB 対 AD は、距離 Z 対距離 X と、衝動 AE 対衝動 AC との 2 つの比率から合成されたものとなるであろう。証明終り。」

　上のほかにも、たとえば「長方形 ABDC を完成し、BD を E で 2 等分し、BE と BD の間に比例中項 BF をとろう」という文は、「長方形 ABDC を完成し、辺 BD を点 E で 2 等分し、また E と D との間に、$\overline{BF}$ が $\overline{BE}$ と $\overline{BD}$ の比例中項となるような点 F をとろう」（本訳書273ページ）と書き表わす、といったような細工を加えた。また、第20章訳註（2）（本訳書329ページ）でも断わったように、「正弦」「正接」という数学用語は、正弦表・正接表に出ているような数値のことを意味するときにはそのまま「正弦」「正接」としたが、図の中に出てくる線分そのものを指しているときには「正弦線」「正接線」と訳すなど、数学用語の慣行に抵触しそうなこともあえてした場合がある。さらに、原書でそれに該当する語が用いられていなくても、学校の数学で多くの読者が馴染んでいて、それを用いると意味がわかりやすくなりそうな語（「階差数列」など）は積極的に用いるようにした。以上のような細工の例は他にもまだあるが、説明と釈明は既に十分と思われるので、これ以上は述べない。

5. 謝辞

　本書は、アルファベット記号を用いた数学的議論や比例関係を表わす式が多出する関係上、読み手にとっての便宜のためには訳文を横組みとする必要があった。しかし、近代社会思想コレクションというシリーズの性格からして、その 1 冊である本訳書を横組みにして刊行してもらうことは——というよりもむしろ、こういった特色を持つ理論

哲学・自然哲学の書である本書を本コレクションの1冊として刊行してもらうということ自体が——、いささか無理のある願いであったことは否めない。この無理な願いを聴き入れて下さった京都大学学術出版会に、まず感謝の言葉を述べたい。また、本書には多くの図が出てくるが、底本の図の中には文字記号等が不鮮明で判読しがたいものが少なくなかったため、底本の図のコピーで済ませずに電子画像ですべてを描き直してもらうことにした。しかし中には非常に複雑で再現の容易でない図もいくつかあって、編集スタッフの皆さんや印刷所の方々に随分な御面倒をおかけしたに違いない。この点に関しても、ここで謝意を表しておきたい。

次に、校正や解説執筆など、訳者の果すべき出版間際の作業の遅延について陳謝しなければならない。昨年8月、種々事情あって大学教員の職を退き、暇だけは多く得たかと思いの外、このことに伴う身辺の整理に予想外の時間と労力を費したうえ、秋口の頃から持病の眼病が急激に悪化して活字の判読がままならなくなり、とうとう12月には両眼にメスを入れなければならない仕儀となった。幸い手術によって視力は回復したが、目を酷使する校正作業や解説執筆のための関連文献の読み込みに手間どり、当初の約束よりも大幅に遅れて、予定されていた刊行の日程に影響を及ぼしてしまった。このことについて、関係者御一同と、ことによると本訳書の刊行を心待ちにされていたかもしれない読者の皆さんに、深くおわび申し上げたい。

最後に、訳者がこれまで手がけてきた本コレクションの数典の書と同様、本書についてもその翻訳出版の意義を御理解下さり、編集・製作の過程での訳者の種々の注文にも真摯に対応して下さった國方栄二氏をはじめ出版会の編集部の方々に重ねて御礼申し上げるとともに、高い技術と丁寧なケアによって訳者の目の治療に当って下さった京都市立病院の鈴木智先生ならびに眼科スタッフの皆さんに深甚の感謝の

意を表して、謝辞の結びとしたい。
 2015年1月31日

訳者 記

人名索引

ア行

アダム　102
アッピウス　48
アブラハム　457
アポロニオス　241, 614, 629
アリスタルコス　4
アリストテレス　6, 44, 59, 78, 83, 118, 119, 130, 146, 164
アルキメデス　241, 302, 335, 348, 399, 614, 629, 637, 643〜645, 647, 653, 670
アンタイオス　572
イサク　457
ヴィエタ　349
エピクロス　460, 462, 464

カ行

カヴァリエリ（ボナヴェントゥラ・）　348, 614
ガッサンディ　5
ガリレオ　4, 472, 644
キケロ　48
クラヴィウス　629
ケプラー　5, 472, 479, 486, 487
ケーレン（ルドルフ・ヴァン・）　647
コペルニクス（ニコラス・）　3, 356, 471〜473, 476, 477

サ行

ジェームズ王　4

スネル（ウィレブロルド・）　647
ゼノン　84
ソクラテス　32, 51, 65, 81, 168
ソロン　53

タ行

チャールズ王　4
デカルト　506
テセウス　167

ハ行

ハーヴェイ　4, 450
パウロ　6
パッポス　350, 351, 624, 625, 629
ピタゴラス　4, 18
フィロラオス　4
プラトン　6
ペトロ　34, 41
ヘラクレス　572, 628
ボナヴェントゥラ　→カヴァリエリ（ボナヴェントゥラ・）の項参照
ホメロス　34, 36

マ行

メストリン　527
メルセンヌ　5

ヤ行

ユークリッド　103, 147, 181, 192,

198, 223, 233, 241, 262, 300〜302, 332, 340, 349, 614, 629
ヨハネ　34

ラ行

ルキアノス　5
ルクレティウス　460, 462〜464, 520

事項索引

ア行

愛 amor 94, 444
味 sapor 42, 92, 94, 448, 531, 550, 551
熱さ calor 42, 48, 94, 153, 448, 493, 548, 569
厚さ crassities, crassitudo 139, 173, 539, 680
圧縮 compressio 383, 384, 386, 387, 465, 468, 514, 515, 517, 523, 525, 563, 564
圧力（のかけ合い）(com) pressio 245, 371〜373, 426, 433, 434, 492, 494, 503, 521, 524, 531, 535, 541, 551, 560, 561, 567, 568
　　―をかける comprimere 372, 373, 494
　　―を加える premere 245, 371, 372, 375, 417, 426, 433, 466, 492, 521, 551, 560, 567
誤り error 31, 50, 53, 75〜77, 80, 81, 109, 247, 333, 351, 352, 449, 458, 462, 625, 626, 633, 648
医学者 medicus 5
怒り ira 94, 444, 453
意見 sententia 23, 44, 167, 168, 464, 486　（英）sence 581
石 lapis 28, 31, 35, 36, 52, 56, 61, 68〜73, 373, 417〜419, 497, 515, 520, 524, 532, 545, 549, 572〜574
意志 voluntas 25, 27, 28, 30, 53, 54, 72, 75, 96, 162, 451, 452
位置(関係) positio (―する positus) 67, 101, 234, 247, 248, 441, 509, 642
　　situs (―している situs) 72, 110, 235〜237, 355, 357, 360〜362, 367, 382, 383, 386, 387, 391, 417, 433, 434, 538, 546, 569, 574, 575, 620, 635
一般 generale 35
　　generatim 453
　　in genere 132, 576
　　in universum 223
　　―に in genere 232
　　vulgo 15, 104, 120, 143, 158, 200, 360, 388, 433, 437, 502
　　―(的)に in universum 160, 255, 278
　　―的(な) generalis 313, 470
　　universalis 4, 223, 642
　　―的に generaliter 147, 440
稲妻 fulgur 463, 500, 501, 511, 525, 526
意味 significatio (―する significare) 29, 36, 45, 56, 67, 105, 129, 133, 147, 169, 179, 242, 294, 448, 458, 553
　　sensus 31, 37, 49, 84, 125, 138, 167, 233
　　vis 35, 105
　　（英）sense 587
意欲 voluntas 22, 452
色 color 27, 40, 42, 79, 92, 94, 115, 130, 435, 437, 447, 448, 455, 503, 505〜507, 509, 511, 531
因果関係 causatio 152, 153

印象 impressio　100, 436, 449
隠喩 metaphora　37, 83
引力（at）tractio　109, 479, 555, 573, 576
動き motus　21, 28, 93, 95, 96, 214, 285, 363, 483, 484, 486, 487, 490, 521, 571
渦巻形（の線）helice　302, 303, 644, 645
渦巻線 spiralis　348, 351, 625, 628, 629, 643〜645　（英）spiral　670
宇宙 universus　110, 115, 455, 459, 460, 471, 489, 490, 564
打つこと ictus　385, 501
海 mare　110, 168, 379, 498, 508, 512, 517, 525, 533
運動 motus（―する moveri）　48, 49, 93, 103, 133, 136〜139, 141〜143, 145, 150, 154, 155, 173, 194, 213, 219, 227, 230, 241, 242, 247, 249, 253, 271, 272, 280, 281, 299, 356, 360, 364〜366, 371, 374, 375, 384, 388, 415, 417, 418, 427, 433, 473, 475, 502, 531, 532, 546, 557, 599, 608, 633, 641, 644　（英）motion,（―する（be）moved）　587, 588, 593, 594, 673
　―量 momentum　248
　円― motus circularis　219, 232, 249, 353, 354, 356, 357, 364, 365, 367, 394, 475, 551, 597, 633, 635, 644　（英）circular motion　673
　加速度― motus acceleratus　253, 258, 260, 261, 268, 270〜272, 274〜278, 281, 297, 312, 558, 608, 611, 612　（英）motion accelerated　595
　曲線― motus curvus　547
　斜行― motus obliquus　247
　垂直― motus perpendicularis　247
　単純― motus simplex　248, 353, 354, 356〜364, 367, 368, 472, 474, 476, 480〜484, 494〜497, 500, 511, 512, 514, 519, 521, 523, 525, 526, 548, 555, 563
　単純円― motus circularis simplex　353, 356, 357, 362, 364, 366, 367, 472〜474, 476, 491, 493, 516, 558
　直線― motus rectus　249, 266, 425, 504, 512, 547, 597, 617, 620, 626, 627, 633, 652
　等加速(度)― motus uniformiter acceleratus　257, 268, 273, 274, 279〜281, 310, 609　（英）uniformly accelerated motion　595, 596
　等速― motus uniformis　142, 175, 184, 185, 226, 247, 253〜255, 261〜264, 266〜282, 309〜313, 375, 608, 609, 611, 612, 634, 644　（英）uniform motion　593, 595
　複合― motus compositus　248
　平行― motus parallelus　247
　変速― motus pluriformis　247
（体）液 humor　497, 511, 521, 522
液体 liquor　446, 519
エーテル aether　471, 472, 489,

491, 515
円 circulus　19, 20, 93, 103, 214～216, 219, 222, 226, 228, 229, 231～233, 249, 303～305, 317～324, 326～329, 335, 343, 348, 350, 351, 354～359, 361, 365, 366, 393, 413, 420, 421, 424, 427, 472, 473, 475, 478, 480, 481, 486, 512, 516, 556～558, 575, 614, 615, 618, 623～625, 627, 628, 631, 633, 639, 642～645, 677
　（英）circle　590, 647～649, 653, 655～657, 663, 667, 670, 673～675
　―運動　→「運動」の項参照
円周 circumferentia　20, 215, 216, 220, 226, 229～232, 244, 249, 302～304, 317～323, 326～328, 335, 348, 351, 364～366, 421, 424, 427, 474, 483, 485, 557, 597, 624
　（英）circumference　648, 656, 673～675
　―角　→「角」の項参照
円錐（円錐形・円錐体）conus　233, 305, 349～351, 403, 412～414, 506, 507, 624, 625
　擬― conoeides　294, 295
延長 extensio（―する extendere, ―を持つ extensus）　39, 49, 78, 79, 103, 117, 127, 128, 130～132, 134, 141, 145～147
　―する producere　217, 223, 225, 229, 231, 232, 234, 272, 273, 275, 277, 279, 291～293, 310, 312, 313, 316～322, 324～326, 331, 335～339, 341～344, 365, 375～377, 380, 393, 398, 406, 409, 411, 415, 416, 418, 420, 424, 425, 427, 478, 486, 495, 504, 586, 597, 598, 606, 615, 617～619, 621～623, 626, 631, 632, 635～638, 640, 641, 643, 654, 664, 670
　（英）produce　605, 649, 651, 653, 655, 659～662, 665～667, 669
　―線 productio　229, 231, 232, 272, 273, 275, 279, 291, 292, 310, 317～321, 324, 325, 331, 335～339, 342～344, 365, 376, 393, 411, 415, 418, 420, 425, 478, 486, 495, 615, 617, 626, 632, 638, 640, 641, 654
円筒（形）cylindrus　294, 364, 373, 397, 399, 400, 403, 465, 466, 566　（英）cylinder　591, 606, 648, 656
円面 discus　504, 506
凹状の concavus　319, 382
凹凸面　→「面」の項参照
凹面　→「面」の項参照
扇形 sector　627, 642, 643, 670
大きさ magnitude　15, 19, 30, 40, 43, 78～80, 97, 98, 103, 115, 116, 118, 126, 129, 131, 132, 134, 135, 138～143, 145, 147, 163～166, 168, 171, 172, 175, 176, 179～184, 191, 193, 201, 211, 219, 220, 231, 232, 234, 237, 239, 241, 242, 245, 251, 287, 296, 302, 303, 305, 350, 355, 357, 362, 381, 386, 391, 392, 395, 397, 427, 448, 449, 455, 456, 458, 462, 464, 471, 472, 478, 489, 490, 491, 495, 529, 532, 539, 540, 543, 551, 553, 555, 561, 583,

587, 632, 679, 681
怖れ metus　53, 452
音 sonus　42, 79, 92, 94, 115, 435, 448, 455, 463, 531〜544, 679
重さ gravitas　89, 175, 348, 373, 385, 397, 419, 460, 499, 553〜555, 557, 559, 564, 567, 568, 572
おもり ponderans　391〜397, 399
終り finis　123, 124, 148, 156, 188, 193, 203〜205, 209, 220, 226, 230, 237, 255, 257, 259, 260, 263, 266, 267, 269, 270, 272, 279, 282, 287, 297, 300, 306, 310, 313, 317〜319, 322, 324, 327, 328, 333, 337, 339, 340, 342, 346, 347, 353, 354, 356, 357, 359, 361, 364, 365, 367, 376〜380, 383, 384, 386, 392, 394, 395, 397, 403, 414, 422〜424, 426, 427, 442, 561, 562, 590, 594, 596, 598, 602, 604, 606, 621, 622, 658, 663, 664, 667, 675
恩寵 gratia　25, 614

カ行

害 nocitura　6, 11, 451, 460, 571, 574
回転 circuitio　513
　circuitus　357, 483
　circumductio（ーさせる circumducere, ーする circumduci）　20, 216, 217, 358
　circumlatio（ーさせる circumferre, ーする circumferri）　103, 215, 217, 222, 358, 365, 472, 483, 559, 574, 591
　conversio（ーさせる convertere）　305, 361, 475, 481, 482, 514, 643
　revolutio（ーする revolvi）　111, 217, 305, 354〜356, 361〜363, 645
　rotatio（ーさせる rotare）　481
　versus　356, 357
　ーさせる circulare（ーする circulari）　218, 473
　ーさせる circumagere（ーする circumagi）　111, 355, 361
　ーする（英）turn　590
概念 conceptio　18, 19, 27, 31, 35, 39, 45, 49, 69, 80, 88, 92, 102〜104, 120, 128, 137, 138
　conceptus　174, 456
　notio　54, 91, 96, 99, 106
　大ー major terminus　64, 67〜69
　小ー minor terminus　64, 67〜69, 71, 73
　中ー（媒ー）medius terminus　64〜69, 71, 72
海洋 oceanus　482, 484, 677
快楽 voluptas　10, 449, 450
格（文法上の）casus　46
（三段論法の）figura　67, 69〜74
　直列ー figura directa　67〜70, 72, 73
　非直列ー figura indirecta　69〜73
角（度）angulus　58, 62, 91, 101, 211, 218, 220, 221, 223〜238, 244, 280, 305, 315〜329, 331, 338, 341, 343, 350, 351, 354, 355, 367, 377〜379, 393, 394, 418, 424

～427, 507, 537, 598, 621, 624, 625, 628, 640, 642, 646
（英）angle 648, 653, 654, 666, 670
鋭— angulus acutus 221, 537
円周— angulus in circumferential 231
外— angulus externus 224, 225, 229～232, 318, 319
傾斜— angulus inclinationis 415～417, 419～424
錯— angulus alternus 224, 225, 230, 318
斜— angulus obliquus 221
接線— angulus contingentiae 218, 231, 232, 305
対頂— angulus verticalis 316, 323
中心— angulus centri 219, 231, 232, 320, 485, 631, 633, 649
直— →「直角」の項参照
鈍— angulus obtusus 221
内— angulus internus 101, 224, 225, 230
入射— angulus incidentiae 315, 316, 324, 415, 416, 425, 427, 537, 538
反射— angulus reflexionis 315, 316, 324, 425, 426, 538
立体— angulus solidus 218, 233, 234
学識 sapientia 6
  scientia 112, 432, 490
角錐（体）pyramis 233, 397, 399
学説 doctrina 4, 23～25, 109, 115, 350, 460, 462

角柱 prisma 397, 399
拡張 extensio 364, 373, 451, 521, 568
学問 scientia 16, 21, 25, 26, 36, 54, 94, 95, 103
  —的（な）scientificus 23, 108, 347
掛け算 multiplicatio 17, 197, 198
過去 praeteritum（—の praeteritus） 27, 29, 75, 115, 137, 138, 157, 158, 160, 242, 439, 440, 443
過誤 vitium 76, 109
加算 →「足し算」の項参照
数 numerus 19, 27, 33, 41, 44, 72, 79, 84, 91, 103, 119, 121～124, 163, 167～169, 174, 181, 183, 187, 190, 192, 193, 197, 201, 209, 210, 230, 235, 243, 247, 249, 268, 270, 271, 277, 279, 282, 283, 288, 302, 332～334, 406～408, 455, 457, 458, 528, 598, 626, 633, 637
（英）number 583～585, 647, 653
風 ventus 110, 111, 249, 377～379, 498, 508, 512～514, 517, 518, 527, 534, 535, 540, 541, 545, 548, 567, 569, 571
仮説 hypothesis 3, 7, 470, 471, 476, 477, 576, 577, 685
仮設 constructio 197, 198, 255, 259, 292, 296, 310, 325, 402, 420, 426, 470 （英）construction 588, 605, 665, 666
河川 fluvius 511, 529
硬さ durities 42, 129, 130, 246, 373, 385, 448, 471, 472, 489, 511, 519～521, 524, 539, 551, 562

索 引 | 717

形 figura　100, 139, 146, 446, 448, 506, 524, 538, 550〜552, 555, 558
傾き inclinatio　222, 233, 482, 516
カテゴリー categoria　40
可動性 mobilitas　48
可動体 mobile　173〜176, 234, 242, 244, 245, 247〜251, 253, 254, 261〜264, 266〜272, 274, 276〜278, 280, 281, 297, 299, 302, 364, 365, 372, 375〜377, 416, 425, 426, 462, 608, 611, 612
可動的（な）mobilis　47, 48, 470
神 Deus　7, 8, 10, 25, 30, 117, 125, 457, 614　（英）God　686
雷 tonitrus　511, 525, 526, 536, 563, 564, 679
ガラス vitrum　465, 467, 494, 499, 504〜507, 539, 566
　―体 vitreus　446
川 flumen　75, 517
換位 conversio　59, 69〜71, 73
　―された conversus　58, 59, 70, 72
感覚 sensio　16, 87, 432〜446, 448〜450, 455, 531, 548, 550, 551
　sensus（―する sentire）39, 75, 76, 87, 92, 98, 100, 155, 432, 437〜439, 442, 445〜447, 492, 532, 546, 550, 569
　―可能な sensibilis　27, 171, 432, 450, 453, 455, 494, 536
　―的（な）sensibilis　9, 10, 42, 94, 97, 451
　―器官 organum sensionis　433
　　organum sensorium　433, 434
　　organum sensuum　447
　　organum sentiendi　435, 438
感官 sensorium　443, 450, 531〜533, 569
関係 relatio　32, 41, 43, 141, 164〜166, 235
　―項 relatum　164〜166
　量的―　→「量」の項参照
感情 affectus　26, 42, 45, 577
　（英）affecion　686
間接的（な）mediatus　149, 372
寒暖計 thermometer　470
観念 idea　10, 17, 18, 29, 34, 39, 80, 81, 88, 91, 97, 99, 103, 104, 106, 115, 118, 134, 135, 352, 432, 449, 458, 507
願望 desiderum　45, 669
偽 falsitas　45, 53, 112, 345
　―である（―なる）falsus　25, 52〜54, 60, 61, 76〜79, 84, 104, 111, 124, 138, 160, 477, 576
　―なる命題　→「命題」の項参照
擬円錐　→「円錐」の項参照
記憶 memoria　16, 17, 27〜29, 31, 32, 37, 81, 87, 101, 102, 115, 118, 132, 172, 174, 432, 437, 439, 442, 443, 450, 451, 551, 552
幾何学 geometrica　10, 21, 93, 95〜97, 103, 107〜109, 111, 112, 238, 241, 301, 304, 332, 349, 352, 458, 613, 628, 648
　―者 geometres　7, 21, 23, 54, 111, 112, 125, 241, 300, 347, 349, 351, 352, 458, 624, 625, 633, 645（英）geometrician 647, 648, 670

一的（な）geometricus　37, 107, 179〜181, 184, 206, 208, 210, 285, 292, 293, 302, 334, 335, 350, 601, 606
器官 organum　100, 381, 433, 434, 436〜441, 444, 446〜451, 534, 536, 537, 544〜551, 679
帰結 consequentia（一する（con）sequi）　27, 60〜66, 121, 124, 133, 152, 156, 166, 212, 221, 224, 233, 234, 311, 315, 337, 339, 362, 456, 468, 484, 513, 520, 558, 573〜575, 642
記号 signum　28〜31, 37, 46, 47, 51, 76, 179
　symbola　352
　一的 symbolicus　629
気質 ingenium　26, 577
　（英）disposition　686
技術 ars　21, 54, 85, 111, 112, 350, 352, 624
規準 regula　7, 334
奇数の impar　558, 559
基礎 fundamentum　7, 16, 34, 109
規則 regula　22, 23, 166, 270, 303, 349, 606, 619
　praeceptum　85
　（英）canon　653
期待 expectatio　17, 45, 151
軌道 orbis　476〜478, 481〜483, 485〜488, 490
稀薄な rarus　79, 140, 416, 417, 419, 421, 423, 425, 553, 565
忌避 fuga　16, 444, 449〜453
詭弁 captio　75, 84
　sophisma　83, 137
義務 officium　22〜24, 26, 95, 109, 639, 642
逆行 retrogradatio　357, 472
逆転 inversio（一する invertere）　186〜188, 191
球（体）sphaera　233, 234, 304, 305, 354, 362〜364, 366, 367, 397, 399, 412〜414, 427, 467, 474, 481, 483, 486, 494, 496, 506, 521, 540
　一形 figura sphaerica　362, 364, 366, 427, 446, 502, 506
嗅覚 odoratus　42, 94, 446〜448, 545, 546
　olfactus　550
　一作用 olfactio　545〜548
求積 quadratura　348, 627, 628, 631, 639, 640, 642
教会 ecclesia　6, 25
境界面　→「面」の項参照
教説 doctrina　25
　dogma　6, 22, 23, 53, 104, 458
恐怖 metus　94, 445
虚偽(性) falsitas　53, 75〜77, 79, 81, 82, 110
極 polus　363, 366, 574, 575
　N―polus borealis　575, 576
　S―polus australis　575, 576
　（南北）両― poli　21, 362, 363, 473, 484, 515〜517, 574, 575
曲線 curvilinea　112
　（linea）curva　211〜215, 217, 218, 220, 221, 223, 235, 268〜271, 276, 292, 296, 298, 306, 310〜313, 315, 348, 351, 354, 381, 401, 403, 406, 414, 422, 426, 485, 512, 609〜614, 617, 620, 625, 627, 637, 644, 645

索　引 | 719

（英）crooked line　589, 605, 606, 652, 657
　―運動　→「運動」の項参照
曲面　→「面」の項参照
距離 distantia　18, 80, 98, 211, 220, 226, 235, 237, 242, 250, 358, 359, 361, 363, 364, 380, 381, 384, 391～399, 402, 407, 435, 442, 471, 472, 477, 478, 486, 490, 492, 495, 531, 541, 543
　（英）distance　586
記録物 monimentum　27, 28
均一な uniformis　173～176, 184, 214, 256, 259, 356, 531, 539, 540, 594, 656, 657
　―に uniformiter　173, 219, 230, 253, 256, 399
空間 spatium　9, 10, 48, 69, 79, 92, 116～129, 131～136, 138, 139, 143, 153, 154, 174, 176, 226, 242, 243, 247, 267, 268, 270～272, 284, 285, 297, 299, 303, 357, 386, 461, 466, 468, 471, 507, 521, 540, 547, 553, 555～558, 560～563, 568, 576　（英）space　674
空気 aer　98, 358, 368, 373, 417, 418, 449, 459, 460, 463～470, 500, 501, 504, 506, 508, 512～518, 522～527, 532, 533, 535, 536, 541～543, 546～549, 554, 557～559, 562～569, 571, 573～576, 679　（英）air　674, 681, 682
　―銃 sclopetus ventaneus　470, 564　（英）wind gun　681
空虚 vacuum　117, 133, 135, 143, 153, 250, 459～466, 468～470, 519, 520, 554, 557, 568
　―な vacuus　11, 133, 154, 383, 460, 461, 464, 465, 468, 470, 471, 493, 503, 512, 556, 577
　（英）empty　674, 685
偶然の（である）fortuitus　27, 160, 442
　―的（な）accidens　49
　　contingens　55, 81, 159, 160
　―に per accidens　41, 81
　（英）by chance　648
　　fortuito　160, 441
　―事 contingentia　156, 160
偶有性 accidens　41, 49, 50, 68, 77, 78, 80, 82, 89, 90, 96～99, 117, 118, 127～131, 144～147, 149～151, 154, 157～159, 161, 163, 166～169, 241, 442, 447
苦痛 dolor　440, 449, 450, 492
屈曲 flexio　69, 218, 232, 381, 382, 520, 652, 656, 657, 666, 670
屈折 refraction（―する refringere）415～417, 419, 504～506
　―角 angulus refractus　415～417, 419～424
　―線 linea refracta　415, 416, 421～424, 496, 504
　―点 punctum refractionis　415, 416
　―の角度 angulus refractionis　415, 416
　―面 superficies refringens　415, 416
区別　distinctio（―（を）する distingnere）7, 9, 10, 18, 19, 25, 32, 35, 37～39, 44, 57, 67, 72, 89, 90, 94, 103, 112, 163, 174,

一的（な）geometricus　37, 107, 179〜181, 184, 206, 208, 210, 285, 292, 293, 302, 334, 335, 350, 601, 606
器官 organum　100, 381, 433, 434, 436〜441, 444, 446〜451, 534, 536, 537, 544〜551, 679
帰結 consequentia（一する（con）sequi）　27, 60〜66, 121, 124, 133, 152, 156, 166, 212, 221, 224, 233, 234, 311, 315, 337, 339, 362, 456, 468, 484, 513, 520, 558, 573〜575, 642
記号 signum　28〜31, 37, 46, 47, 51, 76, 179
　　symbola　352
　　一的 symbolicus　629
気質 ingenium　26, 577
　　〔英〕disposition　686
技術 ars　21, 54, 85, 111, 112, 350, 352, 624
規準 regula　7, 334
奇数の impar　558, 559
基礎 fundamentum　7, 16, 34, 109
規則 regula　22, 23, 166, 270, 303, 349, 606, 619
　　praeceptum　85
　　〔英〕canon　653
期待 expectatio　17, 45, 151
軌道 orbis　476〜478, 481〜483, 485〜488, 490
稀薄な rarus　79, 140, 416, 417, 419, 421, 423, 425, 553, 565
忌避 fuga　16, 444, 449〜453
詭弁 captio　75, 84
　　sophisma　83, 137
義務 officium　22〜24, 26, 95, 109, 639, 642
逆行 retrogradatio　357, 472
逆転 inversio（一する invertere）186〜188, 191
球（体）sphaera　233, 234, 304, 305, 354, 362〜364, 366, 367, 397, 399, 412〜414, 427, 467, 474, 481, 483, 486, 494, 496, 506, 521, 540
　　一形 figura sphaerica　362, 364, 366, 427, 446, 502, 506
嗅覚 odoratus　42, 94, 446〜448, 545, 546
　　olfactus　550
　　一作用 olfactio　545〜548
求積 quadratura　348, 627, 628, 631, 639, 640, 642
教会 ecclesia　6, 25
境界面　→「面」の項参照
教説 doctrina　25
　　dogma　6, 22, 23, 53, 104, 458
恐怖 metus　94, 445
虚偽(性) falsitas　53, 75〜77, 79, 81, 82, 110
極 polus　363, 366, 574, 575
　　N一 polus borealis　575, 576
　　S一 polus australis　575, 576
　　（南北）両一 poli　21, 362, 363, 473, 484, 515〜517, 574, 575
曲線 curvilinea　112
　　（linea）curva　211〜215, 217, 218, 220, 221, 223, 235, 268〜271, 276, 292, 296, 298, 306, 310〜313, 315, 348, 351, 354, 381, 401, 403, 406, 414, 422, 426, 485, 512, 609〜614, 617, 620, 625, 627, 637, 644, 645

（英）crooked line　589, 605, 606, 652, 657
―運動　→「運動」の項参照
曲面　→「面」の項参照
距離 distantia　18, 80, 98, 211, 220, 226, 235, 237, 242, 250, 358, 359, 361, 363, 364, 380, 381, 384, 391～399, 402, 407, 435, 442, 471, 472, 477, 478, 486, 490, 492, 495, 531, 541, 543
　（英）distance　586
記録物 monimentum　27, 28
均一な uniformis　173～176, 184, 214, 256, 259, 356, 531, 539, 540, 594, 656, 657
　―に uniformiter　173, 219, 230, 253, 256, 399
空間 spatium　9, 10, 48, 69, 79, 92, 116～129, 131～136, 138, 139, 143, 153, 154, 174, 176, 226, 242, 243, 247, 267, 268, 270～272, 284, 285, 297, 299, 303, 357, 386, 461, 466, 468, 471, 507, 521, 540, 547, 553, 555～558, 560～563, 568, 576　（英）space　674
空気 aer　98, 358, 368, 373, 417, 418, 449, 459, 460, 463～470, 500, 501, 504, 506, 508, 512～518, 522～527, 532, 533, 535, 536, 541～543, 546～549, 554, 557～559, 562～569, 571, 573～576, 679　（英）air　674, 681, 682
　―銃 sclopetus ventaneus　470, 564　（英）wind gun　681
空虚 vacuum　117, 133, 135, 143, 153, 250, 459～466, 468～470, 519, 520, 554, 557, 568
　―な vacuus　11, 133, 154, 383, 460, 461, 464, 465, 468, 470, 471, 493, 503, 512, 556, 577
　（英）empty　674, 685
偶然の（である）fortuitus　27, 160, 442
　―的（な）accidens　49 contingens　55, 81, 159, 160
　―に per accidens　41, 81
　（英）by chance　648 fortuito　160, 441
　―事 contingentia　156, 160
偶有性 accidens　41, 49, 50, 68, 77, 78, 80, 82, 89, 90, 96～99, 117, 118, 127～131, 144～147, 149～151, 154, 157～159, 161, 163, 166～169, 241, 442, 447
苦痛 dolor　440, 449, 450, 492
屈曲 flexio　69, 218, 232, 381, 382, 520, 652, 656, 657, 666, 670
屈折 refraction（―する refringere）415～417, 419, 504～506
　―角 angulus refractus　415～417, 419～424
　―線 linea refracta　415, 416, 421～424, 496, 504
　―点 punctum refractionis　415, 416
　―の角度 angulus refractionis　415, 416
　―面 superficies refringens　415, 416
区別 distinctio（―（を）する distingnere）　7, 9, 10, 18, 19, 25, 32, 35, 37～39, 44, 57, 67, 72, 89, 90, 94, 103, 112, 163, 174,

350, 381, 437, 442, 443, 448, 455, 503, 534, 550, 568, 569, 624
苦しみ molestia　450, 492
系 corollarium（coroll.）　63, 186〜189, 195〜197, 199, 209, 224〜226, 230, 231, 246, 247, 253, 255, 257, 260, 263, 267, 317〜319, 321, 324, 327, 328, 354, 356, 363, 397, 403, 405, 409, 411, 417, 600, 623, 639　（英）corollary（coroll.）　596, 660, 661
継起 successio　118, 119, 173, 441, 443, 464, 551
経験 experientia　15, 17, 25, 95, 96, 250, 364, 384, 385, 432, 442, 443, 451, 464, 473, 545, 567
experimentum　4, 9, 27
（英）experience　681
計算 computation（—する computare）　13, 17, 19, 49, 116, 118, 125, 139, 142, 143, 242, 247, 253, 261, 313, 349, 636
（英）accoumt　583
—する（英）calculate　604
（英）compute　653
（英）reckon　583, 587, 588
—法 calculus　335, 340, 352
繋辞 copula（tio）　46, 47, 57, 59, 82
啓示 revelatio　25
形式 forma　57, 71, 77, 82, 84
形而上学 metaphysica　7, 9, 135
—者 metaphysicus　31, 34, 36, 50, 52, 162
傾斜角　→「角」の項参照
形状 figura　40, 79, 80, 92, 103, 130, 132, 245, 362, 489, 491, 498, 539, 540
形相 forma　31, 146, 147, 167, 168, 577, 685
—因 causa formalis　62, 162
形像 figmentum　31
系列 series　45, 109, 188, 189, 196, 452
経路 via　95, 138, 139, 143, 154, 247〜250, 388, 469, 486, 492, 557, 575　（英）way　587
夏至 media aestas　478
血液 sanguis　450, 493, 571
結果 effectus　9, 16, 19, 20, 26, 38, 87, 90, 93, 96, 99〜101, 110, 131, 149〜155, 157, 158, 303, 374, 431, 456, 470, 522
月蝕 eclipsis lunae　527
結論 conclusio（—する concludere）　62〜69, 70〜72, 91, 102, 104, 107, 108, 110, 117, 347, 352, 457, 460, 462
（英）conclusion　605
絃 chorda　540, 543〜545, 573
弦 chorda　321〜324, 335〜337, 413, 597, 598, 626, 627, 631, 635〜638, 640, 643
subtensa　226, 228, 229, 231, 232, 305, 353, 354, 597, 598
（英）chord　649, 651, 657, 659〜661, 663, 664
権威 authoritas　16, 25, 44, 103
牽引 tractio　248, 382
原因 causa　7, 9, 10, 16, 22, 38, 47〜49, 53, 61, 62, 74, 81, 83, 84, 87〜92, 94〜97, 99〜104, 110, 111, 129, 131, 149, 150〜158, 160, 162, 166, 167, 184〜186, 194,

索　引 | 721

195, 198〜220, 226, 230, 247, 301, 303〜305, 315, 333, 346, 347, 349, 359, 366, 374, 383, 386, 416〜418, 432〜434, 440, 441, 443〜445, 448〜450, 452, 455, 456, 458, 459, 461, 462, 468〜470, 472, 475〜485, 487, 488, 491〜494, 496〜509, 511〜529, 531〜533, 535〜539, 541, 543, 545, 546, 548, 554, 556〜560, 563〜567, 571〜577, 614, 629, 677, 679, 680 （英）cause 588, 674, 681〜683, 685, 686

 不可欠的— causa sine qua non 150

 全体的— causa integra 150〜152, 158

 部分的— causa partialis 151

幻影 spectrum 6, 34
嫌悪 aversio 94, 444, 450, 451
見解 opinio 15, 16, 457, 476, 554
限界 terminus (—づける terminare) 123〜125, 171, 215, 647, 653
嫌忌 odium 452
現在(の) praesens 242, 440, 461
 —のこと praesentia 31, 445
原子 atomus 460, 462〜464, 471, 519, 521, 525, 547, 550, 551, 555
言辞 dictum 45, 52, 345, 347
現象 phaenomenon 16, 19, 87〜89, 94, 96, 427, 429, 431, 432, 443, 468, 470〜472, 475, 476, 482, 487, 488, 491, 493, 494, 498, 501, 511, 528, 532, 533, 545, 563, 565, 566, 569, 571, 577, 677 （英）phenomenon 682, 683, 686

原状回復 restitutio 383, 384
言説 sermo 34, 118, 462
限定する determinare 40, 105
言明 pronuntiatum 45, 56
権利 jus 95, 107, 167
原理 principium 34, 54, 83, 90, 92, 95, 96, 101〜104, 106, 108, 110, 140, 148, 166, 168, 241, 243, 345, 346, 431, 432, 469, 576
（英）principle 647, 685
権力 potentia 96
弧 arcus 215, 219〜221, 226, 228, 230, 232, 233, 305, 322, 323, 329, 334〜336, 339, 340, 342〜345, 350, 351, 353, 354, 359, 363, 367, 393, 394, 413, 477, 478, 485, 597, 598, 615, 617〜627, 629, 631〜643 （英）arch 647〜649, 651〜667, 669, 670
語 vox 36〜38, 46, 47, 57, 79, 80, 82, 83, 105, 119, 125, 129, 131, 458 （英）word 685
語彙 vocabulum 431, 479, 576
項 terminus 183, 186, 187, 202
行為 actio 19, 21, 96, 169, 211
効果 effectus 246, 248, 251, 383, 385, 393, 394, 425, 448, 463, 488, 506, 514, 517, 532, 568, 569, 576, 635, 679
交換 permutatio (—する permutare) 186, 188〜190, 192, 193, 202, 205, 220, 255, 296, 368, 374, 494
考究 contemplatio (—する contemplare) 9, 10, 93, 94, 101, 455, 462, 491, 577

（英）contemplation　685
後件 consequens　164, 165
後項 consequens　180〜184, 186〜189, 191, 192, 198, 202, 208, 209, 297, 657
公準 postulatum　103
合・衝の位置 copulatio　677
恒星 stella fixa　125, 449, 471, 477, 478, 486, 490, 529
合成 compositio（—する componere）　18, 24, 39, 55, 87, 88, 93, 95, 96, 101, 106〜108, 115, 121, 122, 125, 173, 193, 195〜199, 202, 203, 206, 249, 259, 261〜266, 296, 298, 299, 335, 343, 345, 346, 364, 388, 394〜397, 401, 402, 412, 422, 443, 444, 462, 498, 499, 501, 627, 635〜638　（英）composition（—する compound）　583, 584
　—物 compositum　31
　—名辞　→「名辞」の項参照
光線 radius　495, 496, 504〜509, 524, 528, 538
交線 sectio　216, 233, 391, 392, 474, 495, 496, 504, 506〜509, 524, 528
構造解示 constructio　346, 347, 351, 624, 625, 627, 667
構築 constructio（—する construere）　103, 347
肯定 affirmatio（—する affirmare）　45, 68, 75, 76
交点 concursus　411, 640
（inter）sectio　244, 391, 392, 409, 638
公転 revolutio annua　473

　—運動 motus annuus　472, 474, 476〜478, 486
　—軌道 via annua　138, 480, 485
黄道 ecliptica　472〜474, 476, 482, 485, 486
　—帯 singum　472, 475, 481, 487
効用 utilitas　21, 22, 24
公理 axioma　34, 53, 54, 103, 147, 148, 614
合理的根拠 ratio　94, 569
合理的思考 ratio　9, 15, 70, 87, 108, 109
考量 consideratio（—する considerare）　10, 16, 19, 24, 41, 47, 50, 72, 77, 81, 93, 94, 99, 100, 116, 117, 120〜122, 132, 147, 153, 157, 158, 168, 207, 238, 241〜244, 247, 248, 348, 361, 371, 382, 426, 427, 442, 451, 452, 529, 543, 550, 553, 554, 559, 597, 618, 627　（英）consideration（—する consider）　586, 587, 648, 655, 670, 674
効力 efficacia　73, 111, 246, 251
声 vox　17, 18, 28〜36, 537, 538, 542
氷 glacies　147, 511, 516〜518, 522, 525, 526, 528, 529, 536
心 animus　17, 18, 27〜30, 32, 34〜37, 39, 48, 68, 69, 75, 80, 88, 94〜96, 99, 102〜104, 106, 115, 116, 118, 119, 124, 125, 127, 130〜134, 140, 144, 171, 173, 179, 438, 458
個体 individuum　168, 169
　—性 individuatio　166〜168
固体 consistens　248, 367, 373,

470, 471
　solidum　91, 366, 546
　（英）hard　673, 674, 682
国家 civitas　5, 7, 25, 26, 95, 167, 169
　─哲学　→「哲学」の項参照
異なる diversus　57, 60, 75, 77, 105, 147, 155, 157, 163, 164, 166, 180, 186, 194, 228, 237, 244, 263, 304, 360, 371, 373, 384, 394, 415, 416, 419, 422, 423, 443, 446, 451, 452, 484, 489, 494, 498, 505, 535, 541, 550, 575
　─もの diversum　163, 231, 237
言葉 verbum　3, 7, 8, 17, 30, 31, 44, 45, 53, 84, 101, 102, 108, 110, 132, 134, 135, 161, 179, 448, 534
　vox　38, 44, 50～52, 101, 105, 134, 147, 154, 171, 302
誤謬 error　53, 74, 75
　─推理 paralogismus　109, 111
個物 individuum　40
鼓膜 tympanum　447, 531, 542, 543
根本原因 principium　523
根本（諸）原理 elementum（elementa）　9, 16, 109, 241, 304, 349

サ行

差（異）differentia　67, 72, 104, 105, 163, 165, 175, 176, 182, 183, 185～188, 191, 192, 194, 195, 202, 206～208, 210, 219, 337, 443, 479, 486, 509, 543, 558, 600, 609, 618

　（英）difference　605, 606, 659, 669
サイフォン sipho　467, 563
竿（天秤の）radius　391, 393～397, 399
寒さ frigus　445, 449, 515, 516, 518, 522, 545, 566, 567, 569
作用 actio（─する agere）　49, 92, 100, 109, 149, 153, 155, 156, 163, 166, 245, 246, 251, 270, 281, 363, 372, 374, 377, 381, 383, 384, 387, 388, 415, 426, 434～436, 438～441, 447～450, 481, 490, 494, 501, 517, 518, 524, 526, 527, 531, 532, 534, 536, 537, 539～543, 545～548, 550, 555, 569, 575, 608, 609
　appulsus　245, 246, 535
　operatio（─する operari）　17, 251
　─因 causa efficiens　62, 151, 157, 158, 161, 162, 243, 346, 386, 387, 455, 470, 565
　（英）efficient cause　682
　─体 agens　99, 149～152, 155～159, 161, 469
　─力 ops　467
　協働─ concursus（─する concurrere）　99, 100, 247, 249, 253, 269～271, 280, 282, 303, 310, 312, 313, 347, 365, 375～377, 380, 418, 425, 426, 483, 597, 607～609, 611, 612, 634, 635, 644
　現実─ actus　25, 134, 157～161, 452
　被─ passio　149, 153, 163

724

被一体 patiens　99, 149〜152, 155〜159
　—を受ける actus　156
　—を被る pati　149, 154
三角形 triangulum　37, 58, 62, 101, 224, 225, 227, 254〜258, 288, 293〜297, 316, 318, 319, 340, 341, 393, 394, 397〜401, 410〜414, 425, 503〜506, 610, 620, 635〜637, 643, 645
　（英）triangle　604, 665
　正— triangulum aequilaterale　617, 620, 640
　　（英）equilateral triangle　651
　直角— rectiangulum　288, 289, 293, 341, 639, 643
算術的(な) arithmeticus　179〜184, 206, 208, 210, 285, 293, 302, 340, 352, 600, 601
　（英）arithmetical　587, 605, 606, 648
3乗の，—した triplicatus　200, 204, 260, 261, 269, 270, 274〜276, 283, 284, 287, 288, 290, 298〜300, 302, 312, 313
三線図形 trilineum　271, 276, 288〜295, 298, 306, 307, 401, 403, 404, 408, 409, 411, 412, 414
三段論法 syllogismus　35, 62〜74, 77, 82〜84, 101, 102, 104, 107〜109
3倍の triplus　200, 231, 300
　（英）triple　586, 602
3分の1 tertia pars　200, 206, 275, 287, 303, 327, 328, 331, 341, 343, 410, 544, 601, 610, 611, 642
　（英）subtriple　586
　（英）a third　605
　（英）the third part　605, 606
　—の triens　200, 335, 544, 600, 640
3分の1乗（$\frac{1}{3}$乗）subtriplicatum（—の，—した subtriplicatus）　200〜202, 301
残余 residuum　32, 115, 165, 179, 186〜188, 191, 196, 207, 208, 447, 609
潮の満ち引き aestus　482, 483
視覚(像) visio　531, 538
　visus　42, 78, 79, 94, 97, 381, 437, 444, 446〜449, 492, 506, 507, 541, 550, 686
　—論 optica　8
弛緩 relaxatio　441, 451
時間 tempus　5, 11, 19, 21, 28, 41〜43, 74, 115, 118〜126, 136, 137, 140〜142, 156, 173〜177, 184〜186, 193〜195, 219, 226, 230, 231, 241〜244, 247, 250, 253〜287, 297, 299, 302〜305, 309〜313, 347, 349, 353〜356, 358, 359, 361, 363, 366, 367, 378, 379, 385, 386, 388, 393, 421, 432, 438, 440, 442, 445, 455〜457, 472, 483, 484, 490, 497, 512, 514, 522, 534, 536, 540, 543, 547, 551, 552, 558, 569, 574, 599, 601, 608, 609, 611, 612, 633〜635, 644, 645
　（英）time　587〜591, 593〜596, 603
式（三段論法の）modus　67, 68, 70, 72〜74
直近の immediatus　122, 149,

153, 250, 357, 466, 548, 573, 576
色彩 color　40, 489
軸 axis　304, 305, 354～356, 362～365, 399, 400, 403, 404, 406～414, 472, 473, 475, 481, 485, 574～576, 644, 679　（英）axis　590
次元 dimensio　138, 139, 171, 172, 349, 386, 525
始源 principium　168, 169
思考 cogitatio　9, 15, 27～32, 36, 37, 40, 47, 50, 68, 69, 75, 92, 96, 99, 115, 118, 121, 127, 131, 169, 441, 442, 451, 625, 627
子午線 meridianus　574, 575
磁石 magnes　572～576
自然 natura　11, 15, 34, 89, 91, 92, 104, 427, 429, 431, 432, 490, 524, 533
　―学 physica　3～5, 7, 21, 94, 96, 97, 111, 241, 429, 432, 488, 577
　―権 jus naturalis　95
　―史　→博物誌
　―哲学　→「哲学」の項参照
　―的（な）naturalis　15, 26, 76, 97, 315, 432, 434, 457, 469, 491　（英）natural　682
　―（的）に naturaliter　28, 87, 89, 91, 92, 115, 359, 360, 432, 465, 524
　―の理 ratio naturalis　7, 25, 144
　―物 res naturalis　128
質 qualitas　9, 10, 41～44, 51, 60, 67, 72, 371, 435
実験 experimentum　459, 460, 465～468, 470, 497, 512, 563, 576
実質 materia　77, 84, 447, 525, 577, 685
実体 substantia　50, 78, 446, 577, 685
質料 materia　31, 146, 147, 167～169
　―因 causa materialis　151, 157, 158, 162
自転 conversio diurna　477, 482　revolutio diurna　472, 557
　―運動 motus diurnus　3, 472, 483, 513, 514, 574, 677
事物 res　9, 15, 17, 18, 20, 25～27, 30～40, 44, 46～49, 52～55, 59, 64, 68, 69, 75～77, 79～83, 87, 88, 90, 91, 97, 98, 102, 104, 106, 115～118, 134, 144～147, 162, 166～169, 171, 172, 243, 352, 360, 431, 432, 434, 437, 438, 439, 442, 443, 445, 446, 448, 451, 457, 462, 463, 489, 490, 492, 502, 521, 525, 546, 547, 572, 576, 627
四分円 quadrans　340～343, 481, 487, 488, 615, 618, 620～623, 631, 633, 635, 638～640, 642, 677　（英）quadrant　647～649, 653, 655, 658～660, 662～667, 670
四辺形 quadrilaterum　18, 106, 353
市民 civis　9, 10, 26, 95, 109
尺度 mensura　23, 27, 119, 172, 242, 247, 253, 267, 272, 285, 286, 299, 378, 421, 457, 608, 611
種 species　35, 36, 163, 164
周 perimeter　215, 219～222, 226, 228, 230, 231, 335, 337, 343, 359,

361, 362, 364, 557, 615, 618, 633, 642〜644, 647, 648, 653, 656, 657
自由意志 arbitrium　27, 30, 53, 54, 72
習慣 habitus　21, 30, 387〜389, 522, 570, 574
周期 periodus　481
宗教 religio　6, 7, 457, 628, 639
集合(体) aggregatum　34, 99, 150, 151, 154, 167, 168, 233, 381, 455, 499, 553, 590, 604, 632
充実 plenum (―した plenus)　3, 117, 133, 250, 356, 357, 380, 455, 460, 461, 576
収縮 contractio　144, 381, 382, 451, 568
重心 centrum gravitatis　402
銃身 canon　564〜566, 681, 682
習性 mos　26, 577　(英) manner 686
集積 aggregatum　100, 303, 391, 471
十全な plenus　158, 159
習俗 mos　458
重量 pondus　349
　ponderatio　175, 385, 386, 391, 392, 394〜397, 401, 402, 407, 411, 460, 462, 520, 559〜562, 569
　―物 gravis　4, 91
重力 gravitas　110, 465
熟慮 deliberatio　451, 452
主語 subjectum　46, 47, 51, 52, 54, 55, 57, 58, 64〜66, 68, 71, 105, 352
述語 praedictum　46, 47, 51, 52, 54, 55, 57, 58, 64〜66, 68, 71, 79, 105, 352
樹木 arbor　19, 31, 34, 36, 56, 59, 63, 67, 70, 144
種類 species　44, 45, 74, 190, 214, 218, 235, 248, 271, 351, 391, 392, 446, 475, 479, 498, 535
瞬間 instans　151, 152, 158, 243, 250, 435
　momentum　21, 490
　―的(な) instantaneus　25, 373, 435, 464
順序 ordinum　9, 18, 27, 30, 43, 47, 58〜60, 67, 81, 94, 102, 108, 109, 115, 123, 168, 174, 196, 206, 235, 283, 434, 441, 442, 471, 473, 487, 524, 573, 583
蒸気 vapor　110, 501, 513, 514, 517, 526〜528
衝撃 impulsio　451
　iupulsus　558
　pulsus　149, 388, 459, 512, 534, 543, 559
小周転円 epicyclus　354〜356, 474, 512, 514
乗数 efficiens　197〜199, 586
焦点 umbilicus　538
衝動 impetus　244〜246, 251, 253〜266, 268〜270, 273〜277, 279, 280, 310〜313, 394, 468, 508, 555, 556, 587, 588, 593〜595
衝突 collisio　496, 533, 536, 537, 541
　impactus　384, 418
　incursus　93, 497, 534, 535
　percussio　248
情念 passio　109, 453
小反対(の) subcontrarius　60

小物体 corpusculum　498〜501, 506, 507, 509, 521, 522, 546, 547, 555, 563, 564, 566, 573

小部分 particula　142, 357, 359, 360, 364, 368, 465, 497〜502, 508, 509, 511〜513, 515, 517〜519, 521, 523〜525, 535, 536, 539, 549, 575

静脈 vena　450

証明 demonstratio（―する demonstrare）　3, 4, 7, 8, 23, 54, 59, 74, 82, 85, 94, 101〜104, 107〜111, 126, 138, 140, 147, 148, 156, 173, 186, 188, 189, 193, 199, 203〜205, 209, 220, 226, 230, 237, 244〜246, 254, 255, 257, 259, 263, 266, 267, 269, 270, 272, 279, 282, 287, 297, 300, 303, 306, 313, 317〜319, 322, 324, 327, 328, 333, 337, 339〜343, 345〜348, 354, 356, 357, 359, 361, 364, 365, 367, 368, 376, 377, 379, 380, 384, 386, 392, 394, 395, 397, 399, 403, 414, 422〜424, 426, 431, 432, 457, 458, 461〜464, 472〜474, 479, 483, 488, 493, 496, 515, 554, 555, 558, 561, 562, 573, 576, 577, 598, 601, 602, 613, 619, 621, 622, 627, 633, 643, 644, 677　（英）demonstration（―する demonstrate）　586, 590, 594〜596, 604〜606, 648, 654〜658, 660〜666, 670, 673, 675, 685

　―終り quod erat demonstrandum.　193, 205, 220, 255, 263, 267, 269, 270, 272, 282, 287, 313, 328, 333, 337, 339, 340, 342, 365, 367, 376, 379, 394, 403, 422, 424, 426, 562, 598, 602, 621, 622, 675

　quod erat probandum.　148, 188, 203, 204, 209, 226, 230, 237, 257, 259, 297, 306, 317〜319, 324, 327, 356, 361, 364, 377, 380, 384, 386, 392, 395, 397, 414, 423, 561

　quod erat ostendendum.　266, 322, 354, 359, 423, 622

　（英）which was to be demonstrate.　590, 594, 606, 658, 664

　which was to be proved.　596, 604, 663

将来 futurum（―の futurus）　75, 154, 160, 451, 490

擾乱 perturbatio　95

触覚 tactus　42, 94, 437, 446〜448, 531, 551

植物 planta　63, 545, 548, 549, 677

磁力 vis magnetica　475

　virtus magnetica　479, 572, 576

しるし signum　17, 18, 450, 460

真 veritas　45, 53, 112, 345

　―である（・なる・の）verus　3, 5, 7〜9, 22, 44, 52〜56, 58〜63, 68, 69, 77, 79, 80, 82, 84, 98, 104, 108, 110, 111, 132, 153, 160, 161, 289, 345, 349, 352, 379, 431, 438, 440, 456, 458, 468, 470, 486, 545, 553, 640　（英）true　647, 654, 655, 685

　―なる命題　→「命題」の項参照

神学 theologia　6, 24
真空 vacuum　104, 248, 250, 468, 563
神経 nervus　100, 436, 438, 441, 446, 447, 450, 451, 546, 550
信仰 fides　6, 25, 491
進行 progressio　152, 153, 512, 531, 540, 598
心臓 cor　100, 436, 438, 441, 444, 445, 447, 449, 492, 532, 550, 571
身体 corpus　50, 54, 100, 167, 168, 388, 433, 436, 450, 458, 493, 494, 511, 551, 560, 568, 686
人（間身）体 corpus humanum　4, 5, 577
振動 vibratio　526, 536, 543～545, 573
震動 tremor　540
真理（性）veritas　16, 21, 38, 52～55, 59, 74, 82, 84, 102, 108, 111, 160, 302, 303, 335, 345, 347, 571, 576, 633　（英）truth　647
水銀 argentum vivum　373, 465, 466, 470
水晶体 cristallinus　446, 497
推進 trusio　（—する promovere）248, 271, 272, 281, 378, 385, 561
彗星 cometes　528, 529
垂線（recta）perpendicularis　222～224, 338, 363, 374, 376～378, 380, 416～422, 424, 425, 495, 496, 504, 634
錐体 pyramis　233, 538
垂直な（である）perpendicularis　221, 222, 230, 233, 374～376, 378～380, 406, 416, 426, 427, 574, 640

推動 pulsio　248, 382, 383
推論 ratiocinatio（—する ratiocinari）　16～20, 25, 27, 28, 34, 37, 44, 49, 53, 54, 56, 61, 65, 69, 74, 76, 77, 82, 85, 87, 89, 92, 95, 98, 108, 110, 111, 115, 117, 121, 124, 130, 137, 345～347, 431, 456, 458, 492, 520, 569, 576, 577
　（英）ratiocination　586, 662, 685
数学者 mathematicus　3, 30, 74
図形 figura　3, 15, 19, 20, 30, 37, 62, 93, 97, 103, 108, 112, 179, 211, 231, 233, 237, 238, 253, 283～294, 296～299, 302～304, 307, 346, 354, 399～401, 403～412, 414, 599～601　（英）figure 588, 591, 603, 606
　完全— figura completa　283, 287, 295, 296, 400～406, 410, 599, 601　（英）complete figure　603, 606
　欠如— figura deficiens　283, 287, 288, 293～298, 302～304, 306, 400～405, 599, 600, 602　（英）deficient figure　603, 604, 606
　直線— figura rectilinea　231
　平面— figura planea　19, 233
星間諸物体 corpora intersideralia 489
精気 spiritus　79, 436, 440, 441, 447, 450, 493, 511
　動物— spiritus animalis　446, 447, 451
星群 sidus　455
正弦 sinus（rectus）　419～424,

478, 618, 619, 632, 637, 642
（英）sine　653
―線 sinus（rectus）　331, 332, 334〜337, 342, 344, 420〜424, 615, 618, 631, 632, 641
（英）sine　649, 663〜667, 669
星座 sidus　21, 481
静止 quies（―する，―している quiescere）　93, 128〜131, 137, 140, 143, 144, 153〜156, 163, 233, 241〜243, 245, 246, 253, 256, 258, 268, 269, 274, 310, 312, 371, 383, 384, 386, 387, 448, 461, 470, 479, 523, 534, 541, 556, 557, 574, 575, 635
situs　92
政治学 politica　96
政治史 historia civilis　25
性質 natura　89, 232, 234, 238, 289, 415, 419, 462, 488, 522, 524, 569, 572, 574
qualitas　88, 94, 110, 218, 435, 577　（英）quality　685
聖書 Scriptura Sacra　6, 7, 458
精神 anima　22
mens　9, 16, 47, 120, 122, 441
正接 tangens（arcus）　333, 334
―線 tangens（arcus）　329, 331〜333, 335, 339, 343
（英）tangent　655
生物 animatum　41, 43, 53
正方形 quadratum　18, 91, 107, 172, 329, 331〜334, 338〜340, 343, 423, 424, 615, 631, 633, 637, 639, 642, 643　（英）square 648, 649, 658, 664, 667, 670

生命 vita　18, 39〜41, 43, 48, 54, 100, 104, 388, 431, 446, 449, 450, 554, 555, 568, 571
―のある animatus　17, 18, 39, 54, 88, 104, 388
世界 mundus　6, 9, 10, 29, 115, 117, 124, 125, 427, 455〜458, 461, 462, 471
積 factum　197〜199, 203, 204, 254〜258, 263
multiplex　192
productum　264, 265, 332, 334
（英）product　587, 593, 594
赤道 aequator　556, 558
aequinoctialis　482〜484, 513, 516, 517
斥力 abactio　479
impulsio　109
接近 accessio　19, 382, 450, 481
（隣）接している contiguus　122, 126, 135, 149, 217, 237, 243, 293, 358, 363, 366, 368, 372, 383, 384, 386, 437, 461, 479, 493, 546, 550, 551, 569, 573, 615
（英）contiguous　674
（隣）接する contingere　217, 221, 229, 232〜234, 292, 304, 422, 426, 459, 643　（英）touch 656, 669
接触 contactus（―する contingere）　121, 244, 245, 251, 372, 384, 385, 500, 519, 550, 551
tangere　135, 433, 521, 550
接線（linea）contingens　217, 221〜223, 229, 230, 234, 249, 250
tactio　292
tangens　304, 305, 364, 365,

427, 597, 598, 633
　（英）tangent　654, 655, 662, 670
　─角　→「角」の項参照
接点 punctum contactus　217, 222, 232, 597, 656
切片 segmentum　226, 233, 305, 324, 412, 413, 626, 627, 642, 643
線(分) linea　3, 40～43, 84, 91, 92, 98, 105, 108, 119, 138, 139, 171～177, 184～186, 193, 205, 211, 213, 214, 216～218, 220, 223, 231～235, 237, 242, 244, 245, 247～249, 266～271, 278, 284～286, 289, 290, 292, 296, 299, 303, 309～313, 315, 332～334, 345, 348, 351, 354, 356, 357, 359, 361, 366, 367, 372, 381, 382, 386, 387, 401, 403, 415～417, 419, 426, 486, 540, 573, 574, 600, 601, 609, 612, 624, 636, 638
　（英）line　586～591, 604, 606, 649, 656, 663, 666, 667
善 bonum　22, 453
漸近線 asymptosia　234, 235
先件 antecedens　164, 165
前項 antecedens　180～184, 186～189, 191, 192, 198, 202, 208, 209, 657
潜在的に potenta　124
占星術 astologia　25
潜勢力 potentia　49, 157, 158, 159, 161, 163, 302, 303, 577
　全体的な─ potentia integra　158
　十全な─ potentia plenus　158, 159
　能動的─ potentia activa　157, 158, 161
　受動的─ potentia passiva　158
戦争 bellum　6, 22, 96
全体 totum　3, 9, 18, 39, 88, 89, 93, 98～100, 104, 107, 109, 121, 122, 124～126, 129, 133～135, 138, 139, 142, 143, 145, 147, 148, 155, 161, 179, 187, 188, 191, 194, 196, 205, 208, 210, 211, 213～216, 219, 220, 222, 230, 231, 233, 242, 245, 253, 254, 256, 259, 261, 275, 278, 280, 281, 283, 284, 292, 303, 311, 313, 322, 332, 334, 340～342, 344, 349, 353, 355, 357～359, 361, 363, 367, 368, 371, 378, 381, 385～387, 398, 399, 407, 411, 412, 414, 433, 439, 448, 452, 455, 463～465, 470, 472, 475, 477, 478, 481, 485～487, 489, 494, 499, 500, 508, 511, 515, 520, 521, 524, 533, 534, 537, 541, 542, 546～548, 557, 561, 562, 567～569, 599～602, 607, 609, 611, 612, 637, 638, 642, 645
　（英）whole　584, 585, 587, 590, 603, 604, 606, 651, 653, 674
　─的（な）integer　150～152, 158
前提 praemissa（─する praemittere）　63～66, 71～73, 77, 109 347, 515　（英）premise　655 suppositio（─する (sup)ponere）　30, 38, 48, 102, 115, 225, 281, 298, 345, 346, 382, 401, 442, 469, 470, 519, 523, 536
　大─ major propositio　64, 67～

索引 | 731

70
　小— minor propositio　64, 68, 69, 71
前房水 aqueus　446
像 imago　9, 31, 35, 69, 80, 81, 106, 127, 173, 448, 449, 507
　spectrum　52
　species　79
相違(性) diversitas　32, 43, 72, 145, 155, 164, 443, 505, 539
相関項 correlatum　164
双曲線 hyperbola　30, 107, 352, 625, 629
総合 synthesis　345〜347, 349, 352, 627
　—的(な) syntheticus　88, 90, 95〜98, 101, 102
相似の similis　235〜238
創造 creatio（—する creare）　9, 117, 127, 457, 461, 476, 555
想像 imaginatio　40, 42, 55, 75, 76, 87, 116, 144, 439, 440, 442, 443, 462, 590, 682
　—力 imaginatio　79, 87, 94, 109, 127, 153, 443
　facultas imaginativa　35
総体 summa　66, 67, 99, 122, 368
総和 summa　101, 183, 598
属性 attributum　24
測定 mensura（—する mensurare）　21, 116, 119, 335, 386, 566, 646
速度 velocitas　42, 50, 93, 95, 139〜143, 154, 174〜177, 184〜186, 219, 227, 228, 230, 234, 242〜244, 250, 251, 253, 255〜261, 268, 270〜281, 285〜287, 297, 299, 302, 310, 312, 313, 353, 356〜358, 361, 363, 379, 380, 384〜386, 394, 418, 483, 484, 487, 522, 532, 533, 541, 557, 558, 565, 566, 607〜609, 611, 612, 633, 634, 644, 645　（英）velocity　587, 588, 590, 593, 595, 596, 681

タ行

体液　→「液」の項参照
対角線 diagonalis　267, 273, 275, 289, 290, 298, 306, 311, 337, 343, 423, 424, 600, 601, 608, 609, 611, 613, 619　（英）diagonal　605, 649, 658, 659, 664, 667, 669
　—の長さ diameter　172
大気 aether　515, 517, 519, 548, 555
　atmosphaera　528
対象 objectum　79, 80, 92, 98, 99, 100, 171, 381, 433〜436, 438〜441, 443〜445, 447, 448, 450, 451, 453, 455, 492, 528, 538, 541, 546, 549〜551
大小関係にある subalternus　60
大地 terra　455, 526, 527, 569
大砲 bombarda　502, 536, 679, 680
太陽 sol　75, 97, 98, 100, 110, 111, 118, 119, 141, 435, 439, 471〜482, 484, 486〜488, 490〜498, 503〜507, 509, 512, 513, 515, 516, 525〜528, 538, 549, 555, 564, 677
楕円(形) ellipsis　354, 367, 480, 485, 486, 574, 629

—の ellipticus 138, 480
打撃 ictus 380, 539, 543
　percussio 379, 385, 531, 534, 566
足し算（加算）additio 17, 187, 200, 584 （英）addition 583
縦径 diameter 258, 274, 276, 309, 311, 313, 607〜613
魂 anima 122
多様性 diversitas 44, 437, 441, 491
　varietas 57, 92
単位 unitas 121, 123, 180
単一(性) unitas 18, 64, 138, 167, 347
探究 investigatio（—する investigare）21, 24, 82, 87, 91, 94, 95, 99, 101, 130, 238, 431〜433
探求 inquisito（—する inquirere）92〜94, 98, 432, 433, 491, 512, 554, 555 （英）—する enquire 662
単語 vocabulum 27, 30, 75, 101〜103, 107, 553
知 sapientia 10, 457
知覚 perceptio（—する percipere）18, 19, 92, 115, 164, 179, 439, 442, 455, 509, 514, 531, 541, 554
力 potentia 19, 21
　vis 20, 41, 42, 84, 143, 245, 246, 248, 249, 251, 357, 362, 364, 372, 377, 380, 382, 383, 385, 388, 389, 418, 453, 463〜466, 469, 470, 475, 498, 501, 513, 516, 518〜521, 523, 525, 526, 534, 535, 554〜565, 568, 572, 573, 627, 677, 679
　virtus 94, 115, 272, 352, 475, 479, 575
　（英）force 681, 682
　（英）power 685
地球 orbis terrarum 21
　tellus 3, 4, 356, 475, 478, 480, 481, 485, 486, 515, 516, 554, 555, 557, 558
　terra 91, 110, 111, 138, 471〜488, 490, 513〜517, 528, 529, 554〜559, 574, 575, 677
知識 scientia 25, 28, 30, 37, 87〜90, 92, 95, 96, 104, 106, 160, 349, 432, 456
地軸 axis terrae 472〜474, 476, 480, 574
知性 intellectus 78, 81, 489, 554, 576
秩序 ordo 9, 44, 441, 443, 444
地平線 horizon 506, 507, 527
中間の medius 123, 182, 183, 195, 203〜205, 482, 491, 508, 548, 555, 569
中間物 medium 149, 434
中心 centrum 91, 110, 215, 216, 218〜220, 222, 226, 230, 231, 233, 234, 249, 317〜322, 324, 326, 327, 353〜355, 357, 358, 361〜367, 391〜400, 402, 403, 406〜414, 419, 427, 467, 472〜474, 476〜478, 480〜483, 485〜487, 494, 496, 517, 520, 529, 554, 556〜558, 597, 617, 620, 633, 635〜637, 640, 643, 644 （英）center 649, 651, 656, 658, 661, 664, 666, 670, 673〜675
　—角　→「角」の項参照

昼夜平分時 aequinoctium　477, 482, 483, 486, 487
　――の aequinoctialis　472, 478, 480, 677
　――歳差 praecessio aequinoctiorum　485, 487
超過 excessus（――する excedere）　164, 165, 179, 181, 182, 185, 192, 194, 195, 207, 248, 278, 279, 281, 293, 294, 301, 305, 321, 358, 410〜412, 419, 504, 609, 612, 613, 637, 639, 642　（英）excess　583〜585, 659, 660
聴覚 auditio　531
　auditus　42, 79, 94, 446〜448, 533, 538, 541, 543, 550
頂点 vertex　225, 227, 228, 233, 234, 244, 298, 397, 400, 402〜405, 412〜414, 469, 506, 609, 610, 612, 613
長方形 parallelogrammum　253〜255, 257〜266, 269, 270, 273, 275〜277, 279, 284, 285, 287〜291, 295〜298, 306, 309, 311, 334, 352, 397〜400, 403, 404, 410, 600, 601, 607, 609, 610, 612, 613
　rectangulum　333, 346, 350, 351, 375, 398, 399, 406, 408, 643, 645
　（英）parallelogram　587, 588, 591, 593, 594, 604〜606
　（英）rectangle　663, 664
直接的（――な, ――の）immediatus　149, 243, 433, 456, 545
直線（linia）recta　54, 91, 93, 98, 103, 105, 112, 198, 205, 211〜218, 220〜233, 235, 236, 238, 244, 249, 250, 253, 254, 259, 264〜273, 275, 278〜280, 285, 286, 288〜289, 292, 293, 296, 298〜300, 304〜306, 309〜313, 315〜328, 331〜337, 339, 341〜345, 348, 349, 351, 353〜355, 362, 363, 366, 367, 374, 375, 377〜379, 381, 391, 393〜402, 405〜415, 417〜421, 423〜427, 474, 477, 478, 481, 484〜487, 494〜496, 504〜506, 538, 540, 544, 557, 558, 560, 564, 573, 574, 576, 600, 601, 607〜615, 617〜629, 631〜645
　（英）straight line　587, 595, 604, 605, 647〜649, 651〜667, 669, 670
　――運動　→「運動」の項参照
直角（angulus）rectus　58, 62, 91, 101, 221〜225, 230, 266, 305, 331, 338, 341, 362, 374, 375, 413, 415, 487, 643
　rectangulum　18, 106
　（英）right angle　661
　――三角形　→「三角形」の項参照
直径 diameter　97, 215, 222, 343, 362, 413, 473, 474, 481, 486, 504, 591, 643, 647
陳述 oratio　18, 19, 29, 31, 32, 35, 37, 45, 46, 53, 55, 63, 69, 77, 78, 80, 81, 102〜104, 106
月（天体）luna　118, 449, 471, 472, 474, 475, 480〜484, 503, 506, 507, 527, 677
月（暦の）mensis　118
冷たさ frigus　42, 48, 94, 448, 463,

734

511, 512, 519, 548

釣り合っている aequiliberatus 241, 431, 456, 551,
391, 402, 561

手 manus 82, 83, 120, 145, 149,
388, 511

定義 definitio（一する definire）
9, 10, 16, 24, 26, 27, 29, 31, 36,
46, 53, 54, 63, 80〜82, 87, 88, 92,
97, 98, 102〜110, 117〜120, 127
〜129, 136, 137, 141, 148, 152,
154, 157, 159, 171, 174, 179, 181,
182, 184, 185, 189, 192, 194, 198,
199, 204, 211, 213, 214, 216〜
218, 220, 223, 224, 232, 237, 241
〜245, 253, 283, 345〜347, 350,
353, 371, 382, 388, 391, 392, 394,
397, 402, 431, 433, 434, 492, 502,
515, 531, 553, 614, 624

（英）—する define 587

抵抗(力) resistentia（一する
resistere） 154, 244, 245, 247,
248, 250, 251, 356, 357, 364, 371,
372, 374, 376, 379, 384, 388, 391,
416, 421, 426, 434, 459, 460, 465,
466, 469, 504, 506, 515, 538, 553,
561, 565, 568, 575

（英）resistance（一する resist）
681, 682

定式 formula 40〜44

底辺 basis 227, 257〜260, 268,
269, 274, 276, 284, 287〜291,
293, 295, 298, 299, 302, 309〜
312, 397〜401, 403〜412, 414,
607〜613, 620, 640, 643, 644

（英）base 591

底面 basis 234, 294, 304, 364,
397, 412〜414, 496, 503〜506,
538 （英）base 606, 656

定理 theorema 3, 21, 103, 112,
192, 245, 279, 300〜302, 332,
340, 346, 350, 377, 379, 422, 432,
576, 613, 624, 629

（英）theoreme 584〜586, 597,
685

哲学 philosophia 3, 5〜7, 9〜11,
15〜17, 19〜22, 24〜29, 34, 38,
40, 44, 45, 47, 49, 51, 53, 57, 62,
65, 68, 71, 72, 74, 76, 78, 82, 84,
85, 87〜89, 93〜96, 105〜107,
109, 115, 135, 241, 431, 456, 551,
554, 571

—者 philosophus 5, 6, 32, 39,
44, 56, 65, 102, 117, 141, 144,
146, 166, 173, 436, 479, 529,
554, 555

国家— philosophia civilis 22,
25, 26, 95, 96

自然— philosohpia naturalis
25, 94, 95, 130

第一— philosophia prima 83,
113, 303

道徳— philosophia moralis 22,
95

点 punctum 48, 54, 92, 138, 145,
173, 174, 184, 185, 194, 211〜
213, 215〜219, 221〜223, 226,
227, 230〜233, 235〜238, 243〜
247, 249, 251, 256, 258, 267, 269,
270, 272, 274〜276, 279, 281,
284, 286, 289, 291〜293, 296,
298, 299, 302, 310, 312, 313, 315
〜318, 320〜328, 331, 337, 338,
342〜344, 348, 353, 354, 356〜
359, 361〜363, 365〜367, 371,

索引 | 735

374〜379, 391, 393, 394, 396, 398〜402, 407, 408, 414, 415, 418, 419, 421, 422 426, 427, 455, 473, 477, 478, 480, 481, 485〜487, 490, 504, 505, 507, 514, 519, 540, 543, 544, 547, 551, 552, 558, 574, 597, 598, 601, 608, 611, 617, 618, 620, 623, 625, 627, 631, 632〜634, 640, 641, 644, 645, 662, 669, 670

　（英）point　586〜589, 591, 604, 606, 652, 655, 656

　外端— punctum extremum　237

天（空）caelum　9, 75, 116, 506, 507

天体 astrum　9, 10, 94, 439, 471, 489

　corpus caeleste　94

伝播 propagatio（—する propagari）372, 380, 540

天秤 libra　391〜399, 402, 477, 480, 486, 487

天分 ingenium　5, 23, 27

天文学 astronomia　3, 4

　—者 astronomus　486, 487

度 gradus　19, 193, 331, 332〜335, 339, 343, 424, 425, 470, 471, 475, 477, 478, 482, 485〜487, 519, 527, 532, 566

　degree　649, 663〜666, 674, 682

等 aequalitas　147, 164, 176, 177, 220, 347〜349

同一な（の）idem　7, 17, 18, 28, 33, 37, 47, 53, 57, 59, 60, 64〜66, 68, 69, 77, 80, 81, 83, 101, 110, 116, 129, 131, 134, 137, 139, 140, 154, 163, 164, 166, 168, 169, 175, 177, 179〜182, 184, 200, 206, 208, 211, 213〜217, 219, 221, 222, 226, 230, 232, 241, 243, 244, 247, 250, 251, 253, 338, 339, 347, 355, 362, 367, 381, 387, 393, 397, 415, 433, 437, 451, 452, 468, 502, 526, 528, 539, 549, 550, 553, 560, 565, 620, 626, 631, 640, 642

　（英）same　584, 593, 595, 604, 652, 656, 681, 682

　—性 identitas　32, 167〜169

動因 momentum　118

　—体 motor　469

道具 instrumentum　21, 351, 566, 624

瞳孔 pupilla　446

冬至 media hiems　478

同時に eodem tempore　163, 215, 267, 268, 272, 285, 460, 469, 481, 544, 607〜609, 612, 637, 645

　simul　3, 38, 62, 83, 99, 116, 121, 122, 125, 133〜135, 143, 144, 153, 158, 161, 167, 176, 212, 231, 244, 248, 266, 268〜270, 280, 283, 358, 363, 364, 385, 409, 435, 438〜440, 448, 461, 472, 474, 476, 494, 512, 513, 517, 528, 536, 542, 543, 545, 560, 565, 566, 597, 601, 611, 634, 644

　una　141, 175, 541, 546, 563

　（英）in the same time　589, 593, 652

同時的な contemporaneus　184

等質（的）な homogeneus　359,

360, 362, 363, 397, 416, 423, 524, 526, 555
同心円 circulus concentricus　215, 219, 226, 244, 358, 644
等速で uniformiter　142, 185, 186, 194, 219, 227, 257, 267, 271, 272, 280, 281, 283, 285, 310〜313, 608, 611, 612, 644
等速運動　→「運動」の項参照
等置(関係) aequatio　112, 346, 349, 350, 624
同値の aequipollens　69
等同性 aequalitas　32, 42, 43, 48, 112
道徳学 moralis scientia　24
道徳哲学　→「哲学」の項参照
動物 animal　16, 18, 19, 29, 30, 34〜36, 39, 41, 43, 44, 46, 47, 51〜53, 55, 56, 58〜61, 63〜73, 75, 81, 109, 144, 435, 436, 441, 446, 448〜452, 492, 493, 533, 549, 567, 568, 571
　―精気　→「精気」の項参照
等辺形 aequilaterum　18, 106
動脈 arteria　436, 447, 450, 531
透明(性) diaphaneitas　94, 100, 494, 506, 507, 524, 525, 568, 569
　―な diaphanus　33, 446, 503, 504, 508, 511, 524, 525, 568
特殊 speciale　35, 359, 360
　―的(な) particularis　5, 35, 88〜91
　―的名辞　→「名辞」の項参照
特称命題　→「命題」の項参照
特性 proprietas　19〜21, 24〜26, 49, 50, 62, 68, 93, 97, 98, 101, 105, 108, 109, 112, 182, 199, 211, 213, 214, 216, 223, 241, 255, 297, 356
凸状の convexus　382
凸面　→「面」の項参照
努力 conatus (―する conari)　7, 21, 91, 241, 243〜245, 248〜250, 364, 365, 368, 371〜378, 380, 381, 384, 386〜388, 391, 392, 419, 421, 422, 426, 427, 433〜435, 439, 448〜451, 459, 462, 465, 466, 469, 470, 475, 492〜494, 499, 503, 508, 511, 517, 520〜523, 525, 531, 535, 542, 554, 558, 560, 561, 563, 564, 568, 573〜575, 614, 679
　(英) endeavour　587, 647, 674, 681〜683

ナ行

名 nomen　18, 31〜39, 43, 46〜48, 53, 55, 59, 75, 104, 107, 115, 146, 147, 446
長さ longitudo　20, 93, 138〜142, 171〜173, 185, 211, 212, 220, 222, 251, 253〜266, 268〜271, 273〜278, 280〜282, 312, 371, 377, 382, 386, 413, 634, 643, 679
　(英) length　586, 591, 593〜595, 647, 648, 662, 669, 670
南北両極　→「極」の項参照
匂い odor　42, 94, 130, 448, 531, 545〜550, 568
2乗 potestas　332
　quadratum　257, 333
　(英) square　663, 666
　―の（―した）duplicatus

索　引 | 737

200, 203, 204, 256〜258, 260, 261, 268, 269, 273, 274, 283, 284, 290, 300, 302, 303, 334, 349, 398, 399, 413, 414, 608, 611 （英）duplicate 585, 586

2倍の duplus 200, 230, 300, 302, 318, 332, 335, 336, 404
（英）double 585, 586, 596, 655, 657, 660, 661

2分の1乗（$\frac{1}{2}$乗）subduplicatum（―の, ―した subduplicatus） 200〜202, 204, 205, 258, 288, 301, 302
（英）subduplicate 586

入射 incidentia（―する incidere） 315〜320, 322, 325〜327, 331, 335〜337, 365, 379, 417, 418, 423, 425, 426, 505, 506, 508, 509, 524
　―線（linea）incidens 316, 318〜320, 322, 324〜327, 415, 416
　―点 punctum incidentiae 317〜319, 416, 426
　―角　→「角」の項参照

人間 homo 8〜10, 16, 18, 22, 25〜27, 29〜37, 39, 41, 43, 44, 46, 47, 51〜61, 63〜75, 78, 80, 81, 88, 89, 96, 102, 104, 106, 109, 115, 121, 122, 145, 146, 160, 162, 167, 168, 437, 438, 442, 449, 452, 453, 456, 457, 489〜491, 545, 568〜570, 577, 625, 626 （英）man 686
　―身体　→「人体」の項参照

認識 cognitio（―する cognos-cere） 16, 17, 19, 20, 22〜26, 57, 62, 74, 82, 83, 85, 87, 88, 90〜92, 94〜96, 99, 102, 104, 106, 109, 112, 119, 135, 162, 171, 172, 174, 238, 301, 303, 304, 315, 334, 347, 431, 432, 443, 451, 475, 491, 492, 511, 515, 545, 551, 569, 627, 643

熱 calor 49, 50, 89, 130, 361, 435, 444, 463, 492, 494, 497, 503, 516, 520, 522, 525, 549

年 annus 118

脳 cerebrum 100, 436, 441, 444, 445, 447, 550

濃密な densus 140, 416, 417, 419, 421, 423〜425, 553

能力 facultas 18, 19, 22, 35, 116, 128, 373, 452, 532, 581

ハ行

媒体 medium 80, 98, 100, 248, 250, 356, 359, 360, 364, 366〜368, 371, 376, 380, 382, 415〜417, 419〜425, 493〜496, 504〜507, 531, 534, 535, 541, 542, 576, 673, 674

博物誌 historia naturalis 25

端 terminus 20, 212, 214〜216, 226, 234, 244, 285, 339, 342, 348, 387, 467, 542, 635
（英）end 681

始め principium 123, 442

場所 locus 11, 17, 23, 43, 69, 76, 79, 92, 93, 97, 100, 103, 110, 115, 116, 122, 124, 131〜140, 150, 163, 171, 235, 237, 241, 242, 245,

348, 349, 355〜357, 359, 360, 363, 368, 372〜374, 383, 384, 387, 388, 418, 435, 438, 442, 443, 445, 448, 449, 451, 455, 459, 460, 463, 465, 466, 468, 470, 471, 484, 487, 493, 494, 501, 503, 505, 512, 513, 516, 518, 522, 525, 538, 541, 542, 547, 551, 553, 554, 556〜558, 560, 563, 565〜567, 569, 570, 677 （英）place 674, 682

発言 enuntiatio 45, 75

八分円（英）semiquadrant 659, 663

発酵 fermentatio 360, 361

発生（の仕方）generatio（―する generari） 16, 19, 20, 24〜26, 87, 91, 92, 95, 99〜101, 103, 104, 146, 152, 167, 169, 172, 232, 292, 304, 347, 388, 416, 426, 431, 432, 434, 436, 463, 476, 492, 494, 496, 497, 501, 503, 506, 513, 533, 541, 545, 549, 550, 564, 574, 601, 607, 611, 612, 627, 634, 635, 644, 677

幅 latitude 138, 173, 272, 334, 475, 551, 557, 601, 634
　（英）breadth 591

速さ celeritas 247, 379, 496
　（英）swiftness 587〜591

半円 semicirculus 215, 331, 341, 477 （英）semicircle 661, 669

半球(形) hemisphaerium 120, 363, 399, 414, 478, 480〜482

半径 semidiameter 215, 222, 226, 228, 302, 303, 326, 329, 366, 414, 472, 478, 483, 514, 590, 631

反作用 reactio （―する reagere） 387, 418, 419, 426, 434〜436, 440, 441, 448, 449, 451, 492, 505, 531, 532, 534〜537, 550, 554, 560, 568, 679

反射 reflexio （―する reflectere） 98, 315, 322, 415, 419, 425〜427, 506〜509, 521, 524, 528, 537, 538
　―音 sonus reflexus　537, 538
　―角 →「角」の項参照
　―線（linea）reflexa 316〜325, 327, 328, 427, 538
　―点 punctum reflexionis　426

半周 semiperimeter 215, 221, 230, 231

反対の（する）contrarius 24, 60, 154, 211, 244, 371, 377〜379, 387, 417, 434, 511, 522, 542

判断（力）judicium （―する judicare） 15, 30, 112, 130, 238, 387, 434, 437, 442, 443, 457, 508, 542, 568, 628, 639 （英）―する judge 667

範疇 praedicamentum 40〜44

反転 conversio（―する convertere） 186, 187, 191, 209

半輻線 semiradius 636〜638, 666

半分 dimidium 209, 254, 280, 288, 289, 297, 302, 327, 336, 342, 609
　semis 142, 183, 200, 206, 209, 231, 254, 273, 279, 280, 303, 325, 335, 338, 344, 401, 403〜406, 408〜414, 486, 598, 609, 615, 619, 627, 638, 642
　（英）half 583, 649, 651, 655, 660, 663〜665, 670

半放物線（半放物形）
　semiparabola 604, 607
　―類 semiparabolastrum 311

索　引│739

〜313

判明に distincte　18, 439, 534, 538

火 ignis　149, 150, 153, 360, 361, 492, 494, 496, 497, 499〜503, 508, 517, 569〜571, 679

日 dies　118, 122, 487

比較 comparatio（—する comparare）　6, 21, 24, 30, 38, 41, 57, 97, 98, 119, 125, 153, 164〜166, 171, 172, 175, 179〜181, 191, 206, 213, 220, 222, 231, 244, 287, 288, 294, 304, 371, 385, 386, 437, 442, 443, 470, 471, 506, 521, 524, 584, 613, 614, 619

（英）—する compare　647

光 lumen　40, 79, 89, 99〜101, 447, 448, 492, 541

　lux　9, 10, 42, 44, 50, 94, 241, 435, 439, 491, 494, 497, 498, 501〜503, 505〜508, 526, 570

引き算 substractio　17, 32, 405

（英）substraction　583

非原始命題　→「命題」の項参照

被造物 res creata　9, 555

必然性 necessitas　95, 152, 432, 452, 462, 466, 468, 469

必然的（な）necessarius　31, 49, 54〜56, 61, 63, 65, 66, 81, 110, 135, 137, 150〜152, 155〜157, 159, 160, 175, 213, 258, 334, 346, 357, 368, 373, 382, 383, 385〜387, 436〜438, 440, 441, 451, 452, 473, 475, 482, 484, 488, 492, 502〜504, 507, 509, 512, 514, 524, 546, 550, 557, 563, 565, 567, 574, 576, 627

（英）necessary　674, 681

…は—である necesse est　77, 110, 127, 132, 155, 160, 161, 345, 353, 357, 364, 367, 373, 374, 385, 444, 447, 450, 451, 461, 466, 468, 470, 492〜495, 497, 498, 502, 507, 512, 519, 520, 524, 525, 535, 536, 546, 566, 632, 677

否定 negatio（—する negare）　23, 33, 45, 51, 52, 59, 65, 75, 76, 84, 122, 130, 137, 138, 232, 461, 464

等しさ aequalitas　62, 91, 164, 166, 172, 176, 179, 181, 185, 199, 203, 303, 304, 309, 346, 349, 614, 625　（英）equality　584, 585

表象 phantasma　31, 34, 35, 39, 68, 77〜80, 82, 87, 97, 115〜119, 127, 131, 132, 135, 136, 141, 432〜450, 455, 456, 492, 496, 507, 508, 531, 532

—像 imaginatio　75, 76, 115, 173, 439, 440

表面　→「面」

比率 proportio　535

　ratio　15, 184〜189, 191〜209, 211, 219, 220, 226, 227, 231, 232, 234〜236, 239, 244, 247, 253, 255〜279, 282〜294, 296〜304, 310〜313, 334, 339, 342〜344, 346, 348, 349, 355, 358, 379, 380, 393〜402, 404〜408, 413, 414, 421〜424, 496, 544, 558, 598〜602, 608, 611〜613, 618〜623, 626, 628, 629, 631, 632, 640〜642, 644

（英）proportion　583〜591,

593〜596, 603〜606, 648, 652, 653, 656〜658, 661〜663, 665, 670
　可通約的― rationes commensurabiles　283
　比例的― rationes proportionales　283
非類似性　→「類似」の項参照
比例 proportio　19, 97, 112, 164, 179, 182, 184, 186〜192, 199, 203, 205, 208〜210, 219, 220, 236〜238, 255, 257, 275, 278, 283, 297, 302, 311, 346, 352, 364, 395, 423, 599, 631, 633, 640〜642
　（英）proportion　587, 603, 655〜657, 670
　―関係（にある）analogismus　179, 182, 187〜191, 208, 209, 255, 352
　―項 proportionalia　182〜184, 186〜188, 191, 192, 206
　―している proportionalis　181〜189, 192, 193, 201〜206, 220, 226, 228, 236, 237, 273, 275, 297, 346, 423, 601
　（英）proportional　665
　―中項 medium proportionale　205, 254, 273, 275, 276, 278〜280, 282, 292, 293, 306, 307, 309, 341, 342, 423, 607, 609, 611, 613, 622, 629, 639
　（英）mean propotional　595, 596, 663, 666
　―に不足した関係（にある）hypologismus　182, 189, 191
　―を超過した関係（にある）hyperlogismus　182, 189〜191, 208
ひろがり expantio　10, 348, 374, 478
深さ funditas　139, 465, 561, 571
複合 compositio（―する componere）　187, 189, 190, 202, 209, 297, 401
輻線 radius　20, 215, 216, 219, 226, 229, 230, 249, 250, 304, 305, 329, 331〜333, 335, 339〜344, 353〜356, 361, 362, 365〜367, 419, 421, 478, 490, 615, 619〜621, 633, 636〜640, 642, 643, 647〜649, 651, 653〜658, 660〜666
不足 defectus　164, 179, 181, 182, 185, 193〜195, 200, 301
　（英）defect　583〜585
物質 materia　90, 91, 96〜98, 103, 167, 171〜173, 175, 365, 366, 373, 461, 462, 475, 479, 491, 494, 496〜499, 501, 502, 504, 508, 509, 518, 529, 534, 538, 542, 543, 553, 561, 562, 565, 566, 569〜571, 679
　substantia　491, 502, 511, 514, 519, 524, 546, 547, 564
　（英）matter　682
物体 corpus　17〜21, 24〜26, 39〜41, 43, 44, 47〜50, 54, 61, 63〜71, 73, 77〜79, 82, 90, 92〜94, 96〜98, 100, 103, 104, 110, 115〜119, 125, 127〜140, 142〜147, 149, 150, 153〜156, 161, 163, 164, 166〜168, 175, 241, 243, 245〜248, 251, 253, 310, 312, 313, 315, 354, 356〜362, 364〜368, 371〜377, 382, 383, 385〜388,

索　引 | 741

391, 395, 415, 417～419, 421,
423, 425, 427, 432～436, 438,
441, 442, 447, 448, 455, 460～
464, 468, 470～473, 475, 476,
479, 489～491, 494, 498～500,
503, 509, 512, 515, 520, 521, 523,
524, 528, 532～536, 538～540,
542～548, 553～558, 560～562,
567～569, 574, 576
  （英）body　587, 588, 593, 594,
  673～675, 682, 685
沸動 fermentatio　360, 361, 493,
519, 527
不等(性) inaequalitas　32, 42, 43,
147, 164～166, 172, 176, 177,
181, 220, 237, 244, 303, 346～
349, 539 （英）inequality　584,
662, 665
  ―な inequalis　164, 165, 175,
  176, 181, 237, 248
不動性 immobilitas　132
不動な（・の・である）
immobilis　110, 131, 132, 215,
216, 365, 371, 391, 633
不等質な heterogeneus　416, 524,
555
不透明な opacus　503, 524
部分 pars　8, 29, 48, 49, 54, 84, 88
～90, 93～95, 98, 100, 102, 104,
106, 107, 109, 112, 115, 116, 119
～130, 133, 134, 136, 138～140,
142, 145, 147, 148, 153, 155, 156,
158, 165, 169, 180, 184, 205, 207
～209, 212～215, 221～223, 227,
228, 231, 232, 234, 241～245, 247
～251, 253, 254, 278～281, 285,
292, 298, 303, 310, 312, 326, 329,
331, 333～335, 337, 339, 342,
343, 348～350, 356～359, 363,
364, 367, 368, 371～375, 381～
387, 391, 392, 394, 397～400, 402
～414, 417, 426, 433～436, 438,
440～442, 445～447, 449, 450,
455, 459, 461, 464, 466, 469～
471, 474, 475, 478, 479, 482, 484,
487, 489～503, 505, 507～509,
511～521, 523～525, 527, 531,
534～550, 553, 558, 560～562,
564, 569, 573, 574, 576, 597, 600
～602, 610, 612, 613, 617～619,
621～624, 626, 627, 632, 640,
641, 644, 679
portio　304, 305, 399, 412, 413
（英）part　584, 585, 593～595,
604～606, 647～649, 651～
656, 660, 662, 665, 673, 674,
681
普遍 universale　79, 80
  ―的(な) universalis　34, 35,
  68, 80, 82, 88～92, 102, 105,
  106, 109, 132, 147, 432
部門 pars　3, 4, 15, 25, 26, 93, 94,
96, 107, 109, 241, 576, 685
プリズム prisma　503～506
部類 genus　19, 25, 36, 75, 103,
108, 350, 449, 470, 624, 625
分解 resolutio（―する resolvere）
82, 87, 88, 91, 96, 104～107, 346,
627
分割 divisio（―する dividere）
24, 26, 84, 87, 98, 116, 120～122,
125, 126, 134, 135, 153, 173, 187,
188, 190, 192, 205, 207, 209, 210,
221, 222, 227, 235, 243, 247, 275

～277, 279, 282, 292, 333, 337, 342～344, 391, 398, 400, 403～409, 411～414, 438, 471, 489, 499, 525, 557, 558, 597, 600, 602, 613, 618～623, 626, 631, 641, 642 sectio　329, 350, 624, 640, 642　（英）division（—する divide）588, 596, 604, 606, 648, 649, 651～654, 658, 662, 664, 667, 670　（英）section　655

分子 numerator　198, 271, 403, 405, 406, 408, 411

分数 fractio　198, 270, 271, 403, 405, 406, 408, 409, 411

分析 analysis　345～347, 349, 350, 352, 624, 625, 627, 629, 645

—的な analyticus　88, 90, 91, 95, 96, 98, 101, 111, 442

分母 denominator　198, 271, 403, 405, 411

平衡 aequilibrium　391～393, 396, 397, 400, 403, 406～414, 465, 466

—径 diameter aequilibrii　391～393, 400, 402, 403, 405, 407, 408

—面 planum aequilibrii　391～393, 397

平行な（—である）parallelus　223, 227, 228, 230, 234, 238, 267, 269～271, 273, 275, 280, 286, 289, 290, 292, 296, 298, 309～313, 315～318, 324, 325, 327, 335, 337, 339, 344, 349, 353～355, 363, 367, 375, 377～380, 391～394, 396～399, 401, 405～411, 413, 414, 417, 418, 420, 421, 426, 476, 485, 516, 558, 574, 575, 600, 601, 607, 608, 611, 619, 632, 635, 636, 638, 640～642　（英）parallel　588, 589, 605, 606, 661, 664

平行線（linea）parallela　223, 224, 227, 228, 234, 272, 281, 285, 316, 336, 375, 376, 398, 399, 517, 608, 632, 633　（英）parallel　589, 590, 604, 654

平行四辺形 parallelogrammum　224, 267, 272, 280, 281, 353, 399, 424

平行六面体 parallelipipedum　397, 400

平方根 radix　332～334

平方数 numerus quadratus　257, 333, 558

平面 planum　19, 91, 103, 112, 213, 214, 216～218, 224, 225, 233, 238, 286, 295, 305, 328, 350, 351, 363, 391, 392, 397～399, 403, 413, 422～424, 426, 464, 474, 482, 483, 486, 505, 540, 556～558, 574, 624, 625　（英）plain　587～590

輪状— orbis planus　557

平和 pax　22, 96

冪数 potestas　348～350, 352, 624, 625, 629

辺 latus　172, 225, 254, 259, 262, 280～282, 285, 286, 289, 317, 329, 333, 334, 339, 341～343, 346, 348, 397, 399, 404, 414, 423, 424, 600, 608, 609, 611, 615, 637, 639

（英）side　587, 588, 605, 649, 651, 658, 670

索　引｜743

変化 mutatio（―する mutare）　92, 94, 100, 109, 146, 152, 153, 155, 156, 161, 249, 359, 381, 382, 386, 404, 433, 493, 522, 546, 567, 677　（英）change　674
　　―する variari　67，variegari　438
変形 metamorphosis　184, 189, 255
偏心性 excentricitas　477～480, 486～488, 677
偏心的（な）excentricus　477
変様 affectio　49, 60, 118
法 lex　6, 7, 96, 167, 458
法則 lex　109, 538
膨張 dilatatio　368, 373, 381, 382, 484
　　turgescentia　451
放物形 parabola　258～261, 289, 306, 348, 404, 410, 411, 644
　　立方― parabola cubica　289, 306
　　―類 parabolastrum　261
放物線 parabola　30, 107, 269, 274, 309, 354, 608～610, 614, 628
　　(linea) parabolica　258, 309～311, 607, 609, 629, 644, 645
　　立法― parabola cubica　311, 610
　　―類（曲線）parabolastrum　270, 271, 311～313, 610～613
方法 methodus　9, 10, 15, 22, 85, 87, 88, 90～93, 95～99, 101, 102, 111, 112, 209, 261, 270, 276, 277, 282, 298, 313, 326, 342, 343, 345, 347～349, 352, 354, 407, 409, 412, 431, 555, 601, 612, 613, 623, 629　（英）method　586, 596, 604, 657, 670
補形 complementum　283, 285～288, 290～293, 296～298, 303, 304, 332, 340, 403～409, 414, 599, 600, 602
　　（英）complement　603, 604, 606
補助定理 lemma　207, 285～287, 663, 665
本性 natura　4, 8, 10, 22, 24～26, 29, 30, 36, 41, 74, 91, 104～107, 112, 132, 133, 140, 144, 179, 232, 241, 245, 352, 360, 433, 436, 438, 441, 443, 445, 457, 459, 462, 467, 471, 490, 526, 545, 550, 554, 569, 573, 574, 576, 625　（英）nature　655, 666, 670, 685
本質 essentia　50, 51, 78, 80, 146, 162

マ行

膜 membrana　436, 437, 444, 446, 447, 551
摩擦 attritus　503, 572, 575
末端 extremum　212, 233, 532
　　―の extremus　123, 211, 381, 629
味覚 gustus　42, 94, 446～448, 550
水 aqua　110, 132, 147, 168, 169, 358, 360, 364, 368, 373, 379, 417～419, 459, 460, 465, 467～471, 479, 482～484, 498, 500, 501, 506, 508, 512, 513, 515～519, 524, 526～529, 532, 542, 549, 559

〜564, 566〜571, 573, 677
　（英）water　674
密度 densitas　416, 419〜425, 504
未来 futurum　17, 31, 137, 157, 158, 242
　―の futurus　31, 138, 160
民族 gens　21, 22, 30, 46, 47, 51, 59
無 nihil　32, 117, 144, 598
無限(定)な infinitus　32, 33, 44, 79, 84, 89, 117, 123〜125, 171, 209, 210, 230, 234, 246, 249, 250, 333, 380, 381, 455〜458, 490, 491, 540, 553, 598
矛盾している contradictorius　60
目 oculus　18, 100, 101, 106, 115, 134, 172, 373, 381, 435, 437, 441, 444, 446, 447, 449, 491, 497, 498, 501, 506〜509, 524, 526, 527, 538, 541, 568
名辞 nomen　18, 19, 29〜40, 43〜49, 51, 54, 55, 58, 59, 64, 66, 68, 69, 75, 77〜79, 81〜83, 104〜108, 123, 132〜134, 154, 163, 174
　一義的― nomen univocum　37
　両義的― nomen aequivocum　37
　1次的指向性を持つ― nomen primae intentionis　35
　2次的指向性を持つ― nomen secundae intentionis　35
　共通― nomen commune　34, 51
　個別― nomen individuum　36
　具体的― nomen concretum　38, 46〜50, 78, 129
　抽象的― nomen abstractum　38, 46〜50, 78, 129
　肯定的― nomen positivum　32, 33, 40, 43, 51, 58, 67, 68, 73
　否定的― nomen negativum　32, 33, 40, 43, 52, 58, 59, 67, 68
　絶対的― nomen absolutum　38
　相対的― nomen relativum　38
　単純― nomen simplicium　38, 39, 81
　合成― nomen compositum　38, 39
　単独― nomen singulare　51, 65
　不定― nomen indefinitum　36, 37, 66, 123
　普遍的― nomen universale　34〜37, 51, 67
　特殊的― nomen particulare　36, 37, 51, 65〜67, 71
明示 expositio（―する exponere）57, 171〜176, 179, 180, 243, 287, 346, 350, 624
　―量　→「量」の項参照
名称 nomen　9, 17, 18, 27, 30, 34, 47, 52, 54, 55, 59, 61, 63, 65, 66, 68, 69, 72, 77〜82, 89, 103, 108, 115, 118, 129, 133, 144, 146, 166〜169, 447, 452, 474, 489, 534, 538, 553
明証(性) evidentia　54, 161
―的に evidenter　161
明晰さ claritas　443
　―な clarus　34, 54, 103, 148
　（英）clear　583
　―に clare　7, 106
　（英）clearly　667
命題 propositio　38, 45〜47, 49, 51〜63, 65〜68, 70, 72, 76〜84,

102〜105, 108, 137, 160, 161, 287, 303, 321, 329, 335, 337, 339, 340, 342, 345〜347, 352, 432, 627
（英）proposition　670
原始— propositio prima　53, 54
非原子— propositio non prima　53
肯定— propositio affermativa　51, 67, 68
否定— propositio negativa　51, 59, 67, 68
真なる— propositio vera　52, 54, 61, 62, 69, 77, 79, 82
偽なる— propositio falsa　52, 61, 77
全称— propositio universalis　51, 58, 60, 65, 69, 70, 73
特称— propositio particularis　59
単称— propositio singularis　51, 65
定言— propositio categorica　56〜58, 73
仮言— propositio hypothetica　56, 58, 73
必然的— propositio necessaria　54〜56, 73, 81
偶然的— propositio contingens　54〜56, 81
不定— propositio indefinita　51, 65
目印 nota（—する notare）　27〜31, 36, 39, 101, 102, 174, 345
（表）面 superficies　40, 41, 43, 91, 92, 133, 138, 139, 171〜173, 212〜215, 218, 223, 233, 234, 237, 238, 303〜306, 315, 345, 348, 351, 358, 364, 365, 374, 386, 399, 413, 418, 419, 426, 464, 469, 482, 488, 499, 508, 509, 515, 520, 521, 524, 529, 535, 537, 543, 549, 556, 557, 567, 590, 625, 673, 674
—角　→「角」の項参照
凹凸— superficies gibba　213
凹— superficies concava　422, 427, 446, 520, 537, 538, 543
境界— superficies separatrix　415〜417, 422〜424
曲— superficies curva　213, 348, 426
屈折—　→「屈折」の項参照
凸— superficies convexa　422, 508, 520
面積 dimensio　329, 628, 645
（英）dimension　647, 649, 655, 663, 670
網膜 retina　446, 492
目的 finis　20, 44, 45, 442, 443, 479, 577
scopus　104
（英）end　685
（英）purpose　667
（英）scopus　648
—因 causa finalis　162
モーメント momentum　391〜402, 405, 413, 414
問題 problema　21, 103, 340, 345〜347, 350, 351, 624, 625, 628
quaestio　4, 6, 57, 89, 96〜98, 112, 288, 349, 455〜458, 472, 614
（英）problem　648, 654, 667, 670

ヤ行

有限な（で）finitus　84, 124, 125, 143, 246, 334, 456, 491, 540, 632
夢 somnium　31, 439, 440, 443～445
用語 terminus　58～60, 63, 64, 66, 67, 70, 72, 81～83, 345, 346
要請 petitio　53, 54, 103, 491
様態 modus　49, 118, 128
欲 cupiditas　95
　cupido　452
予見 prudentia　17, 20
欲求 appetitus　94, 96, 442, 444, 449～554
　libido　44
4倍の quadruplus　231, 300, 332, 406
4分の1 quarta pars　221, 335, 337, 343, 481, 612, 618, 620, 632, 640, 641
　quadrans　206, 207
　subquadruplus　618
　（英）the (a) fourth part　651～653, 659

ラ行

落下 descensus（一する descendere）　4, 244, 506, 519, 526, 527, 554～556, 558, 559
力能 potentia　103, 242, 253, 391, 451, 490, 555
理性 ratio　9, 10, 17, 18, 25, 89, 102, 111, 127, 162, 303, 347, 373, 387, 457, 571
　一能力 rationalitas　146
　一を持つ rationalis　18, 39, 54, 55, 88, 104
立証する probare　44, 279, 322, 354, 470, 563　（英）prove　666
立体 solidum　40～42, 133, 138, 139, 171～173, 198, 214, 234, 237, 238, 294, 295, 345, 349, 350, 353, 386, 403, 414, 426
　（英）solid　588, 591
　一角　→「角」の項参照
立方数 numerus cubus　260
立方放物形　→「放物形」の項参照
立方放物線　→「放物線」の項参照
理由 causa　23, 32, 36, 61, 108, 185, 212, 215, 286
　ratio　32, 44, 98, 104, 135, 143, 144, 152, 154, 157, 246, 258, 266, 359, 399, 413, 444, 463, 481, 486, 520, 528, 542, 547, 622
　（英）reason　585, 654, 657, 669, 674
流出 effluvia　459, 547, 548, 550
流体 fluidum　248, 356～358, 366～368, 371, 373, 374, 462, 470～472, 493, 500, 501, 518, 521, 545, 549, 562, 564, 571　（英）fluid　673, 674
流動体 liquidum　357～360, 363～366, 373, 374, 462, 470, 491, 521, 567
流動物 liquor　374, 503
量 copia　513, 522, 563
　quantitas　27, 40～43, 48, 50, 51, 60, 67, 72, 78, 103, 125,

索引 | 747

147, 171, 172, 174, 176, 179,
181, 185, 187, 188, 191, 197,
200, 201, 203, 207〜211, 218,
220〜222, 231〜234, 237, 238,
242〜244, 283, 284, 299〜305,
340, 346〜350, 471, 486, 489,
491, 502, 552, 561, 566, 598〜
600, 602, 609, 618, 624, 638
quantum 40
 （英）quantitiy 583〜587, 591,
603, 605, 606, 682
 ―的関係 ratio 164, 165, 172,
175〜177, 179〜182, 184, 206,
208
 明示― quantitas exposita 172
両義性 aequivocatio 82, 83
両義的（な）aequivocus 38, 83
両極 →「極」の項参照
両端 termini 123, 202〜204, 211
〜214, 216, 244, 305, 381, 387,
540, 626
 ―項 termini extremi 182, 183,
202, 206, 207
輪状平面 →「平面」の項参照
隣接している →「接している」
の項参照
倫理学 ethica 26
 ―者 ethicus 23
類（別）genus 35, 36, 39, 40, 48,
77, 79, 80, 82, 83, 91, 95, 102,
104, 105, 111, 134, 163, 164, 180,
234, 371, 446, 550, 568
類似（性）similitudo 17, 30, 32,
43, 48, 78, 79, 89, 133, 164, 166,
443, 534, 539
 ―している similis 164, 237
 ―していない disimilis 164

非―（性）dissimilitudo 32, 33,
164, 166
戻換 inversio 69
 ―された inversus 69, 71, 72
列 columna 289
 ordo 196〜198, 271, 288, 290,
403, 406〜409, 411, 412
連続的（な），連続している（した）
continuus 41〜43, 100, 118,
136, 152, 153, 174, 183, 199, 201,
214, 232, 241, 299, 302, 310, 383,
542, 550
 （英）continual 583, 585, 586,
605, 663, 665
 連続的に continue, continuo
202, 203, 205, 206, 213, 214,
217, 218, 256, 258, 260, 273,
275, 283, 284, 287, 423, 599,
602, 644
 （英）continually 589, 603, 674
論拠 argumentum 44, 56, 153,
185, 189, 352, 460, 462〜465,
468, 625 （英）argument 655
論考 tractatio 109, 427
論証 argumentatio 83, 84, 147
論点先取 petitio principii 110
論理学 logica 3, 10, 13, 40, 111,
112, 352
 logistica 345
 ―者 logicus 62, 74
論理的（な）logicus 15, 74, 349

ワ行

和 aggregatum 186
 compositum 183
 summa 182, 183, 188, 189, 202

748

惑星 planeta　472, 474〜476, 528, 555
割り算 divisio　17

湾曲(度) curvitas　211, 214, 218, 230, 232　(英) crookedness　651, 652, 655, 656, 657, 659

訳者略歴

本田　裕志（ほんだ　ひろし）
　龍谷大学文学部元教授
　1956年　東京都に生まれる
　1987年　京都大学大学院文学研究科博士課程満期退学
　龍谷大学文学部助教授を経て、2007年より教授（2014年8月退職）

主な著訳書

『ベルクソン哲学における空間・延長・物質』（晃洋書房）
『生命倫理の現在』（共著、世界思想社）
『環境と倫理』（共著、有斐閣）
『応用倫理学事典』（共編著、丸善）
ホッブズ『市民論』『人間論』（京都大学学術出版会）
サン・ピエール『永久平和論1』『永久平和論2』（京都大学学術出版会）

物体論（ぶったいろん）　　　　　　　　　近代社会思想コレクション13

平成 27（2015）年 7 月 1 日　初版第一刷発行

　　　　　著　者　　トマス・ホッブズ
　　　　　訳　者　　本　田　裕　志（ほんだ　ひろし）
　　　　　発行者　　檜　山　爲　次　郎
　　　　　発行所　　京都大学学術出版会
　　　　　　　　　　京都市左京区吉田近衛町69
　　　　　　　　　　京都大学吉田南構内（606-8315）
　　　　　　　　　　電話　075(761)6182
　　　	　　　　　　FAX　075(761)6190
　　　	　　　　　　http://www.kyoto-up.or.jp/
　　　　　印刷・製本　亜細亜印刷株式会社

Ⓒ Hiroshi Honda 2015
ISBN978-4-87698-544-9　　　　　　　　　　　　　　Printed in Japan
　　　　　　　　　　　　定価はカバーに表示してあります

本書のコピー，スキャン，デジタル化等の無断複製は著作権法上での例外を除き禁じられています．本書を代行業者等の第三者に依頼してスキャンやデジタル化することは，たとえ個人や家庭内での利用でも著作権法違反です．

近代社会思想コレクション刊行書目

（既刊書）

01	ホッブズ	『市民論』
02	J・メーザー	『郷土愛の夢』
03	F・ハチスン	『道徳哲学序説』
04	D・ヒューム	『政治論集』
05	J・S・ミル	『功利主義論集』
06	W・トンプソン	『富の分配の諸原理1』
07	W・トンプソン	『富の分配の諸原理2』
08	ホッブズ	『人間論』
09	シモン・ランゲ	『市民法理論』
10	サン‐ピエール	『永久平和論1』
11	サン‐ピエール	『永久平和論2』
12	マブリ	『市民の権利と義務』
13	ホッブズ	『物体論』